北京统计年鉴

BEIJING STATISTICAL YEARBOOK

2004

北京市统计局编

COMPILED BY BEIJING

MUNICIPAL BUREAU OF STATISTICS

中国统计出版社

China Statistics Press

（京）新登字 041 号

图书在版编目（CIP）数据

北京统计年鉴.2004/北京市统计局编.—北京：中国统计出版社，2004.6
ISBN 7-5037-4321-2

Ⅰ.北… Ⅱ.北… Ⅲ.统计资料—北京市－2004－年鉴 Ⅳ.C832.1-54

中国版本图书馆 CIP 数据核字(2004) 第 031560 号

北京统计年鉴—2004

作　　者／北京市统计局
责任编辑／蔡启新
E-mail/yearbook@stats.gov.cn
责任校对／于秀琴
封面设计／北京新景文建广告有限公司
彩页设计／任凌之　陆智昌／一石文化
出版发行／中国统计出版社
通信地址／北京市西城区三里河月坛南街 75 号　中国统计出版社
邮　　编／100826
电　　话／（010）63262295
印　　刷／北京鑫正大印刷有限公司
经　　销／新华书店
开　　本／889 毫米×1194 毫米／16 开本
字　　数／165 万字
印　　张／34.5 印张　　彩插／1.5 印张
印　　数／0001-2000 册
版　　别／2004 年 6 月第 1 版
版　　次／2004 年 6 月第 1 次印刷
书　　号／ISBN 7-5037-4321-2/F·1786
定　　价／280.00 元

2003年，首都历史上极不平凡的一年。我们经历了“非典”的严峻考验，开启了“新北京、新奥运”的壮丽篇章，踏上了全面、协调、可持续的发展新路……

1

③

②

④

①奥运会徽“中国印、舞动的北京”正式发布
②北京建都850周年纪念阙落成
③④战胜“非典”疫情

坚持以人为本

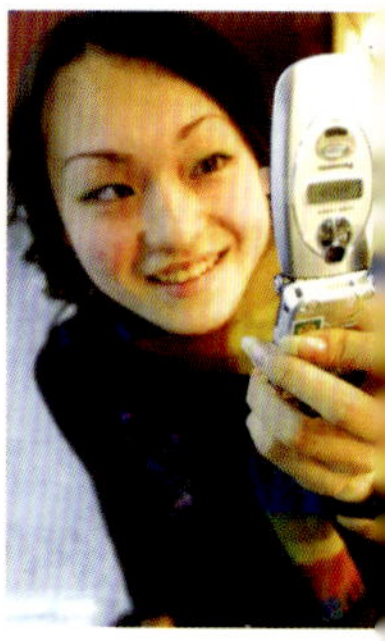

北京市常住人口及外来人口(万人)

- 北京市常住人口
- 北京市外来人口

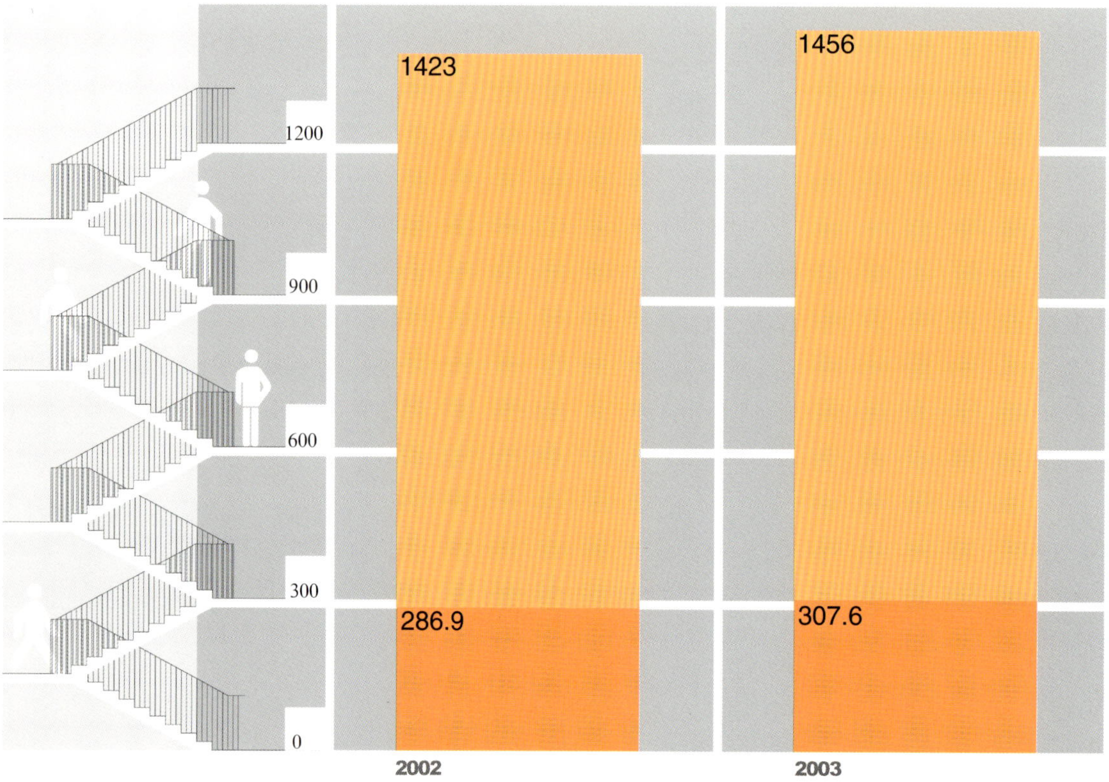

人文发展指标

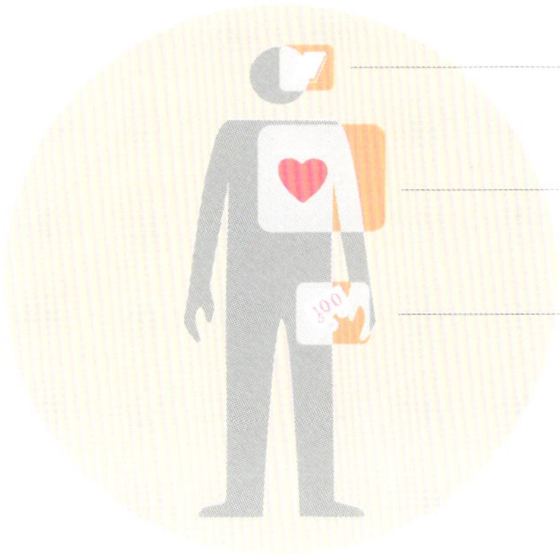

平均受教育年限（年）
（此数据为第五次人口普查数据）
9.99

平均预期寿命（岁）
79.62

人均 GDP（美元）
3874

平均每人主要社会经济活动

每百人中移动电话用户数（户）
96.5

每百人拥有私人汽车（辆）
9.3

城市居民住房人均使用面积（平方米）
18.67

城市居民人均恩格尔系数（%）
31.7

城乡居民人均储蓄存款余额（元）
46078.8

人均生活用电量（千瓦小时）
613.5

统筹城乡和区域发展

城乡人口密度分布变化情况(人／平方公里)

	1999	2003
全市	654	682
城区	27478	27506
近郊区	3261	3565
远郊区县	285.6	292

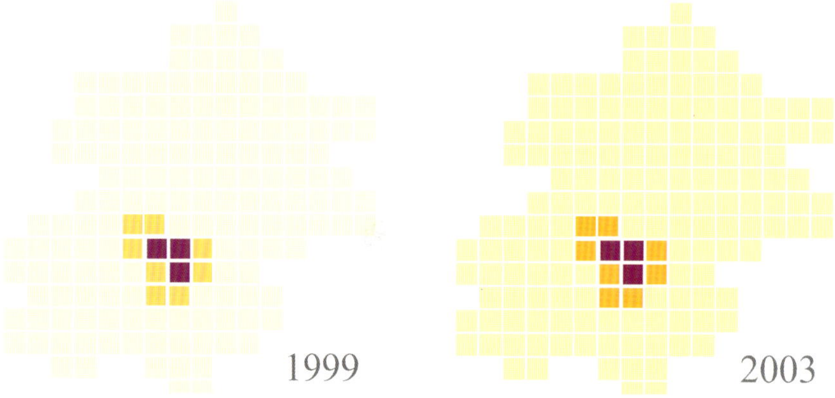

城乡户籍人口(万人)

	1999	2003
全市	1099.8	1148.8
城区	239.5	240.4
近郊区	419.4	458.4
远郊区县	440.9	450

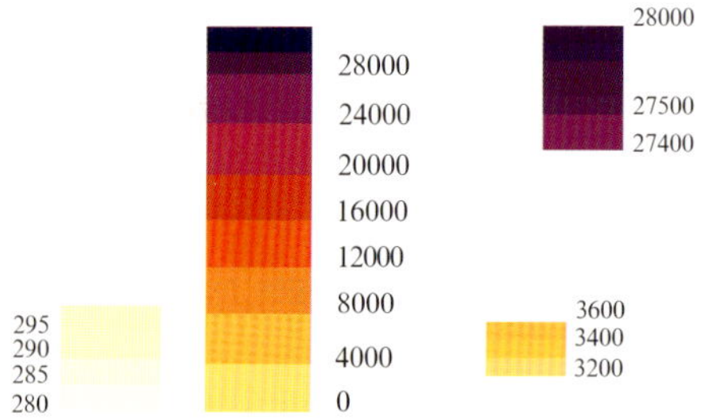

城乡居民收入比较

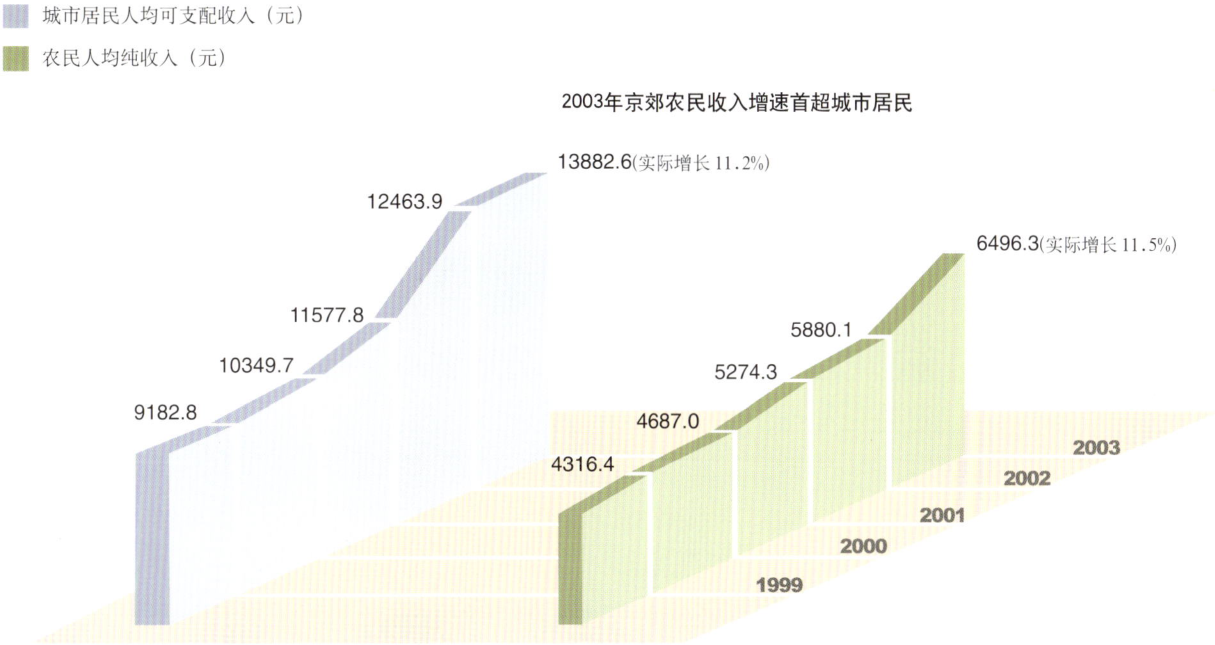
城市居民人均可支配收入（元）
农民人均纯收入（元）
2003年京郊农民收入增速首超城市居民
13882.6(实际增长11.2%)
12463.9
11577.8
10349.7
9182.8
6496.3(实际增长11.5%)
5880.1
5274.3
4687.0
4316.4
2003
2002
2001
2000
1999

统筹城乡和区域发展

完善“两轴”、发展“两带”、建设多中心，形成“两轴两带多中心”的城市空间新格局。完善“两轴”，保障首都职能和文化职能的发挥。强化东部发展带，疏导新北京产业发展方向。整合西部生态带，创建宜居城市的生态屏障。

“两轴两带多中心”的示意图

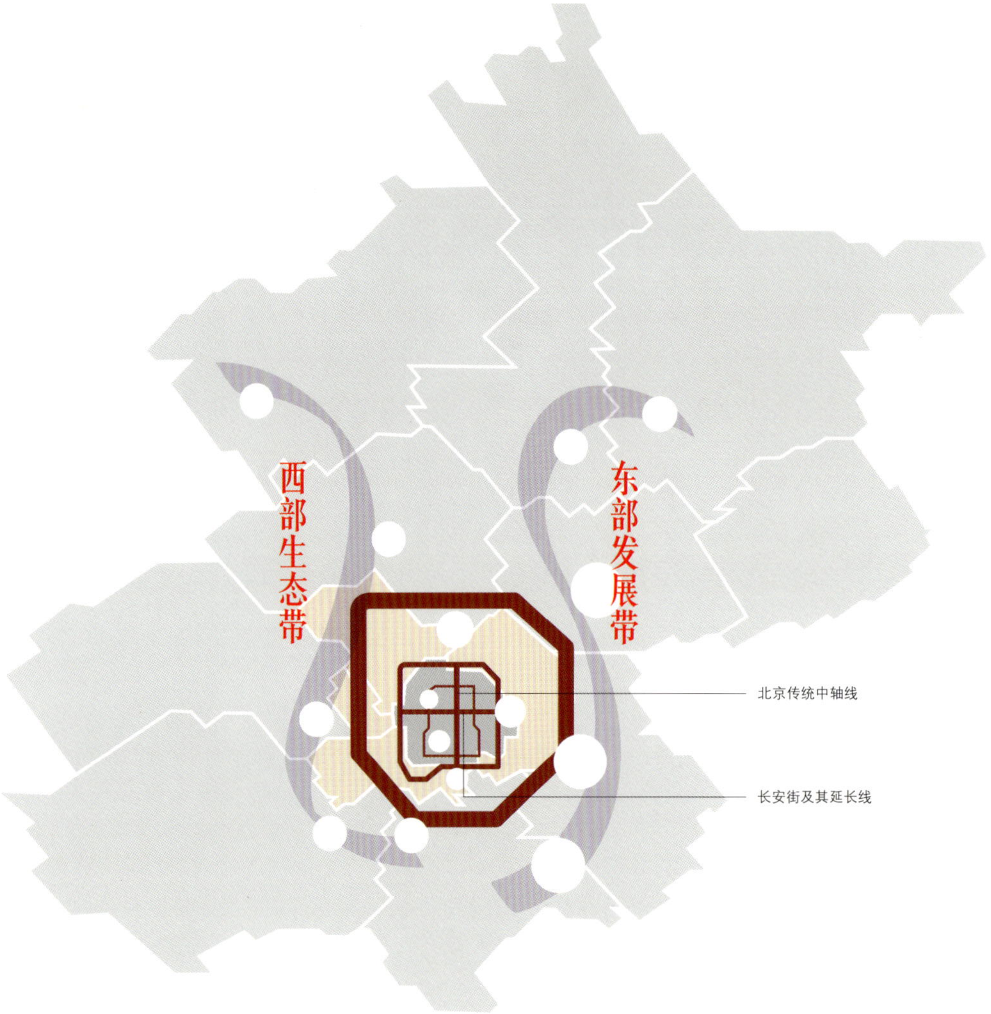

城市中心区
（用古老与现代的平衡诠释人文奥运的内涵）

北京金融街建街十周年

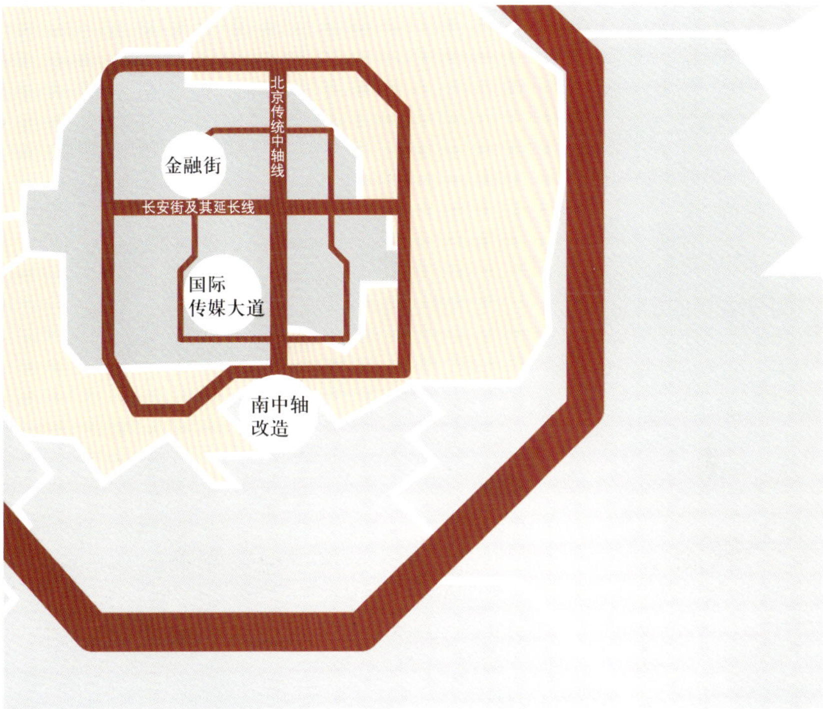

菜市口国际传媒大道开工

南池子历史文化保护区改建工程

近郊区（五环高速穿起北京经济发展重镇）

海淀区

中关村产权交易所挂牌

丰台区

石景山区

奥运会体育场馆“水的立方”及“鸟巢”效果图

朝阳区

统筹城乡和区域发展

远郊区县：（首都现代化建设的重要发展区）

延庆县
北京的夏都

昌平区
京师之枕

门头沟区
生态古城

房山区
北京人的发祥地

怀柔区
青山绿水映半城

密云县
京师锁要

顺义区

平谷区
绿色休闲谷

东部发展带

顺义区
绿色国际港

通州

通州区
日新月异的大运河起点

亦庄

大兴区
绿海田园　都市庭院

推动经济、社会全面协调发展

北京一日

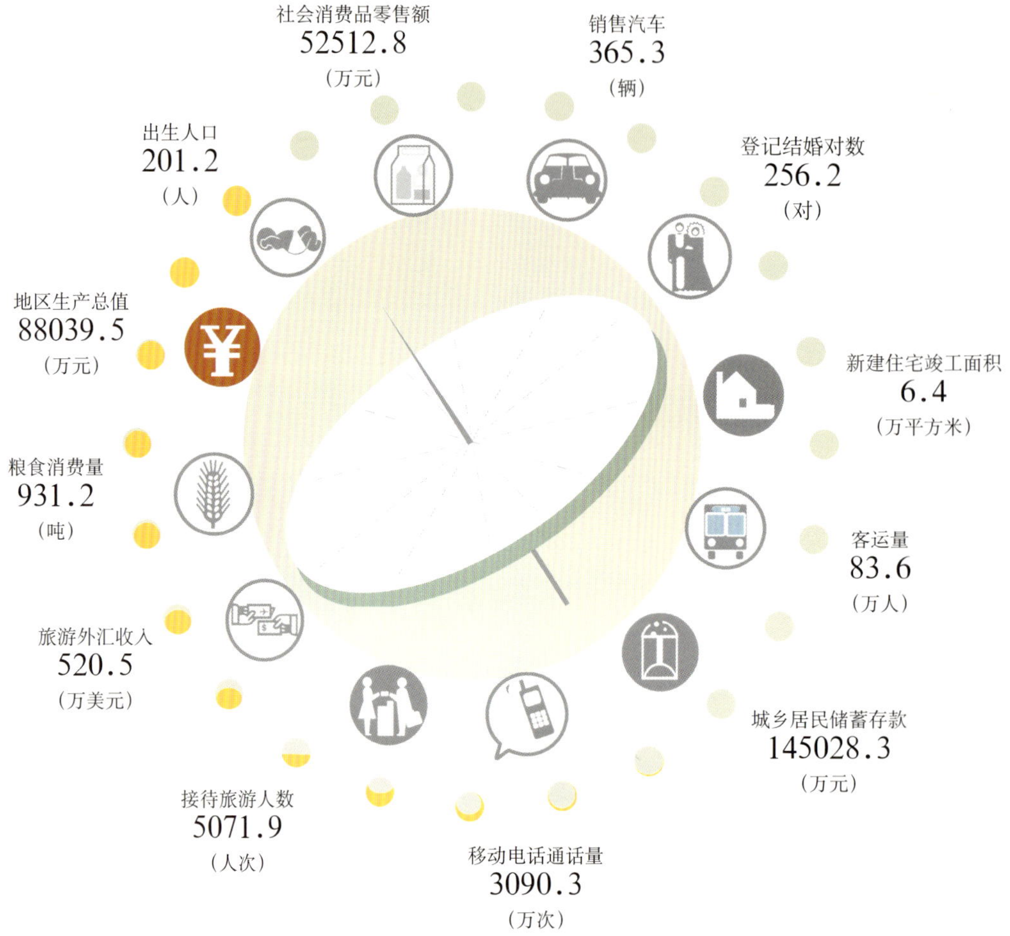

居民消费价格指数（%）

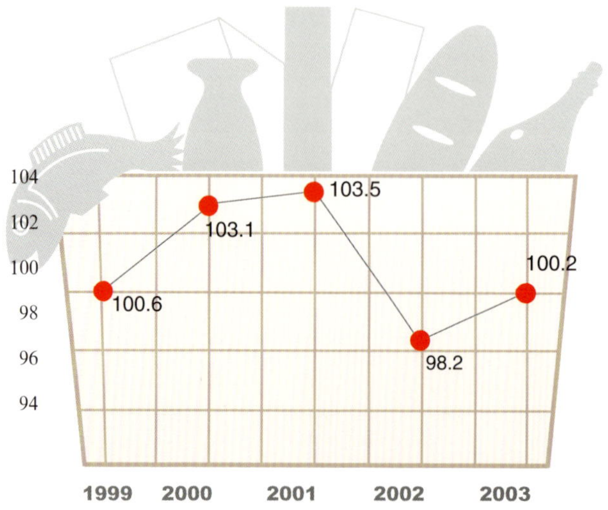

地区生产总值及增长速度

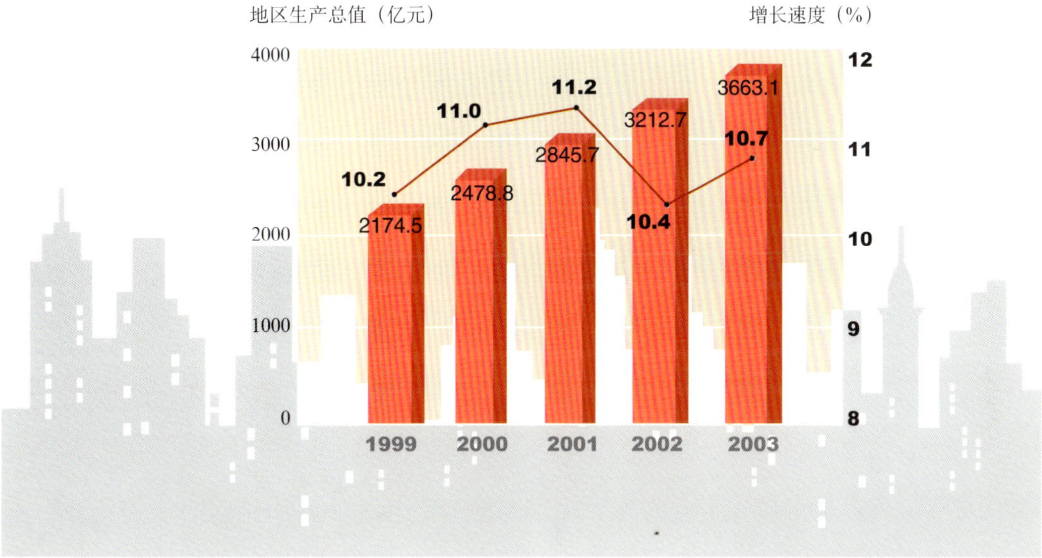

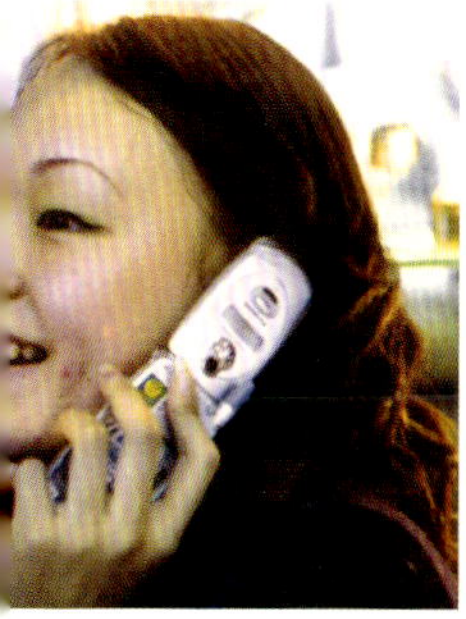

地方财政收支（亿元）

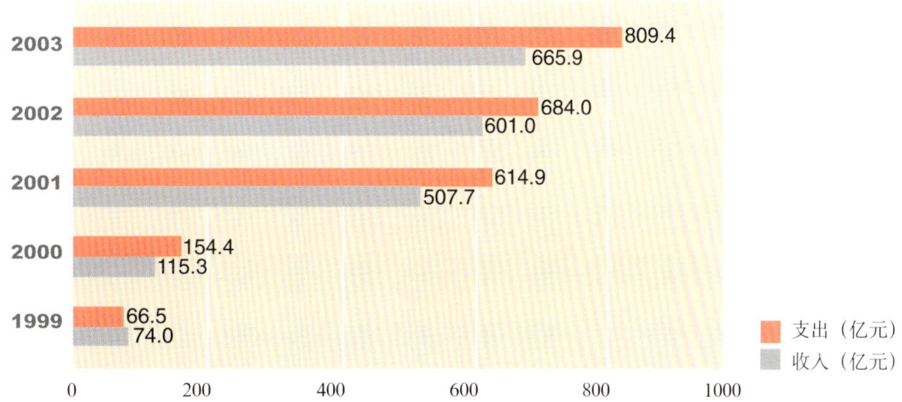

推动经济、社会全面协调发展

全社会固定资产投资（亿元）

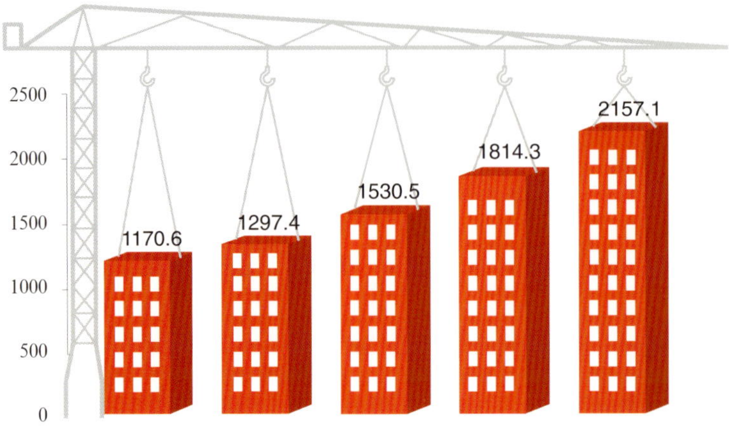

社会消费品零售额（亿元）

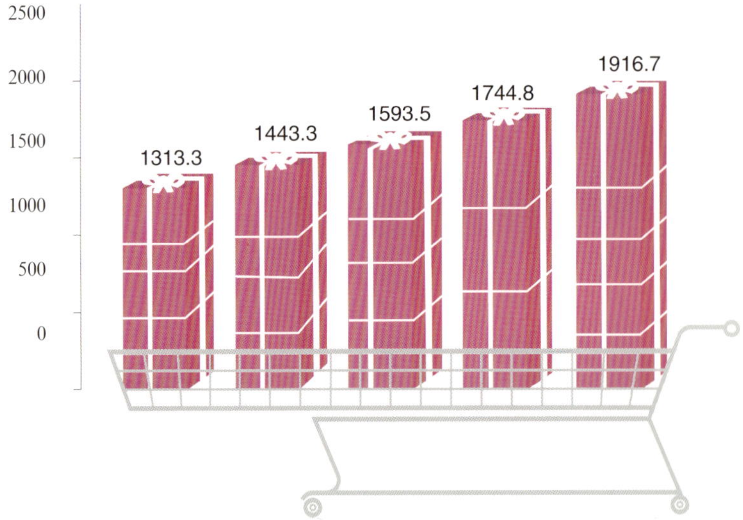

地方企业进出口总额（亿美元）

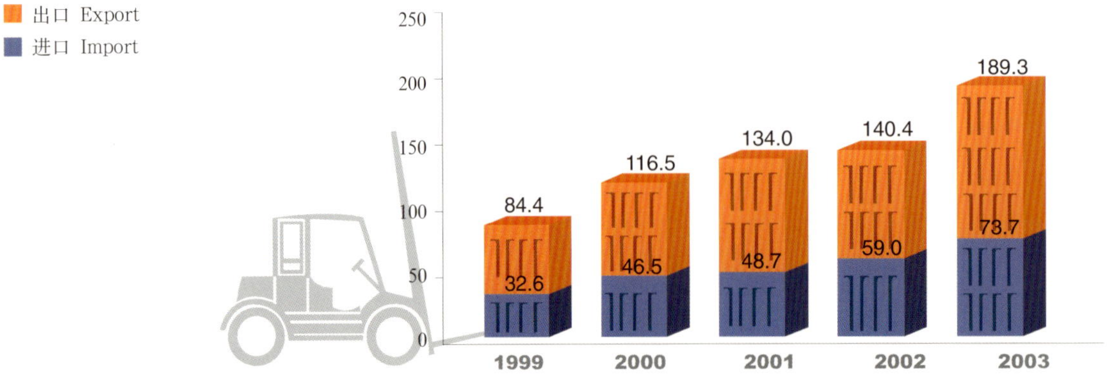

高新技术产业占全市工业的比重及其内部构成 （亿元）

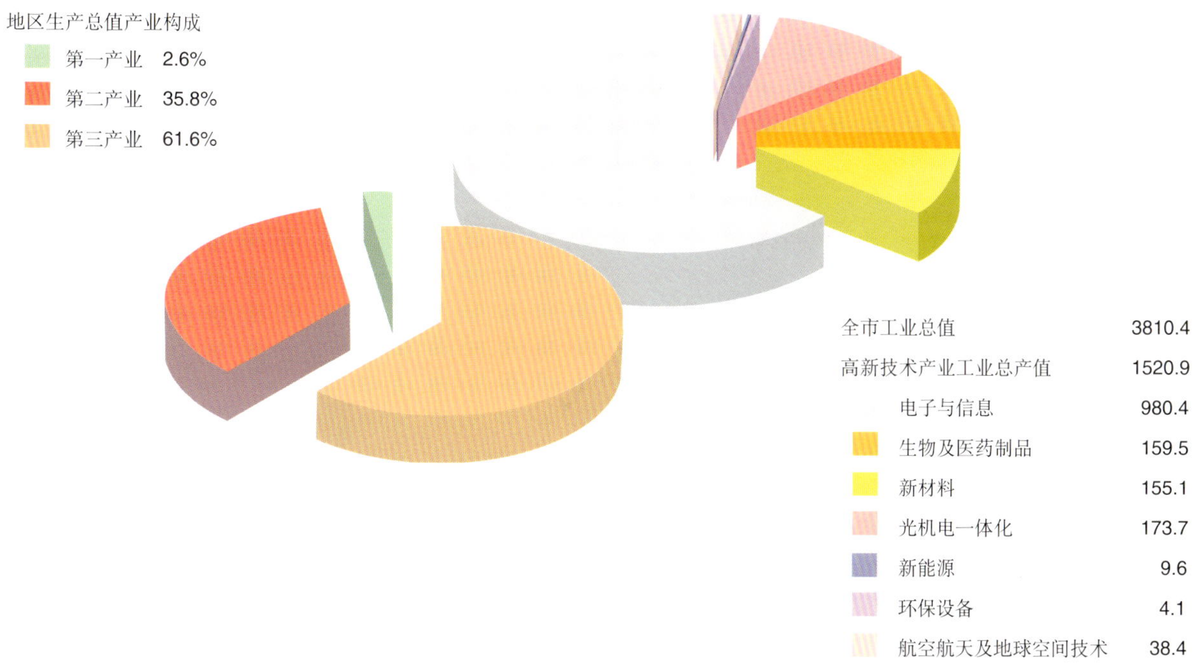

推动经济、社会全面协调发展

2003 年学校及在校学生数

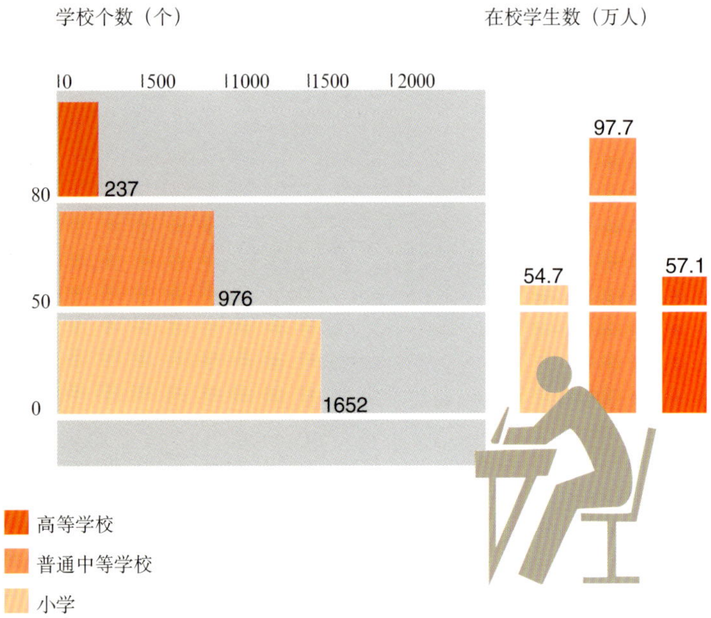

专业技术人员人数（万人）

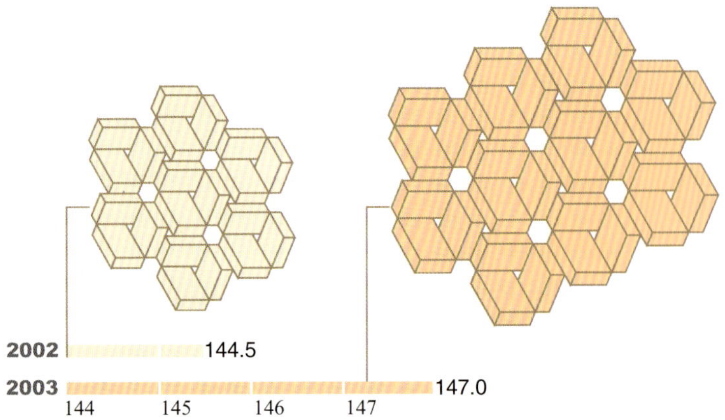

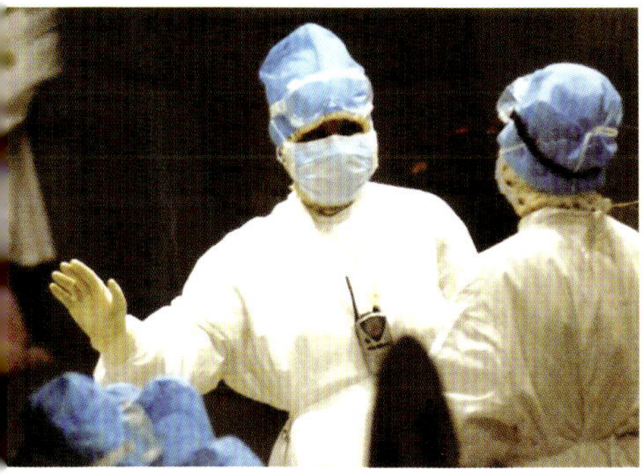

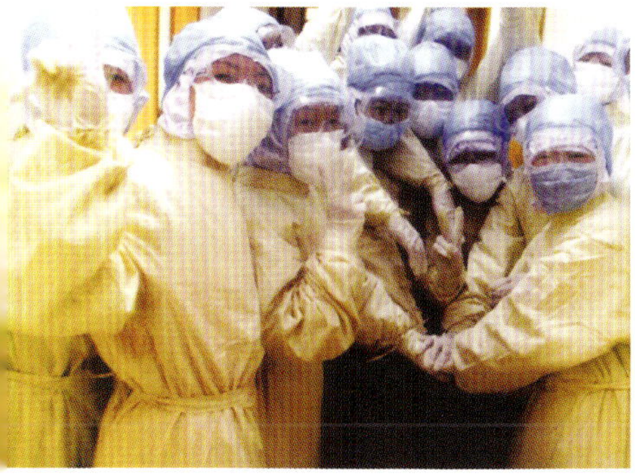

平均每千人拥有医院床位、执业医师

平均每千人拥有执业医师（人）

	2002	2003	
平均每千人拥有执业医师（人）	4.18	4.21	（人）
平均每千人拥有医院床位（张）	6.46	5.89	（张）

平均每千人拥有医院床位（张）

运动员获奖牌情况（块）

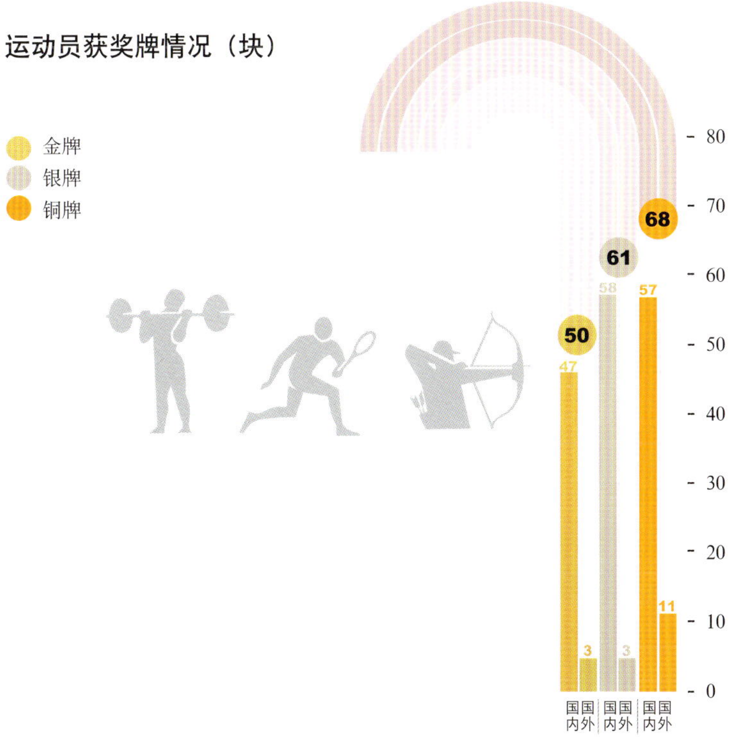

积极扩大对外开放

出口按国别分（万美元）

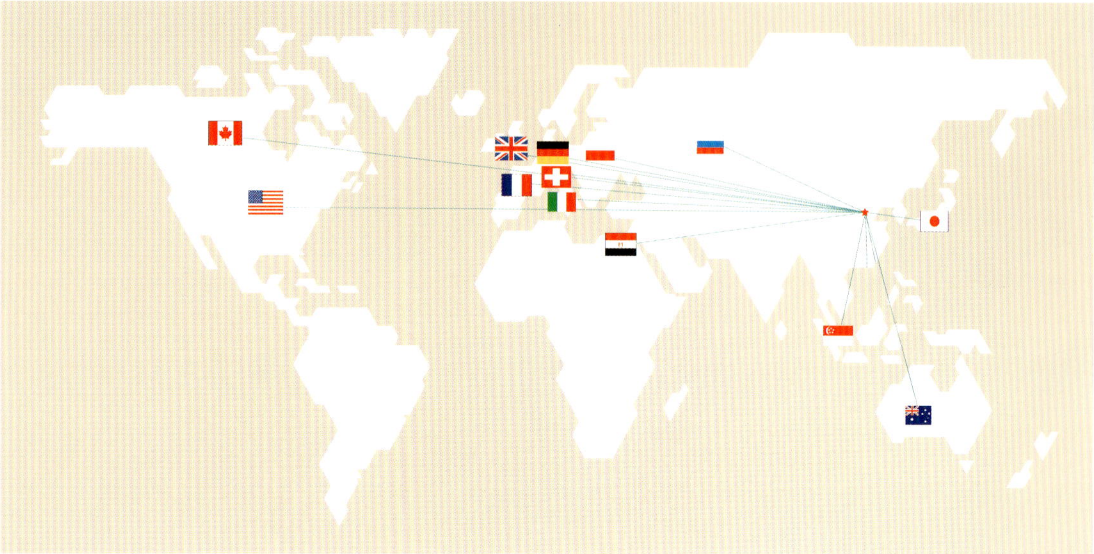

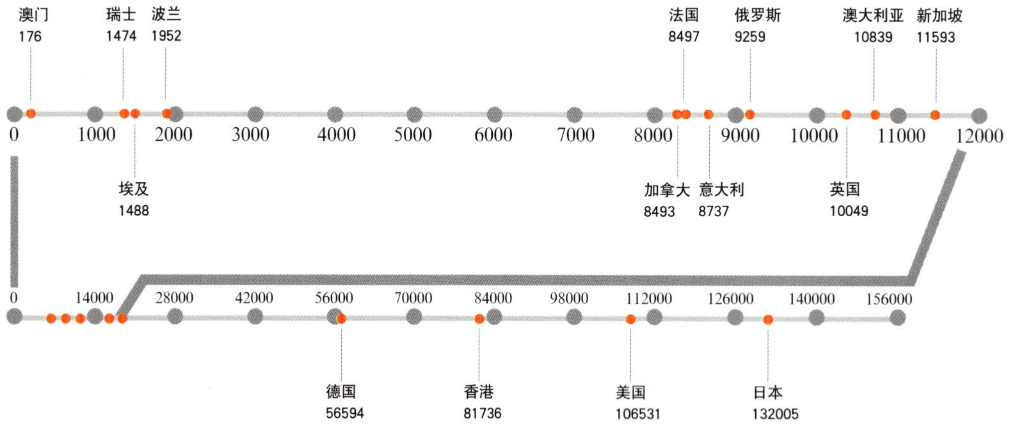

利用外资（亿美元）

协议外商直接投资
实际利用外商直接投资

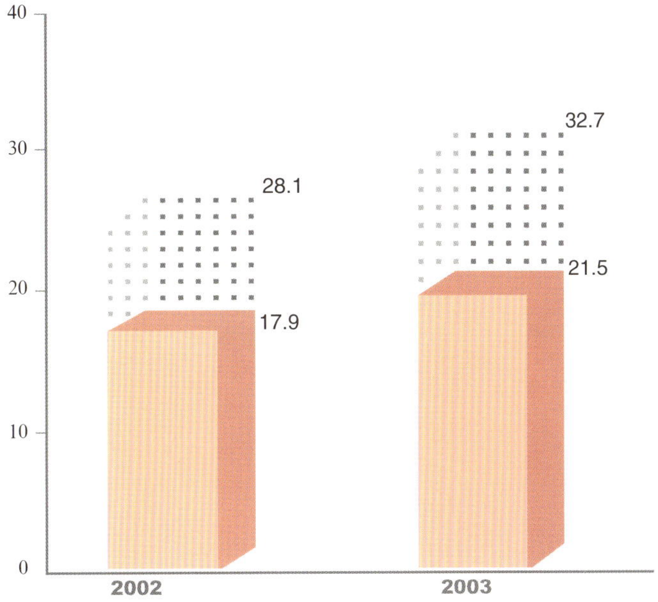

旅游情况

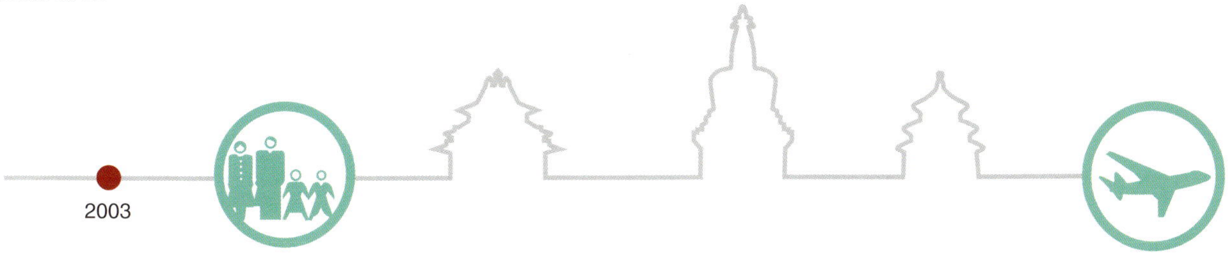

接待入境旅游人数（万人）
18.51

旅游外汇收入（亿美元）
19.0

促进人与自然和谐

城市环境达标表

0.14（毫克/立方米）
城近郊区大气可吸入颗粒年日均值

224（天数）
空气质量二级及好于二级天数

70（分贝）
城近郊区道路交通噪声值

主要自然资源人均占有量

1463.1（平方米）
每万人拥有土地面积

12430.4（立方米）
人均森林蓄积量

11.4（平方米）
人均公共绿地

空气质量好于二级的天数

《北京统计年鉴》编辑委员会

编 辑 说 明

1.《北京统计年鉴》是一部按年连续出版的大型统计资料书。本书通过大量的统计数据，真实地记录了北京市一年来社会经济和科技方面的发展变化情况，是国内外各界人士了解北京、认识北京的重要资料工具书。

2.《北京统计年鉴—2004》为中英文对照版，根据“全面、协调、可持续的发展观”的要求，新辟“资源、能源、环境”一章，新增北京市主要资源资料，充实能源及环境的内容；根据用户需要调整综合章中涉及国民经济主要指标的表式，使之更能较为全面有重点地反映国民经济和社会发展情况；调整了会展调查情况的资料，使之更有利于与国际同类资料进行比较；本年鉴根据实际情况调整了少量统计指标和统计表。每个细目都针对主要指标制作了统计图并编排了指标解释。随书配有统计年鉴电子版，具备数据加工、制图和快速查询的功能。

3．年鉴正文分为两部分---文章和统计图表。第一部分登载了《北京市 2003 年国民经济和社会发展统计公报》、《北京市 2003 年外来人口动态监测调查公报》；第二部分统计图表分综合，国民经济核算，人口，劳动力和工资，固定资产投资及房地产业，资源、能源、环境，物价，人民生活，城市公用事业，农业及农村经济，工业，建筑业，交通运输、邮电通信业，批发零售贸易业和餐饮业，对外经济贸易，旅游，金融、保险，教育、文化，科技，卫生、体育，社会福利、政法及其他，服务业，企业及企业集团资料，各类开发区资料，专项调查 25 个细目。在附录部分中还分列了北京市自改革开放以来的主要指标及历史数据等。

4．本年鉴的资料来源大部分为年度统计报表，部分来自抽样调查。

5．本年鉴对以前发表的统计资料重新进行了核实，相应地调整了部分数据。读者在使用历史资料时，如数据有出入，请以本年鉴为准。

6．本年鉴根据统计方法制度改革及社会经济发展情况对部分统计资料进行了增减或调整，恕不一一说明。

7．本年鉴采用的国民经济行业分类更新为中华人民共和国国家标准《国民经济行业分类和代码 GB/T 4754-2002》；三次产业划分仍使用国家统计局 1985 年制定的关于三次产业的划分标准。登记注册类型是按照 1998 年 9 月国家统计局、国家工商行政管理局颁发的《关于划分企业登记注册类型的规定》划分的；使用的度量衡单位均采用国家统一的标准计量单位。

8．本年鉴根据国家统计局（国统字［2003］70 号）文件的精神，对 GDP 指标名称进行了规范，原“国内生产总值”更名为“地区生产总值”；原“国民生产总值”更名为“地区收入总值”，且英译名称也相应做出调整。

9．统计资料若无年份说明，均为 2003 年当年数据。

10．各表分组数相加与总计数略有差额，因四舍五入之故。

11．本年鉴使用的符号说明：“…”表示数据不足该表最小单位数；“空格”表示该项指标数据不详或没有数据；“#”表示其中项。

目　录

CONTENTS

文章选编

ARTICLES

北京市统计局2003年国民经济和社会发展统计公报 3

STATISTICAL COMMUNIQUE ON THE 2002 NATIONAL ECONOMIC

AND SOCIAL DEVELOPMENT OF THE CITY OF BEIJING

北京市2003年外来人口动态监测调查公报 12

BULLETIN ON INVESTIGATION DATAFOR DYNAMIC MONITORING EXTERNAL

POPULATION IN 2003 FOR BEIJING

统计图表

STATISTICAL GRAPH AND CHART

一、综合

GENERAL SURVEY

主要统计指标统计图

GRAPH OF MAIN STATISTICAL INDICATORS

1-1 土地面积 20

LAND AREA

1-2 气象 21

METEOROLOGY

1-3 行政区划 22

ADMINISTRATIVE DIVISIONS

1-4 全部法人、产业活动单位数 23

TOTAL INSTITUTIONAL UNITS AND ESTABLISHMENTS

1-5 企业法人单位数 24

ENTERPRISE INSTITUTIONAL UNITS

1-6 国民经济各行业法人和产业活动单位数(按行业分) 25

INSTITUTIONAL UNITS AND ESTABLISHMENTS(BY SECTOR)

1-7 全市私营个体经济基本情况 28

STATISTICS FOR INDIVIDUAL AND PRIVATE ECONOMY

1-8 个体工商业户数及人数 29

OUTLETS AND PERSONNEL OF SELF-EMPLOYMENT BUSINESS

1-9 国民经济和社会发展总量与速度指标 30

PRINCIPAL AGGREGATE INDICATORS ON NATIONAL ECONOMIC

AND SOCIAL DEVELOPMENT AND THEIR RELATED INDICES AND GROWTH RATES

1-10 国民经济和社会发展结构指标 36

STRUCTURAL INDICATORS ON NATIONAL ECONOMIC AND SOCIAL DEVELOPMENT

1-11 国民经济和社会发展比例和效益指标 39

INDICATORS ON PROPORTIONS AND EFFICIENCY IN NATIONAL ECONOMIC

AND SOCIAL DEVELOPMENT

1-12 北京一日 41
A DAY IN BEIJING
1-13 地方财政收入 42
LOCAL FINANCIAL REVENUE
1-14 地方财政支出 42
LOCAL FINANCIAL EXPENDITURE
1-15 各区县主要指标 43
MAJOR INDICATORS FOR DISTRICTS AND COUNTIES
主要统计指标解释 46
EXPLANATORY NOTES ON MAIN STATISTICAL INDICATORS
二、国民经济核算
NATIONAL ACCOUNTS
主要统计指标统计图
GRAPH OF MAIN STATISTICAL INDICATORS
2-1 总产出 50
TOTAL OUTPUT
2-2 地区收入总值 50
GROSS NATIONAL INCOME
2-3 地区生产总值项目构成（按国民经济行业分类GB/T 4754－94核算） 51
COMPOSITION OF GROSS DOMESTIC PRODUCT(GROUP BY OLD INDUSTRIAL CLASSIFICATION)
2-4 地区生产总值项目构成 52
COMPOSITION OF GROSS DOMESTIC PRODUCT
2-5 按支出法计算的地区生产总值 53
GROSS DOMESTIC PRODUCT BY EXPENDITURE APPROACH
2-6 居民消费水平 53
HOUSEHOLD CONSUMPTION
2-7 最终消费 54
FINAL CONSUMPTION EXPENDITURE
2-8 主要社会经济效益指标 54
MAJOR ECONOMIC EFFICIENCY INDICATORS
2-9 2002年国民经济总体帐户 55
OVERALL ACCOUNT OF NATIONAL ECONOMY OF 2002
2-9-1 生产帐户（2002） 55
PRODUCTION ACCOUNT(2002)
2-9-2收入分配及支出帐户(2002) 55
INCOME DISTRIBUTION AND EXPENDITURE ACCOUNT(2002)
2-9-3 资本帐户(2002) 56
CAPITAL ACCOUNT(2002)
2-9-4 金融帐户(2002) 56
FINANCIAL ACCOUNT(2002)
2-9-5 期末资产负债帐户(2002) 57
YEAR-END BALANCE ACCOUNT(2002)
主要统计指标解释 58
EXPLANATORY NOTES ON MAIN STATISTICAL INDICATORS

三、人口

POPULATION

主要统计指标统计图

GRAPH OF MAIN STATISTICAL INDICATORS

3-1 户数及人口数(户籍统计) 64

HOUSEHOLD AND POPULATION(REGISTERED STATISTICS)

3-2 人口密度(户籍统计) 65

POPULATION DENSITY(REGISTERED STATISTICS)

3-3 户籍人口性别构成及性别比(户籍统计) 66

SEX COMPOSITION AND SEX RATIO OF PERMANENT RESIDENTS (REGISTERED STATISTICS)

3-4 户籍人口变动(户籍统计) 66

POPULATION CHANGE(REGISTERED STATISTICS

3-5 户籍人口自然变动情况(户籍统计) 67

NATURAL CHANGE OF REGISTERED POPULATION(REGISTERED STATISTICS)

3-6 常住人口自然变动情况 67

ACTUAL NATURAL CHANGE OF POPULATION IN 2003

3-7 家庭户规模(人口变动情况抽样调查资料) 68

FAMILY SIZE(SAMPLE SURVEY ON POPULATION CHANGE)

3-8 年龄组人口数(人口变动情况抽样调查资料) 68

POPULATION GROUPED BY AGE(SAMPLE SURVEY ON POPULATION CHANGE)

3-9 人口年龄构成 (人口变动情况抽样调查资料) 69

AGE COMPOSITION OF POPULATION(SAMPLE SURVEY ON POPULATION CHANGE)

3-10 年龄构成指数(人口变动抽样调查资料) 69

DEPENDENCY RATIO OF POPULATION ON LABOR AGE (SAMPLE SURVEY ON POPULATION CHANGE) 69

3-11 育龄妇女分年龄、孩次的生育状况(人口变动情况抽样调查资料) 70

FERTILITY OF WOMEN ON CHILDBEARING AGE BY AGE OF MOTHER AND BIRTH ORDER (SAMPLE SURVEY ON POPULATION CHANGE)

3-12 计划生育状况 70

FAMILY PLANNING

3-13 五次人口普查人口基本情况 71

BASIC STATISTICS ON POPULATION CENSUS IN 1953,1964,1982,1990 AND 2000

3-14 外来人口总量 72

TOTAL NUMBER OF NONNATIVES

3-15 外来人口户口所在地 73

RESIDENCE CARD LOCATION OF NONNATIVES

3-16 外来人口的受教育状况 74

EDUCATIONAL LEVEL OF NONNATIVES

3-17 外来人口的来京时间分布 74

PERIOD IN BEIJING OF NONATIVES

3-18 外来人口性别年龄构成 75

AGE AND SEX COMPOSITION OF NONNATIVES

3-19 外来人口的在京状况 75
STATISTICS FOR NONNATIVES IN BEIJING
3-20 外来人口的职业分布 76
VOCATION DISTRIBUTION OF NANNATIVES
3-21 外来人口的住所形式 76
HOUSING OF NONNATIVES
主要统计指标解释 77
EXPLANATORY NOTES ON MAIN STATISTICAL INDICATORS
四、劳动力和工资
LABOR FORCE AND WAGE
主要统计指标统计图
GRAPH OF MAIN STATISTICAL INDICATORS
4-1 全市从业人员(按产业分) 82
EMPLOYED PERSONS BY INDUSTRY AND DEPARTMENT
4-2 全市从业人员(按登记注册类型分) 82
EMPLOYED PERSONS BY REGISTRATION STATUS
4-3 城镇单位从业人员年末人数 83
YEAR-END EMPLOYED PERSONS IN URBAN UNITS
4-4 城镇单位从业人员人数增减情况 84
CHANGES IN NUMBER OF URBAN EMPOLYED PERSONS
4-5 在岗职工人数 85
NUMBER OF FULLY EMPLOYED STAFF AND WORKERS
4-6 国民经济各行业在岗职工人数(按隶属关系、登记注册类型分) 86
NUMBER OF FULLY EMPLOYED STAFF AND WORKERS BY SECTOR
(BY ADMINISTRATIVE RELATIONSHIP AND REGISTRATION STATUS)
4-7 国民经济各行业在岗职工人数(按用工期限分) 92
FULLY EMPLOYED STAFF AND WORKERS BY SECTOR
(BY TYPE OF STAFF AND WORKERS)
4-8 在岗职工工资总额 98
TOTAL WAGES OF FULLY EMPLOYED STAFF AND WORKERS
4-9 在岗职工平均工资 99
AVERAGE WAGE OF FULLY EMPLOYED STAFF AND WORKERS
4-10 国民经济各行业在岗职工工资总额及平均工资 100
TOTAL WAGES AND AVERAGE WAGE OF FULLY EMPLOYED STAFF AND WORKERS
4-11 分地区从业人员人数、劳动报酬 106
NUMBER AND REMUNERATION OF EMPLOYED PERSONS BY REGION
4-12 分地区在岗职工人数、平均工资 107
NUMBER AND AVERAGE WAGE OF FULLY EMPLOYED
STAFF AND WORKERS BY REGION
主要统计指标解释 108
EXPLANATORY NOTES ON MAIN STATISTICAL INDICATORS
五、固定资产投资及房地产业
INVESTMENT IN FIXED ASSETS AND REAL ESTATE

主要统计指标统计图
GRAPH OF MAIN STATISTICAL INDICATORS
5-1 全社会固定资产投资额 112
TOTAL INVESTMENT IN FIXED ASSETS
5-2 产业投资及比重 112
INVESTMENT AND PROPORTION BY TYPE INDUSTRY
5-3 全市固定资产投资额 113
INVESTMENT IN FIXED ASSETS OF THE CITY
5-4 地方固定资产投资额 115
LOCAL INVESTMENT IN FIXED ASSETS
5-5 固定资产投资财务拨贷款额 117
FINANCIAL ALLOCATIONS AND LOANS FOR INVESTMENT IN FIXED ASSETS
5-6 地方固定资产投资财务拨贷款额 117
FINANCIAL ALLOCATIONS AND LOANS FOR LOCAL INVESTMENT IN FIXED ASSETS
5-7 城市基础设施投资额 118
MUNICIPAL INFRASTRUCTURE INVESTMENT
5-8 能源及交通投资额 118
INVESTMENT IN ENERGY AND TRANSPORTATION
5-9 施工及投入生产(或交付使用)的项目数 119
NUMBER OF PROJECTS UNDER CONSTRUCTION AND PUT INTO USE
(OR PUT INTO OPERATION)
5-10 全市固定资产投资额及新增固定资产(按行业分) 120
INVESTMENT IN FIXED ASSETS AND ITS INCREMENTAL FIXED ASSETS(BY SECTOR)
5-11 全市基本建设投资额及新增固定资产(按行业分) 123
INVESTMENT IN CAPITAL CONSTRUCTION AND ITS INCREMENTAL FIXED ASSETS(BY SECTOR)
5-12 全市更新改造投资额及新增固定资产(按行业分) 126
INVESTMENT IN INNOVATION AND ITS INCREMENTAL FIXED ASSETS (BY SECTOR)
5-13 新增生产能力(或效益) 129
INCREMENTAL PRODUCTION CAPACITY(OR EFFICIENCY)
5-14 房屋建筑施工及竣工面积 131
FLOOR SPACE OF BUILDINGS UNDER CONSTRUCTION AND COMPLETED
5-15 经济适用房 131
ECONOMIC AND SUITABLE HOUSES
5-16 房屋建筑每平方米造价 132
COST PER SQ.M OF BUILDINGS
5-17 新建住宅竣工面积 133
FLOOR SPACE OF NEW RESIDENTIAL BUILDINGS COMPLETED
5-18 农村集体及城乡私人建房面积 133
BUILDING CONSTRUCTION BY RURAL COLLECTED-OWNED
UNITS,URBAN AND RURAL INDIVIDUALS
5-19 房地产开发企业基本情况 134
BASIC INFORMATION OF REAL ESTATE DEVELOPMENT ENTERPRISES
5-20 房地产开发企业开发情况 135
REAL ESTATE DEVELOPMENT

5-21 商品房 136
COMMODITY BUILDINGS
主要统计指标解释........ 137
EXPLANATORY NOTES ON MAIN STATISTICAL INDICATORS
六、资源、能源、环境
NATURAL RESOURCES, ENERGY AND ENVIRONMENT
6-1 自然资源 143
NATURAL RESOURCES
6-2 能源消费总量 143
TOTAL CONSUMPTION OF ENERGY
6-3 能源生产量 143
PRODUCTION OF ENERGY
6-4 能源平衡表（实物量）（简表） 144
ENERGY BALANCE(ABRIDGED EDITION)
6-5 工业分行业能源消费总量和主要能源品种消费量 146
CONSUMPTION OF TOTAL ENERGY AND ITS MAIN VARIETIES BY SECTOR
6-6 能源消费弹性系数 148
ELASTICITY RATIO OF ENERGY CONSUMPTION
6-7 平均每万元国内生产总值能源消费量 148
ENERGY CONSUMPTION PER 10000 YUAN GROSS DOMESTIC PRODUCT
6-8 人均生活用能源 148
PER CAPITA ENERGY CONSUMPTION FOR NON-PRODUCTION PURPOSE
6-9 主要能源日均消费量 149
AVERAGE DAILY ENERGY CONSUMPTION BY VARIETY
6-10 北京市环境保护基本情况 149
BASIC STATISTICS FOR ENVIRONMENT PROTECTION
6-11 城市环境卫生 150
MUNICIPAL ENVIRONMENT AND SANITATION
6-12 空气污染指数监测情况 150
MINITORING STATISTICS FOR AIR POLLUTION INDEX
6-13 主要监测河、渠、水库污染程度 150
POLLUTE THE DEGREE MAINLY BY MONITOR THE RIVER,CANAL,RESERVOIR
主要统计指标解释........ 151
EXPLANATORY NOTES ON MAIN STATISTICAL INDICATORS
七、物价
PRICE INDEX
主要统计指标统计图
GRAPH OF MAIN STATISTICAL INDICATORS
7-1 各种物价总指数 156
OVERALL PRICE INDICES
7-2 居民消费价格指数 156
CONSUMER PRICE INDICES
7-3 居民消费价格分类指数 157
CONSUMER PRICE INDICES BY CATEGORIES

7-4 商品零售价格指数 (2002=100) 158
RETAIL PRICE INDICES
7-5 商品零售价格指数（2000=100） 159
RETAIL PRICE INDICES(PRECEDING YEAR=100)
7-6 工农业产品综合比价指数 160
AGGREGATE PRICE PARITY INDEX OF INDUSTRIAL AND AGRICULTURAL PRODUCTS
7-7 工业品出厂价格指数（上年=100） 160
INDUSTRIAL PRODUCTS PRODUCER PRICE INDICES（PRECEDING YEAR=100）
7-8 原材料、燃料购进价格指数（上年=100） 161
PRICE INDICES OF RAW MATERIAL, FUEL PURCHASING(PRECEDING YEAR=100)
7-9 固定资产投资额价格指数 161
PRICE INDICES OF INVESTMENT IN FIXED ASSETS
7-10 建筑安装工程价格指数 161
PRICE INDICES OF BUILDING INSTALLATION
7-11 建筑安装工程中主要材料费用价格指数 162
PRICE INDICES OF MAJOR MATERIALS IN BUILDING INSTALLATION
7-12 房地产价格指数(上年=100) 162
PRICE INDICES OF REAL ESTATE(PRECEDING YEAR=100)
7-13 36个大中城市物价指数（上年=100） 163
PRICE INDEX OF THE 36 LARGE AND MEDIUM CITIES(PRECEDING YEAR=100)
主要统计指标解释 164
EXPLANATORY NOTES ON MAIN STATISTICAL INDICATORS
八、人民生活
PEOPLES LIVELIHOOD
主要统计指标统计图
GRAPH OF MAIN STATISTICAL INDICATORS
8-1 1000户城市居民家庭基本情况 168
BASIC STATISTICS OF 1000 SAMPLED URBAN HOUSEHOLDS
8-2 35个大中城市居民人均收支情况 169
CONTRAST ON PER CAPITA INCOME AND EXPENDITURE OF URBAN
RESIDENTS OF 35 LARGE AND MEDIUM CITIES
8-3 1000户城市居民家庭基本情况(按收入水平分) 170
BASIC STATISTICS OF 1000 SAMPLED URBAN HOUSEHOLDS
(BY INCOME LEVEL)
8-4 1000户城市居民家庭每人每年现金收入 172
ANNUAL CASH INCOME PER CAPITA OF THE 1000 URBAN HOUSEHOLDS
8-5 1000户城市居民家庭每人每年现金支出 174
ANNUAL CASH EXPENDITURES PER CAPITA OF THE 1000 URBAN HOUSEHOLDS
8-6 1000户城市居民家庭平均每人年消费支出 176
ANNUAL LIVING EXPENDITURE PER CAPITA OF THE 1000 URBAN HOUSEHOLDS
8-7 1000户城市居民家庭消费支出构成 176
MAKE UP OF ANNUAL LIVING EXPENDITURE THE 1000 URBAN HOUSEHOLDS
8-8 1000户城市居民家庭平均每人年购买食品支出 178
ANNUAL EXPENDITURE OF FOOD PER CAPITA OF THE 1000 URBAN HOUSEHOLDS

8-9 1000户城市居民家庭平均每人年购买衣着、家庭设备用品及服务、医疗保健支出 180
ANNUAL PURCHASES OF CLOTHING,HOUSEHOLDS ARTICLES AND SERVICES,
MEDICINE AND MEDICAL SERVICES PER CAPITA OF THE 1000 URBAN HOUSEHOLDS
8-10 1000户城市居民家庭平均每人年交通和通讯、教育文化娱乐服务支出 182
ANNUAL EXPENDITURE OF TRANSPORTATION,COMMUNICATION,
RECREATION,CULTURE AND EDUCATION SERVICES
PER CAPITA OF THE 1000 URBAN HOUSEHOLDS
8-11 1000户城市居民家庭平均每人年居住、杂项商品和服务支出 184
ANNUAL EXPENDITURE OF RESIDENCE,MISCELLANEOUS COMMODITIES
AND SERVICES PER CAPITA OF THE 1000 URBAN HOUSEHOLDS
8-12 1000户城市居民家庭平均每百户耐用消费品拥有量 186
PER 100 HOUSEHOLDS ANNUAL POSSESSION OF DURABLE CONSUMER GOODS
OF THE 1000 URBAN HOUSEHOLDS
8-13 1000户城市居民家庭居住情况 188
HOUSING CONDITIONS OF THE 1000 URBAN HOUSEHOLDS
8-14 2670户农民家庭基本情况 190
SAMPLING STATISTICS FOR 2670 RURAL HOUSEHOLDS
8-15 2670户农民家庭平均每人年纯收入 190
ANNUAL NET INCOME PER CAPITA OF THE 2670 RURAL HOUSEHOLDS
8-16 2670户农民家庭平均每人年生活费支出 191
ANNUAL LIVING EXPENDITURES PER CAPITA OF THE 2670 RURAL HOUSEHOLDS
8-17 2670户农民家庭平均每人年粮食收支情况 191
BROUGHT IN, SENT OUT OF GRAIN PER CAPITA OF THE 2670 HOUSEHOLDS
8-18 2670户农民家庭主要生活消费品平均每人消费量 192
CONSUMPTION OF MAJOR LIVING CONSUMER GOODS PER CAPITA OF THE
2670 RURAL HOUSEHOLDS
8-19 2670户农民家庭平均每百户耐用消费品拥有量 192
DURABLE CONSUMER GOODS POSSESSION PER 100 HOUSEHOLDS OF THE
2670 HOUSEHOLDS
主要统计指标解释 193
EXPLANATORY NOTES ON MAIN STATISTICAL INDICATORS
九、城市公用事业
URBAN PUBLIC UTILITIES
主要统计指标统计图
GRAPH OF MAIN STATISTICAL INDICATORS
9-1 城市居民居住水平 198
RESIDENTIAL CONDITIONS OF URBAN RESIDENTS
9-2 用电量（北京地区） 198
ELECTRICITY CONSUMPTION(BEIJING AREA)
9-3 供热 199
HEAT SUPPLY
9-4 煤气、液化石油气及天然气 199
GAS,LIQUEFIED PETROLEUM GAS AND NATURAL GAS

9-5 自来水及自备水源 200
TAP WATER AND SELF-PROVIDED SOURCE OF WATER
9-6 节水 200
WATER SAVING
9-7 公共交通 201
PUBLIC TRAFFIC
9-8 客运出租汽车 202
TAXIS SERVICE
9-9 全市道路情况 202
STATISTICS FOR ROADS
9-10 市政工程设施情况 203
BASIC STATISTICS ON MUNICIPAL ENGINEERING
9-11 城市园林绿化 203
GARDENS AND PLANTED AREAS
9-12 城市排水 203
DRAINAGE
主要统计指标解释 204
EXPLANATORY NOTES ON MAIN STATISTICAL INDICATORS
十、农业及农村经济
AGRICULTURE AND RURAL ECONOMY
主要统计指标统计图
GRAPH OF MAIN STATISTICAL INDICATORS
10-1 农村基层组织情况 208
RURAL GRASSROOTS UNITS
10-2 乡村从业人员 208
RURAL EMPLOYED PERSONS
10-3 郊区县乡村从业人员 209
RURAL EMPLOYED PERSONS IN SUBURBS AND COUNTIES
10-4 郊区增加值 210
ADDED VALUE OF SUBURBS
10-5 农业总产值 211
GROSS OUTPUT VALUE OF AGRICULTURE
10-6 耕地面积 211
CULTIVATED AREAS
10-7 主要农作物播种面积及产量 212
SOWN AREAS AND YIELD OF MAJOR FARM CROPS
10-8 郊区县粮食耕地面积及播种面积 213
GRAIN IN CULTIVATED AREA AND SOWN AREAS OF SUBURBS AND COUNTIES
10-9 郊区县蔬菜耕地面积及播种面积 213
VEGETABLE IN CULTIVATED AREA AND SOWN AREAS OF SUBURBS AND COUNTIES
10-10 郊区县油料耕地面积及播种面积 214
OIL-BEARING CROPS IN CULTIVATED AREA AND SOWN AREAS OF SUBURBS AND COUNTIES

10-11 郊区县饲料耕地面积及播种面积 215
FORAGE IN CULTIVATED AREA AND SOWN AREAS OF SUBURBS AND COUNTIES
10-12 郊区县粮食、蔬菜耕地面积产量 216
YIELD FROM GRAIN，VEGETABLEIN CULTIVATED AREA OF SUBURBS AND YIELD
10-13 林业及干鲜果品生产 216
FORESTRY,DRY AND FRESH FRUIT PRODUCTION
10-14 畜牧业生产 217
ANIMALS HUSBANDRY
10-15 水产品生产 218
AQUATIC PRODUCTS
10-16 主要农产品产量 218
OUTPUT OF MAJOR FARM PRODUCTS
10-17 郊区县副食品产量 219
OUTPUT OF NON-STAPLE FOOD IN SUBURBS AND COUNTIES
10-18 设施农业面积及产量 219
AREAS AND OUTPUT OF FACILITY-AGRICULTURE
10-19 农村劳动生产率 220
RURAL LABOR PRODUCTIVITY
10-20 农业生产条件 221
PRODUCTIVE CONDITIONS OF AGRICULTURE
10-21 乡镇企业各业基本情况 222
BASIC STATISTICS ON SECTORS OF TOWN AND TOWNSHIP ENTERPRISES
10-22 乡镇企业出口供货情况 222
GOODS SUPPLIES FOR EXPORT OF TOWN AND TOWNSHIP ENTERPRISES
10-23 郊区县乡镇企业主要经济指标 223
MAIN ECONOMIC INDICATORS FOR TOWN AND TOWNSHIP ENTERPRISES
IN SUBURBS AND COUNTIES
10-24 郊区县乡镇个体、私营企业主要经济指标 224
MAIN ECONOMIC INDICATORS FOR RURAL INDIVIDUAL AND PRIVATE ENTERPRISES
IN SUBURBS AND COUNTIES
10-25 农村固定资产投资情况 225
INVESTMENT IN FIXED ASSETS PER CAPITA IN RURAL AREAS
10-26 农村经济收入与分配 226
INCOME AND DISTRIBUTION OF RURAL ECONOMY
10-27 郊区小城镇建设基本情况 227
BASIC STATISTICS FOR OUTSKIRT A WIDE PLACE IN THE ROAD
主要统计指标解释........228
EXPLANATORY NOTES ON MAIN STATISTICAL INDICATORS
十一、工业
INDUSTRY
主要统计指标统计图
GRAPH OF MAIN STATISTICAL INDICATORS
11-1 工业企业主要经济指标 234
MAIN INDICATORS FOR INDUSTRIAL ENTERPRISES

11-2 工业企业主要经济指标(按行业分) 238
MAIN INDICATORS FOR INDUSTRIAL ENTERPRISES(BY SECTOR)
11-3 工业企业主要经济分析指标 242
MAIN INDICATORS ON ECONOMIC BENEFIT OF INDUSTRIAL ENTERPRISES
11-4 国有及国有控股工业企业主要经济指标 244
MAIN INDICATORS FORSTATE-OWNED AND
11-5 国有及国有控股工业企业主要经济指标（按行业分） 246
MAIN INDICATORS FOR STATE-OWNED AND STATE-HOLDING
INDUSTRIAL ENTERPRISES（BY SECTOR）
11-6 股份制工业企业主要经济指标 250
MAIN INDICATORS FOR SHARE-HOLDING INDUSTRIAL ENTERPRISES
11-7 股份制工业企业主要经济指标（按行业分） 252
MAIN INDICATORS FOR SHARE-HOLDING INDUSTRIAL ENTERPRISES(BY SECTOR)
11-8 “三资”工业企业主要经济指标 256
MAIN INDICATORS FOR FOREIGN FUNDED INDUSTRIAL ENTERPRISES
11-9 “三资”工业企业主要经济指标（按行业分） 258
MAIN INDICATORS FOR FOREIGN FUNDED INDUSTRIAL ENTERPRISES（BY SECTOR）
11-10 大中型工业企业主要经济指标 262
MAIN INDICATORS FOR LOCAL LARGE AND MEDIUM INDUSTRIAL ENTERPRISES
11-11 大中型工业企业主要经济指标（按行业分） 266
MAIN INDICATORS FOR LOCAL LARGE AND MEDIUM INDUSTRIAL ENTERPRISES
（BY SECTOR）
11-12 规模以下工业企业主要指标 270
MAJOR INDICATORS FOR INDUSTRIAL ENTERPRISES BELOW DESIGNED SIZE
11-13 高新技术产业情况 270
STATISTICS ON HIGH-GRADE TECHNOLOGICAL INDUSTRY
11-14 主要工业产品生产总量 271
OUTPUT OF MAIN INDUSTRIAL PRODUCTS
主要统计指标解释 274
EXPLANATORY NOTES ON MAIN STATISTICAL INDICATORS

十二、建筑业

CONSTRUCTION

主要统计指标统计图
GRAPH OF MAIN STATISTICAL INDICATORS
12-1 建筑业施工企业基本情况 280
BASIC STATISTICS FOR CONSTRUCTION ENTERPRISES
OF THE ABOVE.
12-2 建筑业施工企业总产值和劳动生产率 281
GROSS OUTPUT VALUE AND LABOR PRODUCTIVITY OF CONSTRUCTION ENTERPRISES
12-3 建筑业施工企业竣工率 282
RATIO OF COMPLETED OF CONSTRUCTION ENTERPRISES
12-4 建筑业施工企业工程质量 283
PROJECTS QUALITY OF CONSTRUCTION ENTERPRISES

12-5 建筑业施工企业主要财务指标 284
MAIN FINANCIAL INDICATORS ON CONSTRUCTION ENTERPRISES
主要统计指标解释 287
EXPLANATORY NOTES ON MAIN STATISTICAL INDICATORS
十三、交通运输、邮电通信业
TRANSPORTATION,POSTS AND TELECOMMUNICATIONS
主要统计指标统计图
GRAPH OF MAIN STATISTICAL INDICATORS
13-1 社会客货运总量 (换算周转量) 292
PASSENGER AND FREIGHT TRAFFIC(CONVERTED INTO TURNOVER VOLUME)
13-2 运输线路 292
TRANSPORTATION ROUTES
13-3 铁路运输量及主要技术经济指标(铁路分局范围) 292
RAILWAY TRAFFIC AND MAIN ECONOMIC AND TECHNICAL INDICATORS
(WITHIN RAILWAY BUREAU BRANCH)
13-4 全社会客、货运输量及周转量 293
PASSENGER AND FREIGHT TRAFFIC AND TURNOVER VOLUME
13-5 公路、铁路、民航主要技术经济指标 293
MAIN TECHNICAL AND ECONOMIC INDICATORS OF HIGHWAY,
RAILWAY AND CIVIL AVIATION
13-6 民用车辆 294
CIVIL VEHICLES
13-7 邮电业务总量 295
POSTS AND TELECOMMUNICATIONS SERVICES
主要统计指标解释 296
EXPLANATORY NOTES ON MAIN STATISTICAL INDICATORS
十四、批发零售贸易业和餐饮业
WHOLESALE,RETAIL AND CATERING
主要统计指标统计图
GRAPH OF MAIN STATISTICAL INDICATORS
14-1 社会消费品零售额 300
TOTAL RETAIL SALES OF CONSUMER GOODS
(THE DATE OF LAST YEAR REFERS TO NEW CALIBER DEDUCT)
14-2 社会批发零售贸易业商品购、销、存总值 301
TOTAL PURCHASES,SALES AND INVENTORY OF WHOLESALE AND RETAIL SALE TRADES
14-3 批发零售贸易业商品购、销、存总值 301
PURCHASES,SALES AND INVENTORY OF WHOLESALE AND RETAIL SALE TRADES
14-4 批发零售贸易企业商品分类销售库存 302
SALES AND INVENTORY BY CATEGORY OF ENTERPRISES IN WHOLESALE AND RETAIL TRADES
14-5 社会农副产品购进、销售、库存数量 304
PURCHASES,SALES AND INVENTORY OF FARM AND SIDELINE PRODUCTS
14-6 限额以上批发零售贸易企业商品购进、销售、库存数量 304
PURCHASES,SALES AND INVENTORY VOLUME OF ENTERPRISES ABOVE QUOTA
IN WHOLESALE AND RETAIL SALE TRADES

14-7 限额以上批发零售贸易业财务状况 306
FINANCIAL INDICATORS OF ENTERPRISES ABOVE QUOTA IN
WHOLESALE AND RETAIL SALE TRADES
14-8 限额以上餐饮业财务状况 312
FINANCIAL INDICATORS OF BUSINESS REVENUE AT AND ABOVE TWO MILLION
ENTERPRISES IN CATERING TRADE
14-9 商业、饮食业、服务业经营机构及人员 314
OPERATING UNITS AND PERSONNEL OF COMMERCE,CATERING AND SERVICES
14-10 商业、饮食业、服务业营业网点及人员(按所有制形式分) 314
OUTLETS AND PERSONNEL OF COMMERCE,CATERING AND SERVICES
(BY OWNERSHIP)
14-11 批发业网点及人员 314
OUTLETS AND PERSONNEL OF WHOLESALE TRADE
14-12 商业零售网点及人员 315
OUTLETS AND PERSONNEL OF RETAIL SALE TRADE
14-13 饮食业营业网点及人员 315
OUTLETS AND PERSONNEL OF CATERING TRADE
14-14 服务业营业网点及人员 315
OUTLETS AND PERSONNEL OF SERVICES
14-15 连锁企业基本情况 316
BASIC STATISTICS FOR CHAIN ENTERPRISES
14-16 连锁企业主要经济指标 317
FINANCIAL INDICATORS CHAIN ENTERPRISES
14-17 各类商品交易市场基本情况 318
STATISTICS FOR COMMODITY TRANSACTION MARKETS
14-18 各类商品交易市场成交额 319
TRANSACTION VALUE OF COMMODITY TRANSACTION MARKETS
14-19 消费品市场成交量 320
TRANSACTION VOLUME OF CONSUMER GOODS MARKETS
14-20 生产资料市场成交情况 320
STATISTICS FOR TRANSACTION IN CAPITAL GOODS MARKETS
14-21 消费者投诉与处理 321
CONSUMER'S LAWSUITS AND HANDLING
主要统计指标解释 322
EXPLANATORY NOTES ON MAIN STATISTICAL INDICATORS
十五、对外经济贸易
FOREIGN ECONOMY AND TRADE
主要统计指标统计图
GRAPH OF MAIN STATISTICAL INDICATORS
15-1 海关进出口贸易总额(按登记注册类型分) 328
TOTAL VALUE OF IMPORTS AND EXPORTS AT CUSTOMS
(GROUPED BY REGISTRATION STATUS)
15-2 海关进出口贸易总额(按国别、地区分） 329
TOTAL VALUE OF IMPORTS AND EXPORTS AT CUSTOMS(GROUPED BY COUNTRY AND REGION)

15-3 海关进出口商品类别及构成(地方企业) 330
VALUE AND COMPOSITION OF IMPORTS AND EXPORTS AT CUSTOMS
BY CATEGORY OF COMMODITIES(LOCAL)
15-4 进出口商品检验 330
TEST OF IMPORTS AND EXPORTS COMMODITIES
15-5 海关主要商品出口量 331
MAJOR EXPORTS COMMODITIES IN VOLUME(CUSTOMS STATISTICS)
15-6 海关主要商品进口量 332
MAJOR IMPORTS COMMODITIES IN VOLUME(CUSTOMS STATISTICS)
15-7 外商投资企业签约情况 333
STATISTICS ON CONTRACTS OF FOREIGN FUNDED ENTERPRISES
15-8 外商投资企业实际利用外资情况 334
UTILIZATION OF FOREIGN CAPITAL OF FOREIGN FUNDED ENTERPRISES
15-9 外商投资企业投产开业情况 335
STATISTICS FOR OPENING OF FOREIGN FUNDED ENTERPRISES
15-10 外商投资企业生产经营情况 336
STATISTICS ON PRODUCTION AND BUSINESS OF FOREIGN ENTERPRISES
15-11 对外承包工程和劳务合作 337
CONTRACTED PROJECTS AND LABOR SERVICES COOPERATION WITH FOREIGN COUNTRIES
15-12 海外企业审批情况 337
STATISTICS ON EXAMINING AND APPROVING OF CONTRACTS
OF OVERSEAS ENTERPRISES
15-13 外国企业及华侨、港澳地区企业驻京代表机构 338
REPRESENTATIVE OFFICES IN BEIJING OF FOREIGN,OVERSEAS CHINESE
HONGKONG AND MACAO ENTERPRISES
15-14 区县对外经济基本情况 338
FOREIGN ECONOMY OF DISTRICTS AND COUNTIES
主要统计指标解释 339
EXPLANATORY NOTES ON MAIN STATISTICAL INDICATORS
十六、旅游
TOURISM
主要统计指标统计图
GRAPH OF MAIN STATISTICAL INDICATORS
16-1 旅游外汇收入 344
FOREIGN EXCHANGE EARNING FROM INTERNATIONAL TOURISM
16-2 接待海外旅游人数 345
FOREIGN TOURISTS
16-3 旅游饭店经营情况 346
STATISTICS FOR TOURIST HOTELS
16-4 国际旅行社外联、接待海外旅游者情况 347
STATISTICS FOR OVERSEAS GROUP AND RECEIVED
BY INTERNATIONAL TRAVEL AGENCIES

16-5 国际旅行社组织国内居民出境旅游情况 348
STATISTICS FOR HOME TOURISTS TRAVELLING OUT-BOUNDARY OR GANIZED
BY INTERNATIONAL TRAVEL AGENCIES
16-6 国际旅行社经营情况 348
BUSINESS OF INTERNATIONAL TRAVEL AGENCIES
主要统计指标解释........349
EXPLANATORY NOTES ON MAIN STATISTICAL INDICATORS
十七、金融、保险
BANKING AND INSURANCE
主要统计指标统计图
GRAPH OF MAIN STATISTICAL INDICATORS
17-1 北京辖区金融机构本外币存贷款 354
DEPOSITS AND LOANS OF FINANCIAL INSTITUTIONS IN BEIJING
17-2 北京市金融机构(含外资)本外币信贷收支表 354
DEPOSITS AND LOANS(INCLUDE FOREIGN CURRENCY) OF FINANCIAL INSTITUTIONS
(INCLUDE FOREIGN CAPITAL)
17-3 银行人民币存款及贷款余额 355
DEPOSITS AND LOANS OF BANKS
17-4 城乡居民人民币储蓄存款余额 356
SAVINGS DEPOSIT BALANCE IN URBAN AND RURAL AREAS
17-5 金融机构人民币现金收支 356
CASH INCOME AND EXPENDITURES OF FINANCIAL INSTITUTIONS
17-6 银行、保险系统机构及人员 357
INSTITUTIONS AND PERSONNEL OF BANK AND INSURANCE SYSTEM
17-7 保险业务情况 357
STATISTICS FOR ASSURANCE
17-8 金融市场交易量 357
FINANCIAL MARKET TRANSACTIONS
主要统计指标解释........358
EXPLANATORY NOTES ON MAIN STATISTICAL INDICATORS
十八、教育、文化
EDUCATION AND CULTURE
主要统计指标统计图
GRAPH OF MAIN STATISTICAL INDICATORS
18-1 各类学校基本情况 362
BASIC STATISTICS FOR EDUCATION
18-2 高等学校基本情况 363
BASIC STATISTICS FOR INSTITUTION OF HIGHER EDUCATION
18-3 全市高等教育学生情况 364
PUPILLARY STATISTICS FOR INSTITUTION OF HIGHER EDUCATION
18-4 全市分学科研究生数 365
NUMBER OF POSRGRADUATE BY FIELD OF STUDY
18-5 外国留学生情况 365
STATISTICS FOR FORREIGN STUDENT ABROAD

18-6 中等专业学校分科学生数 366
NUMBER OF STUDENTS IN SPECIALIZED SECONDARY SCHOOLS BY FIELD OF STUDY
18-7 职业高中分科情况 366
STATISTICS FOR STUDENTS BY FIELD OF STUDY IN VOCATIONAL SCHOOLS
18-8 中、小学校外教育 367
AFTER-SCHOOL EDUCATION OF SECONDARY AND PRIMARY SCHOOLS
18-9 平均每万人口在校学生数 367
AVERAGE NUMBER OF STUDENT ENROLLMENT PER 10000 POPULATION
18-10 幼儿园基本情况 368
STATISTICS FOR KINDERGARTENS
18-11 高等教育自学考试情况 368
STATISTICS FOR HIGHER EDUCATION SELF-STUDY EXAMINATION
18-12 各级成人学校基本情况 369
BASIC STATISTICS FOR ADULT EDUCATION
18-13 特殊教育情况 369
STATISTICS FOR SPECIAL EDUCATION
18-14 社会力量办学 370
COMMUNITY INVESTMENT RUN A SCHOOL
18-15 外省、外籍学生情况 370
STATISTICS FOR OTHER PROVINCE AND FOREIGN NATIONALITY STUDENTS
18-16 高校办学条件 371
INSTITUTIONS OF HIGHER EDUCATION RUN A SCHOOL CONDITION
18-17 基础教育办学条件 371
BASE EDUCATION RUN A SCHOOL CONDITION
18-18 教育及其他部门各级各类学校教育经费收入情况表 372
STATISTICS FOR EDUCATION REVENUE OF TOTAL EDUCATIVE MACHINE
18-19 教育经费支出明细表 374
LIST OF EDUCATION EXPENDITURE
18-20 公共图书馆 376
PUBLIC LIBRARIES
18-21 艺术剧团 376
ART TROUPES
18-22 电影摄制情况 377
STATISTICS FOR FILM PRODUCTION
18-23 报纸出版情况 377
NEWSPAPER PUBLICATION
18-24 杂志出版情况 377
MAGAZINES PUBLICATION
18-25 图书出版情况 378
BOOKS PUBLICATION
18-26 录音制品出版情况 379
PUBLICATION OF AUDIO PRODUCTS
18-27 录像制品出版情况 379
PUBLICATION OF VIDEO PRODUCTS

18-28 电视台情况 379
BASIC STATISTICS ON TELEVISION STATIONS
18-29 广播电台情况 380
BASIC STATISTICS ON BROADCASTING STATIONS
18-30 文化产业活动单位基本情况 380
BASIC STATISTICS OF CULTURAL INDUSTRIAL UNITS
主要统计指标解释 381
EXPLANATORY NOTES ON MAIN STATISTICAL INDICATORS
十九、科技
SCIENCE AND TECHNOLOGY
主要统计指标统计图
GRAPH OF MAIN STATISTICAL INDICATORS
19-1 科技活动人员情况 388
STATISTICS FOR PERSONNEL ENGAGED IN SCIENCE AND TECHNOLOGYP
19-2 高等学校科技活动情况 388
STATISTICS FOR INSTITUTIONS OF HIGHER EDUCATION SCIENCE
AND TECHNOLOGY-ORIENTED ACTIVITIES
19-3 科技活动经费筹集情况 389
STATISTICS FOR SCIENTIFIC RESEARCH-ORIENTED EXPENDITURE FINANCING
19-4 科技活动经费支出情况 389
STATISTICS FOR APPROPRIATION EXPENDITURE FOR SCIENCE AND TECHNOLOGY
19-5 产品质量监督检验情况 390
SUPERVISE AND CHECK UP PRODUCT QUALITY
19-6 研究与试验发展(R&D)情况 390
RESEARCH AND EXPERIMENTAL DEVELOPMENT
19-7 国民经济各行业专业技术人员 392
NUMBER OF PROFESSIONAL TECHNICAL PERSONNEL BY SECTORS OF
NATIONAL ECONOMY
19-8 国民经济各行业每万从业人员拥有专业技术人员 393
NUMBER OF SCIENTIFIC AND TECHNICAL PERSONNEL PER 10000 EMPLOYMENT
BY SECTORS OF NATIONAL ECONOMY
19-9 市属国有企事业单位专业技术人员 394
NUMBER OF SCIENTIFIC AND TECHNICAL PERSONNEL IN LOCAL STATE-OWNED
ENTERPRISES AND INSTITUTIONS
19-10 专利申请及授权情况 394
PATENT APPLICATIONS EXAMINED AND CERTIFIED
19-11 科学研究机构及人员 395
SCIENTIFIC RESEARCH INSTITUTIONS AND PERSONNEL
19-12 大中型工业企业科技活动基本情况 396
STATISTICS FOR LOCAL LARGE AND MEDIUM INDUSTRIAL ENTRPRISES SCIENCE
AND TECHNOLOGY-ORIENTED ACTIVITIES
19-13 技术合同签定情况 397
CONCLUSION OF TECHNICAL CONTRACTS

19-14 科学技术协会及所属学会工作情况 398
BASIC STATISTICS OF SCIENCE AND TECHNOLOGY ASSOCIATION AND SUBORDINATE INSTITUTES
主要统计指标解释 399
EXPLANATORY NOTES ON MAIN STATISTICAL INDICATORS
二十、卫生、体育
HEALTH AND SPORTS
主要统计指标统计图
GRAPH OF MAIN STATISTICAL INDICATORS
20-1 医疗卫生机构基本情况 404
BASIC STATISTICS FOR INSTITUTIONS OF PUBLIC HEALTH
20-2 村卫生室基本情况 404
INFIRMARY IN RURAL AREA
20-3 全市医院基本情况 405
BASIC STATISTICS FOR HOSPITALS
20-4 医院、卫生院工作情况 407
WORKS OF HOSPITALS
20-5 全市居民前十位死因顺位、死亡率及构成 409
DEATH RATE AND COMPOSITION OF 10 MAJOR DISEASE
20-6 全市婴儿、新生儿死亡率 410
DEATH RATE OF INFANT AND NEWBORN BABY
20-7 全市7岁以下儿童系统管理情况 410
STATISTICS FOR SYSTEMATIC CARE OF CHILDREN AT 7 AND BELOW
20-8 全市食品卫生监督检查合格情况 411
STATISTICS FOR FOOD SANITATION BACK-CHECK QUALIFIED RATE
20-9 农村改水情况 411
STATISTICS FOR WATER-CHANG IN RURAL AREA
20-10 群众体育活动情况 412
ACTIVITIES OF MASS SPORTS
20-11 分等级运动员发展人数情况 412
NUMBER OF CERTIFIED ATHLETES ADMITTED
20-12 专职教练员获职称人数情况 412
NUMBER OF PROFESSIONAL TRAINERS GAINED TITLE
20-13 分等级裁判员发展人数情况 412
NUMBER OF CERTIFIED REFEREES ADMITTED
20-14 运动员获奖牌情况 412
STATISTICS ON MEDALS WON
20-15 北京市运动员获全国冠军名单 413
LIST OF NATIONAL CHAMPIONSHIPS BY ATHLETES OF BEIJING
20-16 体育彩票及体育报刊 414
GYMNASTIC LOTTERY AND GYMNASTIC NEWSPAPERS AMD PERIODICALS
主要统计指标解释 415
EXPLANATORY NOTES ON MAIN STATISTICAL INDICATORS

二十一、社会福利、政法及其他

SOCIAL WELFARE,POLITICS AND LAW AND OTHERS

主要统计指标统计图

GRAPH OF MAIN STATISTICAL INDICATORS

21-1 优抚、救济对象得到抚恤、补助、救济情况 420

STATISTICS FOR SPECIAL PENSIONS,ALLOWANCES AND RELIEF FUNDS

21-2优抚及主要救济对象情况 420

STATISTICS FOR PERSONS RECEIVING SPECIAL PENSIONS AND RELIEF

21-3 社会福利事业情况 421

BASIC STATISTICS FOR SOCIAL WELFARE PROJECTS

21-4 城乡各种福利院情况 421

STATISTICS FOR URBAN AND RURAL WELFARE HOMES

21-5 婚姻登记情况 421

BASIC STATISTICS FOR MARRIAGE REGISTRATIONS

21-6 残疾人事业基本情况 422

BASIC INFORMATION OF PEOPLE WITH DISABILITIES

21-7 北京市历年社会保障相关待遇标准 423

SOCIAL WELFARE TREATMENT STANDARD OF BEIJING

21-8 社会保险基金统筹情况 423

SOCIAL BLANKET INSURANCE FUNDS

21-9 律师工作 424

STATISTICS FOR LAWYERS

21-10 历届律师资格考试情况 424

STATISTICS FOR LAWYER QUALIFICATION EXAMINATION

21-11 乡镇(街道)法律服务情况 425

STATISTICS FOR TOWNSHIP(URBAN SUBDISTRICT) LAW SERVICES

21-12 调解工作 425

MEDIATION

21-13 公证工作 425

NOTARIZATIONS

21-14 国内公证文书分类 426

CLASSIFIED STATISTICS FOR DOMESTIC NOTARY DOCUMENTS

21-15 法院行政案件收、结案情况 426

STATISTICS FOR ADMINISTRATIVE CASES ACCEPTED AND CLOSED BY COURT

21-16 法院刑事案件收、结案情况 427

STATISTICS FOR CRIMINAL CASES ACCEPTED AND CLOSED BY COURT

21-17 法院婚姻家庭、继承纠纷案件收、结案情况 427

STATISTICS FOR MARRIAGE AND FAMILY AND INHERITABLE DISPUTE CASE

21-18 法院合同纠纷案件收、结案情况 428

STATISTICS FOR CONTRACT CASES ACCEPTED AND CLOSED BY COURT

21-19 法院权属、侵权纠纷及其他民事案件收、结案情况 428

STATISTICS FOR AUTHORITYED AND

TORTIOUS DISPUTE CASE ACCEPTED AND CLOSED BY COURT

21-20 检察机关办理各类案件情况 429
STATISTICS FOR CASES HANDLED BY PROCURATORIAL ORGAN
21-21 反贪污贿赂、渎职侵权案件情况 429
STATISTICS FOR CASE THAT COMBAT CORRUPTION TO BRIBE
AND MALFEASANCE ENCROACHES RIGHT
21-22 法律援助工作 430
STATISTICS FOR LEGAL AID
21-23 刑事案件情况 430
STATISTICS FOR CRIMINAL CASES
21-24 消防建设情况 430
STATISTICS FOR FIRE FIGHTING
21-25 火灾及损失 431
FIRE AND LOSSES
21-26 交通事故及损失 431
STATISTICS FOR TRAFFIC ACCIDENTS AND LOSSES
21-27 查处治安案件情况 432
STATISTICS FOR INVESTIGATING AND HANDLING PUBLIC ORDER CASES
21-28 妇联组织状况 432
STATISTICS FOR WOMAN FEDERATION ORGANIZATIONS
21-29 工会组织建设情况 433
WORKERS CONGRESS BUILDING
21-30 社区状况 434
STATISTICS FOR COMMUNITY
21-31 社区服务调查表 435
COMMUNITY SERVE QUESTIONARY
21-32 北京市儿童发展规划监测统计资料 436
SUPERVISORY STATISTICS FOR CHILDREN DEVELOPMENT OF BEIJING
21-33 北京市历届人代会代表人数性别构成及议案、批评建议数 438
NUMBER OF DELEGACY AND PROPOSAL AND SUGGEST BY DEMOTIC CONGRESS
21-34 北京市历届政协会委员人数及提案立案数 438
NUMBER OF DELEGACY AND PROPOSAL AND PUT ON RECORD BY POLITICS CONFERENCE
主要统计指标解释 439
EXPLANATORY NOTES ON MAIN STATISTICAL INDICATORS
二十二、服务业
SERVICE
主要统计指标统计图
GRAPH OF MAIN STATISTICAL INDICATORS
22-1 服务业企业财务状况 444
FINANCIAL INDICATORS FOR SERVICES ENTERPRISES
二十三、企业及企业集团资料
STATISTICS FOR ENTERPRISE AND ENTERPRISES GROUP
23-1 企业集团主要经济指标 448
MAIN ECONOMIC INDICATORS OF BUSINESS GROUP

23-2 重点企业主要经济指标 450
MAIN ECONOMIC INDICATORS OF ENTERPRISES WITH MODERN ENTERPRISE SYSTEM
23-3 企业景气指数 452
PROSPERITY INDEX ON ENTERPRISES
23-4 企业家信心指数 454
INDEX OF CONFIDENCE ON MACRO ECONOMY OF ENTERPRISERS
主要统计指标解释........456
EXPLANATORY NOTES ON MAIN STATISTICAL INDICATORS
二十四、各类开发区资料
STATISTICS FOR VARIOUS DEVELOPMENT ZONES
主要统计指标统计图
GRAPH OF MAIN STATISTICAL INDICATORS
24-1 各类开发区基本情况 460
BASIC STATISTICS FOR DEVELOPMENT ZONES
24-2 各类开发区主要指标完成情况 460
STATISTICS FOR FULFILLMENT OF MAJOR INDICATORS OF DEVELOPMENT ZONES
24-3 各类开发区一览表 461
DEVELOPMENT ZONES LIST
24-4 各类开发区招商、入资情况 462
STATISTICS ON HIRER LEASEHOLDER AND CAPITAL INFLOW OF DEVELOPMENT ZONES
24-5 各类开发区投资、生产情况 463
INVESTMENT AND PRODUCTION OF DEVELOPMENT ZONES
24-6 北京经济技术开发区主要经济指标 464
MAIN ECONOMIC INDICATORS FOR BEIJING ECONOMIC-TECHNOLOGICAL DEVELOPMENT AREA
24-7 中关村科技园区企业经营活动情况 465
MANAGEMENT OF ZHONG GUAN CUN SCIENCE AND TECHNOLOGY ZONES
24-8 中关村科技园区企业活动情况 466
CAMPAINGN OF ZHONG GUAN CUN SCIENCE AND TECHNOLOGY ZONES
24-9 中关村科技园区企业人力资源情况 468
MANPOWER RESOURCE OF ZHONG GUAN CUN SCIENCE AND TECHNOLOGY ZONES
24-10 中关村科技园区企业财务状况 470
MAIN INDICATORS OF ZHONG GUAN CUN SCIENCE AND TECHNOLOGY ZONES
二十五、专项调查
SPECIAL SURVEY
25-1 会展业宾馆饭店接待会展情况 473
STATISTICS FOR HOTEL BY RECEIVE CONFERENCE AND EXHIBITION
25-2 会展业会议及展览场馆接待会展情况 474
STATISTICS FOR GROUND BY RECEIVE CONFERENCE AND EXHIBITION
25-3 会展业主办单位举办会展情况 475
STATISTICS FOR ENTREPRENEUR BY CONFERENCE AND EXHIBITION
主要统计指标解释........476
EXPLANATORY NOTES ON MAIN STATISTICAL INDICATORS
附录
APPENDIX

附录1：历史资料 479
APPENDIX 1：HISTORICAL STATISTICS
附1-1 地区收入总值 479
GROSS NATIONAL INCOME
附1-2 地区收入总值指数(1978=100) 480
INDEX OF GROSS NATIONAL INCOME(1978=100)
附1-3 地区收入总值指数(上年=100) 481
INDEX OF GROSS NATIONAL INCOME(PRECEDING YEAR=100)
附1-4 地区生产总额（按支出法计算） 482
GROSS DOMESTIC PRODUCT
附1-5 地方财政收支 483
LOCAL FINANCIAL REVENUE AND EXPENDITURE
附1-6 人口状况 484
POPULATION
附1-7 按城乡分从业人员(年末数) 485
EMPLOYEE BY URBAN AND RURAL AREA(YEAR-END)
附1-8 从业人员和职工人数(年末数) 486
NUMBER OF EMPLOYED PERSONS,STAFF AND WORKERS(YEAR-END)
附1-9 职工工资总额和保险福利费 487
TOTAL WAGES,INSURANCE AND WELFARES OF STAFF AND WORKERS
附1-10 职工平均工资及指数 488
AVERAGE WAGE AND INDEX OF STAFF AND WORKERS
附1-11 全社会固定资产投资 489
TOTAL INVESTMENT IN FIXED ASSETS
附1-12 基本建设投资额 491
INVESTMENT IN CAPITAL CONSTRUCTION
附1-13 更新改造投资额 492
INVESTMENT IN INNOVATIONS
附1-14 房地产开发情况 493
STATISTIONS FOR ESTATE DEVELOPMENT
附1-15 各种物价总指数(上年=100) 494
AGGREGATE PRICE INDICES(PRECEDING=100)
附1-16 各种物价总指数（1978=100） 495
AGGREGATE PRICE INDICES
附1-17 居民生活 496
PEOPLE'S LIVELIHOOD
附1-18 城市居民家庭平均每百户主要耐用消费品拥有量 498
POSSESSION OF MAIN DURABLE CONSUMER GOODS OF PER 100 URBAN HOUSEHOLDS
附1-19 农民家庭平均每百户主要耐用消费品拥有量 499
POSSESSION OF MAIN DURABLE CONSUMER GOODS OF PER 100 RURAL HOUSEHOLDS
附1-20 农业基本情况 500
BASIC STATISTICS FOR AGRICULTURE
附1-21 农业生产条件 501
PRODUCTIVE CONDITIONS OF AGRICULTURE

附1-22 农林牧渔业总产值和指数 502
GROSS OUTPUT VALUE OF FARMING,FORESTRY,ANIMAL HUSBANDRY
FISHERY AND THEIR INDEX
附1-23 主要农业产品产量 503
OUTPUT OF MAJOR AGRICULTURAL PRODUCTS
附1-24 每一农林牧渔业从业者农业生产量 504
PRODUCTION VOLUME PER EMPLOYEE OF FARMING,FORESTRY,
ANIMAL HUSBANDRY AND FISHERY
附1-25 工业总产值 505
GROSS OUTPUT VALUE OF INDUSTRY
附1-26 工业总产值指数(上年=100) 506
INDEX OF GROSS OUTPUT VALUE OF INDUSTRY(PRECEDING YEAR=100)
附1-27 独立核算工业企业主要指标 507
MAIN INDICATORS FOR INDUSTRIAL ENTERPRISES WITH
INDEPENDENT ACCOUNTING SYSTEM
附1-28 独立核算工业企业效益指标 508
BENEFICIAL INDICATORS FOR INDUSTRIAL ENTERPRISES WITH
INDEPENDENT ACCOUNTING SYSTEM
附1-29 工业产品产量 509
OUTPUT OF INDUSTRIAL PRODUCTS
附1-30 建筑业企业基本情况 511
BASIC STATISTICS FOR CONSTRUCTION ENTERPRISES WITH INDEPENDENT
ACCOUNTING SYSTEM
附1-31运输邮电业基本情况 512
TRANSPORTATON,POSTS AND TELECOMMUNICATIONS
附1-32 社会消费品零售额 515
TOTAL RETAIL SALES OF CONSUMER GOODS
附1-33 北京市对外经济贸易和国际旅游 517
FOREIGN ECONOMICS,TRADE AND TOURISM
附1-34 北京市中资金融机构人民币各项存款年末余额 519
YEAR-END BALANCE OF DEPOSITS OF FINANCIAL INSTITUTIONS IN BEIJING
附1-35 北京市中资金融机构人民币各项贷款年末余额 520
YEAR-END BALANCE OF LOANS OF FINANCIAL INSTITUTIONS IN BEIJING
附1-36 教育基本情况 521
BASIC STATISTICS FOR EDUCATION
附1-37 卫生情况 522
STATISTICS ON HEALTH

文章选编

ARTICLES

STATISTICAL

YEARBOOK

北京市统计局2003年
国民经济和社会发展统计公报

2004年1月12日

2003年是全面建设小康社会的开局之年。在市委、市政府的领导下，全市人民以“三个代表”重要思想和党的十六届三中全会精神为指导，围绕“新北京、新奥运”的战略目标，以加快发展为总基调，着力优化发展环境，积极应对国内外形势的新变化，努力克服“非典”疫情的负面影响，扎实工作，开拓创新。全市经济继续保持了快速增长的良好态势，改革开放和现代化建设不断取得新进展，科技、教育、文化、卫生、体育等各项社会事业全面进步，城乡居民收入较快增长，人民生活水平进一步提高。

一、综合经济

经济实力：国民经济保持快速健康发展。初步统计，2003年全市实现生产总值3611.9亿元，比上年增长10.5%，实现了预期增长目标，经济增长率连续5年保持在10%以上。人均生产总值达到31613元，比上年增长9.2%，按当前汇率折算，约合3819美元。

运行趋势：全市经济经受住了上半年“非典”疫情的严峻考验，全年经济运行呈现“高开—回落—恢复—回升”的特点。

全年经济运行趋势

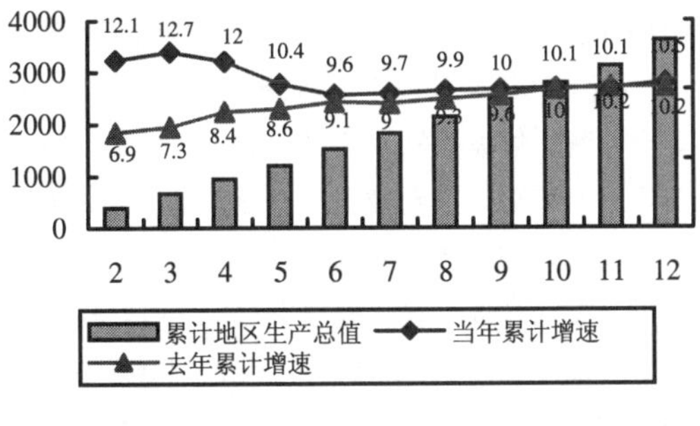

产业结构：“三、二、一”产业格局稳固。第一产业实现增加值95.3亿元，比上年增长3.3%；第二产业1298.5亿元，增长11.9%；第三产业2218.2亿元，增长10%。三次产业比重分别为2.6%、36.0%和61.4%，其中第二产业比重比上年提高1.2个百分点。三次产业对经济增长的贡献率分别为0.93%、41.74%和57.33%。

GDP分产业结构图

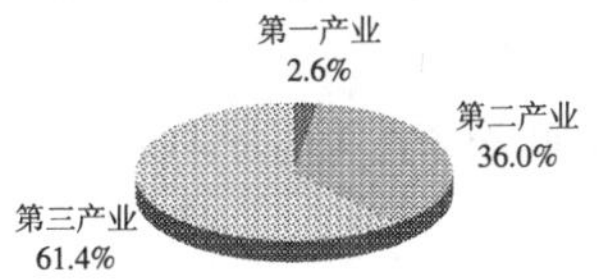

财政收支：财政收入保持较快增长，调控能力不断增强。全年完成地方财政一般预算收入592.5亿元，比上年增长18.2%。其中，增值税、营业税分别为75.3亿元和263.7亿元，比上年增长12.8%和15.8%；企业所得税、个人所得税分别为93.7亿元和57.2亿元，增长17.8%和16.7%。地方财政一般预算支出737.2亿元（含中央追加支出36.1亿元），增长17.3%。其中，科教文卫事业费175.5亿元，增长19.6%；基建、挖潜支出121.7亿元，增长15.1%。地方财政为抗击“非典”共减免各项税费和基金14.9亿元。

市场价格：价格指数有所回升。全市居民消费价格指数为100.2%，工业品出厂价格指数为101.5%，原材料、燃料及动力购进价格指数为104.7%，分别比上年上升2个、4.9个和7.6个百分点。

当月居民消费价格指数情况

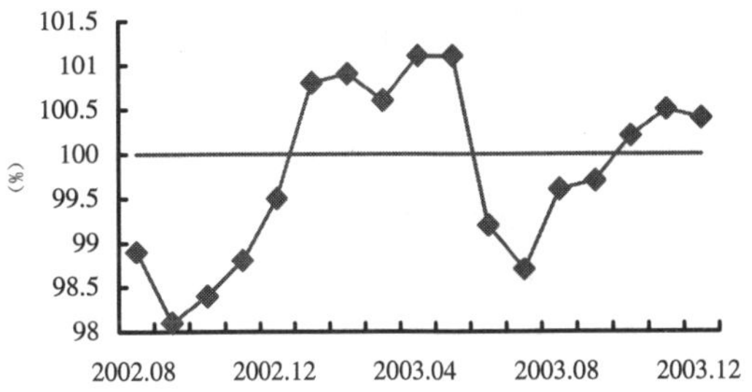

三大需求：投资、消费和出口三大需求共同拉动，经济自主增长动力强劲。

固定资产投资：固定资产投资保持较快增长。全年完成全社会固定资产投资2157.1亿元，比上年增长18.9%。投资重点集中于住宅和基础设施两个方面。全年完成住宅投资692.4亿元，比上年增长9.1%；住宅投资占全社会固定资产投资的比重为32.1%，比上年下降2.9个百分点。全年完成基础设施投资417.8亿元，比上年增长1.4%，占全社会固定资产投资的比重为19.4%。

社会投资趋于活跃，非国有单位投资成为带动全市投资快速增长的主要力量。全年非国有单位完成投资1412.0亿元，增长35.4%，占全社会固定资产投资的比重达到65.5%。其中非国有内资单位完成投资1135.2亿元，增长35.2%，占全社会投资的比重为52.6%。

更新改造投资和工业技改投资全面启动。全市完成更新改造投资 216.2 亿元，比上年增长 27.5%；完成工业技改投资 92.4 亿元，比上年增长 58.6%。

固定资产投资效果系数为 0.19，与上年的 0.20 基本持平。固定资产投资率为 59.7%，比上年增加 3.3 个百分点。

消费：消费市场热点突出。全年实现社会消费品零售额 1916.7 亿元，增长 14.5%，扣除价格因素，实际增长 16.6%。结构升级成为推动消费需求增长的重要因素，消费热点主要集中于住房、交通和通信等领域。全年销售商品住宅 1771.1 万平方米，增长 10.4%，实现销售额 789.2 亿元，增长 10.1%；销售各类汽车 40.8 万辆，实现零售额 305.2 亿元，分别增长 56.6%和 51.2%。城镇居民人均消费支出 11123.8 元，增长 8.1%。其中，服务性消费比重达到 30.3%，与上年基本持平；城镇居民人均用于交通通信方面的支出 1688.1 元，增长 32.8%。农村居民家庭人均消费支出 4655.3 元，增长 10.7%，扣除价格因素，实际增长 11.7%。农村居民消费支出增长较快的领域分别为：交通通讯，增长 32.2%；居住，增长 29.0%；文教娱乐用品及服务，增长 16.3%；三项支出之和占农村居民家庭人均消费支出的比重为 45.3%，比上年提高 5.2 个百分点。全市最终消费率为 53.1%，比上年提高 1 个百分点。

出口：外贸企业市场竞争力增强，出口大幅增长。全市出口 168.5 亿美元，比上年增长 33.6%；其中地方企业出口总值达到 73.7 亿美元，比上年增长 24.9%，增幅提高 3.8 个百分点。地方企业出口中，机电产品和高新技术产品为主要出口商品，出口额分别为 48.5 亿美元和 34.1 亿美元，分别比上年增长 29.5%和 29.8%，占全市地方企业出口的比重分别达到 65.8%和 46.3%。

二、城市建设与管理

土地管理：土地管理工作继续加强。土地开发整理项目管理制度初步形成。1999 年至 2002 年，市级财政共投入资金 3.5 亿多元，区县乡镇自筹资金 1 亿多元，共新增耕地 16.7 万亩，基本上实现了非农业建设占用耕地的占补平衡。另外，争取国家投资土地开发整理项目 16 个（2 个项目已通过国家验收），项目总规模达 0.75 万公顷（约 11.2 万亩），新增耕地 0.18 万公顷（约 2.65 万亩）。土地征用供应结构更趋合理。全年征地 9.21 万亩，其中耕地 2.97 万亩。土地征用主要用途为：住宅 3.06 万亩，交通用地 1.88 万亩，绿化用地 1.72 万亩，其它 2.55 万亩。

道路建设：道路建设取得新成果。全年道路建设总投资 129.2 亿元，占基础设施投资的比重达到 30.9%。轨道交通工程建设全面展开，城市轻轨（13 号线）全线贯通，地铁八通线通车试运营，地铁五号线、四号线、十号线年内陆续开工。高速公路、城市快速路、主干路和城区路网加密工程加快实施。五环路全线贯通、三环路改造、玉泉路一期、马家堡西路、西外大街西延、万寿路南延等多个项目建成通车。22 条奥运地区道路陆续开工建设，北辰东路、安立路、潮白河东、西堤路等项目前期工作按计划开展。平蓟路、108 国道（石门营至六环段）改造、110 国道（延庆县路段）改线、110 国道大修等重点工程相继竣工。年末，全市道路总长度约 5500 公里，完成新改扩道路长度 110 公里。轨道交通运营里程达到 114 公里，比上年末增加 40 公里。

危旧房改造：危旧房改造进程加快。全年城八区完成危旧房改造投资 203.9 亿元，比上年增长 13.7%；拆除房屋 184.6 万平方米，其中危房 70 万平方米，动迁居民近 5.3 万户。截止到年底，全市危旧房改造工程开复工总面积达到 1586.7 万平方米，比上年增长 36.7%，其中本年新开工 608.7 万平方米，增长 33.9%；竣工 382.1 万平方米，增长 15.0%。

环境保护和治理：城市环境综合整治工作成效明显。下大力气治理城乡环境卫生，完成 158 项环境整治重点项目，环境总体水平又有新的提高。大气污染得到有效治理。第九阶段大气污染防治计划发布实施。全市空气质量达到二级和好于二级的天数为 224 天，占全年总天数的 61.4%，比上年增加 21 天。在生态治理方面，永定河、潮白河、大沙河、延庆康庄、昌平南口等五大重点风沙危害区的 20 万亩裸露土地全部“披绿”，京津风沙源治理工程使林草植被得到了快速的恢复和增加，为首都提供了绿色屏障。水环境治理取得新进展。肖家河、吴家村两座污水处理厂和酒仙桥中水处理厂正式运营，小红门污水处理厂近期投入使用，转河治理、凉水河流域污水截流工程基本完成。城市污水处理能力达到 188.6 万吨/日，其中城近郊区 160 万吨/日，城近郊区污水处理率达到 56%，比上年提高 9 个百分点。全年清运垃圾 361.4 万吨，比上年增长 12.6%。建成阿苏卫、高安屯、丰台垃圾综合处理场，高安屯垃圾焚烧厂开始动工，门头沟焦家坡垃圾卫生填埋厂已投入使用。城近郊区生活垃圾无害化处理率达 91.3%，比上年提高 4.8 个百分点。城八区共有 1900 多台燃煤锅炉改用清洁能源，超额 28%完成改造任务，其中四个城区已基本完成对 20 吨以下燃煤锅炉改用清洁能源工作。全年汽车维修行业共免费检测汽车尾气 180.4 万辆次，治理尾气排放不合格车辆 18.9 万辆次。

城市绿化：城市绿化取得新进展。第一道绿化隔离带完成绿化面积 1000 公顷，第二条绿化隔离带、温榆河生态走廊和奥林匹克公园等重大生态保护和建设项目陆续启动，全市林木覆盖率达到 47.5%，城近郊区绿化覆盖率达到 41%，分别比上年提高 2 个和 0.8 个百分点。城近郊区新增绿地面积 409 公顷，人均公共绿地面积突破 10 平方米。

公共交通：城市公交体系逐步完善。年末，全市共有公交电汽车运营车辆1.76万辆,客运出租车运营车辆6.3万辆，公共电汽车线路776条。全年城市公共交通共运送乘客41.98亿人次（不含出租车），比上年下降12.6%；其中公共电汽车运送乘客37.26亿人次，占88.76%；轨道交通4.72亿人次，占11.24%。全年出租汽车客运量达到5.18亿人次，比上年下降13.4%。

公用事业：城市水电气热供应得到充足保障。全年自来水售水量5.98亿吨,比上年下降0.2%;其中生活用水4.98亿吨，比上年下降0.7%。怀柔应急备用水源工程建成供水，张坊、平谷应急供水工程、南水北调石家庄至北京段总干渠工程于年内开工。全年北京地区用电414.8亿千瓦时，比上年增长7.8%。其中城乡居民生活用电70.5亿千瓦时，增长12.3%，城乡居民生活用电占用电总量的17%。全市新增220千伏变电站2座、110千伏变电站18座、35千伏变电站8座。全年煤气销售量达2.3亿立方米，天然气销售量达19亿立方米，分别比上年增长9.3%和18%；液化石油气销售量达14.6万吨，下降1.4%。陕北天然气进京市内及扩建工程基本竣工，天然气管线逐步向远郊区县挺进，管线长度6504公里。年末，全市燃气用户达到357.7万户，其中天然气家庭用户达到225.8万户，占全市燃气总户数的63.1%，比上年上升5.8个百分点。城市热力管网供热面积达到7652万平方米，比上年增长10.9%。

三、主要行业

农业：农业结构调整继续深化。全年实现农业增加值95.3亿元，比上年实际增长3.3%。农业占全市经济的比重进一步下降，由上年的3.1%下降到2.6%。全市完成农林牧渔业总产值237.9亿元，比上年增长7.7%。其中，种植业产值102.3亿元，增长5.2%，养殖业产值135.6亿元，增长9.6%。种养结构由2002年的45：55调整到43：57。年末，耕地面积为19.56万公顷，比上年末减少5.36万公顷，下降21.5%。全年粮食播种面积212万亩，比上年调减16.3%；各类经济作物和其它农作物占耕地面积的比重由上年的45.4%上升到48.5%。全年粮食产量58.0万吨，粮食亩产273.7公斤，分别比上年下降29.5%和15.7%。主要农副产品肉类、牛奶产量分别比上年增长0.3%和15.6%，蔬菜产量下降3.4%。

新兴农业发展迅速。设施农业、籽种农业、精品农业、观光农业、创汇农业和加工农业等“六种农业”实现产值148.3亿元，占郊区农林牧渔业总产值的比重为62.9%。“六种农业”对农业总产值增长的贡献率达133.6%。

工业：工业生产快速增长。全年完成工业增加值1017.3亿元，比上年增长12.0%，增幅比上年提高4.2个百分点。工业增加值占全市生产总值的比重为28.2%，对全市经济增长的贡献率为33.2%。全年规模以上工业增加值970.8亿元，增长12.3%；其中国有工业企业完成增加值141.7亿元，比上年下降1.5%；股份制工业增加值374.5亿元，比上年增长18.2%；外商及港澳台工业增加值391.6亿元，比上年增长12.0%。

产销衔接基本正常，企业经营状况明显改善。全年规模以上工业企业产品销售率达到98.2%，比上年提高1个百分点。规模以上独立核算工业企业实现利润219.5亿元，比上年增长40.6%；利税总额404.6亿元，增长31.6%。工业企业经济效益综合指数达到155.4%，比上年提高19.1个百分点。成本费用利润率为6.1%，比上年提高1个百分点；全员劳动生产率为98873.0元/人，比上年提高24.5%。

交通运输设备制造业成为现代制造业新的增长点。交通运输设备制造业实现总产值429.6亿元，比上年增长近1倍；占全市规模以上工业的比重达到11.7%，成为仅次于通信设备、计算机及其它电子设备制造业的第二大行业；对全市工业增长的贡献率达到44.7%，比上年提高16.4个百分点。全年汽车产量为34.7万辆，比上年增长1倍，其中轿车产量达到7.3万辆。

高新技术产业恢复增长。全市高新技术产业实现工业增加值314.1亿元，比上年增长7.1%（按当年价格计算），对工业增长的贡献率为27.6%。其中电子与信息领域增长2.9%，生物医药增长13.2%，新材料增长14.4%，光机电一体化增长21.3%。高新技术产业工业增加值占全市生产总值的比重为8.7%，比上年下降0.4个百分点，占全部工业增加值的比重为30.9%。

建筑业：建筑业生产快速增长。全市建筑业总产值达到1306.7亿元，比上年增长23.8%。实现增加值281.2亿元，比上年增长11.6%。建筑业增加值占全市生产总值的比重达到7.8%，与上年持平。建筑企业劳动生产率继续提高，全员劳动生产率达到13.4万元/人，比上年提高14.5%。建筑业实现利润30.6亿元，增长23.9%。

邮电通信业：邮电通信业稳步发展。邮电通信业实现增加值174.8亿元，比上年增长12.4%；其中通信业实现增加值161.3亿元，比上年增长13.0%。全年完成邮电业务总量283.0亿元，比上年增长18.9%。

邮政业务有涨有落。全年完成邮政业务总量31.3亿元，比上年增长5.0%。全年订销报纸11.7亿份，比上年下降7.1%；订销杂志5284万份，比上年增长0.4%；收寄函件8.4亿份，比上年下降1.2%；收寄特快专递1189万件，比上年增长11.4%。年末邮政储蓄余额达到280.8亿元，比上年增长12.8%。

通信业快速增长。全市固定电话用户达680.4万户，比上年增长16.2%。局用交换机容量达834万门，比上年增长3.8%。固定电话主线普及率达到47.3线/百人，比上年增长13.4%。全市移动电话用户达到1095.6万户，比上年增长19.2%。移动电话普及率达到76.1户/百人，比上年增长16.2%。新兴通信业务如数据通信、多媒体、互联网、电话信息服务、手机短信等迅速扩展。IP电话通话时长达到75.3亿分钟，增长1.2倍；移动短信业务量达到89.2亿条，增长1.5倍；北京通信公司推出的无线市话（“小灵通”）业务，用户达47.8万户。

交通运输业：运输总量平稳增长，运输结构基本稳定。交通运输仓储业实现增加值78.6亿元，比上年下降1.7%；占本市生产总值的比重为2.2%。

货物运输稳中微增。全年货运总量30936.1万吨，比上年增长0.5%。其中，公路运输28606万吨，增长0.8%；铁路运输2283.4万吨，下降2.7%；民用航空运输46.7万吨，增长2.0%。公路、铁路、民航三种运输方式货运量比重分别为92.5%、7.4%和0.1%，公路货运比重上升0.3个百分点，铁路下降0.3个百分点，民航基本持平。

旅客运输一升两降。全年旅客运输量31237.4万人，比上年增长6.2%。其中，公路25702万人，增长11.2%；铁路4289.9万人，下降14.8%；民用航空1245.5万人，下降2.5%。公路、铁路、民航三种运输方式客运量比重分别为82.3%、13.7%和4.0%，公路客运比重上升3.7个百分点，铁路下降3.4个百分点，民航下降0.3个百分点。

商业：多元业态促进商业繁荣。全年批发零售贸易和餐饮业实现增加值271.3亿元，比上年增长7.8%。社会商品销售总值4587.3亿元，增长31.6%；购进总值4344.9亿元，增长35.8%。大中型商业企业经济效益进一步改善，实现销售收入3808.4亿元，增长23.3%；实现利润79.0亿元，增长24.4%；实现利税总额124.5亿元，增长16.4%。以连锁经营为标志的现代流通方式活力显现。年末，连锁企业146家，连锁商业全年实现零售额463.0亿元，占全社会消费品零售额的比重超过20%，为24.2%；比上年增长23.7%，高于全市商业平均增速9.2个百分点。其中300多家便利店实现零售额12.5亿元，增长1.1倍。

金融保险业：金融保险业为我市第三产业中的第一大行业。全年金融保险业增加值达513.8亿元，比上年增长8.5%，占全市生产总值的比重为14.2%。

金融业务进一步扩大。年末，北京市中资金融机构各项人民币存款余额18321.9亿元，比年初增加2929.4亿元，增量比上年下降7.3%。其中企业存款余额9986.4亿元，比年初增加1423.7亿元，增量比上年下降23.4%；居民储蓄余额5293.5亿元，比年初增加903.8亿元，增量比上年增长5.9%。金融贷款余额11343.3亿元，比年初增加2131.7亿元，增量比上年增长23.6%。消费贷款余额1646.3亿元，比年初增加484亿元，增量比上年增长12.3%。全年金融机构现金收入14480.4亿元，现金支出14389.8亿元，收支相抵回笼现金90.5亿元。

金融机构贷款月末余额及增加额增速

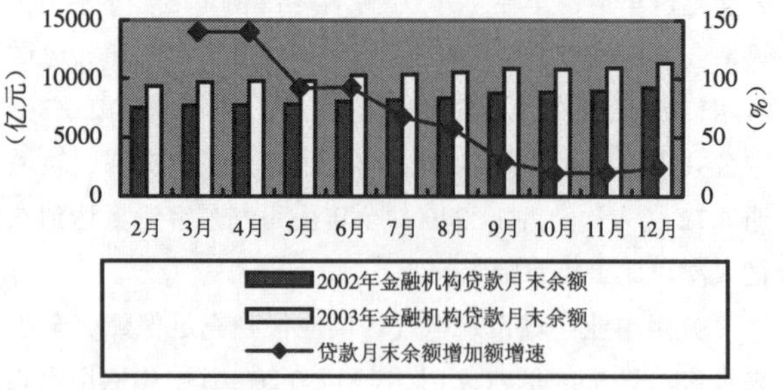

保险市场快速发展。保费收入282.5亿元，比上年增长20.7%。其中，财产险保费收入51.9亿元，增长13.3%；人身险保费收入230.6亿元，增长22.5%。产、寿险各项赔款给付支出48.0亿元，比上年增长2.3%。

证券市场：证券市场发展迅速。全年证券市场各类证券成交额23369.8亿元，比上年增长86.0%；其中股票成交额5041.4亿元，比上年增长33.1%。全市发行A股上市企业76家，当年上市企业6家，通过股票市场筹资241.9亿元。

房地产业：房地产业稳步发展。全年实现增加值185.9亿元，比上年增长11.8%，占第三产业增加值比重达到8.4%，占全市生产总值的比重为5.1%。全市完成房地产开发投资1202.5亿元，比上年增长21.5%，房地产投资占全社会投资的比重达到55.7%，比上年增加1.2个百分点。全市商品房施工面积达9070.7万平方米，竣工面积2593.6万平方米，销售1895.8万平方米，分别比上年增长20.8%、8.8%和11.0%。全年实现商品房销售额898亿元，比上年增长10.4%。

房地产开发热点是商品住宅。全年完成商品住宅投资633亿元，比上年增长7.9%，占房地产投资的比重达到52.6%。商品住宅开复工面积6352.9万平方米，增长17.7%；竣工面积2080.8万平方米，增长8.0%。

四、对外开放

外贸进出口：对外贸易规模不断扩大。据海关统计，全市海关进出口贸易总值684.6亿美元，增长30.4%。其中进口总值516.1亿美元，出口总值168.5亿美元，分别比上年增长29.4%和33.6%。地方企业进出口贸易总值为189.3亿美元，增长34.8%。其中进口115.7亿美元，增长42.1%；出口73.7亿美元，增长24.9%。

对外承包工程和劳务合作：对外服务贸易大幅增长。全年新签对外承包工程和劳务合作合同额4.8亿美元，完成营业额3.5亿美元，分别比上年增长72.7%和50.8%。年末在外人数2091人，为去年末的98%。

旅游：受“非典”疫情影响，上半年旅游业遭受重创，下半年旅游市场逐步恢复。全年接待海外游客为185.1万人次，比上年下降40.4%。旅游外汇收入19.0亿美元，下降 38.9%。接待国内旅游者 8737.0 万人次，比上年减少 24.0%；旅游收入 706 亿元，比上年减少 23.9%。年末，全市共有旅游定点饭店 659 家，其中星级饭店 614 家，客房数达到 10.9 万间，比上年末增加 0.6 万间。客房出租率恢复到 51.7%，比上年末下降 10.3 个百分点。

各月接待国内外游客数量及增减情况

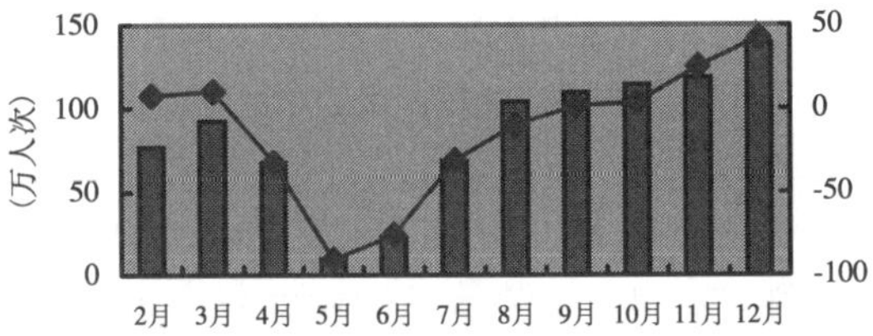

利用外资：利用外资迅速增长。全市新批外资项目 1360 项，比上年减少 0.7%。合同外资金额 32.7 亿美元，比上年增长 16.5%。实际利用外商直接投资 21.5 亿美元，增长 19.8%。合同外资投向趋于合理，投向第三产业的外资比重为 70.6%，同比上升 10 个百分点。第三产业中引资规模较大的批发零售餐饮业、计算机应用服务业、信息咨询服务业增速分别高达 35.8%、42.3%和 38.1%，金融保险业引资规模也扩大了 7.0%。

开发区：开发区建设迈出新步伐。全市 26 个开发区累计入区企业 24181 家，其中投产企业 20281 家。全年各类开发区实现总收入 3701.4 亿元，比上年增长 18.5%；实现工业总产值 1989.5 亿元，增长 11.5%（现价）；实现利润 193.6 亿元，增长 26.0%；应缴税金 182.7 亿元，增长 21.8%。

中关村科技园区保持快速发展势头。年末，园区高新技术企业总数达 16299 家，全年实现总收入 2852.5 亿元，比上年增长 18.6%；实现增加值 608.0 亿元，增长 17.1%（现价），占全市生产总值的比重为 16.8%；应缴税金 122.2 亿元，增长 22.7%。

五、社会事业

科学技术：科技投入继续增加。全市科技活动经费支出总额达 457.5 亿元，比上年增长 11.3%；其中 R&D 经费支出 252.8 亿元，增长 15.2%。R&D 经费支出占全市生产总值的比重达 7.0%。

科研机构和队伍稳定。年末，全市开展科技活动的单位近 4000 家。世界 500 强企业中已有 293 家在北京设立代表处或研发中心。北京地区拥有科技活动人员 27.4 万人，其中科学家和工程师（指大学本科及以上学历或有中高级技术职称的人员）22.7 万人，占科技活动人员总数的 82.8%。

“二四八工程”进展顺利。首都创业孵化体系建设成效显著。孵化器数目及孵化面积以每年 20%以上的速度增长，孵化器达 61 家，孵化面积达 64 万平方米，在孵企业 2082 家，实现销售收入 81 亿元。年末，大学科技园达 14 个，其中国家级 6 个。创新服务体系初步建立，创新中介服务体系环境优化。全市共有科技中介机构近 5000 家，相关行业协会 150 余家，各类专业服务中心 500 家。全年技术合同登记 32173 项，合同成交总金额 265.4 亿元，其中技术交易额 226.6 亿元，分别比上年增长 19.0%、20.0%和 25.2%。软件产业基地、微电子、新材料、生物工程和新医药等领域产业基地取得明显进展。截止到年底，当年认定软件企业 514 家，登记软件产品 1213 个，累计认定软件企业 1749 家，累计登记软件产品达到 4820 个，全国约有 70%的自主软件产品在北京开发。软件出口达 1.38 亿美元，增长 48.2%。中芯国际、京东方 TFT-LCD 模块、中科稼英硅片、摩比斯汽车变速器等重大项目顺利实施。清华大学研制出万亿次超级计算机“深超－21C”，联想集团研制成功万亿次高性能计算机产品--联想深腾 1800 大规模计算机系统。

教育：各级各类教育全面发展。高等教育率先进入普及化阶段。全市共有普通高等学校 73 所，比上年增加 11 所。46 所普通高校和 118 个科研机构培养研究生。本专科在校生达到 45.7 万人，增长 17%。在校研究生人数首次突破 10 万人大关，达到 12 万，增长 23.2%。外国留学生达到 1.7 万人。高等教育招生规模继续扩大，招生人数为 14.2 万人，创历史新高。北京高等教育毛入学率达到 52%，比上年增加 3 个百分点。2003 年，毕业生人数达到 8.3 万人。北京地区高校毕业生就业率达到 89.7%。

基础教育走在全国前列。全市学龄儿童入学率一直保持在 99.9%以上，初中阶段毛入学率保持在 100%，普通高中特别是优质高中招生规模稳步扩大，普通高中实际招生 9.5 万人，高中阶段入学率达 96%以上。

中等职业教育教学改革继续深化。全市完成 8 个骨干特色中等专业学校的评估，完成 7 个重点实验实训基地学校的论证工作，全面启动了 10 所现代化标志学校的建设，新评出 5 所国家级、3 所省部级重点学校。中等专业学校、技工学校和职业中学在校学生 26.3 万人，比上年增加 1.1 万人，其中职业中学在校学生数 8.4 万人。

教育信息化程度明显提高。作为“数字北京”工程重要组成部分的“校校通”工程进展顺利。全市投入 1000 多万元改善网络教育条件，完成了 123 个网络计算机教室和 205 个计算机教室的建设工作，建成 557 个中小学校园网。市属市管高校校园网信息点数达到了 7.6 万个，联网计算机台数达到了 5.9 万台。“非典”时期，陆续开辟了“空中堂”

和“教育在线”等教育形式，信息化教育发挥了重要的作用。

文化：影视、图书出版事业欣欣向荣。至2003年底，全市共有各类电影放映单位180个，其中电影院56个。放映场次10.3万场，观众人次达到609.4万人，票款收入1亿元。北京电视台电视节目19套，数字电视频道已经在北京试播，广播电视综合覆盖率达99.9%，有线电视入户率为57.9%。出版发行业经过改组改造，集约化程度不断提高。北京地区出版的报纸达到248种，出版的期刊达到2375种，均与上年基本持平；出版图书88687种，增长8.4%。共有26种图书、期刊、音像制品在国家各类大奖的评选中获奖。

文物古迹保护工作成果显著。“3.3亿文物抢险工程”继续实施，几年来累计对98项文物保护单位的文物建筑进行了抢修修缮，带动社会各方面配套资金30亿元。“人文奥运”文物保护规划正式启动，投入专项资金1.2亿元。2003年共有14片56万平方米的危改项目重新划入文化保护区。皇城墙遗址和专供皇宫御用的“雪池冰窖”等共30多处文物被列入保护名单。十三陵进入世界文化遗产名录，元大都土城遗址公园建成开放。年末，全市拥有市级文物保护单位264处。全市面向社会开放的博物馆达到123个，博物馆馆藏文物226余万件，固定展览200多项，临时推出展览400多项，参观人次达2500万人次。

卫生：国民健康水平不断提高。孕产妇死亡率为15.6/10万，婴儿死亡率为5.89‰，平均期望寿命达到79.62岁，均已达到或超过中等发达国家的先进水平。全市计划免疫四苗全程接种率达到99%以上。

医疗卫生环境进一步优化。全市有卫生机构4998个，床位7.5万张；平均每千人拥有医院床位6.46张。卫生技术人员11万人，平均每千人拥有执业医师4.2人。医院硬件设施逐步接近国际先进水平，一般医疗设备的普及率达到100%。

公共防疫、医疗急救应急机制初步形成。“非典”疫情发生后，迅速果断推进定点医院和应急救治体系建设，为卫生体系的完善打下坚实基础。生物和微生物实验室进一步完善，已建立了59个爱滋病实验室和262个肠道传染病监测点，传染病危害程度显著下降。

农村卫生保健全面推进。10个远郊区县全面实行了以大病统筹为主要形式的新型农村合作医疗制度，全市共有173万农民参加了新型农村合作医疗制度。农村改水改厕取得新的进展，全市完成农村改水项目共计111个，受益人口达到27万人。11个区县101个乡镇438个村参与了农村改厕工作。全市卫生厕所普及率为73%。

体育：全民健身设施发展迅速，群众体育蓬勃开展。全年配建1239个全民健身工程，总面积94.5万平方米，总投资1.7亿元，其中市体育彩票公益金投入达4630万元。截至年底，全市所有街道、乡镇和有条件的社区居委会、25%的行政村均配建了全民健身工程。全民健身晨、晚练活动场所达3811个，社区活动达8749项次，参与人数134万人。

竞技体育水平稳步提高。全市共有专业体育运动员近千人，共获得国际和全国性比赛奖牌109枚，其中金牌47枚，银牌31枚。在第六届全国残疾人运动会上，我市残疾人运动员共夺得金牌34枚，超2项世界纪录，破27项全国纪录。

残疾人事业：残疾人事业向前发展。残疾人基本生活保障受到重视。2.17万名残疾人享受低保待遇，2万名以上贫困残疾人得到各种特殊救助。就业工作稳步推进。有关部门为6951名残疾人进行了求职登记，按比例新安置1080名残疾人就业。职业技能培训加强。4979名残疾人接受职业技能培训。在第二届全国残疾人职业技能竞赛上，我市有6名选手获得单项第一名，并被劳动部授予全国技术能手称号。在第六界国际残疾人职业技能竞赛中，我市选手获得一金一银。特殊教育体系更加完善。残疾人儿童少年九年义务教育入学率达到97.5%，城区达到100%，155名残疾考生被高校录取，实现了残疾人成人大学单考单招。

六、人口、就业、人民生活

人口：人口总量得到控制，常住人口缓慢增长。年末，全市共有常住人口（在京居住半年以上人口）1456.4万人，比上年增加33.2万人，增长2.3%，增速比上年下降0.6个百分点。全市人口出生率为5.1‰，比上年降低1.5个千分点；死亡率5.2‰，比上年降低0.5个千分点；自然增长率-0.1‰，比上年降低1个千分点。据公安部门统计，2003年末，全市户籍人口1148.8万人，比上年末增长1.1%，比上年增速低0.1个百分点。

外来人口增速趋缓。2003年11月1日零时，在京居住一天以上的外来人口为409.5万人，比上年增加22.9万人，增长5.9%，增速比上年低11.9个百分点。外来人口中，在京居住半年以上的为307.6万人，占75.1%，比上年增加20.7万人；务工经商人员318.5万人，占77.8%，比上年增加22.0万人。

外来人口分布呈现出由近郊区向远郊区扩散的趋势。2003年城区外来人口37.4万人，占9.1%，近郊区外来人口229.0万人，占55.9%，远郊区县外来人口143.1万人，占35.0%。城区和近郊区外来人口比重分别下降了2.9个和2个百分点，远郊区县外来人口比重上升了4.9个百分点。从增长幅度看，远郊区县外来人口增幅最高，达23.1%，近郊区的增幅只有2.3%，城区则减少了19.6%。远郊区县的外来人口86.9%集中在房山、通州、顺义、昌平、大兴五个区。

就业和社会保障：全市多渠道、多元化开发就业岗位。全市净增就业岗位20.12万个，安置城镇登记失业人员17.92万人，失业人员就业率达到68.1%，城镇登记失业率为1.43%，比上年提高0.08个百分点。市、区（县）、街道（乡、镇）、社区四级就业服务组织网络得到进一步完善，社区劳动保障平台基本搭建完成，社区就业岗位开发成为重点。开发了包括物业管理、社区商业便民连锁、城市公共设施维护、保洁保养、城市公共秩序维护、家政服务在内的六条社区就业绿色通道，采取了“四进社区”等措施，共开发社区就业岗位13.35万个。

全市以深化体制改革为重点，逐步建立和完善多层次的社会保障体系。养老、医疗、失业、工伤保险参保人数分别达到448.5万人、436.1万人、306.6万人和242.9万人，比上年分别增加12.3万人、82.3万人、7.1万人和21.9万人。

居民收入：城乡居民收入较快增长。城镇居民人均可支配收入13882.6元，比上年增长11.4%，扣除价格因素，实际增长11.2%；全年人均消费支出为11123.8元，比上年增长8.1%，扣除价格因素，实际增长7.9%。城镇居民恩格尔系数31.7%，比上年降低2.1个百分点。农民人均纯收入6496.3元，比上年增长10.5%，扣除价格因素，实际增长11.5%；农民人均生活消费支出4655.3元，比上年增长10.7%，扣除价格因素，实际增长11.7%。农村居民恩格尔系数31.7%，比上年降低1.3个百分点。

居民住房：居住环境有较大改善。全市住宅竣工2320.4万平方米，增长6.0%；其中经济适用住房竣工363.1万平方米。全市城镇居民人均使用面积达到18.7平方米，比上年增加0.4平方米。农村居民人均生活用房面积33.9平方米，比上年增加1.3平方米。

附1 公报注释：

1. 本公报数据为初步统计数。

2. 本公报中增加值为现价，除注明外，增长速度均按可比价计算。

3. 固定资产投资效果系数是一定时期内国内生产总值增加额与全社会固定资产投资额的比值。

4. 固定资产投资率是固定资产投资占地区生产总值的比率。

5. 最终消费率是指总消费占地区生产总值的比重。

6. 社会劳动生产率按现价增加值计算。

7. 社会消费品零售额中不含居民住宅销售额。

8. “二四八工程”是首都二四八重大创新工程的简称。指建立两大体系、建设四个基地、实施八项高新技术产业化示范项目。两大体系即首都创业孵化体系和首都经济创新服务体系。四个基地即北京软件产业基地、北京北方微电子基地、北京生物医药基地和北京新材料基地。八个高新技术产业化示范工程即数字北京工程、高清晰度数字电视产业化工程、大直径半导体硅芯片及大规模集成电路产业化工程、能源结构调整及清洁燃烧技术产业化工程、现代医药生物技术产品产业化工程、绿色食品及良种工程、水资源可持续利用工程和北京保护臭氧层工程。

9. 恩格尔系数是指居民食品消费支出占消费支出的比重。

附 2　2003 年经济发展统计表:

指标名称	单位	2003 年	2003 年为 2002 年%
社会消费品零售额	亿元	**1916.7**	**114.5**
吃	亿元	497.7	106.7
穿	亿元	210.6	111.8
用	亿元	1131.9	118.9
主要农副产品产量			
粮食总产量	万吨	58.0	70.5
蔬菜总产量	万吨	527.3	96.6
肉类总产量	万吨	73.7	100.3
鲜蛋总产量	万吨	16.2	106.6
牛奶总产量	万吨	63.7	115.6
水产品总产量	万吨	7.2	97.3
出栏猪	万头	470.1	99.0
主要工业产品产量			
成品钢材	万吨	784.6	104.4
发电量	亿千瓦小时	145.1	105.5
供热量	万百万千焦	3958.0	109.5
液化石油气	万吨	38.4	92.2
化肥（折纯）	万吨	0.9	89.9
水泥	万吨	882.0	105.0
乙烯	万吨	88.8	98.2
汽车	万辆	34.7	200.1
彩色显象管	万只	886.0	117.9
显示器	万部	359.6	115.7
移动通信设备	万部（信道）	38.4	108.7
微型计算机	万部	469.3	107.4
移动电话机	万部	3334.5	146.3
程控交换机	万线	1934.7	95.5
饮料酒	万吨	132.8	96.3
乳制品	吨	13426.0	101.7
各种运输方式运量（北京地区）			
货物运输量	万吨	30936.1	100.5
铁路	万吨	2283.4	97.3
公路	万吨	28606.0	100.8
民航	万吨	46.7	102.0
旅客运输量	万人	31237.4	106.2
铁路	万人	4289.9	85.2
公路	万人	25702.0	111.2
民航	万人	1245.5	97.5
居民消费价格指数(以上年为 100)			**98.2**
食品			103.2
烟酒及用品			100.2
衣着			97.1

家庭设备用品及维修服务			97.7
医疗保健和个人用品			100.1
交通和通讯			97.8
娱乐教育文化用品及服务			98.3
居住			101.6
城镇居民耐用消费品拥有量(每百户):			
空调器	台	119.3	112.0
淋浴热水器	台	85.4	102.3
彩电	台	147.0	99.1
电冰箱	台	100.4	98.8
洗衣机	台	99.3	100.7
家用电脑	台	68.3	123.1
微波炉	台	79.2	108.3
脱排油烟机	台	81.3	103.6
电炊具	台	107.8	109.9

北京市2003年外来人口动态监测调查公报

北京市统计局

为了全面掌握我市外来人口的数量、结构、分布等方面的变化，北京市于2003年11月1日在全市范围内进行了外来人口动态监测调查，现将监测调查结果公布如下。

一、外来人口动态监测调查方法

此次外来人口动态监测采用抽样调查的方法，全市共抽取188个居、村委会，调查对象是在京居住一天以上的外来人口，调查时点为11月1日零时。以实际调查数为依据，分别对全市和各区县外来人口总量进行推算，以反映全市及各区县外来人口情况。

二、外来人口主要数据

1. 人口总量

全市在京居住一天以上的外来人口为409.5万人，比2002年的386.6万人增加22.9万人。其中:居住半年以上人员为307.6万人，比2002年增加20.7万人；务工经商人员为318.5万人，增加22.0万人。

2. 地区分布

在409.5万外来人口中，城区（东城区、西城区、崇文区、宣武区）为37.4万人，占9.1%,比2002年减少9.1万人；近郊区（朝阳区、丰台区、石景山区、海淀区）为229.0万人，占55.9%，增加5.1万人；远郊区县（门头沟区、房山区、通州区、顺义区、昌平区、大兴区、怀柔区、平谷区、密云县、延庆县）为143.1万人，占35.0%，增加26.9万人。

3. 年龄构成

0-14岁人口占7.2%，比2002年下降0.8个百分点；15-59岁人口占91.4%，上升0.6个百分点，其中15-39岁人口占78.1%，下降1.7个百分点；60岁及以上人口占1.4%，上升0.2个百分点。

4. 在京状况

务工经商人员占77.8%，比2002年上升1.1个百分点；随亲家属占13.6%，下降0.1个百分点；学习培训占4.7%，下降1.4个百分点；暂无工作的占2.0%，上升0.6个百分点；探亲访友、因公出差、旅游购物、治病疗养、旅途中转占1.9%，与2002年持平。

5. 来京时间

来京三个月以下的人口占15.8%，比2002年下降1.2个百分点；来京三个月至半年的占9.1%，上升0.3个百分点；来京半年以上的占75.1%，上升0.9个百分点，其中来京一年以上的占55.8%，上升3.6个百分点。

6. 居住场所

在409.5万外来人口中，租住各类房屋的占51.3%，比2002年上升2.1个百分点，其中租住平房的占38.8%，租住楼房的占9.8%，租住地下室的占2.7%；住单位提供房屋的占20.6%，比2002年下降2.0个百分点；住工棚的占8.7%，上升3.3个百分点；住工作场所的占5.6%，下降4.3个百分点；住雇主和亲友房屋占7.3%，上升1.2个百分点；住自购和自建房屋的占4.4%，上升0.4个百分点；住旅馆饭店、医院等处所的占2.1%，下降0.6个百分点。

7. 受教育程度

在6岁及以上外来人口中，受过大专及以上教育的占10.7%，比2002年上升1.4个百分点；受过高中教育的占16.4%，上升0.6个百分点；受过初中教育的占57.8%，下降0.5个百分点；受过小学教育的占13.2%，下降1.1个百分点；不识字或识字很少的占1.9%，下降0.4个百分点。

8. 来源地构成

外来人口来自全国各个省市自治区，但相对集中在河北、河南、安徽、山东、四川、江苏、湖北、黑龙江八个省，占73.7%，比2002年下降1.2个百分点，其中排在前三位的仍然是河北、河南、安徽三省，分别占19.5%、16.0%和7.9%。

9. 就业者从事职业

在务工经商人员中，单位负责人占0.4%，比2002年上升0.2个百分点；专业技术人员占4.2%,上升1.0个百分点；办事人员和有关人员占3.9%，上升0.9个百分点；商业和服务业人员占51.0%，下降1.2个百分点，其中餐饮服务人员比重最高，占15.1%，其次是摊位经营人员和铺面经营人员，分别占8.8%和5.6%；工业生产人员占12.9%，下降2.1个百分点；建筑施工人员占22.5%；上升2.7个百分点；运输设备操作人员占2.3%，下降0.4个百分点；农林牧渔水利业生产人员占2.0%，下降0.1个百分点；其他人员占0.8%，下降0.9个百分点。

10. 就业者产业构成与行业分布

在务工经商人员中，从事第一产业的占2.4%，从事第二产业的占37.6%，从事第三产业的占60.0%。从国民经济的行业分布看，建筑业占22.8%，住宿和餐饮业占17.7%，批发与零售业占16.2%，制造业占13.6%,居民服务和其他服务业占11.6%。务工经商人员主要集中在以上五个行业，所占比重达到81.9%。

2003 年就业者的行业分布

行业门类	比重(%)
合计	**100.0**
农、林、牧、渔业	2.4
采矿业	0.7
制造业	13.6
电力、燃气及水的生产和供应业	0.5
建筑业	22.8
交通运输、仓储和邮政业	3.1
信息传播、计算机服务和软件业	2.5
批发和零售业	16.2
住宿和餐饮业	17.7
金融业	0.5
房地产业	1.1
租赁和商务服务业	2.6
科学研究、技术服务与地质勘查业	0.4
水利、环境和公共设施管理业	0.5
居民服务和其他服务业	11.6
教育	1.3
卫生、社会保障和社会福利业	0.8
文化、体育和娱乐业	1.4
公共管理和社会组织	0.3
国际组织	…

二〇〇四年一月六日

统计图表

STATISTICAL GRAPH AND CHART

STATISTICAL

YEARBOOK

一、综合
GENERAL SURVEY

地方财政收支　　（单位：亿元）
Local Financial Revenue and Expenditure (100 million yuan)

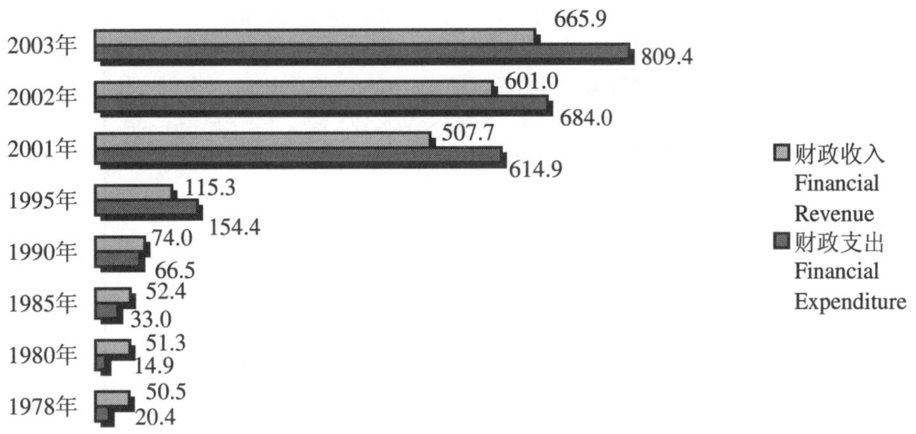

行政区划(单位:个)
Administrative Divisions(number)

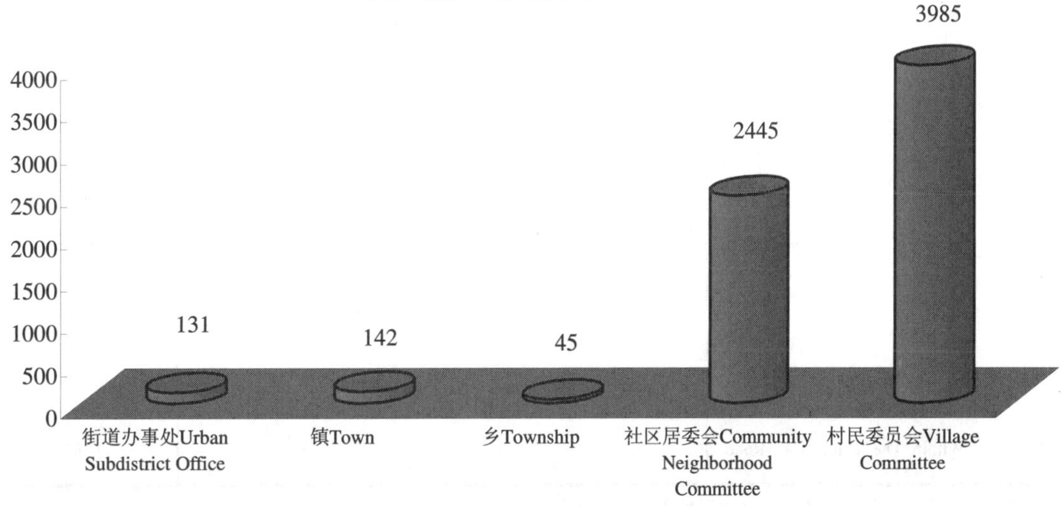

1-1 土 地 面 积
LAND AREA

项 目	Item	范 围	Scope	面积 (平方公里) Area (sq.km)	比重 (%) Proportion (%)
全 市	**Total**			**16807.8**	**100.00**
城 区	City Proper	东城区、西城区、	Dongcheng, Xicheng,	87.1	0.52
		崇文区、宣武区	Chongwen, Xuanwu		
近郊区	Near Suburbs	朝阳区、丰台区、	Chaoyang, Fengtai,	1282.8	7.63
		石景山区、海淀区	Shijingshan, Haidian		
远郊区	Outer Suburbs	门头沟区、房山区	Mentougou, Fangshan	11122.3	66.17
		通州区、顺义区、	Tongzhou, Shunyi,		
		昌平区、大兴区	Changping, Daxing		
		平谷区、怀柔区	Pinggu, Huairou,		
各 县	Counties	密云县、延庆县	Miyun,Yanqing	4315.6	25.68
规划市区	**Programmed Scope of the City**			**1041.0**	**6.20**
		东：定福庄	East：Dingfuzhuang		
		南：南苑	South：Nanyuan		
		西：石景山	West：Shijingshan		
		北：清河	North：Qinghe		
市区中心地区	Central Part of the City	边缘大体在四环路内外	The edge is roughly around the Fourth Ring Road	289.8	1.70
建成区	Developed Area			654.5	3.89
三环路以内	Within The Third Ring Road			158.0	0.90

附：全市平原面积6390.3平方公里，占38%。山区面积10417.5平方公里，占62%。

Appendix：Area of plain is 6390.3 sq.km, as 38% of total while area of mountain is 10147.5 sq.km, as 62% of total.

注：规划市区、市中心地区面积是1992年北京市城市总体规划确定的数字。

Note: Figures on area of programmed scope of the city and central part of the city were in line with revised overall plan of Beijing in 1992.

1-2 气　　象
METEOROLOGY

月　份 Month	降水量 (毫米) Precipitation (mm)	平均气温(℃) Average Temperature (℃)	日照时数(小时) Hours of Sunshine (hour)	平均风速(米/秒) Average Wind Speed (mile/second)	平均气压(百帕) Average Pressure (100 pa)	大风日数(天) Days of Strong Wind (day)
全 年　Total	**444.9**	**12.9**	**2260.2**	**2.5**	**1013.3**	**6**
1	9.6	-3.1	193.3	2.3	1023.8	0
2	2.9	0.9	176.4	2.4	1020.9	0
3	32.9	6.3	158.3	2.6	1019.0	0
4	13	15.3	210.1	2.9	1010.1	0
5	30.8	21.0	215.1	2.7	1007.0	0
6	66.1	24.7	240.2	2.9	1008.0	1
7	57.7	26.1	155.6	2.5	1004.0	1
8	34.2	26.2	214.1	2.6	1004.0	0
9	87.9	20.6	158.4	2.3	1010.1	0
10	66.8	13.2	212.4	2.4	1015.8	3
11	42.9	3.5	121.6	2.3	1022.7	0
12	0.1	0.3	204.7	2.4	1024.7	1

附：1. 无霜期208天。
2. 年极端最高气温37.6℃，出现日期7月28日。
3. 年极端最低气温-15.0℃，出现日期1月29日。

Appendix：a) Annual frost-free period is 208 days.
b) Annual utmost highest air temperature is 37.6 ℃,on the28th of July.
c) Annual utmost lowest air temperature is -15.0℃,on the 29th of December.

1-3 行 政 区 划
ADMINISTRATIVE DIVISIONS

单位：个 (number)

地 区	Region	街道办事处 Urban Subdistrict Office	镇 Town	乡 Township	社区居委会 Community Neighborhood Committee	村民委员会 Village Committee
全 市	**Total**	**131**	**142**	**45**	**2445**	**3985**
城 区	**City Propers**	**35**			**521**	
东城区	Dongcheng	10			137	
西城区	Xicheng	10			195	
崇文区	Chongwen	7			79	
宣武区	Xuanwu	8			110	
近郊区	**Near Suburbs**	**70**	**7**	**29**	**1300**	**324**
朝阳区	Chaoyang	22		24	348	165
丰台区	Fengtai	16	2	3	243	71
石景山区	Shijingshan	10			128	
海淀区	Haidian	22	5	2	581	88
远郊区	**Outer Suburbs**	**26**	**107**	**11**	**536**	**2946**
门头沟区	Mentougou	4	9		125	177
房山区	Fangshan	6	14	6	107	461
通州区	Tongzhou	4	10	1	38	480
顺义区	Shunyi	3	19		45	425
昌平区	Changping	2	15		87	309
大兴区	Daxing	3	14		72	536
平谷区	Pinggu	2	14	2	36	271
怀柔区	Huairou	2	12	2	26	287
各 县	**Counties**		**28**	**5**	**88**	**715**
密云县	Miyun		17	1	65	339
延庆县	Yanqing		11	4	23	376

1-4 全部法人、产业活动单位数
TOTAL INSTITUTIONAL UNITS AND ESTABLISHMENTS

单位：个 (unit)

项目	Item	法人单位数合计 Institutional Units	单产业法人 Single Sector	多产业法人 Multi-sector	多产业法人单位的产业活动单位数 Establishments of Multi-sector Institutional Units
总计	**Total**	**191048**	**186084**	**4964**	**23120**
按登记注册类型分	**Grouped by Registration Status**				
内资经济	Domestic Investment Economy	180844	176005	4839	21900
国有经济	State-owned	29648	27572	2076	10310
集体经济	Collective-owned	28442	27567	875	4418
股份合作企业	Share Holding	18041	17750	291	968
联营经济	Joint-owned	1103	1074	29	119
国有独资公司	State-owned Funded Company	294	260	34	130
其他有限责任公司	Other Limited-Liability Corporations	30794	30110	684	2950
股份有限公司	Share Holding Corporations Ltd.	3400	3290	110	857
私营经济	Private	60277	59651	617	1876
其他	Others	8845	8722	123	272
港澳台商投资经济	Hongkong,Macao and Taiwan Funded	3591	3541	50	335
与港澳台商合资经营	Joint Venture with Hongkong, Macao and Taiwan	1804	1772	32	157
与港澳台商合作经营	Cooperative with Hongkong, Macao and Taiwan	357	354	3	26
港、澳、台商独资经济	Hongkong,Macao and Taiwan Funded	1374	1362	12	134
港澳台商投资股份有限公司	Hongkong,Macao and Taiwan Share Holding Corporations Ltd.	56	53	3	18
外商投资经济	Foreign Funded	6613	6538	75	885
中外合资经营	Chinese-Foreign Joint Venture	2446	2408	38	487
中外合作经营	Chinese-Foreign Cooperative	418	410	8	91
外资(独资)经济	Foreign Funded	3688	3664	24	264
外商投资股份有限公司	Foreign Share Holding Corporation Ltd.	61	56	5	43
按单位类别分	**Grouped by Type of Units**				
农业	Agriculture	1909	1879	30	167
工业	Industry	30879	30347	532	1554
建筑业	Construction	6624	6460	164	777
运输邮电业	Transportation,Posts and Telecommunications	1664	1590	74	866
批发零售贸易及餐饮业	Wholesale, Retail and Catering	51518	49831	1687	9325
服务业	Services	72772	71259	1513	6702
房地产开发销售	Real Estate	2382	2342	40	87
行政事业	Administrative Units,Institutions and Others	23300	22376	824	3642
按隶属关系分	**Grouped by Administrative Relationship**				
中央属	Central	14832	13841	991	3992
市属	City	11388	10721	667	3477
区县属	Districts and Counties	17671	16448	1223	5476
街道属	Subdistrict	3945	3818	127	1131
镇属	Town	9233	9090	143	501
乡属	Township	3065	2961	104	395
居委会属	Neighborhood Committee	863	863		
村委会属	Village Committee	11063	10959	104	249
其他	Others	118988	117383	1605	4186
按地理位置分	**Grouped by Geographic Position**				
二环路以内	Within the Second Ring Road	24763	23649	1114	5321
二环路至三环路	the Second-third Ring Road	39532	38548	984	3485
三环路至四环路	the Third-Fourth Ring Road	37899	37271	628	4122
四环路以外	Beyond the Fourth Ring Road	88854	86616	2241	10192
按执行会计制度分	**Grouped by Accounting System Executed**				
企业	Enterprises	167748	163697	4051	15508
事业	Institutions	11730	11166	564	1996
机关	Agencies and Organizations	2822	2610	212	1445
其他	Others	8748	8611	137	458

1-5 企业法人单位数
ENTERPRISE INSTITUTIONAL UNITS

单位：个 (unit)

项目	Item	法人单位合计 Institutional Unit
总计	**Total**	**166454**
按营业状况分	**Grouped by Business Condition**	
营业	Going on	144484
停业	Closed	11032
筹建	Preparation	7346
当年关闭	Close in this Year	972
当年破产	Bankruptcy in this Year	66
其他	Others	2554
按开业时间分	**Grouped by Openning Time**	
1949年以前	Before 1949	473
1950——1965	1950——1965	1666
1966——1979	1966——1979	1861
1980——1989	1980——1989	11781
1990年以后	After 1990	150673
按企业规模分	**Grouped by Size**	
大型	Large	395
中型	Medium	694
小型	Small	29713
按登记注册类型分	**Grouped by Registration Status**	
内资企业	Domestic Investment Enterprises	156314
国有企业	State-owned	17450
集体企业	Collective-owned	26269
股份合作企业	Share Holding Cooperative	17929
联营企业	Joint-owned	1046
国有独资公司	State-owned Funded Company	291
其他有限责任公司	Other Limited-Liability Corporations	30554
股份有限公司	Share Holding Corporations Ltd.	3361
私营企业	Private	59158
其他内资企业	Others	256
港澳台商投资企业	Hongkong,Macao and Taiwan Funded	3570
与港澳台商合资经营企业	Joint Venture with Hongkong, Maocao and Taiwan	1799
与港澳台商合作经营企业	Cooperative with Hongkong, Macao and Taiwan	353
港、澳、台商独资企业	Hongkong,Macao and Taiwan Funded	1363
港澳台商投资股份有限公司	Hongkong,Macao and Taiwan Share Holding Corporations Ltd.	55
外商投资企业	Foreign Funded	6570
中外合资经营企业	Chinese-Foreign Joint Venture	2435
中外合作经营企业	Chinese-Foreign Cooperative	412
外资(独资)企业	Foreign Funded	3663
外商投资股份有限公司	Foreign Share Holding Corporations Ltd.	60
按地理位置分	**Grouped by Location**	
二环路以内	Within the Second Ring Road	20996
二环路至三环路	Between the Second-third Ring Road	35709
三环路至四环路	Between the Third-Fourth Ring Road	34968
四环路以外	Beyond the Fourth Ring Road	74781
按控股情况分	**Grouped by Share Holding Conditions**	
# 国有绝对控股	State-owned Relative Holding	22591
国有相对控股	State-owned Absolute Holding	2384

1-6 国民经济各行业法人和产业活动单位数(按行业分)
INSTITUTIONAL UNITS AND ESTABLISHMENTS(BY SECTOR)

单位：个 (unit)

行业	Sector	法人单位数合计 Institutional Units	单产业法人 Single Sector	多产业法人 Multi-sector	多产业法人单位的产业活动单位数 Establishments of Multi-sector Institutional Units
合计	**Total**	**191048**	**186084**	**4964**	**23117**
农业	Agriculture	748	729	19	89
林业	Forestry	316	312	4	14
畜牧业	Animal Husbandry	544	540	4	40
渔业	Fishery	78	78		5
农、林、牧、渔服务业	FFAF Services	646	628	18	57
煤炭开采和洗选业	Coal Mining and Dressing	253	252	1	12
石油和天然气开采业	Petroleum and Natural Gas Extraction	5	4	1	1
黑色金属矿采选业	Ferrous Metals Mining and Dressing	26	26		1
有色金属矿采选业	Nonferrous Metals Mining and Dressing	12	12		3
非金属矿采选业	Nonmetal Minerals Mining and Dressing	356	351	5	25
其他采矿业	Other Minerals Mining	4	4		
农副食品加工业	Farm and Sideline Prodncts Processing	1019	1005	14	37
食品制造业	Food Making	1028	1011	17	57
饮料制造业	Beverage Making	484	473	11	26
烟草制造业	Tobacco Processing	3	3		
纺织业	Textile	792	767	25	52
纺织服装、鞋、帽制造业	Garments,shoes and chapeau	1595	1572	23	67
皮革、毛皮、羽毛(绒)及其制品业	Leather,Furs,Feather(Down) and Related Products	199	195	4	6
木材加工及竹、藤、棕、草制品业	Timber Processing,Bamboo,Cane, Palm Fiber and Straw Products	360	359	1	7
家具制造业	Furniture Manufacturing	959	947	12	22
造纸及纸制品业	Papermaking and Paper Products	759	756	3	11
印刷业和记录媒介的复制	Printing and Record Medium Reproduction	1456	1439	17	53
文教体育用品制造业	Stationery,Education and Sports Goods	298	290	8	18
石油加工、炼焦及核燃料加工业	Petroleum Processing,Coking and Nuclear Elding	256	249	7	20
化学原料及化学制品制造业	Raw Chemical Materials and Chemical Products	2224	2200	24	87
医药制造业	Medical and Pharmaceutical Products	582	570	12	28
化学纤维制造业	Chemical Fiber	62	62		1
橡胶制品业	Rubber Products	193	190	3	12
塑料制品业	Plastic Products	1147	1136	11	27
非金属矿物制品业	Nonmetal Mineral Products	2776	2725	51	116
黑色金属冶炼及压延加工业	Smelting and Processing of Ferrous Metals	179	172	7	24

1-6 续表 1 continued

单位：个 (unit)

行业	Sector	法人单位数合计 Institutional Units	单产业法人 Single Sector	多产业法人 Multi-sector	多产业法人单位的产业活动单位数 Establishments of Multi-sector Institutional Units
有色金属冶炼及压延加工业	Smelting and Processing of Nonferrous Metals	198	196	2	4
金属制品业	Metal Products	3381	3358	23	80
通用设备制造业	Universal Equipment	2033	1982	51	139
专用设备制造业	Equipment for Special Purpose	1711	1680	31	85
交通运输设备制造业	Transportation Equipment	1652	1601	51	163
电气机械及器材制造业	Electric Equipment and Machinery	1641	1618	23	59
通信设备、计算机及其他电子设备制造业	Telecommunications Equipment, Computer and Others	1280	1244	36	71
仪器仪表及文化、办公用机械制造业	Instruments,Meters,Cultural and Office Machinery	963	942	21	37
工艺品及其他制造业	Art Products and Other Manufacturing	792	771	21	97
废弃资源和废旧材料回收加工业	Recovery and Processing of Reclaimed Materials	7	7		
电力、热力的生产和供应业	Electricity and Hot Power Production and Supply	99	89	10	57
煤气生产和供应业	Gas Production and Supply	26	23	3	6
水的生产和供应业	Water Production and Supply	56	54	2	17
房屋和土木工程建筑业	Building and Civil Engineering	2290	2181	109	574
建筑安装业	Construction	1489	1467	22	94
建筑装饰业	Fitting and Decoration	2639	2606	33	102
其他建筑业	Others	206	206		7
铁路运输业	Railway Transport	56	54	2	75
道路运输业	Road Transport	1025	983	42	152
城市公共交通业	Urban Public Traffic	467	450	17	58
水上运输业	Waterway Transport	17	17		
航空运输业	Air Transport	98	91	7	28
管道运输业	Pipeline Transport	1	1		
装卸搬运和其他运输服务业	Load and Unload,Other Transportation Services	1037	1020	17	225
仓储业	Storage	404	400	4	38
邮政业	Post	85	74	11	599
电信和其他信息传输服务业	Telecommunications and Other Information Transmission	1165	1152	13	68
计算机服务业	Computer Servecis	1575	1560	15	49
软件业	Software	6867	6829	38	140

1-6 续表 2 continued

单位：个 (unit)

行业	Sector	法人单位数合计 Institutional Units	单产业法人 Single Sector	多产业法人 Multi-sector	多产业法人单位的产业活动单位数 Establishments of Multi-sector Institutional Units
批发业	Wholesale Trade	18781	18298	483	1628
零售业	Retail Trade	27612	26613	999	6249
住宿业	Stay Place	2820	2674	146	580
餐饮业	Catering	5415	5215	200	1461
银行业	Banking	1323	922	401	1851
证券业	Negotiable Securities	79	75	4	217
保险业	Insurance	166	165	1	34
其他金融活动	Other Finance	147	144	3	101
房地产业	Real Estate	6279	6086	193	457
租赁业	Tenancy	986	974	12	64
商务服务业	Commercial Servecis	23039	22693	346	1134
研究与试验发展	Research and Experimental Development	1249	1210	39	64
专业技术服务业	Professional Technical Servecis	8380	8314	66	183
科技交流和推广服务业	Scientific and Technological Exchange and Popularizing	8733	8660	73	178
地质勘察业	Geological Prospecting	54	52	2	3
水利管理业	Water Conservancy	201	188	13	35
环境管理业	Environment Conservancy	392	383	9	31
公共设施管理业	Municipal Engineering Conservancy	782	763	19	52
居民服务业	Resident Services	4531	4398	133	891
其他服务业	Other Services	4212	4144	68	385
教育	Education	4819	4531	288	1317
卫生	Health	1037	964	73	341
社会保障业	Social Security	129	127	2	10
社会福利业	Social Welfare	492	484	8	28
新闻出版业	Publication	888	841	47	119
广播、电视、电影和音像业	Radio,Television,Film,Audio Products, Video Products	435	423	12	40
文化艺术业	Culture and Arts	2005	1973	32	64
体育	Sports	333	324	9	17
娱乐业	Recreation	803	787	16	110
中国共产党机关	Chinese Communist Agencies	305	299	6	8
国家机关	Government Agencies	2357	2152	205	1333
人民政协和民主党派	C.P.P.C. and Democratic Party	48	48		
群众团体、社会团体和宗教组织	Masses, Social Organization and Religionary Body	2162	2121	41	81
基层群众自治组织	Masses Autonomous Body	7434	7325	109	109
国际组织	International Organization	1	1		

1-7 全市私营个体经济基本情况
STATISTICS FOR INDIVIDUAL AND PRIVATE ECONOMY

单位：万元 (10000 yuan)

项目 Item		私营 Private			个体 Individuals		
		2003	2002	2003年为2002年% 2003 as % of 2002	2003	2002	2003年为2002年% 2003 as % of 2002
工商登记注册 *	**Registered in Department of Industry and Commerce**						
户数 （户）	Number of Households (household)	186805	150873	123.8	446851	312932	142.8
从业人员 （人）	Employed Persons (person)	568334	95665	594.1	588340	440636	133.5
注册资本	Registered Capital	23395283	19885894	117.6	516219	373236	138.3
地税税收	**Taxes to Local Tax Department**						
入库税收合计	Taxes Put into National Treasury	561223	432498	129.8	67812	42610	159.1
# 营业税	Business Tax	308622	219074	140.9	19480	13837	140.8
国税税收	**Taxes to National Tax Department**						
纳税总金额	Total Taxes Paid	172306	124904	138.0	41039	45818	89.6
# 增值税	Increased Value Tax	166043	123908	134.0	30969	36840	84.1
单位代码发放 *	**Institution Code Sent out**						
户数 （户）	Number of Households (household)	27234	19005	143.3			
工业总产值	**Gross Output Value of Industry**						
商品销售额	**Sales Value**				**3132816**	**3050979**	**102.7**
固定资产投资完成额	**Investment in Fixed Assets Completed**	**33320**	**53018**	**62.9**			

注：1. 私营工商登记注册从业人员2003年含自然人有限公司投资者人数，不含雇工人数。2002年不含投资者人数和雇工人数。
2. 由于统计口径原因，反映个体经济地方入库税收情况应使用营业税指标。
3. 固定资产投资完成额为私营个体合计数,且不含房地产投资数。
4. *为时点累计数。

Note: a) From 2003,Employed persons registered of private economy include those of limited company established by natural persons and exclude hire labour.data of 2002 exclude investor and hire labour.
b) Business tax reflect taxes put into national treasury of individual.
c) Investment in fixed assets completed is total data of private,individual economy and exclude investment in real estate.
d) Data with * indicates the accumulative one at the year-end.

1-8 个体工商业户数及人数
OUTLETS AND PERSONNEL OF SELF-EMPLOYMENT BUSINESS

单位：个、人 (unit,person)

项目	Item			2003 全市 Total	2003 城镇 Urban	2003 农村 Rural	2002 全市 Total	2002 城镇 Urban	2002 农村 Rural
总户数	**Total Outlets**			**446851**	**276502**	**170349**	**312932**	**199430**	**113502**
总人数	**Total Persons**			**588340**	**372498**	**215842**	**440636**	**282932**	**157704**
农林牧渔业									
Farming,Forestry,Animal		户数	Units	3172	1233	1939	2038	703	1335
Husbandry and Fishery		人数	Persons	6155	2407	3748	4085	1453	2632
采矿业		户数	Units	134	25	109	113	10	103
Mining		人数	Persons	593	28	565	537	13	524
制造业		户数	Units	19237	9581	9656	15953	7669	8284
Industry		人数	Persons	40075	18993	21082	32254	13699	18555
建筑业		户数	Units	616	339	277	543	285	258
Construction		人数	Persons	1776	880	896	1658	837	821
交通运输、仓储业		户数	Units	12561	8827	3734	10932	7334	3598
Transportation		人数	Persons	13983	9776	4207	12161	8150	4011
商业		户数	Units	273438	172852	100586	203876	129638	74238
Commerce		人数	Persons	337737	210310	127427	255485	162124	93361
饮食业		户数	Units	66914	32447	34467	34060	23178	10882
Catering		人数	Persons	97510	65129	32381	72588	54188	18400
社会服务业		户数	Units	67259	49273	17986	43060	29588	13472
Services		人数	Persons	85491	62204	23287	58189	40740	17449
其他行业		户数	Units	3520	1925	1595	2357	1025	1332
Others		人数	Persons	5020	2771	2249	3679	1728	1951

1-9 国民经济和社会发展总量与速度指标

项目		Item		1990
人口与就业		**Population and Employment**		
人口	（万人）	**Population**	**(10000 persons)**	
年末全市常住人口		Year-end Total Population		1086.0
年末户籍人口		Year-end Permanent Residents Registered		1032.2
就业	（万人）	**Employment**	**(10000 persons)**	
从业人员		Employment		627.1
# 在岗职工人数		Fully Employed Staff and Workers		454.9
城镇登记失业人数		Urban Registeration Unemployment		
宏观经济		**Macroeconomic Indicator**		
国民经济核算		**National Accounts**		
地区生产总值	(亿元)	Gross Domestic Product	(100 million yuan)	500.8
第一产业		Primary industry		43.9
第二产业		Secondary Industry		262.4
第三产业		Tertiary Industry		194.6
人均生产总值	(元)	Per Capita Gross Domestic Products	(yuan)	4878
工农业总产值（现价）	(亿元)	**Gross Output Value of Industry and Agriculture (at current prices)**	**(100 million yuan)**	
固定资产投资		**Investment in Fixed Assets**		
全社会固定资产投资	(亿元)	Total Investment in Fixed Assets	(100 million yuan)	179.2
# 房地产开发投资		Real Estate Development		22.5
# 国有单位		State-Owned Units		154.2
财政		**Finance**		
地方财政收入	(亿元)	Local Financial Revenue	(100 million yuan)	74.0
# 一般预算		General Budgetary Financial Revenue		
地方财政支出	(亿元)	Local Financial Expenditures	(100 million yuan)	66.5
# 一般预算		General Budgetary Financial Expenditures		
物价		**Price Indices**		
居民消费价格指数	(%)	Consumer Price Index	(%)	105.4
商品零售价格指数	(%)	Retail Price Index	(%)	104.1
工业品出厂价格指数	(%)	Industrial Products Producer Price Indices	(%)	107.9
在岗职工工资		**Wages of Fully Employed Staff and Workers**		
工资总额	(亿元)	Total Wages	(100 million yuan)	118.9
平均工资	(元)	Average Wage	(yuan)	2653
利用外资		**Amount of Foreign Capital used**		
协议利用外商直接投资	(亿美元)	Foreign Capital	(USE 100 million)	1.2
实际利用外商直接投资	(亿美元)	Auctual Foreign Investment	(USE 100 million)	2.8
产业		**Industry**		
农村经济		**Rural Economy**		
耕地面积	(万公顷)	Cultivated Areas	(10000 hectare)	41.3
农业总产值(现价)	(亿元)	Gross Output Value of Farming,Forestry,Animal Husbandry and Fishery(at current prices)	(100 million yuan)	70.2
主要农副产品产量		Yield of Farm and Sideline Prodncts		
粮食产量	(万吨)	Yield of Grain	(10000 ton)	264.6
蔬菜	(万吨)	Vegetable	(10000 ton)	356.1
鲜蛋	(万吨)	Fresh Eggs	(10000 ton)	25.8
牛奶	(万吨)	Cow Milk	(10000 ton)	21.7
肉类	(万吨)	Meat	(10000 ton)	26.8
工业		**Industry**		
工业增加值(生产法， 规模以上)	(亿元)	Added Value of Industry (with production method,in scale)	(100 million yuan)	
工业总产值(现价， 规模以上)	(亿元)	Gross Output Value (at 1990 constant prices,in scale, 100 million yuan)	(100 million yuan)	646.4
# 高新技术产业		High-Grade Technological Industry		
轻工业		Light Industry		270.8
重工业		Heavy Industry		375.6

注：1. 地区生产总值绝对值按现价计算，发展速度按可比价格计算。

2. 从2001年开始,有关职工的指标调整为在岗职工的指标。

PRINCIPAL AGGREGATE INDICATORS ON NATIONAL ECONOMIC AND SOCIAL DEVELOPMENT AND THEIR RELATED INDICES AND GROWTH RATES

总量指标 Aggregate Data				速度指标(%) Indices(%)			
				指数(2003年比以下各年) Index (2003 as Percentage of the Following Years)			
1995	2000	2002	2003	1990	1995	2000	2002
1251.1	1363.6	1423.2	1456.4	134.1	116.4	106.8	102.3
1070.3	1107.5	1136.3	1148.8	111.3	107.3	103.7	101.1
665.3	619.3	679.2	703.3	112.2	105.7	113.6	103.5
470.9	434.2	434.2	436.3	95.9	92.7	100.5	100.5
2.19	3.32	6.02	6.96		317.8	209.6	115.6
1394.9	2478.8	3212.7	3663.1	381.8	218.4	135.9	110.7
81.4	90.0	98.1	95.6	124.4	120.2	113.3	103.3
615.2	943.5	1116.5	1311.9	354.3	210.8	132.8	111.9
698.3	1445.3	1998.1	2255.6	462.8	235.0	139.4	110.3
13085	22460	28449	32061	346.2	203.9	131.3	109.4
	2902.6	**3603.9**	**4259.3**				
841.5	1297.4	1814.3	2157.1	1203.7	256.3	166.3	118.9
352.8	522.1	989.4	1202.5	5344.4	340.8	230.3	121.5
514.2	765.8	771.5	745.1	483.2	144.9	97.3	96.6
115.3	398.4	601.0	665.9				117.2
	345.0	534.0	592.5				118.2
154.4	490.3	684.0	809.4	1217.1	524.2	165.1	118.3
	443.0	628.3	734.8			165.9	116.9
117.3	103.5	98.2	100.2				
112.6	98.9	98.4	98.2				
107.3	102.5	96.6	101.5				
382.0	695.5	950.9	1098.9	924.2	287.7	158.0	115.6
8144	15726	21852	25312	954.1	310.8	161.0	115.8
27.4	43.3	28.1	32.7	2798.9	119.6	75.5	116.5
14.0	24.6	17.9	21.5	775.1	153.0	87.3	119.8
39.9	32.9	24.9	26.0	63.0	65.2	79.0	104.4
164.4	195.2	221.3	237.9	338.9	144.7	121.9	107.5
259.8	144.2	82.3	58.0	21.9	22.3	40.2	70.5
397.3	489.1	545.6	527.3	148.1	132.7	107.8	96.6
28.5	16.0	15.2	16.2	62.8	56.8	101.3	106.6
20.6	30.3	55.1	63.3	291.7	307.3	208.9	114.9
37.9	56.3	73.5	73.7	275.0	194.5	130.9	100.3
	745.2	840.4	1012.5			135.9	120.5
1490.8	2707.4	3173.5	3810.4	589.5	255.6	140.7	120.1
	867.6	1175.9	1520.9			175.3	129.3
471.4	685.2	773.5	808.4	298.5	171.5	118.0	104.5
1019.4	2022.2	2400.0	3002.0	799.3	294.5	148.5	125.1

Note:a) Gross Domestic Product was calculated at curent prices,while the related indices are calculated at comparble prices.

b) From 2001,related indicators of "statf and workers "have been changed to those of "fully employed statf and workers" .

1-9 续表 1 continued

项目		Item		1990
工业企业主要经济指标		Main Indicators for Industrial Enterprises		
资产总计	(亿元)	Total Assets	(100 million yuan)	498.3
负债总额	(亿元)	Total Liabilities	(100 million yuan)	
产品销售收入	(亿元)	Sales Revenue	(100 million yuan)	610.5
利润总额	(亿元)	Total Profits	(100 million yuan)	48.9
能源生产与消费	**(万吨标准煤)**	**Total Consumption and Production of Energy**	**(10000 tons of SCE)**	
能源消费总量	(万吨标准煤)	Consumption of Energy	(10000 tons of SCE)	2719.3
建筑		**Construction**		
建筑业总产值	(亿元)	Gross Output Value	(100 million yuan)	94.7
运输		**Transportation**		
货物周转量	(亿吨公里)	Freight Ton-Kilometers	(100millionton-km)	268.8
# 铁路	(亿吨公里)	Railway	(100millionton-km)	206.7
公路	(亿吨公里)	Highway	(100millionton-km)	57.5
民航	(亿吨公里)	Civil Aviation	(100millionton-km)	4.5
旅客周转量	(亿人公里)	Passenger-Kilometers	(100 million passenger-km)	119.8
邮电		**Posts and Telecommunication**		
邮电业务总量	(亿元)	Business Volume of Posts and Telecommunication	(100 million yuan)	7.7
年末全市移动电话用户	(万户)	Number of Mobile Telephong at year-end	(10000 Subscribers)	
移动电话普及率	(部/百人)	Widespreading Rate of Mobil Telephong	(unit/100 Persons)	
商业		**Commerce**		
社会消费品零售额	(亿元)	Total Retail Sales of Consumer Goods	(100 millionyuan)	307.7
批发零售贸易业		Wholesale and Retail		247.7
餐饮业		Catering		19.3
其他		Others		40.7
商业饮食业服务业营业网点	(万个)	Outlets of Commerce,Catering and Services	(10000)	12.4
# 商业		Commerce		8.2
饮食业		Catering		1.4
服务业		Services		1.0
对外经济贸易和旅游		**Foreign Economy,Trade and Tourism**		
海关进出口总额	(亿美元)	Total Value of Imports and Export at Customs	(USD100million)	
进口额		Total Imports		
出口额		Total Exports		
地方企业进出口总额	(亿美元)	Total Import and Export of Local Enterprises	(USD100million)	21.5
进口额		Total Imports		10.3
出口额		Total Exports		11.2
接待海外旅游人数	(万人次)	Number of International Tourists	(10000 person.times)	100.1
旅游外汇收入	(亿美元)	Foreign Exchange Earning From International Tourism	(USD100million)	6.6
金融保险		**Banking and Insurance**		
金融机构存款余额	(亿元)	Adding Deposits of Financial Institutions	(100 million yuan)	
金融机构贷款余额	(亿元)	Adding Loans of Financial Institutions	(100 million yuan)	
城乡居民储蓄存款余额	(亿元)	Saving Deposits of Urban and Rural Residents	(100 million yuan)	226.6
城镇	(亿元)	Urban	(100 million yuan)	188.0
农村	(亿元)	Rural	(100 million yuan)	38.6
保险费收入	(亿元)	Premiums Income	(100 million yuan)	5.2

1-9 续表 2 continued

总量指标 Aggregate Data				速度指标(%) Indices(%)			
				指数 (2003年比以下各年) Index(2003 as Percentage of the Following Years)			
1995	2000	2002	2003	1990	1995	2000	2003
2582.6	4612.7	4742.9	5178.0	1039.1	200.5	112.3	109.2
1528.8	2676.4	2527.8	2751.2		180.0	102.8	108.8
1590.4	2821.4	3182.8	3885.7	636.5	244.3	137.7	122.1
85.3	127.1	165.5	235.3	481.2	275.8	185.1	142.2
3517.9	4211.5	4503.9	4707.5	173.1	133.8	111.8	104.5
370.7	727.5	1055.1	1306.7	1379.8	352.5	179.6	123.8
323.1	299.6	340.5	362.1	134.7	112.1	120.9	106.3
239.3	200.2	221.4	241.0	116.6	100.7	120.4	108.9
76.2	82.6	83.6	79.0	137.4	103.7	95.6	94.5
7.5	16.8	19.6	20.8	462.2	277.3	123.8	106.1
207.7	314.0	396.2	393.3	328.3	189.4	125.3	99.3
56.1	214.7	254.0	304.0	3948.1	541.9	141.6	119.7
	347.2	919.5	1109.0			319.4	120.6
		80.9	77.0				95.2
827.0	1443.3	1673.3	1916.7	622.9	231.8	132.8	114.5
584.9	1025.5	1366.4	1611.2	650.5	275.5	157.1	117.9
63.0	86.4	112.4	121.4	629.0	192.7	140.5	108.0
179.1	331.4	194.5	184.1	452.3	102.8	55.6	94.7
28.0	23.6	32.3	44.1	355.6	157.5	186.9	136.5
20.4	17.5	23.4	30.3	369.5	148.5	173.1	129.5
3.9	2.9	4.0	7.3	521.4	187.2	251.7	182.5
3.6	3.3	4.8	6.4	640.0	177.8	193.9	133.3
370.3	496.2	525.1	684.6		184.9	138.0	130.4
267.8	376.5	399.0	516.1		192.7	137.1	129.4
102.5	119.7	126.1	168.5		164.4	140.8	133.6
53.1	116.5	140.4	189.3	880.5	356.5	162.5	134.8
30.4	70.2	81.4	115.6	1122.3	380.3	164.7	142.0
22.7	46.3	59.0	73.7	658.0	324.7	159.2	124.9
206.9	282.1	310.4	185.1	184.9	89.5	65.6	59.6
21.8	27.7	31.1	19.0	287.9	87.2	68.6	61.1
3527.2	9705.0	15276.0	20243.6		573.9	208.6	132.5
1779.1	5944.6	9224.8	11853.1		666.2	199.4	128.5
1254.0	2923.2	4389.7	5293.5	2336.1	422.1	181.1	120.6
1111.5	2663.3	4073.1	4926.5	2620.5	443.2	185.0	121.0
142.5	259.9	316.6	367.0	950.8	257.5	141.2	115.9
26.3	88.9	226.8	278.1	5348.1	1057.4	312.8	122.6

1-9 续表 3 continued

项　　目		Item		1990
教育、文化、科技、卫生		**Education,Culture,Science and Technology and Health Care**		
教育		**Education**		
在校学生数	(万人)	Students Enrollment	(10000 persons)	168.7
# 研究生		Postgraduates		
普通高等学校本专科		Regular Higher Schools Undergraduate Course and Technological Academy		
中等专业学校		Specialized Secondary Schools		5.7
普通中学		Regular Secondary School		40.9
小学		Primary Schools		99.6
文化		**Culture**		
出版数量		Publications		
图书	(万册.张)	Number of Books Published	(10000 copies)	59372.0
杂志	(万册)	Number of Magazines Issued	(10000 copies)	58981.0
报纸	(万份)	Number of Newspapers Issued	(10000 copies)	680000.0
公共图书馆藏书	(万册)	Collection of Public Libraries	(10000 copies)	2205.4
艺术剧团国内演出场次	(场)	Times of Domestic Performance of Art Troup	(time)	7527.0
科技		**Science and Technology**		
专业技术人员	(万人)	Professional Technical Personnel by Sectors of National Economy	(10000 persons)	91.9
研究与发展经费支出	(亿元)	Expenditures on Research and Development	(100 Million yuan)	
卫生		**Health**		
卫生机构病床数	(万张)	Health Care Institutions Beds	(10000)	5.9
卫生技术人员数	(万人)	Medical Technical Personnel	(10000 persons)	11.2
# 执业医师	(万人)	Certified Doctors	(10000 persons)	5.1
注册护师(士)	(万人)	Registered Nurses	(10000 persons)	3.5
平均预期寿命	(岁)	Life Expectancy	(year)	72.47
# 男性	(岁)	Male	(year)	70.86
女性	(岁)	Female	(year)	74.20
生活与环境		**People'livelihood and Environment**		
婚姻		**Marriages and Divorces**		
结婚登记总数	(万对)	Register Number of Marriages	(10000 couples)	9.3
离婚数	(万对)	Number of Divorces	(10000 couples)	1.5
居住		**Housing**		
城市人均住房使用面积	(平方米)	Per Capita Gross Living Space in Cities	(sq.m)	11.2
农村人均居住面积	(平方米)	Per Capita Net Floor Space of Rural Residents	(sq.m)	20.6
生活		**People'livelihood**		
城市居民人均可支配收入	(元)	Per Capita Annual Disposable Income of Urban Households	(yuan)	1787.1
农村居民人均纯收入	(元)	Per Capita Net Income of Rural Residents	(yuan)	1297.1
工资		**Wages and Welfare**		
工资总额	(亿元)	total Wages	(100 Million yuan)	118.9
在岗职工平均工资	(元)	Average wage of Staff and Workers	(yuan)	2653
市政建设		**City Construction**		
用电量	(亿千瓦时)	Electricity Consumption	(100 million kwh)	150.5
自来水销售量	(亿吨)	Sales of Tap Water	(100 million tons)	5.3
居民燃气用户	(万户)	Households of Access to Gas	(10000 households)	176.1
城市公共交通客运量	(亿人次)	Passengers Carried of City Public Transport	(100 million person.times)	33.5
城市大型立交桥	(座)	Large Flyovers	(unit)	33
环境		**Environment**		
城市绿化覆盖率	(%)	Coverage Rate of Urban Green Area	(%)	28.0
污水处理率	(%)	Dispose Rate of Sewage(City Proper and Near Suburb)	(%)	7.3
空气质量二级及好于二级的天数	(天)	the Number of Days in Which the Air Pollution Index Was at and Better than Grade Ⅱ	(day)	

注：从2001年开始，有关职工的指标调整为在岗职工的指标。

1-9 续表 4 continued

总量指标 Aggregate Data				速度指标(%) Indices(%)			
1995	2000	2002	2003	指数 (2003年比以下各年) Index(2003 as Percentage of the Following Years) 1990	1995	2000	2002
203.2	201.7	229.8	230.1				100.1
		9.8	12.0				122.4
		39.9	45.1				113.0
7.6	11.9	11.4	11.7	205.3	153.9	98.3	102.6
62.8	69.1	73.1	70.4	172.1	112.1	101.9	96.3
100.7	74.3	59.4	54.7	54.9	54.3	73.6	92.1
83340.5	91006.0	121627.0	138209.0	232.8	165.8	151.9	113.6
63848.1	79124.0	82291.0	81772.0	138.6	128.1	103.4	99.4
729292.0	686740.0	710227.0	724451.0	106.5	99.3	105.5	102.0
2629.0	3020.0	3248.2	3355.2	152.1	127.6	111.1	103.3
6728.0	7610.0	9528.0	8797.0	116.9	130.8	115.6	92.3
112.7	119.2	144.5	147.0	160.0	130.4	123.3	101.7
		219.5	230.8				105.1
6.7	7.1	7.5	7.4	125.4	110.4	104.2	98.8
11.6	11.6	11.0	11.2	100.5	96.8	97.1	102.4
5.4	5.2	4.7	4.8	94.1	88.9	92.3	101.4
3.7	4.0	3.9	4.0	115.5	108.7	100.0	102.7
74.04	73.81	77.93	79.62				
72.08	71.87	76.08	78.10				
76.11	75.88	79.78	81.14				
8.5	8.0	7.6	9.4	101.1	110.5	117.6	122.8
2.0	2.7	0.6	1.0	68.8	50.3	38.1	174.6
13.3	16.8	18.2	18.67	166.7	140.4	111.1	102.6
24.7	28.9	32.6	33.95	164.6	137.2	117.5	104.1
5868.4	10349.7	12463.9	13882.6	776.8	236.6	134.1	111.4
3208.5	4687.0	5880.1	6496.3	500.8	202.5	138.6	110.5
382.0	695.5	950.9	1098.9			158.0	115.6
8144	15726	21852	25312			161.0	115.8
222.6	331.8	384.2	414.8	275.6	186.3	125.0	108.0
6.8	7.5	7.9	7.2	135.8	105.5	95.0	90.2
219.8	291.9	341.2	406.0	230.6	184.7	139.1	119.0
37.2	40.7	49.2	42.7	127.5	114.8	104.9	86.7
84	149	180	368	1115.2	438.1	247.0	204.4
32.7	36.5	40.6	40.9				
19.4	39.4	45.0	50.1				
	177	203	224			126.6	110.3

Note: From 2001,related Indicators of “staff and workers” have been changed to those of “fully employed staff and workers” .

1-10 国民经济和社会发展结构指标
STRUCTURAL INDICATORS ON NATIONAL ECONOMIC AND SOCIAL DEVELOPMENT

单位：%　　(%)

项目	Item	1990	1995	2000	2002	2003
人口与就业	**Population and Employment**					
人口	**Population**					
城乡结构	Urban and Rural Structure					
城镇	Urban	62.0	65.1	77.6	78.6	79.1
乡村	Rural	38.0	34.9	22.4	21.4	20.9
性别结构	Sexual Structure					
男	Male	50.0	50.1	52.1	52.2	52.3
女	Female	50.0	49.9	47.9	47.8	47.7
就业	**Employment**					
产业结构	Group by Industrial Structure					
第一产业	Primary Industry	14.5	10.6	11.8	10.0	8.9
第二产业	Secondary Industry	44.9	40.7	33.6	34.6	32.1
第三产业	Tertiary Industry	40.6	48.7	54.6	55.4	59.0
宏观经济	**Macro Economy**					
国民核算	**National Accounting**					
地区生产总值	Gross Domestic Product					
第一产业	Primary Industry	8.8	5.8	3.6	3.0	2.6
第二产业	Secondary Industry	52.4	44.1	38.1	34.8	35.8
第三产业	Tertiary Industry	38.8	50.1	58.3	62.2	61.6
投资	**Investment**					
全社会固定资产投资	Structure of Total Investment in Fixed Assets					
基本建设	Capital Construction	49.6	31.5	34.5	22.9	23.9
更新改造	Innovation	26.1	18.7	14.3	9.3	10.0
房地产开发	Real Estate Development	12.6	41.9	40.2	54.5	55.7
其他投资	Other Investment	11.7	7.9	11.0	13.3	10.4
资金来源结构	Structure of Funded Sources					
# 国家预算内资金	State Budgetary Appropriation	26.3	14.5	16.2	15.3	9.8
国内贷款	Domestic Loans	16.7	13.8	20.5	22.8	21.0
利用外资	Foreign Investment	11.2	9.6	2.2	3.5	2.4
自筹和其他投资	Fundraising and Others Investment	45.8	62.1	57.0	54.6	63.8
财政	**Government Finance**					
一般预算财政收入主要税种	General Budgetary Financial Revenue Items					
增值税	Increased Value Tax		23.6	13.3	12.5	12.7
营业税	Business Tax		55.9	43.2	42.7	44.5
企业所得税	Enterprise Income Tax			17.9	19.2	15.8
个人所得税	Private Income Tax			16.3	11.5	9.7
能源生产与消费	**Energy Production and Consumption**					
能源消费总量	Total Consumption of Energy					
第一产业	Primary Industry			2.5	2.3	2.1
第二产业	Secondary Industry			60.9	56.5	55.5
第三产业	Tertiary Industry			23.9	28.2	27.8
生活消费	Living Consumption			12.7	13.0	14.5

1-10 续表 1 continued

单位：% (%)

项目 Item		1990	1995	2000	2002	2003
产　业	**Industrial**					
农业	**Agriculture**					
农林牧渔业产值结构	Gross Output Value of Agriculture(at current prices)					
农业	Farming		52.9	46.6	39.0	37.3
林业	Forestry		1.6	2.8	5.6	5.7
牧业	Animal Husbandry		41.8	46.4	50.9	52.7
渔业	Fishery		3.7	4.2	4.5	4.3
工业	**Industry**					
工业总产值经济类型	Registration Status of Gross Output Value of Industry					
国有企业	State-Owned	72.1	58.9	29.1	18.9	13.5
集体企业	Collective Owned	19.8	13.7	9.7	4.2	3.5
港澳台商投资企业	Hongkong,Macao and Taiwan	1.1	6.6	12.8	11.4	11.0
外商投资企业	Foreign Funded Enterprises	7	17.8	30.3	28.2	29.8
建筑业	**Construction**					
建筑业总产值结构	Stucture of Gross Output Value of Construction Industry					
国有企业	State-owned Enterprise	68.7	69.1	44.8	30.5	32.1
集体企业	Collective-owned Enterprises	31.3	26.4	21.7	11.3	9.0
港澳台商投资企业	Enterprise with Funds from HongKong,Macao&		1.4	1.4	0.9	0.9
外商投资企业	Foreign Funded Enterprise		1.2	2.0	1.6	1.9
交通运输业	**Transportation**					
货运量结构	Structure of Freignt Traffic					
按运输方式分	By Means of Transportation					
铁　路	Railways	11.4	9.2	8.5	7.6	7.4
公　路	Highways	87.5	90.4	91.2	92.1	92.5
民用航空	Civil Aviation	…	0.1	0.1	0.1	0.1
管道输油(气)	Pipelines	1.0	0.3	0.2	0.1	0.8
国内商业	**Domestic Trade**					
社会消费品零售总额构成	Composition of Retail Sales of Consumer Goods					
城镇	Town	84.2	90.3	85.3	84.4	84.8
农村	Rural	15.8	9.7	14.7	15.6	15.2
对外经济贸易	**Foreign Trade**					
出口商品结构	Structure of Exports					
初级产品	Primary Goods	11.6	9.5	6.0	8.2	8.5
工业制成品	Manufactured Goods	88.4	90.5	94.0	91.8	90.9
进口商品结构	Structure of Imports					
初级产品	Primary Goods	6.5	16.5	5.4	7.1	9.2
工业制成品	Manufactured Goods	93.5	83.5	94.6	92.9	90.6
国际旅游	**International Tourism**					
接待海外旅游人数结构	Structure of Tourists					
外国人	Foreigners	63.7	80.5	84.4	85.8	82.5
港澳台同胞	HongKong,Macao and Taiwan Chinese	36.3	19.5	15.6	14.2	17.5

1-10 续表 2 continued

单位：% (%)

项目 Item		1990	1995	2000	2002	2003
教育、科技、文化、卫生	**Education, Science,Culture,Health Care**					
教育	**Education**					
在校学生结构	Structure of Student Enrollment					
大学生	College and University Students	8.3	9.0	14.0	21.6	24.8
中学生	Secondary School Students	32.5	41.0	48.7	43.0	42.5
小学生	Primary School Students	59.0	49.6	36.8	25.9	23.8
专任教师结构	Full-time Teachers by Type					
大学	College and Universities	24.6	22.7	22.2	30.7	33.0
中学	Secondary Schools	38.3	38.6	40.5	34.2	33.7
小学	Primary Schools	36.7	37.9	36.8	28.3	26.2
科技	**Science and Technology**					
科技经费筹集额结构	Structure of Funding for Scientific and Technological Outlay					
# 政府资金	Government Fund				48.3	44.0
企业资金	Enterprises Fund				34.5	36.0
金融机构贷款	Loans from Banks				2.1	3.1
科技经费内部支出结构	Structure of Intrnal Expenditures on Scientific and Technological Activities					
# 人员劳务费	Service Fees				19.5	20.1
固定资产购建	Purchases of Fixed Assets				16.8	14.1
卫生	**Health Care**					
卫生技术人员结构	Doctors by Types					
# 执业医师	Certified Doctors	47.5	50.2	44.6	43.1	42.7
注册护士	Registered Nurses	19.0	27.2	34.5	35.5	35.6
医院床位结构	Hospital Beds by Area					
市	District		81.2	81.4	97.7	97.6
县	County		18.8	18.6	2.3	2.4
生活、环境	**Research and Development Expenses**					
生活	People's Livelihood					
城镇居民消费结构	Consumption Structure of Urban Residents					
食品类	Food	54.2	48.6	36.3	33.8	31.7
衣着类	Clothing	14.7	15.1	8.9	8.4	8.2
用品及其他	Articles for Daily Use and Others		31.8	47.9	48.8	51.5
居住	Residence		4.5	6.9	9.0	8.6
农村居民消费结构	Consumption Structure of Rural Residents					
食品类	Food	50.4	51.8	36.7	33.0	31.7
衣着类	Clothing	9.3	10.8	7.6	7.5	7.1
用品及其他	Articles for Daily Use and Others	25.8	27.7	40	42.5	41.4
居住	Residence	14.5	9.7	15.7	17.0	19.8
环境、灾害	**Environment and Disasters**					
空气污染指数	Pollution Index for Air			48.4	55.6	61.4
# 二级及好于二级	above Grade Ⅱ					
火灾事故损失额结构	Structure of Fire Losses Converted into Cash					
# 特大火灾	Extraordinarily Serious	21.5			2.3	
重大火灾	Heavy	13.8	35.7	12.5	17.1	1.0

1-11 国民经济和社会发展比例和效益指标
INDICATORS ON PROPORTIONS AND EFFICIENCY IN NATIONAL ECONOMIC AND SOCIAL DEVELOPMENT

指标		Item		2003	2002
人口与就业		Population and Employment			
人口		Population			
出生率	(‰)	Birth Rate	(‰)	5.1	6.6
死亡率	(‰)	Death Rate	(‰)	5.2	5.7
自然增长率	(‰)	Natural Growth Rate	(‰)	-0.1	0.9
就业		Employment			
城镇登记失业率	(%)	Unemployment Rate in Urban Areas	(%)	1.43	1.35
宏观经济		Macro Economy			
国民经济核算		National Accounting			
产业结构	(%)	Industry Structure	(%)	100.0	100.0
第一产业		Primary Industry		2.6	3.1
第二产业		Secondary Industry		35.8	34.7
第三产业		Tertiary Industry		61.6	62.2
全社会劳动生产率	(元/人)	Overall Labor Productivity	(yuan/person)	52993	49121
第一产业		Primary Industry		14673	14139
第二产业		Secondary Industry		56904	49487
第三产业		Tertiary Industry		57028	55647
固定资产投资		Investment in Fixed Assets			
全社会固定资产投资相当于地区生产总值比例	(%)	Proportion of Investment in fixed Assets to GDP	(%)	58.9	56.5
基本建设固定资产投资交付使用率	(%)	Rate of Fixed Assets Completed in Capital Construction and Put into Use	(%)	69.7	89.7
财政		Finance			
地方财政收入相当于地区生产总值比例	(%)	Proportion of Government Revenue to GDP	(%)	18.2	18.7
地方财政支出相当于地区生产总值比例	(%)	Proportion of Government Expenditures to GDP	(%)	22.1	21.3
利用外资		Utilization of Foreign Capital			
实际利用外资额相当于签订利用外资额比例	(%)	Proportion of Foreign Capital Actually Used to Total Amount of Foreign Capital for Utilization by Signed Contracts or Agreements	(%)	65.7	63.8
能源生产与消费		Production and Consumption fo Energy			
能源消费弹性系数		Elasticity Ratio of Energy Consumption		0.4	0.4
每万元地区生产总值消耗的能源	(吨)	Energy Consumption per 10000 yuan GDP	(ton)	1.29	1.40
产业		Industries			
规模以上工业企业效益		Economic Efficiency of Industry			
综合效益指数	(%)	Aggregate Index of Industrial Economic Deficiency	(%)	158.80	136.13
总资产贡献率	(%)	Raio of Total Assets to Industrial Output Value	(%)	9.42	7.84
资产保值增值率	(%)	Changing Rate of Net Assets	(%)	118.84	111.39

1-11 续表 1 continued

指标		Item		2003	2002
资产负债率	(%)	Assets Liabilities Ratio	(%)	53.13	53.30
流动资产周转率	(次)	Turnover Rate of Circulating Assets	(time)	1.69	1.51
成本费用利润率	(%)	Ratio of Profits to Industrial Cost	(%)	6.34	5.37
全员劳动生产率	(元)	Overall Labor Productivity	(yuan)	100439	78133
产品销售率	(%)	Proportion of Products Sold	(%)	97.86	99.27
建筑业		**Construction**			
劳动生产率	(元/人)	Overall Labor Productivity	(yuan/person)	130075	117482
产值竣工率	(%)	Ratio of Output Value Completed to Total		74.4	71.7
面积竣工率	(%)	Ratio of Follr Space of Building Completed		36.9	37.4
单位工程优良品率	(%)	Rate of High Quality Project		19.6	23.3
竣工面积优良品率	(%)	Rate of High Quality of Floor Space Completed		43.2	54.5
邮电通信业		**Post and Communication Services**			
移动电话普及率	(部/百人)	Access to Mobilphones	(set/100 persons)	77.0	80.9
主线普及率	(线/百人)	Widespreading Rate of Main Line	(line/100 Persons)	47.4	51.5
教育、科技、文化、卫生		**Education,Science and Technology,Culture and Health Care**			
教育		**Education**			
学龄儿童入学率	(%)	Enrollment Rate of Children at School-age	(%)	99.95	99.63
小学升学率	(%)	Rate of Graduates of Primary Schools Entering Junior Secondary Schools	(%)	100.00	99.60
初中升学率	(%)	Rate of Graduates of junior Secondary Schools Entering Senior Secondary Schools	(%)	97.79	98.90
科技		**Science and Technology**			
研究与试验发展经费支出相当于地区生产总值比例	(%)	R&D Expenditures as Percentage of GDP	(%)	6.3	6.8
文化		**Culture**			
每万人拥有公共图书馆	(个)	Number of Public Libraries per Million Persons	(unit)	0.02	0.02
卫生		**Health Care**			
婴儿死亡率	(‰)	Invest Mortality Rate	(‰)	5.89	5.56
孕产妇死亡率	(1/10万)	Death Rate of Pregnant and Lying-in Woman	(1/100000)	15.6	15.1
平均每千人拥有医生	(人)	Number of Doctors Per 1000 Persons	(person)	4.21	4.18
平均每千人拥有医院床位	(张)	Number of Beds Per 1000 Persons	(unit)	5.89	6.46
市政、环境		**Divorces and City Construction and Environment**			
市政建设与环境		**City Construction and Environment**			
人均公共绿地面积	(平方米)	Public Green Areas	(sq.m)	11.4	10.7
城市居民人均住房使用面积	(平方米)	Per Capita Using Space of Rooms of Urban Residents	(sq.m)	18.67	18.2
农村居民人均生活用房面积	(平方米)	Per Capita Floor Space of Rooms of Rural Residents	(sq.m)	33.95	32.60

1-12 北 京 一 日
A DAY IN BEIJING

项目		Item		2003	2002
每天创造的财富		**Daily Production**			
地区生产总值	(万元)	Gross Domestic Product	(10000 yuan)	100358.9	88039.5
第一产业		Primary Industry		2620.3	2686.3
第二产业		Secondary Industry		35941.4	30589.9
# 工业		Industry		28274.8	23949.3
建筑业		Consumption		7666.6	6640.5
第三产业		Tertiary Industry		61797.3	54743.3
# 交通运输仓储和邮电通信业		Transport,Storage, Post & Telecommunication Services		6953.4	6453.7
地方财政收入	(万元)	Local Financial Revenue	(10000 yuan)	18245.0	16464.6
地方财政支出	(万元)	Local Financial Expenditure	(10000 yuan)	22175.0	18739.0
发电量	(万千瓦时)	Electricity	(10000 kwh)	3975.9	3889.7
汽车	(辆)	Motor Lehick	(unit)	950.8	495.4
移动电话机	(部)	Mobile Telephong	(unit)	91356.9	62468.7
每天消费量		**Daily National Consumption**			
能源消费量	(万吨标准煤)	Energy Consumption	(10000 tons of SCE)	12.9	12.3
社会消费品零售额	(万元)	Retail Sales of Consumer Goods	(10000 yuan)	52512.8	45843.8
粮 食	(吨)	Grain	(ton)	931.2	1279.1
猪 肉	(吨)	Pork	(ton)	506.0	477.2
牛羊肉	(吨)	Beef and Mutton	(ton)	242.9	218.7
鲜 蛋	(吨)	Fresh Eggs	(ton)	212.6	201.2
水产品	(吨)	Aquatic Products	(ton)	360.8	345.4
食用植物油	(吨)	Edible Vegetable Oil	(ton)	376.2	346.9
鲜 菜	(吨)	Fresh Vegetable	(ton)	4076.6	4335.1
生活用水(自来水厂)	(万吨)	Residential Use of Tap Water	(10000 tons)	159.7	157.5
每天其他活动		**Other Daily Activities**			
新建住宅竣工面积	(万平方米)	Floor Space of New Residence Completed	(10000 sq.m)	6.4	6.0
货运量	(包括管道, 万吨)	Freight Traffic (including pipelines)	(10000 tons)	84.7	84.4
客运量	(万人)	Passenger Traffic	(10000 persons)	83.6	77.8
邮电业务量(2000年不变价)	(万元)	Sales Revenue of Posts and Telecommunications (at 2000 constant prices)	(10000 yuan)	8329.7	6960.1
移动电话通话量	(万次)	Mobil Telephong Calls	(1000 times)	3090.3	2479.0
地方企业海关出口额	(万美元)	Exports of Local Enterprises	(USD 10000)	2018.1	1616.2
旅游外汇收入	(万美元)	Foreign Exchange Earning from Tourism	(USD 10000)	520.5	852.1
接待入境旅游人数	(人次)	Foreign Tourists Received	(person.time)	5071.9	8503.7
邮政储蓄	(万元)	Post Savings Deposit	(10000 yuan)	7749.1	6867.3
城乡居民储蓄存款	(万元)	Saving Deposit of Urban and Rural Residents	(10000 yuan)	145028.3	23379.9
市内公共交通客运量	(万人次)	Urban Passenger Traffic	(10000 person.times)	1169.0	1348.3
每天人口变动和婚姻		**Daily Population Changes and Marriages**			
出生人口	(人)	Birth Population	(person)	201.2	253.7
死亡人口	(人)	Death Population	(person)	205.1	219.1
登记结婚对数	(对)	Marriage Registered	(couple)	256.2	208.6
离婚对数	(对)	Registered Divorces	(couple)	27.8	15.9

1-13 地方财政收入
LOCAL FINANCIAL REVENUE

项目	Item	绝对数（万元） Value(10000 yuan) 2003	2002	2003年为2002年% 2003 as % of 2002	构成（%） Composition(%) 2003	2002
总计	**Total**	**6659427**	**6009594**	**117.2**	**100.0**	**100.0**
一般预算财政收入	**General Budgetary Financial Revenue**	**5925388**	**5339900**	**118.2**	**89.0**	**88.9**
# 增值税	Increased Value Tax	752553	666884	112.8	11.3	11.1
营业税	Business Tax	2636946	2277893	115.8	39.6	37.9
个人所得税	Private Income Tax	572106	612931	116.7	8.6	10.2
城市维护建设税	City Maintenance Tax	288542	249114	115.8	4.3	4.1
固定资产投资方向调节税	Adjusting Tax of Investment in Fixed Assets	631	2387	26.4	…	…
农牧业税和耕地占用税类	Tax for Farming and Animal Husbandry and Cultivated Land Occupation	24104	18916	127.4	0.4	0.3
企业所得税	Enterprise Income Tax	937007	1024446	117.8	14.1	17.0
国有资产经营收益	Business Income of State-owned Assets	6992	8270	84.5	0.1	0.1
国有企业计划亏损补贴类	Losing Subsidies of Planning of State-owned Enterprises	-510546	-516958	98.8	-7.7	-8.6
企业所得税退税	Returned Tax of Income Tax of Enterprises		-24464	…	…	-0.4
罚没收入、行政性收费	Forfeit and Administrative Fee	283417	242614	116.8	4.3	4.0
基金预算收入合计	**Total Fund Budgetary Income**	**734039**	**669694**	**109.6**	**11.0**	**11.1**

注：增速为可比增速.

Note:The related indices are calculated at comparable prices.

1-14 地方财政支出
LOCAL FINANCIAL EXPENDITURE

项目	Item	绝对数（万元） Value(10000 yuan) 2003	2002	2003年为2002年% 2003 as % of 2002	构成（%） Composition(%) 2003	2002
总计	**Total**	**8093859**	**6839751**	**118.3**	**100.0**	**100.0**
一般预算财政支出	**General Budgetary Financial Expenditure**	**7348043**	**6283496**	**116.9**	**90.8**	**91.9**
# 基本建设支出	Capital Construction	719875	643100	111.9	8.9	9.4
企业挖潜改造资金	Innovation Funds of Enterprises	458741	413647	110.9	5.7	6.0
科技三项费用	Science and Technology Promotion	63736	63704	100.1	0.8	0.9
流动资金	Circulating Funds					
农林水支出	Agriculture, Forestry, Water Conservancy	261821	234957	111.4	3.2	3.4
城市维护费	City Maintenance	361534	332346	108.8	4.5	4.9
工业交通等部门的事业费	Fees of Industrial and Transportation Departments	41309	29166	141.6	0.5	0.4
文体广播事业费	Fees of Culture and Radio	164145	141881	115.7	2.0	2.1
教育事业费	Fees of Education	988222	858185	115.2	12.2	12.5
卫生经费	Funds of Health	496358	379281	130.9	6.1	5.5
科学事业费	Fees of Science	107629	87806	122.6	1.3	1.3
行政管理费	Government Administration	390900	352020	111.0	4.8	5.1
公检法司支出	Public Security Agency, Procuratorial Agency and Court of Justice	562899	500775	112.4	7.0	7.3
抚恤和社会福利救济费	Pensions and Relief Funds for Social Welfare	228318	179808	127.0	2.8	2.6
政策性补贴支出	Policy Subsidies	44901	42057	106.8	0.6	0.6
基金支出合计	**Funds Expenditure**	**745816**	**556255**	**134.1**	**9.2**	**8.1**

1-15 各区县主要指标
MAJOR INDICATORS FOR DISTRICTS AND COUNTIES

单位：万元 (10000 yuan)

项目	Item	地区生产总值 Gross Domestic Product			第一产业 Primary industry		
		2003	2002	2003年为2002年% 2003 as % of 2002	2003	2002	2003年为2002年% 2003 as % of 2002
东城区	Dongcheng	3294121.4	2940785.1	112.0			
西城区	Xicheng	3487500.0	3103931.0	112.4			
崇文区	Chongwen	864012.7	750982.6	115.0			
宣武区	Xuanwu	2013162.9	1848609.0	108.9			
朝阳区	Chaoyang	6841967.7	5919514.7	115.6	23579.5	28676.7	82.2
丰台区	Fengtai	2310140.9	2060536.1	112.1	12058.9	15701.2	76.8
石景山区	Shijingshan	1384951.9	1188278.6	116.6	1221.0	2045.2	59.7
海淀区	Haidian	8928950.0	7549708.0	118.3	24862.3	23656.1	105.1
门头沟区	Mentougou	463519.7	406493.7	114.0	5560.0	5330.1	104.3
房山区	Fangshan	1964661.0	1614616.2	121.7	112456.0	102547.3	109.7
通州区	Tongzhou	1044962.9	900985.4	116.0	121968.2	132308.5	92.0
顺义区	Shunyi	1830882.4	1328472.1	137.8	218497.0	218200.3	100.1
昌平区	Changping	1301430.0	1108557.0	117.4	47684.0	42268.0	112.8
大兴区	Daxing	1037035.0	879354.0	117.9	137490.0	124910.0	110.1
平谷区	Pinggu	509968.2	418114.1	122.0	87216.3	85121.3	102.5
怀柔区	Huairou	622751.2	526139.8	118.4	49074.8	47581.7	103.1
密云县	Miyun	683842.0	566058.5	120.8	102002.0	89348.0	114.2
延庆县	Yanqing	374521.6	315912.5	118.5	81544.0	76610.4	106.4

项目	Item	第二产业 Secondary Industry			# 工业 Industry		
		2003	2002	2003年为2002年% 2003 as % of 2002	2003	2002	2003年为2002年% 2003 as % of 2002
东城区	Dongcheng	209961.1	198474.6	105.8	104745.8	109093.6	96.0
西城区	Xicheng	418500.0	428213.0	97.7	266359.8	279301.0	95.4
崇文区	Chongwen	240183.8	192407.9	124.8	155305.1	119695.5	129.8
宣武区	Xuanwu	585469.7	662327.6	88.4	496777.0	578016.9	85.9
朝阳区	Chaoyang	1736127.0	1640842.0	105.8	1376318.7	1277196.0	107.8
丰台区	Fengtai	682198.6	620468.7	109.9	509683.6	435400.0	117.1
石景山区	Shijingshan	985767.1	822417.2	119.9	894021.7	760901.5	117.5
海淀区	Haidian	1973149.3	1787597.0	110.4	1637189.9	1489125.0	109.9
门头沟区	Mentougou	211772.5	194078.5	109.1	174326.5	162813.8	107.1
房山区	Fangshan	1264403.7	981454.8	128.8	996322.0	748194.6	133.2
通州区	Tongzhou	495399.0	398240.9	124.4	384644.5	313804.3	122.6
顺义区	Shunyi	1029172.8	577202.3	178.3	901692.1	483911.7	186.3
昌平区	Changping	671855.0	576168.0	116.6	550435.0	452554.0	121.6
大兴区	Daxing	421291.0	342764.3	122.9	319176.0	255673.2	124.8
平谷区	Pinggu	226019.1	179862.1	125.7	170842.4	138768.1	123.1
怀柔区	Huairou	373523.0	295227.2	126.5	305999.9	242326.7	126.3
密云县	Miyun	330114.0	278899.1	118.4	275102.0	230482.2	119.4
延庆县	Yanqing	138008.2	115721.9	119.3	76480.2	63647.8	120.2

1-15 续表 1 continued

单位：万元 (10000 yuan)

项目	Item	第三产业 Tertiary Industry			工业总产值(当年价格)Gross Outputvalue of industry (at current prices)		
		2003	2002	2003年为2002年% 2003 as % of 2002	2003	2002	2003年为2002年% 2003 as % of 2002
东城区	Dongcheng	3084160.3	2742310.5	112.5	519448.1	634370.7	81.9
西城区	Xicheng	3069000.0	2671800.0	114.9	731570.0	657599.5	111.2
崇文区	Chongwen	623828.9	558574.7	111.7	288419.0	232574.0	124.0
宣武区	Xuanwu	1427693.2	1186281.4	120.4	898441.2	1177881.6	76.3
朝阳区	Chaoyang	5082261.2	4249996.0	119.6	6718096.8	5668519.3	118.5
丰台区	Fengtai	1615883.4	1424366.2	113.4	1765322.4	1556806.8	113.4
石景山区	Shijingshan	397963.8	363816.3	109.4	4219953.0	3409841.5	123.8
海淀区	Haidian	6930938.4	5738454.9	120.8	5761922.3	5104455.6	112.9
门头沟区	Mentougou	246187.2	207085.1	118.9	351207.2	337597.1	104.0
房山区	Fangshan	587801.3	530614.1	110.8	4213144.1	3547144.1	118.8
通州区	Tongzhou	427595.7	370436.0	115.4	1515640.6	1262488.5	120.1
顺义区	Shunyi	583212.6	533069.5	109.4	4052359.4	2117510.2	191.4
昌平区	Changping	581890.0	490121.0	118.7	3294740.6	2220872.8	148.4
大兴区	Daxing	478254.0	411680.0	116.2	1428512.1	1208250.0	118.2
平谷区	Pinggu	196732.8	153130.7	128.5	829677.7	665313.6	124.7
怀柔区	Huairou	200153.4	183330.9	109.2	1746490.5	1235106.0	141.4
密云县	Miyun	251726.0	197811.4	127.3	1003412.0	842746.0	119.1
延庆县	Yanqing	154969.4	123580.2	125.4	292903.8	242661.7	120.7

项目	Item	全社会固定资产投资 Total Investment inFixed Assets			社会消费品零售额 Total Retail Sales of Consumer Goods		
		2003	2002	2003年为2002年% 2003 as % of 2002	2003	2002	2003年为2002年% 2003 as % of 2002
东城区	Dongcheng	1702707.0	1457000.0	116.9	1660120.0	1447511.9	114.7
西城区	Xicheng	1335592.0	1605736.0	83.2	1640614.0	1541492.1	106.4
崇文区	Chongwen	622455.0	605273.0	102.8	639490.0	588192.0	108.7
宣武区	Xuanwu	968372.0	938220.0	103.2	697703.0	701118.0	99.5
朝阳区	Chaoyang	2858851.0	1967751.0	145.3	2986623.0	2678860.0	111.5
丰台区	Fengtai	777305.0	544382.0	142.8	1762322.0	1678628.0	105.0
石景山区	Shijingshan	323941.0	298755.0	108.4	991338.0	666236.0	148.8
海淀区	Haidian	2898447.0	2241732.0	129.3	3542556.0	3284569.0	107.9
门头沟区	Mentougou	426365.0	361202.0	118.0	245444.0	220998.7	111.1
房山区	Fangshan	1101166.0	1052527.0	104.6	618040.7	505924.0	122.2
通州区	Tongzhou	890727.0	534977.0	166.5	463931.0	407386.0	115.5
顺义区	Shunyi	850903.2	601738.0	141.4	503774.0	453725.1	111.0
昌平区	Changping	812579.0	625400.0	129.9	362498.0	326650.0	111.0
大兴区	Daxing	1008939.0	838719.0	120.3	413926.0	356861.0	116.0
平谷区	Pinggu	912776.9	343576.0	265.7	184335.0	165328.0	111.5
怀柔区	Huairou	382200.4	308459.0	123.9	200132.0	173150.0	115.6
密云县	Miyun	726398.2	636502.0	114.1	267492.0	222354.0	120.3
延庆县	Yanqing	255814.0	203000.0	126.0	298766.0	280490.0	106.5

1-15 续表 2 continued

单位:元 (yuan)

项目 Item		实际利用外资(万美元) Total Amount of Foreign Capital Actually Used(USD 100 MILLION)			地方财政收入(万元) Gross Domestic Product(10000 yuan)		
		2003	2002	2003年为2002年% 2003 as % of 2002	2003	2002	2003年为2002年% 2003 as % of 2002
东城区	Dongcheng	21088.8	16057.5	131.3	313801.0	272873.0	115.0
西城区	Xicheng	2288.0	3277.5	69.8	343806.0	315380.0	109.0
崇文区	Chongwen	4294.3	3082.0	139.3	69658.0	57762.0	120.6
宣武区	Xuanwu	1140.6	675.5	168.9	194970.0	163828.0	119.0
朝阳区	Chaoyang	95833.1	76020.8	126.1	565625.0	496013.0	114.0
丰台区	Fengtai	2357.5	2310.9	102.0	122042.0	111860.0	113.7
石景山区	Shijingshan	3005.8	1005.9	298.8	74402.0	63993.0	116.3
海淀区	Haidian	28359.0	26220.0	108.2	475348.0	397628.0	119.5
门头沟区	Mentougou	264.4	201.4	131.3	36561.0	32184.0	113.6
房山区	Fangshan	2464.6	2207.9	111.6	89542.0	76284.0	117.3
通州区	Tongzhou	8514.3	6573.0	129.5	84397.0	69424.0	121.6
顺义区	Shunyi	22112.4	11522.6	191.9	86458.0	63004.0	137.2
昌平区	Changping	4183.4	1606.1	260.5	88541.0	67091.0	132.0
大兴区	Daxing	4914.3	1037.9	473.5	93497.0	74402.0	125.7
平谷区	Pinggu	1869.8	1343.4	139.2	45794.0	36682.0	124.8
怀柔区	Huairou	5390.9	4539.9	118.7	54036.0	46075.0	117.3
密云县	Miyun	4075.3	2558.5	159.3	83336.0	73339.0	113.6
延庆县	Yanqing	205.0	140.0	146.4	28128.0	23255.0	121.0

项目 Item		城镇居民人均可支配收入 Annual Disc-retionary Income Perurban Residents			农村居民人均纯收入 Annual Net Income of Perrural Residents			在岗职工平均工资 Average Wage of Jully Employed Staff and Workers		
		2003	2002	2003年为2002年% 2003 as % of 2002	2003	2002	2003年为2002年% 2003 as % of 2002	2003	2002	2003年为2002年% 2003 as % of 2002
东城区	Dongcheng	14880.1	13117.2	113.4				32173.0	27596.0	116.6
西城区	Xicheng	14539.0	12916.0	112.6				33856.0	27541.0	122.9
崇文区	Chongwen	13494.1	11745.0	114.9				20848.0	18363.0	113.5
宣武区	Xuanwu	13166.0	11092.5	118.7				23095.0	20735.0	111.4
朝阳区	Chaoyang	13898.0	12626.0	110.1	9492.0	8259.0	114.9	27661.0	24289.0	113.9
丰台区	Fengtai	12281.9	10860.6	113.1	7786.6	6953.0	112.0	20901.0	17261.0	121.1
石景山区	Shijingshan	11904.7	11018.1	108.0		6574.5		23939.0	19550.0	122.5
海淀区	Haidian	14409.1	13778.7	104.6	8519.9	7945.4	107.2	29984.9	25975.0	115.4
门头沟区	Mentougou	11051.3	10209.7	108.2	6015.3	5095.4	118.1	18495.0	16982.4	108.9
房山区	Fangshan	11712.3	10565.2	110.9	5966.0	5492.0	108.6	17547.0	15842.0	110.8
通州区	Tongzhou	11968.6	10081.0	118.7	6445.0	5835.0	110.5	14702.0	12934.0	113.7
顺义区	Shunyi	13203.0	11735.9	112.5	6315.0	5850.0	107.9	14899.0	12624.0	118.0
昌平区	Changping	10373.0	9424.9	110.1	6256.0	5751.3	108.8	17595.0	15057.0	116.9
大兴区	Daxing	10811.7	9685.0	111.6	6099.4	5538.3	110.1	15634.0	14112.0	110.8
平谷区	Pinggu	11964.2	10972.8	109.0	5826.1	5102.3	114.2	13081.0	12941.1	101.1
怀柔区	Huairou	12785.0	11160.0	114.6	5814.2	5302.8	109.6	17284.1	15776.2	109.6
密云县	Miyun	12023.1	10551.0	114.0	5885.0	5171.0	113.8	15691.0	15169.0	103.4
延庆县	Yanqing	12852.6	11368.6	113.1	5658.0	5042.7	112.2	16904.0	15096.0	112.0

主要统计指标解释

法人单位 指具备（1）依法成立、有自己的名称、组织机构和场所、能够独立承担民事责任；（2）独立拥有和使用（或授权使用）资产、承担负债、有权与其它单位签订合同；（3）会计上独立核算、能够编制资产负债表。法人单位包括企业法人、事业单位法人、机关法人、社会团体法人和其他法人。

单产业法人 指只在一个地点，主要从事一种生产经营活动的法人单位。

多产业法人 指坐落于两个及两个以上地点、或主要从事两种及两种以上生产经营活动的，按照单位划分规定可以划分为两个或两个以上产业活动单位的法人单位。

产业活动单位 是法人单位的附属单位。产业活动单位应具备下列条件：（1）在一个场所从事一种或主要从事一种社会经济活动；（2）相对独立组织生产经营和业务活动；（3）能够掌握收入和支出等业务核算资料。

登记注册类型 以在工商行政管理机关登记注册的各类企业为划分对象。行政机关、事业单位和社会团体及其他经济组织参照执行。

国有企业 指企业全部资产归国家所有，并按国家有关法律规定登记注册的非公司制的经济组织。不包括有限责任公司中的国有独资公司。

集体企业 指企业资产归集体所有，并按国家有关法律规定登记注册的经济组织。

股份合作企业 以合作制为基础，由企业职工共同出资入股，吸收一定比例的社会资产投资组建，实行自主经营、自负盈亏，共同劳动，民主管理，按劳分配与按股分红相结合的一种集体经济组织。

联营企业 指两个及两个以上相同或不同所有制的企业法人或事业单位法人，按自愿、平等、互利的原则，共同投资组成的经济组织。包括国有联营、集体联营、国有与集体联营和其他联营企业。

有限责任公司 指根据国家有关法律规定登记注册，由两个以上，五十个以下的股东共同出资，公司以其全部资产对其债务承担责任的经济组织。包括国有独资公司以及其他有限责任公司。

股份有限公司 指根据国家有关法律规定登记注册，其全部注册资本由等额股份构成并通过发行股票筹集资本的经济组织。

私营企业 指由自然人投资设立或由自然人控股，以雇佣劳动为基础的盈利性经济组织。包括按照有关法律、条例规定登记注册的私营独资企业、私营合伙企业、私营有限责任公司和私营股份有限公司。

其他企业 指上述单位之外的其他内资经济组织。

港、澳、台商投资企业 指港澳台地区投资者依照中华人民共和国有关涉外经济的法律、法规，以合资、合作、独资、股份有限公司的形式在内地设立的企业。凡其中港澳台股本占公司注册资本比例小于 25%的，属于内资企业中的股份有限公司。

外商投资企业 指外国企业或外国人依照中华人民共和国有关涉外经济的法律、法规，以合资、合作、独资、股份有限公司的形式在中国内地投资设立的企业。凡其中外资股本占公司注册资本比例小于 25%的，属于内资企业中的股份有限公司。

一般预算财政收入 是通过一定的形式和程序，由各级财政部门组织并纳入预算管理的各项收入，也就是会计制度改革以前所称的“预算收入”。

基金预算收入 是按规定收取，转入或通过当年财政安排，由财政管理并具有指定用途的政府性基金预算收入等。

一般预算财政支出 是各级财政部门对集中的一般预算收入有计划地分配和使用而安排的支出。

基金预算支出 是各级财政部门用基金预算收入安排的支出。

《国民经济行业分类与代码》GB/T 4754-2002 版与原 GB/T 4754-1994 版的主要框架结构变化：

增加的门类：a)信息传输、计算机服务和软件业；b)租凭和商务服务业；c)住宿和餐饮业；d)水利、环境和公共设施管理业；e)教育；f)国际组织。

名称或范围进行调整的门类：a)农、林、牧、渔业；b)采矿业；c)制造业；d)交通运输、仓储和邮政业；e)批发和零售业；f)金融业；g)科学研究、技术服务和地质勘查业；h)居民服务和其他服务业；i)卫生、社会保障和社会福利业；j)文化、体育和娱乐业；k)公共管理和社会组织。

取消的门类：a)地质勘查业、水利管理业；b)其他行业。

二、国民经济核算
NATIONAL ACCOUNTS

地区生产总值 （单位：亿元）
Gross Domestic Product (100 million yuan)

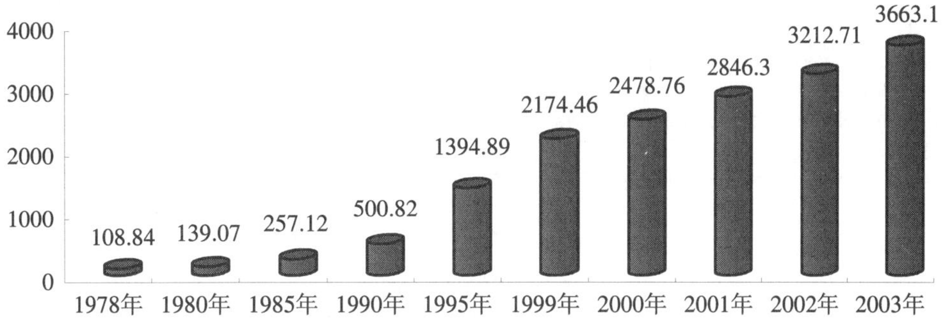

地区生产总值产业构成
Industry Composition of Gross Domestic Product

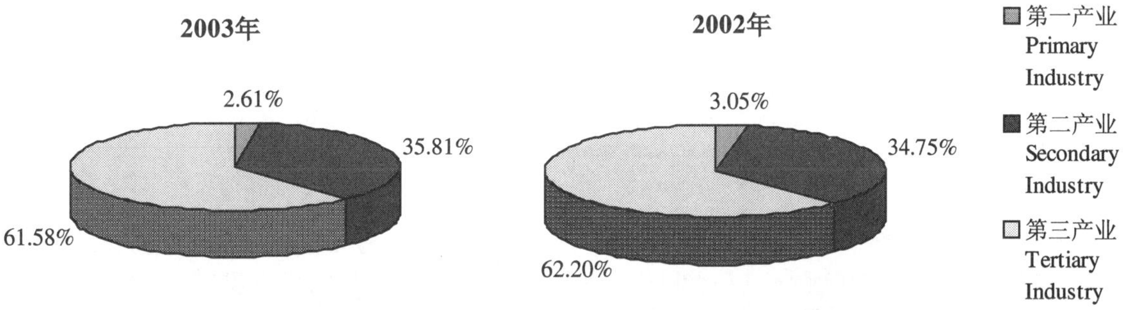

2-1 总 产 出
TOTAL OUTPUT

单位：万元 (10000 yuan)

项目	Item	2003	2002	2003年为2002年% 2003 as % of 2002
总 计	**Total**	**127813200**	**111434900**	**110.8**
第一产业	Primary Industry	2379000	2303900	103.4
第二产业	Secondary Industry	59634600	50001000	113.5
工 业	Industry	46216500	38983700	112.6
建筑业	Construction	13418100	11017300	116.8
第三产业	Tertiary Industry	65799600	59130000	108.7
# 交通运输、仓储及邮电业	Transportation,Storage,Posts and Telecommunications	5862700	5466500	106.6
批发和零售贸易、餐饮业	Wholesale,Retail and Catering Trade	6089400	5619600	108.4

注：1. 绝对数按现价计算，发展速度按可比价格计算(下同)。
2. 本章中除2-4表采用新国民经济行业分组外,其余表式仍使用旧行业分组。

Note: a)The data in terms of value are calculated at current prices,while the related indices are calculated at comparable prices (The followings are the same).
b)Besides adopting the new industrial classification for national economic activities into groups in 2-4 forms in this chapter, other tabular forms still use the old industrial classification for national economic activities into groups.

2-2 地 区 收 入 总 值
GROSS NATIONAL INCOME

单位：万元 (10000 yuan)

项目	Item	2003	2002	2003年为2002年% 2003 as % of 2002	构成(%) Composition(%)	
					2003	2002
地区收入总值	**Gross National Income**	**36639300**	**32134400**	**110.7**		
地区生产总值	**Gross Domestic Product**	**36631000**	**32127100**	**110.7**	**100.0**	**100.0**
第一产业	**Primary Industry**	**956400**	**980500**	**103.3**	**2.6**	**3.1**
第二产业	**Secondary Industry**	**13118600**	**11165300**	**111.9**	**35.8**	**34.7**
工 业	Industry	10320300	8741500	112.2	28.2	27.1
建筑业	Construction	2798300	2423800	110.7	7.6	7.6
第三产业	**Tertiary Industry**	**22556000**	**19981300**	**110.3**	**61.6**	**62.2**
农林牧渔服务业	FFAF Services	26600	21700	115.3	0.1	0.1
地质勘查业、水利管理业	Geological Prospecting and Water Conservancy	59500	64200	92.6	0.2	0.2
交通运输、仓储及邮电通信业	Transportation,Storage,Posts and Telecommunications	2538000	2355600	107.4	6.9	7.3
批发和零售贸易、餐饮业	Wholesale,Retail and Catering	2796900	2563200	109.2	7.6	8.0
金融保险业	Banking and Insurance	5373200	4694400	110.1	14.7	14.6
房地产业	Real Estate	1905500	1631200	112.1	5.2	5.1
社会服务业	Social Services	3654000	3226000	108.1	10.0	10.0
卫生、体育、社会福利业	Health,Sports and Social Welfare	631000	554500	111.8	1.7	1.7
教育、文艺广播电影电视业	Education,Culture,Art,Radio,Film and Television	2426600	2121600	114.4	6.6	6.6
科学研究和综合技术服务业	Scientific Research and Polytechnical Services	1977300	1710000	113.5	5.4	5.3
国家机关、政党机关和社会团体	Government Organs,Party Organs and Social Bodies	965200	842600	112.4	2.6	2.6
其他行业	Others	202200	196300	101.1	0.6	0.6
国外(地区)净要素收入	**Net Income of Essential Factor from Foreign Country(Territory)**	**8300**	**7300**	**108.6**		
人均地区生产总值 (元)	**Per Capita Gross Domestic Products (yuan)**	**32061**	**28449**	**109.4**		

注：按国民经济行业分类（GB/T 4754-94）核算。

Note:This form was checked and calculated according to the industrial classification for national economic activities (GB/T 4754-94).

2-3 地区生产总值项目构成
COMPOSITION OF GROSS DOMESTIC PRODUCT

单位：万元 (10000 yuan)

项目	Item	增加值 Added Value	劳动者报酬 Compensation for Labors	生产税净额 Net Taxes on Production	固定资产折旧 Depreciation of Fixed Asset	营业盈余 Operating Surplus
地区生产总值	**Gross Domestic Product**	**36631000**	**15088700**	**4423500**	**5730800**	**11388000**
第一产业	**Primary Industry**	**956400**	**557300**	**4900**	**65100**	**329100**
第二产业	**Secondary Industry**	**13118600**	**5412400**	**2469300**	**2096000**	**3140900**
工　业	Industry	10320300	3754200	1903400	1869300	2793400
建筑业	Construction	2798300	1658200	565900	226700	347500
第三产业	**Tertiary Industry**	**22556000**	**9119000**	**1949300**	**3569700**	**7918000**
农林牧渔服务业	FFAF Services	26600	20500	100	9200	-3200
地质勘查业、水利管理业	Geological Prospecting and Water Conservancy	59500	41100	5300	23400	-10300
交通运输、仓储及邮电通信业	Transportation,Storage,Posts and Telecommunications	2538000	634000	126200	987100	790700
批发和零售贸易、餐饮业	Wholesale,Retail and Catering	2796900	1095700	198600	230400	1272200
金融保险业	Banking and Insurance	5373200	515800	349600	204400	4303400
房地产业	Real Estate	1905500	522700	481600	750200	151000
社会服务业	Social Services	3654000	1964200	330200	552700	806900
卫生、体育、社会福利业	Health,Sports and Social Welfare	631000	532700	4300	83100	10900
教育、文艺广播电影电视业	Education,Culture,Art,Radio, Film and Television	2426600	1729400	158900	296300	242000
科学研究和综合技术服务业	Scientific Research and Polytechnical Services	1977300	1198100	224800	207200	347200
国家机关、政党机关和社会团体	Government Organs,Party Organs and Social Bodies	965200	757000	27100	182000	-900
其他行业	Others	202200	107800	42600	43700	8100

注：按国民经济行业分类（GB/T 4754-94）核算。

Note:This form was checked and calculated according to the industrial classification for national economic activities (GB/T 4754-94).

2-4 地区生产总值项目构成
COMPOSITION OF GROSS DOMESTIC PRODUCT

单位：万元 (10000 yuan)

项 目	Item	增加值 Added Value	劳动者报酬 Compensation for Labors	生产税净额 Net Taxes on Production	固定资产折旧 Depreciation of Fixed Asset	营业盈余 Operating Surplus
地区生产总值	**Gross Domestic Product**	**36631000**	**15088700**	**4423500**	**5730800**	**11388000**
第一产业	**Primary Industry**	**983000**	**577800**	**5000**	**74300**	**325900**
第二产业	**Secondary Industry**	**13118600**	**5412400**	**2469300**	**2096000**	**3140900**
工 业	Industry	10320300	3754200	1903400	1869300	2793400
建筑业	Construction	2798300	1658200	565900	226700	347500
第三产业	**Tertiary Industry**	**22529400**	**9098500**	**1949200**	**3560500**	**7921200**
交通运输、仓储和邮政业	Transportation,Storage, Posts and Telecommunications	1329900	777500	29300	524100	-1000
信息传输、计算机服务和软件业	nformation Transmission, Computer Servecis and Software	2854400	807800	262100	704100	1080400
批发和零售业	Wholesale Trade and Retail Trade	2488600	901500	155200	192000	1239900
住宿和餐饮业	Stay Place and Catering	697300	452100	105300	198600	-58700
金融业	Finance	5373200	515800	349600	204400	4303400
房地产业	Real Estate Trade	1905500	522700	481600	750200	151000
租凭和商务服务业	Tenancy and Commercial Servecis	1264500	584500	191300	128600	360100
科学研究、技术服务和地质勘察业	Scientific Studies,Technical Servecis and Geological Prospecting	2001100	1234200	230600	214400	321900
水利、环境和公共设施管理业	Water, Environment and Municipal Engineering Conservancy	247200	213500	-61800	54200	41300
居民服务和其他服务业	Resident Services and Other Services	384500	69900	22900	23800	267900
教育	Education	1518900	1305000	12400	184400	17100
卫生、社会保障和社会福利业	Health Care,Social Security and Social Welfare	587900	511700	1600	76500	-1900
文化、体育和娱乐业	Culture,Art,Sports and Recreation	911200	445300	142000	123200	200700
公共管理和社会组织	Public Manage and Social Organization	965200	757000	27100	182000	-900

2-5 按支出法计算的地区生产总值
GROSS DOMESTIC PRODUCT BY EXPENDITURE APPROACH

单位：万元 (10000 yuan)

项目	Item	2003	2002	2003年为2002年% 2003 as % of 2002
支出法地区生产总值	**Gross Domestic Product by Expenditure Approach**	**36631000**	**32127100**	**110.7**
最终消费	Final Consumption Expenditure	19678700	16998100	114.1
居民消费	Household Consumption	12092700	10492100	112.8
农业居民	Agricultural	1631800	1474100	111.0
非农业居民	Non-Agricultural	10460900	9018000	113.1
政府消费	Government Consumption	7586000	6506000	116.1
资本形成总额	Gross Capital Formation	22939300	20100200	111.6
固定资产形成总额	Completed Fixed Assets	22115600	19131200	113.1
存货增加	Changes in Inventories	823700	969000	83.7
货物和服务净出口	Net Export of Goods and Services	-5987000	-4971200	

2-6 居 民 消 费 水 平
HOUSEHOLD CONSUMPTION

单位：元 (yuan)

项目	Item	2003	2002	2003年为2002年% 2003 as % of 2002
全市居民消费水平	**All Households**	**10584**	**9291**	**111.5**
农业居民	Agricultural	5041	4390	115.1
非农业居民	Non-Agricultural	12775	11365	109.6
农业居民与非农业居民对比	**Ratio of Consumption of Agricultural**	**1∶2.5**	**1∶2.6**	

2-7 最 终 消 费
FINAL CONSUMPTION EXPENDITURE

单位：万元 (10000 yuan)

项 目	Item	2003	2002
最终消费	**Final Consumption Expenditure**	**19678700**	**16998100**
居民消费	**Household Consumption**	**12092700**	**10492100**
农业居民	Agricultural	1631800	1474100
自给性消费	Self-sufficiency	24600	24000
商品性消费	Commodity	903700	837500
文化生活及服务性消费	Culture and Services	441800	400800
住房及水电消费	Residence,Water and Electricity	261700	211800
# 住房消费	Residence	121400	108700
非农业居民	Non-Agricultural	10460900	9018000
商品性消费	Commodity	5569200	4837800
文化生活及服务性消费	Culture and Services	3860100	3233800
住房及水电消费	Residence,Water and Electricity	1031600	946400
# 住房消费	Residence	670400	628900
政府消费	**Government Consumption**	**7586000**	**6506000**

2-8 主要社会经济效益指标
MAJOR ECONOMIC EFFICIENCY INDICATORS

项 目	Item	2003	2002
社会劳动生产率(当年价格)　(元/人)	**Overall Labor Productivity (at current prices) (yuan/person)**	**52993**	**49121**
第一产业　(元/人)	Primary Industry (yuan/person)	14673	14139
第二产业　(元/人)	Secondary Industry (yuan/person)	56904	49487
第三产业　(元/人)	Tertiary Industry (yuan/person)	57028	55647
资本形成率（投资率）　(%)	**Rate of Capital Formation (%)**	**62.6**	**62.6**
消费率　(%)	**Consumption Rate (%)**	**53.7**	**52.9**
总产出中间投入率　(%)	**Intermediate Input/Total Output (%)**	**71.3**	**71.2**
第一产业　(%)	Primary Industry (%)	59.8	57.4
第二产业　(%)	Secondary Industry (%)	78.0	77.7
第三产业　(%)	Tertiary Industry (%)	65.7	66.2
增加值率　(%)	**GDP/Total Output (%)**	**28.7**	**28.8**
第一产业　(%)	Primary Industry (%)	40.2	42.6
第二产业　(%)	Secondary Industry (%)	22.0	22.3
第三产业　(%)	Tertiary Industry (%)	34.3	33.8

2-9 2002 年国民经济总体帐户
OVERALL ACCOUNT OF NATIONAL ECONOMY OF 2002

2-9-1 生 产 帐 户（2002）
PRODUCTION ACCOUNT(2002)

单位：亿元 (100 million yuan)

劳动者报酬	Compensation for Labors	1427.7	总产出	Total Output	11143.5
工资及工资性收入	Wages and Related Income	1246.0	减:中间消耗	Subtract：Intermediate Consumption	7930.8
单位社会保险付款	Employer's Contribution of Social Securities	181.7			
生产税净额	Net Taxes on Production	426.6			
生产税	Production Taxes	522.2			
减：生产补贴	Subtract：Production Subsidies	95.6			
亏损补贴	Losing Subsidies	78.4			
价格补贴	Price Subsidies	17.2			
固定资产折旧	Depreciation of Fixed Assets	524.1			
营业盈余	Earnings Surplus	834.3			
增加值分配	**Distribution of Value Added**	**3212.7**	**增加值**	**Value Added**	**3212.7**

2-9-2收入分配及支出帐户(2002)
INCOME DISTRIBUTION AND EXPENDITURE ACCOUNT(2002)

单位：亿元 (100 million yuan)

财产收入支付	Payment for Property Income	816.2	营业盈余	Earnings Surplus	834.3
利息支出	Interest	214.3	固定资产折旧	Depreciation of Fixed Asset	524.1
红利支出	Dividend	78.5	财产收入	Property Income	936.4
土地租金支出	Land Rental		利息收入	Interest	214.3
其他支出	Others	523.4	红利收入	Dividend	232.0
经常转移支出	Payment for Current Transfer	707.3	土地租金收入	Land Rental	
收入税支出	Income Taxes	187.8	其他收入	Others	490.2
财政经常性拨款支出	Fiscal Current Allocation		劳动者报酬	Compensation for Labors	1427.7
社会保险付款支出	Payment to Social Security	181.7	工资及工资性收入	Wages and Related Income	1246.0
社会补助支出	Allowance	27.5	单位社会保险付款	Employer's Contribution of Social Securities	181.7
其他经常转移支出	Others	310.3			
可支配总收入	Total Disposable Income	3557.2	生产税净额	Net Taxes on Production	426.6
最终消费	Final Consumption Expenditure	1699.8	生产税	Production Tax	522.2
居民消费	Household Consumption	1049.2	减：生产补贴	Subtract:Production Subsidies	95.6
政府消费	Government Consumption	650.6	亏损补贴	Losing Subsidies	78.4
总储蓄	Savings	1857.4	价格补贴	Price Subsidies	17.2
			经常转移收入	Current Transfer Income	931.6
			收入税收入	Income Tax	187.8
			财政经常性拨款收入	Fiscal Current Allocation	
			社会保险付款收入	Social Security Payment	181.7
			社会补助收入	Allowance	27.5
			其他经常转移收入	Others	534.6
支出和总储蓄	**Expenditure and Savings**	**5080.7**	**收 入**	**Income**	**5080.7**

2-9-3 资 本 帐 户(2002)
CAPITAL ACCOUNT(2002)

单位：亿元　　(100 million yuan)

固定资本形成总额	Gross Fixed Capital Formation	2010.0	总储蓄	Total Savings	1857.4
存货增加	Changes in Inventories	1913.1	资本转移收入净额	Capital Transfer,Net	
其他非金融资产获得减处置	Minus Items from Other Non-financial Capital	96.9	资本转移收入	Capital Transfer Income	145.5
			投资性补助收入	Investment Allowance	145.5
资金余缺	Surplus or Shortage of Capital	-152.7	其他资本转移收入	Others	
			减：资本转移支出	Subtract：Capital Transfer Expenditure	145.5
统计误差	Statistical Discrepancy		投资性补助支出	Investment Allowance	145.5
			其他资本转移支出	Others	
资本运用	**Capital Utilization**	**1857.4**	**资本筹集**	**Capital Source**	**1857.4**

2-9-4 金 融 帐 户(2002)
FINANCIAL ACCOUNT(2002)

单位：亿元　　(100 million yuan)

国内金融交易	Domestic Financial Transaction	6435.8	国内金融交易	Domestic Financial Transaction	6604.2
通货	Currency in Circulation	107.2	通货	Currency in Circulation	
存款	Deposits	2713.4	存款	Deposits	2716.5
短期存款	Short-term	1169.1	短期存款	Short-term	1169.1
长期存款	Long-term	1544.2	长期存款	Long-term	1547.4
贷款	Loans	2144.5	贷款	Loans	2144.5
短期贷款	Short-term	916.6	短期贷款	Short-term	916.6
长期贷款	Long-term	1227.9	长期贷款	Long-term	1227.9
证券(不含股票)	Securities(excluding stock)	424.6	证券(不含股票)	Securities(excluding stock)	424.6
短期证券	Short-term		短期证券	Short-term	
长期证券	Long-term	424.6	长期证券	Long-term	424.6
股票及其他股权	Stock and Other Stock Ownership	200.7	股票及其他股权	Stock and Other Stock Ownership	659.4
保险准备金	Reserves for Insurance Business		保险准备金	Reserves for Insurance Business	
其他金融资产	Other Financial Capital	845.5	其他负债	Other Liabilities	659.2
国际资本往来	International Capital Flow	6.7	国际资本往来	International Capital Flow	-9.0
短期资本	Short-term	4.8	短期资本	Short-term	-1.5
长期资本	Long-term	1.9	长期资本	Long-term	-7.5
国际储备资产	Assets in International Reserves		资金余缺	Surplus or Shortage of Capital	-152.7
			国际收支误差与遗漏	Error and Omission of International Revenue and Expenditure	
金融资产净增额	**Net Increase of Financial Capital**	**6442.5**	**负债净增额与资金余缺**	**Net Increase of Liability and Surplus or Shortage of Capital**	**6442.5**

2-9-5 期末资产负债帐户(2002)
YEAR-END BALANCE ACCOUNT(2002)

单位：亿元 (100 million yuan)

非金融资产	Non-financial Capital	20986.1	负债	Liabilities	33540.8
固定资产	Fixed Assets	14420.2	国内金融负债	Domestic Financial Liabilities	31479.5
存货	Inventories	4583.6	通货	Currency in Circulation	
其他非金融资产	Others	1982.3	存款	Deposits	17852.0
金融资产	Financial Capital	33599.6	短期存款	Short-term	9422.8
国内金融资产	Domestic Financial Capital	33481.8	长期存款	Long-term	8429.2
通货	Currency in Circulation	343.0	贷款	Loans	6926.8
存款	Deposits	12064.1	短期贷款	Short-term	3041.8
短期存款	Short-term	5581.5	长期贷款	Long-term	3885.0
长期存款	Long-term	6482.6	证券(不含股票)	Securities(excluding stock)	38.4
贷款	Loans	9589.6	短期证券	Short-term	
短期贷款	Short-term	4309.5	长期证券	Long-term	
长期贷款	Long-term	5280.1	股票及其他股权	Stock and Other Stock Ownership	3717.1
证券(不含股票)	Securities(excluding stock)	3220.5	保险准备金	Reserves for Insurance Business	152.5
短期证券	Short-term		其他负债	Others	2792.6
长期证券	Long-term		国外金融负债	Foreign Financial Liabilities	2061.3
股票及其他股权	Stock and Other Stock Ownership	8100.9	短期负债	Short-term	
保险准备金	Reserves for Insurance Business	156.1	长期负债	Long-term	
其他金融资产	Others	7.7	资产负债差额	Balance of Assets and Liabilities	21045.0
国外金融资产	Foreign Financial Capital	117.8			
短期资本	Short-term Capital				
长期资本	Long-term Capital				
储备资产	Reserves		**负债与资产负债差额**	**Liabilities and Balance of Capital and Liabilities**	**54585.8**
资产	**Capital**	**54585.8**			

主要统计指标解释

地区收入总值 指一个地区所有常住单位在一定时期内收入初次分配的最终结果。一地区常住单位从事生产活动所创造的增加值在初次分配中主要分配给该地区的常住单位，但也有一部分以生产税及进口税（扣除生产和进口补贴）、劳动者报酬和财产收入等形式分配给非常住单位；同时，地区外生产所创造的增加值也有一部分以生产税及进口税（扣除生产和进口补贴）、劳动者报酬和财产收入等形式分配给该地区的常住单位，从而产生了地区收入总值的概念。它等于地区生产总值加上来自地区外的净要素收入。与地区生产总值不同，地区收入总值是个收入概念，而地区生产总值是个生产概念。

地区生产总值 是按市场价格计算的地区生产总值的简称。它是一个地区所有常住单位在一定时期内生产活动的最终成果。地区生产总值有三种表现形式，即价值形态、收入形态和产品形态。从价值形态看，它是所有常住单位在一定时期内所生产的全部货物和服务价值超过同期投入的全部非固定资产货物和服务价值的差额，即所有常住单位的增加值之和；从收入形态看，它是所有常住单位在一定时期内所创造并分配给常住单位和非常住单位的初次分配收入之和；从产品形态看，它是最终使用的货物和服务减去进口货物和服务。在实际核算中，地区生产总值的三种表现形态表现为三种计算方法，即生产法、收入法和支出法。三种方法分别从不同的方面反映地区生产总值及其构成。

三次产业 根据社会生产活动历史发展的顺序对产业结构的划分，产品直接取自自然界的部门称为第一产业，对初级产品进行再加工的部门成为第二产业。为生产和消费提供各种服务的部门称为第三产业。它是世界上通用的产业结构分类，但各国的划分不尽一致。我国2003年前的三次产业划分是：

第一产业：农、林、牧、渔业（包括农业、林业、畜牧业和渔业）。

第二产业：工业（包括采掘工业、制造业、电力、煤气及水的生产及供应业）和建筑业。

第三产业：除第一、第二产业以外的其他各业。

2003年后的三次产业划分是：

第一产业：农、林、牧、渔业（包括农业、林业、畜牧业、渔业和农、林、牧、渔服务业）。

第二产业：工业（包括采矿业、制造业、电力、燃气及水的生产及供应业）和建筑业。

第三产业：除第一、第二产业以外的其他各业。

支出法地区生产总值 指一个地区所有常住单位在一定时期内用于最终消费、资本形成总额，以及货物和服务的净出口总额，它反映本期生产的地区生产总值的使用构成。

最终消费 指常住单位在一定时期内对于货物和服务的全部最终消费支出，也就是常住单位为满足物质、文化和精神生活的需要，从本地区经济领土和地区外购买的货物和服务的支出。它不包括非常住单位在本地区经济领土内的消费支出。最终消费分为居民消费和政府消费。

（一）居民消费：指常住住户在一定时期内对于货物和服务的全部最终消费支出。居民关于货物的最终消费支出在货物的所有权发生变化时记录，关于服务的最终支出在服务提供的时候记录。居民消费支出按市场价格计算，即按居民支付的购买者价格计算，货物的购买价格是购买者取得交货所支付的价格，它包括购买者支付的运输和商业费用。居民支出除了直接以货币形式购买的货物和服务的消费支出外，还包括以其他方式获得的货物和服务的消费支出，即所谓的虚拟消费支出。居民虚拟消费支出包括如下几种类型：单位以实物报酬及实物转移的形式提供给劳动者的货物和服务；住户生产并由本住户消费了的货物和服务，其中自有住房服务；金融机构提供的金融媒介服务；保险公司提供的保险服务。

（二）政府消费 指政府部门为全社会提供的公共服务的消费支出和免费或以较低的价格向居民住户提供的货物和服务的净支出，前者等于政府服务的产出价值减去政府单位所获得的经营收入的价值，政府服务的产出价值等于它的经常性业务支出加上固定资产折旧；后者等于政府部门向居民住户提供的货物和服务的市场价值减去向居民住户收取的价值。

资本形成总额 指常住单位在一定时期内获得减去处置的固定资产和存货的净值，包括固定资产形成总额和存货增加两项。

（一）固定资产形成总额 指常住单位在一定时期内购置、转入和自产自用的固定资产价值，扣除固定资产的销售和转出后的价值 。可分为有形固定资产形成总额和无形固定资产形成总额。有形固定资产形成总额包括一定时期内完成的建筑工程、安装工程和设备工器具购置（减处置）价值，以及土地改良、新增役、种、奶、毛、娱乐用牲畜和新增经济林木价值。无形固定资产形成总额包括矿藏的勘探、计算机软件、娱乐和文学艺术品原件等获得价值。

（二）存货增加　指常住单位在一定时期内存货实物量变动的市场价值即期末价值减期初价值的差额。存货增加可以是正值，也可以是负值，正值表示存货上升，负值表示存货下降。它包括生产单位购进的原材料、燃料和储备物资等存货，以及生产单位生产的产成品、在制品和半成品等存货等。

货物和服务净出口　指货物和服务出口减货物和服务进口的差额。出口包括常住单位向非常住单位出售或无偿转让的各种货物和服务的价值；进口包括常住单位从非常住单位购买或无偿得到的各种货物和服务的价值。由于服务活动的提供与使用同时发生，因此服务的进出口业务并不发生出入境现象，一般把常住单位从地区外得到的服务作为进口，非常住单位从本地区得到的服务作为出口。货物的出口和进口都按离岸价格计算。

净出口　指出口与进口的差额。出口包括常住单位向非常住单位出售或无偿转让的各种货物和服务的总值；进口包括常住单位从非常住单位购买或无偿得到的各种货物和服务的总值。由于服务活动提供与使用同时发生，因此服务的进出口业务并不发生出入境现象，应把常住单位从地区外得到的服务作为进口，反之，非常住单位从本地区得到的服务作为出口。

劳动者报酬　劳动者报酬是指劳动者因从事生产活动所获得的全部报酬。它包括劳动者获得的各种形式工资、奖金和津贴，既包括货币形式的，也包括实物形式的，它还包括劳动者所享受的公费医疗和医药卫生费、上下班交通补贴和单位支付的社会保险费等。单位支付的社会保险费，就是单位直接支付给负责社会保险的政府单位（一般指劳动部门）的社会保险金或为本单位职工离退休、发生死亡、伤残、医疗保险等而支付的保险费。对于个体经济来说，其所有者所获得的劳动报酬和经营利润不易区分，这两部分统一作为劳动者报酬处理。

生产税净额　指生产税减生产补贴后的差额。生产税指政府对生产单位生产、销售和从事经营活动以及因从事生产活动使用某些生产要素，如固定资产、土地、劳动力所征收的各种税、附加费和规费。具体包括销售税金及附加、增值税、管理费中开支的各种税、应交纳的养路费、排污费和水电费附加、烟酒专卖上缴政府的专项收入等。生产补贴与生产税相反，是政府对生产单位的单方面收入转移，因此视为负生产税处理，包括政策亏损补贴、粮食系统价格补贴、外贸企业出口退税收入等。

固定资产折旧　指一定时期内为弥补固定资产损耗按照核定的固定资产折旧率提取的固定资产折旧，或按国民经济核算统一规定的折旧率虚拟计算的固定资产折旧。它反映了固定资产在当期生产中的转移价值。各种类型企业和企业化管理的事业单位的固定资产折旧指实际计提并计入成本费用中的折旧费；不计提折旧的单位，如政府机关、非企业化管理的事业单位和居民住房的固定资产折旧则是按照统一规定的折旧率和固定资产原值计算的虚拟折旧。原则上，固定资产折旧应按固定资产的重置价值来计算，但是我国目前尚不具备对全社会固定资产进行重估价的基础，所以暂时只能采用上述方法来计算。

营业盈余　指常住单位创造的增加值扣除劳动者报酬、生产税净额和固定资产折旧后的余额。它相当于企业的经营利润加上生产补贴，但要扣除从利润中开支的工资和福利以及从税后利润中提取的公益金等。

三、人口
POULATION

户籍人口　　　（单位：万人）
Permanent Residents (10000 persons)

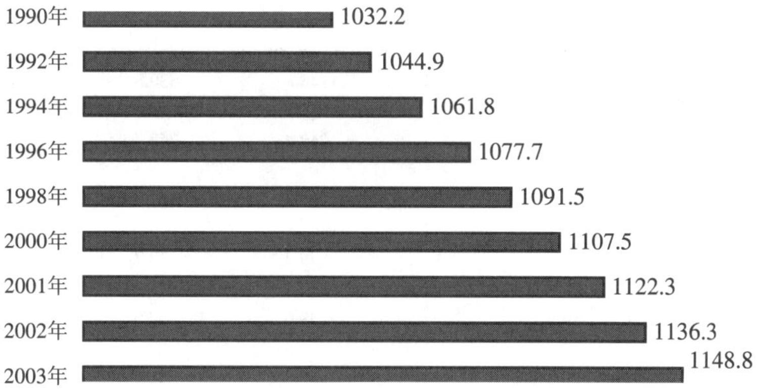

人口自然增长率　（单位：‰）
Natural Growth Rate of Population (‰)

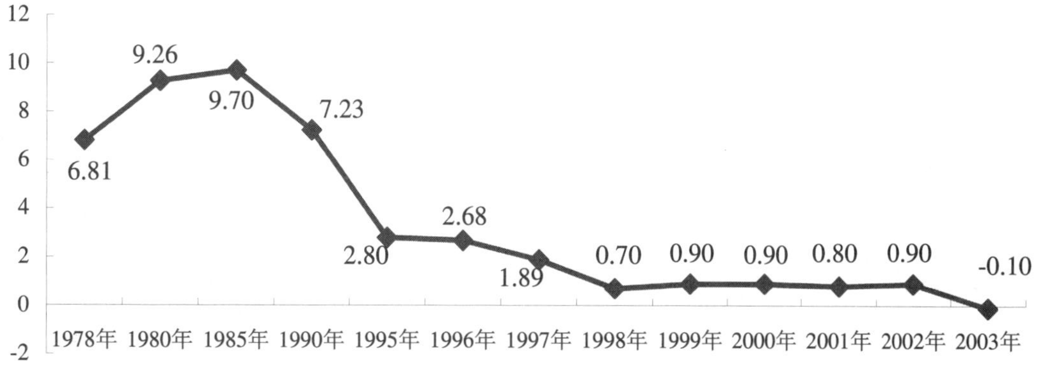

3-1 户 数 及 人 口 数(户籍统计)
HOUSEHOLD AND POPULATION(REGISTERED STATISTICS)

地 区	Region	户籍人口 Permanent Residents 户 数 (万户) Households(10000 households) 合 计 Total	非农业户 Non-Agricultural	农业户 Agricultural	人口数(万人) Residents(10000 persons) 合 计 Total	非农业户 Non-Agricultural	农业户 Agricultural	暂住人口 (万人) Temporary Residents (10000 persons)
全 市	**Total**	**427.6**	**309.3**	**118.3**	**1148.8**	**830.8**	**318.0**	**332.6**
城 区	**City Propers**	**87.0**	**87.0**	**…**	**240.4**	**240.4**	**…**	**30.0**
东 城 区	Dongcheng	23.5	23.5		64.3	64.3		8.2
西 城 区	Xicheng	28.2	28.2	…	79.7	79.7	…	10.1
崇 文 区	Chongwen	14.8	14.8	…	39.6	39.6	…	4.5
宣 武 区	Xuanwu	20.5	20.5	…	56.8	56.8	…	7.2
近 郊 区	**Near Suburbs**	**163.6**	**145.1**	**18.5**	**458.4**	**416.4**	**42.0**	**195.8**
朝 阳 区	Chaoyang	61.0	53.5	7.5	159.8	143.2	16.6	80.1
丰 台 区	Fengtai	33.8	27.9	5.9	86.4	72.4	14.0	32.1
石景山区	Shijingshan	12.1	12.1	…	33.8	33.8	…	11.9
海 淀 区	Haidian	56.7	51.6	5.1	178.4	167.0	11.4	71.7
远 郊 区	**Outer Suburbs**	**148.9**	**67.5**	**81.4**	**380.4**	**152.8**	**227.6**	**102.0**
门头沟区	Mentougou	10.0	6.9	3.1	23.6	16.5	7.1	4.5
房 山 区	Fangshan	28.6	13.1	15.5	74.9	31.3	43.6	11.4
通 州 区	Tongzhou	26.3	12.0	14.3	61.0	23.8	37.2	15.3
顺 义 区	Shunyi	21.3	8.0	13.3	54.8	16.5	38.3	17.7
昌 平 区	Changping	17.8	8.9	8.9	45.3	22.0	23.3	25.2
大 兴 区	Daxing	19.3	8.4	10.9	54.7	19.8	34.9	23.6
平 谷 区	Pinggu	14.4	5.8	8.6	39.2	13.1	26.1	2.0
怀 柔 区	Huairou	11.2	4.4	6.8	26.9	9.8	17.1	2.3
各 县	**Counties**	**28.1**	**9.7**	**18.4**	**69.6**	**21.2**	**48.4**	**4.8**
密 云 县	Miyun	16.8	5.7	11.1	42.4	13.0	29.4	3.0
延 庆 县	Yanqing	11.3	4.0	7.3	27.2	8.2	19.0	1.8

3-2 人 口 密 度(户籍统计)
POPULATION DENSITY(REGISTERED STATISTICS)

地区	Region	户籍人口 (万人) Permanent Population (10000 persons)	土地面积 (平方公里) Land Area (sq.km)	人口密度 (人/平方公里) Population Density (person/sq.km)
全 市	**Total**	**1148.8**	**16807.8**	**682**
城 区	**City Proper**	**240.4**	**87.1**	**27506**
市中心最稠密街道	The Densest Streets			
天坛街道	Tiantan Street	6.8	1.3	51984
大栅栏街道	Dashanlan Street	5.8	1.3	44310
椿树街道	Chunshu Street	4.4	1.1	39755
前门街道	Qianmen Street	4.2	1.1	37878
广安门内街道	Guanganmennei Street	8.9	2.4	37182
东 城 区	Dongcheng	64.3	24.7	26020
西 城 区	Xicheng	79.7	30.0	26551
崇 文 区	Chongwen	39.6	15.9	24925
宣 武 区	Xuanwu	56.8	16.5	33954
近郊区	**Near Suburbs**	**458.4**	**1282.8**	**3565**
朝 阳 区	Chaoyang	159.8	470.8	3394
丰 台 区	Fengtai	86.4	304.2	2840
石景山区	Shijingshan	33.8	81.8	3998
海 淀 区	Haidian	178.4	426.0	4189
远 郊 区	Outer Suburbs	380.4	11122.3	342
门头沟区	Mentougou	23.6	1331.3	177
房 山 区	Fangshan	74.9	1866.7	402
通 州 区	Tongzhou	61.0	870.0	702
顺 义 区	Shunyi	54.8	980.0	559
昌 平 区	Changping	45.3	1430.0	317
大 兴 区	Daxing	54.7	1012.0	540
平 谷 区	Pinggu	39.2	1075.0	365
怀 柔 区	Huairou	26.9	2557.3	105
各 县	**Counties**	**69.6**	**4315.6**	**161**
密 云 县	Miyun	42.4	2335.6	181
延 庆 县	Yanqing	27.2	1980.0	138

3-3 户籍人口性别构成及性别比(户籍统计)
SEX COMPOSITION AND SEX RATIO OF PERMANENT RESIDENTS (REGISTERED STATISTICS)

地区	Region	户籍人口(万人) Permanent Population(10000 persons) 合计 Total	男 Male	女 Female	性别比 (女=100) Sex Ratio (female=100)
全市	**Total**	**1148.8**	**580.9**	**567.9**	**102.3**
城区	**City Propers**	**240.4**	**120.8**	**119.6**	**101.0**
东城区	Dongcheng	64.3	31.9	32.4	98.5
西城区	Xicheng	79.7	39.8	39.9	99.7
崇文区	Chongwen	39.6	19.8	19.8	100.0
宣武区	Xuanwu	56.8	29.3	27.5	106.5
近郊区	**Near Suburbs**	**458.4**	**234.7**	**223.7**	**104.9**
朝阳区	Chaoyang	159.8	81.1	78.7	103.0
丰台区	Fengtai	86.4	44.0	42.4	103.8
石景山区	Shijingshan	33.8	17.7	16.1	109.9
海淀区	Haidian	178.4	91.9	86.5	106.2
远郊区	**Outer Suburbs**	**380.4**	**190.3**	**190.1**	**100.1**
门头沟区	Mentougou	23.6	12.3	11.3	108.8
房山区	Fangshan	74.9	37.6	37.3	100.8
通州区	Tongzhou	61.0	30.1	30.9	97.4
顺义区	Shunyi	54.8	27.0	27.8	97.1
昌平区	Changping	45.3	22.7	22.6	100.4
大兴区	Daxing	54.7	27.4	27.3	100.4
平谷区	Pinggu	39.2	19.6	19.6	100.0
怀柔区	Huairou	26.9	13.6	13.3	102.3
各县	**Counties**	**69.6**	**35.1**	**34.5**	**101.7**
密云县	Miyun	42.4	21.3	21.1	100.9
延庆县	Yanqing	27.2	13.8	13.4	103.0

3-4 户籍人口变动(户籍统计)
POPULATION CHANGE(REGISTERED STATISTICS)

单位：人 (person)

项目	Item	2003	2002
自然变动	**Natural Change**		
自然增加	Natural Increase	-12973	7908
非农业人口	Non-agricultural Population	-3187	7439
农业人口	Agricultural Population	-9786	469
出生	Birth	44936	59528
非农业人口	Non-agricultural Population	27604	36270
农业人口	Agricultural Population	17332	23258
死亡	Death	57909	51620
非农业人口	Non-agricultural Population	30791	28831
农业人口	Agricultural Population	27118	22789
机械变动	**Non-natural Change**		
机械增加	Non-natural Increase	141100	124492
非农业人口	Non-agricultural Population	136289	121103
农业人口	Agricultural Population	4811	3389
市外迁入	Move in from outside	174865	155712
非农业人口	Non-agricultural Population	168482	150408
农业人口	Agricultural Population	6383	5304
迁往市外	Move out	33765	31220
非农业人口	Non-agricultural Population	32193	29305
农业人口	Agricultural Population	1572	1915

3-5 户籍人口自然变动情况(户籍统计)

NATURAL CHANGE OF REGISTERED POPULATION(REGISTERED STATISTICS)

单位：人 (person)

地 区	Region	出生人数 Number of Birth		死亡人数 Number of Death		自然增加人数 Number of Natural Growth	
		2003	2002	2003	2002	2003	2002
全 市	**Total**	**44936**	**59528**	**57909**	**51620**	**-12973**	**7908**
城 区	**City Propers**	**6104**	**8520**	**10394**	**10074**	**-4290**	**-1554**
东城区	Dongcheng	1722	2423	2749	2465	-1027	-42
西城区	Xicheng	2181	3184	3310	3219	-1129	-35
崇文区	Chongwen	983	1153	1622	1692	-639	-539
宣武区	Xuanwu	1218	1760	2713	2698	-1495	-938
近郊区	**Near Suburbs**	**14858**	**21602**	**17837**	**17210**	**-2979**	**4392**
朝阳区	Chaoyang	5354	7679	6985	6436	-1631	1243
丰台区	Fengtai	2824	4062	3878	4039	-1054	23
石景山区	Shijingshan	822	1373	1529	1559	-707	-186
海淀区	Haidian	5858	8488	5445	5176	413	3312
远郊区	**Outer Suburbs**	**20257**	**24271**	**25453**	**21208**	**-5196**	**3063**
门头沟区	Mentougou	1083	1629	1805	1293	-722	336
房山区	Fangshan	4297	5206	4440	4189	-143	1017
通州区	Tongzhou	3035	3466	4404	3533	-1369	-67
顺义区	Shunyi	2691	3145	3690	3460	-999	-315
昌平区	Changping	1831	2987	2495	1955	-664	1032
大兴区	Daxing	3737	3983	3415	3466	322	517
平谷区	Pinggu	1936	2195	3534	1859	-1598	336
怀柔区	Huairou	1647	1660	1670	1453	-23	207
各 县	**Counties**	**3717**	**5135**	**4225**	**3128**	**-508**	**2007**
密云县	Miyun	2253	2960	2263	1450	-10	1510
延庆县	Yanqing	1464	2175	1962	1678	-498	497

3-6 常住人口自然变动情况

ACTUAL NATURAL CHANGE OF POPULATION IN 2003

项目		Item		常住人口 Permanent Population
自然变动人数	（人）	**Natural Change of Population**	**(person)**	
出生人数		Number of Birth		73430
死亡人数		Number of Death		74870
自然增加人数		Natural Increase of Population		-1440
自然变动率	(‰)	**Natural Growth Rate**	(‰)	
出生率		Birth Rate		5.1
死亡率		Death Rate		5.2
自然增长率		Natural Growth Rate		-0.1

注：本表"常住人口"栏中数字为2003年人口变动情况抽样调查推算数字。

Note: Data in column"Permanent Residents" are estimated through sample survey on population change in 2003.

3-7 家 庭 户 规 模(人口变动情况抽样调查资料)
FAMILY SIZE(SAMPLE SURVEY ON POPULATION CHANGE)

地 区	Region	家庭总户数(户) Total Number of Households (household)	家庭户规模所占比重(%) Percentage of Various Sized Family(%)				
			一人户 One Person	二人户 Two Persons	三人户 Three Persons	四人户 Four Persons	五人及以上户 Five Persons and above
全 市	**Total**	**14593**	**14.5**	**26.9**	**38.8**	**12.1**	**7.7**
城 区	**City Propers**	**2608**	**11.4**	**27.1**	**45.4**	**9.5**	**6.6**
东 城 区	Dongcheng	730	12.2	27.4	42.5	8.9	9.0
西 城 区	Xicheng	838	11.3	28.2	46.8	9.3	4.4
崇 文 区	Chongwen	401	9.5	22.7	49.6	12.5	5.7
宣 武 区	Xuanwu	639	11.7	28.3	44.1	8.8	7.1
近 郊 区	**Near Suburbs**	**6585**	**17.0**	**27.9**	**38.5**	**10.3**	**6.3**
朝 阳 区	Chaoyang	2299	15.3	28.8	39.0	11.1	5.8
丰 台 区	Fengtai	1329	12.6	26.1	46.7	9.4	5.2
石景山区	Shijingshan	367	11.2	27.8	28.6	16.3	16.1
海 淀 区	Haidian	2590	21.6	28.1	35.3	9.1	5.9
远 郊 区	**Outer Suburbs**	**4773**	**13.5**	**25.9**	**35.3**	**15.4**	**9.9**
门头沟区	Mentougou	419	14.6	20.3	50.3	13.4	1.4
房 山 区	Fangshan	767	17.1	26.1	30.9	17.2	8.7
通 州 区	Tongzhou	634	9.1	23.7	39.3	16.4	11.5
顺 义 区	Shunyi	885	12.0	29.6	31.1	16.5	10.8
昌 平 区	Changping	652	20.1	35.6	29.6	7.8	6.9
大 兴 区	Daxing	385	4.9	18.2	33.8	23.6	19.5
平 谷 区	Pinggu	385	10.6	22.6	34.3	16.1	16.4
怀 柔 区	Huairou	646	15.0	23.7	39.9	14.3	7.1
各 县	**Counties**	**627**	**9.1**	**22.0**	**40.8**	**18.0**	**10.1**
密 云 县	Miyun	371	11.3	23.7	38.6	15.6	10.8
延 庆 县	Yanqing	256	5.9	19.5	44.1	21.5	9.0

3-8 年 龄 组 人 口 数(人口变动情况抽样调查资料)
POPULATION GROUPED BY AGE(SAMPLE SURVEY ON POPULATION CHANGE)

项 目	Item	2003年被抽样人口 Sample Data of 2003		2002年人口抽样调查各年龄组占总人口比重(%) Percentage of Each Groupe in Total of 2002 (%)
		抽样人口数(人) Number of Persons Sampled (person)	年龄组人口占总人口比重(%) Percentage (%)	
总 计	**Total**	**44501**	**100.0**	**100.0**
# 法定婚龄 男(22岁及以上)	Legal Marry Age: Male (age 22 and above)	18149	40.8	39.8
女(20岁及以上)	Female (age 20 and above)	17828	40.1	38.4
育龄妇女(15-49岁)	Women of Child-bearing Age (age15-49)	13057	29.3	28.6
不满周岁婴儿(0岁)	Below Age 1	225	0.5	0.6
学龄前儿童(1-6岁)	Age 1-6	1577	3.5	3.5
小学学龄组(7-12岁)	Age 7-12	1886	4.2	4.8
初中学龄组(13-15岁)	Age 13-15	1545	3.5	3.9
劳动年龄组	Of Labor Age	31316	70.4	70.3
男(16-59岁)	Male(age 16-59)	16993	38.2	39.3
女(16-54岁)	Female(age 16-54)	14323	32.2	31.0
超过劳动年龄组	Over Labor Age	7952	17.9	16.9
男(60岁及以上)	Male(age 60 and above)	3211	7.2	7.0
女(55岁及以上)	Female(age 55 and above)	4741	10.7	9.9

3-9 人口年龄构成（人口变动情况抽样调查资料）
AGE COMPOSITION OF POPULATION(SAMPLE SURVEY ON POPULATION CHANGE)

年 龄 组 Age Group	抽样人口数(人) Number of Persons Sampled (person)			占抽样人口数的比重(%) Percentage(%)		
	合 计 Total	男 Male	女 (Female=100)	合 计 Total	男 Male	女 Female
总 计 Total	**44501**	**22907**	**21594**	**100.0**	**51.5**	**48.5**
0-4	1260	668	592	2.8	1.5	1.3
5-9	1407	716	691	3.2	1.6	1.6
10-14	2034	1053	981	4.6	2.4	2.2
15-19	2980	1478	1502	6.7	3.3	3.4
20-24	4285	2274	2011	9.6	5.1	4.5
25-29	3657	2009	1648	8.2	4.5	3.7
30-34	4510	2471	2039	10.1	5.5	4.6
35-39	4166	2291	1875	9.4	5.2	4.2
40-44	4291	2299	1992	9.6	5.2	4.4
45-49	4035	2045	1990	9.1	4.6	4.5
50-54	3018	1486	1532	6.8	3.4	3.4
55-59	2027	906	1121	4.6	2.1	2.5
60-64	1847	851	996	4.1	1.9	2.2
65-69	2085	989	1096	4.7	2.2	2.5
70-74	1501	719	782	3.4	1.6	1.8
75-79	802	381	421	1.8	0.9	0.9
80-84	383	180	203	0.9	0.4	0.5
85-89	152	67	85	0.3	0.1	0.2
90岁及以上 90 and above	61	24	37	0.1	…	0.1

3-10 年龄构成指数(人口变动抽样调查资料)
DEPENDENCY RATIO OF POPULATION ON LABOR AGE (SAMPLE SURVEY ON POPULATION CHANGE)

单位：% (%)

地 区 Region		总负担系数 Total	老年人口抚养系数 Of the Aged	少年儿童抚养系数 Of Children
全 市	**Total**	**27.8**	**14.3**	**13.5**
城 区	City Proper	25.4	15.5	9.9
近郊区	Near Suburbs	25.9	14.9	11.0
远郊区	Outer Suburbs	31.2	12.9	18.3
各 县	Counties	34.2	12.4	21.8

3-11 育龄妇女分年龄、孩次的生育状况(人口变动情况抽样调查资料)

FERTILITY OF WOMEN ON CHILDBEARING AGE BY AGE OF MOTHER AND BIRTH ORDER (SAMPLE SURVEY ON POPULATION CHANGE)

单位：人，‰ (person,‰)

年龄 Age	平均育龄妇女人数 Average Number of Women on Childbearing Age	出生人数 Number of Birth	生育率 Fertility Rate	第一孩 1st Birth		第二孩 2nd Birth		第三孩及以上 3rd Birth and over	
				出生数 Birth Number	生育率 Fertility Rate	出生数 Birth Number	生育率 Fertility Rate	出生数 Birth Number	生育率 Fertility Rate
总计 Total	**13111**	**225**	**17.2**	**200**	**15.3**	**22**	**1.7**	**3**	**0.2**
15-19	1553	1	0.6	1	0.6				
20-24	2002	34	17.0	32	16.0	2	1.0		
25-29	1660	106	63.9	98	59.0	7	4.2	1	0.6
30-34	2060	65	31.6	55	26.7	9	4.4	1	0.5
35-39	1955	17	8.7	13	6.6	3	1.5	1	0.5
40-44	1904	2	1.1	1	0.5	1	0.5		
45-49	1979								

3-12 计划生育状况

FAMILY PLANNING

项目		Item		2003	2002	2003年比2002年增、减 2003 compared with 2002
全市		**Total**				
计划内生育	(人)	Within Plan	(person)	66852	72300	-5448
计划生育率	(%)	Family Planning Rate	(%)	98.3	98.0	0.3
已婚育龄妇女人数	(人)	Number of Women of Childbearing Age	(person)	2205348	2257497	-52149
实际采取节育措施人数	(人)	Number of Women Controlled Birth	(person)	1946534	1985173	-38639
独生子女领证率	(%)	Acceptance Rate of Only-child Certificate	(%)	68.4	67.8	0.6
城市		**Urban Area**				
计划生育率	(%)	Family Planning Rate	(%)	98.9	99.4	-0.5
已婚育龄妇女人数	(人)	Number of Women of Childbearing Age	(person)	1412306	1430260	-17954
实际采取节育措施人数	(人)	Number of Women Controlled Birth	(person)	1227536	1239174	-11638
独生子女领证率	(%)	Acceptance Rate of Only-child Certificate	(%)	79.4	80.1	-0.7
农村		**Rural Area**				
计划生育率	(%)	Family Planning Rate	(%)	97.3	95.8	1.5
已婚育龄妇女人数	(人)	Number of Women of Childbearing Age	(person)	793042	827237	-34195
实际采取节育措施人数	(人)	Number of Women Controlled Birth	(person)	718998	745999	-27001
独生子女领证率	(%)	Acceptance Rate of Only-child Certificate	(%)	48.7	46.6	2.1

资料来源：北京市人口和计划生育委员会。

Data source: Beijing Municipal Commission of Population and Family Planning.

3-13 五次人口普查人口基本情况
BASIC STATISTICS ON POPULATION CENSUS IN 1953,1964,1982,1990 AND 2000

指标		Item		1953	1964	1982	1990	2000
总人口	（万人）	**Total Population**	**(10000 Persons)**	**276.8**	**759.7**	**923.1**	**1081.9**	**1356.9**
男		Male		159.8	391.1	467.1	559.3	707.4
女		Female		117.0	368.6	456.0	522.6	649.5
性别比(女=100)	(%)	Sex Ratio(Female=100)	(%)	136.5	106.1	102.4	107.0	108.9
家庭户规模	（人/户）	**Average Family Size**	**(person/household)**			**3.7**	**3.2**	**2.9**
各年龄组人口	(%)	**Population by Age Group**	(%)					
0-14		Age 0-14		30.1	41.5	22.4	20.2	13.6
15-64		Age15-64		66.6	54.4	72.0	73.5	78.0
65岁及以上		Age 65 and Over		3.3	4.1	5.6	6.3	8.4
民族人口	（万人,%）	**Nationality Population**	**(10000 Persons,%)**					
汉族		Han Nationality		260	731.2	890.8	1040.5	1298.4
占总人口比重		Percentage to Total Population		93.9	96.2	96.5	96.2	95.7
少数民族		Minority Nationalities		16.8	28.5	32.3	41.4	58.5
占总人口比重		Percentage to Total Population		6.1	3.8	3.5	3.8	4.3
每十万人口拥有的各种		**Population with Various Education**						
受教育程度人口	（人）	**Attainment Per 100000 Population**	**(person)**					
大专及以上		Junior College and Above			4359	4866	9300	16839
高中和中专		Senior Secondary/Secondary Technical School			4513	17646	18978	23165
初中		Junior Secondary School			11768	29086	30551	34380
小学		Primary School			31883	26197	22579	16963
文盲人口及文盲率		**Illiterate Population and Illiterate Rate**						
文盲人口	（万人）	Illiterate Population			168.9	114.7	94.3	57.8
文盲率	(%)	Illiterate Rate	(%)		34.2	16.0	10.9	4.9
城乡人口	（万人）	**Population by Residence**	**(10000 persons)**					
城镇人口		Urban Population		205.8	425.8	597.0	794.5	1052.2
乡村人口		Rural Population		71.0	333.9	326.1	287.4	304.7

3-14 外来人口总量
TOTAL NUMBER OF NONNATIVES

单位：万人 (10000 persons)

地 区	Region	总 计 Total	# 居住半年以上 Live in Beijing Half a Year	# 务工经商 in Works or Business
全 市	**Total**	**409.5**	**307.6**	**318.5**
城 区	**City Propers**	**37.4**	**27.4**	**30.1**
东城区	Dongcheng	10.9	7.4	7.9
西城区	Xicheng	12.1	9.2	10.0
崇文区	Chongwen	5.2	3.9	4.2
宣武区	Xuanwu	9.2	6.9	8.0
近郊区	**Near Suburbs**	**229.0**	**171.3**	**175.3**
朝阳区	Chaoyang	92.8	69.1	73.6
丰台区	Fengtai	35.8	27.4	30.2
石景山区	Shijingshan	14.9	11.2	11.4
海淀区	Haidian	85.5	63.6	60.1
远郊区	**Outer Suburbs**	**137.1**	**104.6**	**108.4**
门头沟区	Mentougou	5.6	4.2	3.6
房山区	Fangshan	15.3	11.8	12.4
通州区	Tongzhou	18.1	14.0	15.5
顺义区	Shunyi	21.8	16.8	18.1
昌平区	Changping	33.5	25.3	24.9
大兴区	Daxing	35.7	26.9	28.4
平谷区	Pinggu	2.6	1.8	2.2
怀柔区	Huairou	4.5	3.8	3.3
各 县	**Counties**	**6.0**	**4.3**	**4.7**
密云县	Miyun	3.5	2.5	2.9
延庆县	Yanqing	2.5	1.8	1.8

资料来源：根据2003年北京市外来人口动态监测调查资料推算。

Source: Data of this table were dead reckoning ones from 2003 Nonnatives Dynamic Control Data of Beijing.

3-15 外来人口户口所在地
RESIDENCE CARD LOCATION OF NONNATIVES

户口所在地 Residence Card Location		占外来人口的百分比（%） Percentage in Total Nonnatives(%)		
		合 计 Total	男 Male	女 Female
总 计	**Total**	**100.0**	**62.0**	**38.0**
天 津	Tianjin	0.6	0.4	0.2
河 北	Hebei	19.5	12.4	7.1
山 西	Shanxi	2.9	1.7	1.2
内蒙古	Neimenggu	3.0	1.7	1.3
辽 宁	Liaoning	2.6	1.3	1.3
吉 林	Jilin	2.2	1.1	1.1
黑龙江	Heilongjiang	4.0	2.0	2.0
上 海	Shanghai	0.3	0.2	0.1
江 苏	Jiangsu	6.1	4.9	1.2
浙 江	Zhejiang	2.0	1.1	0.9
安 徽	Anhui	7.9	5.1	2.8
福 建	Fujian	1.5	0.9	0.6
江 西	Jiangxi	2.0	1.2	0.8
山 东	Shandong	7.6	4.7	2.9
河 南	Henan	16.0	10.0	6.0
湖 北	Hubei	5.3	3.3	2.0
湖 南	Hunan	1.9	1.0	0.9
广 东	Guangdong	0.8	0.6	0.2
广 西	Guangxi	0.3	0.2	0.1
海 南	Hainan	0.1	0.1	…
重 庆	Chongqing	1.1	0.6	0.5
四 川	Sichuan	7.3	4.4	2.9
贵 州	Guizhou	0.4	0.2	0.2
云 南	Yunnan	0.2	0.1	0.1
西 藏	Xizang	…	…	…
陕 西	Shanxi	2.4	1.6	0.8
甘 肃	Gansu	1.4	0.8	0.6
青 海	Qinghai	0.1	0.1	…
宁 夏	Ningxia	0.2	0.1	0.1
新 疆	Xinjiang	0.3	0.2	0.1

资料来源：2003年北京市外来人口动态监测调查资料（表3-15至表3-21同）。
Source: 2003 Nonnatives Dynamic Control Data of Beijing(3-15 to 3-21 are the same).

3-16 外来人口的受教育状况
EDUCATIONAL LEVEL OF NONNATIVES

受教育程度 Educational Level		占6岁及以上外来人口的百分比（%） Percentage in Nonnatives at six-year-old and above(%) 合 计 Total	男 Male	女 Female
6岁及以上人口合计	**Total**	**100.0**	**62.3**	**37.7**
不识字或识字很少	Illiterate or Semi-illiterate	1.9	0.6	1.3
小　　学	Primary School	13.2	7.2	6.0
初　　中	Junior Middle School	57.8	38.6	19.2
高　　中	Senior Middle School	16.4	9.7	6.7
大学专科	Undergraduate	6.1	3.5	2.6
大学本科及以上	College Level and above	4.6	2.7	1.9

3-17 外来人口的来京时间分布
PERIOD IN BEIJING OF NONATIVES

来京时间 Period in Beijing		占外来人口的百分比（%） Percentage in Total Nonnatives(%) 合 计 Total	男 Male	女 Female
总　计	**Total**	**100.0**	**62.0**	**38.0**
一个月以下	below One Month	6.6	4.5	2.1
一个月至三个月以下	One Month-Three Months	9.1	5.6	3.5
三个月至半年以下	Three Months-Half a Year	9.1	5.9	3.2
半年至一年以下	Half a Year-One Year	19.4	13.3	6.1
一年及以上	One Year and above	55.8	32.7	23.1

3-18 外来人口性别年龄构成
AGE AND SEX COMPOSITION OF NONNATIVES

年龄组 Age Group		占外来人口的百分比（%） Percentage in Total Nonnatives(%)			性别比（女=100） Sex Ratio (Female=100)
		合计 Total	男 Male	女 Female	
总　计	**Total**	**100.0**	**62.0**	**38.0**	**163.2**
	0－4	3.2	1.7	1.5	120.1
	5－9	2.4	1.4	1.0	133.9
	10－14	1.6	0.9	0.7	127.5
	15－19	11.4	6.4	5.0	129.5
	20－24	21.1	12.3	8.8	139.4
	25－29	17.5	10.7	6.8	157.1
	30－34	16.8	10.7	6.1	176.4
	35－39	11.4	7.8	3.6	215.6
	40－44	6.0	4.3	1.7	246.1
	45－49	3.8	2.7	1.1	258.2
	50－54	2.3	1.6	0.7	220.6
	55－59	1.1	0.7	0.4	173.5
	60－64	0.7	0.4	0.3	136.0
65岁及以上	65 years old and above	0.7	0.4	0.3	113.3

3-19 外来人口的在京状况
STATISTICS FOR NONNATIVES IN BEIJING

单位：%　　　　(%)

地区 Region		全市 Total	城区 City Propers	近郊区 Near Suburbs	远郊区 Outer Suburbs	各县 Counties
合　计	**Total**	**100.0**	**13.1**	**56.4**	**29.0**	**1.5**
就业工作	Working	77.7	10.5	43.1	22.9	1.2
暂无工作	Having no Job Currently	2.0	0.2	1.2	0.6	…
随亲家属	Family Member	13.6	1.1	7.7	4.5	0.3
探亲访友	Visiting Relatives and Friends	0.7	0.2	0.4	0.1	…
因公出差	on Business Trip	0.6	0.3	0.3	…	…
学习培训	for Study and Training	4.7	0.4	3.4	0.9	…
旅游购物	Tourism and Purchasing	0.3	0.2	0.1	…	…
治病疗养	under Treatment and Recuperation	0.2	0.1	0.1	…	…
旅途中转	Transfer During Trip	0.1	0.1	…	…	…
其　他	Others	0.1	…	0.1	…	…

3-20 外来人口的职业分布
VOCATION DISTRIBUTION OF NANNATIVES

职业	Vocation	占就业人口的百分比（%） Percentage in Employment Population(%) 合计 Total	男 Male	女 Female
总计	**Total**	**100.0**	**67.9**	**32.1**
单位负责人	Chairman of Unit	0.4	0.3	0.1
专业技术人员	Professional Technical Personnel	4.2	2.7	1.5
办事人员和有关人员	Office Workers and Related Personnel	3.9	3.1	0.8
商业、服务业人员	Commerce and Services	51.0	27.3	23.7
生产、运输设备操作人员	Production and Transportation	37.7	32.7	5.0
农林牧渔水利业生产人员	Farming,Forestry,animal Husbandry, Fishery and water Conservancy	2.0	1.2	0.8
不便分类的劳动者	No Classfied Labor	0.8	0.6	0.2

3-21 外来人口的住所形式
HOUSING OF NONNATIVES

单位：%　　(%)

住所形式	Housing	全市 Total	城区 City Propers	近郊区 Near Suburbs	远郊区 Outer Suburbs	各县 Counties
总计	**Total**	**100.0**	**13.0**	**56.4**	**29.1**	**1.5**
租住房屋	**Rent**	**51.3**	**4.5**	**30.3**	**15.9**	**0.6**
租住平房	One-storey House	38.7	2.5	21.9	13.9	0.4
租住楼房	Multi-storey House	9.8	1.4	6.2	2.0	0.2
租住地下室	Cellar	2.8	0.6	2.2	…	
提供房屋	**Provide**	**42.2**	**7.4**	**23.2**	**10.8**	**0.8**
单位宿舍	Living Quarters	20.6	3.4	11.0	5.6	0.6
工　棚	Builder's Temporary Shed	8.7	1.0	5.9	1.7	0.1
工作场所	Working Place	5.6	1.2	2.9	1.4	0.1
雇主房屋	House of Employer	4.6	0.9	2.1	1.6	…
亲友房屋	House of Relatives	2.7	0.9	1.3	0.5	…
自己的房屋	**Owned**	**4.4**	**0.2**	**1.9**	**2.2**	**0.1**
自购房屋	Purchase	3.0	0.2	1.1	1.6	0.1
自建房屋	Self-building	1.4	…	0.8	0.6	…
其他房屋	**Others**	**2.1**	**0.9**	**1.0**	**0.2**	**…**
旅馆饭店	Hotels	1.6	0.9	0.7	…	…
其　他	Others	0.5	…	0.3	0.2	

主要统计指标解释

人口数　指一定时点、一定地区范围内有生命的个人的总和。年度统计的年末人口数是指每年12月31日24时的人口数。

户籍人口　指根据户籍登记情况统计的人口，以派出所办理的户籍登记和监狱管理局、劳教工作管理局掌握的服刑人员的情况为基础进行汇总而成。

暂住人口　指不具有本市常住户口，来自北京市行政区划以外的省、直辖市、自治区，在京暂住三日以上，并向公安机关申报暂住登记以及领取暂住证件的人员。

常住人口　指在某地区实际居住半年以上的人口。

出生率　指在一定时期内（通常为一年）出生人数与同期平均人数(或期中之数)的比率，一般用千分率表示。计算公式：

$$出生率=\frac{年出生人数}{年平均人数}\times 1000‰$$

出生人数是指活产，即脱离母体时（不管怀孕月数），有过呼吸或其他生命现象的活婴儿总和。

年平均人数是年初、年底人口数的平均数，也可用年中人口数代替。

死亡率　指在一定时期内（通常为一年）一定地区的死亡人数与同期平均人数（或期中人数）之比，一般用千分率表示。计算公式：

$$死亡率=\frac{年死亡人数}{年平均人数}\times 1000‰$$

人口自然增长率　指在一定时期内（通常为一年）人口自然增加数（出生人数减死亡人数）与该时期内平均人数（或期中人数）之比，一般用千分率表示。计算公式：

$$人口自然增长率=\frac{本年出生人数-本年死亡人数}{年平均人数}\times 1000‰$$

$$人口自然增长率=人口出生率-人口死亡率$$

外来人口　指在一定的标准时间，在京居住或停留一天以上、非北京市户口的来京人员（不包括在京的外籍和港澳台人员，也不包括驻京中国人民解放军现役军人和中国人民武装警察）。

总负担系数　指人口总体中非劳动年龄人口数与劳动年龄人口数之比，通常用百分比表示，说明每100名劳动年龄人口大致要负担多少名非劳动年龄人口，用于从人口角度反映人口与经济发展的基本关系。

少年儿童抚养系数　指某一人口中少年儿童人口数与劳动年龄人口数之比，通常用百分比表示，反映每100名劳动年龄人口要负担多少名少年儿童。

老年人口抚养系数　指某一人口中老年人口数与劳动年龄人口数之比，通常用百分比表示，表明每100名劳动年龄人口要负担多少名老年人。

四、劳动力和工资

LABOR FORCE AND WAGE

全市从业人员（按产业分）（单位：万人）
Employed Persons (by Indutry, 10000 persons)

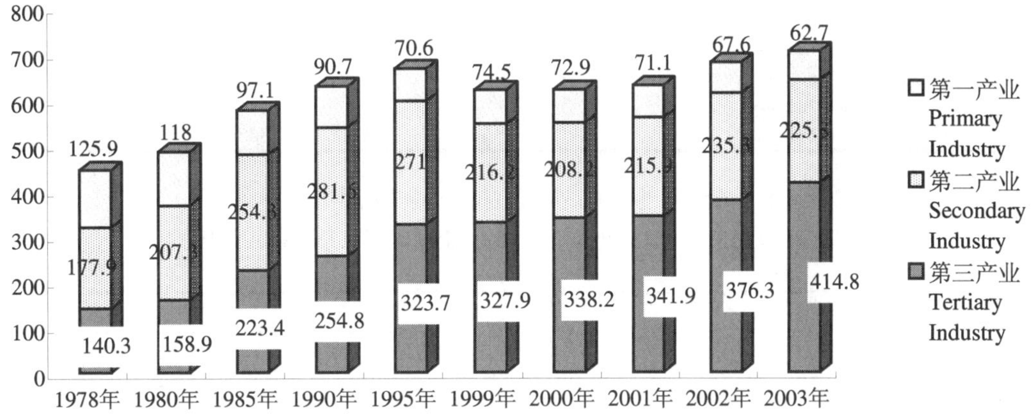

职工平均工资　　　　（单位：元）
Average Wage of Staff and Workers (yuan)

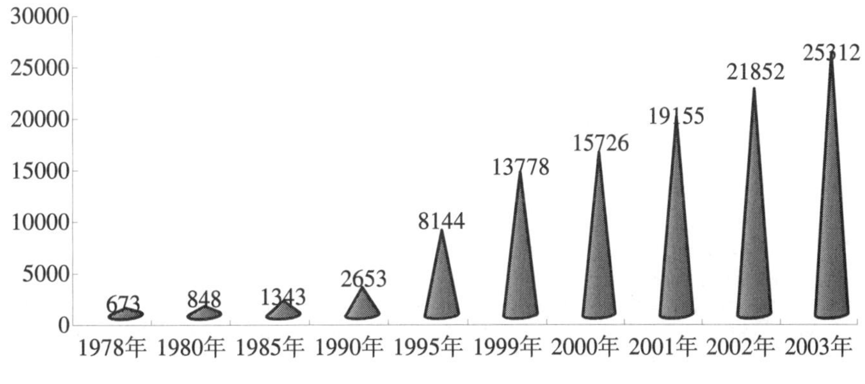

4-1 全市从业人员(按产业分)
EMPLOYED PERSONS BY INDUSTRY AND DEPARTMENT

项目	Item	2003 合计 Total	2003 城市 Urban	2003 农村 Rural	2002 合计 Total	2002 城市 Urban	2002 农村 Rural
人数 (人)	**Number of Persons (person)**	**7032831**	**5336838**	**1695993**	**6792047**	**5136022**	**1656025**
按产业分	**Grouped by Industry**						
第一产业	Primary Industry	627419	32146	595273	676180	35100	641080
第二产业	Secondary Industry	2257598	1768330	489268	2353146	1865999	487147
第三产业	Tertiary Industry	4147814	3536362	611452	3762721	3234923	527798
构成 (%)	**Composition (%)**	**100.0**	**100.0**	**100.0**	**100.0**	**100.0**	**100.0**
按产业分	**Grouped by Industry**						
第一产业	Primary Industry	8.9	0.6	35.1	10.0	0.7	38.7
第二产业	Secondary Industry	32.1	33.1	28.8	34.6	36.3	29.4
第三产业	Tertiary Industry	59.0	66.3	36.1	55.4	63.0	31.9

4-2 全市从业人员(按登记注册类型分)
EMPLOYED PERSONS BY REGISTRATION STATUS

单位：人 (person)

行业	Sector	合计 Total	国有经济 State-owned	集体经济 Collective Owned	其他经济 Others	城镇私营劳动者 Urban Private	城镇个体劳动者 Urban Individuals	农村劳动者 Rural Labors
总计	**Total**	**7032831**	**2127846**	**300511**	**2483972**	**52011**	**372498**	**1695993**
按产业分	**Grouped by Industry**							
第一产业	Primary Industry	627419	14135	1995	12984	625	2407	595273
第二产业	Secondary Industry	2257598	413145	177117	1144938	13229	19901	489268
第三产业	Tertiary Industry	4147814	1700566	121399	1326050	38157	350190	611452
按行业分	**Grouped by Sector**							
农、林、牧、渔业	Farming,Forestry,Animal Husbandry and Fishery	627419	14135	1995	12984	625	2407	595273
采矿业	Mining	24705	2496	1180	20926	75	28	
制造业	Manufacturing	1377812	230828	67562	723722	11692	18993	325015
电力、燃气及水的生产和供应业	Electricity,Gas,Water Production and Supply	37764	19175	152	18437			
建筑业	Construction	817317	160646	108223	381853	1462	880	164253
交通运输、仓储和邮政业	Transportation,Storage and Post	498419	160486	7716	138585	458	9776	181398
信息传输、计算机服务和软件业	Information Transmission,Computer Servecis and Software	179919	24136	1174	152261	1004	1344	
批发和零售业	Wholesale Trade and Retail Trade	861323	99187	31717	245213	16422	210310	258473
住宿和餐饮业	Stay Place and Catering	412650	64512	13221	134475	7827	85103	107512
金融业	Finance	140187	64851	21	75315			
房地产业	Real Estate Trade	197045	42898	6936	139475		1394	6342
租赁和商务服务业	Tenancy and Commercial Servecis	390097	201447	13654	161341	5439	8216	
科学研究、技术服务和地质勘察业	Scientific Studies,Technical Servecis and Geological Prospecting	363205	188024	8768	166413			
水利、环境和公共设施管理业	Water, Environment and Municipal Engineering Conservancy	60758	47888	1966	10904			
居民服务和其他服务业	Resident Services and Other Services	157887	16027	12020	63641	6864	28009	31326
教育	Education	328723	305986	10030	12707			
卫生、社会保障和社会福利业	Health Care,Social Security and Social Welfare	165621	121797	10551	3935		5286	24052
文化、体育和娱乐业	Culture,Art,Sports and Recreation	122427	95801	2214	21168	143	751	2349
公共管理和社会组织	Public Manage and Social Organization	269554	267526	1411	617			
国际组织	International Organization							

4-3 城镇单位从业人员年末人数
YEAR-END EMPLOYED PERSONS IN URBAN UNITS

单位：人 (person)

项目	Item	从业人员 Employed Persons	在岗职工 Fully Employed Staff and Workers at their Posts	聘用留用的离退休人员 Retired and VCSR Engaged and Kept on	聘用的外籍及港澳台方人员 Personnel of Foreign,Hong-kong,Macao and Taiwan	其他从业人员 Other Employed Persons
总计	**Total**	**4912329**	**4363391**	**164837**	**9190**	**374911**
按登记注册类型分	**Grouped by Registration Status**					
内资经济	Domestic Investment Economy	4425034	3936474	150689	1692	336179
国有经济	State-owned	2127846	1975663	51823	559	99801
集体经济	Collective-owned	300511	261090	16177	47	23197
联营经济	Joint-owned	37914	34940	1286	15	1673
股份有限公司	Share Holding Corporations Ltd.	333885	266787	4916	28	62154
有限责任公司	Limited-Liability Corporations	1022924	883364	40896	479	98185
股份合作企业	Share Holding	155087	137372	8182	104	9429
其他经济	Others	446867	377258	27409	460	41740
外商投资经济	Foreign Funded	314762	277333	7360	5376	24693
港、澳、台商投资经济	Hongkong,Macao and Taiwan Funded	172533	149584	6788	2122	14039
按隶属关系分	**Grouped by Administrative Relationship**					
# 中央	Central	1193300	1066823	32890	905	92682
地方	Local	2423684	2183682	68937	3084	167981
按行业分	**Grouped by Sector**					
农、林、牧、渔业	Farming,Forestry,Animal Husbandry and Fishery	29114	27709	368	23	1014
# 农业	Agriculture	5398	5235	86	5	72
采矿业	Mining	24602	24368	219		15
制造业	Manufacturing	1022112	952371	27130	1856	40755
电力、燃气及水的生产和供应业	Electricity,Gas,Water Production and Supply	37764	37219	243	2	300
建筑业	Construction	650722	590163	11671	129	48759
交通运输、仓储和邮政业	Transportation,Storage and Post	306787	284472	2098	128	20089
# 铁路运输业	Railway Transport	51732	50683	26		1023
道路运输业	Road Transport	23628	22089	450	23	1066
城市公共交通业	Urban Public Traffic	165889	152131	747	3	13008
邮政业	Post	22163	18954	317	7	2885
信息传输、计算机服务和软件业	Information Transmission,Computer Servecis and Software	177571	156261	4385	1153	15772
# 计算机服务业	Computer Servecis	46015	39794	1402	385	4434
批发和零售业	Wholesale Trade and Retail Trade	376117	320616	19869	424	35208
批发业	Wholesale Trade	156837	134141	8937	254	13505
零售业	Retail Trade	219280	186475	10932	170	21703
住宿和餐饮业	Stay Place and Catering	212208	178505	7764	509	25430
住宿业	Stay Place	120056	103005	5415	278	11358
餐饮业	Catering	92152	75500	2349	231	14072
金融业	Finance	140187	82565	684	83	56855
房地产业	Real Estate Trade	189309	150396	14347	586	23980
租赁和商务服务业	Tenancy and Commercial Servecis	376442	332751	14057	2018	27616
租赁业	Tenancy	6605	5531	477	3	594
商务服务业	Commercial Servecis	369837	327220	13580	2015	27022
科学研究、技术服务和地质勘察业	Scientific Studies,Technical Servecis and Geological Prospecting	363205	297016	30239	925	35025
水利、环境和公共设施管理业	Water, Environment and Municipal Engineering Conservancy	60758	57773	1596	6	1383
居民服务和其他服务业	Resident Services and Other Services	91688	77547	6007	158	7976
# 居民服务业	Resident Services	30166	25796	1701	116	2553
教育	Education	328723	301363	11794	803	14763
卫生、社会保障和社会福利业	Health Care,Social Security and Social Welfare	136283	130626	3458	124	2075
# 卫生	Health	128896	123719	3258	93	1826
文化、体育和娱乐业	Culture,Art,Sports and Recreation	119183	105514	3859	261	9549
# 文化艺术业	Culture and Arts	27345	24775	1109	20	1441
体育	Sports	8431	7759	206	17	449
公共管理和社会组织	Public Manage and Social Organization	269554	256156	5049	2	8347
国际组织	International Organization					

注：城镇单位从业人员年末人数与报国家统计局劳动工资年报口径一致，不含城镇个体、私营独资、私营合伙、私营股份公司、农村从业人员。

Note:Data in this table is in accordance to the annual bulletin of labors and wages reported to state statistical bureau, not include urban individuals, private funded, private cooperative,private share holding corporations limited and rural employees.

4-4 城镇单位从业人员人数增减情况
CHANGES IN NUMBER OF URBAN EMPOLYED PERSONS

单位：人 (person)

项目	Item	2003 合 计 Total	# 中央单位 Central	# 地方单位 Local	2002 合 计 Total	# 中央单位 Central	# 地方单位 Local
增加人数	**Number of Persons Increased**	**881348**	**156676**	**387890**	**801813**	**144189**	**396997**
从农村招收	Recruited from Rural Area	275319	32150	107900	254351	32748	115079
从城镇招收	Recruited from Urban Area	113279	13150	33935	102283	19628	30357
录用的退伍军人	Employment of Demobilized Soldiers	5720	1176	2765	5909	1348	3092
录用大中专技校毕业生	Employment of Graduate	101011	27287	56075	92988	26404	51229
调入人数	Job Changes	144449	36299	58317	145742	34972	68908
# 市外调入	from Outside Beijing	19909	5261	4317	19387	4884	4652
其他	Others	241570	46614	128898	200540	29089	128332
减少人数	**Number of Persons Decreased**	**829018**	**150254**	**409761**	**843910**	**145824**	**487428**
离休退休退职	Retire and Quit	83823	18960	53859	100072	20181	72983
开除除名辞退	be Discharged	43616	8636	13488	57056	9225	23995
终止解除合同	Contract Expiration	307391	35562	165280	320900	48973	189076
在岗职工无岗	Staff and Workers at their posts but have no work	30577	5111	23621	23361	3905	18047
调出人数	Job Changes	135057	35467	59625	135559	34731	72992
# 调往市外	to Outside Beijing	9870	1736	3276	9935	2391	3925
其他	Others	228554	46518	93888	206962	28809	110335

4-5 在岗职工人数
NUMBER OF FULLY EMPLOYED STAFF AND WORKERS

单位：人 (person)

项目	Item	2003	2002	2003年为2002年% 2003 as % of 2002
总计	**Total**	**4363391**	**4341771**	**100.5**
按登记注册类型分	**Grouped by Registration Status**			
内资经济	Domestic Investment Economy	3936474	3943741	99.8
国有经济	State-owned	1975663	2126437	92.9
集体经济	Collective-owned	261090	326593	79.9
联营经济	Joint-owned	34940	38413	91.0
股份有限公司	Share Holding Corporations Ltd.	266787	243122	109.7
有限责任公司	Limited-Liability Corporations	883364	731494	120.8
股份合作企业	Share Holding	137372	130569	105.2
其他经济	Others	377258	347113	108.7
外商投资经济	Foreign Funded	277333	253968	109.2
港、澳、台商投资经济	Hongkong,Macao and Taiwan Funded	149584	144062	103.8
按隶属关系分	**Grouped by Administrative Relationship**			
# 中央	Central	1066823	1072785	99.4
地方	Local	2183682	2316497	94.3
按行业分	**Grouped by Sector**			
农、林、牧、渔业	Farming,Forestry,Animal Husbandry and Fishery	27709	29941	92.5
# 农业	Agriculture	5235	5851	89.5
采矿业	Mining	24368	27499	88.6
制造业	Manufacturing	952371	1008682	94.4
电力、燃气及水的生产和供应业	Electricity,Gas,Water Production and Supply	37219	36997	100.6
建筑业	Construction	590163	645511	91.4
交通运输、仓储和邮政业	Transportation,Storage and Post	284472	282691	100.6
# 铁路运输业	Railway Transport	50683	56214	90.2
道路运输业	Road Transport	22089	31355	70.4
城市公共交通业	Urban Public Traffic	152131	134912	112.8
邮政业	Post	18954	17883	106.0
信息传输、计算机服务和软件业	Information Transmission,Computer Servecis and Software	156261	119498	130.8
# 计算机服务业	Computer Servecis	39794	32448	122.6
批发和零售业	Wholesale Trade and Retail Trade	320616	334792	95.8
批发业	Wholesale Trade	134141	152325	88.1
零售业	Retail Trade	186475	182467	102.2
住宿和餐饮业	Stay Place and Catering	178505	183602	97.2
住宿业	Stay Place	103005	111354	92.5
餐饮业	Catering	75500	72248	104.5
金融业	Finance	82565	77488	106.6
房地产业	Real Estate Trade	150396	140223	107.3
租赁和商务服务业	Tenancy and Commercial Servecis	332751	332706	100.0
租赁业	Tenancy	5531	9185	60.2
商务服务业	Commercial Servecis	327220	323521	101.1
科学研究、技术服务和地质勘察业	Scientific Studies,Technical Servecis and Geological Prospecting	297016	217634	136.5
水利、环境和公共设施管理业	Water, Environment and Municipal Engineering Conservancy	57773	60180	96.0
居民服务和其他服务业	Resident Services and Other Services	77547	57785	134.2
# 居民服务业	Resident Services	25796	28475	90.6
教育	Education	301363	304726	98.9
卫生、社会保障和社会福利业	Health Care,Social Security and Social Welfare	130626	130488	100.1
# 卫生	Health	123719	122029	101.4
文化、体育和娱乐业	Culture,Art,Sports and Recreation	105514	103749	101.7
# 文化艺术业	Culture and Arts	24775	25012	99.1
体育	Sports	7759	6682	116.1
公共管理和社会组织	Public Manage and Social Organization	256156	247579	103.5
国际组织	International Organization			

4-6 国民经济各行业在岗职工人数(按隶属关系、登记注册类型分)

单位：人

行业	Sector	全市 Total	# 中央 Central	# 地方 Local
总计	**Total**	**4363391**	**1066823**	**2183682**
农、林、牧、渔业	**Farming,Forestry,Animal Husbandry and Fishery**	**27709**	**1620**	**21909**
# 农、林、牧、渔服务业	FFAF Services	5235	291	2966
采矿业	**Mining**	**24368**	**150**	**23667**
煤炭开采和洗选业	Coal Mining and Dressing	20199		20101
石油和天然气开采业	Petroleum and Natural Gas Extraction	162	150	
黑色金属矿采选业	Ferrous Metals Mining and Dressing	2181		2181
有色金属矿采选业	Nonferrous Metals Mining and Dressing	42		30
非金属矿采选业	Nonmetal Minerals Mining and Dressing	1784		1355
其他采矿业	Other Minerals Mining			
制造业	**Manufacturing**	**952371**	**129294**	**594423**
农副食品加工业	Farm and Sideline Prodncts Processing	22459	1254	13021
食品制造业	Food Making	29999	176	18005
饮料制造业	Beverage Making	18794	237	16429
烟草制造业	Tobacco Processing	819	819	
纺织业	Textile	42827	298	33675
纺织服装、鞋、帽制造业	Garments,shoes and chapeau	70865	246	44027
皮革、毛皮、羽毛(绒)及其制品业	Leather,Furs,Feather(Down) and Related Products	4719	61	1986
木材加工及竹、藤、棕、草制品业	Timber Processing,Bamboo,Cane, Palm Fiber and Straw Products	3437	376	1566
家具制造业	Furniture Manufacturing	14847	436	6771
造纸及纸制品业	Papermaking and Paper Products	10115	236	6277
印刷业和记录媒介的复制	Printing and Record Medium Reproduction	44166	16690	15732
文教体育用品制造业	Stationery,Education and Sports Goods	8897	37	5241
石油加工、炼焦及核燃料加工业	Petroleum Processing,Coking and Nuclear Elding	28779	21875	5447
化学原料及化学制品制造业	Raw Chemical Materials and Chemical Products	41573	8306	24732
医药制造业	Medical and Pharmaceutical Products	31198	1824	23353
化学纤维制造业	Chemical Fiber	1348		888
橡胶制品业	Rubber Products	5715	561	4360
塑料制品业	Plastic Products	18474	566	10789
非金属矿物制品业	Nonmetal Mineral Products	61183	3606	39384
黑色金属冶炼及压延加工业	Smelting and Processing of Ferrous Metals	81979		81410

NUMBER OF FULLY EMPLOYED STAFF AND WORKERS BY SECTOR (BY ADMINISTRATIVE RELATIONSHIP AND REGISTRATION STATUS)

(person)

国有经济 State-Owned	# 中央 Central	# 地方 Local	集体经济 Collective-Owned	其他经济 Others
1975663	**880568**	**1034254**	**261090**	**2126638**
14011	**425**	**13582**	**1614**	**12084**
1276		1276	598	3361
2477		**2477**	**1175**	**20716**
			614	19585
				162
2080		2080	86	15
7		7	12	23
390		390	463	931
220447	**96157**	**120285**	**61708**	**670216**
2972	86	2856	691	18796
2874	35	2824	690	26435
6219	110	6056	513	12062
819	819			
11218	23	11188	3894	27715
3036	185	2836	7339	60490
479		479	851	3389
256	9	247	303	2878
466	37	390	1307	13074
1456	14	1427	1264	7395
20285	14984	4399	3326	20555
326	25	258	631	7940
26148	21859	4122	162	2469
4910	904	3928	3588	33075
4275	1417	2500	537	26386
8		8	319	1021
2116	139	1977	666	2933
2069	181	1885	2101	14304
12848	3069	9695	7665	40670
17369		17369	304	64306

4-6 续表 1 continued

单位：人

行业	Sector	全市 Total	# 中央 Central	# 地方 Local
有色金属冶炼及压延加工业	Smelting and Processing of Nonferrous Metals	4274	84	2240
金属制品业	Metal Products	42766	1080	21812
通用设备制造业	Universal Equipment	57024	11384	31953
专用设备制造业	Equipment for Special Purpose	51174	15916	24568
交通运输设备制造业	Transportation Equipment	94172	29167	52063
电气机械及器材制造业	Electric Equipment and Machinery	43070	1260	26248
通信设备、计算机及其他电子设备制造业	Telecommunications Equipment, Computer and Others	80188	8511	59065
仪器仪表及文化、办公用机械制造业	Instruments,Meters,Cultural and Office Machinery	26741	4149	16420
工艺品及其他制造业	Art Products and Other Manufacturing	10735	105	6961
废弃资源和废旧材料回收加工业	Recovery and Processing of Reclaimed Materials	34	34	
电力、燃气及水的生产和供应业	**Electricity,Gas,Water Production and Supply**	**37219**	**14814**	**20386**
电力、热力的生产和供应业	Electricity and Hot Power Production and Supply	23317	14777	7608
煤气生产和供应业	Gas Production and Supply	7563		7293
水的生产和供应业	Water Production and Supply	6339	37	5485
建筑业	**Construction**	**590163**	**84376**	**219660**
房屋和土木工程建筑业	Building and Civil Engineering	484753	65551	191023
建筑安装业	Construction	65465	16711	20591
建筑装饰业	Fitting and Decoration	32674	1659	6495
其他建筑业	Others	7271	455	1551
交通运输、仓储和邮政业	**Transportation,Storage and Post**	**284472**	**97572**	**129591**
铁路运输业	Railway Transport	50683	50661	22
道路运输业	Road Transport	22089	1878	11199
城市公共交通业	Urban Public Traffic	152131	3370	109746
水上运输业	Waterway Transport	32	32	
航空运输业	Air Transport	17805	17716	
管道运输业	Pipeline Transport	114	114	
装卸搬运和其他运输服务业	Load and Unload,Other Transportation Services	14483	5030	3924
仓储业	Storage	8181	1659	4671
邮政业	Post	18954	17112	29
信息传输、计算机服务和软件业	**Information Transmission,Computer Servecis and Software**	**156261**	**26296**	**98649**
电信和其他信息传输服务业	Telecommunications and Other Information Transmission	44594	21586	15296
计算机服务业	Computer Servecis	39794	810	28610
软件业	Software	71873	3900	54743
批发和零售业	**Wholesale Trade and Retail Trade**	**320616**	**44673**	**124562**
批发业	Wholesale Trade	134141	33571	38716
零售业	Retail Trade	186475	11102	85846
住宿和餐饮业	**Stay Place and Catering**	**178505**	**42558**	**51322**
住宿业	Stay Place	103005	39209	35569
餐饮业	Catering	75500	3349	15753

4-6 续表 2 continued

(person)

国有经济 State-Owned	# 中 央 Central	# 地 方 Local	集体经济 Collective-Owned	其他经济 Others
482		482	364	3428
2964	823	1794	3786	36016
21873	8791	12923	7006	28145
20100	13730	6113	1883	29191
32632	21893	9942	4316	57224
3938	741	3142	2833	36299
8404	4069	4201	1349	70435
8291	2144	6055	2225	16225
1614	70	1189	1795	7326
				34
18978	**10000**	**8593**	**123**	**18118**
12018	10000	1633	72	11227
1947		1947	14	5602
5013		5013	37	1289
139772	**58454**	**48001**	**98690**	**351701**
123830	50208	41762	82396	278527
13200	7196	4803	14886	37379
2615	953	1408	1075	28984
127	97	28	333	6811
152847	**85458**	**66263**	**7082**	**124543**
50683	50661	22		
4719	872	3638	1756	15614
60326	1843	58249	4025	87780
32	32			
10743	10743			7062
114	114			
4271	3255	556	878	9334
5257	1236	3798	405	2519
16702	16702		18	2234
22141	**18775**	**3292**	**811**	**133309**
16478	15308	1154	180	27936
1336	451	885	402	38056
4327	3016	1253	229	67317
90108	**31252**	**53996**	**26629**	**203879**
46989	25584	19003	8557	78595
43119	5668	34993	18072	125284
57432	**25502**	**23478**	**10705**	**110368**
49749	24397	17843	6303	46953
7683	1105	5635	4402	63415

4-6 续表 3 continued

单位：人

行业	Sector	全市 Total	# 中央 Central	# 地方 Local
金融业	**Finance**	**82565**	**75931**	**2554**
银行业	Banking	64991	63682	
证券业	Negotiable Securities	3130	1545	720
保险业	Insurance	8585	5719	1471
其他金融活动	Other Finance	5859	4985	363
房地产业	**Real Estate Trade**	**150396**	**18479**	**64584**
租赁和商务服务业	**Tenancy and Commercial Servecis**	**332751**	**117132**	**123211**
租赁业	Tenancy	5531	686	1637
商务服务业	Commercial Servecis	327220	116446	121574
科学研究、技术服务和地质勘察业	**Scientific Studies,Technical Servecis and Geological Prospecting**	**297016**	**143623**	**121337**
研究与试验发展	Research and Experimental Development	102854	90768	9487
专业技术服务业	Professional Technical Servecis	157675	40006	99787
科技交流和推广服务业	Scientific and Technological Exchange and Popularizing	33878	11032	11641
地质勘察业	Geological Prospecting	2609	1817	422
水利、环境和公共设施管理业	**Water, Environment and Municipal Engineering Conservancy**	**57773**	**1628**	**49821**
水利管理业	Water Conservancy	5046	382	4602
环境管理业	Environment Conservancy	26099	500	21957
公共设施管理业	Municipal Engineering Conservancy	26628	746	23262
居民服务和其他服务业	**Resident Services and Other Services**	**77547**	**10317**	**21892**
居民服务业	Resident Services	25796	1655	9908
其他服务业	Other Services	51751	8662	11984
教育	**Education**	**301363**	**87892**	**208233**
卫生、社会保障和社会福利业	**Health Care,Social Security and Social Welfare**	**130626**	**38110**	**89600**
卫生	Health	123719	37552	83522
社会保障业	Social Security	1339		1330
社会福利业	Social Welfare	5568	558	4748
文化、体育和娱乐业	**Culture,Art,Sports and Recreation**	**105514**	**67863**	**26788**
新闻出版业	Publication	46501	40574	5137
广播、电视、电影和音像业	Radio,Television,Film,Audio Products,Video Products	17489	11528	4996
文化艺术业	Culture and Arts	24775	12273	9386
体育	Sports	7759	2950	3891
娱乐业	Recreation	8990	538	3378
公共管理和社会组织	**Public Manage and Social Organization**	**256156**	**64495**	**191493**
中国共产党机关	Chinese Communist Agencies	8106	4239	3867
国家机关	Government Agencies	233028	49547	183371
人民政协和民主党派	C.P.P.C. and Democratic Party	1847	1016	831
群众团体、社会团体和宗教组织	Masses, Social Organization and Religionary Body	13175	9693	3424
基层群众自治组织	Masses Autonomous Body			
国际组织	**International Organization**			
国际组织	International Organization			

4-6 续表 4 continued

(person)

国有经济 State-Owned	# 中 央 Central	# 地 方 Local	集体经济 Collective-Owned	其他经济 Others
52572	**52401**	**24**	**21**	**29972**
44724	44724			20267
1244	1226	14		1886
2644	2644			5941
3960	3807	10	21	1878
36798	**9639**	**25598**	**5999**	**107599**
192070	**98801**	**91153**	**12056**	**128625**
1079	483	527	473	3979
190991	98318	90626	11583	124646
165748	**132795**	**30907**	**5672**	**125596**
97854	89235	7184	73	4927
51408	32690	18351	3752	102515
14529	9067	5218	1847	17502
1957	1803	154		652
45808	**1198**	**44477**	**1883**	**10082**
4129	382	3747	773	144
21155	174	20981	549	4395
20524	642	19749	561	5543
14453	**6860**	**6758**	**9174**	**53920**
5708	1306	4318	3424	16664
8745	5554	2440	5750	37256
288994	**87618**	**200828**	**5127**	**7242**
117995	**35767**	**81481**	**10025**	**2606**
111836	35209	75927	9639	2244
1339		1330		
4820	558	4224	386	362
88046	**65217**	**22478**	**1807**	**15661**
43705	39370	4131	217	2579
16037	11151	4879	39	1413
20765	11603	9118	224	3786
6572	2950	3622	34	1153
967	143	728	1293	6730
254966	**64249**	**190583**	**789**	**401**
8106	4239	3867		
233028	49547	183371		
1847	1016	831		
11985	9447	2514	789	401

4-7 国民经济各行业在岗职工人数(按用工期限分)
FULLY EMPLOYED STAFF AND WORKERS BY SECTOR (BY TYPE OF STAFF AND WORKERS)

单位：人　　(person)

行业	Sector	全市 Total	# 长期职工 Permanent Workers
总计	**Total**	**4363391**	**3775590**
农、林、牧、渔业	**Farming,Forestry,Animal Husbandry and Fishery**	**27709**	**23707**
# 农、林、牧、渔服务业	FFAF Services	5235	4195
采矿业	**Mining**	**24368**	**23653**
煤炭开采和洗选业	Coal Mining and Dressing	20199	19654
石油和天然气开采业	Petroleum and Natural Gas Extraction	162	162
黑色金属矿采选业	Ferrous Metals Mining and Dressing	2181	2132
有色金属矿采选业	Nonferrous Metals Mining and Dressing	42	42
非金属矿采选业	Nonmetal Minerals Mining and Dressing	1784	1663
其他采矿业	Other Minerals Mining		
制造业	**Manufacturing**	**952371**	**867201**
农副食品加工业	Farm and Sideline Prodncts Processing	22459	17897
食品制造业	Food Making	29999	25879
饮料制造业	Beverage Making	18794	17918
烟草制造业	Tobacco Processing	819	819
纺织业	Textile	42827	39581
纺织服装、鞋、帽制造业	Garments,shoes and chapeau	70865	64893
皮革、毛皮、羽毛(绒)及其制品业	Leather,Furs,Feather(Down) and Related Products	4719	3378
木材加工及竹、藤、棕、草制品业	Timber Processing,Bamboo,Cane, Palm Fiber and Straw Products	3437	2692
家具制造业	Furniture Manufacturing	14847	12775
造纸及纸制品业	Papermaking and Paper Products	10115	8431
印刷业和记录媒介的复制	Printing and Record Medium Reproduction	44166	39983
文教体育用品制造业	Stationery,Education and Sports Goods	8897	7949
石油加工、炼焦及核燃料加工业	Petroleum Processing,Coking and Nuclear Elding	28779	28133
化学原料及化学制品制造业	Raw Chemical Materials and Chemical Products	41573	38025
医药制造业	Medical and Pharmaceutical Products	31198	28047
化学纤维制造业	Chemical Fiber	1348	1174
橡胶制品业	Rubber Products	5715	4794
塑料制品业	Plastic Products	18474	15043
非金属矿物制品业	Nonmetal Mineral Products	61183	53310
黑色金属冶炼及压延加工业	Smelting and Processing of Ferrous Metals	81979	81109

4-7 续表 1 continued

单位：人 (person)

行业	Sector	全市国有经济 Total State-owned Economy	# 长期职工 Permanent Workers	# 地方国有经济 Local State-Owned Economy	# 长期职工 Permanent Workers
总计	**Total**	**1975663**	**1799152**	**1034254**	**953347**
农、林、牧、渔业	**Farming,Forestry,Animal Husbandry and Fishery**	**14011**	**12419**	**13582**	**12110**
# 农、林、牧、渔服务业	FFAF Services	1276	1242	1276	1242
采矿业	**Mining**	**2477**	**2477**	**2477**	**2477**
煤炭开采和洗选业	Coal Mining and Dressing				
石油和天然气开采业	Petroleum and Natural Gas Extraction				
黑色金属矿采选业	Ferrous Metals Mining and Dressing	2080	2080	2080	2080
有色金属矿采选业	Nonferrous Metals Mining and Dressing	7	7	7	7
非金属矿采选业	Nonmetal Minerals Mining and Dressing	390	390	390	390
其他采矿业	Other Minerals Mining				
制造业	**Manufacturing**	**220447**	**211738**	**120285**	**114733**
农副食品加工业	Farm and Sideline Prodncts Processing	2972	2441	2856	2327
食品制造业	Food Making	2874	2440	2824	2405
饮料制造业	Beverage Making	6219	6124	6056	5986
烟草制造业	Tobacco Processing	819	819		
纺织业	Textile	11218	11106	11188	11090
纺织服装、鞋、帽制造业	Garments,shoes and chapeau	3036	2782	2836	2615
皮革、毛皮、羽毛(绒)及其制品业	Leather,Furs,Feather(Down) and Related Products	479	479	479	479
木材加工及竹、藤、棕、草制品业	Timber Processing,Bamboo,Cane, Palm Fiber and Straw Products	256	190	247	181
家具制造业	Furniture Manufacturing	466	303	390	227
造纸及纸制品业	Papermaking and Paper Products	1456	1401	1427	1372
印刷业和记录媒介的复制	Printing and Record Medium Reproduction	20285	19309	4399	4055
文教体育用品制造业	Stationery,Education and Sports Goods	326	313	258	258
石油加工、炼焦及核燃料加工业	Petroleum Processing,Coking and Nuclear Elding	26148	26121	4122	4099
化学原料及化学制品制造业	Raw Chemical Materials and Chemical Products	4910	4572	3928	3663
医药制造业	Medical and Pharmaceutical Products	4275	3545	2500	2011
化学纤维制造业	Chemical Fiber	8	8	8	8
橡胶制品业	Rubber Products	2116	1558	1977	1419
塑料制品业	Plastic Products	2069	1786	1885	1645
非金属矿物制品业	Nonmetal Mineral Products	12848	11952	9695	9140
黑色金属冶炼及压延	Smelting and Processing of Ferrous	17369	17355	17369	17355
加工业	Metals	6373	4970	4586	1920

4-7 续表 2 continued

单位：人 (person)

行业	Sector	全市 Total	# 长期职工 Permanent Workers
有色金属冶炼及压延加工业	Smelting and Processing of Nonferrous Metals	4274	3814
金属制品业	Metal Products	42766	36457
通用设备制造业	Universal Equipment	57024	52577
专用设备制造业	Equipment for Special Purpose	51174	47985
交通运输设备制造业	Transportation Equipment	94172	87261
电气机械及器材制造业	Electric Equipment and Machinery	43070	39585
通信设备、计算机及其他电子设备制造业	Telecommunications Equipment,Computer and Others	80188	73220
仪器仪表及文化、办公用机械制造业	Instruments,Meters,Cultural and Office Machinery	26741	24924
工艺品及其他制造业	Art Products and Other Manufacturing	10735	9520
废弃资源和废旧材料回收加工业	Recovery and Processing of Reclaimed Materials	34	28
电力、燃气及水的生产和供应业	**Electricity,Gas,Water Production and Supply**	**37219**	**36207**
电力、热力的生产和供应业	Electricity and Hot Power Production and Supply	23317	22792
煤气生产和供应业	Gas Production and Supply	7563	7418
水的生产和供应业	Water Production and Supply	6339	5997
建筑业	**Construction**	**590163**	**396175**
房屋和土木工程建筑业	Building and Civil Engineering	484753	318962
建筑安装业	Construction	65465	52566
建筑装饰业	Fitting and Decoration	32674	20719
其他建筑业	Others	7271	3928
交通运输、仓储和邮政业	**Transportation,Storage and Post**	**284472**	**258617**
铁路运输业	Railway Transport	50683	50681
道路运输业	Road Transport	22089	16819
城市公共交通业	Urban Public Traffic	152131	136953
水上运输业	Waterway Transport	32	32
航空运输业	Air Transport	17805	15206
管道运输业	Pipeline Transport	114	114
装卸搬运和其他运输服务业	Load and Unload,Other Transportation Services	14483	12805
仓储业	Storage	8181	7596
邮政业	Post	18954	18411
信息传输、计算机服务和软件业	**Information Transmission,Computer Servecis and Software**	**156261**	**149547**
电信和其他信息传输服务业	Telecommunications and Other Information Transmission	44594	42420
计算机服务业	Computer Servecis	39794	38130
软件业	Software	71873	68997
批发和零售业	**Wholesale Trade and Retail Trade**	**320616**	**282129**
批发业	Wholesale Trade	134141	118547
零售业	Retail Trade	186475	163582
住宿和餐饮业	**Stay Place and Catering**	**178505**	**135501**
住宿业	Stay Place	103005	84034
餐饮业	Catering	75500	51467

4-7 续表 3 continued

单位：人 (person)

行业	Sector	全市国有经济 Total State-owned Economy	# 长期职工 Permanent Workers	# 地方国有经济 Local State-Owned Economy	# 长期职工 Permanent Workers
有色金属冶炼及压延加工业	Smelting and Processing of Nonferrous Metals	482	482	482	482
金属制品业	Metal Products	2964	2260	1794	1531
通用设备制造业	Universal Equipment	21873	21607	12923	12844
专用设备制造业	Equipment for Special Purpose	20100	19520	6113	5833
交通运输设备制造业	Transportation Equipment	32632	32060	9942	9800
电气机械及器材制造业	Electric Equipment and Machinery	3938	3656	3142	3055
通信设备、计算机及其他电子设备制造业	Telecommunications Equipment,Computer and Others	8404	8165	4201	4023
仪器仪表及文化、办公用机械制造业	Instruments,Meters,Cultural and Office Machinery	8291	7800	6055	5671
工艺品及其他制造业	Art Products and Other Manufacturing	1614	1584	1189	1159
废弃资源和废旧材料回收加工业	Recovery and Processing of Reclaimed Materials				
电力、燃气及水的生产和供应业	**Electricity,Gas,Water Production and Supply**	**18978**	**18344**	**8593**	**8345**
电力、热力的生产和供应业	Electricity and Hot Power Production and Supply	12018	11612	1633	1613
煤气生产和供应业	Gas Production and Supply	1947	1925	1947	1925
水的生产和供应业	Water Production and Supply	5013	4807	5013	4807
建筑业	**Construction**	**139772**	**104699**	**48001**	**42688**
房屋和土木工程建筑业	Building and Civil Engineering	123830	90617	41762	37401
建筑安装业	Construction	13200	11979	4803	4137
建筑装饰业	Fitting and Decoration	2615	2021	1408	1123
其他建筑业	Others	127	82	28	27
交通运输、仓储和邮政业	**Transportation,Storage and Post**	**152847**	**148888**	**66263**	**63560**
铁路运输业	Railway Transport	50683	50681	22	20
道路运输业	Road Transport	4719	4165	3638	3334
城市公共交通业	Urban Public Traffic	60326	57932	58249	56083
水上运输业	Waterway Transport	32	32		
航空运输业	Air Transport	10743	10334		
管道运输业	Pipeline Transport	114	114		
装卸搬运和其他运输服务业	Load and Unload,Other Transportation Services	4271	3903	556	471
仓储业	Storage	5257	5028	3798	3652
邮政业	Post	16702	16699		
信息传输、计算机服务和软件业	**Information Transmission,Computer Servecis and Software**	**22141**	**21744**	**3292**	**3209**
电信和其他信息传输服务业	Telecommunications and Other Information Transmission	16478	16370	1154	1137
计算机服务业	Computer Servecis	1336	1233	885	834
软件业	Software	4327	4141	1253	1238
批发和零售业	**Wholesale Trade and Retail Trade**	**90108**	**84878**	**53996**	**50911**
批发业	Wholesale Trade	46989	44421	19003	17947
零售业	Retail Trade	43119	40457	34993	32964
住宿和餐饮业	**Stay Place and Catering**	**57432**	**44005**	**23478**	**18514**
住宿业	Stay Place	49749	38407	17843	14240
餐饮业	Catering	7683	5598	5635	4274

4-7 续表 4 continued

单位：人 (person)

行业	Sector	全市 Total	# 长期职工 Permanent Workers
金融业	**Finance**	**82565**	**79592**
银行业	Banking	64991	62548
证券业	Negotiable Securities	3130	3007
保险业	Insurance	8585	8251
其他金融活动	Other Finance	5859	5786
房地产业	**Real Estate Trade**	**150396**	**124295**
租赁和商务服务业	**Tenancy and Commercial Servecis**	**332751**	**276621**
租赁业	Tenancy	5531	4476
商务服务业	Commercial Servecis	327220	272145
科学研究、技术服务和地质勘察业	**Scientific Studies,Technical Servecis and Geological Prospecting**	**297016**	**280121**
研究与试验发展	Research and Experimental Development	102854	96654
专业技术服务业	Professional Technical Servecis	157675	150865
科技交流和推广服务业	Scientific and Technological Exchange and Popularizing	33878	30046
地质勘察业	Geological Prospecting	2609	2556
水利、环境和公共设施管理业	**Water，Environment and Municipal Engineering Conservancy**	**57773**	**47678**
水利管理业	Water Conservancy	5046	4533
环境管理业	Environment Conservancy	26099	19960
公共设施管理业	Municipal Engineering Conservancy	26628	23185
居民服务和其他服务业	**Resident Services and Other Services**	**77547**	**52205**
居民服务业	Resident Services	25796	19376
其他服务业	Other Services	51751	32829
教育	**Education**	**301363**	**280697**
卫生、社会保障和社会福利业	**Health Care,Social Security and Social Welfare**	**130626**	**121929**
卫生	Health	123719	115681
社会保障业	Social Security	1339	1281
社会福利业	Social Welfare	5568	4967
文化、体育和娱乐业	**Culture,Art,Sports and Recreation**	**105514**	**97219**
新闻出版业	Publication	46501	43824
广播、电视、电影和音像业	Radio,Television,Film,Audio Products,Video Products	17489	16037
文化艺术业	Culture and Arts	24775	23281
体　育	Sports	7759	6874
娱乐业	Recreation	8990	7203
公共管理和社会组织	**Public Manage and Social Organization**	**256156**	**242496**
中国共产党机关	Chinese Communist Agencies	8106	7594
国家机关	Government Agencies	233028	220591
人民政协和民主党派	C.P.P.C. and Democratic Party	1847	1836
群众团体、社会团体和宗教组织	Masses, Social Organization and Religionary Body	13175	12475
基层群众自治组织	Masses Autonomous Body		
国际组织	**International Organization**		
国际组织	International Organization		

4-7 续表 5 continued

单位：人 (person)

行业	Sector	全市国有经济 Total State-owned Economy	# 长期职工 Permanent Workers	# 地方国有经济 Local State-Owned Economy	# 长期职工 Permanent Workers
金融业	**Finance**	**52572**	**51332**	**24**	**24**
银行业	Banking	44724	43535		
证券业	Negotiable Securities	1244	1244	14	14
保险业	Insurance	2644	2595		
其他金融活动	Other Finance	3960	3958	10	10
房地产业	**Real Estate Trade**	**36798**	**30765**	**25598**	**21255**
租赁和商务服务业	**Tenancy and Commercial Servecis**	**192070**	**154883**	**91153**	**75108**
租赁业	Tenancy	1079	918	527	423
商务服务业	Commercial Servecis	190991	153965	90626	74685
科学研究、技术服务和地质勘察业	**Scientific Studies,Technical Servecis and Geological Prospecting**	**165748**	**156982**	**30907**	**29335**
研究与试验发展	Research and Experimental Development	97854	92117	7184	6708
专业技术服务业	Professional Technical Servecis	51408	49251	18351	17749
科技交流和推广服务业	Scientific and Technological Exchange and Popularizing	14529	13665	5218	4724
地质勘察业	Geological Prospecting	1957	1949	154	154
水利、环境和公共设施管理业	**Water, Environment and Municipal Engineering Conservancy**	**45808**	**37245**	**44477**	**35955**
水利管理业	Water Conservancy	4129	3621	3747	3245
环境管理业	Environment Conservancy	21155	15588	20981	15415
公共设施管理业	Municipal Engineering Conservancy	20524	18036	19749	17295
居民服务和其他服务业	**Resident Services and Other Services**	**14453**	**12699**	**6758**	**5836**
居民服务业	Resident Services	5708	5051	4318	3770
其他服务业	Other Services	8745	7648	2440	2066
教育	**Education**	**288994**	**270768**	**200828**	**191813**
卫生、社会保障和社会福利业	**Health Care,Social Security and Social Welfare**	**117995**	**110615**	**81481**	**76505**
卫生	Health	111836	104954	75927	71447
社会保障业	Social Security	1339	1281	1330	1272
社会福利业	Social Welfare	4820	4380	4224	3786
文化、体育和娱乐业	**Culture,Art,Sports and Recreation**	**88046**	**83117**	**22478**	**21086**
新闻出版业	Publication	43705	41675	4131	3885
广播、电视、电影和音像业	Radio,Television,Film,Audio Products,Video Products	16037	14680	4879	4614
文化艺术业	Culture and Arts	20765	19820	9118	8692
体育	Sports	6572	6103	3622	3235
娱乐业	Recreation	967	839	728	660
公共管理和社会组织	**Public Manage and Social Organization**	**254966**	**241554**	**190583**	**179883**
中国共产党机关	Chinese Communist Agencies	8106	7594	3867	3553
国家机关	Government Agencies	233028	220591	183371	173167
人民政协和民主党派	C.P.P.C. and Democratic Party	1847	1836	831	829
群众团体、社会团体和宗教组织	Masses, Social Organization and Religionary Body	11985	11533	2514	2334
基层群众自治组织	Masses Autonomous Body				
国际组织	**International Organization**				
国际组织	International Organization				

4-8 在岗职工工资总额
TOTAL WAGES OF FULLY EMPLOYED STAFF AND WORKERS

单位：万元 (10000 yuan)

项目	Item	2003	2002	2003年为2002年% 2003 as % of 2002
总计	**Total**	**10989365**	**9508796**	**115.6**
按登记注册类型分	**Grouped by Registration Status**			
内资经济	Domestic Investment Economy	9362860	8129048	115.2
国有经济	State-owned	5655244	5088023	111.1
集体经济	Collective-owned	350209	400026	87.5
联营经济	Joint-owned	55604	57637	96.5
股份有限公司	Share Holding Corporations Ltd.	648722	502638	129.1
有限责任公司	Limited-Liability Corporations	1943728	1433571	135.6
股份合作企业	Share Holding	182631	174697	104.5
其他经济	Others	526722	472456	111.5
外商投资经济	Foreign Funded	1201923	983716	122.2
港、澳、台商投资经济	Hongkong,Macao and Taiwan Funded	424581	396032	107.2
按隶属关系分	**Grouped by Administrative Relationship**			
# 中央	Central	3644848	3071519	118.7
地方	Local	5334190	4922438	108.4
按行业分	**Grouped by Sector**			
农、林、牧、渔业	Farming,Forestry,Animal Husbandry and Fishery	41923	39157	107.1
# 农业	Agriculture	6370	6680	95.4
采矿业	Mining	46864	51362	91.2
制造业	Manufacturing	1939358	1817727	106.7
电力、燃气及水的生产和供应业	Electricity,Gas,Water Production and Supply	142836	110870	128.8
建筑业	Construction	984660	933780	105.4
交通运输、仓储和邮政业	Transportation,Storage and Post	563362	530418	106.2
# 铁路运输业	Railway Transport	103852	104847	99.1
道路运输业	Road Transport	39194	50483	77.6
城市公共交通业	Urban Public Traffic	224045	193492	115.8
邮政业	Post	59366	52453	113.2
信息传输、计算机服务和软件业	Information Transmission,Computer Servecis and Software	805443	568669	141.6
# 计算机服务业	Computer Servecis	256590	183525	139.8
批发和零售业	Wholesale Trade and Retail Trade	739798	675032	109.6
批发业	Wholesale Trade	418942	389199	107.6
零售业	Retail Trade	320856	285833	112.3
住宿和餐饮业	Stay Place and Catering	290272	283929	102.2
住宿业	Stay Place	192009	196150	97.9
餐饮业	Catering	98263	87779	111.9
金融业	Finance	502577	386061	130.2
房地产业	Real Estate Trade	382079	318296	120.0
租赁和商务服务业	Tenancy and Commercial Servecis	833304	786191	106.0
租赁业	Tenancy	8757	11795	74.2
商务服务业	Commercial Servecis	824547	774396	106.5
科学研究、技术服务和地质勘察业	Scientific Studies,Technical Servecis and Geological Prospecting	1025961	659015	155.7
水利、环境和公共设施管理业	Water, Environment and Municipal Engineering Conservancy	133295	127050	104.9
居民服务和其他服务业	Resident Services and Other Services	126202	95289	132.4
# 居民服务业	Resident Services	34998	46426	75.4
教育	Education	858145	753956	113.8
卫生、社会保障和社会福利业	Health Care,Social Security and Social Welfare	439920	393644	111.8
# 卫生	Health	423042	376387	112.4
文化、体育和娱乐业	Culture,Art,Sports and Recreation	366619	306806	119.5
# 文化艺术业	Culture and Arts	69585	62161	111.9
体育	Sports	24736	19115	129.4
公共管理和社会组织	Public Manage and Social Organization	766748	671545	114.2
国际组织	International Organization			

4-9 在岗职工平均工资
AVERAGE WAGE OF FULLY EMPLOYED STAFF AND WORKERS

单位：元 (yuan)

项目	Item	2003	2002	2003年为2002年% 2003 as % of 2002
总计	**Total**	**25312**	**21852**	**115.8**
按登记注册类型分	**Grouped by Registration Status**			
内资经济	Domestic Investment Economy	23864	20547	116.1
国有经济	State-owned	28464	23754	119.8
集体经济	Collective-owned	13580	11997	113.2
联营经济	Joint-owned	15642	15157	103.2
股份有限公司	Share Holding Corporations Ltd.	24417	21434	113.9
有限责任公司	Limited-Liability Corporations	22191	19510	113.7
股份合作企业	Share Holding	13282	12888	103.1
其他经济	Others	14465	13978	103.5
外商投资经济	Foreign Funded	44653	39428	113.3
港、澳、台商投资经济	Hongkong,Macao and Taiwan Funded	28517	27193	104.9
按隶属关系分	**Grouped by Administrative Relationship**			
# 中央	Central	34139	28527	119.7
地方	Local	24194	20777	116.4
按行业分	**Grouped by Sector**			
农、林、牧、渔业	Farming,Forestry,Animal Husbandry and Fishery	14981	12577	119.1
# 农业	Agriculture	11181	10799	103.5
采矿业	Mining	18858	18562	101.6
制造业	Manufacturing	20059	17641	113.7
电力、燃气及水的生产和供应业	Electricity,Gas,Water Production and Supply	37112	28776	129.0
建筑业	Construction	16730	14496	115.4
交通运输、仓储和邮政业	Transportation,Storage and Post	19977	18824	106.1
# 铁路运输业	Railway Transport	20636	18635	110.7
道路运输业	Road Transport	17431	16349	106.6
城市公共交通业	Urban Public Traffic	14923	14620	102.1
邮政业	Post	31288	26403	118.5
信息传输、计算机服务和软件业	Information Transmission,Computer Servecis and Software	53010	48053	110.3
# 计算机服务业	Computer Servecis	66254	57497	115.2
批发和零售业	Wholesale Trade and Retail Trade	23088	19827	116.4
批发业	Wholesale Trade	31392	24898	126.1
零售业	Retail Trade	17160	15522	110.6
住宿和餐饮业	Stay Place and Catering	16530	15546	106.3
住宿业	Stay Place	18458	17400	106.1
餐饮业	Catering	13729	12556	109.3
金融业	Finance	61713	50448	122.3
房地产业	Real Estate Trade	26064	22997	113.3
租赁和商务服务业	Tenancy and Commercial Servecis	25742	24454	105.3
租赁业	Tenancy	15925	12465	127.8
商务服务业	Commercial Servecis	25912	24818	104.4
科学研究、技术服务和地质勘察业	Scientific Studies,Technical Servecis and Geological Prospecting	34898	30029	116.2
水利、环境和公共设施管理业	Water, Environment and Municipal Engineering Conservancy	22357	20841	107.3
居民服务和其他服务业	Resident Services and Other Services	17433	16506	105.6
# 居民服务业	Resident Services	15054	16253	92.6
教育	Education	28565	24749	115.4
卫生、社会保障和社会福利业	Health Care,Social Security and Social Welfare	34173	30481	112.1
# 卫生	Health	34725	31145	111.5
文化、体育和娱乐业	Culture,Art,Sports and Recreation	35006	29663	118.0
# 文化艺术业	Culture and Arts	28501	24954	114.2
体育	Sports	31367	28897	108.5
公共管理和社会组织	Public Manage and Social Organization	30279	27473	110.2
国际组织	International Organization			

4-10 国民经济各行业在岗职工工资总额及平均工资

行业	Sector	工资总额(万元) Total Wages (10000 yuan)	# 中央 Central	# 地方 Local	国有经济 State-owned
总计	**Total**	**10989365**	**3644848**	**5334190**	**5655244**
农、林、牧、渔业	**Farming,Forestry,Animal Husbandry and Fishery**	**41923**	**2364**	**35275**	**23492**
# 农、林、牧、渔服务业	FFAF Services	6370	469	4135	2398
采矿业	**Mining**	**46864**	**584**	**44864**	**3104**
煤炭开采和洗选业	Coal Mining and Dressing	41689		40711	
石油和天然气开采业	Petroleum and Natural Gas Extraction	592	584		
黑色金属矿采选业	Ferrous Metals Mining and Dressing	2528		2528	2456
有色金属矿采选业	Nonferrous Metals Mining and Dressing	58		47	7
非金属矿采选业	Nonmetal Minerals Mining and Dressing	1997		1578	642
其他采矿业	Other Minerals Mining				
制造业	**Manufacturing**	**1939358**	**366498**	**1238428**	**472409**
农副食品加工业	Farm and Sideline Prodncts Processing	37116	5821	20991	4852
食品制造业	Food Making	55651	178	31829	4417
饮料制造业	Beverage Making	32347	317	29059	9887
烟草制造业	Tobacco Processing	5649	5649		5649
纺织业	Textile	49861	481	40278	14814
纺织服装、鞋、帽制造业	Garments,shoes and chapeau	73721	708	45757	4177
皮革、毛皮、羽毛(绒)及其制品业	Leather,Furs,Feather(Down) and Related Products	5967	150	3207	959
木材加工及竹、藤、棕、草制品业	Timber Processing,Bamboo,Cane, Palm Fiber and Straw Products	10145	5952	2939	509
家具制造业	Furniture Manufacturing	18239	592	9498	780
造纸及纸制品业	Papermaking and Paper Products	15043	531	10944	2750
印刷业和记录媒介的复制	Printing and Record Medium Reproduction	79130	39743	23699	44838
文教体育用品制造业	Stationery,Education and Sports Goods	13949	44	9505	398
石油加工、炼焦及核燃料加工业	Petroleum Processing,Coking and Nuclear Elding	89163	72783	14760	84109
化学原料及化学制品制造业	Raw Chemical Materials and Chemical Products	88235	21967	53925	9064
医药制造业	Medical and Pharmaceutical Products	93631	5220	75905	9450
化学纤维制造业	Chemical Fiber	1186		827	22
橡胶制品业	Rubber Products	9363	1540	6758	2452
塑料制品业	Plastic Products	23731	1257	15335	3572
非金属矿物制品业	Nonmetal Mineral Products	98621	5927	67771	24018
黑色金属冶炼及压延加工业	Smelting and Processing of Ferrous Metals	188314		187678	13287

TOTAL WAGES AND AVERAGE WAGE OF FULLY EMPLOYED STAFF AND WORKERS

# 中 央 Central	# 地 方 Local	集体经济 Collective-Owned	其他经济 Others	平均工资(元) Average Wage (yuan)	国有经济 State-owned	集体经济 Collective-Owned	其他经济 Others
2985266	**2572236**	**350209**	**4983912**	**25312**	**28464**	**13580**	**23769**
998	**22484**	**1735**	**16695**	**14980**	**16635**	**10329**	**13704**
	2398	464	3508	11181	17387	7106	9572
	3104	**1302**	**42458**	**18858**	**12280**	**11310**	**20054**
		751	40938	20217		12786	20434
			592	37229			37229
	2456	54	17	11844	12081	6320	11471
	7	11	41	13514	9365	9049	16957
	642	486	869	10544	13150	10429	9249
							9249
255671	**211539**	**70331**	**1396619**	**20059**	**20285**	**10886**	**20866**
80	4713	691	31573	16151	15003	9896	16576
32	4374	491	50744	18288	13678	7263	19130
128	9695	423	22036	16750	15906	7781	17557
5649				68887	68887		17557
36	14757	3119	31928	11349	12074	7832	11534
622	3546	6066	63478	10306	12824	8090	10445
	959	1318	3690	12557	18402	14281	11155
							11155
32	477	257	9379	28450	13689	7729	32772
							32772
63	684	1081	16379	12896	15722	9244	13126
25	2714	1177	11116	14557	14776	9334	15413
36154	7327	3610	30682	17758	21690	10123	15098
							15098
28	312	833	12718	14762	8405	11988	15358
							15358
72753	11265	200	4853	31135	32138	13533	20937
1453	7498	4415	74757	20889	15771	12301	22720
							22720
3470	5586	2061	82120	30032	20902	19102	32107
	22	219	944	9424	24999	6902	10132
211	2242	738	6172	14822	12038	10843	17150
287	3283	2750	17410	12975	15488	12013	12713
5113	18748	6984	67620	15376	16652	8502	16292
	13287	363	174663	21590	7443	11956	25289

4-10 续表 1 continued

行业	Sector	工资总额(万元) Total Wages (10000 yuan)	# 中央 Central	# 地方 Local	国有经济 State-owned
有色金属冶炼及压延加工业	Smelting and Processing of Nonferrous Metals	7337	112	3574	794
金属制品业	Metal Products	58646	2073	33374	5334
通用设备制造业	Universal Equipment	118097	29761	61341	51767
专用设备制造业	Equipment for Special Purpose	115091	38504	57464	44764
交通运输设备制造业	Transportation Equipment	203944	78931	105682	77816
电气机械及器材制造业	Electric Equipment and Machinery	84878	2621	58530	7649
通信设备、计算机及其他电子设备制造业	Telecommunications Equipment,Computer and Others	286170	35330	221511	24187
仪器仪表及文化、办公用机械制造业	Instruments,Meters,Cultural and Office Machinery	61937	10123	37102	17330
工艺品及其他制造业	Art Products and Other Manufacturing	14152	140	9184	2767
废弃资源和废旧材料回收加工业	Recovery and Processing of Reclaimed Materials	46	46		
电力、燃气及水的生产和供应业	**Electricity,Gas,Water Production and Supply**	**142836**	**86031**	**49274**	**86634**
电力、热力的生产和供应业	Electricity and Hot Power Production and Supply	109539	85972	17285	68723
煤气生产和供应业	Gas Production and Supply	17008		16574	3589
水的生产和供应业	Water Production and Supply	16289	59	15415	14321
建筑业	**Construction**	**984660**	**200550**	**429342**	**298026**
房屋和土木工程建筑业	Building and Civil Engineering	794450	146362	368067	249052
建筑安装业	Construction	130896	49669	46392	43897
建筑装饰业	Fitting and Decoration	48974	3743	11584	4887
其他建筑业	Others	10340	777	3298	190
交通运输、仓储和邮政业	**Transportation,Storage and Post**	**563362**	**270757**	**231199**	**376283**
铁路运输业	Railway Transport	103852	103841	12	103852
道路运输业	Road Transport	39194	5241	22804	10706
城市公共交通业	Urban Public Traffic	224045	3679	189444	124844
水上运输业	Waterway Transport	250	250		250
航空运输业	Air Transport	78394	78062		54233
管道运输业	Pipeline Transport	423	423		423
装卸搬运和其他运输服务业	Load and Unload,Other Transportation Services	40831	21597	8822	16949
仓储业	Storage	17005	4303	10089	12452
邮政业	Post	59366	53363	28	52573
信息传输、计算机服务和软件业	**Information Transmission,Computer Servecis and Software**	**805443**	**126525**	**497918**	**103717**
电信和其他信息传输服务业	Telecommunications and Other Information Transmission	223913	108137	74954	82766
计算机服务业	Computer Servecis	256590	2669	158333	3879
软件业	Software	324940	15719	264632	17072
批发和零售业	**Wholesale Trade and Retail Trade**	**739798**	**225247**	**251257**	**297445**
批发业	Wholesale Trade	418942	198935	92940	212751
零售业	Retail Trade	320856	26311	158317	84694
住宿和餐饮业	**Stay Place and Catering**	**290272**	**89382**	**98672**	**99010**
住宿业	Stay Place	192009	82855	68888	86923
餐饮业	Catering	98263	6527	29785	12087

4-10 续表 2 continued

				平均工资 (元) Average Wage (yuan)			
# 中 央 Central	# 地 方 Local	集体经济 Collective-Owned	其他经济 Others		国有经济 State-owned	集体经济 Collective-Owned	其他经济 Others
	794	381	6163	17403	15319	10483	18480
							18480
1691	3143	3955	49358	13918	17540	10169	14019
23807	27746	9263	57067	20165	21912	12641	20668
31030	13543	2424	67903	22053	20917	12240	23571
51049	25620	5515	120613	21599	22914	12057	21580
1549	6069	4153	73075	19844	16724	14273	20708
15346	8611	1877	260107	36089	27039	13500	37718
4962	12223	3616	40991	22703	20449	15619	24855
							24855
100	2300	2353	9032	13094	14916	12416	12797
			46	13464			13464
64396	**21432**	**137**	**56065**	**37112**	**43375**	**11413**	**30479**
64396	3522	59	40756	45926	55642	8600	35654
	3589	19	13400	21515	16181	13224	23621
	14321	59	1908	24196	26501	15973	14782
145124	**109091**	**120979**	**565655**	**16730**	**22010**	**12962**	**15721**
114274	93305	95038	450360	16654	21732	12448	15742
28878	13141	23820	63179	18405	24203	15402	16841
1821	2606	1700	42387	14807	19112	13763	14476
151	39	421	9729	14134	18136	14557	14055
233144	**140999**	**8037**	**179041**	**19977**	**24410**	**11328**	**14826**
103841	12			20636	20636		14826
1426	8907	2541	25947	17431	19435	14202	17085
2007	122553	3041	96161	14923	20594	7683	11239
250				78124	78124		11239
54233			24161	45062	50976		35752
423				37122	37122		35752
14774	1069	1674	22208	29611	39683	18687	25757
3617	8459	755	3799	19417	21469	17427	15044
52573		27	6766	31288	31214	14012	32036
90331	**13290**	**1781**	**699945**	**53010**	**45775**	**22017**	**54481**
78176	4573	350	140797	51530	50134	17866	52638
1563	2316	955	251755	66254	25674	24180	68371
10592	6401	476	307392	46580	36809	21830	47361
170879	**114771**	**40174**	**402178**	**23088**	**31473**	**14734**	**20245**
156552	48667	16119	190072	31392	43640	18121	25072
14327	66104	24055	212106	17160	18510	13093	17266
47159	**40619**	**12050**	**179212**	**16530**	**16986**	**11528**	**16771**
46062	30469	7922	97163	18458	17234	13211	20416
1097	10150	4127	82049	13729	15396	9263	13844

4-10 续表 3 continued

行业	Sector	工资总额(万元) Total Wages (10000 yuan)	# 中央 Central	# 地方 Local	国有经济 State-owned
金融业	**Finance**	**502577**	**460853**	**18112**	**311033**
银行业	Banking	375265	364059		263475
证券业	Negotiable Securities	35120	25120	4277	11576
保险业	Insurance	63763	47243	11804	21136
其他金融活动	Other Finance	28429	24432	2031	14846
房地产业	**Real Estate Trade**	**382079**	**52108**	**171498**	**98259**
租赁和商务服务业	**Tenancy and Commercial Servecis**	**833304**	**319535**	**182750**	**386439**
租赁业	Tenancy	8757	1721	2732	2285
商务服务业	Commercial Servecis	824547	317814	180018	384155
科学研究、技术服务和地质勘察业	**Scientific Studies,Technical Servecis and Geological Prospecting**	**1025961**	**544475**	**402714**	**621146**
研究与试验发展	Research and Experimental Development	388504	348346	33733	367415
专业技术服务业	Professional Technical Servecis	527721	149852	332327	201081
科技交流和推广服务业	Scientific and Technological Exchange and Popularizing	99045	37875	35952	44081
地质勘察业	Geological Prospecting	10691	8402	702	8568
水利、环境和公共设施管理业	**Water, Environment and Municipal Engineering Conservancy**	**133295**	**4859**	**116652**	**109563**
水利管理业	Water Conservancy	12444	1539	10826	9872
环境管理业	Environment Conservancy	58440	896	49310	47858
公共设施管理业	Municipal Engineering Conservancy	62411	2423	56516	51833
居民服务和其他服务业	**Resident Services and Other Services**	126202	27467	38347	35750
居民服务业	Resident Services	34998	3250	16462	12615
其他服务业	Other Services	91204	24217	21886	23135
教育	**Education**	858145	264428	583178	835308
卫生、社会保障和社会福利业	**Health Care,Social Security and Social Welfare**	**439920**	**143307**	**290713**	**404383**
卫生	Health	423042	142260	275202	389227
社会保障业	Social Security	3915		3897	3915
社会福利业	Social Welfare	12962	1048	11613	11241
文化、体育和娱乐业	**Culture,Art,Sports and Recreation**	**366619**	**254926**	**92642**	**329008**
新闻出版业	Publication	187765	161928	22622	173426
广播、电视、电影和音像业	Radio,Television,Film,Audio Products,Video Products	70303	41635	26661	66876
文化艺术业	Culture and Arts	69585	38758	25173	62869
体育	Sports	24736	11126	12475	22990
娱乐业	Recreation	14230	1479	5711	2847
公共管理和社会组织	**Public Manage and Social Organization**	**766748**	**204953**	**561356**	**764235**
中国共产党机关	Chinese Communist Agencies	21933	11048	10885	21933
国家机关	Government Agencies	697769	158677	538816	697769
人民政协和民主党派	C.P.P.C. and Democratic Party	5721	3237	2485	5721
群众团体、社会团体和宗教组织	Masses, Social Organization and Religionary Body	41325	31992	9170	38812
基层群众自治组织	Masses Autonomous Body				
国际组织	**International Organization**				
国际组织	International Organization				

4-10 续表 4 continued

		集体经济 Collective-Owned	其他经济 Others	平均工资 (元) Average Wage (yuan)	国有经济 State-owned	集体经济 Collective-Owned	其他经济 Others
# 中 央 Central	# 地 方 Local						
310507	**91**	**114**	**191431**	**61713**	**59874**	**49521**	**64964**
263475			111790	58740	59741		56508
11519	38		23544	111706	92091		124772
21136			42627	74438	81106		71522
14377	53	114	13469	48663	37283	49521	73320
27279	**66864**	**8637**	**275183**	**26064**	**26842**	**14307**	**26472**
267793	**113549**	**18954**	**427911**	**25742**	**20249**	**15554**	**35460**
1169	1026	735	5737	15925	19918	15352	14814
266624	112523	18219	422174	25912	20251	15562	36144
505540	**109595**	**10810**	**394006**	**34898**	**37387**	**19526**	**32214**
338165	24843	99	20990	37739	37453	13243	44022
128360	71487	6803	319837	34065	39068	18986	32027
30642	13069	3908	51057	29783	30678	20807	30018
8373	195		2123	37289	38946		31825
4293	**104943**	**3838**	**19895**	**22357**	**23163**	**18683**	**19379**
1539	8333	2368	205	24667	24077	30393	12366
588	47271	726	9856	21901	22514	10517	20806
2167	49339	744	9834	22376	23621	12721	18336
18161	**15685**	**9873**	**80579**	**17433**	**24560**	**12062**	**16229**
2725	9815	2909	19474	15054	22253	11405	12957
15436	5870	6963	61106	18558	26032	12360	17648
263547	**570183**	**8107**	**14729**	**28565**	**28942**	**16162**	**21708**
131742	**270571**	**29534**	**6003**	**34173**	**34724**	**29929**	**24931**
130695	256574	29129	4687	34725	35286	30769	22807
	3897			29773	29773		22807
1048	10100	405	1316	23192	23249	10089	37294
244547	**83667**	**1824**	**35787**	**35006**	**37569**	**10955**	**23104**
154317	18638	455	13885	40608	39825	21659	55965
40522	26348	60	3366	41178	42553	15372	25542
37999	24646	272	6445	28501	30426	13245	18170
11073	11917	31	1715	31367	35169	9210	13039
636	2117	1006	10377	15606	25600	8550	15195
204155	**559758**	**1994**	**519**	**30279**	**30297**	**25336**	**26472**
11048	10885			27179	27179		26472
158677	538816			30243	30243		26472
3237	2485			30744	30744		26472
31194	7572	1994	519	32852	33470	25336	26472

4-11 分地区从业人员人数、劳动报酬
NUMBER AND REMUNERATION OF EMPLOYED PERSONS BY REGION

地　区	Region	人　数(人) Number of Employed Persons (person)		劳动报酬(万元) Remuneration (10000yuan)	
		2003	2002	2003	2002
全　市	**Total**	**4912329**	**4804801**	**12202989**	**10499904**
东城区	Dongcheng	398566	403772	1152924	1022862
西城区	Xicheng	564176	488478	1687999	1342263
崇文区	Chongwen	138745	137035	284296	246923
宣武区	Xuanwu	263537	258638	614948	512253
朝阳区	Chaoyang	851602	835233	2441746	2150727
丰台区	Fengtai	446608	521859	883245	816665
石景山区	Shijingshan	164470	166778	387156	339953
海淀区	Haidian	954386	951012	2767668	2427361
门头沟区	Mentougou	64376	63512	115904	107518
房山区	Fangshan	144272	144190	275255	249533
通州区	Tongzhou	122300	122288	193646	167003
顺义区	Shunyi	154533	157151	253653	223179
昌平区	Changping	167877	152777	291871	235262
大兴区	Daxing	202267	163942	431585	299260
平谷区	Pinggu	59195	55913	112969	74039
怀柔区	Huairou	70325	51870	99763	94983
密云县	Miyun	74002	61220	111382	92691
延庆县	Yanqing	40746	40241	74695	70546
外　地	**Nonlocal**	**30346**	**28892**	**22285**	**26883**

4-12 分地区在岗职工人数、平均工资
NUMBER AND AVERAGE WAGE OF FULLY EMPLOYED STAFF AND WORKERS BY REGION

地区	region	在岗职工人数(人) Staff and Workers(person)		平均工资(元) Average Wage(yuan)	
		2003	2002	2003	2002
全市	**Total**	**4363391**	**4341771**	**25312**	**21852**
东城区	Dongcheng	349199	354973	30469	26545
西城区	Xicheng	477399	426619	31997	28943
崇文区	Chongwen	125257	124465	21139	18403
宣武区	Xuanwu	238049	236200	25042	21362
朝阳区	Chaoyang	727536	736504	28633	25363
丰台区	Fengtai	382350	485176	21087	16203
石景山区	Shijingshan	152389	155275	23631	20061
海淀区	Haidian	837174	819793	29985	25865
门头沟区	Mentougou	60877	60425	18217	17088
房山区	Fangshan	135957	138133	18317	15905
通州区	Tongzhou	116595	118858	15740	13418
顺义区	Shunyi	150195	154018	15275	13356
昌平区	Changping	159129	144243	17509	14857
大兴区	Daxing	185823	153039	21772	17784
平谷区	Pinggu	58348	55404	17405	12787
怀柔区	Huairou	67983	51018	13879	15990
密云县	Miyun	71442	59227	15377	15010
延庆县	Yanqing	40054	39560	16315	15334
外地	**Nonlocal**	**27635**	**28841**	**7130**	**8982**

主要统计指标解释

从业人员 指从事一定社会劳动并取得劳动报酬或经营收入的人员。包括：（1）全部在岗职工（2）再就业的离退休人员（3）私营业主（4）个体户主（5）私营和个体从业人员（6）乡镇企业从业人员（7）农村从业人员（8）其他从业人员（包括民办教师、宗教职业者等人事档案关系保留在原单位的人员）本市从业从员不含现役军人。这一指标反映了一定时期内全部劳动力资源的实际利用情况，是研究我国基本国情国力的重要指标。

在岗职工 指在国有经济、城镇集体经济、联营经济、股份合作经济、股份有限公司、有限责任公司、外商和港、澳、台商投资经济、其他经济及其附属机构的某一岗位工作，并由其直接支付工资或生活费的各类人员，但不包括离退休再就业人员、港、澳、台和外籍人员。

在岗职工工资总额 指单位在一定时期内直接支付给本单位在岗职工的全部劳动报酬总额。

在岗职工平均工资 指企业、事业、机关单位的在岗职工在一定时期内平均每人所得的货币工资额。它表明一定时期在岗职工工资收入的高低程度，是反映在岗职工工资水平的主要指标。计算公式为：

$$\text{在岗职工平均工资} = \frac{\text{报告期实际支付的全部在岗职工工资总额}}{\text{报告期全部在岗职工平均人数}}$$

劳动报酬总额 指在报告期内直接支付给本单位使用的全部劳动力报酬总额。包括：在岗职工工资总额；聘用、留用的离退休人员劳动报酬；外籍及港澳台方人员劳动报酬以及人事档案关系保留在原单位人员的劳动报酬。

五、固定资产投资及房地产业

INVESTMENT IN FIXED ASSETS AND REAL ESTATE

全社会固定资产投资 （单位：亿元）
Total Investment in Fixed Assets (100 million yuan)

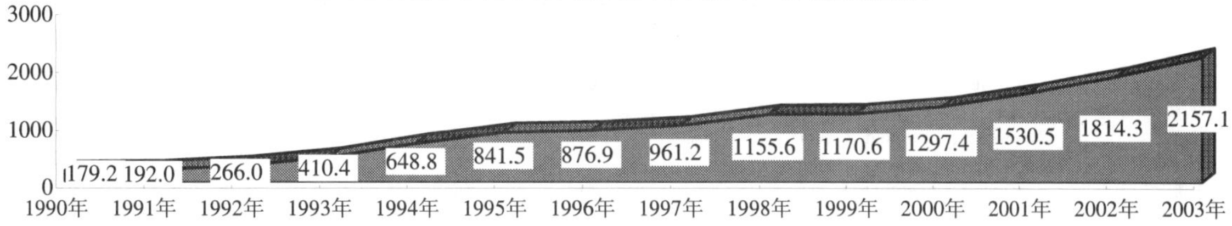

城市基础设施占全社会固定资产投资比重（单位：%）
Percentage of Municipal Infrastructure in Total Fixed Assets (%)

商品房屋建设（单位：万平方米）
Commercial Buildings (10000 sq.m)

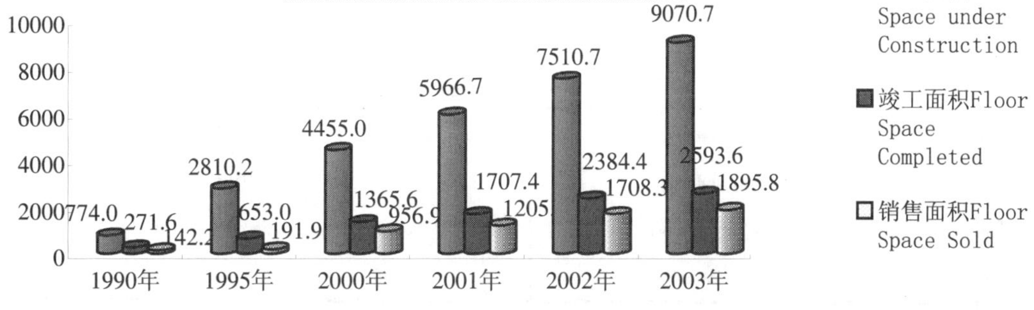

5-1 全社会固定资产投资额
TOTAL INVESTMENT IN FIXED ASSETS

单位：亿元 (100 million yuan)

项目	Item	2003 合计 Total	2003 # 国有 State-owned	2003 # 集体 Collective-owned	2002 合计 Total	2002 #国有 State-owned	2002 # 集体 Collective-owned
全社会固定资产投资额	**Total**	**2157.1**	**745.1**	**62.4**	**1814.3**	**771.5**	**53.9**
# 地方	Local	1900.7	517.3	62.4	1581.8	551.8	53.4
在固定资产投资中	Investment in Fixed Assets						
基本建设投资	Capital Construction	514.7	365.9		414.7	316.9	
中央	Central	160.5	147		154.0	152.2	
地方	Local	354.2	218.9		260.7	164.7	
更新改造投资	Innovation	216.2	128.4		169.6	110.5	
中央	Central	68.4	67		53.6	51.5	
地方	Local	147.8	61.4		116.0	59.0	
国有其他	Others of the Whole People Ownership	56	56		107.9	107.9	
城镇集体	Urban Collective	7.2		7.2	6.6		6.6
房地产开发	Real Estate Development	1202.5	178.8	27.4	989.4	227.4	25.3
# 地方	Local	1177.1	170.6	27.4	967.2	213.7	25.3
零星固定资产建造及购置	Building and Purchase of Odd Fixed Assets	12.5	10.4	2.1	11.5	8.8	2.7
中央	Central	2.1	2.1		2.7	2.3	0.4
地方	Local	10.4	8.3	2.1	8.8	6.5	2.3
城镇私营、个体投资	Urban Private and Individual	15.9			11.9		
城镇私人建房投资	Individual Building Construction in Urban Area				0.2		

5-2 产业投资及比重
INVESTMENT AND PROPORTION BY TYPE INDUSTRY

项目	Item	投资额（万元） Investment(10000 yuan) 2003	2002	比重（%） Proportion(%) 2003	2002
总计	**Total**	**7974344**	**6988352**	**100.0**	**100.0**
第一产业	Primary Industry	22571	19581	0.3	0.3
第二产业	Secondary Industry	1785275	1553588	22.4	22.2
第三产业	Tertiary Industry	6166498	5415183	77.3	77.5

注：本表不含房地产开发投资。

Note: Data of this table exclude investment in real estate.

5-3 全市固定资产投资额
INVESTMENT IN FIXED ASSETS OF THE CITY

单位：万元 (10000 yuan)

项目 Item		2003 合计 Total	2003 # 基本建设 Capital Construction	2003 # 更新改造 Technical Updating and Trans-formation	2002 合计 Total	2002 # 基本建设 Capital Construction	2002 # 更新改造 Technical Updating and Trans-formation
投资额	**Total**	**7974344**	**5147017**	**2162741**	**6988352**	**4146951**	**1696309**
按构成分	**Grouped by Use of Funds**						
建筑安装工程	Construction and Installation	4170277	3106804	703496	3922460	2795576	485299
设备工器具购置	Purchases of Equipments and Instruments	1716279	527300	1152660	1417590	428526	957024
其他	Others	2087788	1512913	306585	1648302	922849	253986
按用途分	**Grouped by User**						
农林牧渔业用	Farming,Forestry,Animal Husbandry and Fishery	22049	22049		12903	12801	102
工业、建筑业用	Industry,Construction	1660403	685366	925572	1411748	786933	598218
商业、运输邮电业用	Commerce,Transportation, Posts and Telecommunications	2148885	730630	859744	2112886	321887	708847
住宅	Residential Buildings	597101	560285	9514	478541	442725	25805
其他	Others	3545906	3148687	367911	2972274	2582605	363337
更新改造投资按用途分	**Grouped by Purpose of Investment in Innovation**						
增产	Increasing Production	229092		229092	147340		147340
节约能源	Energy Saving	12403		12403	9014		9014
其他节约	Other Saving Measures	2710		2710	583		583
增加品种	Increasing Varieties	73321		73321	52880		52880
提高产品质量	Improving Quality of Products	22276		22276	56613		56613
三废治理	Environmental Protection	217968		217968	131317		131317
其他	Others	1604971		1604971	1298562		1298562
按建设性质分	**Grouped by Type of Construction**						
新建	New Construction	2652504	2096297	41848	2561497	1470922	9773
改建和扩建	Repconstruction and Expansion	4815894	2842647	1844937	3875903	2498431	1330925
单纯建造生活设施	Living Installation	175775	155706	9989	150793	134129	11479
迁建和恢复	Movement and Recovery	203590	40019	152288	221197		170849
单纯购置设备	Purchase of Equipment	126581	12348	113679	178962	5319	173283

注：本表及以下各表包括基本建设、更新改造和其他投资，不含房地产开发投资。

Note:This table and its followings include capital construction,innovation and other investment,exclude real estate development investment.

5-3 续表 continued

单位：万元 (10000 yuan)

项目	Item	2003 合计 Total	2003 # 基本建设 Capital Construction	2003 # 更新改造 Technical Updating and Trans-formation	2002 合计 Total	2002 # 基本建设 Capital Construction	2002 # 更新改造 Technical Updating and Trans-formation
按建设项目规模分	**Grouped by Size of Construction Projects**						
基本建设大中型项目	Large and Medium Projects of Capital Construction	557964	557964		378641	378641	
基本建设小型项目	Small Projects of Capital Construction	4576705	4576705		3762991	3762991	
更新改造限额以上项目	Projects of Innovation above the Limits	1854428		1854428	969878		969878
更新改造限额以下项目	Projects of Innovation below the Limits	194188		194188	553148		553148
其他	Others	791059	12348	114125	1323694	5319	173283
按企业登记注册类型分	**Grouped by Registration Status of Enterprises**						
内资企业	Domestic Investment Enterprises	7067107	4820412	1582109	6419738	3925359	1349287
国有企业	State-owned	5501273	3658843	1283727	5353037	3169144	1104548
集体企业	Collective-owned	71612			65747		
联营企业	Joint Owned	9705	9698	7	2601	2230	371
股份合作企业	Share Holding	23186	21386	1800	17383	12127	5256
股份有限公司	Share Holding Corporations Ltd.	439652	287847	150854	443394	272202	171192
有限责任公司	Limited-Liability Corporations	920788	775229	145559	454560	387914	66646
其他企业	Others	100891	67409	162	83016	81742	1274
港澳台商投资企业	Hongkong,Macao and Taiwan Funded Enterprises	129867	122060	7807	355178	63990	291188
港澳台合资经营	Joint Venture	64818	63752	1066	31742	22332	9410
港澳台合作经营	Cooperative	20285	20285		5235	5063	172
港澳台商独资企业	Hongkong,Macao and Taiwan Enterprises	17788	17363	425	10452	10090	362
港澳台商投资股份有限公司	Hongkong,Macao and Taiwan Share Holding Corporations Ltd.	26976	20660	6316	307749	26505	281244
外商投资企业	Foreign Funded Enterprises	777370	204545	572825	213436	157602	55834
中外合资经营	Joint Venture	338835	49308	289527	82351	38469	43882
中外合作经营	Cooperative	15500	15500		29791	28904	887
外资(独资)企业	Foreign Enterprises	108584	94304	14280	100494	90229	10265
外商投资股份有限公司	Foreign Share Holding Corporation Ltd.	314451	45433	269018	800		800

5-4 地方固定资产投资额
LOCAL INVESTMENT IN FIXED ASSETS

单位：万元 (10000 yuan)

项目	Item	2003 合计 Total	2003 # 基本建设 Capital Construction	2003 # 更新改造 Technical Updating and Trans-formation	2002 合计 Total	2002 # 基本建设 Capital Construction	2002 # 更新改造 Technical Updating and Trans-formation
投资额	**Total**	**5684956**	**3542248**	**1478122**	**4912168**	**2607077**	**1159999**
按构成分	**Grouped by Use of Funds**						
建筑安装工程	Construction and Installation	2924794	2125881	438936	2596086	1668118	286383
设备工器具购置	Purchases of Equipments and Instruments	1212586	380714	795553	956825	231279	693506
其他	Others	1547576	1035653	243633	1359257	707680	180110
按用途分	**Grouped by User**						
农林牧渔业用	Farming,Forestry,Animal Husbandry and Fishery	22049	22049		12903	12801	102
工业、建筑业用	Industry,Construction	1495127	616749	828913	1027250	484462	516191
商业、运输邮电业用	Commerce,Transportation, Posts and Telecommunications	1331547	400176	372860	1577119	182867	312100
住宅	Residential Buildings	293848	257032	9514	213681	198745	4925
其他	Others	2542385	2246242	266835	2081215	1728202	326681
更新改造投资按用途分	**Grouped by Purpose of Investment in Innovation**						
增产	Increasing Production	191928		191928	126373		126373
节约能源	Energy Saving	8494		8494	7606		7606
其他节约	Other Saving Measures	2480		2480	583		583
增加品种	Increasing Varieties	68789		68789	38063		38063
提高产品质量	Improving Quality of Products	12932		12932	46988		46988
三废治理	Environmental Protection	142360		142360	117546		117546
其他	Others	1051139		1051139	822840		822840
按建设性质分	**Grouped by Type of Construction**						
新建	New Construction	2311972	1755915	41698	2299016	1215162	3052
改建和扩建	Repconstruction and Expansion	2996003	1687987	1179706	2166177	1277022	842608
单纯建造生活设施	Living Installation	89363	69294	9989	93545	80614	7746
迁建和恢复	Movement and Recovery	178625	16704	150638	214191	31737	170256
单纯购置设备	Purchase of Equipment	108993	12348	96091	139239	2542	136337

5-4 续表 continued

单位：万元 (10000 yuan)

项目	Item	2003 合计 Total	2003 # 基本建设 Capital Construction	2003 # 更新改造 Technical Updating and Transformation	2002 合计 Total	2002 # 基本建设 Capital Construction	2002 # 更新改造 Technical Updating and Transformation
按建设项目规模分	**Grouped by Size of Construction Projects**						
基本建设大中型项目	Large and Medium Projects of Capital Construction	501382	501382		244804	244804	
基本建设小型项目	Small Projects of Capital Construction	3028518	3028518		2359731	2359731	
更新改造限额以上项目	Projects of Innovation above the Limits	1252056		1252056	863866		863866
更新改造限额以下项目	Projects of Innovation below the Limits	129529		129529	159796		159796
其他	Others	773471	12348	96537	1283971	2542	136337
按企业登记注册类型分	**Grouped by Registration Status of Enterprises**						
内资企业	Domestic Investment Enterprises	4807072	3242779	899707	4348970	2389359	814519
国有企业	State-owned	3361740	2189151	613886	3315830	1646927	589558
集体企业	Collective-owned	71612			65747		
联营企业	Joint Owned	9705	9698	7	1621	1250	371
股份合作企业	Share Holding	23186	21386	1800	17383	12127	5256
股份有限公司	Share Holding Corporations Ltd.	331217	184665	145601	417138	265724	151414
有限责任公司	Limited-Liability Corporations	910166	771915	138251	448235	381589	66646
其他企业	Others	99446	65964	162	83016	81742	1274
港澳台商投资企业	Hongkong,Macao and Taiwan Funded Enterprises	102731	94924	7807	351260	60244	291016
港澳台合资经营	Joint Venture	57965	56899	1066	31233	21823	9410
港澳台合作经营	Cooperative	2	2		1826	1826	
港澳台商独资企业	Hongkong,Macao and Taiwan Enterprises	17788	17363	425	10452	10090	362
港澳台商投资股份有限公司	Hongkong,Macao and Taiwan Share Holding Corporations Ltd.	26976	20660	6316	307749	26505	281244
外商投资企业	Foreign Funded Enterprises	775153	204545	570608	211938	157474	54464
中外合资经营	Joint Venture	336618	49308	287310	80853	38341	42512
中外合作经营	Cooperative	15500	15500		29791	28904	887
外资(独资)企业	Foreign Enterprises	108584	94304	14280	100494	90229	10265
外商投资股份有限公司	Foreign Share Holding Corporation Ltd.	314451	45433	269018	800		800

5-5 固定资产投资财务拨贷款额

FINANCIAL ALLOCATIONS AND LOANS FOR INVESTMENT IN FIXED ASSETS

单位：万元 (10000 yuan)

项目	Item	2003			2002		
		合计 Total	# 基本建设 Capital Construction	# 更新改造 Technical Updating and Trans-formation	合计 Total	# 基本建设 Capital Construction	# 更新改造 Technical Updating and Trans-formation
上年结余资金	**Balance of Last Year**	**2048959**	**1719735**	**315986**	**1547792**	**1391468**	**149036**
本年拨款贷款	**Allocations and Loans in this Year**	**8026073**	**5521187**	**2000611**	**7069109**	**4256149**	**1879275**
国家预算内资金	State Appropriations	784074	755025	29049	1084859	997196	87463
国内贷款	Domestic Loans	1683694	1269389	71478	1610673	710278	96091
债券	Bonds				6359	6359	
利用外资	Foreign Investment	194025	160218	27136	246778	135371	108618
自筹资金	Fundraising	5119465	3111201	1867519	3860003	2164737	1579531
# 股票	Stocks	55393	34541	20852	19007	834	18173
其他资金	Others	244815	225354	5429	260437	242208	7572

5-6 地方固定资产投资财务拨贷款额

FINANCIAL ALLOCATIONS AND LOANS FOR LOCAL INVESTMENT IN FIXED ASSETS

单位：万元 (10000 yuan)

项目	Item	2003			2002		
		合计 Total	# 基本建设 Capital Construction	# 更新改造 Technical Updating and Trans-formation	合计 Total	# 基本建设 Capital Construction	# 更新改造 Technical Updating and Trans-formation
上年结余资金	**Balance of Last Year**	**1386495**	**1068112**	**305145**	**1005472**	**906525**	**91659**
本年拨款贷款	**Allocations and Loans in this Year**	**5435321**	**3622188**	**1308858**	**4857345**	**2569522**	**1354138**
国家预算内资金	State Appropriations	335859	315999	19860	463842	379196	84446
国内贷款	Domestic Loans	1423179	1021055	59297	1335469	467045	64120
债券	Bonds				6359	6359	
利用外资	Foreign Investment	187832	154025	27136	238315	126908	108618
自筹资金	Fundraising	3291103	1951572	1198786	2617907	1411949	1090223
# 股票	Stocks	24352	3500	20852	18707	534	18173
其他资金	Others	197348	179537	3779	195453	178065	6731

5-7 城市基础设施投资额
MUNICIPAL INFRASTRUCTURE INVESTMENT

项目	Item	投资额(万元) Investment(10000 yuan) 全市 Total	# 地方 Local	比重(%) Proportion(%) 全市 Total	# 地方 Local
全市总计	**Total**	**4177916**	**3317717**	**100.0**	**100.0**
能源	**Energy**	**360875**	**358185**	**8.6**	**10.8**
电力	Electricity	106095	105377	2.5	3.2
供热	Heat	112864	112482	2.7	3.4
供气	Gas	108140	106715	2.6	3.2
供水	Water	33776	33611	0.8	1.0
公共服务业	**Public Services**	**1528257**	**1498596**	**36.6**	**45.2**
园林绿化	Parks and Green Areas	19106	19106	0.5	0.6
环境卫生	Environmental Sanitation	170175	11062	0.3	0.3
市政工程管理	Municipal Construction	1035550	1012809	24.8	30.5
其他公共服务业	Others	303426	303426	7.3	9.2
交通运输	**Transportation**	**1292013**	**1041481**	**30.9**	**31.4**
铁路	Railway	92668		2.2	
公路	Highway	553429	553429	13.3	16.7
城市公共交通业	Public Traffic	488052	488052	11.7	14.7
# 公交电汽车客运	Buses and Trolleys	72719	72719	1.7	2.2
出租汽车	Taxies	21207	21207	0.5	0.6
航空	Aviation	157864		3.8	
邮政电信	**Posts and Telecommunications**	**821713**	**316496**	**19.7**	**9.5**
邮政	Posts	9180		0.2	
电信	Telecommunications	812533	316496	19.5	9.5
其他	**Others**	**175058**	**102959**	**4.2**	**3.1**
水利	Water Conservancy	53556	53457	1.3	1.6
其他	Others	121502	49502	2.9	1.5

5-8 能源及交通投资额
INVESTMENT IN ENERGY AND TRANSPORTATION

单位：万元 (10000 yuan)

项目	Item	全市 Total 2003	2002	# 地方 Local 2003	2002
全市固定资产投资总额	**Investment in Fixed Assets of the City**	**7974344**	**6988352**	**5681115**	**4912168**
# 能源、交通投资额	Investment in Energy and Transportation	2019068	2458824	1206345	1633028
占全市投资额比重(%)	Proportion (%)	25.3	35.2	21.2	33.3
能源投资额	Investment in Energy	350754	518232	334459	224951
占全市投资额比重(%)	Proportion (%)	4.4	7.4	5.9	4.6
运输、邮电投资额	Investment in Transportation,Posts and Telecommunications	1668314	1940592	871886	1408077
占全市投资额比重(%)	Proportion (%)	20.9	27.8	15.3	28.7
在能源投资中	**Of the Investment in Energy**				
煤(国家统配煤矿)	Coal(State Collieries)	1292	1206	1292	1206
电(公用电厂及小水电)	Electricity(Public Power Plants and Hydropower Stations)	108495	277727	107777	7160
油品(炼油厂原油加工)	Oil Products(Crude Oil Processing of Refinery)	13770	24822		4242
燃料气(液化石油气、焦炉煤气)	Fuel Gas(Liquefied Petroleum Gas,Gas)	114113	140185	112688	140185
热气(燃气集团)	Heat(Gas turbing group)	113084	74292	112702	72158
在运输投资中	**Of Investment in Transportation**				
铁路	Railway	99211	13643		
公路	Highway	461302	1069974	461302	1069974
航空	Aviation	156676	13641		
邮政、电信	Posts and Telecommunications	819954	787447	314731	309149
交通运输辅助业	Transportation Subsidiary Services	131171	55887	95853	28954

5-9 施工及投入生产(或交付使用)的项目数
NUMBER OF PROJECTS UNDER CONSTRUCTION AND PUT INTO USE (OR PUT INTO OPERATION)

单位：个 (unit)

项 目	Item	全市 Total 2003	全市 Total 2002	#地方 Local 2003	#地方 Local 2002
全市施工项目	**Total Projects under Construction**	**1672**	**2535**	**1188**	**1294**
# 本年新开工	Started this Year	938	1457	678	727
全部竣工投产项目	Total Projects Completed and Put into Use	749	1339	506	690
建设项目投产率 (%)	Rate of Projects Completed and Put into Use (%)	44.8	52.8	42.6	53.3
基本建设施工项目	**Capital Construction Projects under Construction**	**1044**	**1086**	**786**	**754**
# 本年新开工	Started this Year	488	473	414	379
全部竣工投产项目	Total Projects Completed and Put into Use	360	442	301	342
建设项目投产率 (%)	Rate of Projects Completed and Put into Use (%)	34.5	40.7	38.3	45.4
更新改造措施施工项目	**Innovation Projects under Construction**	**566**	**1378**	**340**	**469**
# 本年新开工	Started this Year	406	940	220	304
全部竣工投产项目	Total Projects Completed and Put into Use	361	857	177	308
建设项目投产率 (%)	Rate of Projects Completed and Put into Use (%)	63.8	62.2	52.1	65.7
其他投资施工项目	**Other Projects under Construction**	**62**	**71**	**62**	**71**
# 本年新开工	Started this Year	44	44	44	44
全部竣工投产项目	Total Projects Completed and Put into Use	28	40	28	40
建设项目投产率 (%)	Rate of Projects Completed and Put into Use (%)	45.2	56.3	45.2	56.3

5-10 全市固定资产投资额及新增固定资产(按行业分)
INVESTMENT IN FIXED ASSETS AND ITS INCREMENTAL FIXED ASSETS (BY SECTOR)

单位：万元 (10000 yuan)

行业	Sector	投资额 Investment 合计 Total	# 中央 Central	# 地方 Local	新增固定资产 Incremental Fixed Assets 合计 Total	# 中央 Central	# 地方 Local
总计	**Total**	**7974344**	**2289388**	**5684956**	**4858560**	**1275411**	**3583149**
农、林、牧、渔业	**Farming,Forestry,Animal Husbandry and Fishery**	**22571**		**22571**	**28485**		**28485**
农业	Agriculture	3250		3250	3250		3250
林业	Forestry	11965		11965	21617		21617
畜牧业	Animal Husbandry	3699		3699	884		884
渔业	Fishery	350		350			
农、林、牧、渔服务业	FFAF Services	3307		3307	2734		2734
采矿业	**Mining**	**37424**		**37424**	**42673**		**42673**
煤炭开采和洗选业	Coal Mining and Dressing	1292		1292	734		734
黑色金属矿采选业	Ferrous Metals Mining and Dressing	34548		34548	40474		40474
非金属矿采选业	Nonmetal Minerals Mining and Dressing	1584		1584	1465		1465
制造业	**Manufacturing**	**1298958**	**146311**	**1152647**	**646917**	**107770**	**539147**
农副食品加工业	Farm and Sideline Prodncts Processing	30424		30424	8859		8859
食品制造业	Food Making	50954		50954	50058		50058
饮料制造业	Beverage Making	22454		22454	18128		18128
烟草制造业	Tobacco Processing	5691	5691		8741	8741	
纺织业	Textile	13699		13699	12558		12558
纺织服装、鞋、帽制造业	Garments,shoes and chapeau	1576		1576	1361		1361
造纸及纸制品业	Papermaking and Paper Products	42396		42396	6310		6310
印刷业和记录媒介的复制	Printing and Record Medium Reproduction	41978	23766	18212	20239	9068	11171
文教体育用品制造业	Stationery,Education and Sports Goods	3100		3100	3100		3100
石油加工、炼焦及核燃料加工业	Petroleum Processing,Coking and Nuclear Elding	16513	16513		13645	13645	
化学原料及化学制品制造业	Raw Chemical Materials and Chemical Products	57642	28608	29034	39692	27397	12295
医药制造业	Medical and Pharmaceutical Products	73615	4633	68982	34717	1714	33003
橡胶制品业	Rubber Products	1358		1358	1358		1358
塑料制品业	Plastic Products	7496	305	7191	3652	305	3347
非金属矿物制品业	Nonmetal Mineral Products	21313	1750	19563	35944	14600	21344
黑色金属冶炼及压延加工业	Smelting and Processing of Ferrous Metals	82511		82511	86815		86815
有色金属冶炼及压延加工业	Smelting and Processing of Nonferrous Metals	12926	12812	114	3080	1980	1100
金属制品业	Metal Products	23153		23153	10716		10716
通用设备制造业	Universal Equipment	33479		33479	14530		14530

5-10 续表1 continued

单位：万元 (10000 yuan)

行业	Sector	投资额 Investment 合计 Total	# 中央 Central	# 地方 Local	新增固定资产 Incremental Fixed Assets 合计 Total	# 中央 Central	# 地方 Local
专用设备制造业	Equipment for Special Purpose	51627	12600	39027	23493	5315	18178
交通运输设备制造业	Transportation Equipment	458489	25185	433304	172872	21105	151767
电气机械及器材制造业	Electric Equipment and Machinery	65205		65205	11316		11316
通信设备、计算机及其他电子设备制造业	Telecommunications Equipment, Computer and Others	114978	10846	104132	64077	3900	60177
仪器仪表及文化、办公用机械制造业	Instruments,Meters,Cultural and Office Machinery	36359	3602	32757	717		717
工艺品及其他制造业	Art Products and Other Manufacturing	30022		30022	939		939
电力、燃气及水的生产和供应业	**Electricity,Gas,Water Production and Supply**	**386573**	**2820**	**383753**	**686240**	**2820**	**683420**
电力、热力的生产和供应业	Electricity and Hot Power Production and Supply	221579	1100	220479	471172	1100	470072
煤气生产和供应业	Gas Production and Supply	114113	1425	112688	176067	1425	174642
水的生产和供应业	Water Production and Supply	50881	295	50586	39001	295	38706
建筑业	**Construction**	**62320**	**8925**	**53395**	**53379**	**3750**	**49629**
房屋和土木工程建筑业	Building and Civil Engineering	55255	5920	49335	49319	3750	45569
建筑安装业	Construction	4285	3005	1280	1280		1280
其他建筑业	Others	2780		2780	2780		2780
交通运输、仓储和邮政业	**Transportation,Storage and Post**	**1355307**	**297972**	**1057335**	**287160**	**44574**	**242586**
铁路运输业	Railway Transport	99211	95370	3841	27518	27518	
道路运输业	Road Transport	557155		557155	87970		87970
城市公共交通业	Urban Public Traffic	488723		488723	152276		152276
航空运输业	Air Transport	191994	191994		12232	12232	
仓储业	Storage	9044	1428	7616	4718	2378	2340
邮政业	Post	9180	9180		2446	2446	
信息传输、计算机服务和软件业	**Information Transmission,Computer Servecis and Software**	**854832**	**508949**	**345883**	**388295**	**346165**	**42130**
电信和其他信息传输服务业	Telecommunications and Other Information Transmission	812601	496105	316496	367919	346165	21754
计算机服务业	Computer Servecis	6931		6931	11405		11405
软件业	Software	35300	12844	22456	8971		8971
批发和零售业	**Wholesale Trade and Retail Trade**	**130644**	**14144**	**116500**	**52189**	**270**	**51919**
批发业	Wholesale Trade	65884	13964	51920	15596	90	15506
零售业	Retail Trade	64760	180	64580	36593	180	36413
住宿和餐饮业	**Stay Place and Catering**	**145987**	**115020**	**30967**	**51457**	**17798**	**33659**
住宿业	Stay Place	135339	115020	20319	51457	17798	33659
餐饮业	Catering	10648		10648			
金融业	**Finance**	**24641**	**13163**	**11478**	**2500**		**2500**
银行业	Banking	15523	13163	2360	2500		2500
其他金融活动	Other Finance	9118		9118			

5-10 续表2 continued

单位：万元 (10000 yuan)

行业	Sector	投资额 Investment 合计 Total	# 中央 Central	# 地方 Local	新增固定资产 Incremental Fixed Assets 合计 Total	# 中央 Central	# 地方 Local
房地产业	**Real Estate Trade**	**42316**	**10272**	**32044**	**16530**		**16530**
房地产业	Real Estate	42316	10272	32044	16530		16530
租赁和商务服务业	**Tenancy and Commercial Servecis**	**226351**	**34588**	**191763**	**242271**	**111064**	**131207**
商务服务业	Commercial Servecis	226351	34588	191763	242271	111064	131207
科学研究、技术服务和地质勘察业	**Scientific Studies,Technical Servecis and Geological Prospecting**	**352027**	**304018**	**48009**	**129508**	**122655**	**6853**
研究与试验发展	Research and Experimental Development	206122	200778	5344	85133	79364	5769
专业技术服务业	Professional Technical Servecis	96011	84376	11635	37185	36709	476
科技交流和推广服务业	Scientific and Technological Exchange and Popularizing	40491	10340	30151	6090	5482	608
地质勘察业	Geological Prospecting	9403	8524	879	1100	1100	
水利、环境和公共设施管理业	**Water, Environment and Municipal Engineering Conservancy**	**1413451**	**7297**	**1406154**	**1237748**	**4997**	**1232751**
水利管理业	Water Conservancy	55118	99	55019	97564	99	97465
环境管理业	Environment Conservancy	174599	7198	167401	168493	4898	163595
公共设施管理业	Municipal Engineering Conservancy	1183734		1183734	971691		971691
居民服务和其他服务业	**Resident Services and Other Services**	**23169**	**597**	**22572**	**1754**		**1754**
居民服务业	Resident Services	1911		1911	1754		1754
其他服务业	Other Services	21258	597	20661			
教育	**Education**	484282	283864	200418	396153	262049	134104
教育	Education	484282	283864	200418	396153	262049	134104
卫生、社会保障和社会福利业	**Health Care,Social Security and Social Welfare**	**157116**	**35786**	**121330**	**58154**	**18183**	**39971**
卫生	Health	153310	35529	117781	57454	17483	39971
社会福利业	Social Welfare	3806	257	3549	700	700	
文化、体育和娱乐业	**Culture,Art,Sports and Recreation**	**246857**	**174323**	**72534**	**20142**	**16988**	**3154**
新闻出版业	Publication	44173	26916	17257	12575	12575	
广播、电视、电影和音像业	Radio,Television,Film,Audio Products, Video Products	100903	79194	21709	2003	2003	
文化艺术业	Culture and Arts	85415	56277	29138	2300	2300	
体　育	Sports	13219	11826	1393	1293		1293
娱乐业	Recreation	3147	110	3037	1971	110	1861
公共管理和社会组织	**Public Manage and Social Organization**	**709518**	**331339**	**378179**	**517005**	**216328**	**300677**
中国共产党机关	Chinese Communist Agencies	64573	60077	4496	35866	35866	
国家机关	Government Agencies	552836	257076	295760	322635	132893	189742
人民政协和民主党派	C.P.P.C. and Democratic Party	1981	1981		3622	3622	
群众团体、社会团体和宗教组织	Masses, Social Organization and Religionary Body	76819	12205	64614	150328	43947	106381
基层群众自治组织	Masses Autonomous Body	13309		13309	4554		4554

5-11 全市基本建设投资额及新增固定资产(按行业分)

INVESTMENT IN CAPITAL CONSTRUCTION AND ITS INCREMENTAL FIXED ASSETS (BY SECTOR)

单位：万元　　　　(10000 yuan)

行业	Sector	投资额 Investment			新增固定资产 Incremental Fixed Assets		
		合计 Total	#中央 Central	#地方 Local	合计 Total	#中央 Central	#地方 Local
总计	**Total**	**5147017**	**1604769**	**3542248**	**3585392**	**872463**	**2712929**
农、林、牧、渔业	**Farming,Forestry,Animal Husbandry and Fishery**	**19630**		**19630**	**27601**		**27601**
农业	Agriculture	3250		3250	3250		3250
林业	Forestry	11965		11965	21617		21617
畜牧业	Animal Husbandry	758		758			
渔业	Fishery	350		350			
农、林、牧、渔服务业	FFAF Services	3307		3307	2734		2734
采矿业	**Mining**	**1489**		**1489**	**1417**		**1417**
黑色金属矿采选业	Ferrous Metals Mining and Dressing	442		442	370		370
非金属矿采选业	Nonmetal Minerals Mining and Dressing	1047		1047	1047		1047
制造业	**Manufacturing**	**481260**	**53481**	**427779**	**263334**	**27378**	**235956**
农副食品加工业	Farm and Sideline Prodncts Processing	20424		20424	8859		8859
食品制造业	Food Making	25244		25244	21998		21998
饮料制造业	Beverage Making	1446		1446	640		640
烟草制造业	Tobacco Processing	3000	3000				
纺织业	Textile	6418		6418	3845		3845
纺织服装、鞋、帽制造业	Garments,shoes and chapeau	2		2	787		787
造纸及纸制品业	Papermaking and Paper Products	7722		7722	6310		6310
印刷业和记录媒介的复制	Printing and Record Medium Reproduction	9967	80	9887	4051		4051
文教体育用品制造业	Stationery,Education and Sports Goods	3100		3100	3100		3100
化学原料及化学制品制造业	Raw Chemical Materials and Chemical Products	21139	1011	20128	1378		1378
医药制造业	Medical and Pharmaceutical Products	50481	2392	48089	30677	1714	28963
塑料制品业	Plastic Products	7191		7191	3347		3347
非金属矿物制品业	Nonmetal Mineral Products	8850		8850	14582		14582
黑色金属冶炼及压延加工业	Smelting and Processing of Ferrous Metals	25979		25979	24713		24713
有色金属冶炼及压延加工业	Smelting and Processing of Nonferrous Metals	12926	12812	114	3080	1980	1100
金属制品业	Metal Products	18160		18160	6201		6201
通用设备制造业	Universal Equipment	16226		16226	9784		9784

5-11 续表1 continued

单位：万元 (10000 yuan)

行业	Sector	投资额 Investment 合计 Total	# 中央 Central	# 地方 Local	新增固定资产 Incremental Fixed Assets 合计 Total	# 中央 Central	# 地方 Local
专用设备制造业	Equipment for Special Purpose	31997	9668	22329	22611	4757	17854
交通运输设备制造业	Transportation Equipment	89912	16935	72977	64670	15027	49643
电气机械及器材制造业	Electric Equipment and Machinery	16454		16454	5440		5440
通信设备、计算机及其他电子设备制造业	Telecommunications Equipment,Computer and Others	74822	3981	70841	26756	3900	22856
仪器仪表及文化、办公用机械制造业	Instruments,Meters,Cultural and Office Machinery	29800	3602	26198	505		505
电力、燃气及水的生产和供应业	**Electricity,Gas,Water Production and Supply**	**234706**	**295**	**234411**	**523906**	**295**	**523611**
电力、热力的生产和供应业	Electricity and Hot Power Production and Supply	153234		153234	393285		393285
煤气生产和供应业	Gas Production and Supply	51293		51293	105498		105498
水的生产和供应业	Water Production and Supply	30179	295	29884	25123	295	24828
建筑业	**Construction**	**41745**	**5175**	**36570**	**44156**		**44156**
房屋和土木工程建筑业	Building and Civil Engineering	34680	2170	32510	40096		40096
建筑安装业	Construction	4285	3005	1280	1280		1280
建筑装饰业	Fitting and Decoration						
其他建筑业	Others	2780		2780	2780		2780
交通运输、仓储和邮政业	**Transportation,Storage and Post**	**688936**	**266823**	**422113**	**97098**	**22947**	**74151**
铁路运输业	Railway Transport	71323	67482	3841	7496	7496	
道路运输业	Road Transport	13569		13569	4605		4605
城市公共交通业	Urban Public Traffic	397087		397087	67206		67206
航空运输业	Air Transport	191554	191554		12232	12232	
仓储业	Storage	9044	1428	7616	4718	2378	2340
邮政业	Post	6359	6359		841	841	
信息传输、计算机服务和软件业	**Information Transmission,Computer Servecis and Software**	**111495**	**39049**	**72446**	**97246**	**59885**	**37361**
电信和其他信息传输服务业	Telecommunications and Other Information Transmission	73683	26205	47478	81639	59885	21754
计算机服务业	Computer Servecis	2912		2912	7386		7386
软件业	Software	34900	12844	22056	8221		8221
批发和零售业	**Wholesale Trade and Retail Trade**	**115191**	**13964**	**101227**	**46517**	**90**	**46427**
批发业	Wholesale Trade	53029	13964	39065	13304	90	13214
零售业	Retail Trade	62162		62162	33213		33213
住宿和餐饮业	**Stay Place and Catering**	**138213**	**115020**	**23193**	**46380**	**17798**	**28582**
住宿业	Stay Place	128413	115020	13393	46380	17798	28582
餐饮业	Catering	9800		9800			
金融业	**Finance**	**24641**	**13163**	**11478**	**2500**		**2500**
银行业	Banking	15523	13163	2360	2500		2500
其他金融活动	Other Finance	9118		9118			

5-11 续表2 continued

单位：万元　　　　(10000 yuan)

行业	Sector	投资额 Investment 合计 Total	# 中央 Central	# 地方 Local	新增固定资产 Incremental Fixed Assets 合计 Total	# 中央 Central	# 地方 Local
房地产业	**Real Estate Trade**	**37816**	**10272**	**27544**	**16530**		**16530**
房地产业	Real Estate	37816	10272	27544	16530		16530
租凭和商务服务业	**Tenancy and Commercial Servecis**	**202046**	**34588**	**167458**	**221514**	**111064**	**110450**
商务服务业	Commercial Servecis	202046	34588	167458	221514	111064	110450
科学研究、技术服务和地质勘察业	**Scientific Studies,Technical Servecis and Geological Prospecting**	**345578**	**303355**	**42223**	**125113**	**122655**	**2458**
研究与试验发展	Research and Experimental Development	201190	200115	1075	80864	79364	1500
专业技术服务业	Professional Technical Servecis	95719	84376	11343	37059	36709	350
科技交流和推广服务业	Scientific and Technological Exchange and Popularizing	39266	10340	28926	6090	5482	608
地质勘察业	Geological Prospecting	9403	8524	879	1100	1100	
水利、环境和公共设施管理业	**Water, Environment and Municipal Engineering Conservancy**	**1202310**	**99**	**1202211**	**1099255**	**99**	**1099156**
水利管理业	Water Conservancy	50655	99	50556	96339	99	96240
环境管理业	Environment Conservancy	37511		37511	33705		33705
公共设施管理业	Municipal Engineering Conservancy	1114144		1114144	969211		969211
居民服务和其他服务业	**Resident Services and Other Services**	**18473**	**597**	**17876**	**1454**		**1454**
居民服务业	Resident Services	1611		1611	1454		1454
其他服务业	Other Services	16862	597	16265			
教育	**Education**	**467961**	**283684**	**184277**	**394609**	**261849**	**132760**
教育	Education	467961	283684	184277	394609	261849	132760
卫生、社会保障和社会福利业	**Health Care,Social Security and Social Welfare**	**151903**	**34217**	**117686**	**49775**	**17897**	**31878**
卫生	Health	148424	33960	114464	49075	17197	31878
社会福利业	Social Welfare	3479	257	3222	700	700	
文化、体育和娱乐业	**Culture,Art,Sports and Recreation**	**245333**	**174213**	**71120**	**18739**	**16878**	**1861**
新闻出版业	Publication	44173	26916	17257	12575	12575	
广播、电视、电影和音像业	Radio,Television,Film,Audio Products, Video Products	100903	79194	21709	2003	2003	
文化艺术业	Culture and Arts	85294	56277	29017	2300	2300	
体育	Sports	11926	11826	100			
娱乐业	Recreation	3037		3037	1861		1861
公共管理和社会组织	**Public Manage and Social Organization**	**618291**	**256774**	**361517**	**508248**	**213628**	**294620**
中国共产党机关	Chinese Communist Agencies	64573	60077	4496	35866	35866	
国家机关	Government Agencies	472828	182511	290317	318432	130193	188239
人民政协和民主党派	C.P.P.C. and Democratic Party	1981	1981		3622	3622	
群众团体、社会团体和宗教组织	Masses, Social Organization and Religionary Body	76819	12205	64614	150328	43947	106381
基层群众自治组织	Masses Autonomous Body	2090		2090			

5-12 全市更新改造投资额及新增固定资产(按行业分)

INVESTMENT IN INNOVATION AND ITS INCREMENTAL FIXED ASSETS (BY SECTOR)

单位：万元 (10000 yuan)

行业	Sector	投资额 Investment 合计 Total	# 中央 Central	# 地方 Local	新增固定资产 Incremental Fixed Assets 合计 Total	# 中央 Central	# 地方 Local
总计	**Total**	**2162741**	**684619**	**1478122**	**1129394**	**402948**	**726446**
农、林、牧、渔业	**Farming,Forestry,Animal Husbandry and Fishery**	**2941**		**2941**	**884**		**884**
畜牧业	Animal Husbandry	2941		2941	884		884
农、林、牧、渔服务业	FFAF Services						
采矿业	**Mining**	**19349**		**19349**	**25185**		**25185**
煤炭开采和洗选业	Coal Mining and Dressing	341		341	341		341
黑色金属矿采选业	Ferrous Metals Mining and Dressing	18471		18471	24426		24426
非金属矿采选业	Nonmetal Minerals Mining and Dressing	537		537	418		418
制造业	**Manufacturing**	**783251**	**92830**	**690421**	**370169**	**80392**	**289777**
农副食品加工业	Farm and Sideline Prodncts Processing	10000		10000			
食品制造业	Food Making	22660		22660	22660		22660
饮料制造业	Beverage Making	21008		21008	17488		17488
烟草制造业	Tobacco Processing	2691	2691		8741	8741	
纺织业	Textile	7281		7281	8713		8713
纺织服装、鞋、帽制造业	Garments,shoes and chapeau	574		574	574		574
造纸及纸制品业	Papermaking and Paper Products	32752		32752			
印刷业和记录媒介的复制	Printing and Record Medium Reproduction	31011	23686	7325	16188	9068	7120
石油加工、炼焦及核燃料加工业	Petroleum Processing,Coking and Nuclear Elding	16513	16513		13645	13645	
化学原料及化学制品制造业	Raw Chemical Materials and Chemical Products	36503	27597	8906	38314	27397	10917
医药制造业	Medical and Pharmaceutical Products	21750	2241	19509	3965		3965
橡胶制品业	Rubber Products	1358		1358	1358		1358
塑料制品业	Plastic Products	305	305		305	305	
非金属矿物制品业	Nonmetal Mineral Products	9686	1750	7936	18767	14600	4167
黑色金属冶炼及压延加工业	Smelting and Processing of Ferrous Metals	56532		56532	62102		62102
金属制品业	Metal Products	4993		4993	4515		4515
通用设备制造业	Universal Equipment	14171		14171	2137		2137

5-12 续表1 continued

单位：万元 (10000 yuan)

行业	Sector	投资额 Investment 合计 Total	# 中央 Central	# 地方 Local	新增固定资产 Incremental Fixed Assets 合计 Total	# 中央 Central	# 地方 Local
专用设备制造业	Equipment for Special Purpose	19630	2932	16698	882	558	324
交通运输设备制造业	Transportation Equipment	368507	8250	360257	107782	6078	101704
电气机械及器材制造业	Electric Equipment and Machinery	46251		46251	5876		5876
通信设备、计算机及其他电子设备制造业	Telecommunications Equipment, Computer and Others	39298	6865	32433	35945		35945
仪器仪表及文化、办公用机械制造业	Instruments,Meters,Cultural and Office Machinery	6559		6559	212		212
工艺品及其他制造业	Art Products and Other Manufacturing	13218		13218			
电力、燃气及水的生产和供应业	**Electricity,Gas,Water Production and Supply**	**151867**	**2525**	**149342**	**162334**	**2525**	**159809**
电力、热力的生产和供应业	Electricity and Hot Power Production and Supply	68345	1100	67245	77887	1100	76787
煤气生产和供应业	Gas Production and Supply	62820	1425	61395	70569	1425	69144
水的生产和供应业	Water Production and Supply	20702		20702	13878		13878
建筑业	**Construction**	**13739**	**3750**	**9989**	**8139**	**3750**	**4389**
房屋和土木工程建筑业	Building and Civil Engineering	13739	3750	9989	8139	3750	4389
交通运输、仓储和邮政业	**Transportation,Storage and Post**	**123303**	**31149**	**92154**	**107778**	**21627**	**86151**
铁路运输业	Railway Transport	27888	27888		20022	20022	
道路运输业	Road Transport	518		518	1081		1081
城市公共交通业	Urban Public Traffic	91636		91636	85070		85070
航空运输业	Air Transport	440	440				
邮政业	Post	2821	2821		1605	1605	
信息传输、计算机服务和软件业	**Information Transmission, Computer Servecis and Software**	**738918**	**469900**	**269018**	**286280**	**286280**	
电信和其他信息传输服务业	Telecommunications and Other Information Transmission	738918	469900	269018	286280	286280	
批发和零售业	**Wholesale Trade and Retail Trade**	**6225**	**180**	**6045**	**1740**	**180**	**1560**
批发业	Wholesale Trade	5890		5890	1560		1560
零售业	Retail Trade	335	180	155	180	180	
住宿和餐饮业	**Stay Place and Catering**	**7774**		**7774**	**5077**		**5077**
住宿业	Stay Place	6926		6926	5077		5077
餐饮业	Catering	848		848			

5-12 续表2 continued

单位：万元 (10000 yuan)

行业	Sector	投资额 Investment 合计 Total	# 中央 Central	# 地方 Local	新增固定资产 Incremental Fixed Assets 合计 Total	# 中央 Central	# 地方 Local
租赁和商务服务业	**Tenancy and Commercial Servecis**	**1000**		**1000**	**1945**		**1945**
商务服务业	Commercial Servecis	1000		1000	1945		1945
科学研究、技术服务和地质勘察业	**Scientific Studies,Technical Servecis and Geological Prospecting**	**5973**	**663**	**5310**	**4269**		**4269**
研究与试验发展	Research and Experimental Development	4932	663	4269	4269		4269
专业技术服务业	Professional Technical Servecis	166		166			
科技交流和推广服务业	Scientific and Technological Exchange and Popularizing	875		875			
水利、环境和公共设施管理业	**Water, Environment and Municipal Engineering Conservancy**	**206661**	**7198**	**199463**	**136013**	**4898**	**131115**
水利管理业	Water Conservancy	4463		4463	1225		1225
环境管理业	Environment Conservancy	137088	7198	129890	134788	4898	129890
公共设施管理业	Municipal Engineering Conservancy	65110		65110			
教育	**Education**	**11021**	**180**	**10841**	**1544**	**200**	**1344**
教育	Education	11021	180	10841	1544	200	1344
卫生、社会保障和社会福利业	**Health Care,Social Security and Social Welfare**	**5213**	**1569**	**3644**	**8379**	**286**	**8093**
卫生	Health	4886	1569	3317	8379	286	8093
社会福利业	Social Welfare	327		327			
文化、体育和娱乐业	**Culture,Art,Sports and Recreation**	**1022**	**110**	**912**	**901**	**110**	**791**
文化艺术业	Culture and Arts	121		121			
体育	Sports	791		791	791		791
娱乐业	Recreation	110	110		110	110	
公共管理和社会组织	**Public Manage and Social Organization**	**84484**	**74565**	**9919**	**8757**	**2700**	**6057**
国家机关	Government Agencies	79830	74565	5265	4203	2700	1503
基层群众自治组织	Masses Autonomous Body	4654		4654	4554		4554

5-13 新增生产能力(或效益)
INCREMENTAL PRODUCTION CAPACITY(OR EFFICIENCY)

能力名称 Production Capacity				合计 Total	#国有 State-owned	#集体 Collective-owned
连铸坯	(万吨/年)	Continuity Cast Model	(10000 ton/year)	30		
# 板坯连铸坯	(万吨/年)	Board Model	(10000 ton/year)	30		
挤压钢材	(万吨/年)	Extrusion Steel Products	(10000 ton/year)	30		
中厚钢板	(万吨/年)	Middling-thickness Steel	(10000 ton/year)	30		
输电线路长度	(11万伏及以上)(公里)	Length of Transmit Electricity Line	(over 11,0000 volts,km)	381	381	
变电设备能力	(11万伏及以上)(万千伏安)	Capacity of Transformer Equipments	(over 11,0000 volts)	274	274	
耐火材料制品	(吨/年)	Fire-resistant Products	(ton/year)	5000		
化学药制剂：粉针剂	(万瓶/年)	Medicine Products:Powdery Products	(10000 bottle/year)	100000		
片剂	(万片/年)	Troche	(10000 piece/year)	70000		
中成药	(吨/年)	Patent Medicine	(ton/year)	2000		
光纤通讯电缆	(芯公里)	Optical Fiber Cable	(mandril km)	145949	145949	
原电池	(万只)	Original Battery	(10000 unit)	1000		
（折一号电池）		(to Convert Battery No. One)				
啤酒	(万吨/年)	Beer	(10000 ton/year)	3	3	
软饮料	(吨/年)	Soft Drink	(ton/year)	90000	90000	
服装	(万件/年)	Garment	(10000/year)	120		
移动通信基站设备	(信道/年)	The Equipment Stands in the Mobile Communication Base	(Channel/year)	69338		
程控交换机	(万线/年)	Program Control Telephone Exchange	(10000 line/year)	107	107	
改建公路	(公里)	Reconstructed Highways	(km)	121	121	
# 一级公路	(公里)	First-grade	(km)	51	51	
有效灌溉面积	(万亩)	Irrigated Areas	(10000 mu)	1	1	
粮食仓库	(万公斤)	Grain Storehouse	(10000 kg)	8450	8450	
	(平方米)		(sq.m)	20910	20910	

5-13 续表 continued

能力名称 Production Capacity			合计 Total	#国有 State-owned	#集体 Collective-owned
高等院校：学生席位	(个) Institutions of Higher Education:Student Seats	(unit)	9800	7140	
建筑面积	(平方米) Floor Space	(sq.m)	64521	54089	
中等学校：学生席位	(个) Secondary Schools:Student Seats	(unit)	7500	7500	
建筑面积	(平方米) Floor Space	(sq.m)	58030	58030	
小学校：学生席位	(个) Primary Schools:Student Seats	(unit)	4060	4060	
建筑面积	(平方米) Floor Space	(sq.m)	23842	23842	
其他学校：学生席位	(个) Other Schools:Student Seats	(unit)	12526	12526	
建筑面积	(平方米) Floor Space	(sq.m)	35610	35610	
影剧院：座席	(个) Seats of Theatre:Seats	(unit)	472		
	(平方米) Floor Space	(sq.m)	1554		
医院病床	(张) Hospital Beds	(unit)	1622	1622	
宾馆、旅馆、招待所客房数	(间) Guest Rooms of Hotels	(room)	985	705	
	(平方米)	(sq.m)	77008	61615	
城市自来水供水能力	(万吨/日) Urban Tap Water Supplying Capacity	(10000 tons/day)	3	3	
城市自来水管道长度	(公里) Length of Tap Water Pipeline	(km)	51	49	2
热水	(兆瓦/小时) Hot Water	(megawatt/hour)	348	348	
城市公共交通车辆购置	(辆) Purchase of Public Traffic Vehicles	(unit)	2221	136	
城市道路扩建长度	(公里) Expanded Length of Highways	(km)	37	35	
城市道路扩建面积	(万平方米) Expanded Area of Highways	(10000 sq.m)	121	121	
城市排水管道铺设长度	(公里) Length of Paved Drainage Pipeline	(km)	5	1	4
城市污水处理能力	(万吨/日) Disposal Capability	(10000 tons/day)	8	8	
城市永久性桥梁	(座) Perpetual Bridges	(unit)	3	3	

5-14 房屋建筑施工及竣工面积
FLOOR SPACE OF BUILDINGS UNDER CONSTRUCTION AND COMPLETED

单位：万平方米 (10000 sq.m)

项目	Item	2003	2002	占竣工面积(%) Proportion in Floor Space Completed(%) 2003	2002
施工总面积	**Floor Space of Buildings under Construction**	**11262.2**	**9697.7**		
竣工总面积	**Floor Space of Buildings Completed**	**3222.8**	**3121.8**	**100**	**100.0**
在竣工总面积中:	**Of the Floor Space Completed**				
按用途分	**Grouped by Use**				
# 厂房	Plant	114.5	118.6	3.6	3.8
仓库	Storehouse	9.3	13.9	0.3	0.4
办公室	Office	144.5	172.1	4.5	5.5
家属住宅	Families Residence	1793.5	1740.3	55.7	55.7
单身宿舍	Benchelor Quarters	38.3	49.4	1.2	1.6
教育用房	Education	76.3	80.4	2.4	2.6
科研用房	Scientific Research	20.2	22.6	0.6	0.7
医疗用房	Medical	13.2	23.8	0.4	0.8
商业营业用房	Commerce	143.8	109.2	4.5	3.5
礼堂、俱乐部	Assembly Hall and Club	0.8	0.8		
影剧院	Theater and Cinema	0.2	2.8		0.1
托儿所、幼儿园	Nursery and Kindergarten	8.4	4.3	0.3	0.1
宾馆	Hotel	13.6	10.8	0.4	0.3
按隶属关系分	**Grouped by Administrative Relationship**				
中央	Central	219.1	351.5	6.8	11.3
地方	Local	410	385.8	12.7	12.4
# 国有	State-owned	222.8	240.3	6.9	7.7
集体	Collective-owned	13.6	19.7	0.4	0.6
房地产开发	Real Estate Development Enterprises	2593.7	2384.5	80.5	76.4
按地区分	**Grouped by Region**				
城　区	City Propers	499.1	356.1	15.5	11.4
近郊区	Near Suburbs	2226	2349.8	69.1	75.3
远郊区	Outer Suburbs	497.7	415.9	15.4	13.3

5-15 经济适用房
ECONOMIC AND SUITABLE HOUSES

项目 Item		合计 Total 2003	2002	# 住宅 Residence 2003	2002
完成投资 (万元) Investment Completed	(10000 yuan)	922201	898289	686695	669470
施工面积 (万平方米) Floor Space of Buildings under Construction	(10000 sq.m)	902.6	795.1	802.5	660.2
竣工面积 (万平方米) Floor Space of Buildings Completed	(10000 sq.m)	363.1	316.4	322.8	228.4
竣工套数 (套) Suites of Rooms Completed	(suite)	27790	20593	27790	20593
销售面积 (万平方米) Floor Space of Buildings Sold	(10000 sq.m)	320.0	220.7	320.0	220.7
销售套数 (套) Suites of Rooms Sold	(suite)	27533	19810	27533	19810
预售面积 (万平方米) Floors Space of Buildings Sold in advance	(10000 sq.m)	136.9	114.2	136.9	114.2

5-16 房屋建筑每平方米造价
COST PER SQ.M OF BUILDINGS

项　目	Item	2003	2002	2003年比2002年增(+)减(-) Increase or Decrease
平均造价	**Average Cost**	**1832**	**1850**	**-18**
# 厂房	Plant	1588	1943	-355
仓库	Storehouse	1358	1509	-151
办公室	Office	2978	2192	786
家属住宅	Families Residence	1625	1601	24
单身宿舍	Benchelor Quarters	2114	1846	268
教育用房	Education	2122	2092	30
科研用房	Scientific Research	2752	3174	-422
医疗用房	Medical	2376	3052	-676
商业营业用房	Commerce	2113	2093	20
礼堂、俱乐部	Assembly Hall and Club	2569	4041	-1472
托儿所、幼儿园	Nursery and Kindergarten	1683	1690	-7
宾馆	Hotel	4158	3545	613

5-17 新建住宅竣工面积
FLOOR SPACE OF NEW RESIDENTIAL BUILDINGS COMPLETED

单位：万平方米 (10000 sq.m)

项目	Item	1997	1998	1999	2000	2001	2002	2003
总计	**Total**	**996.8**	**1093.1**	**1519.9**	**1499.7**	**1804.9**	**2191.4**	**2322.3**
低层住宅(1-3层)	Low-storied (1-3 Stories)	43.8	34.5	46.4	51.8	40.2	86.6	53.6
多层住宅(4-6层)	More-storied (4-6 Stories)	480.8	512.7	709.2	567.7	715.3	844.0	974.3
中高层住宅(7-9层)	Mid and High Storied (7-9 stories)	80.7	63.4	62.2	92.2	91.8	108.7	121.8
高层住宅(10层以上)	High-storied (10 stories and above)	391.5	482.5	702.1	788.0	957.6	1152.1	1172.6
在总计中	**Of Total**							
城区	City Proper	136.1	141.8	208.1	214.5	117.1	180.2	327.4
近郊区	Near Suburb	666.1	703.5	884.9	864.2	1083.5	1738.4	1679.5
远郊区	Outer Suburb	194.6	247.8	426.9	421.0	604.3	272.8	315.4

5-18 农村集体及城乡私人建房面积
BUILDING CONSTRUCTION BY RURAL COLLECTED-OWNED UNITS,URBAN AND RURAL INDIVIDUALS

单位：万平方米、间 (10000 sq.m,room)

项目	Item	2003年 建成房屋面积 Floor Space of Buildings in 2003	#住宅面积 Floor Space of Residence	#住宅间数 Rooms of Residence	2002年 建成房屋面积 Floor Space of Buildings in 2002	#住宅面积 Floor Space of Residence	#住宅间数 Rooms of Residence
总计	**Total**	**1089.8**	**380.6**	**317166**	**1040.6**	**652.6**	**543833**
农村集体建房	Rural Collective-owned Units	1089.8	380.6	317166	1040.6	652.6	543833
非农户	Agriculture	779.9	111.9	93250	461.4	98.9	82416
农户	Non-agriculture	309.9	268.7	223916	579.2	553.7	461417

注：本表中"农户"口径有所调整

5-19 房地产开发企业基本情况
BASIC INFORMATION OF REAL ESTATE DEVELOPMENT ENTERPRISES

项目	Item	企业单位个数(个) Number of Enterprises (unit)	实收资本合计(万元) Contributed Capital (10000 yuan)	资产总计(万元) Total Assets (10000 yuan)	年末从业人数(人) Staff and Workers (year-end) (person)
总　计	**Total**	**1546**	**10400094**	**66079169**	**63159**
按企业登记注册类型分	**Grouped by Registration Status**				
内资企业	Domestic Investment Enterprises	1265	6271756	45038910	50424
国有企业	State-owned	173	1112286	12722375	10486
集体企业	Collective-owned	47	108139	983305	2537
联营企业	Joint Owned	5	9000	75882	123
股份合作企业	Share Holding	28	104395	561897	1220
股份有限公司	Share Holding Corporations Ltd.	88	1280587	5055117	3538
有限责任公司	Limited Liability Corporations	671	2909384	21588277	24433
其他企业	Others	253	747965	4052058	8087
港澳台商投资企业	Hongkong,Macao and Taiwan Funded Enterprises	198	3168742	16692474	8817
港澳台合资经营	Joint Venture	79	894655	4036579	2768
港澳台合作经营	Cooperative	112	2014746	11022379	5217
港澳台商独资企业	Hongkong,Macao and Taiwan Enterprises	5	79341	835369	403
港澳台商投资股份有限公司	Hongkong,Macao and Taiwan Funded Share Holding Corporations Ltd.	2	180000	798148	429
外商投资企业	Foreign Funded Enterprises	83	959596	4347785	3918
中外合资经营	Joint Venture	30	352499	1618808	1545
中外合作经营	Cooperative	50	591243	2692186	2323
外资(独资)企业	Foreign Enterprises	3	15854	36791	50
按隶属关系分	**Grouped by Administrative Relationship**				
中央单位	Central	65	655628	2553117	1891
地方单位	Local	1481	9744466	63526052	61268
按资质等级分	**Grouped by Grade**				
一级	First-grade	43	769677	9528881	5930
二级	Second-grade	65	804118	5704008	4480
三级	Third-grade	52	278142	1627866	1784
四级	Fourth-grade	32	78133	897469	1492
暂定	Provisional	1354	8470024	48320945	49473
按营业状况分	**Grouped by Business Condition**				
营业	Going on	1322	9528655	60785640	55791
停业	Closed down	7	50612	130613	128
筹建	Preparing to Establish	155	605215	3339653	4340
当年撤消	Cancel in this Year	1	55	1132	30
其他	Others	61	215557	1822131	2870

5-20 房地产开发企业开发情况
REAL ESTATE DEVELOPMENT

单位：万元、平方米 (10000 yuan,sq.m)

项目	Item	全市 合计 Total	#国有企业 State-Owned	#三资企业 Foreign Funded	按隶属关系分 Grouped by Administrative Relationship 中央单位 Central Unit	地方单位 Local Unit
计划总投资	Total Planned Investment	45918966	6283726	8274699	859736	45059230
开始建设至本年度累计完成投资	Accumulative Investment Completed from Beginning to the End of this Year	27600786	3521765	6665648	459973	27140813
本年完成投资合计	Investment Completed This Year	12024763	1787856	1860821	253731	11771032
# 商品房建设投资	Commercial House	6232743	922798	1056684	103341	6129402
土地开发投资	Land Development	395446	35086	9752	2476	392970
土地购置费	Purchase of Land	2132279	329302	285191	46251	2086028
本年完成投资按用途分	Grouped by Purpose of Investment Completed This Year					
住宅	Residential Buildings	6329718	876872	747444	121716	6208002
办公楼	Office	1427491	82843	391366	47749	1379742
商业营业用房	Commerce	613450	60787	107481	9555	603895
其他	Others	3654104	767354	614530	74711	3579393
本年土地开发	Land Development This Year					
完成开发土地面积	Land Space Developed	10881812	637245	766637	79927	10801885
购置土地面积	In Process of Land Space Purchased	14096320	1719143	994611	98033	13998287

5-21 商品房
COMMODITY BUILDINGS

单位：万元、平方米 (10000 yuan,sq.m)

项　　目	Item	2003	2002
施工面积	Floor Space of Buildings under Construction	90706560	75107467
# 本年新开工面积	Construction of this Year	34337485	32059976
# 住宅	Residential Buildings	63528634	53975974
竣工面积	Floor Space of Buildings Completed	25936478	23844420
# 住宅	Residential Buildings	20807480	19261653
销售面积	Floor Space of Selling House	18957685	17083396
# 住宅	Residential Buildings	17710533	16044191
# 个人	to Individuals	17201448	15629333
销售额	Sales	8979571	8138380
# 住宅	Residential Buildings	7891587	7166593
# 个人	to Individuals	7532401	6859842
平均销售价格	Selling Price	4737	4764
# 住宅	Residential Buildings	4456	4467
空置面积	Floor Spacre of Untapped Commodity Buildings	11233981	9189653

主要统计指标解释

全社会固定资产投资 固定资产投资是全社会固定资产再生产的主要手段。通过建造和购置固定资产的活动，国民经济不断采用先进技术装备，建立新兴部门，进一步调整经济结构和生产力的地区分布，增强经济实力，为改善人民物质文化生活创造物质条件,这对我国的社会主义现代化建设具有重要意义。全社会固定资产投资包括固定资产投资、零星固定资产投资、城镇私营、个体经济固定资产投资、城镇和工矿区私人建房和农村固定资产投资。

固定资产投资 包括计划总投资或实际需要的总投资50万元及以上的基本建设投资、更新改造投资、国有单位其他投资和城镇集体经济投资。

基本建设投资 是指经有权单位批准，包括在一个总体设计范围内进行建设，由一个或若干个设计文件规定的有内在联系的单项工程所组成的，经济上实行统一核算，行政上有独立组织形式，实行统一管理的基本建设单位建造和购置固定资产的投资。包括：(1) 列入中央和各级地方本年基本建设计划的建设项目，以及虽未列入本年基本建设计划，但使用以前年度基本建设结转资金（包括基建库存设备和材料）在本年继续施工的建设项目；(2) 本年基本建设计划内投资与更新改造计划内投资结合安排的新建项目和新增生产能力（或工程效益）达到大中型项目标准的扩建项目，以及为改变生产力布局而进行的全厂性迁建项目；(3) 国有单位既未列入基本建设计划，也未列入更新改造计划的总投资在50万元及以上的新建、扩建、恢复项目和为改变生产力布局而进行的全厂性迁建项目，以及行政、事业单位增建业务用房和生活福利设施的项目。

更新改造投资 是指经有权单位批准，具有独立设计文件或项目建议书，能独立发挥效益的更新改造投资。包括：(1) 列入中央和各级地方本年更新改造计划的建设项目，以及虽未列入本年更新改造计划，但使用以前年度更新改造结转资金（包括库存设备和材料）在本年继续施工的建设项目；(2) 本年更新改造计划内投资与基本建设计划内投资结合安排的对企、事业单位原有设施进行技术改造或更新的项目，增建主要生产车间、分厂等其新增生产能力（或工程效益）未达到大中型项目标准的项目，以及由于城市环境保护和安全生产的需要而进行的迁建项目；(3) 国有企事业单位既未列入基本建设计划也未列入更新改造计划的总投资在50万元及以上的属于改建或更新改造性质的建设项目，以及由于城市环境保护和安全生产的需要而进行的迁建项目。

国有单位其他投资 包括国有单位按规定不列入基本建设计划和更新改造计划管理的固定资产投资。包括 (1) 用油田维护费和石油开发基金进行的油田维护和开发工程；(2) 煤炭、铁矿、森工等采掘采伐业用维简费进行的开拓延伸工程；(3) 交通部门用公路养路费对原有公路、桥梁进行的改造工程；(4) 商业部门用简易建筑费建造的仓库工程。

城镇集体经济投资 包括县及县以上人民政府所在地建制镇地域内的城镇集体经济单位建造和购置固定资产的投资。

房地产开发投资 包括各种经济类型的房地产开发公司及其他房地产开发单位统一开发的包括统建、代建、拆迁、还建的住宅、厂房、仓库、饭店、宾馆、度假村、写字楼、办公楼等房屋建筑物和配套的服务设施、土地开发工程（如道路、给水、排水、供电、供热、通讯、平整场地等基础设施工程）等开发投资。还包括非房地产开发企业实际从事房地产开发或经营活动的开发投资，不包括单纯的土地交易投资。

零星固定资产投资 是指总投资或实际需要的总投资在2万元以上50万元以下建设项目建造和购置固定资产的投资。

城镇私营、个体经济投资 是指县及县以上人民政府所在地建制镇地域内的全部城镇私营、个体经济的固定资产投资。城镇私营经济投资包括总投资2万元及以上建造和购置固定资产的投资；城镇个体经济投资包括总投资2000元及以上建造和购置固定资产的投资。

城镇和工矿区私人建房投资 是指包括市、县城、镇、工矿区所辖范围内的全部私人建房投资，不论其房主是否系本地常住户口均应包括。

农村投资 是指县及县以上人民政府所在地建制镇地域以外的全部农村固定资产投资。包括非农户投资和农户投资。非农户投资包括使用年限一年以上、单位价值200元以上的建造和购置固定资产的投资；农户投资包括使用年限一年以上、单位价值50元及以上建造和购置固定资产的投资。

固定资产投资的资金来源 根据固定资产投资建设资金来源的不同，分为上年末结余资金、本年资金来源和各项应付款。本年资金来源包括国家预算内资金、国内贷款、债券、利用外资、自筹资金和其他资金等6种分类。

国家预算内资金 分为财政拨款和财政安排的贷款两部分。包括中央财政的基本建设基金、专项支出、收回再贷、贴息资金，财政安排的挖潜革新改造和新产品试制支出、城建支出、商业部门简易建筑支出、不发达地区发展基金等基金中用于固定资产投资的资金，地方财政中由国家统筹安排的资金等。

国内贷款 是指报告期企事业单位向银行及非银行金融机构借入的用于固定资产投资的各种国内借款。国内贷款包括：银行利用自有资金及吸收的存款发放的贷款、上级主管部门拨入的国内贷款、国家专项贷款（包括煤代油贷款、劳改煤矿专项贷款等）、地方财政专项资金安排的贷款、国内储备贷款、周转贷款等。

债券 是指企业（公司）或金融机构通过发行各种债券，筹集用于固定资产投资的资金，包括由银行代理国家专业投资公司发行的重点企业债券和基本建设债券。

利用外资 是指报告期收到的用于固定资产建造和购置的境外资金。包括外商直接投资、对外借款（外国政府贷款、国际金融组织贷款、出口信贷、外国银行商业贷款、对外发行债券和股票）及外商其他投资（包括补偿贸易和加工装配中由外商提供的设备价款、国际租赁）。不包括我国自有外汇资金。国家统借统还的外资，是指由我国政府出面同外国政府、团体或金融组织签定贷款协议、并负责偿还本息的国外贷款。

自筹资金 是指建设单位报告期收到的，由各地区、各部门及企事业单位筹集用于固定资产投资的预算外资金。包括中央各部门、各级地方和企事业单位的自有资金。股票是指股份制企业通过发行股票筹集用于固定资产投资的资金。

其他资金 是指报告期收到的除以上各种资金之外其他用于固定资产投资的资金。包括社会集资、个人资金、无偿捐赠的资金及其他单位拨入的资金等。

固定资产投资按国民经济行业分 基本建设项目根据建成投产后的主要产品或主要用途划分国民经济行业；一般情况下，一个基本建设项目只能属于一种国民经济行业。更新改造、国有单位其他投资、城镇集体、私营、个体经济根据整个企事业单位的社会经济活动性质来划分国民经济行业；一个企事业单位只能属于一种国民经济行业。

固定资产投资按建设性质分 建设项目的建设性质一般分为新建、扩建、改建、单纯建造生活设施、迁建、恢复和单纯购置。基本建设投资按建设项目划分建设性质，更新改造投资、国有单位其他投资、城镇集体投资按整个企事业单位的建设情况确定建设性质。

新建 一般是指从无到有、“平地起家”开始建设的单位或独立工程。有的单位原有基础很小，经过建设后其新增加的固定资产价值超过原有固定资产价值（原值）三倍以上的也算新建。

扩建 是指为扩大原有产品的生产能力（或工程效益）或为增加新的产品生产能力，而增建主要生产车间（或主要工程）、独立的生产线、分厂的企业；行政事业单位在原单位增建业务用房（如学校增建教学用房、医院增建门诊部或病房、行政机关增建办公楼等）也作为扩建。

改建 是指现有企事业单位不增建主要生产车间、分厂等，而对原有设施进行技术改造或更新（包括相应配套的辅助性生产、生活福利设施）的作为改建；为适应市场变化的需要，而改变企业的主要产品种类，或原有产品生产作业线由于各工序之间能力不平衡，为填平补齐充分发挥原有生产能力而增建不增加本单位主要产品设计能力的车间，也作为改建。

单纯建造生活设施 是指在不扩建、改建生产性工程和业务用房的情况下，单纯建造职工住宅、托儿所、子弟学校、医务室、浴室、食堂等生活福利设施。

固定资产投资按用途分 固定资产投资按用途分为农林牧渔业用、工业建筑业用、商业运输邮电业用、住宅和其他五部分，是研究不同用途的固定资产投资之间比例关系的重要指标。基本建设项目、更新改造限额以上项目、国有单位其他投资、城镇集体投资按单项工程确定，更新改造限额以下项目按项目确定。

固定资产投资按构成分 固定资产投资活动按其工作内容和实现方式分为建筑安装工程，设备、工具、器具购置，其他费用三个部分。

建筑安装工程（建安工作量） 是指各种房屋、建筑物的建造工程和各种设备、装置的安装工程。包括各种房屋建造工程，各种设备基础和各种工业窑炉的砌筑工程；为施工而进行的各种准备工作和临时工程以及完工后的清理工作；铁路、道路的铺设，矿井的开凿及石油管道的架设等；水利工程；防空地下建筑等特殊工程；各种机械设备的安装工程；为测定安装工程质量，对设备进行的试行工作等。在安装工程中，不包括被安装设备本身的价值。

设备、工具、器具购置 是指购置或自制达到固定资产标准的设备、工具、器具的价值，固定资产的标准按财政部规定执行。新建及扩建单位的新建车间按照设计和计划要求购置或自制的全部设备、工具、器具，不论是否达到固定资产标准均计入“设备、工具、器具购置”中。

其他费用 是指在固定资产建造和购置过程中发生的，除上述几项以外的各种应摊入固定资产的费用。它包括两种性质的费用，一种是属于增加固定资产的费用，主要有：建设单位管理费，土地、青苗等补偿费，安置补助费，勘察设计费，研究试验费，农林单位牲畜购置费，各种经济林木的营造费，办公和生活家具，器具购置费，引进技术和进口设备项目的其他费用，联合试运转费等；一种是属于不增加固定资产的费用，主要有：土地出让金、施工机械转移费、生产职工培训费、农业开荒费用及报废工程损失费等。

施工项目 是指报告期内曾进行建筑或安装工程施工活动的建设项目。施工项目分为报告期正式施工项目、报告期收尾项目和以前年度全部停缓建项目。正式施工项目包括报告期内新开工项目、报告期以前开工跨入报告期继续施工的项目以及报告期施工过并在报告期内全部建成投产或停缓建的项目。

新增生产能力或工程效益 是指通过固定资产投资活动而增加的生产能力或工程效益，它是用实物形态表示的固定资产投资的成果。新增生产能力的计算，是以能独立发挥生产能力或工程效益的单项工程或建设项目为对象。当建设项目或单项工程建成，经有关部门鉴定合格，正式移交投入生产，即可计算新增生产能力或工程效益。计算新增生产能力或工程效益有以下几种表现形式：1. 以建设项目单位工程建成投产后的年产能力表示。如煤炭开采、石油开采等；2. 以建设项目单项工程建成投产后处理原料的能力表示。如选矿工程的处理矿石能力，洗煤厂年洗原煤能力等；3. 以新增的主要设备数量或容量表示。如棉纺锭数，发电机组容量等；4. 以建筑物容积、容量、面积或长度表示。如水库容量、铁路公路里程等。

新增生产能力或工程效益的数量按设计能力计算。设计能力是指设计文件中规定的在正常情况下能够达到的生产能力，而不论投产后的实际产量如何。以设备数量、建筑物容积、面积、长度等表示的新增生产能力或工程效益，则按建成的实际数量计算。

基础设施投资 基础设施投资包括第二产业中的电力、煤气及水的生产和供应业；第三产业中的水利业、铁路运输、公路运输、管道运输、航空运输、邮电通信、公共服务和环境保护等。

房屋施工面积 是指报告期内施工的全部房屋建筑面积。包括报告期新开工的面积、报告期施工过并在报告期竣工的面积，以及以前年度已停建在报告期继续施工的面积。房屋建筑面积是从房屋外墙线算起的各层平面面积的总和，包括房屋结构（如柱、墙）占用的面积和地下室面积。多层建筑按各自然层面积总和计算，包括房屋内的楼隔层，突出墙面的眺望间、门斗、有柱雨罩的面积。不包括突出墙面结构的构件、艺术装饰等所占的面积，如台阶等。凹阳台、挑阳台按其水平投影面积一半计算建筑面积。

房屋竣工面积 是指在报告期内房屋建筑按照设计要求已全部完工，达到住人和使用条件，经验收鉴定合格（或达到竣工验收标准），正式移交使用单位的建筑面积。

房屋面积竣工率 是指一定时期内房屋竣工面积占同期房屋施工面积的比率。它是从房屋建筑施工速度的角度反映投资效果和建筑业经济效益的指标。

新增固定资产 是指通过投资活动所形成的新的固定资产价值。包括已经建成投入生产或交付使用的工程价值和达到固定资产标准的设备、工具、器具的价值及有关应摊入的费用。它是以价值形式表示的固定资产投资成果的综合性指标，可以综合反映不同时期、不同部门、不同地区的固定资产投资成果。

建设项目投产率 是指一定时期内全部建成投产项目个数占同期正式施工项目个数的比率。它是从建设项目建设速度的角度反映投资效果的指标。

六、资源、能源、环境

NATURAL RESOURCES,ENERGY AND ENVIRONMENT

6-1 自然资源
NATURAL RESOURCES

项目	Item		2003
土地资源	**Land Resources**		
土地面积 (平方公里)	Land Area	(sq.km)	16807.8
按地形分：平原面积 (平方公里)	by Landform:Plains	(sq.km)	6808.9
丘陵面积 (平方公里)	Hills	(sq.km)	408.8
按用途分：山地面积 (平方公里)	by Purpose:Mountains	(sq.km)	9071.0
森林面积 (平方公里)	Forests	(sq.km)	51.5
耕地面积 (平方公里)	Cultivated Land	(sq.km)	26.0
林木资源	**Forest Resources**		
森林蓄积量 (亿立方米)	Stock Volume of the Forest		0.1428
森林覆盖率 (%)	Forest-coverage Rate		30.6
矿产资源(保在储量)	**Mineral Resources(Ensured Reserves)**		
煤 (亿吨)	Coal		23.8
铁矿石 (亿吨)	Iron Ore		10.58

6-2 能源消费总量
TOTAL CONSUMPTION OF ENERGY

单位：万吨标准煤 (10000 tons of SCE)

项目	Item	2003 数量 Quantity	2003 构成(%) Composition(%)	2002 数量 Quantity	2002 构成(%) Composition(%)
合计	**Total**	**4707.5**	**100.0**	**4503.9**	**100.0**
第一产业	Primary Industry	99.9	2.1	103.0	2.3
第二产业	Secondary Industry	2615.4	55.5	2547.9	56.5
# 工业	Industry	2518.9	53.5	2458.7	54.6
第三产业	Tertiary Industry	1311.6	27.9	1269.1	28.2
生活消费	Living Consumption	680.6	14.5	584.0	13.0
城镇	Urban	492.1	10.4	444.0	9.9
农村	Rural	188.5	4.0	140.0	3.1

注：电力、热力按等价热值折算标准煤，其他能源品种均按其当量热值折算标准煤，以下各表同。

Note: The coefficient for conversion of electricity and heat into SCE(standard coal) is calculated on equivalent heat and other energy conversed to SCE according to calorific value(the followings are the same).

6-3 能源生产量
PRODUCTION OF ENERGY

项目	Item		2003	2002	2003年为2002年% 2003 as % of 2002
一次能源 (万吨标煤)	**Primary Energy**	**(10000 ton of SCE)**	**686.3**	**632.1**	**108.6**
原煤 (万吨)	Coal	(10000 tons)	957.3	881.0	108.7
水电 (亿千瓦时)	Hydropower	(100 million kwh)	0.8	0.9	90.9
二次能源 (万吨标煤)	**Secondary Energy**	**(10000ton of SCE)**	**2470.5**	**2388.1**	**103.5**
煤制品 (万吨)	Coal Products	(10000 tons)	2.7		
焦炭 (万吨)	Coke	(10000 tons)	361.9	357.4	101.2
焦炉煤气 (亿立方米)	Coking Gas	(100 million cu.m)	15.9	15.8	100.8
其他煤气 (亿立方米)	Other Gas	(100 million cu.m)			
汽油 (万吨)	Gasoline	(10000 tons)	151.4	154.1	98.2
柴油 (万吨)	Diesel Oil	(10000 tons)	170.2	174.1	97.8
燃料油 (万吨)	Fuel Oil	(10000 tons)	64.5	64.4	100.1
液化石油气 (万吨)	Liquefied Petroleum	(10000 tons)	38.4	41.7	92.2
炼厂干气 (万吨)	Gas of Plant	(10000 tons)	16.1	19.0	85.0
其他石油制品 (万吨)	Other Petroleum Products	(10000 tons)	264.8	222.3	119.1
其他焦化产品 (万吨)	Other Coking Products	(10000 tons)	17.8	18.2	97.7
热力 (万百万千焦)	Heat	(10 billion kilo-joules)	9616.6	9064.0	106.1
电力 (亿千瓦时)	Electricity	(100 million kwh)	188.3	180.3	104.4

6-4 能源平衡表（实物量）（简表）

单位：万吨

项目	Item	原煤 Coal	洗精煤 Clean Coal	其他洗煤 Other Washing Coal	煤制品 Coal Products	焦炭 Coke	焦炉煤气(亿立方米) Coking Gas (100 million cu.m)	其它煤气(亿立方米) Other Gas (100 million cu.m)	原油 Crude Oil
可供本地区消费的能源量	**Total Energy Available for Consumption**	**2145.10**	**527.12**	**8.27**		**73.81**		**123.86**	**726.68**
加工转换投入(-)产出(+)量	**Input(-) or Output(+) in Processing and Transformation**	**-1010.78**	**-504.68**	**-8.16**	**2.72**	**361.92**	**14.27**	**-33.62**	**-724.08**
火力发电	Thermal Power	-714.73		-6.31			-0.24	-16.92	
供热	Heating	-293.35		-1.85			-1.40	-16.70	
洗选煤	Washing-dressing Coal								
炼焦	Coking		-504.68			361.92	15.66		
炼油	Petroleum Refining								-724.08
制气	Gas Production						0.25		
# 焦炭再投入量(-)	Coke Re-input(-)								
煤制品加工	Coal Products Processing	-2.69			2.72				
损失量	**Losses**					**6.20**	**0.65**		**2.60**
#运输和输配损失	in Transportation and Transmission					6.20	0.65		2.60
终端消费量	**Final Consumption**	**1146.90**	**2.81**	**0.70**	**2.72**	**432.05**	**13.45**	**90.24**	
第一产业	Primary Industry	44.71							
农、林、牧、渔业	Farming, Forestry, Animal Husbandry and Fishery	44.71							
第二产业	Secondary Industry	593.45	2.81	0.70	0.99	432.05	11.62	90.24	
工业	Industry	585.25	2.81	0.70	0.99	432.05	11.62	90.24	
# 用作原料、材料	use in Materials	9.21				0.27			
建筑业	Construction	8.20							
第三产业	Tertiary Industry	240.14					1.18		
生活消费	Residential Consumption	268.60			1.73		0.65		
城镇	Urban	65.30			1.73		0.65		
乡村	Rural	203.30							
平衡差额	Balance	-12.57	19.63	-0.59		-2.52	0.17		
消费量合计	**Total Energy Consumption**	**2157.67**	**507.49**	**8.86**	**2.72**	**438.25**	**15.74**	**123.86**	**726.68**

ENERGY BALANCE(ABRIDGED EDITION)

(10000 tons)

汽油 Gasoline	煤油 Kerosene	柴油 Diesel Fuel Oil	燃料油 Fuel Oil	液化石油气 Liquefied Petroleum	炼厂干气 Net Gas of Plant	天然气 (亿立方米) Natural Gas (100 million cu.m)	其它石油制品 Other Petroleum Products	其它焦化产品 Other Coking Products	热力 (万百万千焦) Heat (10000 million kilo-joule)	电力 (亿千瓦时) Electricity (100 million kwh)	其它能源 (万吨标准煤) Others (10000 tons of SCE)	合计 (万吨标准煤) Total (10000 tons of SCE)
15.86	**138.96**	**-62.02**	**-1.30**	**-4.41**		**23.85**	**17.83**	**5.89**		**274.80**	**61.50**	**4745.74**
151.43		**169.81**	**12.58**	**38.42**	**12.16**	**-1.98**	**248.96**	**17.81**	**9616.61**	**188.33**	**-24.18**	**-38.20**
		-0.29	-13.95							188.33		
		-0.07	-36.55		-3.97	-1.98	-15.81		9616.61			
								17.81				-35.76
151.43		170.17	64.49	38.42	16.13		264.77					-2.06
			-1.41									-0.37
												0.00
0.35		**0.14**		**0.42**		**0.08**			**288.00**	**33.99**		**134.04**
0.35		0.14		0.42		0.08			288.00	33.99		134.04
164.87	**137.94**	**109.91**	**14.19**	**34.33**	**12.16**	**19.13**	**267.74**	**23.70**	**9320.62**	**427.25**	**37.29**	**4535.28**
3.69		10.38								14.92		99.90
3.69		10.38								14.92		99.90
22.63	0.69	31.56	11.91	3.36	12.16	1.87	267.74	23.70	6012.74	186.95	37.29	2443.13
12.75	0.19	19.56	11.73	3.06	12.16	1.57	267.74	23.70	6012.74	170.17	37.29	2346.64
0.45	0.01	0.20					259.17	21.29				405.90
9.88	0.50	12.00	0.18	0.30		0.30				16.78		96.49
73.55	137.25	61.47	2.28	1.92		13.17			1907.40	155.09		1311.62
65.00		6.50		29.05		4.09			1400.48	70.29		680.63
65.00		6.50		29.05		4.09			1400.48	57.46		492.13
		0.00								12.83		188.50
2.07	1.02	-2.26	-2.91	-0.74		2.66	-0.95		7.99	1.89	0.03	38.22
165.22	**137.94**	**110.41**	**66.10**	**34.75**	**16.13**	**21.19**	**283.55**	**23.70**	**9608.62**	**461.24**	**61.47**	**4707.52**

6-5 工业分行业能源消费总量和主要能源品种消费量

单位：万吨

项目	Item	能源消费总量(万吨标准煤) Total Energy Consumption (10000 tons of SCE)	原煤 Coal	洗精煤 Clean Coal	其他洗煤 Other Washing Coal	焦炭 Coke	焦炉煤气(亿立方米) Coking Gas (100 million cu.m)	其他煤气(亿立方米) Other Gas (100 million cu.m)	原油 Crude Oil
工　业	**Industry**	**2518.88**	**1596.02**	**507.49**	**8.86**	**438.25**	**13.91**	**123.86**	**726.68**
轻工业	Light Industry	167.94	127.10	0.01		0.36			
重工业	High Industry	2350.94	1468.92	507.48	8.86	437.89	13.91	123.86	726.68
采矿业	**Mining**	**19.23**	**13.77**						
煤炭开采和洗选业	Coal Mining and Dressing	8.17	4.18						
石油和天然气开采业	Petroleum and Natural Gas Extraction								
黑色金属矿采选业	Ferrous Metals Mining and Dressing	7.96	7.51						
有色金属矿采选业	Nonferrous Metals Mining and Dressing	0.06	0.01						
非金属矿采选业	Nonmetal Minerals Mining and Dressing	3.04	2.07						
其他采矿业	Other Minerals Mining								
制造业	**Manufacturing**	**2249.87**	**660.77**	**507.49**	**8.86**	**438.20**	**13.25**	**123.86**	**726.68**
农副食品加工业	Farm and Sideline Prodncts Processing	18.00	13.86	0.01					
食品制造业	Food Making	23.55	15.54						
饮料制造业	Beverage Making	32.54	32.50						
烟草制造业	Tobacco Processing	1.02							
纺织业	Textile	22.48	14.71						
纺织服装、鞋、帽制造业	Garments,shoes and chapeau	13.02	10.80						
皮革、毛皮、羽毛(绒)及其制品业	Leather,Furs,Feather(Down) and Related Products	1.17	0.75						
木材加工及竹、藤、棕、草制品业	Timber Processing,Bamboo,Cane,Palm Fiber and Straw Products	4.95	0.78						
家具制造业	Furniture Manufacturing	4.70	3.14			0.11			
造纸及纸制品业	Papermaking and Paper Products	11.25	9.50			0.24			
印刷业和记录媒介的复制	Printing and Record Medium Reproduction	16.34	5.83						
文教体育用品制造业	Stationery,Education and Sports Goods	2.35	1.52						
石油加工、炼焦及核燃料加工业	Petroleum Processing,Coking and Nuclear Elding	229.50	6.67	260.12		6.20	4.91		726.68
化学原料及化学制品制造业	Raw Chemical Materials and Chemical Products	554.15	51.70		0.02		0.36		
医药制造业	Medical and Pharmaceutical Products	16.12	12.14						
化学纤维制造业	Chemical Fiber	0.80	0.18						
橡胶制品业	Rubber Products	7.72	7.06						
塑料制品业	Plastic Products	14.68	6.60						
非金属矿物制品业	Nonmetal Mineral Products	246.14	238.74			0.86	0.19		
黑色金属冶炼及压延加工业	Smelting and Processing of Ferrous Metals	856.59	138.88	247.36	8.25	427.72	7.70	123.86	
有色金属冶炼及压延加工业	Smelting and Processing of Nonferrous Metals	4.48	0.85			0.11			
金属制品业	Metal Products	19.03	8.02			0.12	0.05		
通用设备制造业	Universal Equipment	23.99	10.98			1.78			
专用设备制造业	Equipment for Special Purpose	22.58	14.11		0.59	0.56	0.01		
交通运输设备制造业	Transportation Equipment	52.85	39.70			0.48	0.02		
电气机械及器材制造业	Electric Equipment and Machinery	10.57	3.44			0.01	0.01		
通信设备、计算机及其他电子设备制造业	Telecommunications Equipment, Computer and Others	29.41	3.12						
仪器仪表及文化、办公用机械制造业	Instruments,Meters,Cultural and Office Machinery	5.30	3.03			0.01			
工艺品及其他制造业	Art Products and Other Manufacturing	4.59	6.62						
废弃资源和废旧材料回收加工业	Recovery and Processing of Reclaimedials Mater								
电力、燃气及水的生产和供应业	**Electricity,Gas,Water Production and Supply**	**249.77**	**921.48**			**0.05**	**0.66**		
电力、热力的生产和供应业	Electricity and Hot Power Production and Supply	235.04	921.32			0.05	0.01		
煤气生产和供应业	Gas Production and Supply	6.82	0.05				0.65		
水的生产和供应业	Water Production and Supply	7.91	0.11						

注：各行业能源总消费量为各行业终端消费量与各行业分摊的损失量和加工转换损失量之和。不等于分品种能源消费量（标准煤）的合计。

CONSUMPTION OF TOTAL ENERGY AND ITS MAIN VARIETIES BY SECTOR

(10000 tons)

汽油 Gasoline	煤油 Kerosene	柴油 Diesel Fuel Oil	燃料油 Fuel Oil	液化石油气 Liquefied Petroleum	炼厂干气 Net Gas of Plant	天然气 (亿立方米) Natural Gas (100 million cu.m)	其他石油制品 Other Petroleum Products	其他焦化产品 Other Coking Product	热力 (万百万千焦) Heat (10 billion kilo-joule)	电力 (亿千瓦时) Electricity (100 million kwh)
13.10	**0.19**	**20.06**	**63.64**	**3.48**	**16.13**	**3.63**	**283.55**	**23.70**	**6300.74**	**204.16**
4.30	0.03	3.34	0.10	0.40		0.27	0.06		265.42	16.50
8.80	0.16	16.72	63.54	3.08	16.13	3.36	283.49	23.70	6035.32	187.66
0.28		**1.03**								**2.33**
0.19		0.23								1.44
		0.00								
0.03		0.27								0.66
		0.02								0.01
0.05		0.50								0.23
12.06	**0.19**	**18.27**	**29.87**	**3.47**	**16.13**	**1.62**	**279.94**	**23.70**	**5335.70**	**140.66**
0.56	0.01	0.33	0.09	0.03		0.01			12.59	1.84
0.67		1.44	0.01	0.31		0.04			35.07	2.14
0.46		0.21							7.58	2.44
						0.06				0.11
0.30		0.27				0.01			90.75	2.33
0.41		0.13	0.01						7.75	1.29
0.04		0.02				0.01				0.14
0.07		0.09				0.01			58.55	0.57
0.28		0.18							6.66	0.43
0.34		0.28							0.67	1.00
0.69	0.02	0.22		0.05		0.13			49.71	2.47
0.10		0.01							8.82	0.23
0.57	0.01	0.33	8.22	0.42	16.13	0.21	39.41	21.29	686.12	7.14
0.86	0.02	0.75	14.38	1.93		0.37	238.13		3159.79	25.11
0.26		0.19				0.01			45.73	1.49
0.01		0.01					0.06			0.18
0.09		0.02							3.62	0.73
0.28		0.41		0.01		0.05			4.78	2.81
1.11	0.02	5.35	4.54	0.28		0.36	2.23		23.90	15.82
0.45		4.65	1.65					2.41	720.10	48.64
0.07		0.04	0.18							1.05
0.99	0.02	0.35		0.34		0.08			3.74	2.83
0.62	0.03	0.53		0.03		0.02			39.04	3.38
0.50	0.01	0.31	0.05			0.03	0.03		72.96	2.19
1.10	0.02	1.68	0.06			0.05	0.08		138.40	5.50
0.52	0.01	0.13	0.01	0.02		0.01			41.36	1.61
0.36		0.26	0.67	0.02		0.15			107.33	6.13
0.18		0.04		0.01		0.02			10.60	0.66
0.17		0.06		0.01					0.09	0.42
0.76		**0.76**	**33.78**	**0.01**		**2.01**	**3.61**		**965.04**	**61.17**
0.53		0.69	33.78			1.92	3.61		954.11	58.41
0.19		0.04		0.01		0.09			10.93	0.32
0.04		0.03								2.45

Note:Total energy Consumption of each sector was add of final consumption and losses of each secor and losses of machining.
Unequal to consumption.(ton of SCE)

6-6 能源消费弹性系数
ELASTICITY RATIO OF ENERGY CONSUMPTION

单位:%　　　　(%)

项目	2003	2002
能源消费比上年增长 Growth Rate of Energy Consumption over Preceding Year	4.5	4.4
电力消费比上年增长 Growth Rate of Electricity Consumption over Preceding Year	5.7	9.5
国内生产总值比上年增长 Growth Rate of Gross Domestic Product(GDP),over Preceding Year	10.7	10.4
能源消费弹性系数 Elasticity Ratio of Energy Consumption	0.4	0.4
电力消费弹性系数 Elasticity Ratio of Electricity Consumption	0.5	0.9

6-7 平均每万元国内生产总值能源消费量
ENERGY CONSUMPTION PER 10000 YUAN GROSS DOMESTIC PRODUCT

项目 Item	2003	2002
能源总消费量 (吨标煤/万元) **Total** **(ton of SCE/10000 yuan)**	**1.29**	**1.40**
(吨标煤/万元) 按可比价计算 (ton of SCE/1000yuan)	1.40	**1.48**
煤炭 (吨/万元) Coal (ton/10000 yuan)	0.73	0.81
电力 (万千瓦时/万元) Electricity (10000 kwh/10000 yuan)	0.13	0.14
石油 (吨/万元) Petroleum (ton/10000 yuan)	0.23	0.27

6-8 人均生活用能源
PER CAPITA ENERGY CONSUMPTION FOR NON-PRODUCTION PURPOSE

项目 Item	2003	2002
总　计 (千克标准煤) **Total** **(kg of SCE)**	**472.8**	**416.2**
煤炭 (千克) Coal (kg)	187.8	156.1
电力 (千瓦时) Electricity (kwh)	488.3	446.1
液化石油气 (千克) Liquefied Petroleum (kg)	20.2	16.3
天然气 (立方米) Natural Gas (cu.m)	28.4	24.2
煤气 (立方米) Gas (cu.m)	4.5	5.0

注：本表人均生活用能源按常住人口年平均数计算。

Note: The top table according to average of year permanent residents.

6-9 主要能源日均消费量
AVERAGE DAILY ENERGY CONSUMPTION BY VARIETY

项目		Item		平均每天能源消费量 Average Daily Energy Consumption 2003	2002
合计	**(万吨标准煤)**	**Total**	**(10000 tons of SCE)**	**12.90**	**12.34**
煤炭	(万吨)	Coal	(10000 tons)	7.33	6.93
焦炭	(万吨)	Coke	(10000 tons)	1.20	1.04
原油	(万吨)	Crude Oil	(10000 tons)	1.99	2.05
汽油	(万吨)	Gasoline	(10000 tons)	0.45	0.42
煤油	(万吨)	Kerosene	(10000 tons)	0.38	0.40
柴油	(万吨)	Diesel Fuel Oil	(10000 tons)	0.30	0.30
燃料油	(万吨)	Fuel Oil	(10000 tons)	0.18	0.20
电力	(亿千瓦时)	Electricity	(100 million kwh)	1.26	1.20
天然气	(亿立方米)	Natural Gas	(100 million cu.m)	0.06	0.06

6-10 北京市环境保护基本情况
BASIC STATISTICS FOR ENVIRONMENT PROTECTION

项目		Item		2003	2002
环保投资	(亿元)	Environmental Protection Investment	(100 million yuan)	146.0	134.2
自然保护区数	(个)	Number of Nature Reserves	(unit)	18	17
自然保护区面积	(万公顷)	Are of Nature Reserves	(10000 ha)	12.9	8.9
生态示范区数	(个)	Number of Ecological Demonstration Zones	(unit)	5	4
生态示范区面积	(万公顷)	Area of Ecological Demonstration Zone	(10000 ha)	84.7	63.4
工业废水排放达标率	(%)	Compliance Rate of Industrial Wastewater Discharge	(%)	99.3	98.3
工业固体废物综合利用率	(%)	Industrial Solid Waste Comprehensively Utilization Rate	(%)	71.1	76.0
建成区区域环境噪声平均值	(分贝)	Average Nosies Value in Urban Area	[dB(A)]	53.6	53.5
建成区道路交通干线噪声平均值	(分贝)	Average Nosies Value Around Urban Traffic Trunks	[dB(A)]	69.7	69.5
可吸入颗粒物年日均值	(毫克/立方米)	Annual Average of Daily PM10 Concentration	(mg/m^3)	0.141	0.166
二氧化硫年日均值	(毫克/立方米)	Annual Average of Daily SO2 Concentration	(mg/m^3)	0.061	0.067
二氧化氮年日均值	(毫克/立方米)	Annual Average Daily No2 Concentration	(mg/m^3)	0.072	0.076
集中式饮用水源水质达标率	(%)	Compliance Rate of Water Quality at Central Drinking Water Sources	(%)	99.88	99.38
汽车尾气达标率	(%)	Vehicle Emission Compliance Rate	(%)	85.3	80.4

6-11 城市环境卫生
MUNICIPAL ENVIRONMENT AND SANITATION

项目		Item		2003	城近郊区 City Proper and and Near Suburb	2002	城近郊区 City Proper and and Near Suburb
工作量		**Work Load**					
清扫街道面积	(万平方米/日)	Area Cleaned	(10000 sq.m/day)	8753	6457	8077	6379
清运垃圾	(万吨)	Garbage Disposal	(10000 tons)	425.1	299.2	321.4	262.3
清运粪便	(万吨)	Night Soil Disposal	(10000 tons)	294.7	252.6	311.7	278.8
垃圾无害化处理能力	(吨/日)	Capacity of Harmless Disposal of Garbage	(ton/day)	9400	3500	8750	7580
环卫机械数量	**(辆)**	**Number of Environmental Sanitation**	**(unit)**	**4763**	**3778**	**4321**	**3777**
环卫设施		**Environmental Sanitation Facilities**					
公共厕所	(座)	Lavatories	(unit)	5654	4872	5644	5134
密闭式集装箱垃圾站	(座)	Airtight Container Caerbage Stations	(unit)	762	698	832	743

注：本年垃圾无害化处理能力按场所坐落地统计，不再按其服务区域统计。
Note: Capacity of Harmless Disposal of Garbage afford to located according to place,count according to their service area again 2003.

6-12 空气污染指数监测情况
MINITORING STATISTICS FOR AIR POLLUTION INDEX

单位：天 (day)

首要污染物 First Pollutant / 污染指数 Pollution Index		可吸入颗粒物 Pellet can be Breathe in	二氧化氮 Nitrogen Dioxide	二氧化硫 Sulphur Dioxide	合计 Total
合　计	**Total**	**312**	**6**	**47**	**365**
一　级	First Grade	17	6	4	27
二　级	Second Grade	160		37	197
三　级	Third Grade	130		6	136
四　级	Fourth Grade	4			4
五　级	Fifth Grade	1			1

注：上表反映全年被监测的三种主要污染物成为首要污染物的天数分布。
Note: The top table indicates day-distribution of the three main pollutant supervised as first one in the whole year.

6-13 主要监测河、渠、水库污染程度
POLLUTE THE DEGREE MAINLY BY MONITOR THE RIVER,CANAL,RESERVOIR

项目	Item	监测河湖和水库数量 Monitor the River, Canal and Reservoir	河、渠数量 Number of River and Canal	湖、水库数量 Number of Lake and Reservoi
总计	**Total**	**77**	**50**	**27**
基本未受污染	Have not been Polluted Basically	24	11	13
轻度污染	Slight pollution	22	9	13
中度污染	Medium pollution	2	2	
重度污染	Serious pollution	19	18	1
严重污染	Pollute seriously	5	5	
无水	No Water	5	5	

主要统计指标解释

能源生产量 能源生产量是反映能源生产规模、构成、生产成果的重要指标。按能源的成因分为一次能源（亦称天然能源）生产量和二次能源（亦称人工能源）生产量。

能源总消费量 指报告期内社会各行业和居民生活所消费的各种能源数量，是观察本地区能源消费水平、构成和发展速度的总量指标，能源总消费量包括终端能源消费量、加工转换损失量和损失量三部分。

一次能源生产量 指报告期内生产一次能源的企业将自然界现存的能源资源经过开采而产出的合格产品，主要包括原煤、原油、天然气、水电等。

二次能源生产量 指报告期内将一次能源经过各种加工转换设备生产出的另一种形式的各种合格的能源产品。如火电、热力、洗煤、焦碳、各种石油制品、焦炉煤气、城市煤气等。

能源加工转换投入产出量 能源具有由一种能量形式转换为另一种能量形式及耗用过程中可用一种能源替代另一种能源的特征。为提高能源的利用价值和效率，对能源进行加工、转换，产出适合生产和生活需要的更高级的能源产品。在加工转换投入(－)产出(＋)量中，“－”表示能源加工转换的投入量，“＋”表示二次能源的产出量。

投入量 是指为加工转换二次能源及其它石油制品和其它焦化产品，所投入到加工转换设备的各种能源。在表中以负数表示。

产出量 是指各种能源经过加工转换后，产出的各种二次能源及非能源石油制品和焦化产品。

损失量 指能源在经营管理和生产、输送、分配、储存等过程中发生的损失以及由于自然因素等原因造成的损失。不包括加工转换损失量。

终端消费量 反映作为原料、燃料和动力消费的能源及其去向，它们的消费过程体现了能源消费的终止，不会再在社会上重新作为能源投入使用。终端消费量不包括用于能源加工转换投入量、加工转换损失量和损失量。

平均每万元国内生产总值能源消费量 能源总消费量或分品种能源消费量与国内生产总值之比。

人均生活用能量 指用于生活消费的各种能源数量与人口总数之比。

垃圾无害化处理能力 指垃圾无害化处理场（厂）按工艺设计每天所能处理生活垃圾的数量。垃圾无害化处理场（厂）必须是按照有关技术、环境、卫生标准和规范进行设计、建设、运行、维护和管理的各种生活垃圾处理设施，主要包括卫生填埋场、堆肥厂和焚烧厂等。

七、物　价

PRICE INDEX

居民消费价格指数（上年=100）（单位：%）
Comsumer Price Index (preceding year=100) (%)

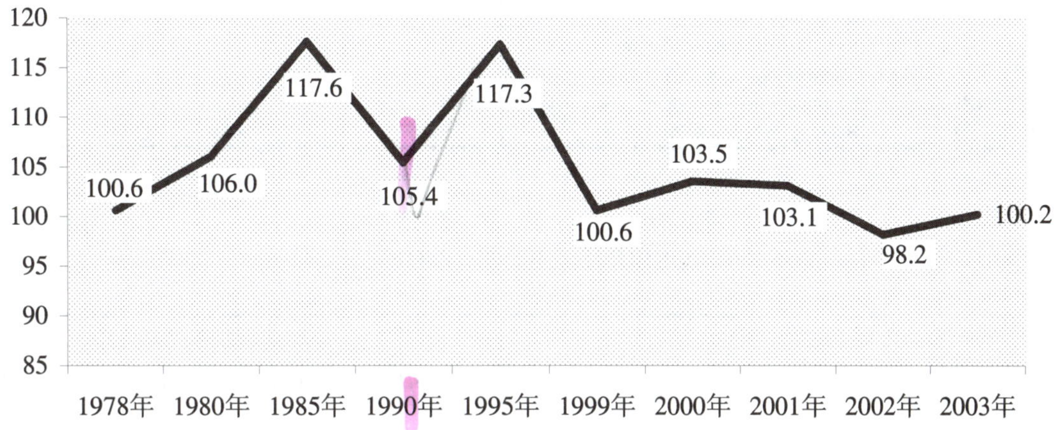

商品零售价格指数（上年=100）（单位：%）
Retail Price Index (preceding year=100) (%)

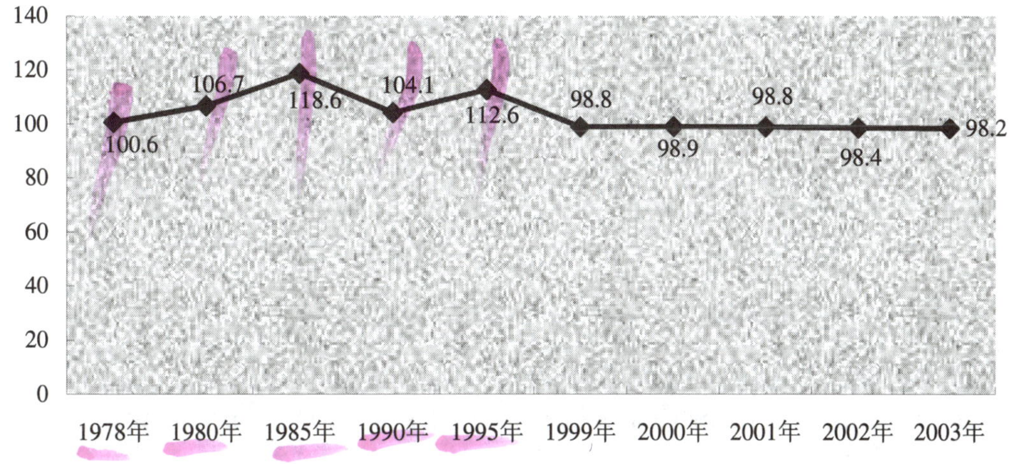

7-1 各种物价总指数
OVERALL PRICE INDICES

单位：%　　　　(%)

项目	Item	1978=100	1980=100	1985=100	1990=100	2000=100	2002=100
居民消费价格指数	Consumer Price Index	631.9	585.4	470.0	272.4	101.4	100.2
商品零售价格指数	Retail Price Index	444.4	408.8	324.8	186.2	95.5	98.2
农副产品收购价格指数	Purchasing Price Indices of Farm and Sidelining Products	405.3	350.9	257.3	153.0	96.5	102.4
农业生产资料价格指数	Means of Agricultural Production Price Index	371.4	370.3	328.6	198.1	101.6	98.5
工业品出厂价格指数	Industrial Products Producer Price Index					97.4	101.5
原材料、燃料、动力购进价格指数	Raw Material,Fuels and Motive Power Purchasing Price Index					102.2	104.7
固定资产投资价格指数	Investment in Fixed Assets Price Index					103.2	102.2
建筑安装工程价格指数	Building Installation Price Index	518.9	371.2	300.0	110.6	107.1	104.3

7-2 居民消费价格指数
CONSUMER PRICE INDICES

单位：%　　　　(%)

项目	Item	1978=100	1980=100	1985=100	1990=100	2000=100	2002=100
总指数	**Aggregate Index**	**631.9**	**585.4**	**470.0**	**272.4**	**101.4**	**100.2**
服务项目	Services	2526.2	2519.9	2242.9	1084.8	116.0	100.7
食品类	Food	664.7	601.9	425.2	241.0	102.7	103.2
# 粮食	Grain	596.6	596.6	573.6	404.3	92.8	99.1
油脂类	Oil	482.2	482.2	412.1	189.3	94.6	114.1
肉禽及其制品	Meat,Poultry and Related Products	640.1	518.1	381.0	222.3	102.4	100.9
水产品	Aquatic Products	1502.7	1067.5	425.8	167.7	95.0	102.5
菜类	Vegetable	1382.5	1223.0	634.4	336.5	120.2	139.8
# 鲜菜	Fresh Vegetable	1497.6	1310.8	618.5	325.8	123.4	145.4
干菜及菜制品	Dried Vegetable and Vegetable Products	495.9	477.7	415.7	229.6	96.4	99.7
调味品	Flavoring	728.5	750.0	682.3	369.5	105.4	100.3
干鲜瓜果类	Dried and Fresh Melon and Fruits	670.0	626.1	344.0	171.8	105.9	109.0
烟酒及用品	Tabacoo, Liquor and Related Products	383.1	383.1	268.4	175.0	102.3	100.2
衣着类	Clothing	354.5	362.6	383.3	216.9	93.5	97.1
# 服装	Garments	366.1	377.8	417.7	221.4	93.2	98.3
衣着材料	Clothing Material	249.4	250.3	283.4	176.3	95.4	99.0
鞋袜帽	Shoes,Socks and Hats	388.3	394.0	370.5	230.2	92.9	93.3
家庭设备用品及维修服务	Household Facilities,Articles and Related Repairing Services	271.2	269.7	252.5	142.1	91.9	97.7
医疗保健和个人用品	Medical Health Care and Personal Articles	628.6	578.0	469.9	256.3	99.0	100.1
交通和通讯	Means of Transportation and Communications	126.3	126.3	142.4	106.5	98.1	97.8
娱乐教育文化用品及服务	Recreation,Education,Cultural Articles and Related Services	227.8	221.8	215.7	117.3	108.4	98.3
居住	Residence	552.6	743.0	712.7	544.5	107.9	101.6
# 房租	Houese Rent	1456.2	2300.6	2282.8	2282.8	116.7	100.0
水电燃料	Water,Electricity and Fuel	593.1	593.1	524.1	489.2	130.1	109.2

7-3 居民消费价格分类指数
CONSUMER PRICE INDICES BY CATEGORIES

单位：%　　　　(%)

项目	Item	2002=100	项目	Item	2002=100
居民消费价格指数	**Consumer Price Index**	**100.2**	服　装	Garments	98.3
非食品价格指数	Non-food Price Index	98.8	衣着材料	Clothing Materials	99.0
服务项目价格指数	Price Index of Services	100.7	鞋袜帽	Shoes, Socks and Hats	93.3
扣除鲜菜鲜果指数	Aggregate Index exclude Fresh Vegetable and Fruit	99.1	衣着加工服务	Clothing Processing Services	109.0
			家庭设备用品及维修服务	Households Facilities, Articles and Repairing Services	97.7
消费品价格指数	Price Index of Consumer Goods	100.0			
食品	Food	103.2	耐用消费品	Durable Consumer Goods	95.8
粮食	Grain	99.1	室内装饰品	Room Ornament	98.6
淀粉及薯类	Amylum and Potato	98.9	床上用品	Bedding	99.8
干豆类及豆制品	Dry Bean and Bean Products	104.2	家庭日用杂品	Groceries for Households Daily Use	97.5
油脂	Lipa	114.1			
肉禽及其制品	Meat, Pourtry and Raleted Products	100.9	家庭服务及加工维修服务	Households Services, Processing and Repairing	107.6
蛋	Eggs	96.9	医疗保健和个人用品	Medical Health Care and Personal Articles	100.1
水产品	Aquatic Products	102.5			
菜	Vegetable	139.8	医疗保健	Medical Health Care	99.9
调味品	Flavoring	100.3	个人用品及服务	Personal Articles and Services	100.7
糖	Sugar	102.4	交通和通讯	Transportation and Communication	97.8
茶及饮料	Tea and Beverage	101.1	交　通	Transportation	101.0
干鲜瓜果	Dry and Fresh Melon and Fruit	109.0	通　信	Communication	95.5
			娱乐教育文化用品及服务	Recreation,Education,Cultural Articles and Related Services	98.3
糕点饼干面包	Cake, Cookie and Bread	97.9			
奶及奶制品	Milk and Diary Products	97.1	文娱用耐用消费品及服务	Durable Consumer Goods and Services for Culture and Recreation	89.5
在外用膳食品	Out-dining Food	98.1			
其它食品及食品加工服务	Other Food and Food Processing Services	100.3	教　育	Education	99.7
			文化娱乐用品	Recreation and Education Articles	103.1
烟酒及用品	Tobacco, Liquor and Related Products	100.2	旅游及外出	Tourism and Outgoing	95.9
			居　住	Residence	101.6
烟草	Tobacco	99.7	建房及装修材料	Building and Fitment Materials	92.5
酒	Liquor	101.1	租　房	Rent	100.0
吸烟饮酒用品	Related Products	100.7	自有住房	Own House	97.8
衣着	Clothing	97.1	水、电、燃料	Water, Electricity and Fuel	109.2

7-4 商品零售价格指数(2002=100)
RETAIL PRICE INDICES

单位:%　　(%)

项　目 Item	2002=100	项　目 Item	2002=100
商品零售价格总指数　Aggregate Index	**98.2**	家用电器及音像器材　Household Appliances and Hifi	94.6
食品类　Food	103.0	家庭设备　Household Appliances	95.5
粮食　Grain	99.1	文娱用耐用消费品　Culture and Recreat Durable Consumable	90.3
淀粉及薯类　Amylum and Potato	98.9		
干豆类及豆制品　Dry Bean and Bean Products	104.2	音像器材类　Household Appliances and Hifi	97.5
油脂　Lipa	114.1	文化办公用品　Culture and Office Articles	93.0
肉禽及其制品　Meat, Pourtry and Raleted Products	100.8	日用品　Daily Use Articles	93.4
食用畜肉及副产品　Meat and Sideline Product	101.2	日用百货　Daily Use General Merchandise	87.4
禽　Pourtry	100.3	日用杂品　Daily Use Sundiries	99.5
肉禽加工制品　Meat and Pourty Products	100.4	洗涤用品　Washing	96.7
蛋　Eggs	97.0	其它日用品　Other Daily Use Articles	97.3
水产品　Aquatic Products	102.6	体育娱乐用品　Sports and Recreat Articles	98.7
鱼　Fish	104.6	体育用品　Sports Articles	99.1
其它水产品　Other Aquatic Products	100.7	娱乐用品　Recreat Articles	98.2
菜　Vegetable	137.1	交通、通信用品　Transportation and Eommunication Equipments	92.7
调味品　Flavoring	100.3		
糖　Sugar	102.4	交通运输机械　Transportation Equipments	95.1
干鲜瓜果　Dry and Fresh Melon and Fruit	108.2	通讯器材类　Eommunication Equipments	79.3
糕点饼干面包　Cake, Cookie and Bread	97.9	家具　Furnitures	97.5
奶及奶制品　Milk and Diary Products	97.1	化妆品类　Toiletry	98.6
在外用膳食品　Out-dining Food	98.1	金银珠宝类　Jewelry	108.6
其它食品　Other Foods	100.3	中西药品及医疗保健用品类　Chinese Traditional and Western Medicine,Medical Care Product	99.9
饮料、烟酒　Beverage,Tobacco and Liquor	100.7		
茶及饮料　Tea and Beverage	101.2	医疗器具及用品　Medical Equipment and Products	100.3
茶叶　Tea	103.2	中药材及中成药　Chinese Traditional Medicine	99.3
饮料　Beverage	100.3	西药　Western Medicine	100.4
烟草　Tobacco	99.7	保健器具及用品　Health Care Equipment and Products	99.6
酒　Liquor	101.0	书报杂志及电子出版物类　Book,Magazines and E-journal	97.2
服装、鞋帽类　Garments,Shoes,Hats	97.1		
服装　Garments	98.6	教材及参考书　Teaching Material and Reference Book	94.7
男式服装　Clothing for Men	98.1		
女式服装　Clothing for Women	99.3	书报杂志　Books and Magazines	100.0
儿童服装　Clothing for Children	96.4	电子音像制品　E-journal	93.5
鞋袜帽　Shoes,Hose,Hats	93.3	燃料类　Fuels	109.9
鞋　Shoes	92.7	煤炭及制品类　Coal and Coal Products	119.5
袜子　Hose	99.4	石油及制品类　Petroleum and Related Products	109.4
帽子　Hats	100.5	建筑材料及五金电料类　Construction Material and Hardware	94.2
其它　Others	98.7		
纺织品类　Textile	99.5	建筑装璜材料　Construction Material	92.5
衣着材料　Cloth	98.9	五金电料类　Hardware	98.2
床上用品　Bedding	99.8		

7-5 商品零售价格指数（2000=100）
RETAIL PRICE INDICES

单位：%　　　　(%)

项目	Item	2000=100	项目	Item	2000=100
商品零售价格总指数	**Aggregate Index**	95.5	酒	Liquor	110.8
食品类	Food	104.4	服装、鞋帽类	Garments,Shoes,Hats	93.5
# 粮食	Grain	96.2	# 服装	Garments	97.3
油脂	Oil	91.0	鞋袜帽	Shoes,Hose,Hats	84.2
肉禽及其制品	Meat, Pourtry and Raleted Products	102.7	鞋	Shoes	82.7
蛋	Egg	109.6	袜子	Hose	100.8
水产品	Aquatic Products	91.9	帽子	Hats	99.7
菜	Vegetable	129.1	纺织品类	Textile	101.6
鲜菜	Fresh Vegetable	134.2	家用电器及音像器材	Household Appliances and Hifi	78.3
干菜及菜制品	Dried Vgetable Related Products	98.9	文化办公用品	Culture and Office Articles	77.6
调味品	Condiment	104.3	日用品	Daily Use Articles	88.9
糖	Sugar	106.5	体育娱乐用品	Sports and Recreat Articles	95.8
干鲜瓜果	Dry and Fresh Melon and Fruit	106.4	交通、通信用品	Transportation and Eommunication Equipments	86.9
鲜果	Fresh Fruit	108.1	家具	Furnitures	91.3
干(坚)果及	Nuts and Melon,	103.2	化妆品类	Toiletry	96.1
瓜果制品	Fruit Products		金银珠宝类	Jewelry	104.2
糕点饼干面包	Cake, Cookie and Bread	96.7	中西药品及医疗	Chinese Traditional and Western Medicine,	103.7
奶及奶制品	Milk and Diary Products	96.3	保健用品类	Medical Care Product	
在外用膳食品	Out-dining Food	106.7	书报杂志及电子	Book,Magazines and E-journal	98.9
饮料、烟酒	Beverage,Tobacco and Liquor	102.5	出版物类		
茶及饮料	Tea and Beverage	97.4	燃料类	Fuels	127.9
烟草	Tobacco	102.8	建筑材料及五金电料类	Construction Material and Hardware	89.4

7-6 工农业产品综合比价指数
AGGREGATE PRICE PARITY INDEX OF INDUSTRIAL AND AGRICULTURAL PRODUCTS

单位：%　　　　(%)

基　　期 Base Period	农副产品收购价格总指数 Purchasing Price Indices of Farm and Sidelining Products	农村工业品零售价格总指数 Retail Price Index of Industrial Products in in Rural Area	工农业产品综合比价指数 Aggregate Parity Index of Industrial and Agricultural Products	
			以农产品指数为100 Agricultural Products Index=100	以工业品指数为100 Industrial Products Index=100
1957=100	485.9	356.0	73.3	136.5
1965=100	436.6	345.9	79.2	126.2
1970=100	435.9	367.2	84.2	118.7
1975=100	405.6	377.8	93.1	107.4
1978=100	395.8	372.6	94.1	106.2
1980=100	342.7	368.6	107.6	93.0
1985=100	251.3	336.9	134.1	74.6
1990=100	149.4	197.9	132.5	75.5
1995=100	77.0	105.5	137.0	73.0
2000=100	94.2	98.7	104.8	95.4
2001=100	92.4	99.9	108.1	92.5
2002=100	102.4	98.2	95.9	104.3

7-7 工业品出厂价格指数（上年=100）
INDUSTRIAL PRODUCTS PRODUCER PRICE INDICES（PRECEDING YEAR=100）

单位：%　　　　(%)

项　　目	Item	2003	2002
总指数	**Aggregate Index**	**101.5**	**96.6**
# 轻工业	Light Industry	98.0	97.6
以农产品为原料	Using Farm Products as Raw Materials	100.4	98.0
以非农产品为原料	Using Non-farm Products as Raw Materials	97.3	96.7
重工业	Heavy Industry	104.5	96.4
采掘	Excavation	103.5	160.2
原料	Raw Material	114.5	99.5
加工	Processing	100.1	94.0
# 生产资料	Capital Goods	102.2	96.4
采掘	Excavation	97.5	149.6
原料	Raw Material	115.5	99.4
加工	Processing	98.7	94.2
生活资料	Living Goods	99.1	97.9
食品	Food	99.7	98.8
衣着	Clothing	99.6	98.7
一般日用品	Articles for Daily Use	99.9	98.4
耐用消费品	Durable Consumer Goods	96.5	95.6

7-8 原材料、燃料、动力购进价格指数（上年=100）
PRICE INDICES OF RAW MATERIAL,FUELS AND MOTIVE POWER PURCHASING (PRECEDING YEAR=100)

单位：%　　　　(%)

项目	Item	2003	2002
总指数	**Aggregate Index**	**104.7**	**97.1**
燃料、动力类	Fuel and Motive Power	109.6	102.3
黑色金属材料类	Ferrous Metal Materials	110.9	96.4
# 钢材	Steel Products	108.6	98.1
其他	Others	115.0	93.6
有色金属材料类	Nonferrous Metal Materials	101.4	96.1
化工原料类	Industrial Chemicals	107.3	99.3
木材及纸浆类	Timber and Paper Pulp	100.6	102.5
建筑材料及非金属类	Construction Materials and Nonmetals	99.0	97.6
其它工业原材料及半成品类	Other Industrial Materials and Semi-manufactured Goods	95.2	92.3
农副产品类	Farming and Sideline Products	114.3	93.6
纺织原料类	Textile Materials	98.1	97.8

7-9 固定资产投资额价格指数
PRICE INDICES OF INVESTMENT IN FIXED ASSETS

单位：%　　　　(%)

项目	Item	1992=100	1993=100	1994=100	2000=100	2002=100
总 指 数	**Aggregate Index**	**195.5**	**154.5**	**132.9**	**103.2**	**102.2**
建筑安装工程	Building Installation	229.7	175.2	146.3	107.1	104.3
设备、工器具购置	Purchase of Equipment, Tools and Instruments	127.3	110.8	108.6	87.0	95.6
其他费用	Others	162.0	132.7	107.3	101.6	100.8

注：按国家统计局的有关规定，固定资产投资额价格指数从1992年开始计算。

Note: According to rules of State Statistical Bureau, price indices of investment in fixed assets are counted from 1992.

7-10 建筑安装工程价格指数
PRICE INDICES OF BUILDING INSTALLATION

单位：%　　　　(%)

项目	Item	1978=100	1985=100	1990=100	2000=100	2002=100
总 指 数	**Aggregate Index**	**518.9**	**300.0**	**110.6**	**107.1**	**104.3**
人 工 费	Labor Cost	1155.3	794.3	852.4	112.4	**103.3**
材料费用	Material Cost	546.0	385.0	277.6	106.7	105.2
机械使用费	Make Use of Machine Cost				102.2	99.9

7-11 建筑安装工程中主要材料费用价格指数
PRICE INDICES OF MAJOR MATERIALS IN BUILDING INSTALLATION

单位：%　　　　(%)

项目	Item	1978=100	1985=100	1990=100	2000=100	2002=100
总指数	**Aggregate Index**	**546.0**	**385.0**	**277.6**	**106.7**	**105.2**
钢材	Rolled-steel Products	493.6	391.0	350.3	107.1	110.8
木材	Timber	820.2	422.6	308.9	102.2	101.5
水泥	Cement	715.1	508.8	324.2	103.1	99.4
地方材料	Local Materials	562.6	379.5	255.5	109.2	100.5
其他材料	Other Materials	554.6	393.9	277.4	103.1	101.2

7-12 房地产价格指数(上年=100)
PRICE INDICES OF REAL ESTATE(PRECEDING YEAR=100)

单位：%　　　　(%)

项目	Item	2003	2002
土地交易价格指数	**Price Indices of Land Transaction**	**100.6**	**100.0**
居民住宅用地	Residential Building	101.0	100.0
工业用地	Industry	99.5	100.0
商业旅游娱乐用地	Commerce,Tourism and Recreation	99.3	100.0
其他用地	Others	101.7	100.0
房屋销售价格指数	**Price Indices of Real Estate Sales**	**100.3**	**100.3**
商品房	Commodity Building	100.4	100.0
住宅	Residence	100.6	100.2
非住宅	Non-residence	99.1	98.4
私有住房	Public	100.2	100.8
公房交易	Private	100.0	100.0
房屋租赁价格指数	**Price Indices of Real Estate Rent**	**108.5**	**107.6**
住宅	Residence	113.4	109.3
公房	Public	100.0	100.0
私房	Private	226.5	254.7
办公用房	Office	98.1	102.8
商业用房	Commerce	96.6	99.9
厂房仓库	Plant	100.0	114.3

7-13 36个大中城市物价指数（上年=100）

PRICE INDEX OF THE 36 LARGE AND MEDIUM CITIES(PRECEDING YEAR=100)

单位：%　　　　(%)

城市	City	2003 居民消费价格指数 Consumer Price Index	2003 商品零售价格指数 Retail Price Index	2002 居民消费价格指数 Consumer Price Index	2002 商品零售价格指数 Retail Price Index
平均指数	**Average Index**	**100.7**	**99.2**	**99.2**	**98.3**
北　京	Beijing	100.2	98.2	98.2	98.4
天　津	Tianjin	101.0	97.4	99.6	97.4
石家庄	Shijinazhuang	102.0	99.7	98.9	98.9
太　原	Taiyuan	101.9	100.9	97.4	97.1
呼和浩特	Huhehaote	101.7	100.1	99.7	100.0
沈　阳	Shenyang	100.9	99.7	100.4	97.0
大　连	Dalian	100.6	99.4	98.0	97.2
长　春	Changchun	101.0	100.7	99.7	98.7
哈尔滨	Haerbin	100.1	98.9	99.6	98.2
上　海	Shanghai	100.1	99.0	100.5	98.7
南　京	Nanjing	101.4	98.1	97.9	96.1
杭　州	Hangzhou	99.5	98.1	98.8	97.9
宁　波	Ningbo	101.2	101.6	99.2	98.6
合　肥	Hefei	101.2	101.4	99.1	99.1
福　州	Fuzhou	99.4	97.6	99.6	97.8
厦　门	Xiamen	101.0	99.0	98.4	98.2
南　昌	Nanchang	100.5	99.7	100.6	100.1
济　南	Jinan	99.9	98.0	98.8	97.8
青　岛	Qingdao	101.4	98.3	98.9	99.5
郑　州	Zhengzhou	102.0	101.5	100.1	98.8
武　汉	Wuhan	102.3	100.4	98.6	97.7
长　沙	Changsha	100.9	99.2	99.2	98.6
广　州	Guangzhou	100.1	99.1	97.6	97.4
深　圳	Shenzhen	100.7	100.0	101.2	100.2
南　宁	Nanning	100.8	99.5	99.4	97.5
海　口	Haikou	99.8	99.9	99.2	99.0
重　庆	Chongqing	100.6	99.5	99.6	98.9
成　都	Chengdu	102.1	100.2	98.7	98.8
贵　阳	Guiyang	100.8	97.6	98.4	99.0
昆　明	Kunming	101.6	100.7	99.2	97.3
拉　萨	Lasa	100.4	99.9	101.1	99.8
西　安	Xi'an	100.5	100.0	98.6	98.5
兰　州	Lanzhou	100.9	99.2	99.3	98.8
西　宁	Xining	101.8	101.9	101.4	99.3
银　川	Yinchuan	101.7	99.8	99.5	98.7
乌鲁木齐	Wulumuqi	100.6	100.2	98.5	97.3

主要统计指标解释

居民消费价格指数 是反映居民家庭所购买的生活消费品和支付的服务项目价格变动总趋势和程度的一种综合价格指数，分为城市居民消费价格指数和农村居民消费价格指数。通过编制居民消费价格指数，可以全面观察居民消费价格变动对居民生活的影响。居民消费价格指数还是反映通货膨胀的重要指标。按国家规定我市只编制上报城市居民消费价格指数。

商品零售价格指数 是反映工业、商业、餐饮业和其他零售业向城乡居民、机关团体出售生活消费品和办公用品价格变动总趋势和程度的一种综合价格指数。通过编制商品零售价格指数，可以全面掌握市场商品零售价格的变动情况。

工业品出厂价格指数 是反映全部工业产品出厂价格总水平的变动趋势和程度的相对数。其中包括工业企业售给商业、外贸、物资部门的产品外，还包括售给工业和其他部门的生产资料以及直接售给居民的生活消费品。通过工业生产价格指数能观察出厂价格变动对工业总产值的影响。

原材料、燃料、动力购进价格指数 是反映全部工业原材料、燃料、动力购进价格总水平的变动趋势和程度的相对数。用其可以观察和研究工业企业原材料价格变动对生产的影响，以及企业对原材料涨价的消化能力和承受能力，为制订价格政策提供依据。

固定资产投资价格指数 是反映固定资产投资额价格变动趋势和程度的相对数。固定资产投资额是由建筑安装工程投资完成额、设备、工器具购置投资完成额和其他费用投资完成额三部分组成的。编制固定资产投资价格指数应首先分别编制上述三部分投资的价格指数，然后采用加权算术平均法求出固定资产投资价格总指数。编制固定资产投资价格指数可以准确地反映固定资产投资中涉及的各类商品和取费项目价格变动趋势和变动幅度，消除按现价计算的固定资产投资指标中的价格变动因素，真实地反映固定资产投资的规模、速度、结构和效益，为国家科学地制定，检查固定资产投资计划并提高宏观调控水平，为完善国民经济核算体系提供科学的，可靠的依据。

房地产价格指数 是反映全部房地产价格总水平的变动趋势和程度的相对数。包括土地出让价格指数、房地产销售价格指数、房地产租赁价格指数。

土地交易价格指数 是指房地产开发商或其他建设单位在进行商品房开发前为取得土地使用权而实际支付的价格的变动趋势和程度的相对数。

房屋销售价格指数 是指房地产销售价格总水平变动趋势和程度的相对数。

房屋租赁价格指数 是指房地产租赁价格总水平变动趋势和程度的相对数。

八、人民生活
PEOPLES LIVELIHOOD

居民人均收入（单位：元）
Income Per Capita (yuan)

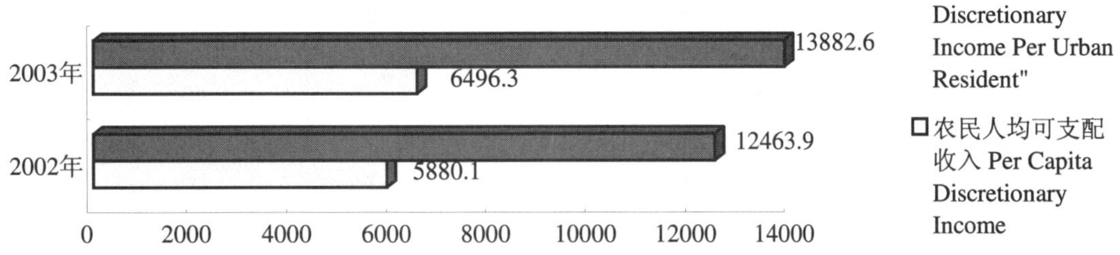

居民人均消费性支出（单位：元）
Annual Living Expenditures Per Capita (yuan)

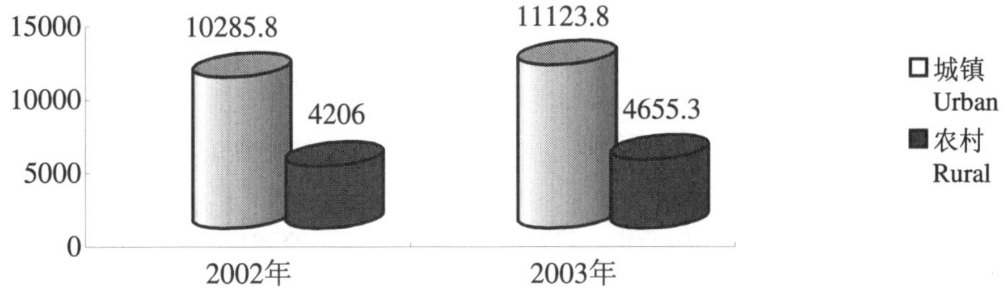

居民人均住房情况（单位：平方米）
Living Conditions Per Capita (sq.m)

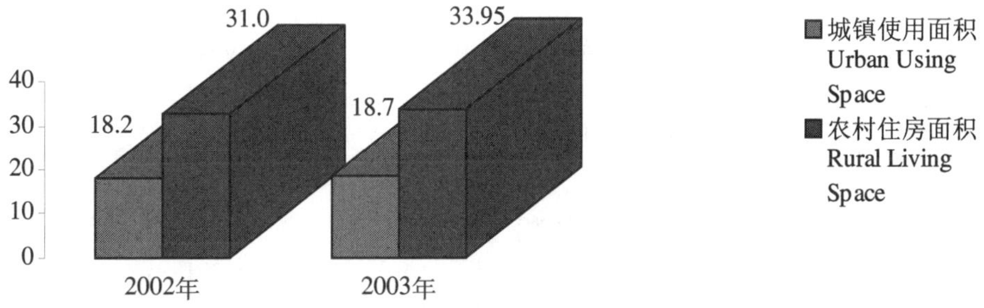

8-1 1000户城市居民家庭基本情况
BASIC STATISTICS OF 1000 SAMPLED URBAN HOUSEHOLDS

项目 Item			2003	2002	2003年为2002年% 2003 as % of 2002
一、调查户数	(户) Households Surveyed	(household)	1000.0	1000.0	100.0
二、家庭人口数	(人) Persons of Households	(person)	2970.0	2990.0	99.3
平均每户家庭人口	(人) Average Persons Per Household	(person)	3.0	3.0	100.0
(一)有收入者人数	(人) Persons Having Income	(person)	2360.0	2340.0	100.9
1. 就业人口数	(人) Employees	(person)	1680.0	1650.0	101.8
平均每户就业人口数	(人) Average Employees Per Household	(person)	1.7	1.7	100.0
(1)国有经济单位职工人数	(人) in State-owned Units	(person)	1020.0	1150.0	88.7
(2)集体经济单位职工人数	(人) in Collective-owned Units	(person)	50.0	50.0	100.0
(3)其他经济类型职工人数	(人) in Other Units	(person)	200.0	170.0	117.7
(4)个体经营者人数	(人) Individual Employer	(person)	60.0	60.0	100.0
(5)个体被雇者人数	(人) Individual Employee	(person)	40.0	30.0	133.3
(6)离退休再就业者人数	(人) Reemployees after retirement	(person)	240.0	150.0	160.0
(7)其他就业者人数	(人) Others	(person)	70.0	40.0	175.0
2. 离退休人员数	(人) Retirees	(person)	630.0	650.0	96.9
3. 其它有收入者人员数	(人) Others	(person)	50.0	40.0	125.0
(二)无收入者人数	(人) Persons having no Income	(person)	600.0	650.0	92.3
三、平均每一就业者负担人数	(人) Dependents Per Employee	(person)	1.4	1.4	100.0
四、平均每人年可支配收入	(元) Annual Discretionary Income Per Capita	(yuan)	13882.6	12463.9	111.4
五、平均每人年消费支出	(元) Annual Living Expenditure Per Capita	(yuan)	11123.8	10285.8	108.1

8-2 35个大中城市居民人均收支情况
CONTRAST ON PER CAPITA INCOME AND EXPENDITURE OF URBAN RESIDENTS OF 35 LARGE AND MEDIUM CITIES

单位：元 (yuan)

城市	City	人均可支配收入 Annual Discretionary Income Per Capita 2003	2002	2003年为2002年% 2003 as % of 2002	人均消费支出 Annual Living Expenditure Per Capita 2003	2002	2003年为2002年% 2003 as % of 2002
北　京	Beijing	13882.6	12463.9	111.4	11123.8	10285.8	108.1
天　津	Tianjin	10312.9	9337.6	110.4	7867.5	7192.0	109.4
石家庄	Shijiazhuang	7740.5	7239.8	106.9	6094.0	5820.6	104.7
太　原	Taiyuan	8264.3	7376.6	112.0	6374.2	5987.9	106.5
呼和浩特	Huhehaote	8230.4	6996.2	117.6	6332.1	5524.0	114.6
沈　阳	Shenyang	7961.0	7050.2	112.9	6690.3	6074.4	110.1
大　连	Dalian	9101.4	8199.6	111.0	7759.9	7117.8	109.0
长　春	Changchun	7905.3	6963.4	113.5	6766.0	6147.5	110.1
哈尔滨	Haerbin	7907.0	7003.8	112.9	6228.9	5500.3	113.3
上　海	Shanghai	14867.5	13249.8	112.2	11040.3	10464.0	105.5
南　京	Nanjing	10194.2	9157.1	111.3	7723.1	7322.6	105.5
杭　州	Hangzhou	12892.0	11432.2	112.8	10071.0	9597.6	104.9
宁　波	Ningbo	14277.3	12969.8	110.1	10462.9	9396.5	111.4
合　肥	Hefei	7782.0	7144.7	108.9	6233.6	5721.5	109.0
福　州	Fuzhou	10183.0	9190.7	110.8	7380.4	6670.8	110.6
厦　门	Xiamen	12915.3	11767.7	109.8	9457.9	8503.8	111.2
南　昌	Nanchang	7793.2	7020.7	111.0	5078.9	4789.6	106.0
济　南	Jinan	11012.9	10094.2	109.1	8395.4	7818.4	107.4
青　岛	Qingdao	10073.9	8720.9	115.5	8055.0	7344.0	109.7
郑　州	Zhengzhou	8647.5	7771.6	111.3	6127.2	5666.0	108.1
武　汉	Wuhan	8520.2	7815.6	109.0	7251.6	6833.4	106.1
长　沙	Changsha	9942.5	8868.4	112.1	8557.6	7739.6	110.6
广　州	Guangzhou	15002.6	13361.0	112.3	11570.6	10671.8	108.4
深　圳	Shenzhen	23905.9	21914.3	109.1	17372.0	17920.9	96.9
南　宁	Nanning	9162.0	8796.2	104.2	7216.9	6969.7	103.6
海　口	Haikou	8351.9	8003.9	104.4	6608.7	6624.7	99.8
重　庆	Chongqing	8093.7	7238.0	111.8	7118.1	6360.2	111.9
成　都	Chengdu	8823.4	8231.9	107.2	7062.6	6874.2	102.7
贵　阳	Guiyang	7980.0	7306.1	109.2	6324.4	5801.4	109.0
昆　明	Kunming	7979.4	7380.7	108.1	6471.7	6149.2	105.2
西　安	Xi'an	7749.5	7183.6	107.9	6805.3	6419.2	106.0
兰　州	Lanzhou	7094.3	6554.8	108.2	5679.2	5688.2	99.8
西　宁	Xining	7040.2	6432.6	109.5	5519.6	5131.3	107.6
银　川	Yinchuan	7246.6	6845.3	105.9	6094.1	5979.4	101.9
乌鲁木齐	Wulumuqi	8370.2	8092.2	103.4	6335.2	6636.1	95.5

8-3 1000户城市居民家庭基本情况(按收入水平分)

项目 Item			全市平均 Average	最低收入户10% Best Low Income	#更低收入户5% More Best Low Income
一、调查户数	(户) Households Surveyed	(household)	1000	100	50
二、家庭人口数	(人) Persons of Households	(person)	2970	310	158
平均每户家庭人口	(人) Average Persons Per Household	(person)	3.0	3.1	3.2
(一)有收入者人数	(人) Persons Having Income	(person)	2360.0	210.1	100.3
1. 就业人口数	(人) Employees	(person)	1680.0	150.0	73.3
平均每户就业人口数	(人) Average Employees Per Household	(person)	1.7	1.5	1.5
(1)国有经济单位职工人数	(人) in State-owned Units	(person)	1020.0	73.0	31.3
(2)集体经济单位职工人数	(人) in Collective-owned Units	(person)	50.0	5.3	3.4
(3)其他经济类型职工人数	(人) in Other Units	(person)	200.0	8.0	0.7
(4)个体经营者人数	(人) Individual Employer	(person)	60.0	20.6	9.3
(5)个体被雇者人数	(人) Individual Employee	(person)	40.0	6.2	5.3
(6)离退休再就业人数	(人) Reemployees after retirement	(person)	240.0	13.3	5.8
(7)其他就业者人数	(人) Others	(person)	70.0	21.9	17.6
2. 离退休人员数	(人) Retirees	(person)	630.0	51.5	20.7
3. 其它有收入者人数	(人) Others	(person)	50.0	8.0	6.3
(二)无收入者人数	(人) Persons having no Income	(person)	600.0	98.0	57.2
三、平均每一就业者负担人数	(人) Dependents Per Employee	(person)	1.4	1.7	1.9
四、平均每人年可支配收入	(元) Annual Discretionary Income Per Capita	(yuan)	13882.6	6174.2	5211.0
五、平均每人年消费支出	(元) Annual Living Expenditure Per Capita	(yuan)	11123.8	5641.6	4472.3

BASIC STATISTICS OF 1000 SAMPLED URBAN HOUSEHOLDS (BY INCOME LEVEL)

低收入户 10% Low Income	较低收入户 20% Medium-Low Income	中间收入户 20% Medium Income	较高收入户 20% Medium-High Income	高收入户 10% High Income	最高收入户 10% Best High Income	#更高收入户 5% More Best High Income
100	200	200	200	100	100	50
321	631	596	572	278	262	126
3.2	3.2	3.0	2.9	2.8	2.6	2.5
231.5	488.0	471.0	485.0	245.0	230.0	113.1
174.4	353.0	335.8	342.8	167.0	156.9	76.0
1.7	1.8	1.7	1.7	1.7	1.6	1.5
111.0	220.0	215.4	213.4	92.0	96.0	40.0
7.9	7.0	11.3	10.0	4.9	4.0	1.4
14.0	44.3	36.0	44.0	34.5	20.0	9.8
8.0	7.3	3.9	5.5	5.7	8.2	5.3
8.6	9.5	5.0	5.0	3.0	2.0	
19.2	50.0	51.0	58.8	23.5	25.0	16.8
4.5	15.1	12.9	6.6	4.0	4.0	2.7
50.3	119.0	130.0	134.0	75.7	70.0	35.4
6.7	15.0	5.8	8.0	2.9	3.1	1.7
89.0	142.7	123.0	85.0	31.9	30.0	12.7
1.5	1.4	1.4	1.3	1.2	1.2	1.2
8454.0	10343.8	12896.3	16010.6	20524.8	29009.5	33998.6
7750.4	8840.4	10602.4	12558.7	16099.7	20259.0	23306.2

8-4 1000户城市居民家庭每人每年现金收入

单位：元

项　目	Item	全市平均 Average	最低收入户10% Best Low Income	#更低收入户5% More Best Low Income
一、家庭总收入	**Familial Gross Income**	**14959.3**	**6842.5**	**5709.8**
# 可支配收入	Annual Discretionary Income	13882.6	6174.2	5211.0
(一)工薪收入	Emolument	10152.2	4239.9	3608.0
1. 工资及补贴收入	Laborage and Allowance Income	9785.6	4151.2	3503.0
2. 其它劳动收入	Other Income from Work	366.6	88.7	105.1
(二)经营性收入	Business Income	314.2	580.6	570.7
(三)财产性收入	Property Income	174.7	17.6	23.0
1. 利息收入	Interest Income	72.3	8.2	8.9
2. 股息与红利收入	Capital Bonus Income	56.1	7.2	14.1
3. 保险收益	Insurance Proceeds	5.1		
4. 其他投资收入	Other Income from Yield	0.4		
5. 出租房屋收入	Lease House Income	40.7	2.2	
6. 知识产权收入	Sciential Property Right			
7. 其他财产性收入	Other Income from Property			
(四)转移性收入	Transfer Income	4318.3	2004.4	1508.1
# 养老金或离退休金	Annuities and Pension	3727.7	1733.1	1234.8
社会救济收入	Receiving Special Reilief Income	6.7	41.6	81.8
辞退金	Resignation Allowances	7.1	27.6	
保险收入	Insurance Income	14.6	29.4	50.1
# 失业保险金	Unemployment Income	12.0	29.4	50.1
赡养收入	Maintenance Income	133.4	35.5	8.3
赠送收入	Gift Income	266.5	33.5	28.6
亲友搭伙费	Poor Funds	7.2	1.3	
提取住房公积金	Draw Money of Housing Accumulation Fund	17.0	6.0	
记帐补贴	Subsidies of Account	96.9	91.3	94.4
二、出售财物收入	**Proceeds from Sales of Belongings**	**236.2**	**3.4**	**4.4**
三、借贷收入	**Credit Income**	**3215.0**	**815.2**	**461.0**

ANNUAL CASH INCOME PER CAPITA OF THE 1000 URBAN HOUSEHOLDS

(yuan)

低收入户 10% Low Income	较低 收入户 20% Medium- Low Income	中间 收入户 20% Medium Income	较高 收入户 20% Medium- High Income	高收入户 10% High Income	最高 收入户 10% Best High Income	#更高 收入户 5% More Best High Income	2003年为 2002年% 2003 as % of 2002
9360.9	**11291.0**	**13910.8**	**17262.3**	**21993.0**	**30454.3**	**35377.3**	**112.9**
8454.0	10343.8	12896.3	16010.6	20524.8	29009.5	33998.6	111.4
6737.1	8026.1	9791.7	11964.8	14800.7	18679.5	19497.1	112.8
6487.8	7791.4	9461.6	11502.3	14185.4	17902.8	18147.7	111.0
249.2	234.7	330.1	462.5	615.3	776.7	1349.4	195.2
270.1	165.2	96.9	176.2	246.2	1225.5	2017.8	92.6
33.0	82.6	77.9	113.3	218.4	1057.7	1630.1	212.0
9.1	21.0	24.1	51.0	143.3	426.5	723.4	331.7
1.0	19.5	0.1	32.4	42.0	458.5	862.0	371.5
	8.9	0.6	5.7	1.1	21.5	44.7	164.5
			2.3				44.4
22.9	33.2	53.1	21.9	32.0	151.1		99.0
2320.8	3017.1	3944.4	5007.9	6727.7	9491.6	12232.3	112.7
2036.5	2700.7	3622.8	4491.9	5699.4	7194.8	8526.2	113.4
18.8							121.8
19.3							26.6
11.3	14.2	18.4	13.1	9.7	1.4	3.0	43.3
11.3	13.7	17.3	5.3	1.0	1.4	3.0	196.7
23.2	70.1	56.6	110.5	266.6	616.7	890.9	89.4
74.1	119.0	136.4	239.9	425.8	1312.3	2508.9	182.7
26.8		5.5	8.3	4.8	10.8	22.4	21.2
				97.0	81.5	61.4	103.7
88.8	91.5	96.3	101.3	103.1	111.5	116.9	110.6
1.2	**4.4**	**1.3**	**703.5**	**1011.2**	**47.5**	**91.4**	**9448.0**
1376.0	**1553.7**	**2751.6**	**3118.7**	**8146.5**	**8419.0**	**12754.4**	**150.5**

8-5 1000户城市居民家庭每人每年现金支出

单位：元

项目	Item	全市平均 Average	最低收入户10% Best Low Income	#更低收入户5% More Best Low Income
一、家庭总支出	**Familial Gross Expenditures**	**13762.9**	**6564.9**	**5186.7**
(一)消费支出	Living Expenditures	11123.8	5641.6	4472.3
# 服务性消费支出	Service Living Expenditures	3373.8	1643.6	1300.6
(二)购房与建房支出	Expenditures on Purchasing and Builking Houses	770.2		
1. 购房	Purchasing	736.9		
2. 建房	Builking Houses	33.3		
(三)转移性支出	Ambulant Expenditures	997.3	358.0	321.7
1. 交纳的个人收入税	Individual Income-tax	121.1	11.7	11.7
2. 捐赠支出	Gift Expenditures	437.5	129.0	108.0
3. 购买彩票	Buy Lottery Expenditures	12.2	11.9	4.0
4. 赡养支出	Support Expenditures	331.6	126.0	162.9
5. 各种非储蓄性保险支出	Non-saving-deposits Insurance	55.0	56.0	15.8
# 车辆保险支出	Automotive Insurance	12.6		
6. 其它转移性支出	Others	40.0	23.5	19.4
(四)财产性支出	Property Insurance	12.8		
(五)社会保障支出	Social Security Insurance	858.7	565.3	392.7
1. 个人交纳的养老基金	Annuities	316.1	249.8	154.0
2. 个人交纳的住房公基金	Housing Accumulation Fund	389.5	176.3	129.9
3. 个人交纳的医疗基金	Iatrical Accumulation Fund	119.9	109.7	82.9
4. 个人交纳的失业基金	Disemployed a Accumulation Fund	32.3	29.2	25.6
5. 其它社会保障支出	Others	1.0	0.2	0.3
二、借贷支出	**Credit Expenditures**	**4145.4**	**474.9**	**456.1**
# 存入储蓄款	Saving Deposits	3386.0	357.3	396.0
归还借款	Returning Loans	139.1	31.8	35.2
储蓄性保险支出	Save up Premiums	244.7	72.8	12.1
购买有价证券	Purchase of Securities	116.9	6.5	12.7
归还住房贷款	Return the Housing Provide a Loan	72.0	6.0	
归还汽车贷款	Return the Automotive Provide a Loan	20.0		
归还教育贷款	Return the Educational Provide a Loan			

ANNUAL CASH EXPENDITURES PER CAPITA OF THE 1000 URBAN HOUSEHOLDS

(yuan)

低收入户 10% Low Income	较低收入户 20% Medium-Low Income	中间收入户 20% Medium Income	较高收入户 20% Medium-High Income	高收入户 10% High Income	最高收入户 10% Best High Income	#更高收入户 5% More Best High Income	2003年为2002年% 2003 as % of 2002
9200.7	**10396.7**	**13138.8**	**15036.2**	**22435.5**	**25743.9**	**31436.9**	**112.4**
7750.4	8840.4	10602.4	12558.7	16099.7	20259.0	23306.2	108.1
2269.9	2376.9	3238.6	3889.2	4466.2	7238.5	9100.0	106.7
153.2	168.6	797.5	358.3	3154.5	2240.6	4599.6	194.7
153.2	168.6	627.6	358.3	3154.5	2240.6	4599.6	186.3
		170.0				0.0	0.0
511.9	563.3	917.8	1142.8	2092.0	2117.2	2347.5	111.1
32.9	35.2	97.3	174.4	293.2	322.0	272.8	362.6
218.5	259.1	344.8	558.9	846.8	1018.5	1174.1	87.7
6.0	2.3	7.9	20.2	27.6	19.6	12.8	80.8
211.7	234.1	403.4	295.8	709.7	488.5	522.0	138.0
15.2	20.0	35.7	51.7	173.5	109.6	194.8	103.8
	6.0	4.0	16.6	72.7	7.1	14.7	95.5
27.6	12.6	28.8	41.8	41.1	159.0	171.0	70.2
	3.9		0.4	17.4	115.7	194.5	556.5
785.2	820.5	821.1	975.9	1071.9	1011.4	989.1	128.5
333.4	330.6	304.9	330.6	397.5	253.0	295.3	127.3
277.2	349.4	372.8	474.9	501.3	621.9	516.2	125.7
136.8	112.1	115.1	130.3	140.3	97.1	121.7	148.9
37.5	27.9	28.1	36.7	32.8	38.7	54.6	124.7
0.4	0.5	0.1	3.4	0.1	0.7	1.4	23.7
1226.9	**1736.3**	**2678.7**	**5443.1**	**9795.6**	**12416.8**	**17152.5**	**209.9**
877.8	1549.7	2184.1	4479.8	7802.8	10170.5	14330.9	212.7
96.0	43.6	182.3	135.6	256.5	337.0	37.2	233.0
100.5	95.3	150.7	407.9	578.0	487.7	806.6	161.0
3.2	8.5	43.4	91.3	410.7	557.0	738.2	194.2
67.9	20.4	30.2	83.5	311.6	97.0	133.4	132.6
			23.5	45.7	125.1	259.7	327.9

8-6 1000户城市居民家庭平均每人年消费支出

单位：元

项目 Item		全市平均 Average	最低收入户10% Best Low Income	#更低收入户5% More Best Low Income
消费支出	Living Expenditures	**11123.8**	**5641.6**	**4472.3**
1. 食品	Food	3522.7	2372.2	2033.1
2. 衣着	Clothing	906.2	398.1	266.2
3. 家庭设备用品及服务	Household Facilities, Articles and Services	704.2	298.4	220.2
4. 医疗保健	Medicine and Medical Services	994.0	519.1	412.6
5. 交通和通讯	Transportation and Communication	1688.1	555.6	438.9
6. 教育、文化、娱乐服务	Education,Culture and Recreation Services	1964.2	870.2	562.1
7. 居住	Residence	955.8	487.0	453.3
8. 杂项商品与服务	Miscellaneous and servings	388.7	141.2	86.1

8-7 1000户城市居民家庭消费支出构成

单位：%

项目 Item		全市平均 Average	最低收入户10% Best Low Income	#更低收入户5% More Best Low Income
消费支出	Living Expenditures	**100.0**	**100.0**	**100.0**
1. 食品	Food	31.7	42.0	45.5
2. 衣着	Clothing	8.2	7.1	6.0
3. 家庭设备用品及服务	Household Facilities,Articles and Services	6.3	5.3	4.9
4. 医疗保健	Medicine and Medical Services	8.9	9.2	9.2
5. 交通和通讯	Transportation and Communication	15.2	9.8	9.8
6. 教育、文化、娱乐服务	Education,Culture and Recreation Services	17.7	15.4	12.6
7. 居住	Residence	8.6	8.6	10.1
8. 杂项商品与服务	Miscellaneous and servings	3.4	2.6	1.9

ANNUAL LIVING EXPENDITURE PER CAPITA OF THE 1000 URBAN HOUSEHOLDS

(yuan)

低收入户 10% Low Income	较低收入户 20% Medium-Low Income	中间收入户 20% Medium Income	较高收入户 20% Medium-High Income	高收入户 10% High Income	最高收入户 10% Best High Income	#更高收入户 5% More Best High Income	2003年为2002年% 2003 as % of 2002
7750.4	**8840.4**	**10602.4**	**12558.7**	**16099.7**	**20259.0**	**23306.2**	**108.1**
3053.9	3221.3	3728.3	3885.6	3867.7	4636.2	4953.5	101.4
554.6	720.9	959.8	1108.3	1130.4	1612.5	1398.6	104.9
481.9	457.3	637.6	794.7	1258.5	1428.9	1346.2	110.7
838.6	790.5	879.2	1084.5	1545.9	1731.1	2205.6	104.6
714.1	1133.5	1234.6	1896.6	4258.2	3456.4	3848.9	132.8
1281.7	1510.4	1918.0	2454.1	2278.3	3929.4	5178.9	108.5
599.7	743.3	900.7	893.3	1208.8	2463.6	3246.6	103.3
225.9	263.2	344.3	441.7	551.9	1001.0	1127.8	108.8

MAKE UP OF ANNUAL LIVING EXPENDITURE THE 1000 URBAN HOUSEHOLDS

(%)

低收入户 10% Low Income	较低收入户 20% Medium-Low Income	中间收入户 20% Medium Income	较高收入户 20% Medium-High Income	高收入户 10% High Income	最高收入户 10% Best High Income	#更高收入户 5% More Best High Income	2003年比2002年增、减 2003 compared with 2002
100.0	**100.0**	**100.0**	**100.0**	**100.0**	**100.0**	**100.0**	
39.4	36.4	35.2	31.0	24.0	22.9	21.3	-2.1
7.2	8.2	9.1	8.8	7.0	8.0	6.0	-0.2
6.2	5.2	6.0	6.3	7.8	7.1	5.8	0.1
10.8	8.9	8.3	8.6	9.6	8.5	9.5	-0.3
9.2	12.8	11.6	15.1	26.4	17.1	16.5	2.8
16.5	17.1	18.1	19.5	14.2	19.4	22.2	0.1
7.7	8.4	8.5	7.1	7.5	12.2	13.9	-0.4
3.0	3.0	3.2	3.6	3.5	4.8	4.8	

8-8 1000户城市居民家庭平均每人年购买食品支出

单位：元

项　目 Item		全市平均 Average	最低收入户10% Best Low Income	#更低收入户5% More Best Low Income
一、食品	**Food**	**3522.7**	**2372.2**	**2033.1**
(一)粮油类	Grain and Oil	370.0	342.4	315.6
1. 粮食	Grain	224.1	210.1	192.5
2. 淀粉及薯类	Starches and Tuber	26.1	22.6	22.7
3. 干豆类及豆制品	Bean and Bean Products	38.2	28.5	23.3
4. 油脂类	Oil	81.6	81.2	77.1
(二)肉禽蛋及水产品类	Meat,Poultry and Related Products	807.8	598.4	519.7
1. 肉类	Meat Products	465.2	350.0	296.6
2. 禽类	Poultry Products	109.9	87.2	76.2
3. 蛋类	Eggs	71.8	61.3	65.2
4. 水产品类	Aquatic Products	160.9	99.9	81.6
(三)蔬菜类	Vegetable	266.6	207.3	192.9
1. 鲜菜	Fresh Vegetable	234.9	190.2	179.3
2. 干菜	Dried Vegetable	17.9	9.2	7.5
3. 菜制品	Vegetable Products	13.9	7.9	6.1
(四)调味品	Flavorings	67.1	56.0	43.6
(五)糖烟酒饮料类	Sugar,Tabacco and Beverage	391.1	245.0	177.0
1. 糖类	Sugar	44.6	28.7	18.3
2. 烟草类	Tabacco	100.0	62.4	47.6
3. 酒类	Liquor	90.3	53.0	43.2
4. 饮料	Beverage	156.1	100.9	68.0
(六)干鲜瓜果类	Dried and Fresh Melon and Fruits	313.0	193.2	153.2
1. 鲜果	Fresh Fruits	176.0	109.8	87.8
2. 鲜瓜	Fresh Melon	45.0	26.2	23.8
3. 干果	Dried Fruit	12.2	7.6	5.2
4. 瓜果制品	Melon and Fruits Products	15.4	9.3	6.8
5. 坚果及果仁	Nuts and Kernel	64.4	40.4	29.6
(七)糕点、奶及奶制品	Cake,Milk and Dairy Products	381.9	254.0	199.1
(八)其他食品	Others	95.4	59.2	45.3
(九)饮食服务	Bite and sup servese	829.9	416.8	386.7
1. 食品加工服务费	Food Processing service	0.2	0.1	
2. 在外饮食	Dinning Out	829.7	416.7	386.7

ANNUAL EXPENDITURE OF FOOD PER CAPITA OF THE 1000 URBAN HOUSEHOLDS

(yuan)

低收入户 10% Low Income	较低收入户 20% Medium-Low Income	中间收入户 20% Medium Income	较高收入户 20% Medium-High Income	高收入户 10% High Income	最高收入户 10% Best High Income	#更高收入户 5% More Best High Income	2003年为2002年% 2003 as % of 2002
3053.9	**3221.3**	**3728.3**	**3885.6**	**3867.7**	**4636.2**	**4953.5**	**101.4**
380.9	368.3	367.2	389.2	353.2	377.4	380.9	103.2
223.0	222.4	221.0	230.8	226.9	236.4	254.3	100.1
26.4	26.5	25.7	27.9	24.6	27.9	26.4	106.1
36.7	36.6	38.4	42.6	38.9	44.3	43.5	84.9
94.7	82.8	82.0	87.8	62.8	68.8	56.8	125.4
736.3	810.8	829.4	883.6	847.6	896.7	867.6	101.0
436.8	474.8	487.2	501.6	491.3	467.4	445.9	102.3
102.2	110.2	112.6	114.7	113.0	126.9	128.1	98.7
65.5	70.3	74.5	77.7	74.0	75.2	77.3	101.8
131.9	155.4	155.2	189.7	169.3	227.3	216.4	98.5
251.7	256.5	269.1	295.9	297.7	281.2	283.9	107.2
221.6	226.8	237.0	258.8	262.9	239.8	238.4	107.1
20.2	16.7	18.7	20.4	15.0	24.8	26.1	120.1
10.0	13.1	13.5	16.6	19.9	16.7	19.4	95.9
66.2	64.7	70.1	70.6	65.6	74.6	69.4	110.7
386.9	353.9	463.7	420.2	372.1	461.8	529.5	101.6
39.3	36.1	49.6	50.0	43.8	68.5	73.2	103.5
101.0	81.1	128.9	109.4	113.3	92.5	129.0	99.9
103.9	87.8	102.2	96.7	79.3	97.8	109.8	101.9
142.8	149.0	183.0	164.2	135.7	203.0	217.5	101.8
265.8	295.4	330.0	360.7	337.4	395.3	418.3	99.9
154.3	163.1	185.1	200.0	192.8	226.1	244.3	96.6
37.0	43.4	46.7	53.4	47.0	58.6	60.3	107.1
10.8	10.6	11.8	14.6	13.5	17.2	20.3	95.3
11.7	13.3	18.2	16.3	19.0	20.6	20.4	102.0
52.1	65.0	68.2	76.5	65.3	72.8	72.9	104.9
331.5	375.5	390.4	409.1	450.2	470.2	464.1	113.8
75.8	88.4	91.9	116.9	101.8	135.2	136.6	81.5
558.8	607.9	916.5	939.5	1042.0	1543.8	1803.3	97.2
0.1	0.2	0.3		0.6	0.1	0.2	66.7
558.8	607.6	916.2	939.4	1041.4	1543.7	1803.2	97.2

8-9 1000户城市居民家庭平均每人年购买衣着、家庭设备用品及服务、医疗保健支出

单位：元

项目	Item	全市平均 Average	最低收入户10% Best Low Income	#更低收入户5% More Best Low Income
二、衣着支出	**Clothing**	**906.2**	**398.1**	**266.2**
(一)服装	Garments	613.0	250.5	159.2
1. 男士服装	The dress of man	274.4	116.3	64.9
2. 女士服装	The dress of woman	317.9	116.9	78.8
3. 童装	Boy's suit	20.7	17.3	15.6
(二)衣着材料	Clothing Materials	20.0	9.7	5.2
(三)鞋类	Shoes	216.9	111.9	84.7
(四)其它衣着用品	Others	39.2	17.5	10.8
(五)衣着加工服务费	Clothing Processing and servings	17.1	8.5	6.2
三、家庭设备用品及服务	**Households Articles and Services**	**704.2**	**298.4**	**220.2**
(一)耐用消费品	Durable Consumer Goods	354.3	105.9	81.4
1. 家具	Furniture	135.2	54.9	31.5
2. 家庭设备	Households Facility	219.1	51.0	49.9
(二)室内装饰品	Room Ornament	28.6	4.6	4.0
1. 纺织装饰品	Weave Ornament	7.4	1.7	1.4
2. 装饰灯具	Ornamental Lamps and Lanterns	7.3	0.7	
3. 其它装饰品	Others	13.9	2.2	2.6
(三)床上用品	Articles for Bed	45.5	14.9	11.6
(四)家庭日用杂品	Groceries for Households Daily Use	217.4	148.9	110.6
(五)家具材料	Furniture Materials	6.8	1.1	0.3
(六)家庭服务	Households Services	51.7	23.0	12.3
四、医疗保健	**Medicine and Medical Services**	**994.0**	**519.1**	**412.6**
(一)医疗器具	Medical Implements	11.5	4.0	0.8
(二)保健器具	Health Appliance	28.5	2.3	2.1
(三)药品费	Medicine Expenses	531.7	285.7	256.7
(四)滋补保健品	Tonic	160.0	67.0	49.1
(五)医疗费	Medical Services	242.2	142.0	84.8
(六)其他	Others	20.2	18.1	19.1

ANNUAL PURCHASES OF CLOTHING,HOUSEHOLDS ARTICLES AND SERVICES, MEDICINE AND MEDICAL SERVICES PER CAPITA OF THE 1000 URBAN HOUSEHOLDS

(yuan)

低收入户 10% Low Income	较低收入户 20% Medium-Low Income	中间收入户 20% Medium Income	较高收入户 20% Medium-High Income	高收入户 10% High Income	最高收入户 10% Best High Income	#更高收入户 5% More Best High Income	2003年为2002年% 2003 as % of 2002
554.6	**720.9**	**959.8**	**1108.3**	**1130.4**	**1612.5**	**1398.6**	**104.9**
367.1	467.0	623.7	767.2	788.6	1164.4	1002.1	105.0
183.5	210.8	276.8	334.3	314.9	553.3	482.5	111.2
174.1	235.8	321.6	409.8	458.5	582.1	494.6	102.3
9.6	20.4	25.4	23.2	15.3	29.0	25.1	78.7
16.1	18.5	23.2	23.0	15.6	32.0	38.2	86.6
132.2	194.5	244.9	251.6	257.9	325.1	265.7	107.9
25.9	27.1	44.4	48.4	48.4	69.7	70.8	100.3
13.2	13.8	23.6	18.1	19.9	21.2	21.9	100.6
481.9	**457.3**	**637.6**	**794.7**	**1258.5**	**1428.9**	**1346.2**	**110.7**
254.1	181.2	310.5	408.5	672.0	836.1	687.6	110.5
68.5	61.7	102.0	144.5	279.8	390.1	214.9	134.1
185.5	119.5	208.5	264.1	392.1	446.0	472.7	99.6
8.6	14.2	35.1	29.6	83.8	42.7	48.5	108.5
3.8	2.4	10.4	14.0	7.4	9.3	7.0	93.7
1.2	2.1	12.0	3.8	22.3	16.6	28.5	83.0
3.5	9.7	12.7	11.7	54.1	16.7	13.0	143.3
21.6	36.3	37.8	58.5	69.4	98.2	109.9	108.9
166.0	183.1	220.9	245.0	265.0	328.2	329.8	113.4
1.7	2.8	2.1	1.4	53.1	3.6	3.1	272.0
29.9	39.7	31.2	51.8	115.3	120.2	167.3	97.4
838.6	**790.5**	**879.2**	**1084.5**	**1545.9**	**1731.1**	**2205.6**	**104.6**
17.4	9.8	8.8	12.3	17.1	15.7	15.8	86.5
89.2	10.1	31.8	16.9	40.6	34.1	46.1	150.8
365.2	518.9	519.8	589.1	701.3	798.4	1163.7	93.7
107.0	95.0	113.9	211.7	233.8	404.0	301.6	141.8
249.1	140.1	175.9	237.8	531.1	449.7	648.6	108.8
10.8	16.6	28.9	16.7	22.1	29.1	29.7	132.9

8-10 1000户城市居民家庭平均每人年交通和通讯、教育文化娱乐服务支出

单位：元

项目	Item	全市平均 Average	最低收入户10% Best Low Income	#更低收入户5% More Best Low Income
五、交通和通讯	**Transportation and Communication**	**1688.1**	**555.6**	**438.9**
(一)交通	Transportation	924.3	162.0	120.8
1. 家庭交通工具	Means of Transport for Household	539.3	9.4	10.1
2. 车辆用燃料及零配件	Fuel and Accessory by Voiture	56.7	12.3	8.7
3. 交通工具服务支出	Means of Transport Services Expense	84.3	18.6	8.0
4. 交通费	Transport Fare	244.1	121.6	94.0
(二)通信	Communication	763.8	393.6	318.1
1. 通信工具	Means	155.0	45.0	36.6
2. 通信服务	Communication Servings	608.8	348.6	281.5
六、教育文化娱乐服务	**Education,Culture,Recreation Services**	**1964.2**	**870.2**	**562.1**
(一)文化娱乐用品	Culture,Recreation and Article for Use	581.9	225.8	85.3
(二)文化娱乐服务	Culture,Recreation Servings	411.3	92.0	49.4
(三)教育	Education	971.0	552.4	427.3
1. 教材	Teaching material	51.8	37.6	35.5
2. 教育费用	Education Expense	919.2	514.8	391.9
# (1)非义务教育学杂费	Nobligation Tuition	327.1	135.5	145.2
(2)义务教育学杂费	Tuition	144.0	173.2	84.4
(3)成人教育费	Tuition of Adult Education	114.4	36.5	32.0
(4)家教费	Family Education Expenses	16.5	15.7	12.7
(5)培训班	Educate	77.7	56.0	44.7
(6)学校住宿费	Put up School	22.8	31.4	8.0
(7)其他	Others	181.4	30.0	48.6

ANNUAL EXPENDITURE OF TRANSPORTATION,COMMUNICATION, RECREATION,CULTURE AND EDUCATION SERVICES PER CAPITA OF THE 1000 URBAN HOUSEHOLDS

(yuan)

低收入户 10% Low Income	较低收入户 20% Medium-Low Income	中间收入户 20% Medium Income	较高收入户 20% Medium-High Income	高收入户 10% High Income	最高收入户 10% Best High Income	# 更高收入户 5% More Best High Income	2003年为2002年% 2003 as % of 2002
714.1	**1133.5**	**1234.6**	**1896.6**	**4258.2**	**3456.4**	**3848.9**	**132.8**
208.6	549.8	368.4	1061.0	3262.4	2117.8	2614.1	135.0
26.8	318.7	28.4	648.5	2518.7	1169.8	1810.0	185.2
8.9	25.0	32.9	71.0	116.4	203.2	147.5	173.9
36.1	41.7	50.8	67.4	324.3	185.4	162.0	139.1
136.8	164.5	256.3	274.1	302.9	559.5	494.6	81.3
505.5	583.7	866.2	835.6	995.7	1338.6	1234.8	130.2
95.7	111.1	195.6	148.7	235.6	307.8	238.6	129.9
409.8	472.6	670.6	686.9	760.1	1030.8	996.2	130.3
1281.7	**1510.4**	**1918.0**	**2454.1**	**2278.3**	**3929.4**	**5178.9**	**108.5**
316.2	488.4	599.9	674.9	865.5	1033.3	1208.4	110.8
197.0	255.9	354.8	548.5	593.8	1069.5	1002.4	101.8
768.6	766.1	963.3	1230.7	819.1	1826.6	2968.1	110.3
52.1	55.7	56.9	49.8	45.8	60.0	43.7	93.7
716.5	710.4	906.4	1180.9	773.3	1766.6	2924.4	111.4
250.7	335.1	303.1	489.9	272.3	398.1	675.7	101.6
123.5	126.3	172.8	129.6	153.6	131.6	96.0	97.4
29.2	81.6	136.1	142.3	250.0	143.5	104.0	120.6
28.7	12.0	32.9	5.5	0.2	18.1	35.2	76.7
57.5	80.6	104.6	76.9	43.6	101.0	61.8	88.9
26.0	22.8	21.8	24.9	18.3	10.6	14.0	123.2
191.9	24.8	105.7	236.4	21.0	931.9	1925.5	190.2

8-11 1000户城市居民家庭平均每人年居住、杂项商品和服务支出

单位：元

项目	Item	全市平均 Average	最低收入户 10% Best Low Income	#更低收入户 5% More Best Low Income
七、居住	**Residence**	**955.8**	**487.0**	**453.3**
(一)住房	House	489.5	141.9	154.4
# 租赁房房租	Construction Materials	128.3	130.6	153.1
住房装潢支出	Rent	322.3	6.5	
维修用建筑材料	Repairs	34.3	3.7	1.2
其他	Others	4.6	1.1	
(二)水电燃料及其他	Fare for Water,Electricity and Fuel	438.6	336.3	292.4
1. 水费	Water	80.3	67.2	52.9
2. 电费	Electricity	210.7	151.8	129.1
3. 燃料	Fuel	131.0	103.8	92.5
(1)煤炭	Coal	18.9	11.3	11.6
(2)液化石油气	Liquefied Petroleum Gas	23.3	19.4	25.6
(3)管道煤气	Pipeline Gas	87.0	73.0	55.2
(4)其它	Others Fuel	1.8	0.1	0.1
4. 其它	Others	16.6	13.5	17.9
(三)居住服务费	Habitation Service Charge	27.7	8.8	6.5
八、杂项商品和服务	**Miscellaneous Commodities and Services**	**388.7**	**141.2**	**86.1**
(一)杂项商品	Miscellaneous Commodities	261.1	114.5	66.5
(二)服务	Services	127.7	26.7	19.5

ANNUAL EXPENDITURE OF RESIDENCE,MISCELLANEOUS COMMODITIES AND SERVICES PER CAPITA OF THE 1000 URBAN HOUSEHOLDS

(yuan)

低收入户 10% Low Income	较低收入户 20% Medium-Low Income	中间收入户 20% Medium Income	较高收入户 20% Medium-High Income	高收入户 10% High Income	最高收入户 10% Best High Income	#更高收入户 5% More Best High Income	2003年为2002年% 2003 as % of 2002
599.7	**743.3**	**900.7**	**893.3**	**1208.8**	**2463.6**	**3246.6**	**103.3**
214.0	325.3	434.7	379.0	640.4	1845.1	2576.7	98.9
109.1	121.9	106.5	67.6	216.1	252.7	449.0	103.1
87.2	177.9	265.7	296.5	370.6	1468.8	1903.8	104.9
2.2	20.9	59.0	13.3	49.8	118.3	212.8	102.7
15.5	4.6	3.5	1.6	3.9	5.4	11.1	88.5
365.6	407.7	445.0	461.6	504.8	594.9	644.6	109.6
64.4	74.3	84.5	80.8	94.1	105.8	102.2	130.2
177.5	193.1	208.4	235.7	232.6	293.5	304.9	102.0
120.2	132.1	135.2	129.5	156.9	143.5	161.6	109.5
15.9	30.7	21.6	16.2	13.3	10.9	10.8	109.3
16.6	27.5	30.4	27.0	13.3	13.9	11.8	91.7
87.6	73.4	79.3	86.3	127.7	111.2	123.6	116.0
0.2	0.6	3.9	0.1	2.6	7.5	15.5	94.7
3.5	8.1	17.0	15.6	21.1	52.2	75.9	132.8
20.1	10.4	21.0	52.7	63.7	23.6	25.3	91.4
225.9	**263.2**	**344.3**	**441.7**	**551.9**	**1001.0**	**1127.8**	**108.8**
173.4	189.7	238.3	313.5	351.7	559.0	495.6	106.9
52.5	73.5	106.1	128.2	200.3	442.0	632.3	112.9

8-12 1000户城市居民家庭平均每百户耐用消费品拥有量

项目 Item			全市平均 Average	最低收入户10% Best Low Income	#更低收入户5% More Best Low Income
1. 成套家具	(套/百户) Combined Furniture	(set/100household)	88.6	75.1	71.2
2. 洗衣机	(台/百户) Washing Machines	(set/100household)	99.3	86.0	81.3
3. 电风扇	(台/百户) Electric Fans	(set/100household)	143.1	118.9	124.4
4. 电冰箱	(台/百户) Refrigerators	(set/100household)	100.4	94.9	86.3
5. 冰　柜	(台/百户) Freezers	(set/100household)	14.0	12.1	10.9
6. 微波炉	(台/百户) Microwave Stove	(set/100household)	79.2	65.0	56.9
7. 空调器	(台/百户) Air-Conditioners	(set/100household)	119.3	70.4	54.1
8. 电炊具	(台/百户) Electric Cooking Appliances	(set/100household)	107.8	68.9	80.4
9. 淋浴热水器	(台/百户) Showers	(set/100household)	85.4	74.2	65.3
10. 脱排油烟机	(台/百户) Range Hoods	(set/100household)	81.3	68.8	65.4
11. 吸尘器	(台/百户) Dust Catcher	(set/100household)	36.4	16.4	16.8
12. 消毒碗柜	(台/百户) Disinfector	(set/100household)	6.2	1.2	2.4
13. 洗碗机	(台/百户) Dishwasher	(set/100household)	0.8		
14. 饮水机	(台/百户) Water Fountain	(set/100household)	42.3	28.1	29.4
15. 取暖气	(台/百户) Radiator	(set/100household)	32.9	21.3	13.5
16. 自行车	(辆/百户) Bicycles	(unit/100household)	202.1	183.0	179.0
17. 摩托车	(辆/百户) Motorcyles	(unit/100household)	5.6	3.7	3.8
18. 助力车	(辆/百户) Dynamical Bicycle	(unit/100household)	4.6	1.3	2.7
19. 移动电话	(部/百户) Mobile telephone	(unit/100household)	133.7	83.2	68.5
20. 传真机	(部/百户) Electrograph	(unit/100household)	1.8	0.7	1.4
21. 彩色电视机	(台/百户) Color TV Sets	(set/100household)	147.0	116.5	112.1
22. 影碟机	(台/百户) Video CD	(set/100household)	60.4	44.2	41.0
23. 录放像机	(台/百户) Videorecorders	(set/100household)	51.3	35.0	29.8
24. 家用电脑	(台/百户) Game-Computers	(set/100household)	68.3	54.1	43.8
25. 组合音响	(套/百户) Hi-Fi Systems	(set/100household)	37.6	24.5	23.0
26. 录音机	(台/百户) Recorders	(set/100household)	72.0	61.0	68.5
27. 摄像机	(架/百户) Pickup Camera	(set/100household)	11.3	3.8	6.4
28. 照相机	(架/百户) Camera	(set/100household)	103.3	72.4	59.1
29. 钢　琴	(架/百户) Piano	(set/100household)	3.7		
30. 其他中高档乐器	(件/百户) Secondary and Top Grade Musical Instrument	(unit/100household)	13.8	12.0	4.0
31. 健身器材	(套/百户) Exercise Equipment	(set/100household)	10.9	4.6	2.7

PER 100 HOUSEHOLDS ANNUAL POSSESSION OF DURABLE CONSUMER GOODS OF THE 1000 URBAN HOUSEHOLDS

低收入户 10% Low Income	较低收入户 20% Medium-Low Income	中间收入户 20% Medium Income	较高收入户 20% Medium-High Income	高收入户 10% High Income	最高收入户 10% Best High Income	#更高收入户 5% More Best High Income	2003年为2002年% 2003 as % of 2002
79.7	83.1	89.8	92.3	97.2	103.8	118.8	105.9
92.1	98.0	98.6	106.1	101.9	107.9	113.7	100.7
135.9	136.5	143.6	145.6	165.2	160.4	168.5	96.2
101.1	97.4	99.1	102.5	105.4	104.5	106.6	98.8
12.8	12.1	17.8	9.7	16.5	20.0	23.5	90.9
71.7	76.2	76.2	86.3	87.9	90.7	97.3	108.3
101.0	106.1	121.3	129.5	148.5	161.1	156.3	112.0
86.3	95.4	115.2	122.2	129.5	129.9	139.0	109.9
84.6	79.4	83.4	89.3	96.0	95.2	94.2	102.3
82.5	73.6	82.6	83.3	88.4	94.4	98.2	103.6
25.3	28.8	36.9	40.4	56.4	54.5	51.1	112.0
1.9	1.5	6.1	7.6	9.4	19.5	21.1	103.3
		1.5		1.4	3.2	6.4	114.3
38.9	36.8	42.5	50.1	51.0	47.2	44.4	111.6
18.2	28.9	34.2	36.3	47.5	43.8	50.5	107.9
227.9	207.0	215.2	202.2	190.0	173.6	177.5	100.5
8.7	4.0	5.7	4.1	10.7	5.2	2.5	101.8
2.1	4.3	7.5	4.6	6.2	4.2	2.8	143.8
0.7	3.6	5.5	7.0	14.0	15.6	17.3	161.0
100.8	130.1	140.7	143.1	160.3	168.2	178.3	142.2
	0.7	1.5	3.1	4.2	2.5	5.0	120.0
139.9	145.6	148.9	152.7	158.9	162.0	174.4	99.1
50.2	48.1	68.1	63.7	69.1	81.4	79.8	115.5
41.8	45.6	53.7	53.1	68.6	63.5	68.1	103.9
53.9	64.2	71.0	73.0	78.4	81.3	88.9	123.1
26.4	35.0	39.7	37.9	41.3	59.2	50.0	107.7
61.4	66.2	76.2	70.6	86.0	86.3	90.9	97.7
2.8	4.3	11.4	11.7	24.1	27.4	23.5	121.5
84.7	90.8	104.9	111.6	125.9	136.8	151.2	103.7
	1.4	6.4	3.9	5.8	8.5	5.2	107.0
9.3	10.4	10.8	16.7	16.0	24.0	26.6	115.6
4.1	7.0	9.7	13.9	15.3	24.0	26.1	118.5

8-13 1000户城市居民家庭居住情况
HOUSING CONDITIONS OF THE 1000 URBAN HOUSEHOLDS

项目 Item				2003	2002	2003年为2002年% 2003 as % of 2002
一、调查户数	**(户)**	**Households Surveyed**	**(household)**	**1000.0**	**1000.0**	**100.0**
二、人均现住房建筑面积	**(平方米/人)**	**Per capita UsingSpace of Residential Buildings**	**(sq.m/person)**	**19.7**	**19.2**	**102.6**
三、人均现住房使用面积	**(平方米/人)**	**Per capita Existing Using Space of Residential Buildings**	**(sq.m/person)**	**14.8**	**14.4**	**102.8**
四、房屋产权	**(户)**	**Building Property Right**	**(sq.m/person)**	**1000.0**	**1000.0**	**100.0**
1. 租赁公房	(户)	Rent Public House	(household)	298.0	328.0	90.9
2. 租赁私房	(户)	Rent Private House	(household)	20.0	20.0	100.0
3. 原有私房	(户)	Intrinsic Private House	(household)	26.0	35.0	74.3
4. 房改私房	(户)	House reconstruct Private House	(household)	635.0	601.0	105.7
5. 商品房	(户)	Commercial House	(household)	13.0	13.0	100.0
6. 其它	(户)	Others	(household)	8.0	3.0	266.7
五、住室建筑式样		**Style of House Construction**		**1000.0**	**1000.0**	**100.0**
家庭单栋住宅	(户)	Individual Storied Building of a Family	(household)		7.0	
四居室	(户)	Four-room	(household)	34.0	42.0	81.0
三居室	(户)	Three-room	(household)	179.0	178.0	100.6
二居室	(户)	Two-room	(household)	540.0	510.0	105.9
一居室	(户)	One-room	(household)	62.0	68.0	91.2
普通楼房	(户)	Ordinary Storied Building	(household)	27.0	15.0	180.0
平房及其它	(户)	Single-story Building and Others	(household)	158.0	180.0	87.8

8-13 续表 continued

项目 Item				2003	2002	2003年为2002年% 2003 as % of 2002
六、饮水情况		**Using of Tap Water**		**1000.0**	**1000.0**	**100.0**
1. 自来水	(户)	Tap Water	(household)	799.0	848.0	94.2
2. 矿泉水	(户)	Table-Water	(household)	102.0	82.0	124.4
3. 纯净水	(户)	Pure-Water	(household)	99.0	70.0	141.4
4. 井、河水	(户)	Well-Water and River-Water	(household)			
5. 其它	(户)	Others	(household)			
七、用水情况		**Using of Tap Water**		**1000.0**	**1000.0**	**100.0**
1. 独用自来水	(户)	Using by oneself	(household)	902.0	871.0	103.6
2. 公用自来水	(户)	Public Tap Water	(household)	98.0	129.0	76.0
3. 井、河水	(户)	Well-Water and River-Water	(household)			
4. 其它	(户)	Others	(household)			
八、卫生设备拥有情况		**Grouped by Possession of Sanitary Equipment**		**1000.0**	**1000.0**	**100.0**
1. 无卫生设备	(户)	No Sanitary Equipment	(household)	110.0	153.0	71.9
2. 有厕所浴室	(户)	Having Bathroom and Lavatory	(household)	604.0	528.0	114.4
3. 有厕所无浴室	(户)	Having Lavatory and No Bathroom	(household)	214.0	269.0	79.6
4. 公用卫生设备	(户)	Public Sanitary Equipment	(household)	72.0	50.0	144.0
九、取暖设备拥有情况	(户)	**Grouped by Possession of Heating Equipment**		**1000.0**	**1000.0**	**100.0**
1. 无取暖设备	(户)	No Heating Equipment	(household)	1.0	1.0	100.0
2. 空调设备	(户)	Air Conditioner	(household)	17.0	73.0	23.3
3. 暖　　气	(户)	Central Heating	(household)	841.0	750.0	112.1
4. 其　　它	(户)	Others	(household)	141.0	176.0	80.1
十、燃料使用情况	(户)	**Grouped by Using of Fuel**		**1000.0**	**1000.0**	**100.0**
1. 管道煤气	(户)	Pipeline Gas	(household)	729.0	682.0	106.9
2. 液化石油气	(户)	Liquefied Petroleum Gas	(household)	263.0	307.0	85.7
3. 煤	(户)	Coal	(household)	3.0	5.0	60.0
4. 其他	(户)	Others	(household)	5.0	6.0	83.3

8-14 2670户农民家庭基本情况
SAMPLING STATISTICS FOR 2670 RURAL HOUSEHOLDS

项目 Iteme	总平均 Average	低收入户 Low Income	中低收入户 Medium-High Income	中等收入户 Medium Income	中高收入户 Income Income	高收入户 High Income	2003年为2002年% 2003 as % of 2002
	按人均年纯收入水平分组 Grouped by Annual Discretionary Income Per Capita						
调查户数 (户) Households Surveyed (household)	2670	534	534	534	534	534	98.5
常住人口 (人) Permanent Residents (person)	9224	2005	1932	1853	1750	1684	98.5
平均每户 (人) Average Per Household (person)	3.45	3.75	3.62	3.47	3.28	3.15	99.7
整半劳动力 (个) Full-time and Part-time Labors (person)	6357	1312	1265	1292	1238	1250	100.6
平均每户 (个) Average Per Household (person)	2.38	2.45	2.36	2.42	2.32	2.34	102.1
平均每一劳动力负担人口 (人) Dependents Per Labor Force (person)	1.45	1.53	1.53	1.43	1.41	1.35	98.0
学龄前儿童人数 (人) Number of Preschool Children (person)	209	51	42	45	41	30	79.2
家庭经营耕地面积 (公顷) Cultivated Land Area Runned by Households (hectare)	402.6	109.9	95.6	73.7	66.9	56.5	91.3
家庭经营山地面积 (公顷) Mountain Land Area Runned by Households (hectare)	10.8	1.6	4.0	2.0	1.3	1.8	41.3
人均生产性固定资产原值 (元) Original Value of Productive Fixed Assets Per Capita (yuan)	1806.94	2153.00	1039.96	1393.62	1233.97	3325.08	103.6
人均住房面积 (平方米) Per Capita Living Space (sq.m)	33.95	25.94	29.62	34.49	38.58	43.08	104.2
人均总收入 (元) Per Capita Total Revenue (yuan)	7477.24	3328.81	4576.47	6249.89	8385.42	16315.44	107.7
# 现金收入 (元) Cash Income (yuan)	7439.52	3337.38	4469.63	6134.35	8274.99	16298.81	109.2
人均纯收入 (元) Per Capita Net Income (yuan)	6496.25	2320.80	4022.99	5566.60	7555.26	14387.22	110.5
人均生活消费支出 (元) Per Capita Annual Living Expenditures (yuan)	4655.26	2401.16	3236.81	4241.22	5057.81	9003.64	110.7
# 现金支出 (元) Cash Expenditures (yuan)	5808.87	3318.58	3828.81	5061.75	6175.32	11486.80	140.1
平均每个劳动力创造纯收入 (元) Average Net Income Per Labor Force (yuan)	9438.35	3546.64	6144.21	7983.68	10679.89	19382.46	124.1
农村居民家庭恩格尔系数 Engel Confficient of Rural Households	31.7	36.6	36.3	35.2	34.7	24.7	96.1

8-15 2670户农民家庭平均每人年纯收入
ANNUAL NET INCOME PER CAPITA OF THE 2670 RURAL HOUSEHOLDS

单位：元 (yuan)

项目	Item	总平均 Average	低收入户 Low Income	中低收入户 Medium-Low Income	中等收入户 Medium Income	中高收入户 Medium-High Income	高收入户 High Income	2003年为2002年% 2003 as % of 2002
合计	**Total**	**6496.25**	**2320.80**	**4022.99**	**5566.60**	**7555.26**	**14387.22**	**110.5**
生产性收入	**Productbility Net Income**	**5520.19**	**2106.79**	**3639.13**	**5003.24**	**6807.24**	**10973.66**	**107.6**
工资性收入	Wage	3909.39	1499.42	2605.41	3643.14	4946.39	7490.09	106.5
在非企业组织中劳动的报酬	from Non-enterprise Organizations	1163.82	275.64	609.68	1027.80	1536.97	2618.94	98.0
在企业劳动得到的报酬	from Enterprises	1753.63	691.24	1253.82	1621.31	2126.02	3350.56	98.3
在其他单位劳动得到的报酬	from Other Units	991.94	532.54	741.91	994.03	1283.40	1520.59	141.5
家庭经营纯收入	Net Income from Family Business	1610.80	607.37	1033.72	1360.10	1860.85	3483.57	110.5
从第一产业得到	from Primary Industry	689.65	346.01	629.40	648.33	810.20	1088.10	102.3
# 牧业收入	from Animal Husbandry	169.34	5.11	85.82	137.70	160.99	504.16	72.0
从第二产业得到	from Secondary Industry	169.19	49.60	54.19	92.39	120.90	578.21	126.4
从第三产业得到	from Tertiary Industry	751.96	211.77	350.12	619.38	929.74	1817.26	115.7
# 交通运输业收入	from Transportation	417.56	103.34	162.65	275.51	473.96	1181.82	117.7
非生产性收入	**Nonproductbility Income**	**975.22**	**214.01**	**383.88**	**563.35**	**748.02**	**3413.55**	**130.0**
# 转移性收入	Transfer Income	365.61	119.26	243.40	341.45	394.60	795.57	128.6
财产性收入	Property Income	609.61	94.75	140.48	221.90	353.42	2617.98	130.1

8-16 2670户农民家庭平均每人年生活费支出
ANNUAL LIVING EXPENDITURES PER CAPITA OF THE 2670 RURAL HOUSEHOLDS

单位：元 (yuan)

项目	Item	总平均 Average	低收入户 Low Income	中低收入户 Medium-Low Income	中等收入户 Medium Income	中高收入户 Medium-High Income	高收入户 High Income	2003年为2002年% 2003 as % of 2002
合计	**Total**	**4655.26**	**2401.16**	**3236.81**	**4241.22**	**5057.81**	**9003.64**	**110.7**
食品支出	**Food Expenditure**	**1475.61**	**879.40**	**1176.05**	**1491.39**	**1756.57**	**2219.83**	**106.4**
# 主食	Staple Food	194.03	174.81	178.80	199.25	197.05	225.54	92.9
副食	Non-Staple Food	582.39	355.89	483.56	606.42	705.58	810.94	104.5
其他食品	Others	441.67	245.90	342.74	447.75	542.36	676.91	110.8
衣着支出	**Clothing Expenditure**	**331.03**	**132.51**	**213.27**	**305.92**	**408.85**	**649.27**	**105.0**
# 服装支出	Garments	195.15	68.06	116.59	173.55	238.21	415.62	126.7
居住支出	**Residence**	**921.49**	**471.68**	**481.76**	**628.99**	**821.35**	**2387.45**	**129.0**
# 住房	Housing	466.42	193.76	137.58	217.71	284.67	1630.86	109.7
燃料	Fuel	202.62	130.68	182.14	220.26	256.81	236.06	112.8
家庭设备用品及服务支出	**Household Facilities,Articles and Services**	**272.20**	**97.52**	**163.54**	**265.63**	**320.53**	**561.87**	**96.5**
# 耐用消费品	Durable Consumer Goods	152.67	37.99	79.74	149.53	179.60	348.36	90.6
家庭日用杂品	Daily Use Household Articles	105.33	53.86	75.63	95.72	124.98	190.83	114.9
医疗保健支出	**Medicines and Medical Services**	**386.64**	**244.45**	**287.63**	**391.70**	**381.08**	**669.76**	**103.8**
交通和通讯支出	**Transportation and Communications**	**469.01**	**166.37**	**269.54**	**374.20**	**474.91**	**1156.36**	**132.2**
# 交通工具	Transportation Means	111.04	23.84	54.11	49.50	72.94	387.46	132.0
交通费	Transportation	36.27	13.62	28.75	35.62	41.44	67.18	104.2
邮电费	Posts and Telecommunications	181.13	80.34	114.55	173.27	215.78	350.18	126.4
文教娱乐用品及服务支出	**Cultural,Education and Recreation Articles and Services**	**718.03**	**366.48**	**597.26**	**708.21**	**820.82**	**1179.15**	**116.3**
# 文娱用机电消费品	Mechanical and Electric Consumer Goods of Culture and Recreation	108.47	21.80	34.77	88.46	130.84	294.99	101.7
书报杂志	Books,Newspapers and Magazines	14.49	8.70	12.72	14.95	16.56	20.74	131.0
学杂费	Tuition and Incidentals	437.78	288.33	448.64	458.05	499.71	516.62	101.2
文娱费	Recreation	8.54	3.37	4.36	8.01	8.55	20.07	138.6
其他商品及服务支出	**Other Commodity and Services**	**81.24**	**42.76**	**47.76**	**75.18**	**73.71**	**179.95**	**49.8**
# 商品性支出	Commodity Expenditures	40.39	18.26	21.28	36.18	40.31	93.36	114.0

8-17 2670户农民家庭平均每人年粮食收支情况
BROUGHT IN, SENT OUT OF GRAIN PER CAPITA OF THE 2670 HOUSEHOLDS

单位：公斤 (kg)

项目	Item	总平均 Average	低收入户 Low Income	中低收入户 Medium-Low Income	中等收入户 Medium Income	中高收入户 Medium-High Income	高收入户 High Income	2003年为2002年% 2003 as % of 2002
年内粮食收入	**Brought in within this Year**	**369.97**	**380.34**	**371.17**	**321.42**	**363.46**	**416.42**	**74.0**
家庭经营生产	Household Production	217.96	236.69	258.55	188.93	209.46	189.86	73.9
购入	Purchasing	147.20	140.79	104.90	124.99	150.58	224.27	73.0
其他	Others	4.81	2.86	7.72	7.50	3.48	2.29	154.7
年内粮食支出	**Sent out within this Year**	**364.07**	**372.36**	**373.58**	**321.65**	**340.96**	**413.98**	**80.0**
生活用粮	Living Consumption	149.55	152.23	141.83	154.49	142.58	157.02	97.2
# 稻谷	Rice	45.67	39.29	45.14	49.36	46.55	48.89	124.1
小麦	Wheat	72.74	75.86	70.86	76.42	69.49	70.54	92.7
出售粮食	Selling	158.68	158.47	211.31	141.54	144.76	131.87	78.2
其 他	Others	55.84	61.66	20.44	25.62	53.62	125.09	56.8

8-18 2670户农民家庭主要生活消费品平均每人消费量
CONSUMPTION OF MAJOR LIVING CONSUMER GOODS PER CAPITA OF THE 2670 RURAL HOUSEHOLDS

项目 Item			总平均 Average	低收入户 Low Income	中低收入户 Medium-Low Income	中等收入户 Medium Income	中高收入户 Medium-High Income	高收入户 High Income	2003年为2002年% 2003 as % of 2002
粮食	(公斤) Grains	(kg)	149.55	152.23	141.83	154.49	142.58	157.02	97.2
豆制品	(公斤) Bean Products	(kg)	3.55	2.48	3.08	3.56	3.98	4.92	20.5
蔬菜	(公斤) Vegetables	(kg)	96.33	84.07	88.64	102.64	107.20	101.53	89.3
植物油	(公斤) Vegetable Oil	(kg)	10.68	8.35	9.12	9.98	16.22	10.23	74.0
动物油	(公斤) Animal Oil	(kg)	0.18	0.24	0.15	0.25	0.11	0.15	20.2
猪牛羊肉	(公斤) Pork,Beef,Mutton	(kg)	15.85	10.06	13.76	16.82	19.01	20.78	97.0
家禽	(公斤) Poultry	(kg)	2.68	1.50	2.05	2.50	3.74	3.93	91.8
蛋类	(公斤) Eggs	(kg)	10.29	7.51	9.38	11.26	11.88	11.90	102.1
奶及奶制品	(公斤) Milk and Diary Products	(kg)	14.45	5.34	8.65	13.20	20.37	27.19	104.0
水产品	(公斤) Aquatic Products	(kg)	4.87	3.70	3.65	4.64	6.17	6.59	106.3
食糖	(公斤) Sugar	(kg)	2.59	2.10	0.97	3.38	3.76	2.93	118.8
糖果	(公斤) Candy	(kg)	4.83	1.83	2.93	4.45	6.12	9.68	555.2
酒类	(公斤) Liquor	(kg)	16.63	11.89	15.70	17.38	19.45	19.57	60.4
茶叶	(公斤) Tea	(kg)	0.78	0.58	0.70	0.54	1.31	0.83	21.1
糕点	(公斤) Cake	(kg)	21.41	9.97	15.79	21.05	26.12	36.96	629.4
瓜果	(公斤) Melons and Fruits	(kg)	36.76	22.12	32.80	37.74	46.81	47.19	97.4
服装	(件) Cotton Cloth and Related Clothing	(piece)	2.72	2.24	2.56	2.78	2.96	3.16	164.9

8-19 2670户农民家庭平均每百户耐用消费品拥有量
DURABLE CONSUMER GOODS POSSESSION PER 100 HOUSEHOLDS OF THE 2670 HOUSEHOLDS

项目 Item			总平均 Average	低收入户 Low Income	中低收入户 Medium-Low Income	中等收入户 Medium Income	中高收入户 Medium-High Income	高收入户 High Income	2003年为2002年% 2003 as % of 2002
自行车	(辆) Bicycles	(unit)	210	193	211	213	223	212	98.1
电风扇	(台) Electric Fans	(set)	150	134	151	157	158	150	98.7
洗衣机	(台) Washing Machines	(set)	94	81	92	96	101	102	100.0
电冰箱	(台) Refrigerators	(set)	94	72	88	98	102	108	103.3
摩托车	(辆) Motorcycles	(unit)	38	29	36	43	38	43	100.0
黑白电视机	(台) Black and White TV Sets	(set)	12	16	12	10	11	9	85.7
彩色电视机	(台) Color TV Sets	(set)	116	102	112	117	122	129	100.0
收录机	(台) Recorders	(set)	31	28	28	33	32	36	103.3
照相机	(架) Cameras	(set)	32	14	21	33	38	55	100.0
录相机	(台) Videorecorders	(set)	14	9	9	13	18	23	93.3
抽油烟机	(台) Range Hoods	(set)	36	13	22	34	45	67	109.0
吸尘器	(台) Vacuum Cleaners	(set)	6	1	2	4	7	14	100.0
微波炉	(台) Microwave Oven	(set)	20	5	10	20	24	42	125.0
热水器	(台) Showers	(set)	36	14	28	38	40	61	124.1
电话机	(部) Telephone	(unit)	101	91	100	101	105	109	105.2
移动电话	(部) Mobilphone	(unit)	77	38	56	83	88	121	148.1
影碟机	(台) Video CD	(set)	34	22	30	33	37	48	113.3
组合音响	(台) Hi-Fi	(unit)	33	20	28	36	38	45	100.0
家用计算机	(台) Person Computer	(unit)	22	5	11	21	27	45	137.5
空调机	(台) Air Conditioners	(unit)	39	11	23	36	42	81	111.4

主要统计指标解释

家庭总收入 指调查户中生活在一起的所有家庭成员在调查期得到的工薪收入、经营净收入、财产性收入、转移性收入的总和，不包括出售财物和借贷收入。收入的统计标准以实际发生的数额为准，无论收入是补发还是预发，只要是调查期得到的都应如实计算，不作分摊。

可支配收入 指调查户可用于最终消费支出和其它非义务性支出以及储蓄的总和，即居民家庭可以用来自由支配的收入。它是家庭总收入扣除交纳的所得税、个人交纳的社会保障费以及调查户的记帐补贴后的收入。计算公式为：

可支配收入＝家庭总收入－交纳所得税－个人交纳的社会保障支出－记帐补贴

工薪收入 指就业人员通过各种途径得到的全部劳动报酬，包括所从事的主要职业的工资以及从事第二职业、其他兼职和零星劳动得到的其它劳动收入。

经营净收入 指家庭成员从事生产经营活动所获得的净收入。是全部生产经营收入中扣除生产成本和税金后所得的收入。如当期收入小于生产费用的开支，其差额记入“其他贷支出”中。

财产性收入 指家庭拥有的动产(如银行存款、有价证券)、不动产(如房屋、车国内、土地、收藏品等)所获得的收入。包括出让财产使用权所得的利息、租金、专利收入；财产营运所获得的红利收入、财产增值收入益等。

转移性收入 指国家、单位、社会团体对居民家庭的各种转移支付和居民家庭间的收入转移。包括政府对个人收入转移的退休金、失业救济金、赔偿等；单位对个人收入转移的辞退金、保险索赔、住房公积金、家庭间的赠送和赡养等。

出售财物收入 指调查户出售家庭财物所得到的收入。由于出售财物是家庭财产从实物形态转为货币形态，家庭财产总量不变，因此不计入可支配收入中。

家庭总支出 指家庭除借贷支出以外的全部实际支出。包括消费性支出、购房建房支出、转移性支出、财产性支出、社会保障支出。支出统计是以实际购得的商品或服务的总价值填报，不论其付款方式是一次付清、分期付款、还是赊购，只要商品或服务已被消费就要按其总价值计算。如果采用分期付款或赊购形式，则要在借贷收入类相应的项目填入实付款与总的应付款的差额。

消费支出 指调查户用于本家庭日常生活的全部支出，包括食品、衣着、家庭设备用品及服务、医疗保健、交通和通讯、娱乐教育文化服务、居住、杂项商品和服务八大类等。不包括用于赠送的商品或服务。消费支出按商品(服务)的用途分类，详细解释见消费支出表。

服务性消费支出 指调查户用于本家庭支付社会提供的各种文化和生活方面的非商品性服务费用。包括为别人付款的服务。服务消费与商品消费不同，其特点在于具劳动过程和消费过程在时间与空间上的统一。

购房与建房支出 指包括居民家庭购买住房、建房时的全部支出。

转移性支出 指居民家庭对国家、单位、住户、个人的转移支付。包括交纳的税款、捐赠和赡养支出等。

财产性支出 指家庭购买或维护财产所支付的利息等有关费用。

社会保性支出 指调查户成员参加国家法律、法规规定的社会保障项目中由个人交纳的保障支出。不包括职工所在单位交纳的那部分社会保障金。

平均每一就业者负担系数＝(家庭人口数－退休人口数)/就业人口数

农村居民家庭整半劳动力 指农村常住居民家庭成员中有劳动能力并经常参加实际劳动的人员。是生产的基本要素指标之一，是发展生产增加农民家庭收入的重要源泉。按规定，农村男18周岁至50周岁、女18周岁至45周岁为整劳动力；男16周岁至17周岁、51周岁到60周岁，女16周岁到17周岁、46周岁至55周岁为半劳动力。农民家庭整半劳动力既包括在上述规定劳动年龄内和在劳动年龄以外有劳动能力并经常参加实际劳动的男女整半劳动力；也包括农民家庭常住人员中属于职工的劳动力。但不包括在劳动年龄内已丧失劳动能力的人员。

农村居民家庭生活消费支出 指农村住户用于物质生活和精神生活方面的支出。包括食品、衣着、居住、家庭设备用品及服务、医疗保健、交通和通讯、文化教育娱乐用品及服务、其他商品和服务等消费支出。

九、城市公用事业
URBAN PUBLIC UTILITIES

城市公用事业
Urban Public Utilities

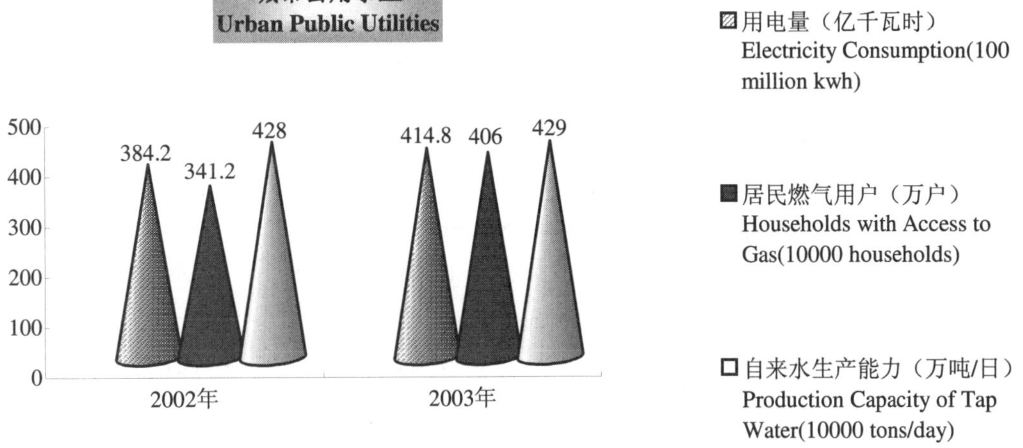

城市交通客运量（单位：亿人次）
City Passenger Traffic (100 million person.times)

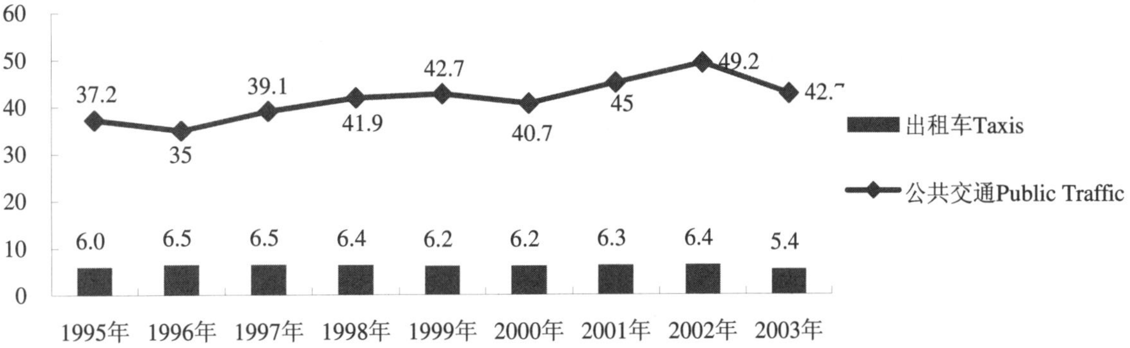

城市绿化覆盖率（%）
Coverage of City Green Areas (%)

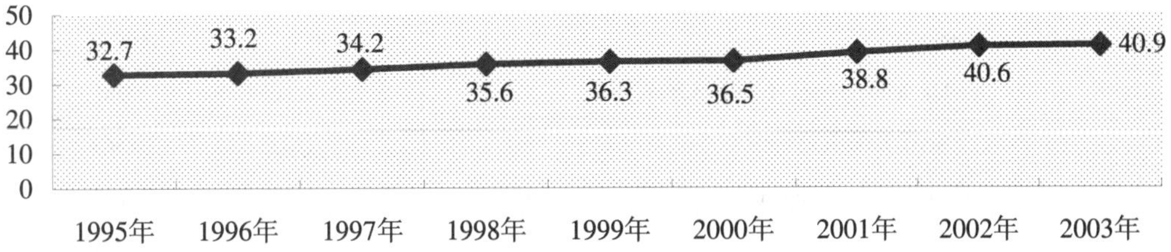

9-1 城市居民居住水平
RESIDENTIAL CONDITIONS OF URBAN RESIDENTS

单位：万平方米 (10000 sq.m)

项目	Item	2003	# 城近郊区 City Proper and Near Suburbs	2002	# 城近郊区 City Proper and Near Suburbs
年末实有房屋建筑面积	Floor Space of Houses(year-end)	43121.5	33802.7	40483.0	32281.8
年末实有住宅建筑面积	Floor Space of Residential Buildings(year-end)	23847.5	18236.8	22008.0	17247.2
年末实有住宅居住面积	Living Space of Residential Building(year-end)	10663.4	8218.7	9943.5	7832.6
平均每人居住面积 (平方米)	Per Capita Living Space (sq.m)	12.20	11.65	11.93	11.39
年末实有住宅使用面积	Using Space of Residential Buildings(year-end)	16327.2	12623.6	15165.0	12023.1
平均每人使用面积 (平方米)	Per Capita Using Space (sq.m)	18.67	17.9	18.20	17.48

9-2 用 电 量 (北京地区)
ELECTRICITY CONSUMPTION(BEIJING AREA)

单位：万千瓦小时 (10000 kwh)

项目	Item	2003	2002	2003年为2002年% 2003 as % of 2002
合 计	**Total**	**4147927**	**3841503**	**108.0**
农、林、牧、渔、水利业	Farming,Forestry,Animals Husbandry,Fishery and Water Conservancy	128750	137370	93.7
采矿业	Mining	75306	75755	99.4
制造业	Manufacturing	1615140	1445893	111.7
电力、蒸汽热水生产和供应业	Electricity,Steam and Hot Water Production and Supply	94792	65510	144.7
建筑业	Construction	167893	148443	113.1
地质普查和勘探业	Geological Survey and Prospecting	485	431	112.5
交通运输、邮电通信业	Transportations,Posts and Telecommunications	140692	125415	112.2
商业、公共饮食业、物资供销和仓储业	Commerce,Catering,Capital Goods Distribution and Storage	491213	455994	107.7
其他事业	Others	823624	760650	108.3
# 市内公共交通业	Municipal Public Transportation	25885	24385	106.2
# 路灯业	Road Lamps	11373	8567	132.8
城乡居民生活用电	Electricity Consumption by Urban and Rural Household	704821	626042	112.6
乡村	Rural	128298	108656	118.1
城市	Urban	576523	517386	111.4

9-3 供　热
HEAT SUPPLY

项　目 Item				2003	2002	2003年为2002年% 2003 as % of 2002
全市采暖面积合计	(万平方米)	**Total Heating Area**	**(10000 sq.m)**	**25108**	**18172**	**138.2**
管网集中供热		**Central Heat Supply**				
热力供应能力	(兆瓦/小时)	Supply Capacity	(megawatt/hour)	4718	4253	110.9
采暖单位	(户)	Heat Users	(unit)	3666	3566	102.8
采暖面积	(万平方米)	Heating Area	(10000 sq.m)	7651	6915	110.6
管道长度	(公里)	Length of Pipeline	(km)	313	303	103.3
销售量	(万百万千焦)	Volume Supplied	(10^13 joule)	3179	2865	111.0
小区集中供热		**Central Heat Supply in Residential Districts**				
采暖面积	(万平方米)	Heating Area	(10000 sq.m)	17457	11257	155.1

注：小区集中供热统计范围为10万平米以上的供热面积；2003年供热统计范围扩大。

Note: Figures for central heat supply in residential districts and joint heat supply only include those who heating areas are more than 100000 sq.m;The heating statistics range will be expanded in 2003.

9-4 煤气、液化石油气及天然气
GAS,LIQUEFIED PETROLEUM GAS AND NATURAL GAS

项　目 Item				2003	2002	2003年为2002年% 2003 as % of 2002
煤气		**Gas**				
管道长度	(公里)	Length of Pipeline	(km)	194.7	394.7	49.3
供应量	(万立方米)	Gas Supply	(10000 cu.m)	27286.6	34236.0	79.7
销售量	(万立方米)	Gas Sale	(10000 cu.m)	23991.3	21077.0	113.8
# 生产用	(万立方米)	for Industrial Use	(10000 cu.m)	6207.2	6359.0	97.6
生活用	(万立方米)	for Living Use	(10000 cu.m)	17784.1	14718.0	120.8
家庭用户	(万户)	Household	(10000 households)	11.0	21.2	51.9
液化石油气		**Liquefied Petroleum Gas**				
销售量	(吨)	Gas Sales	(ton)	311657	234680.0	132.8
# 生产用	(吨)	for Industrial Use	(ton)	18936	2571.0	736.5
# 生活用	(吨)	for Living Use	(ton)	292721	232109.0	126.1
家庭用户	(万户)	Household	(10000 households)	167.0	124.2	134.5
天然气		**Natural Gas**				
管道长度	(公里)	Length of Pipeline	(km)	6772.6	5743.0	117.9
供应量	(万立方米)	Gas Supply	(10000 cu.m)	238487	204774.0	116.5
销售量	(万立方米)	Gas Sales	(10000 cu.m)	208837	176504.0	118.3
# 生产用	(万立方米)	for Industrial Use	(10000 cu.m)	19283	19659.0	98.1
# 生活用	(万立方米)	for Living Use	(10000 cu.m)	189554	156845.0	120.9
家庭用户	(万户)	Household	(10000 households)	228.0	191.0	119.4
居民燃气用户	**(万户)**	**Household with Access to Gas**	**(10000 households)**	**406.0**	**341.2**	**119.0**

9-5 自来水及自备水源
TAP WATER AND SELF-PROVIDED SOURCE OF WATER

项目		Item		2003	# 城近郊区 City Propers and Near Suburbs	2002	# 城近郊区 City Propers and Near Suburbs
自来水		**Tap Water**					
生产能力	(万吨/日)	Production Capacity	(10000 tons/day)	429	289	428	299
管线长度	(公里)	Length of Pipelines	(km)	9278	6822	8555	6579
供水面积	(平方公里)	Area of Water Supply	(sq.km)	968	564	1086	578
售水量	(万吨)	Sales in Volume	(10000 tons)	71583	57219	79322	58703
# 生产运营用	(万吨)	for Production Use	(10000 tons)	13307	9474	21852	9767
生活用	(万吨)	for Living Use	(10000 tons)	58276	47745	57470	48936
自备水源		**Self-provided Source of Water**					
水源能力	(万吨/日)	Fountainhead Capacity	(10000 tons/day)	836	575	848	718
用水量	(万吨)	Consumption	(10000 tons)	56373	38862	57790	48465
# 生产运营用	(万吨)	for Production Use	(10000 tons)	24832	17438	29069	23280
生活用	(万吨)	for Living Use	(10000 tons)	31541	21424	28721	25185

9-6 节　　水
WATER SAVING

项目		Item		2003	2002	2003年为2002年% 2003 as % of 2002
节水量	(万吨)	Volume Saved	(10000 tons)	5958	6142	97.0
自来水	(万吨)	Tap Water	(10000 tons)	3216	3732	86.2
自备水井	(万吨)	Self-Provided Well	(10000 tons)	1733	2260	76.7
完成节水措施	(项)	Save Measures Completed	(item)	131	172	76.2

9-7 公 共 交 通
PUBLIC TRAFFIC

项目		Item		2003	2002
年末营运车辆	**（辆）**	**Operating Vehicles (year-end)**	**(unit)**	**19359**	**17580**
公共汽车	（辆）	Buses	(unit)	16170	14445
小公共汽车	（辆）	Mini-Buses	(unit)	1914	1893
无轨电车	（辆）	Trolley Buses	(unit)	583	601
地铁机车	（辆）	Subways	(unit)	692	641
营运线路		**Operating Routes**			
条数	（条）	Number	(line)	620	592
公共汽车	（条）	Buses	(line)	530	501
小公共汽车	（条）	Mini-Buses	(line)	71	73
无轨电车	（条）	Trolley Buses	(line)	15	15
地铁	（条）	Subways	(line)	4	3
长度	（公里）	Length	(km)	18022	15835
公共汽车	（公里）	Buses	(km)	15827	13143
小公共汽车	（公里）	Mini-Buses	(km)	1891	2427
无轨电车	（公里）	Trolley Buses	(km)	190	190
地铁	（公里）	Subways	(km)	114	75
客运量	**（万人次）**	**Passengers Carried**	**(10000 person.times)**	**426682**	**492122**
按车种分		By Type of Vehicles			
公共汽车及无轨电车	（万人次）	Buses and Trolley Buses	(10000 person.times)	379434	434606
小公共汽车	（万人次）	Mini- Buses	(10000 person.times)	8413	9274
地铁	（万人次）	Subways	(10000 person.times)	47248	48242
按购票方式分		By Ways of Payment			
普票	（万人次）	Common	(10000 person.times)	169546	187349
月票	（万人次）	Monthly	(10000 person.times)	242739	296953
包车	（万人次）	Hire	(10000 person.times)	2738	2853
旅游	（万人次）	Tourism	(10000 person.times)	829	870
免费	（万人次）	Free of Charge	(10000 person.times)	3836	4097
售出月票	**（万张）**	**Monthly Ticket Sales**	**(10000)**	**1756**	**2069**
客运收入	**（万元）**	**Revenue of Passengers Traffic**	**(10000 yuan)**	**352787**	**360558**

9-8 客 运 出 租 汽 车
TAXIS SERVICE

项 目 Item				2003	2002	2003年为2002年% 2003 as % of 2002
出租汽车营运单位		**Operating Units**		**1545**	**1456**	**98.9**
国有单位	(个)	State-Owned	(unit)	108	81	74.1
集体单位	(个)	Collective-Owned	(unit)	72	83	78.3
个体户	(个)	Individuals	(unit)	1163	1163	100.0
中外合资	(个)	Joint Venture	(unit)	5	4	75.0
其他	(个)	Others	(unit)	197	125	119.2
营运车辆	**(辆)**	**Operating Vehicles**	**(unit)**	**65984**	**66759**	**98.8**
小轿车	(辆)	Cars	(unit)	62283	62848	99.1
旅行车	(辆)	Wagon Cars	(unit)	615	587	104.8
大客车	(辆)	Coaches	(unit)	3085	3324	92.8
客运量		**Passengers Carried**		**54468**	**63805**	**85.4**
小轿车	(万人次)	Cars	(10000 person.times)	51766	59839	86.5
旅行车	(万人次)	Wagon Cars	(10000 person.times)	25	548	4.6
大轿车	(万人次)	Coaches	(10000 person.times)	2676	3418	78.3

9-9 全市道路情况
STATISTICS FOR ROADS

项 目 Item				2003	2002
全市道路总里程	**(公里)**	**Roads Length**	**(km)**	**18942**	
城区道路长度	(公里)	Length	(km)	3727	3691
城区道路面积	(万平方米)	Areas of Roads	(10000 sq.m)	7344	5391
# 铺装步道	(万平方米)	Paved Roads	(10000 sq.m)	1008	770

9-10 市政工程设施情况
BASIC STATISTICS ON MUNICIPAL ENGINEERING

项目 Item				2003	# 城近郊区 City Proper and Near Suburb	2002	# 城近郊区 City Proper and Near Suburb
电视监视路口	(个)	**Surveillance Intersection by TV**	(unit)	**390**	**282**	**212**	**177**
城市桥梁	(座)	**City Bridges**	(unit)	**1332**	**1025**	**1051**	**780**
# 大型道路立交桥	(座)	Large Flyovers	(unit)	368	283	180	155
行人过街天桥	(座)	Overpass	(unit)	330	321	253	245
地下通道	(座)	**Underpass**	(unit)	**227**	**223**	**204**	**200**
路灯盏数	(盏)	**Number of Road Lamps**	(unit)	**256032**	**178333**	**243111**	**176842**
照明线路长度	(公里)	**Length of Lines**	(km)	**6513**	**4425**	**6085**	**4476**

注：2003年市政设施统计范围扩大。

Note:The municipal engineering statistics range is expanded in 2003.

9-11 城 市 园 林 绿 化
GARDENS AND PLANTED AREAS

项目 Item				2003	# 城近郊区 City Proper and Near Suburb	2002	# 城近郊区 City Proper and Near Suburb
年末公共绿地面积	(公顷)	Public Green Areas(year-end)	(hectare)	9115.7	6256.7	7907.0	5942.0
平均每人占有公共绿地面积(包括水面)	(平方米)	Per Capita Public Green Areas (including water surface)	(sq.m)	11.4	9.6	10.7	9.4
城市绿化覆盖率	(%)	Coverage of City Green Areas	(%)	40.9	41.1	40.6	40.2
年末实有树木	(万株)	Trees (year-end)	(10000)	5536	4244	5101	3971
# 本年新植	(万株)	Newly Planted	(10000)	501	415	372	259
草坪面积	(万平方米)	Areas of Lawn	(10000 sq.m)	7007	5524	6544	5168
# 本年新植	(万平方米)	Newly Planted	(10000 sq.m)	525	415	437	304
公园个数	(个)	Parks	(unit)	222	117	166	110
公园面积	(公顷)	Areas of Parks	(hectare)	5662	4511	5134	4330
全年游园人数	(万人次)	Visitors to Parks and Zoos	(10000 person.times)	9971	5379	9629	4366

9-12 城 市 排 水
DRAINAGE

项目 Item				2003	# 城近郊区 City Proper and Near Suburb	2002	# 城近郊区 City Proper and Near Suburb
下水道长度	(公里)	**Length of Sewer**	(km)	**6649.3**	**4784.3**	**6170.0**	**4591.0**
污水管	(公里)	Sewage Pipes	(km)	2902.7	1997.5	2658.0	1893.0
污水处理		**Dispose of Sewage**					
处理厂	(个)	Disposal Plants	(unit)	19	8	12	7
处理能力	(万吨/日)	Disposal Capability	(10000 tons/day)	215	161	181	152
年处理量	(万吨)	Disposed Volume	(10000 tons)	54443	47420	43396	38489
处理率	(%)	Disposal Rate	(%)	50.1	56.2	45.0	47.5
平均每日污水	(万吨)	Daily Sewage	(10000 tons)	297	230	264	221

注：污水处理能力为二级以上污水处理厂设计能力。

Note:Ability to Dispose of Sewage was second grade and better disposal plants design disposal capability.

主要统计指标解释

输气管道长度　指报告期末从气源厂压缩机的出口或门站出口至各类用户引入管之间的全部已经通气投入使用的管道长度。不包括煤气生产厂、输配站、液化气储存站、灌瓶站、储配站、气化站、混气站、供应站等厂（站）内的管道。

自来水生产能力　指按供水设施取水、净化、送水、出厂输水干管等环节实际测定计算的综合生产能力。不包括供水高峰阶段，超负荷增加的生产能力。计算时，以四个环节中最薄弱的环节为主确定能力。

自来水管道长度　指供水设施的取水管道和供水管道长度之和。

取水管道长度指水源地至地表水水厂净化设施（或地下水水厂清水池）之间所有管道的长度，包括水源井之间的井群联络管道长度。

供水管道长度指从送水泵至用户水表之间所有管道的长度。不包括新安装尚未使用的管道。

生活用水量　指公共服务用水、居民用水和消防等特殊用水量之和。

公共服务用水指为城市社会公共生活服务的用水。包括行政事业单位、部队营区和公共设施服务、社会服务业、批发零售贸易业、旅馆饮食业以及社会服务业等单位的用水。

居民家庭用水指城市范围内所有居民家庭的日常生活用水。包括城市居民、农民家庭、公共供水站用水。

消防及其它特殊用水指城市灭火以及除居民家庭、公共服务、生产运营用水范围以外的各种特殊用水。包括消防用水、深井回灌用水、其他用水。

年末营运车数　指公交企业（单位）用于运营业务的全部车辆数。

运营线路总长度　指全部运营线路长度之和。计算公式：

运营线路长度=Σ各条运营线路长度

=Σ〔½（上行起点至终点里程+下行起点至终点里程+上下行终点掉头里程）〕

道路长度　指道路长度和与道路相通的桥梁、隧道的长度，按车行道中心线计算。城市道路由车行道和人行道两部分组成。在统计时只统计路面宽度在3.5米（含3.5米）以上的各种铺装道路，包括开放型工业区和住宅区道路在内。

城市桥梁　指为跨越天然或人工障碍物而修建的永久构筑物，其使用时间为50年以上，所采用的材料能保持规定的强度，在使用期间经过正常的使用与养护的桥梁。包括跨河桥、立交桥、人行天桥以及人行地下通道等。

公共绿地　指向公众开放的市级、区级、居住区级各类公园、街旁游园，包括其范围内的水域。其中居住区级公园应不小于1万平方米，街旁游园的宽度不小于8米，面积不小于400平方米。

绿化覆盖率　指报告期末区域内绿化覆盖面积与区域面积的比率。

计算公式：

$$\text{绿化覆盖率}=\frac{\text{区域内绿化覆盖面积}}{\text{区域面积}}\times 100\%$$

下水道长度　指所有排水总管、干管、支管、检查井及连接井进出口等长度之和。计算时应按单管计算，即在同一条街道上如有两条或两条以上并排的排水管道时，应按每条排水管道的长度相加计算。

污水日处理能力　指污水处理厂（或处理装置）每昼夜处理污水量的设计能力。

按污水处理的程度，一般可分为一级处理、二级处理和三级处理。

一级处理是以沉淀为主体的处理工艺。指去除污水中的漂浮物和悬浮物的净化过程，主要为沉淀。

二级处理是以生物处理为主体的处理工艺。指污水经一级处理后，用生物处理方法继续除去污水中胶体和溶解性有机物的净化过程。

三级处理也称高级处理或深度处理。指进一步去除二级处理不能完全去除的污水中的污染物的处理工艺。

垃圾无害化处理能力　指垃圾无害化处理场（厂）按工艺设计每天所能处理生活垃圾的数量。垃圾无害化处理场（厂）必须是按照有关技术、环境、卫生标准和规范进行设计、建设、运行、维护和管理的各种生活垃圾处理设施，主要包括卫生填埋场、堆肥厂和焚烧厂等。

十、农业及农村经济
AGRICULTURE AND RURAL ECONOMY

农业总产值及发展速度
Gross Output Value of Agriculture and Tempo

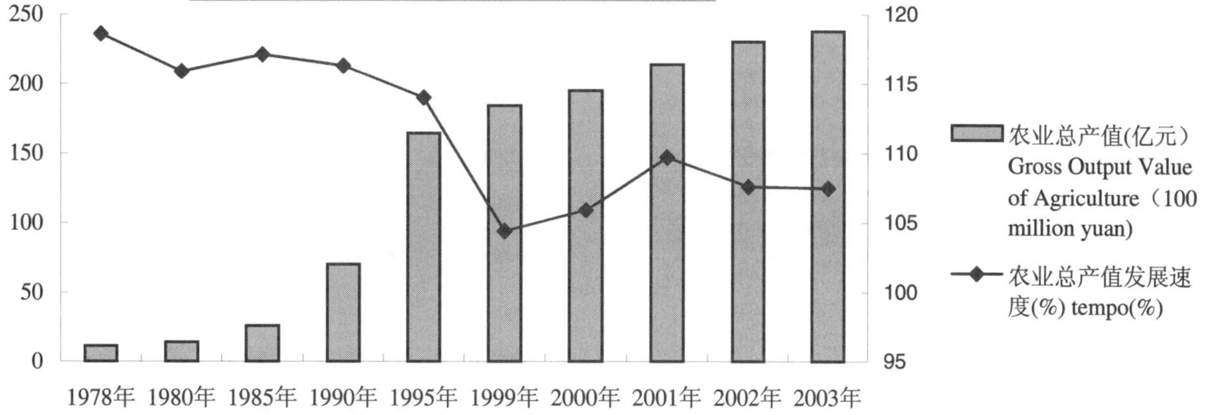

主要农产品产量 (单位:万吨)
Output of Major Farm Products (10000 tons)

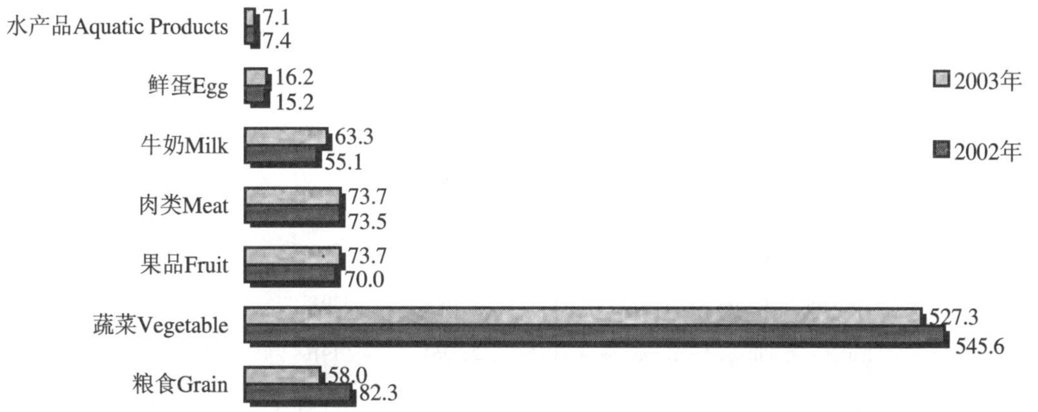

10-1 农村基层组织情况
RURAL GRASSROOTS UNITS

项目 Item				2003	2002	2003年为2002年% 2003 as % of 2002
乡镇政府个数	**(个)**	**Number of Township and Town Governments**	**(unit)**	**190**	**196**	**96.9**
乡政府	(个)	Township Governments	(unit)	47	54	87.0
镇政府	(个)	Town Governments	(unit)	143	142	100.7
村民委员会个数	**(个)**	**Number of Villagers' Committees**	**(unit)**	**4003**	**4032**	**99.3**
乡村户数	**(户)**	**Households**	**(household)**	**1310533**	**1280110**	**102.4**
乡村人口	**(人)**	**Rural Population**	**(person)**	**3606033**	**3576378**	**100.8**
男	(人)	Male	(person)	1749612	1729935	101.1
女	(人)	Female	(person)	1856421	1846443	100.5
乡村从业人员	**(人)**	**Rural Employed Persons**	**(person)**	**1695993**	**1656025**	**102.4**
男	(人)	Male	(person)	879059	858315	102.4
女	(人)	Female	(person)	816934	797710	102.4

注：乡政府、镇政府个数含有农村的街道办事处和区县政府派出的管理机构。

Note: Township and town government contains rural subdistrict offices,district and county government agencies.

10-2 乡村从业人员
RURAL EMPLOYED PERSONS

单位：人　　(person)

项目	Item	2003	2002	构成(%) Composition(%) 2003	2002
乡村从业人员	**Rural Employed Persons**	**1695993**	**1656025**	**100.0**	**100.0**
# 农业	Planting	413205	458846	24.4	27.7
林业	Forestry	83859	78320	4.9	4.7
牧业	Animal Husbandry	88235	92539	5.2	5.6
渔业	Fishery	9974	11375	0.6	0.7
农村工业	Industry	325015	329647	19.2	19.9
乡镇工业	Township and Town Industry	105654	110483	6.2	6.7
村及村以下工业	Industry at Village Level and below	219361	219164	12.9	13.2
农村建筑业	Construction	164253	157500	9.7	9.5
农村运输业	Transportation	160505	152961	9.5	9.2
农村商业、饮食业	Commerce and Catering	188972	145290	11.1	8.8

10-3 郊区县乡村从业人员
RURAL EMPLOYED PERSONS IN SUBURBS AND COUNTIES

单位：人 (person)

项目	Item	从业人员 Employed Persons 2003	2002	# 农林牧渔业从业人员 Employed Persons of Planting 2003	2002
全市	**Total**	**1695993**	**1656025**	**595273**	**641080**
朝阳区	Chaoyang	108187	107178	20253	21858
丰台区	Fengtai	72552	72593	18339	19971
石景山区	Shijingshan		6623		1037
海淀区	Haidian	72992	49726	18216	12627
门头沟区	Mentougou	40141	39920	10050	10921
房山区	Fangshan	216714	220801	62756	71413
通州区	Tongzhou	221705	189200	70652	77547
顺义区	Shunyi	186030	184434	53333	55565
昌平区	Changping	123448	121301	44204	42525
大兴区	Daxing	193026	193677	82322	94356
平谷区	Pinggu	142794	145296	64090	68989
怀柔区	Huairou	78187	80117	32625	34793
密云县	Miyun	145108	149769	69500	76039
延庆县	Yanqing	95109	95390	48933	53439

10-4 郊区增加值
ADDED VALUE OF SUBURBS

单位：万元 (10000 yuan)

项目	Item	2003	2002	2003年为2002年% 2003 as % of 2002	构成(%) Composition(%) 2003	2002
总计	**Total**	**8400481.9**	**7204636.7**	**116.6**	**100.0**	**100.0**
第一产业	**Primary Industry**	**956368.5**	**980474.3**	**97.5**	**11.4**	**13.6**
第二产业	**Secondary Industry**	**3665824.7**	**2934853.3**	**124.9**	**43.6**	**40.7**
# 工业	Industry	2796718.5	2239705.1	124.9	33.3	31.1
采矿业	Mining	136814.5	160770.4	85.1	1.6	2.2
制造业	Manufacturing	2642465.9	2064664.4	128.0	31.5	28.7
电力、煤气及水的生产和供应业	Electricity,Gas,Water Production and Supply	17438.1	14270.3	122.2	0.2	0.2
建筑业	Construction	869106.2	695148.2	125.0	10.3	9.6
第三产业	**Tertiary Industry**	**3778288.7**	**3289309.1**	**114.9**	**45.0**	**45.7**
交通运输、仓储和邮政业	Transportation,Storage and Post	527390.0			6.3	
# 邮政业	Post	23438.7			0.3	
信息传输、计算机服务和软件业	Information Transmission,Computer Servecis and Software	146913.8			1.7	
# 电信	Telecommunications	91902.5			1.1	
批发和零售业	Wholesale Trade and Retail Trade	609111.3			7.3	
住宿和餐饮业	Stay Place and Catering	182200.2			2.2	
# 餐饮业	Catering	129470.1	109717.1	118.0	1.5	1.5
金融业	Finance	250225.8	228687.5	109.4	3.0	3.2
# 保险业	Underwriting	22977.1	33643.0	68.3	0.3	0.5
房地产业	Real Estate Trade	797022.1	654338.9	121.8	9.5	9.1
# 房地产开发经营	Develop	411891.3	304829.6	135.1	4.9	4.2
城镇居民自有住房	Urban Households have the House by Oneself	105223.4	79367.1	132.6	1.3	1.1
农村居民自有住房	Rural Households have the House by Oneself	237712.5	223227.9	106.5	2.8	3.1
租赁与商务服务业	Tenancy and Commercial Servecis	83493.4			1.0	
科学研究、技术服务业和地质勘察业	Scientific Studies,Technical Servecis and Geological Prospecting	45970.1			0.5	
水利、环境和公共设施管理业	Water，Environment and Municipal Engineering Conservancy	59927.0			0.7	
居民服务和其他服务业	Resident Services and Other Services	352289.9			4.2	
教育	Education	301720.7			3.6	
卫生、社会保障和社会福利业	Health Care,Social Security and Social Welfare	119532.8			1.4	
文化、体育和娱乐业	Culture,Art,Sports and Recreation	23722.9			0.3	
公共管理和社会组织	Public Manage and Social Organization	278768.7			3.3	
国际组织	International Organization					

注：1. 2003年数据均执行国民经济新行业分类标准.

2. “郊区增加值”统计口径：近郊区为乡及乡以下农村部分；远郊区（县）为县及县以下所属部分。

Note:a) Data of this table adopted new industrial classification for national economic activities.

b) Added value of suburbs is that produced by units of rural area at township level and below,and that of outer suburbs and counties is produced by units at county level and below.

10-5 农 业 总 产 值
GROSS OUTPUT VALUE OF AGRICULTURE

单位：万元 (10000 yuan)

项目 Item		总产值（1990年不变价格）Gross Output Value (at 1990 constant prices) 2003	2002	2003年为2002年% 2003 as % of 2002	总产值（现价）Gross Output Value (at current prices) 2003	2002	2003年为2002年% 2003 as % of 2002
总　计	**Total**	**1394958.6**	**1339146.0**	**104.2**	**2379004**	**2213418.7**	**107.5**
农业	**Agriculture**	**571999.6**	**582376.9**	**98.2**	**887547.8**	**862282.1**	**102.9**
谷物	Cereal	30961.6	44910.3	68.9	66711.2	87091.3	76.6
豆类	Beans	3961.2	4963.3	79.8	9081.1	10486.2	86.6
经济作物	Cash Crops	10896.1	17990.1	60.6	22724.7	26815.7	84.7
蔬菜、瓜类	Vegetable and Melon	347420	333080.7	104.3	523797.6	483707.4	108.3
桑、水果	Mulberry and Fruit	107704.7	107218.2	100.5	170681.7	156791.3	108.9
其他	Others	71056	74214.3	95.7	94551.5	97390.2	97.1
林业	**Forestry**	**62705.3**	**54007.1**	**116.1**	**134864.5**	**103652.5**	**130.1**
牧业	**Animal Husbandry**	**692203.6**	**637694.7**	**108.5**	**1254896.7**	**1148536.4**	**109.3**
牲畜饲养	Animals Breeding	160701.7	132872.9	120.9	391523.6	325323.5	120.3
养猪	Hogs	172588.3	162529.1	106.2	352390.2	338001.6	104.3
家禽饲养	Poultry Raising	293059	271448.8	108.0	438276.4	393997.8	111.2
# 鲜蛋	Fresh Eggs	74270	68629.5	108.2	72281.4	64855.0	111.5
其他	Others	65854.6	70843.9	93.0	72706.5	91213.5	79.7
渔业	**Fishery**	**68050.1**	**65067.3**	**104.6**	**101695**	**98947.7**	**102.8**

注：农林牧渔业总产值执行新《国民经济行业分类标准》,其中现价总产值按生产者价格计算。

Note:Gross output value of agriculture adopted new industrial classification for national economic activities, the current prices is calculate at producer prices.

10-6 耕 地 面 积
CULTIVATED AREAS

单位：公倾 (hectare)

项目	Item	2003
年初耕地面积	**Cultivated Areas**	**274710.5**
年末耕地面积	**Cultivated Areas**	**259860.3**
灌溉水田	Irrigated farming	10880.2
旱地	Non-irrigated Farmland	47723.3
水浇地	Irrigated Land	179180.4
菜地	Vegatable Field	22076.4
耕地面积变动情况	**Increase and Decrease of Cultivated Area**	
当年增加	Increase in the Year	4284.6
当年减少	Decrease in the Year	19134.8
# 建设用地	Constructively	3464.6
人均年末实有耕地面积	**Year-end Cultivated Area Per Person**	
平均每个农村人口占有耕地	Cultivated Area Per Rural Person	0.07
平均每个农村劳动力占有耕地	Cultivated Area Per Rural Labor Force	0.13

注：自2003年起,耕地面积及变动情况的数据由北京市国土资源和房屋管理局提供,
北京市统计局掌握的2003年末实有种植农作物面积为195574公顷。

Note:Since 2003, the data of cultivated area and change situation will be offered by territory resources and house administration bureau of Beijing, Beijing that statistics bureau grasp to is it plant crops area 195574 hectares to have in fact will it be the end 2003.

10-7 主要农作物播种面积及产量
SOWN AREAS AND YIELD OF MAJOR FARM CROPS

项目	Item	2003 播种面积 (公顷) Sown Areas (hectare)	2003 单产 (公斤/公顷) Unit Yield (kg/hectare)	2003 总产量 (吨) Total Yield (ton)	2002 播种面积 (公顷) Sown Areas (hectare)	2002 单产 (公斤/公顷) Unit Yield (kg/hectare)	2002 总产量 (吨) Total Yield (ton)
粮 食	**Grain**	**141344.0**	4105.4	**580276.0**	**168958.0**	**4871.6**	**823094.0**
按季节分	Grouped by Season						
夏 粮	Summer Grain	35883.0	5135.6	184281.0	47516.9	5122.3	243394.0
秋 粮	Autumn Grain	105461.0	3754.9	395995.0	121441.1	4773.5	579700.0
按品种分	Grouped by Variety						
稻 谷	Rice	1615.3	6226.6	10058.0	4472.5	6389.3	28576.0
冬小麦	Winter Wheat	35789.3	5143.9	184097.0	47387.0	5130.5	243117.0
玉 米	Corn	75206.5	4281.4	321990.0	87239.2	5289.0	461408.0
薯 类	Tubers	5443.3	5286.7	28777.0	6158.2	6038.3	37185.0
大 豆	Soybean	16441.8	1717.8	28243.0	15542.5	2241.0	34830.0
棉 花	**Cotton**	**3173.3**	**1075.8**	**3414.0**	**3107.5**	**1125.3**	**3497.0**
油 料	**Oil-bearing Crops**	**13759.1**	**2395.0**	**32953.0**	**15732.9**	**2952.7**	**46455.0**
# 花 生	Peanuts	13324.0	2445.3	32581.0	15276.7	2997.9	45798.0
药 材	**Drug**	**1775.0**	**3220.8**	**5717.0**	**2157.3**	**2070.2**	**4466.0**
蔬 菜	**Vegetable**	**116289.5**	**45347.3**	**5273417.0**	**122074.9**	**44696.6**	**5456330.0**
瓜 类	**Melon**	**8940.7**	**49254.3**	**440369.0**	**8664.9**	**49551.3**	**429357.0**
# 西 瓜	Watermelon	8124.7	50899.7	413543.0	7916.7	50814.7	402285.0
饲 料	**Forage**	**18588.5**			**17634.2**		
# 牧 草	Grazing	10438.6			10040.7		
花 卉	**Flower**	**2055.4**			**1264.5**		

10-8 郊区县粮食耕地面积及播种面积
GRAIN IN CULTIVATED AREA AND SOWN AREAS OF SUBURBS AND COUNTIES

单位：公顷 (hectare)

地区	Region	耕地面积 Cultivated Areas 2003	2002	2003年为2002年% 2003 as % of 2002	播种面积 Sown Areas 2003	2002	2003年为2002年% 2003 as % of 2002
全市	**Total**	**98248.9**	**114390.8**	**85.9**	**141344.0**	**168958.0**	**83.7**
朝阳区	Chaoyang	556.1	1221.4	45.5	617.8	1493.5	41.4
丰台区	Fengtai	471.5	1349.4	34.9	513.5	1595.0	32.2
海淀区	Haidian	781.1	1644.0	47.5	1023.5	1719.0	59.5
门头沟区	Mentougou	1198.5	1715.9	69.8	1965.2	2192.3	89.6
房山区	Fangshan	13978.4	15112.4	92.5	20460.4	24830.2	82.4
通州区	Tongzhou	14375.5	16387.2	87.7	23569.1	25870.4	91.1
顺义区	Shunyi	13056.3	16206.0	80.6	18321.0	23609.9	77.6
昌平区	Changping	6545.2	8443.6	77.5	8392.6	11433.7	73.4
大兴区	Daxing	13565.8	15753.5	86.1	21053.0	25221.2	83.5
平谷区	Pinggu	5362.5	6519.7	82.3	8209.8	10703.3	76.7
怀柔区	Huairou	5419.7	5567.5	97.3	9277.6	10632.0	87.3
密云县	Miyun	4757.7	5183.3	91.8	8525.0	9434.2	90.4
延庆县	Yanqing	18180.6	19286.9	94.3	19415.5	20223.3	96.0
农场局	Municipal Farm Bureau						

10-9 郊区县蔬菜耕地面积及播种面积
VEGETABLE IN CULTIVATED AREA AND SOWN AREAS OF SUBURBS AND COUNTIES

单位：公顷 (hectare)

地区	Region	耕地面积 Cultivated Areas 2003	2002	2003年为2002年% 2003 as % of 2002	播种面积 Sown Areas 2003	2002	2003年为2002年% 2003 as % of 2002
全市	**Total**	**51925.2**	**56440.9**	**92.0**	**116289.5**	**122074.9**	**95.3**
朝阳区	Chaoyang	1992.2	2444.3	81.5	4679.7	5488.4	85.3
丰台区	Fengtai	1001.5	1395.5	71.8	1802.2	2884.8	62.5
石景山区	Shijingshan		103.3			163.1	
海淀区	Haidian	444.1	611.5	72.6	1016.3	1189.9	85.4
门头沟区	Mentougou	362.7	391.8	92.6	700.7	707.3	99.1
房山区	Fangshan	2609.8	2658.4	98.2	5377.9	5593.0	96.2
通州区	Tongzhou	9981.5	12039.1	82.9	21716.6	23366.7	92.9
顺义区	Shunyi	9761.3	9918.9	98.4	21223.7	21731.3	97.7
昌平区	Changping	1506.7	1443.9	104.3	3029.0	3235.5	93.6
大兴区	Daxing	12717.5	12994.6	97.9	31252.2	30785.3	101.5
平谷区	Pinggu	4126.6	4236.2	97.4	10002.2	10461.2	95.6
怀柔区	Huairou	709.1	662.6	107.0	1553.9	1490.7	104.2
密云县	Miyun	1590.5	1685.3	94.4	4245.1	3669.3	115.7
延庆县	Yanqing	5116.1	5849.8	87.5	9678.8	11287.7	85.7
农场局	Municipal Farm Bureau	5.6	5.7	98.2	11.2	20.7	54.1

10-10 郊区县油料耕地面积及播种面积
OIL-BEARING CROPS IN CULTIVATED AREA AND SOWN AREAS OF SUBURBS AND COUNTIES

单位：公顷 (hectare)

地区	Region	耕地面积 Cultivated Areas 2003	2002	2003年为2002年% 2003 as % of 2002	播种面积 Sown Areas 2003	2002	2003年为2002年% 2003 as % of 2002
全市	**Total**	**11069.8**	**11916.4**	**92.9**	**13759.1**	**15732.9**	**87.5**
朝阳区	Chaoyang	2.7	6.3	42.3	2.7	6.5	41.0
丰台区	Fengtai						
海淀区	Haidian						
门头沟区	Mentougou	9.5	5.0	189.3	12.8	7.4	173.0
房山区	Fangshan	954.9	1043.2	91.5	1098.9	1325.2	82.9
通州区	Tongzhou	817.5	982.9	83.2	817.5	982.9	83.2
顺义区	Shunyi	452.2	459.9	98.3	452.2	459.9	98.3
昌平区	Changping	23.0	32.8	70.1	32.1	40.7	79.0
大兴区	Daxing	4593.4	4599.9	99.9	4860.5	4865.1	99.9
平谷区	Pinggu	206.3	299.9	68.8	216.1	313.8	68.9
怀柔区	Huairou	850.0	941.2	90.3	1212.0	1224.9	98.9
密云县	Miyun	3099.8	3449.4	89.9	4981.8	6399.1	77.9
延庆县	Yanqing	60.5	95.9	63.1	72.5	107.4	67.5
农场局	Municipal Farm Bureau						

10-11 郊区县饲料耕地面积及播种面积

FORAGE IN CULTIVATED AREA AND SOWN AREAS OF SUBURBS AND COUNTIES

单位：公顷 (hectare)

地区	Region	耕地面积 Cultivated Areas 2003	2002	2003年为2002年% 2003 as % of 2002	播种面积 Sown Areas 2003	2002	2003年为2002年% 2003 as % of 2002
全市	**Total**	**13803.7**	**12080.3**	**114.3**	**18588.5**	**17634.2**	**105.4**
朝阳区	Chaoyang	246.6	202.2	122.0	344.7	245.6	140.4
丰台区	Fengtai	391.0	113.2	345.4	431.0	178.8	241.1
海淀区	Haidian	66.7	244.2	27.3	66.7	244.5	27.3
门头沟区	Mentougou	164.3	114.4	143.6	299.1	285.5	104.8
房山区	Fangshan	1122.8	970.3	115.7	1122.8	1570.9	71.5
通州区	Tongzhou	1690.3	1176.7	143.7	1890.3	2486.7	76.0
顺义区	Shunyi	4802.0	3421.9	140.3	4927.8	3513.6	140.2
昌平区	Changping	2493.7	2201.2	113.3	2789.0	2380.2	117.2
大兴区	Daxing	1137.3	1195.1	95.2	1425.5	1662.1	85.8
平谷区	Pinggu	95.0	84.9	111.9	414.0	89.9	460.5
怀柔区	Huairou	195.2	369.7	52.8	382.3	437.7	87.3
密云县	Miyun	851.6	1149.5	74.1	3313.8	3035.9	109.2
延庆县	Yanqing	265.4	555.2	47.8	283.5	556.7	50.9
农场局	Municipal Farm Bureau	281.8	281.8	100.0	898.0	946.1	94.9

10-12 郊区县粮食、蔬菜耕地面积产量

YIELD FROM GRAIN，VEGETABLEIN CULTIVATED AREA OF SUBURBS AND YIELD

单位：公顷 (hectare)

地区	Region	粮食 Grain				蔬菜 Vegetable			
		2003		2002		2003		2002	
		单产(公斤/公顷) Unit Yield (kg/hectare)	总产量(吨) Total Yield (ton)	单产(公斤/公顷) Unit Yield (kg/hectare)	总产量(吨) Total Yield (ton)	单产(公斤/公顷) Unit Yield (kg/hectare)	总产量(吨) Total Yield (ton)	单产(公斤/公顷) Unit Yield (kg/hectare)	总产量(吨) Total Yield (ton)
全市	**Total**	**5906.2**	**580276.0**	**7195.5**	**823094.0**	**101558.0**	**5273417.0**	**96673.4**	**5456330.0**
朝阳区	Chaoyang	3952.3	2198.0	5674.3	6931.0	55383.0	110334.0	57264.3	139973.0
丰台区	Fengtai	2623.5	1237.0	4030.7	5439.0	65578.4	56579.0	64478.8	89978.0
石景山区	Shijingshan							65661.3	6785.0
海淀区	Haidian	5598.3	4373.0	5011.6	8239.0	114307.2	50760.0	94851.7	58005.0
门头沟区	Mentougou	890.3	1067.0	1583.4	2717.0	55533.9	20144.0	58399.7	22881.0
房山区	Fangshan	5849.7	81769.0	7238.8	109395.0	96630.4	252186.0	92962.3	247131.0
通州区	Tongzhou	8543.6	122818.0	8264.4	135430.0	91609.7	914399.0	82324.8	991119.0
顺义区	Shunyi	6770.2	88394.0	7750.8	125610.0	119848.1	1169869.0	119537.5	1185677.0
昌平区	Changping	4367.8	28588.0	5790.1	48889.0	71676.1	107992.0	90345.6	130447.0
大兴区	Daxing	8508.5	115424.0	8781.1	138333.0	103884.6	1321149.0	97238.8	1263579.0
平谷区	Pinggu	5638.0	30234.0	7661.4	49950.0	9482.9	39132.0	99103.2	419821.0
怀柔区	Huairou	5587.0	30280.0	9027.8	50262.0	639452.4	453457.0	65108.7	43141.0
密云县	Miyun	2583.2	12290.0	6750.7	34991.0	217141.0	345370.0	201641.1	339819.0
延庆县	Yanqing	3388.4	61604.0	5742.8	110761.0	84403.0	431817.0	8850.7	517745.0
农场局	Municipal Farm Bureau					40892.9	229.0	40411.8	229.0

10-13 林业及干鲜果品生产

FORESTRY,DRY AND FRESH FRUIT PRODUCTION

项目		Item		2003	2002	2003年为2002年% 2003 as % of 2002
林业生产		**Forestry**				
本年造林面积	(公顷)	Afforestation Area this Year	(hectare)	47168.9	47910.0	98.5
育苗面积	(公顷)	Nursery Garden Area	(hectare)	23787.1	23940.0	99.4
# 本年新育	(公顷)	New Growing this Year	(hectare)	3686.0	8310.0	44.4
果类生产		**Fruit**				
干鲜果总产量	(吨)	Output of Dry and Fresh Fruit	(ton)	736995.0	700196.4	105.3
干果	(吨)	Dry Fruit	(ton)	35755.0	31099.6	115.0
# 核桃	(吨)	Walnut	(ton)	10364.0	10283.1	100.8
板栗	(吨)	Chinese Chestnut	(ton)	17788.0	16139.9	110.2
鲜果	(吨)	Fresh Fruit	(ton)	701240.0	669096.8	104.8
# 苹果	(吨)	Apple	(ton)	134815.0	144392.5	93.4
梨	(吨)	Pear	(ton)	130766.0	125008.8	104.6
葡萄	(吨)	Grape	(ton)	63053.0	50972.4	123.7
柿子	(吨)	Persimmon	(ton)	60361.0	62933.9	95.9
桃	(吨)	Peach	(ton)	264585.0	244870.3	108.1
年末实有果园面积	**(公顷)**	**Orchard Area(year-end)**	**(hectare)**	**87539.1**	**84940.3**	**103.1**

10-14 畜 牧 业 生 产
ANIMALS HUSBANDRY

项　目		Item		2003	2002	2003年为2002年% 2003 as % of 2002
大牲畜		**Large Animals**				
年末总头数	(万头)	Total	(year-end,10000 heads)	33.0	31.0	106.5
# 役畜		Draught Animals		2.1	2.9	72.4
牛		Cattle and Buffaloes		29.8	27.4	108.8
马		Horses		0.5	0.5	100.0
骡		Mules		0.9	1.1	81.8
驴		Donkeys		1.8	2.0	90.0
乳牛		**Cows**				
年末总头数	(万头)	Total	(year-end,10000 heads)	18.1	15.1	119.9
# 成乳牛		Adult Cows		11.7	10.4	112.5
牛奶总产量	(万吨)	Cow Milk	(10000 tons)	63.3	55.1	114.9
肉牛		**Beef Cattle**				
全年出栏	(万头)	Slaughtered Cattle	(year-end,10000 heads)	29.8	26.8	111.2
折净肉	(万吨)	Converted into Beef	(10000 ton)	5.2	4.9	106.1
羊		**Sheep and Goats**				
全年出栏羊	(万只)	Slaughtered Sheep and Goats	(10000 heads)	301.0	263.9	114.1
折净肉	(万吨)	Converted into Mutton	(10000 tons)	4.7	4.2	111.9
年末存栏	(万只)	Livestock on Hand	(year-end,10000 heads)	183.0	175.2	104.5
山羊	(万只)	Goats	(10000 heads)	57.9	59.8	96.8
绵羊	(万只)	Sheep	(10000 heads)	125.1	115.5	108.2
猪		**Hogs**				
全年出栏猪	(万头)	Slaughtered Fattened Hogs	(10000 heads)	470.1	474.7	99.0
折带骨肉	(万吨)	Converted into Pork with Bone	(10000 tons)	32.8	33.4	98.2
年末存栏	(万头)	Livestock on Hand	(year-end,10000 heads)	252.2	259.7	97.1
家禽		**Poultry**				
年末存栏	(万只)	Livestock on Hand	(year-end,10000 heads)	3762.6	3306.6	113.8
鸭		Ducks		786.6	634.0	124.1
肉鸡		Chickens		1549.8	1457.7	106.3
产蛋鸡		Hens		1418.5	1208.5	117.4
产蛋量	(万吨)	Poultry Eggs	(10000 tons)	16.2	15.2	106.6
# 鸡蛋		Eggs		15.7	14.8	106.1
年末养兔	**(万只)**	**Rabbits**	**(year-end,10000 heads)**	**73.7**	**84.9**	**86.8**
养蜂		**Bees**				
年末养蜂	(万箱)	Bees	(year-end,10000 boxes)	11.1	11.3	98.2
蜂蜜产量	(吨)	Honey	(ton)	3231.1	2789.4	115.8

10-15 水产品生产
AQUATIC PRODUCTS

项目 Item				2003	2002	2003年为2002年% 2003as % of 2002
现有水面面积	**(公顷)**	**Area of Water Surface**	**(hectare)**	**21215.6**	**22428.9**	**94.6**
# 已利用水面面积	(公顷)	Utilized Area	(hectare)	20934	21406.0	97.8
大水库	(公顷)	Large Reservoir	(hectare)	12320	13053.3	94.4
中、小水库	(公顷)	Medium and Small Reservoirs	(hectare)	1712.3	1650.8	103.7
坑塘	(公顷)	Puddle and Pond	(hectare)	6802.4	6591.4	103.2
# 鱼种池	(公顷)	Fish Fry Pond	(hectare)	696.5	734.1	94.9
鱼种生产量	**(万尾)**	**Output of Fish Fry**	**(10000 pieces)**	**11400.4**	**11084.5**	**102.8**
放养鱼种	**(万尾)**	**Fish Fry Breed**	**(10000 pieces)**	**18344**	**115242.0**	**15.9**
成鱼捕捞量	**(吨)**	**Adult Fish Catched**	**(ton)**	**71249.4**	**73676.1**	**96.7**
# 大水库	(吨)	in Large Reservoirs	(ton)	3511.3	4553.8	77.1
中、小水库	(吨)	in Medium and Small Reservoirs	(ton)	1607	1301.1	123.5
坑塘	(吨)	in Puddle and Pond	(ton)	61592.1	64096.6	96.1
# 鱼类商品量	(吨)	Commodity Fish	(ton)	65064.3	41264.8	157.7

10-16 主要农产品产量
OUTPUT OF MAJOR FARM PRODUCTS

单位：吨 (ton)

项目 Item		2003	2002	2003年为2002年% 2003 as % of 2002
蔬菜产量	**Yield of Vegetable**	**5273417.0**	**5456330.3**	**96.6**
# 特菜	Special Vegetable	407163.0	438511.3	92.9
干鲜果品产量	**Yield of Dry and Fresh Fruit**	**736995.0**	**700196.4**	**105.3**
# 干果产量	Dry Fruit	35755.0	31099.6	115.0
鲜果产量	Fresh Fruit	701240.0	669096.8	104.8
肉类总产量	**Output of Meat**	**736500.0**	**735452.0**	**100.1**
# 猪肉	Pork	327857.0	334396.3	98.0
牛肉	Beef	51798.0	49220.0	105.2
羊肉	Mutton	46970.0	42442.4	110.7
牛奶产量	**Output of Cow Milk**	**632919.0**	**550805.3**	**114.9**
鲜蛋产量	**Output of Fresh Eggs**	**161755.0**	**152144.5**	**106.3**
# 鸡蛋	Eggs	157351.0	147779.5	106.5
鸭蛋	Duck's Eggs	3730.0	3926.0	95.0
淡水鱼产量	**Output of Freshwater Fish**	**71249.4**	**73676.1**	**96.7**

10-17 郊区县副食品产量
OUTPUT OF NON-STAPLE FOOD IN SUBURBS AND COUNTIES

地区	Region	蔬菜（吨）Vegetable (ton)	鲜蛋（吨）Fresh Eggs (ton)	牛奶（吨）Cow Milk (ton)	干鲜果（吨）Dry and Fresh Fruit (ton)	成鱼捕捞量（吨）Adult Fish Catched (ton)	生猪出栏（头）Slaughtered Fattened Hog (head)	蛋鸡存栏（万只）Hens on Hand (10000 heads)
全市	**Total**	**5273417**	**161755**	**632919**	**736995**	**71249**	**4700991**	**1418.5**
朝阳区	Chaoyang	110334	323	18857	518	2978	78463	3.2
丰台区	Fengtai	56579	2188	3697	2633	565	28252	10.3
石景山区	Shijingshan							
海淀区	Haidian	50760	753	2685	7529	2080	23409	8.1
门头沟区	Mentougou	20144	828	7815	5587	300	30174	14.3
房山区	Fangshan	252186	11488	26637	81054	2200	356608	172.1
通州区	Tongzhou	914399	14052	38565	54648	10991	524418	94.9
顺义区	Shunyi	1169869	20140	77905	61910	16427	1668429	273.0
昌平区	Changping	107992	4005	17153	52277	6525	177105	33.1
大兴区	Daxing	1321149	38322	125168	106179	3525	639702	270.0
平谷县	Pinggu	453457	26631	3166	212856	15240	422181	197.1
怀柔县	Huairou	39132	4699	32469	47499	2910	204311	65.9
密云县	Miyun	345370	21146	60532	60275	4500	339789	164.6
延庆县	Yanqing	431817	16987	80167	42151	3008	165116	111.8
农场局	Municipal Farm Bureau	229	193	138103	1879		43034	0.1

10-18 设施农业面积及产量
AREAS AND OUTPUT OF FACILITY-AGRICULTURE

项目	Item	设施农业面积（亩）Areas of Facility-agriculture (mu)	设施农业产量（吨）Output of Facility-agriculture (ton)
合计	**Total**	**353097**	
按类型划分	Grouped by Type		
# 温室	Hothouse	43307	
日光温室	Sunshine-hothouse	37552	
大棚	Large Shed	95505	
中、小棚	Medium and Small Shed	136563	
阳畦	Sunshine Bed	40170	
按品种划分	Grouped by Variety		
# 蔬菜	Vegetable	240071	1543195
花卉	Flowers	11238	
瓜类	Melons	73832	266528
果类	Fruits	13277	13506

10-19 农村劳动生产率
RURAL LABOR PRODUCTIVITY

项目	Item	2003	2002	2003年为2002年% 2003 as % of 2002
每一农村从业人员创造产值	**Output Value Per Person Employed**			
(按各业从业人员分别计算)	**(calculated separately by sectors)**			
每一农村从业人员创造农村社会总产值 (元)	Rural Gross Output Value Per Person Employed (yuan)	96018	87431	109.8
每一农村从业人员创造农业总产值 (元)	Gross Output Value of Agriculture Per Person Employed (yuan)	37554	35939	104.5
每一农村从业人员创造工业总产值 (元)	Gross Output Value of Industry Per Person Employed (yuan)	244578	206502	118.4
每一农村从业人员创造建筑业总产值 (元)	Gross Output Value of Construction Per Person Employed (yuan)	162415	150644	107.8
每一农村从业人员创造运输业总产值 (元)	Gross Output Value of Transportation Per Person Employed (yuan)	86118	78951	109.1
每一农村从业人员创造商业、饮食业总产值 (元)	Gross Output Value of Commerce and Catering Per Person Employed (yuan)	154228	123010	125.4
每一农业从业人员生产的农产品产量	**Yield of Farm Products Per Person Employed**			
(按农林牧渔从业人员合计计算)	**(calculated by total persons employed of farming, forestry,animal husbandry and fishery)**			
粮食 (公斤)	Grain (kg)	975	1284	75.9
油料 (公斤)	Oil-bearing Crops (kg)	55	73	75.3
蔬菜 (公斤)	Vegetable (kg)	8863	8512	104.1
水果 (公斤)	Fruit (kg)	1239	1044	118.7
猪牛羊肉 (公斤)	Pork,Beef and Mutton (kg)	717	665	107.8
牛奶 (公斤)	Cow Milk (kg)	1064	859	123.9
鲜蛋 (公斤)	Fresh Eggs (kg)	272	237	114.8
淡水鱼 (公斤)	Fresh-water Fish (kg)	120	115	104.3

10-20 农业生产条件
PRODUCTIVE CONDITIONS OF AGRICULTURE

项目		Item		2003	2002	2003年为2002年% 2003 as % of 2002
主要农业机械拥有量		**Possession of Major Agricultural Machinery**				
农业机械总动力	(万千瓦)	Total Power of Agricultural Machinery	(10000 kw)	366.9	381.8	95.8
大中型拖拉机	(混合台)	Large and Medium Tractors	(unit)	9216.0	10784.0	85.5
小型拖拉机	(台)	Mini-Tractors	(unit)	22638.0	20040.0	113.0
机引农具	(台)	Towing Farm Machinery	(unit)	29884.0	31890.0	93.7
机动喷雾器	(部)	Motorized Sprayer	(unit)	12222.0	12816.0	95.4
机动插秧机	(台)	Motorized Rice Transplanter	(unit)	55.0	73.0	75.3
联合收割机	(台)	Combine Harvester	(unit)	3766.0	4544.0	82.9
机动脱粒机	(台)	Motorized Sheller	(unit)	7858.0	8488.0	92.6
米面加工机	(台)	Processing Machine of Rice and Flour	(unit)	7787.0	8381.0	92.9
机动挤奶器	(台)	Motorized Milker	(unit)	634.0	604.0	105.0
饲料粉碎机	(台)	Fodder Grinder	(unit)	4698.0	4783.0	98.2
载重汽车	(辆)	Truck	(unit)	14502.0	16365.0	88.6
农业机械作业面积		**Operation Area with Agricultural Machinery**				
机耕面积	(公顷)	Cultivated Area by Machine	(hectare)	153107.0	171986.0	89.0
占全部耕地面积比重	(%)	as Percentage of Total	(%)	61.8	65.5	
机播面积	(公顷)	Sown Area by Machine	(hectare)	86897.0	107795.0	80.6
占播种面积比重	(%)	as Percentage of Sown Area	(%)	88.9	86.0	
机收面积	(公顷)	Harvest Area by Machine	(hectare)	66203.0	84084.0	78.7
占收获面积比重	(%)	as Percentage of Harvest Area	(%)	64.7	65.6	
农村用电量及小水电		**Rural Electricity Consumption and Small Hydropower Station**				
农村用电量	(万千瓦小时)	Rural Electricity Consumption	(10000 kwh)	427266.0	414248.0	103.1
# 农业生产用	(万千瓦小时)	For Agricultural Productive Use	(10000 kwh)	123626.0	136989.0	90.2
乡镇、村办企业用	(万千瓦小时)	For Township and Village Enterprises Use	(10000 kwh)	113779.0	112145.0	101.5
农村小水电站	(处)	Rural Small Hydropower Station	(unit)	34.0	36.0	94.4
发电量	(万千瓦小时)	Generated Energy	(10000 kwh)	1011.0	1413.7	71.5
农田水利		**Irrigation and Water Conservancy**				
排灌用动力机械	(台)	Power-driven Irrigation Machinery	(unit)	67446.0	79081.0	85.3
	(万千瓦)		(10000 kwh)	60.3	62.7	96.2
机(电)井	(眼)	Motor-pumped Well	(unit)	41651.0	42566.0	97.9
# 已配套	(眼)	Completed Set	(unit)			
扬水站(固定机电排灌站)	(处)	Pumping Station	(unit)			
有效灌溉面积	(公顷)	Irrigated Areas	(hectare)	178901.0	219684.0	81.4
化肥施用量(折纯)		**Consumption of Chemical Fertilizer (converted into pure)**				
化肥施用量	(吨)	Consumption of Chemical Fertilizers	(ton)	143228.0	148764.0	96.3
氮肥	(吨)	Nitrogenous Fertilizer	(ton)	77442.0	83093.1	93.2
磷肥	(吨)	Phosphate Fertilizer	(ton)	12577.0	11579.1	108.6
钾肥	(吨)	Potash Fertilizer	(ton)	5743.0	5474.3	104.9

注：农村小水电站是指乡村两级小水电实有数。农村用电量为市供电局提供。

Note: Data of rural small hydropower station refers to actual number of small hydropower at township and Village level.Data on consumption of electricity is provided by Beijing Municipal Power Supply Bureau.

10-21 乡镇企业各业基本情况
BASIC STATISTICS ON SECTORS OF TOWN AND TOWNSHIP ENTERPRISES

行业 Sector	企业个数（个）Number of Enterprises (unit)		从业人员（人）Persons Employed (person)		总收入（万元）Total Revenue (10000 yuan)		利润总额（万元）Total Profits (10000 yuan)		增加值（万元）Add Value (10000 yuan)	
	数量 Number	构成% Composition	数量 Number	构成% Composition	数量 Number	构成% Composition	数量 Number	构成% Composition	数量 Number	构成% Composition
合计 Total	**150877**	**100.0**	**1208258**	**100.0**	**17538333**	**100.0**	**1202315**	**100.0**	**3831533**	**100.0**
农业 Agriculture	4459	2.96	32435	2.7	254177	1.4	36536	3.0	61499	1.6
工业 Industry	23111	15.32	614209	50.8	7968609	45.4	471100	39.2	1839412	48.0
施工建筑业 Construction	4991	3.31	202781	16.8	2531927	14.4	172401	14.3	588218	15.4
交通运输业 Transportation	49645	32.90	80515	6.7	1098113	6.3	122002	10.1	292384	7.6
批发零售贸易业 Wholesale	36273	24.04	118339	9.8	3075138	17.5	170838	14.2	447472	11.7
住宿及餐饮业 Retail and Catering	13418	8.89	52361	4.3	580317	3.3	37254	3.1	118056	3.1
社会服务业 Social Services	16852	11.17	83823	6.9	1254507	7.2	118308	9.8	347424	9.1
其他 Others	2128	1.41	23795	2.0	775545	4.4	73876	6.1	137068	3.6

10-22 乡镇企业出口供货情况
GOODS SUPPLIES FOR EXPORT OF TOWN AND TOWNSHIP ENTERPRISES

单位：万元 (10000 yuan)

行业 Sector		出口产品交货总额 Total Amount on Delivery of Exports		# 直接出口 Direct Export	
		2003	2002	2003	2002
合计	**Total**	**959314**	**762847**	**647614**	**510763**
化工	Chemical Products	12586	12943	6412	3310
机械	Machinery	72117	42715	60801	33082
矿产	Mineral Products	24151	20259	18078	15139
轻工	Light Industry	147293	135759	120746	89830
食品	Food	100005	46511	89957	34465
土产畜产	Local Products	32587	11056	7572	6032
纺织服装	Garment	452682	371220	278694	260857
工艺品	Handicraft	36545	36040	28208	24877
其他	Others	81348	86344	37146	43171

10-23 郊区县乡镇企业主要经济指标
MAIN ECONOMIC INDICATORS FOR TOWN AND TOWNSHIP ENTERPRISES IN SUBURBS AND COUNTIES

地区	Region	企业个数(个) Number of Enterprises (unit)	从业人员(人) Persons Employed (person)	总收入(万元) Total Revenue (10000 yuan)	利润总额(万元) Total Profits (10000 yuan)	增加值(万元) Add Value (10000 yuan)	税金(万元) Taxes (10000 yuan)
全市	**Total**	**150877**	**1208258**	**17538333**	**1202315**	**3831533**	**601538**
朝阳区	Chaoyang	1055	73058	1210670	35027	194655	39177
丰台区	Fengtai	1532	65486	712200	61232	181246	25189
海淀区	Haidian	3925	63134	829187	61529	189598	31407
门头沟区	Mentougou	9589	34364	418111	37204	86415	11112
房山区	Fangshan	45481	223820	3564093	301114	772697	66316
通州区	Tongzhou	15559	146775	1621956	115354	446094	86881
顺义区	Shunyi	18618	155131	1697039	122974	409675	79034
昌平区	Changping	4070	71219	1129894	68016	270333	42170
大兴区	Daxing	20423	119779	2451429	159398	456363	118716
平谷区	Pinggu	5286	69963	1311610	70090	259396	24788
怀柔区	Huairou	6282	58369	1330230	103258	281719	37479
密云县	Miyun	12603	86371	706611	38083	174939	21180
延庆县	Yanqing	6454	40789	555303	29036	108403	18089

10-24 郊区县乡镇个体、私营企业主要经济指标
MAIN ECONOMIC INDICATORS FOR RURAL INDIVIDUAL AND PRIVATE ENTERPRISES IN SUBURBS AND COUNTIES

地区	Region	企业个数 (个) Number of Enterprises (unit)	从业人员 (人) Persons Employed (person)	总收入 (万元) Total Revenue (10000 yuan)	利润总额 (万元) Total Profits (10000 yuan)	增加值 (万元) Add Value (10000 yuan)	税金 (万元) Taxes (10000 yuan)
全市	**Total**	**141521**	**581658**	**8336648**	**662597**	**1785955**	**236249**
朝阳区	Chaoyang	220	11515	114499	1817	9555	3339
丰台区	Fengtai	685	9163	146955	12183	2765	4205
海淀区	Haidian	3335	32348	410617	20594	71303	11683
门头沟区	Mentougou	9126	17463	198657	23319	43764	3279
房山区	Fangshan	44762	154883	2629225	245888	586904	33832
通州区	Tongzhou	13962	71664	688697	52411	199374	35865
顺义区	Shunyi	17900	65301	612985	64195	163390	26160
昌平区	Changping	3100	18819	468539	27168	104259	12229
大兴区	Daxing	19136	60921	1270217	90034	230440	58993
平谷区	Pinggu	4672	20625	384373	25145	78299	8311
怀柔区	Huairou	5836	25956	570985	53890	110085	15360
密云县	Miyun	12544	72729	575758	31781	135570	15694
延庆县	Yanqing	6243	20271	265141	14172	50247	7299

10-25 农村固定资产投资情况
INVESTMENT IN FIXED ASSETS PER CAPITA IN RURAL AREAS

单位：万元，万平方米 (10000yuan,10000sq.m)

项目	Item	合计 Total	非农户 Non-Agricultural	农户 Agricultural
本年新增固定资产原值	**Original Value of Incremental Fixed Assets**	**1912749**	**1749385**	**163364**
本年固定资产投资完成额	**Investment in Fixed Assets Completed in this year**	**2154039**	**1979213**	**174826**
按资金来源分	Grouped by Source of Funds			
国家资金	State Funds	35580	35580	
国内贷款	Domestic Loan	150850	150850	
利用外资	Foreign Funds	42693	42693	
自筹资金	Self-raising Funds	1834552	1659861	174691
其他资金	Other Funds	90364	90229	135
按投资方向分	Grouped by Use of Funds			
农、林、牧、渔业	Farming,Animal Husbandry and Fishery	130942	116714	14228
采矿业	Excavation	19405	19405	
制造业	Manufacturing	755206	754703	503
电力、煤气及水的生产和供应业	Electricity, Gas and Water Productionand Supply	21435	21435	
建筑业	Construction	186323	185106	1217
交通运输、仓储和邮政业	Transportation, Storage, Posts and Telecommunications	70255	55665	14590
信息传输、计算机服务和软件业	Telecommunications,Computer Servecis and Software	5476	5476	
批发和零售业	Wholesale Trade and Retail Trade	104546	104464	82
住宿和餐饮业	Wholesale and retail & catering	126515	123468	3047
金融业	Banking and Insurance	5	5	
房地产业	Real Estate	192220	51233	140987
租赁和商务服务业	Social Services	71655	71655	
科学研究、技术服务与地质勘探业	Scientific Rearch,Professional Technical Servecis and Geological Prospecting	2446	2446	
水利、环境和公共设施管理管理业	Water,Environment and Municipal Engineering Conservancy	159035	159035	
居民服务和其他服务业	Resident and Other Services	71479	71457	22
教育	Education	35713	35563	150
卫生、社会保障和社会福利业	Health,Social Security and Social Welfare	12019	12019	
文化、体育和娱乐业	Culture,Arts,Sports and Recreation	101578	101578	
公共管理和社会组织	Commonality Manage and Society Organization	87786	87786	
国际组织	International Organization			
本年施工房屋面积	**Floor Space of Buildings under Construction in this Year**	**1275.3**	**928.4**	**346.9**
# 住宅	Residential Buildings	456.4	161.2	295.2
本年竣工房屋面积	**Floor Space of Buildings Completed in this Year**	**1089.8**	**780.0**	**309.8**
# 住宅	Residential Buildings	380.6	111.9	268.7
本年竣工房屋投资完成额	**Investment of Buildings Completed in this Year**	**855934**	**722910**	**133024**
# 住宅	Residential Buildings	201753	85481	116272

注：本表非农户固定资产投资为全面调查；农户固定资产投资是在郊区2670户农村住户调查所在村抽样调查，再经过分区县推算汇总。

Note: It is investigated in an all-round way that this form Non-Agricultural household's investment in fixed assets; Agricultural household's investment in fixed assets is in the village sample investigation where one stays of 2670 Agricultural household's investigations of suburb, is it divide county calculate gather to undergo and then.

10-26 农村经济收入与分配
INCOME AND DISTRIBUTION OF RURAL ECONOMY

单位：万元 (10000 yuan)

项目	Item	2003	2002	2003年为2002年% 2003 as % of 2002
营业收入	**Operation Income**	**20376147.8**	**17229005.0**	**118.3**
农业	Agriculture	656398.6	684042.4	96.0
# 粮食	Grain	118046.2	137378.9	85.9
林业	Forestry	87777.5	79621.7	110.2
牧业	Animal Husbandry	902784.9	825227.0	109.4
渔业	Fishery	71141.9	69566.7	102.3
工业	Industry	6442132.9	5538791.9	116.3
建筑业	Construction	2829842.2	2342599.8	120.8
交通运输业	Transportation	1670994.5	1450176.4	115.2
商业、饮食业	Commerce and Catering	3930253.3	3160312.6	124.4
服务业	Services	2951808.6	2406792.5	122.6
其他	Others	833013.4	671874.0	124.0
营业成本	**Operation Cost**	**16385308.1**	**13692095.6**	**119.7**
农业	Agriculture	430680.6	440367.9	97.8
# 粮食	Grain	70791.5	82170.2	86.2
林业	Forestry	57265.6	49072.8	116.7
牧业	Animal Husbandry	689575.2	627100.3	110.0
渔业	Fishery	51158.0	49595.4	103.2
工	Industry	5358549.8	4608916.8	116.3
建筑业	Construction	2369826.3	1954247.5	121.3
交通运输业	Transportation	1301891.4	1112500.6	117.0
商业、饮食业	Commerce and Catering	3433848.6	2749015.9	124.9
服务业	Services	2074102.4	1625239.3	127.6
其他	Others	618410.2	476039.1	129.9
营业利润	**Operation Profits**	**2500925.7**	**2273613.2**	**110.0**
利润总额	**Total Profits**	**2606082.8**	**2367077.1**	**110.1**
税后利润	**Net Profits**	**2514458.4**	**2287476.9**	**109.9**
可供分配的利润	**Profit to be Divided**	**2477540.0**	**2231838.1**	**111.0**
未分配利润	**Retained Profits**	**294171.6**	**194246.0**	**151.4**

10-27 郊区小城镇建设基本情况
BASIC STATISTICS FOR OUTSKIRT A WIDE PLACE IN THE ROAD

项 目 Item			2003	2002	2003年为2002年% 2003 as % of 2002
乡镇常住人口	(人) Total Population of Villages and Town	(person)	4577825	3899765	117.4
乡镇从业人员数	(人) Employed Persons by Villages and Town	(person)	1826073	1416300	128.9
乡镇行政区域土地面积	(公顷) The Land Area of Administrative Divisions By Villages and Town	(hectare)	1324822	1302495	101.7
乡镇增加值	(万元) Gross Domestic Product by Villages and Town	(10000 yuan)	5265396	4247476	124.0
第一产业增加值	(万元) Primary Industry	(10000 yuan)	954054	859392	111.0
第二产业增加值	(万元) Secondary Industry	(10000 yuan)	2213558	1750665	126.4
第三产业增加值	(万元) Tertiary Industry	(10000 yuan)	2097785	1637420	128.1
农村经济总收入	(万元) The Gross Income of Rural Economics	(10000 yuan)	15334679	12620792	121.5
社会消费品零售额	(万元) Total Retail sales of Consumer Goods	(10000 yuan)	1651875	1466093	112.7
乡镇企业总收入	(万元) The Retail sales of Villages and Town	(10000 yuan)	13433936	10785441	124.6
乡镇企业年净利润总额	(万元) Net Profits of Villages and Town	(10000 yuan)	857541	679783	126.1
乡镇企业实交税金总额	(万元) Taxes turned over Completed	(10000 yuan)	514901	342225	150.5
乡镇企业出口产品交货额	(万元) Delivery Value of Exports of Villages and Town	(10000 yuan)	889598	706940	125.8
财政收入	(万元) Revenue	(10000 yuan)	399242	356821	111.9
# 预算内收入	(万元) General Budgetary Financial Revenue	(10000 yuan)	312419	274417	113.8
财政支出	(万元) Expenditures	(10000 yuan)	446984	327466	136.5
年末各项贷款余额	(万元) Loans Balance(year-end)	(10000 yuan)	2096886	1729000	121.3
电话安装机数量	(部) The Number of Build in Telephone	(unit)	1286333	1150208	111.8
乡镇公路里程	(公里) Calzada Mileage of Villages and Town	(km)	11983	11972	100.1
镇区常住人口	(人) Total Population of Township	(person)	937610	804579	116.5
# 非农业人口	(人) Non-Agricultural	(person)	381650	256132	149.0
镇区从业人员数	(人) Empolyed Persons by Township	(person)	380825	335788	113.4
镇区占地面积	(公顷) The Land Area of Township	(hectare)	60506	55219	109.6

注："郊区小城镇"统计范围为郊区县全部建制镇。
Note: Outskirt a wide place in the road include total organic touns in suburbs and counties

主要统计指标解释

郊区增加值 指近郊区乡及乡以下三次产业增加值和远郊区县所属三次产业增加值之和。

农业总产值 是以货币表现的农、林、牧、渔业全部产品的总量，它反映一定时期内农业生产总规模和总成果。

农、林、牧、渔业的统计范围包括国有经济各种专业农（农、林、牧、渔）场以及国家各级机关、团体、学校、部队；集体所有制的乡、镇、村各级办农场；工矿企业经营的农、林、牧、渔业，农村各种经济组织和农户经营的农林牧渔业和农民家庭兼营的商品性工业等。

（1）农业 包括种植业和其他农业。

种植业 包括谷物、豆类、薯类、棉、油料、糖料、麻类、烟叶、蔬菜、药材、瓜类和其他农作物的种植，以及茶园、桑园、果园的生产经营。

其他农业 包括采集野生植物的果实、纤维、树胶、树脂、油料以及柴草、野生药材、菌类等及农民家庭兼营的商品性工业。

（2）林业 包括林木的栽培（不包括茶园、桑园和果园的栽培、管理和收获等活动）、林产品的采集和村及村以下合作经济组织和农户的竹木采伐。

（3）牧业 包括除渔业养殖以外的一切动物饲养和放牧以及野生动物的捕猎和饲养。

（4）渔业 包括水生动物和海藻类植物的养殖和捕捞。

农业总产值的计算方法通常是按农林牧渔业产品及其副产品的产量分别乘以各自单位产品价格求得，少数生产周期较长，当年没有产品或产品产量不易统计的，则采用间接方法匡算其产值，然后将四业产品产值相加即为农业总产值。

1957年以前的农业总产值中包括了厩肥和农民自给性手工业（如农民自制衣服、鞋、袜，自己从事粮食初步加工等）。1958年及以后的农业总产值、林业中增加了村及村以下竹木采伐产值；牧业中取消了厩肥产值；副业中取消了农民自给性手工业产值；渔业中增加了海洋捕捞水产品产值。1980年及以后的农业总产值，在副业中增加了农民家庭兼营工业商品部分的产值。从1984年起村及村以下办工业产值划归工业。从1993年起，取消副业。将野生动物的捕猎划入牧业，野生植物采集和农民家庭兼营商品性工业划归农业。

耕地总资源 指能够种植农作物的田地。包括当年实际耕种的熟地；新开荒且已种植的地；“沿海”、“沿湖”地区已围垦利用三年以上的“海涂”、“湖田”；弃耕、休闲不满三年，随时可以复耕的地；因灾害或其他因素，虽然当年内未种植农作物但仍可复耕的地；以种植农作物为主，附带种植桑树、果树和其他林的地；年年进行耕耘种草的地；南方小于1米、北方小于2米宽的沟、渠、路、田埂。不包括：因灾害或其他因素，已不能复耕的地；弃耕、休闲满三年的地，或者虽不满三年，但已经成为荒地的土地；不进行耕耘，种植牧草已成为永久性草地的土地：专业性的桑园、茶园、果园、果木苗圃地、芦苇地、天然草场等：以混凝土等铺设的温室、玻璃室，导致栽培的植物体与地面隔绝的基地。

农作物播种面积 指实际播种或移植有农作物的面积。凡是实际种植有农作物的面积，不论种植在耕地上还是种植在非耕地上，均包括在农作物播种面积中。在播种季节基本结束后，因遭灾而重新改种和补种的农作物面积，也包括在内。

有效灌溉面积 指具有一定的水源，地块比较平整，灌溉工程或设备已经配套，在一般年景下当年能够进行正常灌溉的耕地面积。

设施农业 指利用人造设施改变气候条件、改良生物特色，使生物在一般情况下不能生产的地域或季节，能够正常生产的农业。设施农业主要指种植业的种植。

农业机械总动力 指主要用于农、林、牧、渔业的各种动力机械的动力总和。包括耕作机械、排灌机械、收获机械、农用运输机械、植物保护机械、牧业机械、渔业机械和其他农用机械[内燃机按引擎马力折成瓦（特）计算，电动机按功率折成瓦（特）计算]。不包括专门用于乡、镇、村、组办工业、基本建设、非农业运输、科学实验和教学等非农业生产方面用的动力机械与作业机械。

乡村从业人员 指乡村人口中16岁以上实际参加生产经营活动并取得实物或货币收入的人员，既包括劳动年龄内经常参加劳动的人员，也包括超过劳动年龄但经常参加劳动的人员。但不包括户口在家的在外学生、现役军人和丧失劳动能力的人，也不包括待业人员和家务劳动者。从业人员年龄为16岁以上。从业人员按从事主业时间最长（时间相同按收入）分为农业从业人员、工业从业人员、建筑业从业人员、交运仓储及邮电通讯业从业人员、批零贸易及餐饮业从业人员、其它从业人员。

期初（末）畜禽存栏头（只）数 指本期期初（末）农村各种合作经济组织和国营农场、农民个人、机关、团体、学校、工矿企业、部队等单位以及城镇居民饲养的大牲畜、猪、羊、家禽等禽畜的存栏头（只）数。

乡镇企业 指农村集体经济组织或者农民投资为主在乡镇（包括所辖村）举办的承担支援农业义务的各类企业。

十一、工　业

INDUSTRY

工业总产值及发展速度
Gross Output Value of Industry and Tempo

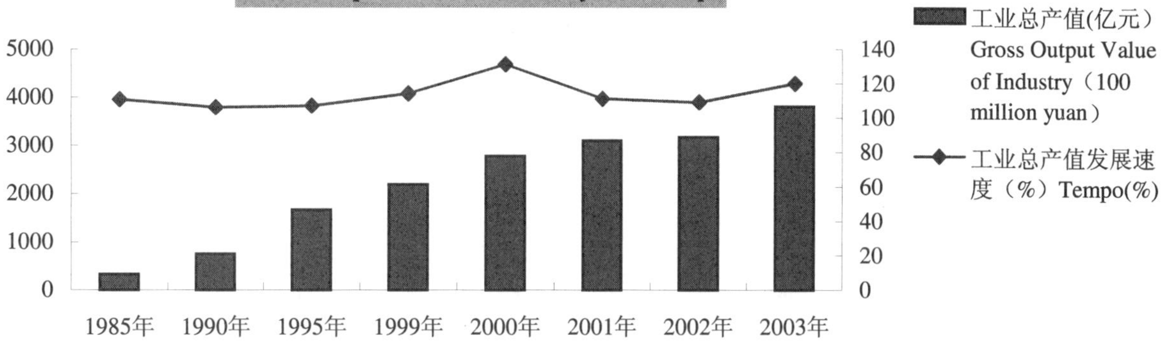

按登记注册类型分工业总产值 （单位：亿元）
Grouped by Registration Status of Gross Output Value of Industry (100 million yuan)

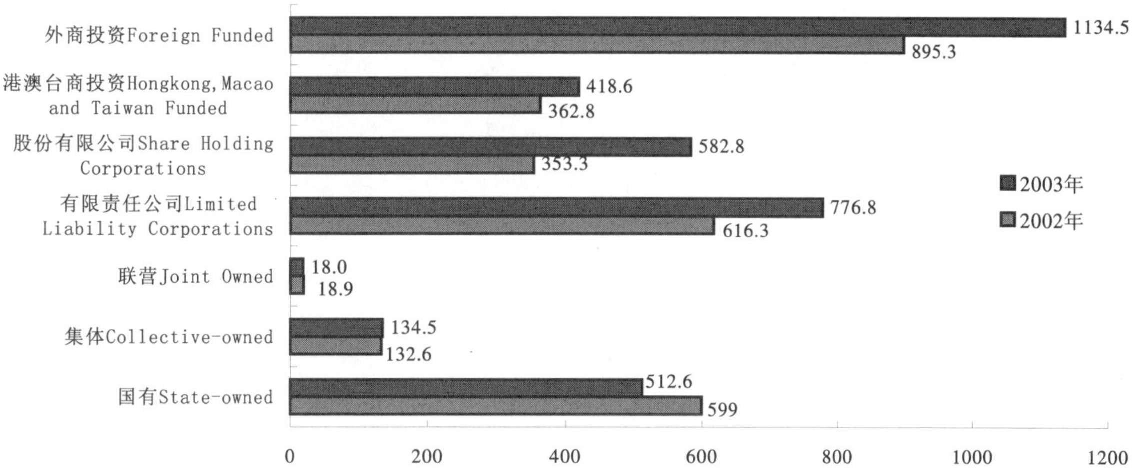

高新技术产业工业总产值构成（按领域分）
Composition of Gross Output Value for High-grade Technological Industry (by field)

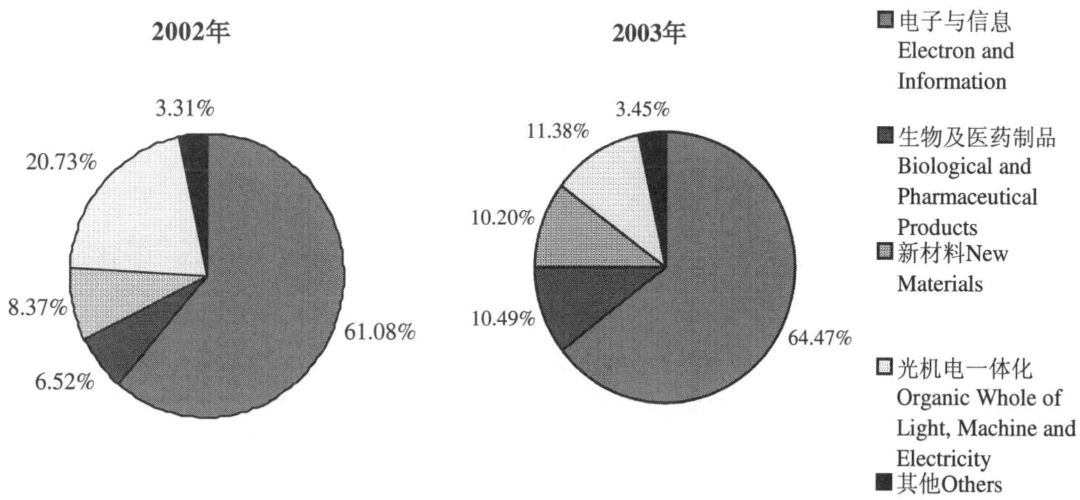

11-1 工业企业主要经济指标

单位：万元

项目 Item		企业单位个数(个) Number of Enterprises (unit)	#亏损企业 Loss-making Enterprises	工业总产值(当年价格) Gross Output Value of Industry (at current prices)	#新产品产值 Value of New Products	工业总产值(1990年不变价格) Gross Output Value of Industry (at 1990 constant prices)
总　计	**Total**	**4019**	**917**	**38103630**	**9204021**	**37407303**
在总计中：	Of Total:					
中央企业	Central Enterprises	421	110	10535922	3195167	8876156
地方企业	Local Enterprises	3598	807	27567709	6008854	28531147
在总计中：	Of Total:					
内资企业	Domestic Investment Enterprises	3059	661	22571879	4623656	17531819
国有企业	State-Owned	902	333	5126087	253205	2841935
集体企业	Collective Owned	555	84	1344859	32100	1251817
股份合作企业	Share Holding	191	29	778944	29605	544171
联营企业	Joint Owned	45	12	179673	5798	219426
有限责任公司	Limited-Liability Corporations	655	99	7767577	1632858	6003191
股份有限公司	Share Holding Corporations	150	20	5828428	2580200	5136479
私营企业	Private Owned	556	83	1516042	89889	1516939
其他企业	Others	5	1	30270		17861
港澳台商投资企业	Hongkong,Macao and Taiwan Funded Enterprises	327	88	4186491	2262890	5386429
港澳台合资经营	Joint Venture	228	56	1822280	456923	2185366
港澳台合作经营	Cooperative	12	1	81828		81937
港澳台商独资企业	Hongkong,Macao and Taiwan Enterprises	79	27	2257518	1803794	3093850
港澳台商投资股份有限公司	Hongkong,Macao and Taiwan Funded Share Holding Corporations	8	4	24866	2174	25275
外商投资企业	Foreign Funded Enterprises	633	168	11345260	2317474	14489055
中外合资经营	Joint Venture	410	102	8735375	2049025	11951684
中外合作经营	Cooperative	34	6	221562	15921	234937
外资(独资)企业	Foreign Enterprises	182	57	2134165	237795	2133462
外商投资股份有限公司	Foreign Funded Share Holding Corporations	7	3	254158	14733	168973
在总计中：	Of Total:					
农村企业	Rural Enterprises	444	62	1020579	479	964379
在总计中：	Of Total:					
国有绝对控股企业	State Absolute Controlling Share Hold Industry	1216	388	14960806	3056052	10943951
国有相对控股企业	State Relative Controlling Share Share Hold Industry	146	34	5557094	1234829	8032973
在总计中：	Of Total:					
轻工业	Light Industry	1791	446	8083605	857118	7401849
重工业	Heavy Industry	2228	471	30020025	8346902	30005454
在总计中：	Of Total:					
大型企业	Large Enterprises	44	2	14932403	4874239	12277677
中型企业	Medium Enterprises	407	72	12571672	3107393	14768549
小型企业	Small Enterprises	3568	843	10599555	1222389	10361077

注：本资料统计范围均为全部国有及年销售收入在500万元及以上非国有工业企业。

MAIN INDICATORS FOR INDUSTRIAL ENTERPRISES

(10000 yuan)

工业增加值(生产法) Added Value of Industry (with production method)	工业销售产值(当年价格) Sales Value of Industry (at current price)	#出口交货值 Delivery Value of Exports	全部从业人员年平均人数(人) Average Number of Persons Employed (person)	资产负债 Assets and Liabilities						
				资产总计 Total Assets	流动资产合计 Circulating Funds	流动资产平均余额 Average Balance of Circulating Funds	长期投资 Longterm Investment	固定资产合计 Fixed Assets	固定资产原价合计 Original Value of Fixed Assets	固定资产净值年平均余额 Average Net Value of Fixed Assets
10125288	**37289737**	**4084127**	**1008107**	**51779832**	**24923256**	**22986724**	**5522263**	**19408475**	**27559571**	**16297629**
2749165	10238741	938497	170847	13510203	5468206	5120377	1297718	6252091	9429746	5416025
7376123	27050995	3145630	837260	38269629	19455050	17866347	4224545	13156384	18129825	10881605
6109840	22109819	773085	777931	38408538	16460608	15286060	5155579	15534057	21906134	13013541
1597673	5045021	107650	236725	12995209	4801736	4674373	1598758	6395635	8803903	5346670
342107	1268335	109998	95820	1482413	868385	815445	86867	469966	643210	398853
147271	755784	61582	31255	527968	330771	295895	14906	160406	201706	130929
54740	171855	14511	13339	469218	233636	236068	45482	170533	244296	156419
2202423	7677282	236485	228635	13651896	5564739	4912205	1887127	5588640	7973766	4635488
1359439	5703377	178649	102140	7787540	3736150	3508240	1490813	2305427	3563525	1991747
403362	1453452	64211	67805	1399408	865010	784880	31358	422553	446866	327472
2825	34713		2212	94887	60182	58955	269	20896	28861	25963
913948	4033364	545075	79783	3448922	2351804	2169486	72472	805108	1041773	647527
425570	1779484	448818	54079	1845114	1221467	1140628	30990	522675	698388	422203
26819	84498	21548	3164	85419	50627	46684	370	31628	39347	26889
453414	2144490	74653	20763	1449737	1059840	963759	41113	214364	249571	161325
8145	24892	56	1777	68652	19870	18416		36441	54468	37109
3101501	11146554	2765967	150393	9922372	6110844	5531178	294212	3069311	4611664	2636561
2212780	8549256	2382499	99018	6670352	4355681	4001578	53645	1985263	3158074	1660959
71092	218476	32046	5860	230390	135825	124762	3578	81258	127995	75120
718438	2128863	332312	36503	2313081	1520357	1298138	35513	676602	898948	585520
99191	249959	19110	9012	708550	98981	106701	201476	326187	426647	314963
262450	959228	75992	70860	903811	531256	497030	35269	313463	431054	268971
4227707	14774014	605839	466682	29797040	11519652	10831400	4507545	13079587	18949741	11020733
1257018	5421677	1658946	51925	4084170	2242870	2112435	179586	1302797	2165866	1116600
2626873	7841114	1162832	371283	12160078	5874267	5507048	1353429	4292342	5884287	3715702
7498416	29448623	2921295	636824	39619754	19048989	17479675	4168834	15116133	21675284	12581928
3526489	14765989	649020	265736	20189286	7051284	6221183	2076851	10447184	15570253	8943242
3609328	12141883	2478919	305862	17041459	9280523	8714478	2204942	4958538	6894319	4136728
2989472	10381865	956189	436509	14549088	8591449	8051063	1240469	4002752	5094999	3217659

Note: Data of this chapter refers to all state-owned and non-state-owned Industrial enterprises above designed size (with annual sales revenue at and above 5 million yuan).

11-1 续表 1 continued

单位：万元

项目 Item		资产负债 Assets and Liabilities 负债总计 Total Liabilities	#流动负债合计 Liquid Liabilities	长期负债合计 Longterm Liabilities	所有者权益 Creditors' Equity	实收资本 Contributed Capital
总　计	**Total**	**27511740**	**21156386**	**6185473**	**24239951**	**14786779**
在总计中：	**Of Total:**					
中央企业	Central Enterprises	8041933	4590745	3398486	5440129	2955445
地方企业	Local Enterprises	19469807	16565641	2786986	18799822	11831334
在总计中：	**Of Total:**					
内资企业	Domestic Investment Enterprises	20112228	14462304	5515749	18268168	9972547
国有企业	State-Owned	8127651	4766451	3310522	4839416	2675504
集体企业	Collective Owned	914125	780473	115408	568288	350477
股份合作企业	Share Holding	310159	254079	53522	217809	129216
联营企业	Joint Owned	293035	231508	61509	176183	144872
有限责任公司	Limited-Liability Corporations	6003764	4707080	1284816	7648133	4661267
股份有限公司	Share Holding Corporations	3568081	2897645	625372	4219458	1648934
私营企业	Private Owned	815511	745632	64134	583897	350561
其他企业	Others	79902	79436	466	14985	11716
港澳台商投资企业	Hongkong,Macao and Taiwan Funded Enterprises	2287427	2151607	127989	1161495	976478
港澳台合资经营	Joint Venture	1119834	1016649	98139	725281	643365
港澳台合作经营	Cooperative	41377	39536	1839	44043	29878
港澳台商独资企业	Hongkong,Macao and Taiwan Enterprises	1077531	1049562	25186	372206	212946
港澳台商投资股份有限公司	Hongkong,Macao and Taiwan Funded Share Holding Corporations	48686	45860	2825	19966	90288
外商投资企业	Foreign Funded Enterprises	5112085	4542474	541735	4810287	3837754
中外合资经营	Joint Venture	3437821	3214645	206586	3232531	2444421
中外合作经营	Cooperative	104638	94984	3153	125752	109067
外资(独资)企业	Foreign Enterprises	1248445	1079103	164557	1064635	991290
外商投资股份有限公司	Foreign Funded Share Holding Corporations	321181	153742	167439	387369	292976
在总计中：	**Of Total:**					
农村企业	Rural Enterprises	526818	468549	46526	376993	248819
在总计中：	**Of Total:**					
国有绝对控股企业	State Absolute Controlling Share Hold Industry	15764463	10703393	4957323	14004436	7713797
国有相对控股企业	State Relative Controlling Share Share Hold Industry	1865117	1659235	205300	2219052	1855896
在总计中：	**Of Total:**					
轻工业	Light Industry	5900558	4988797	870115	6259521	4361993
重工业	Heavy Industry	21611182	16167589	5315358	17980430	10424787
在总计中：	**Of Total:**					
大型企业	Large Enterprises	10343338	6238470	4111925	9817806	5217264
中型企业	Medium Enterprises	9266614	7972475	1209880	7774845	4883288
小型企业	Small Enterprises	7901788	6945441	863668	6647300	4686227

11-1 续表 2 continued

(10000 yuan)

损益及分配 Profits,Loss and Distribution						工资、福利费、增值税 Wages,Welfares and Added Value Tax		
产品销售收入 Sales Revenue	产品销售成本 Cost of Sales	产品销售费用 Expenses of Sales	产品销售税金及附加 Sales Tax and Extra Charges	营业利润 Operating Profits	利润总额 Total Profits	本年应交增值税 Added Value Tax	本年应付工资 Total Wags Payable	本年应付福利费 Total Welfares Payable
38856527	**32032375**	**1761702**	**361275**	**1734009**	**2352909**	**1475676**	**2115204**	**319322**
11148813	9532014	329799	151350	435854	616489	379643	512873	76183
27707714	22500361	1431903	209924	1298155	1736420	1096033	1602332	243138
22619485	18927189	802006	276192	584206	1132751	914461	1479114	215423
5848154	5016471	114600	168195	-82937	126200	244485	493592	72088
1280024	1083433	44124	9578	58294	65653	45739	99498	13034
752655	677961	17487	1872	23767	29986	19194	32631	4353
201646	163885	12933	1346	-5877	848	8205	20267	2539
7198032	5918495	281641	41464	245531	389968	344077	490063	66185
5829286	4829588	243289	46980	271804	435639	206916	261500	46711
1464319	1194018	87536	6688	76649	83853	45477	77708	9972
45370	43338	396	70	-3027	604	369	3855	542
4581083	3896337	324545	5947	173411	191030	118895	161029	16365
1804063	1524607	89913	2874	81282	78556	55690	86607	10877
81990	56672	5672	133	12828	12897	3117	4884	282
2672409	2297388	226662	842	81915	104191	58922	67108	4921
22621	17671	2298	2098	-2614	-4615	1167	2430	285
11655959	9208849	635151	79135	976392	1029128	442319	475061	87533
8653046	6872794	396869	76583	826221	830332	316565	305228	58370
215893	145041	32565	273	16200	20118	12590	14344	2419
2543783	2015626	185572	2264	122155	144626	97201	135643	24132
243236	175389	20145	15	11817	34053	15964	19848	2612
953429	808265	36176	7814	42505	45212	30675	72982	8287
15201325	12756557	443461	250172	205284	693056	668870	1082327	172145
5457669	4508692	168088	54095	482061	492914	179048	149848	25086
7965789	5863454	792991	133724	376146	547443	396666	631888	91104
30890737	26168921	968712	227550	1357863	1805466	1079010	1483316	228218
14976967	13098481	393518	168943	402794	588821	536918	701418	107933
13225649	10457438	775622	160216	737198	1018596	542619	729118	121241
10653912	8476456	592562	32116	594016	745492	396138	684668	90148

11-2 工业企业主要经济指标(按行业分)

单位：万元

项目	Item	企业单位个数(个) Number of Enterprises (unit)	# 亏损企业 Loss-making Enterprises	工业总产值(当年价格) Gross Output Value Of Industry (at current prices)	# 新产品产值 Value of New Products	工业总产值(1990年不变价格) Gross Output Value of Industry (at 1990 constant prices)
总　　计	**Total**	**4019**	**917**	**38103630**	**9204021**	**37407303**
煤炭开采和洗选业	Coal Mining and Dressing	19	1	541051		203984
石油和天然气开采业	Petroleum and Natural Gas Extraction					
黑色金属矿采选业	Ferrous Metals Mining and Dressing	6		47198		30137
有色金属矿采选业	Nonferrous Metals Mining and Dressing					
非金属矿采选业	Nonmetal Minerals Mining and Dressing	17	4	21643		20324
其他采矿业	Other Minerals Mining					
农副食品加工业	Farm and Sideline Prodncts Processing	159	51	869264	26263	713992
食品制造业	Food Making	148	55	753436	15936	730484
饮料制造业	Beverage Making	65	19	804657	8745	722636
烟草制造业	Tobacco Processing	1		136857	26986	63983
纺织业	Textile	140	35	584092	76656	545912
纺织服装、鞋、帽制造业	Garments,shoes and chapeau	206	57	579038	5191	510302
皮革、毛皮、羽毛(绒)及其制品业	Leather,Furs,Feather(Down) and Related Products	30	4	44988	2343	43811
木材加工及竹、藤、棕、草制品业	Timber Processing,Bamboo,Cane, Palm Fiber and Straw Products	24	6	88830	432	81863
家具制造业	Furniture Manufacturing	76	16	170028	3751	174654
造纸及纸制品业	Papermaking and Paper Products	90	23	274769	10102	261792
印刷业和记录媒介的复制	Printing and Record Medium Reproduction	300	73	630940	12364	554468
文教体育用品制造业	Stationery,Education and Sports Goods	38	9	110346	2654	90726
石油加工、炼焦及核燃料加工业	Petroleum Processing,Coking and Nuclear Elding	34	8	2089501	6147	682761
化学原料及化学制品制造业	Raw Chemical Materials and Chemical Products	256	52	2701476	237741	2330236
医药制造业	Medical and Pharmaceutical Products	147	22	1062495	237322	1033947
化学纤维制造业	Chemical Fiber	4	1	10741		10458
橡胶制品业	Rubber Products	20	4	96986	8196	112951
塑料制品业	Plastic Products	163	26	337384	2064	361776
非金属矿物制品业	Nonmetal Mineral Products	298	71	1238914	52290	1082989
黑色金属冶炼及压延加工业	Smelting and Processing of Ferrous Metals	26	8	3761554	527660	2136511
有色金属冶炼及压延加工业	Smelting and Processing of Nonferrous Metals	43	7	283222	95025	266879
金属制品业	Metal Products	261	49	723111	55758	747284
通用设备制造业	Universal Equipment	249	58	1106833	170977	1131234
专用设备制造业	Equipment for Special Purpose	210	36	1304104	266868	1345691
交通运输设备制造业	Transportation Equipment	225	51	4561145	1542725	4386260
电气机械及器材制造业	Electric Equipment and Machinery	230	42	1462006	253283	1611440
通信设备、计算机及其他电子设备制造业	Telecommunications Equipment,Computer and Others	289	73	9425776	5323971	14099573
仪器仪表及文化、办公用机械制造业	Instruments,Meters,Cultural and Office Machinery	155	29	845067	228622	835101
工艺品及其他制造业	Art Products and Other Manufacturing	49	14	72071	3952	67404
废弃资源和废旧材料回收加工业	Recovery and Processing of Reclaimed Materials					
电力、热力的生产和供应业	Electricity and Hot Power Production and Supply	26	10	1021537		320199
燃气生产和供应业	Gas Production and Supply	7	2	120754		52231
水的生产和供应业	Water Production and Supply	8	1	221817		43312

MAIN INDICATORS FOR INDUSTRIAL ENTERPRISES(BY SECTOR)

(10000 yuan)

工业增加值(生产法) Added Value of Industry (with production method)	工业销售产值(当年价格) Sales Value of Industry (at current price)	#出口交货值 Delivery Value of Exports	全部从业人员年平均人数(人) Average Number of Persons Employed (person)	资产负债 Assets and Liabilities 资产总计 Total Assets	流动资产合计 Circulating Funds	流动资产平均余额 Average Balance of Circulating Funds	长期投资 Longterm Investment	固定资产合计 Fixed Assets	固定资产原价合计 Original Value of Fixed Assets	固定资产净值年平均余额 Average Net Value of Fixed Assets
10125288	**37289737**	**4084127**	**1008107**	**51779832**	**24923256**	**22986724**	**5522263**	**19408475**	**27559571**	**16297629**
134676	549107	44804	24366	525531	224674	198306	162777	110348	169565	92656
17060	44684		3226	55842	24456	20742	301	22748	47461	19170
6713	21418		1491	24554	8285	7987	2481	13221	24213	12307
165688	849085	59280	28843	680332	375752	343444	21480	256242	314046	198188
253501	770661	25611	31932	964992	459596	422096	73827	377184	546878	336215
297043	776505	9331	23305	1506337	608205	525985	280626	496197	695670	473802
89584	129759	5695	820	123663	83425	76903	5160	34794	52199	25870
156057	529302	155749	44344	907059	520072	514972	89714	260590	430532	228181
178104	540468	262693	70412	511480	325474	318353	15823	157231	208559	135527
8626	50071	16388	3709	70847	36350	36143	7477	18095	20693	13552
22234	87487	3799	2971	180549	80713	70662	2617	78016	95225	62841
36128	164888	48236	10803	204043	123153	109290	3965	69736	89601	56902
90570	276203	14328	11392	335744	189015	179497	6076	123943	142220	100688
278763	606593	5302	43325	1171481	461780	464267	57851	630624	885111	515821
35010	108566	44904	7689	144151	86330	87564	4906	47886	60511	36018
255246	2098686	38447	12133	935861	404805	405975	13323	516112	931623	455435
657833	2667822	72110	53357	3590750	1194129	1187879	260365	1762726	3101533	1679426
458830	1009097	23107	34807	2051576	984135	936342	463669	514080	619616	410032
2120	10645		605	27773	9511	8154	468	14115	15679	12998
23429	97405	17292	4693	152946	61290	62362	2140	75334	109206	58559
92870	342021	25128	18156	588749	268642	253415	48878	237915	338536	213677
417910	1206084	32235	67034	2705067	1349306	1225215	246334	946012	1351715	855861
846820	3762473	84904	74016	4738528	1885284	1533825	694228	2059594	3383643	1742487
75444	278519	24643	9408	451793	244814	232178	80278	97564	74765	44904
202525	686654	79506	33882	896858	517789	479078	35616	296584	396247	249475
315660	1077964	138044	49117	2052976	1299479	1232278	140568	555622	765595	472218
428897	1261182	150697	47795	2680596	1628556	1486589	409584	556997	742813	491999
1086269	4442183	83360	90696	3761090	2193427	2009743	187746	1278224	1486388	852670
473552	1415710	130089	39263	1777828	1200041	1076939	87788	425831	579358	345069
1967613	9171816	2360596	84242	8966718	5940675	5457960	1414965	1446019	2164052	1223933
186073	829708	118077	27749	1256097	807805	740342	173370	249088	285055	170699
18660	70095	9775	6574	108222	59868	59206	3073	38607	53673	30737
674606	1015832		33894	5528145	906858	847412	319702	4227761	5545934	3535328
105131	120700		7786	1002561	168586	199682	101441	731307	887032	527199
66046	220344		4272	1099091	190975	175940	103646	682131	944630	617189

11-2 续表 1 continued

单位：万元

项目	Item	负债总计 Total Liabilities	#流动负债合计 Liquid Liabilities	长期负债合计 Longterm Liabilities	所有者权益 Creditors' Equity	实收资本 Contributed Capital
		资产负债 Assets and Liabilities				
总计	**Total**	**27511740**	**21156386**	**6185473**	**24239951**	**14786779**
煤炭开采和洗选业	Coal Mining and Dressing	165974	113394	52315	359558	165237
石油和天然气开采业	Petroleum and Natural Gas Extraction					
黑色金属矿采选业	Ferrous Metals Mining and Dressing	34210	26961	7249	21632	13654
有色金属矿采选业	Nonferrous Metals Mining and Dressing					
非金属矿采选业	Nonmetal Minerals Mining and Dressing	9021	7694	1251	15533	13428
其他采矿业	Other Minerals Mining					
农副食品加工业	Farm and Sideline Prodncts Processing	394886	349682	41349	285445	200204
食品制造业	Food Making	497395	391502	95474	467597	600008
饮料制造业	Beverage Making	721963	622262	97694	784375	456574
烟草制造业	Tobacco Processing	42961	38696	4265	80702	47288
纺织业	Textile	598832	511568	86629	308228	299048
纺织服装、鞋、帽制造业	Garments,shoes and chapeau	341812	314827	23166	169668	150896
皮革、毛皮、羽毛(绒)及其制品业	Leather,Furs,Feather(Down) and Related Products	52619	47972	4187	18229	16455
木材加工及竹、藤、棕、草制品业	Timber Processing,Bamboo,Cane, Palm Fiber and Straw Products	82821	65443	17378	97728	78185
家具制造业	Furniture Manufacturing	122486	116437	5627	81558	61242
造纸及纸制品业	Papermaking and Paper Products	210680	191100	14200	125064	114838
印刷业和记录媒介的复制	Printing and Record Medium Reproduction	579992	435777	137005	591489	406692
文教体育用品制造业	Stationery,Education and Sports Goods	94760	81373	13374	49392	43105
石油加工、炼焦及核燃料加工业	Petroleum Processing,Coking and Nuclear Elding	392456	328774	34162	543213	121779
化学原料及化学制品制造业	Raw Chemical Materials and Chemical Products	1485092	1012232	467024	2105659	1406056
医药制造业	Medical and Pharmaceutical Products	806926	691339	113455	1244650	606454
化学纤维制造业	Chemical Fiber	17447	15547	1900	10326	7540
橡胶制品业	Rubber Products	114221	85411	26052	38725	27140
塑料制品业	Plastic Products	283536	262033	19436	305213	264650
非金属矿物制品业	Nonmetal Mineral Products	1618885	1285597	329964	1086182	916133
黑色金属冶炼及压延加工业	Smelting and Processing of Ferrous Metals	2381995	1746581	635413	2356533	1092949
有色金属冶炼及压延加工业	Smelting and Processing of Nonferrous Metals	184010	166610	17321	267783	135631
金属制品业	Metal Products	535929	470021	47957	360928	297714
通用设备制造业	Universal Equipment	1361566	1194995	161891	691410	645329
专用设备制造业	Equipment for Special Purpose	1394691	1265377	120105	1285905	544606
交通运输设备制造业	Transportation Equipment	2255314	1996634	230127	1505776	972520
电气机械及器材制造业	Electric Equipment and Machinery	965631	872700	90168	812197	541061
通信设备、计算机及其他电子设备制造业	Telecommunications Equipment,Computer and Others	4935375	4677780	250849	4031343	1961812
仪器仪表及文化、办公用机械制造业	Instruments,Meters,Cultural and Office Machinery	656523	590586	64944	599574	314825
工艺品及其他制造业	Art Products and Other Manufacturing	72714	62768	9469	35508	24865
废弃资源和废旧材料回收加工业	Recovery and Processing of Reclaimed Materials					
电力、热力的生产和供应业	Electricity and Hot Power Production and Supply	3684729	851406	2815089	1815467	994911
燃气生产和供应业	Gas Production and Supply	103952	85063	18889	898609	675456
水的生产和供应业	Water Production and Supply	310337	180244	130093	788755	568494

11-2 续表 2 continued

(10000 yuan)

损益及分配 Profits,Loss and Distribution						工资、福利费、增值税 Wages,Welfares and Added Value Tax		
产品销售收入 Sales Revenue	产品销售成本 Cost of Sales	产品销售费用 Expenses of Sales	产品销售税金及附加 Sales Tax and Extra Charges	营业利润 Operating Profits	利润总额 Total Profits	本年应交增值税 Added Value Tax	本年应付工资 Total Wags Payable	本年应付福利费 Total Welfares Payable
38856527	**32032375**	**1761702**	**361275**	**1734009**	**2352909**	**1475676**	**2115204**	**319322**
570601	483859	15077	2134	29867	43152	16201	41657	4933
45604	32956	2340	1384	4375	727	2241	3646	530
21793	17920	549	262	333	622	466	1675	213
852998	738058	47417	691	22475	29265	11650	39629	6342
772789	510855	176784	1056	4470	28395	53865	67668	12455
762700	507397	102362	52580	37944	37172	56600	39903	6498
130683	51392	6771	48478	9107	9054	12855	5000	742
631674	564919	30511	1251	-25995	5268	17389	52975	6680
536469	450808	34445	962	5782	7368	14477	72064	6942
48430	42073	1942	69	-134	1466	972	4135	386
89163	77422	4102	175	-34	1448	2528	4785	472
186300	152084	16916	518	3889	3861	4681	14035	1801
268982	206487	11891	283	32388	35660	13313	16879	2661
617892	471443	14797	3190	44943	47001	40355	77277	12488
115266	93663	6802	257	1630	1955	4150	12447	1493
2200078	1986600	41775	74304	20238	31576	65492	33786	5173
2730450	2202375	100495	24932	191716	207656	134691	118509	17007
1022132	524020	235944	5961	112807	159083	87423	111019	16435
11440	9912	152	40	413	431	454	740	101
99149	80978	4020	1006	5018	5278	4013	7024	955
356487	298555	11612	997	14504	21818	11309	24726	3154
1189858	971950	44147	5325	44201	73372	59821	99129	14164
2954314	2507831	24236	16501	102158	105492	162145	185779	25495
277622	248527	5805	439	13175	18049	4486	10894	1413
705163	566534	29400	2922	42733	47079	19816	48403	6949
1134712	920262	50949	2511	15707	33937	34391	100626	15052
1409846	1060965	49673	5465	89269	130373	51765	108748	19595
4390055	3565902	145069	79932	336997	367102	135926	205546	27534
1416730	1094510	83432	2863	122029	133448	62019	85280	12194
10156934	8857157	416654	7707	347340	551180	217701	305793	58134
857121	700600	34271	1628	56994	63923	46024	57870	8582
80492	61823	3899	155	4585	6603	2843	8996	995
1687338	1487197	6361	12957	47948	107977	97052	120727	17962
353645	334739	127	1800	1764	17175	17300	16668	2246
171619	150602	980	542	-6626	18945	9264	11169	1544

11-3 工业企业主要经济分析指标

单位：%

项目	Item	工业经济效益综合指数 Aggregateindex ofindustrial economic deficiency	企业亏损面 Loss-making Enterprises as%of Total	总资产贡献率 Ratioof TotalAssets toIndustrial Output Value	资产保值增值率 Changing Rate of Net Assets
总计	**Total(exclude individual industry)**	**158.80**	**22.82**	**9.42**	**118.84**
在总计中：	**Of Total:**				
中央企业	Central Enterprises	200.78	26.13	9.76	124.66
地方企业	Local Enterprises	149.94	22.43	9.29	117.25
在总计中：	**Of Total:**				
内资企业	Domestic Investment Enterprises	134.82	21.61	7.39	117.51
国有企业	State-Owned	107.94	36.92	4.83	97.73
集体企业	Collective Owned	114.93	15.14	9.67	113.92
股份合作企业	Share Holding	133.02	15.18	11.57	130.58
联营企业	Joint Owned	79.05	26.67	3.37	103.20
有限责任公司	Limited Liability Corporations	145.83	15.11	7.27	120.84
股份有限公司	Share Holding Corporations	189.46	13.33	11.55	140.61
私营企业	Private Owned	144.24	14.93	12.26	145.14
其他企业	Others	52.11	20.00	2.18	57.86
港澳台商投资企业	Hongkong,Macao and Taiwan Funded Enterprises	165.98	26.91	10.69	121.68
港澳台合资经营	Joint Venture	139.32	24.56	9.34	122.94
港澳台合作经营	Cooperative	220.74	8.33	22.75	114.85
港澳台商独资企业	Hongkong,Macao and Taiwan Enterprises	234.83	34.18	12.27	123.27
港澳台商投资股份有限公司	Hongkong,Macao and Taiwan Funded Share Holding Corporations	-5.87	50.00	-2.02	82.13
外商投资企业	Foreign Funded Enterprises	253.90	26.54	16.87	123.46
中外合资经营	Joint Venture	272.76	24.88	19.15	122.88
中外合作经营	Cooperative	191.07	17.65	14.39	98.56
外资(独资)企业	Foreign Enterprises	226.89	31.32	12.85	131.45
外商投资股份有限公司	Foreign Funded Share Holding Corporations	198.93	42.86	8.97	118.04
在总计中：	**Of Total:**				
农村企业	Rural Enterprises	126.47	13.36	10.78	112.64
在总计中：	**Of Total:**				
国有绝对控股企业	State Absolute Controlling Share Hold Industry	136.77	31.91	6.57	107.61
国有相对控股企业	State Relative Controlling Share Hold Industry	291.66	23.29	19.63	170.91
在总计中：	**Of Total:**				
轻工业	Light Industry	141.81	24.90	10.20	115.47
重工业	Heavy Industry	169.27	21.14	9.17	120.06
在总计中：	**Of Total:**				
大型企业	Large Enterprises	173.15	4.55	7.72	116.61
中型企业	Medium Enterprises	178.66	17.69	11.41	119.36
小型企业	Small Enterprises	140.28	23.63	9.49	121.65

MAIN INDICATORS ON ECONOMIC BENEFIT OF INDUSTRIAL ENTERPRISES

(%)

资产负债率 Assets-Liabilities Ratio	流动资产周转率(次) Turnover Rate of Circulating Assets (time)	成本费用利润率 Ratio of Profits to Industrial Cost	全员劳动生产率(元) Overall Labor Productivity (yuan)	产品销售率 Proportion of Products Sold	增加值率 Ratio of Value Added to Gross Output Value	人均销售收入(元) Sales Revenue Per Capita (yuan)	流动比率 Circulating Assets/ Liquid Liabilities	速动比率 Quick-circulating Assets/ Liquid Liabilities
53.13	**1.69**	**6.34**	**100439**	**97.86**	**23.43**	**385441**	**117.80**	**85.13**
59.52	2.18	5.78	160914	97.18	24.01	652561	119.11	85.31
50.88	1.55	6.57	88098	98.13	23.20	330933	117.44	85.07
52.36	1.48	5.14	78540	97.95	23.09	290765	113.82	80.91
62.54	1.25	2.14	67491	98.42	30.06	247044	100.74	73.80
61.66	1.57	5.37	35703	94.31	21.31	133586	111.26	70.13
58.75	2.54	4.10	47119	97.03	15.99	240811	130.18	81.17
62.45	0.85	0.40	41038	95.65	29.42	151170	100.92	68.86
43.98	1.47	5.58	96329	98.84	22.27	314826	118.22	86.54
45.82	1.66	7.86	133096	97.85	19.68	570715	128.94	89.95
58.28	1.87	6.05	59489	95.87	22.66	215960	116.01	76.48
84.21	0.77	1.25	12772	114.68	11.12	205109	75.76	25.65
66.32	2.11	4.34	114554	96.34	20.75	574193	109.30	80.78
60.69	1.58	4.55	78694	97.65	20.77	333598	120.15	85.50
48.44	1.76	18.68	84764	103.26	29.54	259135	128.06	78.98
74.33	2.77	4.03	218376	94.99	20.08	1287101	100.98	78.85
70.92	1.23	-19.94	45834	100.11	25.83	127299	43.33	21.52
51.52	2.11	9.67	206226	98.25	25.04	775033	134.53	100.61
51.54	2.16	10.67	223472	97.87	22.52	873886	135.49	100.15
45.42	1.73	10.07	121318	98.61	27.83	368419	143.00	98.29
53.97	1.96	5.94	196816	99.75	35.10	696870	140.89	109.72
45.33	2.28	14.53	110066	98.35	31.21	269903	64.38	47.75
58.51	2.00	5.65	42207	95.69	22.70	145503	107.93	65.69
52.91	1.40	4.63	90591	98.75	24.31	325732	107.63	78.51
45.67	2.58	9.98	242083	97.56	20.07	1051068	135.17	104.63
48.52	1.45	7.24	70751	97.00	28.21	214548	117.75	82.37
54.55	1.77	6.12	117747	98.10	22.12	485075	117.82	85.98
51.23	2.41	4.06	132706	98.89	19.94	563603	113.03	81.72
54.38	1.52	8.20	118005	96.58	26.57	432406	116.41	85.76
54.31	1.32	7.33	68486	97.95	24.96	244071	123.70	87.46

11-4 国有及国有控股工业企业主要经济指标

单位：万元

项　目 Item		企业单位个数(个) Number of Enterprises (unit)	#亏损企业 Loss-making Enterprises	工业总产值(当年价格) Gross Output Value of Industry (at current prices)	#新产品产值 Value of New Products	工业总产值(1990年不变价格) Gross Output Value of Industry (at 1990 constant prices)
总　计	**Total**	**1362**	**422**	**20517900**	**4290882**	**18976924**
在总计中:	Of Total:					
中央企业	Central Enterprises	352	97	8257304	1129226	5753863
地方企业	Local Enterprises	1010	325	12260596	3161655	13223061
在总计中:	Of Total:					
轻工业	Light Industry	573	181	2819066	260051	2326607
重工业	Heavy Industry	789	241	17698834	4030831	16650317
在总计中:	Of Total:					
大型企业	Large Enterprises	35	2	10707091	1802641	6861807
中型企业	Medium Enterprises	200	31	7430970	2122977	9738031
小型企业	Small Enterprises	1127	389	2379839	365264	2377086

11-4 续表 1 continued

单位：万元

项　目 Item		资产负债 Assets and Liabilities				
		负债总计 Total Liabilities	#流动负债合计 Liquid Liabilities	长期负债合计 Longterm Liabilities	所有者权益 Creditors' Equity	实收资本 Contributed Capital
总　计	**Total**	**17629580**	**12362627**	**5162623**	**16223488**	**9569694**
在总计中:	Of Total:					
中央企业	Central Enterprises	7208775	3810425	3346406	4835123	2737656
地方企业	Local Enterprises	10420805	8552203	1816217	11388366	6832038
在总计中:	Of Total:					
轻工业	Light Industry	2748375	2227798	512632	3494460	2175183
重工业	Heavy Industry	14881205	10134829	4649991	12729028	7394511
在总计中:	Of Total:					
大型企业	Large Enterprises	8787642	4843593	3951106	8752414	4809917
中型企业	Medium Enterprises	5809329	4942001	798694	4778965	2945070
小型企业	Small Enterprises	3032608	2577034	412823	2692110	1814706

MAIN INDICATORS FORSTATE-OWNED AND

(10000 yuan)

工业增加值(生产法) Added Value of Industry (with production method)	工业销售产值(当年价格) Sales Value of Industry (at current price)	#出口交货值 Delivery Value of Exports	全部从业人员年平均人数(人) Average Number of Persons Employed (person)	资产负债 Assets and Liabilities: 资产总计 Total Assets	流动资产合计 Circulating Funds	流动资产平均余额 Average Balance of Circulating Funds	长期投资 Longterm Investment	固定资产合计 Fixed Assets	固定资产原价合计 Original Value of Fixed Assets	固定资产净值年平均余额 Average Net Value of Fixed Assets
5484725	**20195691**	**2264785**	**518607**	**33881209**	**13762521**	**12943835**	**4687131**	**14382384**	**21115608**	**12137332**
2231363	8105046	927133	154603	12072039	4371552	4252786	1221933	6015825	9121774	5231659
3253362	12090645	1337652	364004	21809170	9390970	8691048	3465198	8366559	11993834	6905673
1059198	2750331	184787	144704	6242835	2553258	2463936	1077059	2403708	3465316	2141393
4425527	17445360	2079998	373903	27638374	11209263	10479899	3610073	11978677	17650291	9995939
2787166	10693290	401327	223267	17568198	5485496	4877404	1838386	9698049	14590605	8329920
1949369	7148850	1666890	164044	10588294	5219052	5110323	2000143	3058468	4437291	2562704
748189	2353552	196568	131296	5724718	3057974	2956108	848602	1625867	2087711	1244708

11-4 续表 2 continued

(10000 yuan)

损益及分配 Profits,Loss and Distribution: 产品销售收入 Sales Revenue	产品销售成本 Cost of Sales	产品销售费用 Expenses of Sales	产品销售税金及附加 Sales Tax and Extra Charges	营业利润 Operating Profits	利润总额 Total Profits	工资、福利费、增值税 Wages,Welfares and Added Value Tax: 本年应交增值税 Added Value Tax	本年应付工资 Total Wags Payable	本年应付福利费 Total Welfares Payable
20658994	**17265248**	**611549**	**304267**	**687344**	**1185970**	**847918**	**1232175**	**197231**
8944652	7647272	163340	149245	343066	499951	321483	452137	72124
11714343	9617976	448209	155023	344278	686019	526435	780038	125106
2818103	2062326	240877	105888	70062	200462	169432	277228	43463
17840891	15202922	370672	198379	617282	985508	678486	954947	153768
10894975	9452592	165230	163277	283208	430031	461853	582547	90282
7276939	5846053	300723	132623	363238	623958	268363	411873	74264
2487080	1966603	145597	8368	40898	131982	117702	237756	32685

11-5 国有及国有控股工业企业主要经济指标（按行业分）

单位：万元

项目	Item	企业单位个数（个） Number of Enterprises (unit)	# 亏损企业 Loss-making Enterprises	工业总产值（当年价格） Gross Output Value of Industry (at current prices)	# 新产品产值 Value of New Products	工业总产值（1990年不变价格） Gross Output Value of Industry (at 1990 constant prices)
总　计	**Total**	**1362**	**422**	**20517900**	**4290882**	**18976924**
煤炭开采和洗选业	Coal Mining and Dressing	2		120476		39134
石油和天然气开采业	Petroleum and Natural Gas Extraction					
黑色金属矿采选业	Ferrous Metals Mining and Dressing	3		35948		20912
有色金属矿采选业	Nonferrous Metals Mining and Dressing					
非金属矿采选业	Nonmetal Minerals Mining and Dressing	5	3	5274		4509
其他采矿业	Other Minerals Mining					
农副食品加工业	Farm and Sideline Prodncts Processing	41	15	350257		288104
食品制造业	Food Making	49	21	201106	1807	180329
饮料制造业	Beverage Making	21	7	425854	8745	341548
烟草制造业	Tobacco Processing	1		136857	26986	63983
纺织业	Textile	34	8	182666	19070	170269
纺织服装、鞋、帽制造业	Garments,shoes and chapeau	23	9	47867	619	39880
皮革、毛皮、羽毛(绒)及其制品业	Leather,Furs,Feather(Down) and Related Products	4		2118		2063
木材加工及竹、藤、棕、草制品业	Timber Processing,Bamboo,Cane, Palm Fiber and Straw Products	6	1	27725		27843
家具制造业	Furniture Manufacturing	15		37731	3751	41357
造纸及纸制品业	Papermaking and Paper Products	22	10	122733		112582
印刷业和记录媒介的复制	Printing and Record Medium Reproduction	164	56	347792	8677	279989
文教体育用品制造业	Stationery,Education and Sports Goods	11	5	41222	2304	24807
石油加工、炼焦及核燃料加工业	Petroleum Processing,Coking and Nuclear Elding	13	2	1953376	4572	546782
化学原料及化学制品制造业	Raw Chemical Materials and Chemical Products	87	27	1948350	146294	1491264
医药制造业	Medical and Pharmaceutical Products	56	9	409168	129954	450191
化学纤维制造业	Chemical Fiber	1	1	1903		1620
橡胶制品业	Rubber Products	7	3	9438		10315
塑料制品业	Plastic Products	39	15	72463	1776	81687
非金属矿物制品业	Nonmetal Mineral Products	78	30	485944	30298	391789
黑色金属冶炼及压延加工业	Smelting and Processing of Ferrous Metals	5	2	3610568	516541	2018289
有色金属冶炼及压延加工业	Smelting and Processing of Nonferrous Metals	11	4	71955	50015	69457
金属制品业	Metal Products	70	28	159147	45602	176024
通用设备制造业	Universal Equipment	79	28	415723	32245	385835
专用设备制造业	Equipment for Special Purpose	98	26	576753	155407	612245
交通运输设备制造业	Transportation Equipment	96	28	2177848	460556	2187096
电气机械及器材制造业	Electric Equipment and Machinery	65	14	366997	68772	483513
通信设备、计算机及其他电子设备制造业	Telecommunications Equipment,Computer and Others	119	34	4633926	2493782	7803388
仪器仪表及文化、办公用机械制造业	Instruments,Meters,Cultural and Office Machinery	82	16	245198	79776	241777
工艺品及其他制造业	Art Products and Other Manufacturing	23	9	16648	3332	14188
废弃资源和废旧材料回收加工业	Recovery and Processing of Reclaimed Materials					
电力、热力的生产和供应业	Electricity and Hot Power Production and Supply	23	9	986091		309745
燃气生产和供应业	Gas Production and Supply	3	1	115051		48002
水的生产和供应业	Water Production and Supply	6	1	175731		16409

MAIN INDICATORS FOR STATE-OWNED AND STATE-HOLDING INDUSTRIAL ENTERPRISES（BY SECTOR）

(10000 yuan)

工业增加值(生产法) Added Value of Industry (with production method)	工业销售产值(当年价格) Sales Value of Industry (at current price)	#出口交货值 Delivery Value of Exports	全部从业人员年平均人数(人) Average Number of Persons Employed (person)	资产负债 Assets and Liabilities						
				资产总计 Total Assets	流动资产合计 Circulating Funds	流动资产平均余额 Average Balance of Circulating Funds	长期投资 Longterm Investment	固定资产合计 Fixed Assets	固定资产原价合计 Original Value of Fixed Assets	固定资产净值年平均余额 Average Net Value of Fixed Assets
5484725	**20195691**	**2264785**	**518607**	**33881209**	**13762521**	**12943835**	**4687131**	**14382384**	**21115608**	**12137332**
71906	121314	44804	16264	399412	134304	119538	154866	83098	136175	67722
14105	33454		2475	44657	17020	14065	301	18998	40811	15451
2313	5274		1025	18847	5284	5168	2481	10523	19998	10827
54720	340119	46926	13865	255412	122960	117850	9122	106676	166882	98742
77946	210477	1931	10972	300147	128945	131320	36088	118021	187106	114269
157280	418539	4322	13364	881531	297087	279409	244530	280990	445774	292693
89584	129759	5695	820	123663	83425	76903	5160	34794	52199	25870
40933	182638	61943	24173	571209	291385	303962	71331	191474	320787	165711
11928	44264	23327	6617	65826	36046	38299	6598	21342	30334	20390
1243	3312		540	33402	9095	11202	6884	9583	11826	7815
6352	26418	1222	1090	53084	32652	24754	2616	16257	21429	5748
11729	36455	5859	2331	75441	45507	38520	2098	27447	35744	21877
56786	123268		2965	121460	72505	68248	6023	39476	41201	31043
190017	330288	111	26385	756588	298652	297682	47376	399473	604035	334707
13659	40958	9731	2908	72310	35657	37729	3502	31204	37067	21248
240168	1962100	38447	9954	872089	361722	369265	13175	496901	914633	442259
518166	1941034	61194	32097	2654110	717185	751148	234159	1360870	2654341	1334135
169871	386001	5804	15178	1072554	431718	405286	388485	218640	258084	169935
767	1326		148	6540	3531	3160		3009	3740	3126
56	11226	3478	1212	17418	7811	8479	762	7488	7689	2657
16692	75175	325	5643	263782	114504	112601	38284	101660	140283	91923
166142	481504	17199	23870	1356127	609029	557349	219811	471715	684484	435041
821735	3607947	70165	68628	4550223	1783532	1434603	690379	1987797	3320780	1683633
11267	66897	5288	5389	94583	40857	37266	32923	12876	21146	10349
37262	157280	42608	8025	246969	128994	133078	9926	91500	134208	79161
121804	385750	26693	23790	1114863	714344	670892	95680	275873	378220	231083
175769	541583	9605	31582	1339476	748724	708371	202174	354333	465556	276390
697193	2100834	10383	53640	2507818	1433241	1338642	157261	875439	1073802	584383
103237	361850	58108	11741	597648	374285	337139	49547	158626	187002	108086
718973	4543498	1697340	40668	5223284	3024412	2932397	1302087	802062	1219348	691392
72835	239538	11579	13934	703989	398257	369311	130936	157881	176100	104030
4894	15920	698	3146	57722	23287	23510	1306	28309	36372	21358
657885	980385		32772	5471939	894058	833654	318794	4185945	5468176	3495737
103474	115051		7388	986531	165942	196208	99056	721372	877267	522760
46038	174259		4008	970557	176570	156829	103411	680737	943009	615785

11-5 续表 1 continued

单位：万元

项目	Item	负债总计 Total Liabilities	#流动负债合计 Liquid Liabilities	长期负债合计 Longterm Liabilities	所有者权益 Creditors' Equity	实收资本 Contributed Capital
		资产负债 Assets and Liabilities				
总计	**Total**	**17629580**	**12362627**	**5162623**	**16223488**	**9569694**
煤炭开采和洗选业	Coal Mining and Dressing	121802	94197	27605	277610	136296
石油和天然气开采业	Petroleum and Natural Gas Extraction					
黑色金属矿采选业	Ferrous Metals Mining and Dressing	26256	19006	7249	18401	11804
有色金属矿采选业	Nonferrous Metals Mining and Dressing					
非金属矿采选业	Nonmetal Minerals Mining and Dressing	6444	5313	1131	12403	10504
其他采矿业	Other Minerals Mining					
农副食品加工业	Farm and Sideline Prodncts Processing	163726	153396	10237	91686	98277
食品制造业	Food Making	126882	106495	20110	173265	151975
饮料制造业	Beverage Making	303860	227011	76813	577671	249905
烟草制造业	Tobacco Processing	42961	38696	4265	80702	47288
纺织业	Textile	388327	319906	68422	182882	184317
纺织服装、鞋、帽制造业	Garments,shoes and chapeau	40863	35573	4780	24963	19322
皮革、毛皮、羽毛(绒)及其制品业	Leather,Furs,Feather(Down) and Related Products	27509	23930	3290	5893	3998
木材加工及竹、藤、棕、草制品业	Timber Processing,Bamboo,Cane, Palm Fiber and Straw Products	27592	27583	10	25492	24425
家具制造业	Furniture Manufacturing	46825	45184	1500	28616	16352
造纸及纸制品业	Papermaking and Paper Products	76239	66286	6089	45221	27601
印刷业和记录媒介的复制	Printing and Record Medium Reproduction	369109	278132	90627	387479	255183
文教体育用品制造业	Stationery,Education and Sports Goods	45198	40322	4864	27112	19704
石油加工、炼焦及核燃料加工业	Petroleum Processing,Coking and Nuclear Elding	355293	291935	33839	516603	105261
化学原料及化学制品制造业	Raw Chemical Materials and Chemical Products	1026602	671551	349526	1627508	1192199
医药制造业	Medical and Pharmaceutical Products	419353	361849	57373	653200	246717
化学纤维制造业	Chemical Fiber	3445	3445		3095	4000
橡胶制品业	Rubber Products	11264	7759	3505	6154	5476
塑料制品业	Plastic Products	124220	116449	6058	139561	98710
非金属矿物制品业	Nonmetal Mineral Products	862812	625515	236118	493315	454648
黑色金属冶炼及压延加工业	Smelting and Processing of Ferrous Metals	2235668	1643833	591835	2314555	1056272
有色金属冶炼及压延加工业	Smelting and Processing of Nonferrous Metals	33786	31310	2476	60797	37293
金属制品业	Metal Products	172027	134233	22502	74943	71672
通用设备制造业	Universal Equipment	887556	758033	129222	227307	240865
专用设备制造业	Equipment for Special Purpose	768837	685444	78862	570639	265788
交通运输设备制造业	Transportation Equipment	1488385	1323968	142950	1019433	711663
电气机械及器材制造业	Electric Equipment and Machinery	331023	266714	64286	266625	151304
通信设备、计算机及其他电子设备制造业	Telecommunications Equipment,Computer and Others	2679864	2538825	140991	2543420	1268102
仪器仪表及文化、办公用机械制造业	Instruments,Meters,Cultural and Office Machinery	402276	344444	57518	301713	172577
工艺品及其他制造业	Art Products and Other Manufacturing	44768	36269	8023	12954	9870
废弃资源和废旧材料回收加工业	Recovery and Processing of Reclaimed Materials					
电力、热力的生产和供应业	Electricity and Hot Power Production and Supply	3637751	842916	2776601	1806239	983746
燃气生产和供应业	Gas Production and Supply	95915	77061	18855	890616	671676
水的生产和供应业	Water Production and Supply	235143	120049	115093	735414	564904

11-5 续表 2 continued

(10000 yuan)

损益及分配 Profits,Loss and Distribution						工资、福利费、增值税 Wages,Welfares and Added Value Tax		
产品销售收入 Sales Revenue	产品销售成本 Cost of Sales	产品销售费用 Expenses of Sales	产品销售税金及附加 Sales Tax and Extra Charges	营业利润 Operating Profits	利润总额 Total Profits	本年应交增值税 Added Value Tax	本年应付工资 Total Wags Payable	本年应付福利费 Total Welfares Payable
20658994	**17265248**	**611549**	**304267**	**687344**	**1185970**	**847918**	**1232175**	**197231**
138835	89489	10762	1071	3369	15481	8154	29734	4016
34508	23845	1576	1164	3904	494	1755	2595	417
5815	4162	246	172	-615	-560	156	1119	187
344691	310703	11507	359	3675	4390	4724	20987	4183
218137	162934	34251	302	1116	5264	14709	21106	4494
413134	287317	30172	43480	24088	31228	29102	24278	4694
130683	51392	6771	48478	9107	9054	12855	5000	742
269498	257495	6180	488	-37395	-8728	7805	31142	4302
43923	38885	2548	51	-1774	-1686	1130	6856	911
2706	1809	411		-1106	122	206	867	100
27557	24289	1029	82	58	178	495	2057	301
52741	41037	5063	205	1539	2500	1695	4156	573
113034	72414	5919	59	27404	29137	8274	6802	781
339035	241380	7004	2582	28594	29947	27777	53384	8213
48233	38888	2401	181	1035	1353	2326	5777	720
2063612	1878766	24935	74110	14026	25461	60252	31235	4603
1966789	1623691	51877	14444	114465	129908	97528	79518	11453
388454	200947	92281	1962	31894	64316	32347	45291	6305
1326	1090	50		-197	-169		263	37
11916	10837	254	35	-399	-298	407	1397	171
84960	75252	2893	366	-3641	1592	2401	8421	1171
472720	395844	18008	1760	-2009	18229	21617	41609	7004
2805398	2376575	22377	16288	94850	99331	156686	178862	24777
67276	56717	1776	46	3936	6147	1196	3391	396
160350	130248	7901	417	4188	7247	2908	13026	2285
408102	341340	12549	941	-34838	-20316	11701	49072	6771
619799	482051	22608	3306	15994	41243	26480	69697	14415
2112300	1559551	73281	72416	232905	259993	94000	147822	20292
371626	275697	29830	535	31547	36333	17653	25142	4197
4548415	4084925	105139	3399	85031	254114	71363	143052	33009
246414	189850	11769	652	12110	17233	12118	30329	4065
18833	15116	841	62	-2132	-142	687	5186	616
1654074	1461250	6361	12623	47331	107335	93708	116150	17374
348070	330389		1703	1549	16941	17176	16240	2190
126031	129073	980	532	-22265	3298	6528	10614	1466

11-6 股份制工业企业主要经济指标

单位：万元

项目 Item		企业单位个数(个) Number of Enterprises (unit)	# 亏损企业 Loss-making Enterprises	工业总产值(当年价格) Gross Output Value of Industry (at current prices)	# 新产品产值 Value of New Products	工业总产值(1990年不变价格) Gross Output Value of Industry (at 1990 constant prices)
总　计	**Total**	**805**	**119**	**13596004**	**4213058**	**11139670**
在总计中：	**Of Total:**					
中央企业	Central Enterprises	56	5	3111419	1103770	2510528
地方企业	Local Enterprises	749	114	10484585	3109289	8629142
在总计中：	**Of Total:**					
轻工业	Light Industry	337	58	2001893	388701	1845825
重工业	Heavy Industry	468	61	11594111	3824358	9293845
在总计中：	**Of Total:**					
大型企业	Large Enterprises	18		8223530	2276342	5861433
中型企业	Medium Enterprises	114	10	3091771	1303435	2944609
小型企业	Small Enterprises	673	109	2280703	633282	2333629

11-6 续表 1 continued

单位：万元

项目 Item		资产负债 Assets and Liabilities				
		负债总计 Total Liabilities	# 流动负债合计 Liquid Liabilities	长期负债合计 Longterm Liabilities	所有者权益 Creditors' Equity	实收资本 Contributed Capital
总　计	**Total**	**9571845**	**7604725**	**1910188**	**11867591**	**6310201**
在总计中：	**Of Total:**					
中央企业	Central Enterprises	1819148	1249933	529314	2462689	1441169
地方企业	Local Enterprises	7752697	6354792	1380874	9404902	4869032
在总计中：	**Of Total:**					
轻工业	Light Industry	1289495	1129265	151758	1739971	895199
重工业	Heavy Industry	8282350	6475460	1758430	10127620	5415002
在总计中：	**Of Total:**					
大型企业	Large Enterprises	4814969	3588679	1226265	6821213	3611557
中型企业	Medium Enterprises	2837224	2362731	433117	3062620	1460983
小型企业	Small Enterprises	1919652	1653315	250805	1983758	1237662

MAIN INDICATORS FOR SHARE-HOLDING INDUSTRIAL ENTERPRISES

(10000 yuan)

工业增加值(生产法) Added Value of Industry (with production method)	工业销售产值(当年价格) Sales Value of Industry (at current price)	#出口交货值 Delivery Value of Exports	全部从业人员年平均人数(人) Average Number of Persons Employed (person)	资产负债 Assets and Liabilities: 资产总计 Total Assets	流动资产合计 Circulating Funds	流动资产平均余额 Average Balance of Circulating Funds	长期投资 Longterm Investment	固定资产合计 Fixed Assets	固定资产原价合计 Original Value of Fixed Assets	固定资产净值年平均余额 Average Net Value of Fixed Assets
3561863	**13380659**	**415133**	**330775**	**21439436**	**9300888**	**8420445**	**3377940**	**7894068**	**11537291**	**6627236**
788584	3046557	76440	38245	4281837	1743761	1629057	590933	1592182	3029645	1510411
2773279	10334102	338693	292530	17157599	7557127	6791388	2787007	6301886	8507647	5116825
683152	1896121	99675	85237	3029466	1538335	1451844	517229	838961	1023726	703776
2878710	11484538	315458	245538	18409970	7762554	6968601	2860711	7055107	10513565	5923460
1906809	8213102	197593	155934	11636182	4074732	3570939	1530548	5500279	8476900	4697633
998754	2918185	122477	87025	5899844	2969015	2792374	1299392	1454521	2024103	1230690
656300	2249372	95063	87816	3903410	2257142	2057132	548000	939268	1036288	698913

11-6 续表 2 continued

(10000 yuan)

损益及分配 Profits,Loss and Distribution: 产品销售收入 Sales Revenue	产品销售成本 Cost of Sales	产品销售费用 Expenses of Sales	产品销售税金及附加 Sales Tax and Extra Charges	营业利润 Operating Profits	利润总额 Total Profits	工资、福利费、增值税 Wages,Welfares and Added Value Tax: 本年应交增值税 Added Value Tax	本年应付工资 Total Wags Payable	本年应付福利费 Total Welfares Payable
13027318	**10748084**	**524930**	**88443**	**517335**	**825607**	**550993**	**751563**	**112895**
3122169	2621431	98944	12051	135402	231133	128766	125023	23108
9905149	8126652	425987	76393	381933	594474	422227	626540	89788
1967661	1385385	223956	35801	133881	185119	102418	159064	21922
11059657	9362699	300975	52642	383454	640488	448576	592499	90973
7746517	6671248	158034	40796	284014	360008	332517	384041	62086
2984992	2258036	232403	37452	104407	287034	139251	216548	30950
2295809	1818800	134494	10195	128914	178564	79225	150974	19860

11-7 股份制工业企业主要经济指标（按行业分）

单位：万元

项目	Item	企业单位个数(个) Number of Enterprises (unit)	# 亏损企业 Loss-making Enterprises	工业总产值(当年价格) Gross Output Value of Industry (at current prices)	# 新产品产值 Value of New Products	工业总产值(1990年不变价格) Gross Output Value of Industry (at 1990 constant prices)
总计	**Total**	**805**	**119**	**13596004**	**4213058**	**11139670**
煤炭开采和洗选业	Coal Mining and Dressing	2		126169		44827
石油和天然气开采业	Petroleum and Natural Gas Extraction					
黑色金属矿采选业	Ferrous Metals Mining and Dressing					
有色金属矿采选业	Nonferrous Metals Mining and Dressing					
非金属矿采选业	Nonmetal Minerals Mining and Dressing	1	1	1541		1541
其他采矿业	Other Minerals Mining					
农副食品加工业	Farm and Sideline Prodncts Processing	36	8	289191	22928	191619
食品制造业	Food Making	34	10	144821	14467	195764
饮料制造业	Beverage Making	17	5	134220	2511	80168
烟草制造业	Tobacco Processing					
纺织业	Textile	27	1	225347	65462	200384
纺织服装、鞋、帽制造业	Garments,shoes and chapeau	35	6	112197	2717	92841
皮革、毛皮、羽毛(绒)及其制品业	Leather,Furs,Feather(Down) and Related Products	3		7296	2343	6793
木材加工及竹、藤、棕、草制品业	Timber Processing,Bamboo,Cane, Palm Fiber and Straw Products	2		17719	432	18983
家具制造业	Furniture Manufacturing	6	1	33248	3751	36734
造纸及纸制品业	Papermaking and Paper Products	12	1	23770		25391
印刷业和记录媒介的复制	Printing and Record Medium Reproduction	46	9	97681	3687	108696
文教体育用品制造业	Stationery,Education and Sports Goods	2		4728		4728
石油加工、炼焦及核燃料加工业	Petroleum Processing,Coking and Nuclear Elding	2		139881		64441
化学原料及化学制品制造业	Raw Chemical Materials and Chemical Products	54	7	2026531	216527	1591348
医药制造业	Medical and Pharmaceutical Products	47	6	564157	193775	515855
化学纤维制造业	Chemical Fiber	2	1	3607		3324
橡胶制品业	Rubber Products	1		45068		72543
塑料制品业	Plastic Products	23	1	72715	1769	84050
非金属矿物制品业	Nonmetal Mineral Products	58	8	452743	39377	401104
黑色金属冶炼及压延加工业	Smelting and Processing of Ferrous Metals	9	2	3560284	516260	2005107
有色金属冶炼及压延加工业	Smelting and Processing of Nonferrous Metals	14	2	223902	92591	206279
金属制品业	Metal Products	46	8	121250	34327	116672
通用设备制造业	Universal Equipment	46	5	247643	109287	248985
专用设备制造业	Equipment for Special Purpose	51	3	484884	193012	493739
交通运输设备制造业	Transportation Equipment	39	6	1840729	1134046	1715768
电气机械及器材制造业	Electric Equipment and Machinery	62	9	520898	200267	530703
通信设备、计算机及其他电子设备制造业	Telecommunications Equipment,Computer and Others	84	13	1652355	1324839	1873006
仪器仪表及文化、办公用机械制造业	Instruments,Meters,Cultural and Office Machinery	28	4	91196	38687	89205
工艺品及其他制造业	Art Products and Other Manufacturing	6	1	6433		5856
废弃资源和废旧材料回收加工业	Recovery and Processing of Reclaimed Materials					
电力、热力的生产和供应业	Electricity and Hot Power Production and Supply	8	1	228372		74049
燃气生产和供应业	Gas Production and Supply	1		93347		38953
水的生产和供应业	Water Production and Supply	1		2080		214

MAIN INDICATORS FOR SHARE-HOLDING INDUSTRIAL ENTERPRISES(BY SECTOR)

(10000 yuan)

工业增加值(生产法) Added Value of Industry (with production method)	工业销售产值(当年价格) Sales Value of Industry (at current price)	#出口交货值 Delivery Value of Exports	全部从业人员年平均人数(人) Average Number of Persons Employed (person)	资产负债 Assets and Liabilities						
				资产总计 Total Assets	流动资产合计 Circulating Funds	流动资产平均余额 Average Balance of Circulating Funds	长期投资 Longterm Investment	固定资产合计 Fixed Assets	固定资产原价合计 Original Value of Fixed Assets	固定资产净值年平均余额 Average Net Value of Fixed Assets
3561863	**13380659**	**415133**	**330775**	**21439436**	**9300888**	**8420445**	**3377940**	**7894068**	**11537291**	**6627236**
73788	130054	44804	16256	398413	133113	118929	154716	83214	136422	67864
833	1541		497	7642	1547	1610		6095	12208	5966
62590	282656	200	7832	192487	113588	106464	15454	61245	62345	40316
33670	138962	3153	7577	226852	116803	105271	35207	65371	75069	55885
57956	123918	474	5278	172947	96176	90091	2274	60996	78790	62464
42973	193730	21374	10734	295260	191889	175835	31322	61013	88227	44930
39016	98471	33616	11925	110302	66887	64810	3067	38735	45644	33632
1031	8123	2840	440	5132	4533	4373	102	497	602	429
3124	17269		389	20862	8992	1023		10823	11830	902
10568	30741	5266	1978	55672	41211	33204	1094	13329	24662	13825
6082	24255		1730	26458	12025	12103		12181	13709	8151
38782	94296		5863	165598	56202	54585	7512	97630	127148	85931
906	4519	3580	629	2311	2140	2026		171	153	142
13138	139176		1073	84398	36269	40993	6258	41871	55035	33938
539598	2032404	39507	30047	2578921	706360	691805	113137	1423279	2649470	1394416
243398	535061	16118	17978	1174359	514200	497652	334618	275005	327453	217752
1211	3030		312	15084	5433	5401	468	7487	8861	7604
9847	43965	11932	2004	101584	33766	33800	1194	54160	79424	43005
10666	78419	2284	3015	89267	42769	35930	3734	28635	32747	16984
159534	446447	10095	18060	1259479	558191	492182	209982	415981	579239	364526
818586	3560853	70416	67291	4517916	1749486	1403944	688328	1991906	3292094	1691164
61946	225187	17481	3371	408426	220926	207895	78983	84988	53027	31682
34385	115440	27304	6901	195609	132367	110538	9275	44785	49665	33633
66110	251294	26109	9291	400230	245819	234069	39625	107477	141013	90864
145485	474984	24788	14978	1218539	743268	668169	224873	195827	282533	189163
279458	1818437	6975	26067	822137	430722	378324	64838	298154	341917	214440
173812	499275	17873	15773	676638	501327	440805	32959	118056	169601	100223
383673	1590755	22977	24390	3573524	1951827	1786047	1108142	458710	480759	349146
30061	86889	5216	5614	272613	167015	162001	42653	53771	60563	33592
1747	6709	750	298	8504	6011	5862	705	1773	2314	1648
129405	228372		8397	1448052	268035	280862	69639	1106621	1457713	917264
87215	93347		4703	911326	140707	172452	97548	672910	795474	474384
1272	2080		84	2896	1288	1390	235	1373	1579	1373

11-7 续表 1 continued

单位：万元

项目	Item	负债总计 Total Liabilities	#流动负债合计 Liquid Liabilities	长期负债合计 Longterm Liabilities	所有者权益 Creditors' Equity	实收资本 Contributed Capital
		资产负债 Assets and Liabilities				
总计	**Total**	**9571845**	**7604725**	**1910188**	**11867591**	**6310201**
煤炭开采和洗选业	Coal Mining and Dressing	120854	93249	27605	277560	136311
石油和天然气开采业	Petroleum and Natural Gas Extraction					
黑色金属矿采选业	Ferrous Metals Mining and Dressing					
有色金属矿采选业	Nonferrous Metals Mining and Dressing					
非金属矿采选业	Nonmetal Minerals Mining and Dressing	613	613		7029	7168
其他采矿业	Other Minerals Mining					
农副食品加工业	Farm and Sideline Prodncts Processing	108951	92030	16481	83536	32733
食品制造业	Food Making	112966	96491	14243	113886	60113
饮料制造业	Beverage Making	90408	85485	3061	82539	43809
烟草制造业	Tobacco Processing					
纺织业	Textile	175826	151348	23985	119434	96327
纺织服装、鞋、帽制造业	Garments,shoes and chapeau	71877	68154	2919	38425	27615
皮革、毛皮、羽毛(绒)及其制品业	Leather,Furs,Feather(Down) and Related Products	2826	2826		2306	1413
木材加工及竹、藤、棕、草制品业	Timber Processing,Bamboo,Cane, Palm Fiber and Straw Products	635	635		20227	19711
家具制造业	Furniture Manufacturing	31840	30340	1500	23831	13603
造纸及纸制品业	Papermaking and Paper Products	14580	12905	504	11878	11097
印刷业和记录媒介的复制	Printing and Record Medium Reproduction	84539	63456	20526	81059	59863
文教体育用品制造业	Stationery,Education and Sports Goods	1743	1743		569	350
石油加工、炼焦及核燃料加工业	Petroleum Processing,Coking and Nuclear Elding	41103	1543	371	43295	40502
化学原料及化学制品制造业	Raw Chemical Materials and Chemical Products	959466	577705	381761	1619455	1097170
医药制造业	Medical and Pharmaceutical Products	391547	348807	41988	782812	302324
化学纤维制造业	Chemical Fiber	11859	11659	200	3225	5000
橡胶制品业	Rubber Products	87499	65490	22010	14085	9554
塑料制品业	Plastic Products	48486	42893	5593	40781	34392
非金属矿物制品业	Nonmetal Mineral Products	746600	502001	244587	512879	432532
黑色金属冶炼及压延加工业	Smelting and Processing of Ferrous Metals	2232297	1617718	614579	2285620	1029256
有色金属冶炼及压延加工业	Smelting and Processing of Nonferrous Metals	159395	143580	15815	249031	121032
金属制品业	Metal Products	130887	119614	9677	64722	42270
通用设备制造业	Universal Equipment	191439	162767	28672	208791	140476
专用设备制造业	Equipment for Special Purpose	527179	482835	39729	691359	248462
交通运输设备制造业	Transportation Equipment	487890	440298	44632	334248	172499
电气机械及器材制造业	Electric Equipment and Machinery	406138	392941	13167	270500	187359
通信设备、计算机及其他电子设备制造业	Telecommunications Equipment,Computer and Others	1687881	1581977	105905	1885643	785131
仪器仪表及文化、办公用机械制造业	Instruments,Meters,Cultural and Office Machinery	136623	118158	18246	135990	58551
工艺品及其他制造业	Art Products and Other Manufacturing	5097	5097		3406	2570
废弃资源和废旧材料回收加工业	Recovery and Processing of Reclaimed Materials					
电力、热力的生产和供应业	Electricity and Hot Power Production and Supply	414394	220716	193678	1033658	482895
燃气生产和供应业	Gas Production and Supply	88277	69523	18755	823049	605353
水的生产和供应业	Water Production and Supply	131	131		2765	2760

11-7 续表 2 continued

(10000 yuan)

损益及分配 Profits,Loss and Distribution						工资、福利费、增值税 Wages,Welfares and Added Value Tax		
产品销售收入 Sales Revenue	产品销售成本 Cost of Sales	产品销售费用 Expenses of Sales	产品销售税金及附加 Sales Tax and Extra Charges	营业利润 Operating Profits	利润总额 Total Profits	本年应交增值税 Added Value Tax	本年应付工资 Total Wags Payable	本年应付福利费 Total Welfares Payable
13027318	**10748084**	**524930**	**88443**	**517335**	**825607**	**550993**	**751563**	**112895**
147574	95732	13173	1072	3369	15480	8160	29738	4017
1541	819	128	83	-14	-45	104	434	61
288184	246503	22426	304	7185	11142	2630	9899	1479
140298	104110	21467	533	2403	3034	5171	9518	1362
116658	66766	11609	21178	4781	6199	12540	9064	1366
220272	187978	11942	510	1860	11594	5616	13581	1844
94726	78899	7018	278	1193	2464	2932	12257	1537
8133	6949	470	1	449	443	96	432	74
18139	16260	1005	10	75	102	65	741	38
47074	36078	4781	154	2272	2413	1388	3222	469
22658	19486	627	78	405	701	861	2050	278
99692	79263	3189	508	5614	6190	7111	9474	1315
3811	3326		12	191	191	96	576	4
151430	122999	15256	523	2529	2021	5727	3432	582
2061960	1717441	44026	14461	136915	137164	100326	71035	10169
555004	296110	105352	4979	74426	104087	43024	60930	8178
3340	2894	89	2	-90	-64	17	493	67
45255	38377	2052	924	361	508	1096	3297	456
85202	73760	2965	167	2996	3249	2169	4027	525
433201	351553	16415	2126	15872	34503	21880	33161	5345
2755035	2328366	22230	16221	96341	100817	155411	175761	24272
225086	201084	4957	330	11544	15973	3241	8053	1144
116665	90976	5721	453	7268	7463	2801	9140	2017
264377	221925	9506	717	7302	15231	7845	19310	2575
565760	436976	21544	3345	48517	62957	22280	39371	9804
1755839	1565717	50927	8069	58075	61553	27313	48901	7218
499632	397818	32193	2178	23205	29150	21657	37647	4635
1584358	1319114	89205	4631	-8694	145629	44236	84995	15336
95375	72931	4027	584	4697	8558	4676	12621	1599
8202	6426	222	18	694	694	105	531	71
295814	268580	406	2353	-9327	18986	23857	26267	3517
315443	291481		1634	14931	17219	16467	11441	1519
1582	1387		10	-8	2	95	168	23

11-8 "三资"工业企业主要经济指标

单位：万元

项目 Item		企业单位个数(个) Number of Enterprises (unit)	#亏损企业 Loss-making Enterprises	工业总产值(当年价格) Gross Output Value of Industry (at current prices)	#新产品产值 Value of New Products	工业总产值(1990年不变价格) Gross Output Value of Industry (at 1990 constant prices)
总　计	**Total**	**960**	**256**	**15531751**	**4580364**	**19875484**
在总计中：	**Of Total:**					
中央企业	Central Enterprises	60	11	3822543	1897729	4605398
地方企业	Local Enterprises	900	245	11709208	2682636	15270086
在总计中：	**Of Total:**					
轻工业	Light Industry	485	140	3635740	364454	3506832
重工业	Heavy Industry	475	116	11896011	4215910	16368653
在总计中：	**Of Total:**					
大型企业	Large Enterprises	9	1	3400447	2524655	5142553
中型企业	Medium Enterprises	134	38	7443511	1655450	10026010
小型企业	Small Enterprises	817	217	4687793	400259	4706922

11-8 续表 1 continued

单位：万元

项目 Item		资产负债 Assets and Liabilities				
		负债总计 Total Liabilities	#流动负债合计 Liquid Liabilities	长期负债合计 Longterm Liabilities	所有者权益 Creditors' Equity	实收资本 Contributed Capital
总　计	**Total**	**7399512**	**6694082**	**669724**	**5971782**	**4814232**
在总计中：	**Of Total:**					
中央企业	Central Enterprises	1361450	1194425	163815	896518	503041
地方企业	Local Enterprises	6038062	5499657	505909	5075264	4311192
在总计中：	**Of Total:**					
轻工业	Light Industry	2143399	1886851	240859	1829005	1886989
重工业	Heavy Industry	5256113	4807231	428865	4142777	2927244
在总计中：	**Of Total:**					
大型企业	Large Enterprises	1221460	1141030	77509	605484	423454
中型企业	Medium Enterprises	3515412	3075171	427067	2935072	2344819
小型企业	Small Enterprises	2662640	2477881	165148	2431227	2045960

MAIN INDICATORS FOR FOREIGN FUNDED INDUSTRIAL ENTERPRISES

(10000 yuan)

工业增加值(生产法) Added Value of Industry (with production method)	工业销售产值(当年价格) Sales Value of Industry (at current price)	#出口交货值 Delivery Value of Exports	全部从业人员年平均人数(人) Average Number of Persons Employed (person)	资产负债 Assets and Liabilities: 资产总计 Total Assets	流动资产合计 Circulating Funds	流动资产平均余额 Average Balance of Circulating Funds	长期投资 Longterm Investment	固定资产合计 Fixed Assets	固定资产原价合计 Original Value of Fixed Assets	固定资产净值年平均余额 Average Net Value of Fixed Assets
4015449	**15179918**	**3311042**	**230176**	**13371294**	**8462648**	**7700664**	**366684**	**3874418**	**5653438**	**3284089**
808068	3683070	827327	20790	2257968	1391048	1257219	208344	562045	788797	511013
3207381	11496848	2483715	209386	11113326	7071600	6443445	158340	3312374	4864640	2773075
1115984	3576908	825229	119460	3972405	2184099	1966249	92061	1358940	2014782	1209997
2899465	11603010	2485813	110716	9398890	6278549	5734415	274623	2515479	3638656	2074092
655046	3253470	383716	32587	1826944	1220773	1027811	65028	504259	869857	457051
1977081	7301354	2229138	98331	6450484	3914663	3588591	226229	2033367	2892104	1674941
1383322	4625094	698189	99258	5093867	3327212	3084262	75427	1336792	1891477	1152097

11-8 续表 2 continued

(10000 yuan)

损益及分配 Profits,Loss and Distribution: 产品销售收入 Sales Revenue	产品销售成本 Cost of Sales	产品销售费用 Expenses of Sales	产品销售税金及附加 Sales Tax and Extra Charges	营业利润 Operating Profits	利润总额 Total Profits	工资、福利费、增值税 Wages,Welfares and Added Value Tax: 本年应交增值税 Added Value Tax	本年应付工资 Total Wags Payable	本年应付福利费 Total Welfares Payable
16237042	**13105186**	**959696**	**85082**	**1149803**	**1220158**	**561214**	**636091**	**103898**
3689381	3171448	170419	2970	239686	279800	88864	101648	11148
12547661	9933738	789277	82112	910118	940358	472351	534442	92751
3573603	2543716	448442	16950	214595	232896	178620	249498	37912
12663439	10561470	511254	68133	935209	987262	382594	386593	65987
3247979	2879350	202430	18046	83358	105024	51863	105725	15677
8258028	6648092	448322	60708	650029	670904	319927	302097	58994
4731035	3577743	308944	6328	416416	444230	189424	228269	29227

11-9 “三资”工业企业主要经济指标（按行业分）

单位：万元

项目	Item	企业单位个数（个） Number of Enterprises (unit)	# 亏损企业 Loss-making Enterprises	工业总产值（当年价格） Gross Output Value of Industry (at current prices)	# 新产品产值 Value of New Products	工业总产值（1990年不变价格） Gross Output Value of Industry (at 1990 constant prices)
总计	**Total**	**960**	**256**	**15531751**	**4580364**	**19875484**
煤炭开采和洗选业	Coal Mining and Dressing					
石油和天然气开采业	Petroleum and Natural Gas Extraction					
黑色金属矿采选业	Ferrous Metals Mining and Dressing					
有色金属矿采选业	Nonferrous Metals Mining and Dressing					
非金属矿采选业	Nonmetal Minerals Mining and Dressing	1	1	819		819
其他采矿业	Other Minerals Mining					
农副食品加工业	Farm and Sideline Prodncts Processing	34	13	334870	1757	302555
食品制造业	Food Making	50	20	495431	118	414572
饮料制造业	Beverage Making	29	8	400252	2867	438969
烟草制造业	Tobacco Processing					
纺织业	Textile	50	19	178100	5099	166401
纺织服装、鞋、帽制造业	Garments,shoes and chapeau	73	20	242884	8	202080
皮革、毛皮、羽毛(绒)及其制品业	Leather,Furs,Feather(Down) and Related Products	13	3	16799		16550
木材加工及竹、藤、棕、草制品业	Timber Processing,Bamboo,Cane, Palm Fiber and Straw Products	9	5	42431		35837
家具制造业	Furniture Manufacturing	23	7	70992		72286
造纸及纸制品业	Papermaking and Paper Products	17	6	156843	7044	146725
印刷业和记录媒介的复制	Printing and Record Medium Reproduction	30	6	124829	421	116849
文教体育用品制造业	Stationery,Education and Sports Goods	21	4	56698		51644
石油加工、炼焦及核燃料加工业	Petroleum Processing,Coking and Nuclear Elding	6	4	9020	1574	8839
化学原料及化学制品制造业	Raw Chemical Materials and Chemical Products	57	10	385746	9541	422990
医药制造业	Medical and Pharmaceutical Products	33	7	335427	24835	346332
化学纤维制造业	Chemical Fiber					
橡胶制品业	Rubber Products	6		33314	8196	20552
塑料制品业	Plastic Products	41	10	119517	288	131349
非金属矿物制品业	Nonmetal Mineral Products	56	16	269253	443	231099
黑色金属冶炼及压延加工业	Smelting and Processing of Ferrous Metals	3	1	88472	281	59646
有色金属冶炼及压延加工业	Smelting and Processing of Nonferrous Metals	6		16618	2434	21085
金属制品业	Metal Products	47	8	332323	19612	370833
通用设备制造业	Universal Equipment	57	16	546263	38882	588490
专用设备制造业	Equipment for Special Purpose	40	8	361792	9154	365858
交通运输设备制造业	Transportation Equipment	38	8	1965929	337464	1997373
电气机械及器材制造业	Electric Equipment and Machinery	47	10	690203	24145	805567
通信设备、计算机及其他电子设备制造业	Telecommunications Equipment,Computer and Others	109	35	7403312	3920079	11843420
仪器仪表及文化、办公用机械制造业	Instruments,Meters,Cultural and Office Machinery	48	9	587843	166122	585261
工艺品及其他制造业	Art Products and Other Manufacturing	11	2	38124		35715
废弃资源和废旧材料回收加工业	Recovery and Processing of Reclaimed Materials					
电力、热力的生产和供应业	Electricity and Hot Power Production and Supply	2		181038		46496
燃气生产和供应业	Gas Production and Supply	2		2604		2604
水的生产和供应业	Water Production and Supply	1		44006		26689

MAIN INDICATORS FOR FOREIGN FUNDED INDUSTRIAL ENTERPRISES (BY SECTOR)

(10000 yuan)

工业增加值(生产法) Added Value of Industry (with production method)	工业销售产值(当年价格) Sales Value of Industry (at current price)	#出口交货值 Delivery Value of Exports	全部从业人员年平均人数(人) Average Number of Persons Employed (person)	资产负债 Assets and Liabilities 资产总计 Total Assets	流动资产合计 Circulating Funds	流动资产平均余额 Average Balance of Circulating Funds	长期投资 Longterm Investment	固定资产合计 Fixed Assets	固定资产原价合计 Original Value of Fixed Assets	固定资产净值年平均余额 Average Net Value of Fixed Assets
4015449	**15179918**	**3311042**	**230176**	**13371294**	**8462648**	**7700664**	**366684**	**3874418**	**5653438**	**3284089**
22	819		36	408	179	185		229	258	208
61458	320981	55202	12042	254207	129550	117011	3798	104768	168073	92922
182440	524712	20460	15502	594815	268585	239273	36187	258277	401173	233025
141861	385330	4283	9197	672520	293045	228313	35013	258234	334623	224839
55481	157638	56756	9589	160383	101395	99248	4094	50470	92237	47882
72908	233891	124789	30469	216286	148365	145807	3610	57672	88818	53361
4467	18558	7031	1781	17820	13838	13484	85	3545	6308	3628
10693	42832	1347	1382	120920	42838	40743		60722	72752	55960
12414	70884	41654	4086	52032	32674	29379	54	17535	28138	16291
67011	158577	7923	3402	144015	87816	85296		48028	68278	39851
41728	124155	5302	4408	233998	95608	97436	4987	126848	166308	99848
17608	55691	31432	3183	44795	33231	33253	275	8496	12349	8257
2924	9009	67	346	11586	7930	8116	33	2598	3007	1474
50551	360719	11070	6872	403154	214506	196101	8531	164759	239389	153607
153247	326157	4471	7542	425494	277802	251180	672	129391	183485	113148
11441	32829	4161	1200	29804	16466	16857		13016	20912	12295
43206	118477	22750	5302	192712	82933	77655	2157	97562	152597	91989
103533	261993	18974	9894	501660	251057	233948	3601	212495	309987	190302
11881	85527	947	2740	110418	67894	64193		32728	25040	18363
3051	12035	5873	678	11826	7176	7643	9	4365	6788	4344
93899	321991	47194	6862	378893	214530	206434	5975	142916	205594	125024
163672	536288	95370	10929	700854	517652	472599	3971	159637	263063	148331
165107	359138	119719	3444	382892	298845	255500	7074	64655	86206	60131
620940	1906323	70048	17441	1541710	975109	853218	761	523946	542792	289191
232246	685384	108949	9632	620036	445900	389382	1515	153255	249749	143390
1463720	7223254	2330365	41918	4412827	3485699	3207956	46800	785439	1415382	703228
102496	582744	111895	6154	414133	297706	270585	30439	74177	95770	61703
9234	36335	3014	1028	28879	19133	19737	112	6422	10319	5629
96926	181038		2794	557959	20081	19747	166931	306129	398761	283300
548	2604		143	8620	1989	2669		6083	5240	2536
18737	44006		180	125639	13117	17721		22	42	32

11-9 续表 1 continued

单位：万元

项 目	Item	资 产 负 债 Assets and Liabilities				
		负债总计 Total Liabilities	#流动负债合计 Liquid Liabilities	长期负债合计 Longterm Liabilities	所有者权益 Creditors' Equity	实收资本 Contributed Capital
总 计	**Total**	**7399512**	**6694082**	**669724**	**5971782**	**4814232**
煤炭开采和洗选业	Coal Mining and Dressing					
石油和天然气开采业	Petroleum and Natural Gas Extraction					
黑色金属矿采选业	Ferrous Metals Mining and Dressing					
有色金属矿采选业	Nonferrous Metals Mining and Dressing					
非金属矿采选业	Nonmetal Minerals Mining and Dressing	314	314		94	166
其他采矿业	Other Minerals Mining					
农副食品加工业	Farm and Sideline Prodncts Processing	131520	128001	2283	122687	116958
食品制造业	Food Making	284696	208490	69356	310119	507933
饮料制造业	Beverage Making	440463	420158	20303	232057	305581
烟草制造业	Tobacco Processing					
纺织业	Textile	98573	88167	10297	61811	81337
纺织服装、鞋、帽制造业	Garments,shoes and chapeau	145836	135841	9739	70450	75446
皮革、毛皮、羽毛(绒)及其制品业	Leather,Furs,Feather(Down) and Related Products	12277	11611	377	5544	6754
木材加工及竹、藤、棕、草制品业	Timber Processing,Bamboo,Cane, Palm Fiber and Straw Products	50451	33451	17000	70469	52549
家具制造业	Furniture Manufacturing	32499	31104	1254	19533	20682
造纸及纸制品业	Papermaking and Paper Products	68873	60368	8506	75141	69325
印刷业和记录媒介的复制	Printing and Record Medium Reproduction	93482	60259	28895	140516	108165
文教体育用品制造业	Stationery,Education and Sports Goods	30579	24778	5789	14216	18284
石油加工、炼焦及核燃料加工业	Petroleum Processing,Coking and Nuclear Elding	9376	9126	250	2210	1975
化学原料及化学制品制造业	Raw Chemical Materials and Chemical Products	173492	151855	21637	229662	174750
医药制造业	Medical and Pharmaceutical Products	230207	187117	42979	195287	189515
化学纤维制造业	Chemical Fiber					
橡胶制品业	Rubber Products	12422	9543	210	17382	11578
塑料制品业	Plastic Products	86679	81372	5177	106033	131518
非金属矿物制品业	Nonmetal Mineral Products	230950	209667	20854	270710	252691
黑色金属冶炼及压延加工业	Smelting and Processing of Ferrous Metals	86570	58101	28469	23849	41411
有色金属冶炼及压延加工业	Smelting and Processing of Nonferrous Metals	6512	6512		5314	4105
金属制品业	Metal Products	195149	186420	8729	183744	168045
通用设备制造业	Universal Equipment	382739	379030	3254	318115	340614
专用设备制造业	Equipment for Special Purpose	176549	169676	2634	206343	90461
交通运输设备制造业	Transportation Equipment	798900	711108	81937	742810	482503
电气机械及器材制造业	Electric Equipment and Machinery	271648	267177	3251	348388	241009
通信设备、计算机及其他电子设备制造业	Telecommunications Equipment,Computer and Others	2837556	2720760	110099	1575271	945826
仪器仪表及文化、办公用机械制造业	Instruments,Meters,Cultural and Office Machinery	180625	175527	4420	233508	134949
工艺品及其他制造业	Art Products and Other Manufacturing	14512	12602	1910	14367	9763
废弃资源和废旧材料回收加工业	Recovery and Processing of Reclaimed Materials					
电力、热力的生产和供应业	Electricity and Hot Power Production and Supply	235341	90260	145081	322618	227532
燃气生产和供应业	Gas Production and Supply	5662	5627	35	2958	1980
水的生产和供应业	Water Production and Supply	75064	60064	15000	50575	830

11-9 续表 2 continued

(10000 yuan)

损益及分配 Profits,Loss and Distribution						工资、福利费、增值税 Wages,Welfares and Added Value Tax		
产品销售收入 Sales Revenue	产品销售成本 Cost of Sales	产品销售费用 Expenses of Sales	产品销售税金及附加 Sales Tax and Extra Charges	营业利润 Operating Profits	利润总额 Total Profits	本年应交增值税 Added Value Tax	本年应付工资 Total Wags Payable	本年应付福利费 Total Welfares Payable
16237042	**13105186**	**959696**	**85082**	**1149803**	**1220158**	**561214**	**636091**	**103898**
819	801	39		-47	-48		30	
321629	274175	14787	10	12329	11589	5198	20890	3585
522579	323072	142208	103	-2457	20225	43836	47049	9875
373790	241042	76615	7283	13739	4371	26258	16558	3117
155672	135410	9281	74	-750	-44	4551	13713	1466
233246	184527	19744	150	4635	4917	6141	35339	2661
18667	15742	804	45	301	244	307	1993	75
43222	37964	2274	31	-1178	112	1667	2330	149
69544	59668	4688	92	1396	443	1352	5980	772
155142	107072	7793	21	31333	32037	9371	8544	1542
125314	97632	4207		9886	10199	6326	10933	2661
54439	44448	3445	4	306	216	1275	5002	635
8405	6453	787		419	319	225	638	47
384405	253167	41564	9043	53475	52898	23863	24392	3220
318788	142189	105867	15	31385	34683	32879	35275	5912
32933	23639	1549		4705	4718	2287	2114	285
118095	92532	4148	212	8356	8582	4847	9116	662
272066	206326	11307	240	23095	22076	17518	21843	2837
85695	77352	381		1727	-3	3024	3729	170
10772	9304	209		543	540	127	1061	53
340937	267073	15225	158	29014	30373	9709	17176	2065
572508	452220	29755	508	46666	46918	15013	36077	6247
368445	237867	12360	451	44367	46135	12855	14543	1589
1914656	1399153	78874	65200	284908	287841	89477	57541	6919
687665	501600	44886	28	93743	94212	32887	29350	4714
8187802	7238504	305076	786	347600	378017	158716	181548	37344
592009	500315	19275	137	50688	50898	32910	19482	3434
40138	28481	2505	24	5902	5877	1722	1784	202
181051	125712		400	37468	55559	14196	11497	1587
2604	1606	43	71	603	609	41	179	20
44006	20142			15647	15645	2640	387	54

11-10 大中型工业企业主要经济指标

单位：万元

项目 Item		企业单位个数(个) Number of Enterprises (unit)	#亏损企业 Loss-making Enterprises	工业总产值(当年价格) Gross Output Value of Industry (at current prices)	#新产品产值 Value of New Products	工业总产值(1990年不变价格) Gross Output Value of Industry (at 1990 constant prices)
总计	**Total**	**451**	**74**	**27504075**	**7981632**	**27046226**
在总计中：	**Of Total:**					
中央工业	Central Industry	82	4	9446978	2852237	7808667
地方工业	Local Industry	369	70	18057096	5129395	19237559
在总计中：	**Of Total:**					
内资企业	Domestic Investment Enterprises	308	35	16660117	3801526	11877664
国有企业	State-Owned	110	18	4448522	191104	2211778
集体企业	Collective Owned	26	2	399939	3262	366330
股份合作企业	Share Holding	9	1	102400	11119	93891
联营企业	Joint Owned	9	2	95675	4066	110662
有限责任公司	Limited Liability Corporations	76	7	5901772	1131319	4088166
股份有限公司	Share Holding Corporations	56	3	5413529	2448458	4717876
私营企业	Private Owned	21	2	275401	12199	278425
港澳台商投资企业	Hongkong,Macao and Taiwan Funded Enterprises	41	12	3082602	2111462	4318460
港澳台合资经营	Joint Venture	25	9	1043188	308491	1404486
港澳台合作经营	Cooperative	3		56850		56850
港澳台商独资企业	Hongkong,Macao and Taiwan Enterprises	12	2	1965117	1800798	2838813
港澳台商投资股份有限公司	Hongkong,Macao and Taiwan Funded Share Holding Corporations	1	1	17446	2174	18310
外商投资企业	Foreign Funded Enterprises	102	27	7761356	2068643	10850102
中外合资经营	Joint Venture	67	15	6265478	1903112	9448208
中外合作经营	Cooperative	5	1	118458	8573	118415
外资(独资)企业	Foreign Enterprises	26	10	1143804	142226	1141336
外商投资股份有限公司	Foreign Funded Share Holding Corporations	4	1	233617	14733	142144
在总计中：	**Of Total:**					
农村企业	Rural Enterprises	16	2	280480		268247
在总计中：	**Of Total:**					
轻工业	Light Industry	176	35	4204142	549118	3701021
重工业	Heavy Industry	275	39	23299933	7432514	23345205
在总计中：	**Of Total:**					
大型企业	Large Enterprises	44	2	14932403	4874239	12277677
中型企业	Medium Enterprises	407	72	12571672	3107393	14768549

MAIN INDICATORS FOR LOCAL LARGE AND MEDIUM INDUSTRIAL ENTERPRISES

(10000 yuan)

工业增加值(生产法) Added Value of Industry (with production method)	工业销售产值(当年价格) Sales Value of Industry (at current price)	#出口交货值 Delivery Value of Exports	全部从业人员年平均人数(人) Average Number of Persons Employed (person)	资产负债 Assets and Liabilities 资产总计 Total Assets	流动资产合计 Circulating Funds	流动资产平均余额 Average Balance of Circulating Funds	长期投资 Longterm Investment	固定资产合计 Fixed Assets	固定资产原价合计 Original Value of Fixed Assets	固定资产净值年平均余额 Average Net Value of Fixed Assets
7135817	**26907872**	**3127938**	**571598**	**37230744**	**16331807**	**14935660**	**4281794**	**15405723**	**22464573**	**13079970**
2383923	9153982	829726	132411	11646869	4295710	3967498	1013340	5892974	8960557	5122694
4751894	17753890	2298212	439187	25583876	12036097	10968163	3268454	9512749	13504016	7957276
4503690	16353048	515085	440680	28953317	11196371	10319258	3990537	12868096	18702612	10947978
1383904	4383752	95993	152014	10105420	3429796	3291157	1074881	5493110	7668404	4654216
82764	367861	35366	19840	484146	266950	244598	36875	151129	203098	128782
30861	94786	37209	5647	104293	60028	47727	2019	38195	46154	34648
29319	91019	10888	5989	331703	151977	153632	41171	128562	176333	116457
1656915	5847914	161721	156075	10700783	3897887	3395951	1516268	4794166	7096798	4062161
1248648	5283373	158350	86884	6835243	3145859	2967362	1313672	2160635	3404206	1866161
70039	256916	15559	12553	304736	188922	165083	5651	83797	80623	60848
594047	2951504	352821	43708	1998735	1480584	1338826	45909	416170	498582	312683
207559	1023287	279697	27339	813240	556082	502526	5216	220963	272291	165184
17544	59480	19802	1804	55769	35593	32062	352	19158	25422	18506
362222	1851187	53266	13372	1073156	876692	793440	40341	143821	151903	95937
6721	17551	56	1193	56570	12217	10798		32229	48965	33056
2038080	7603321	2260032	87210	6278692	3654852	3277577	245348	2121456	3263379	1819309
1513935	6108398	2021134	57530	4122717	2596430	2386900	13258	1375578	2242943	1129617
31608	120106	12930	3190	121547	74734	66608	3321	38144	64612	34869
395623	1145286	214835	17837	1347231	893951	727742	27293	392450	546972	350602
96914	229531	11133	8653	687198	89738	96327	201476	315284	408853	304221
53504	244176	9727	9688	201872	112719	99480	19423	63346	83660	51962
1500965	4085804	566461	161798	6651873	2883615	2673229	945195	2591813	3619000	2269539
5634852	22822068	2561478	409800	30578871	13448193	12262431	3336599	12813909	18845573	10810431
3526489	14765989	649020	265736	20189286	7051284	6221183	2076851	10447184	15570253	8943242
3609328	12141883	2478919	305862	17041459	9280523	8714478	2204942	4958538	6894319	4136728

11-10 续表 1 continued

单位：万元

项目	Item	负债总计 Total Liabilities	#流动负债合计 Liquid Liabilities	长期负债合计 Longterm Liabilities	所有者权益 Creditors' Equity	实收资本 Contributed Capital
		资产负债 Assets and Liabilities				
总计	**Total**	**19609952**	**14210944**	**5321804**	**17592651**	**10100552**
在总计中：	**Of Total:**					
中央工业	Central Industry	7082010	3703839	3327705	4536717	2370096
地方工业	Local Industry	12527942	10507105	1994099	13055934	7730456
在总计中：	**Of Total:**					
内资企业	Domestic Investment Enterprises	14873080	9994744	4817228	14052095	7332280
国有企业	State-Owned	6407206	3335799	3057664	3670072	1938343
集体企业	Collective Owned	305520	264719	35337	178626	108108
股份合作企业	Share Holding	74841	63457	11384	29452	17354
联营企业	Joint Owned	187659	148870	38771	144043	112313
有限责任公司	Limited Liability Corporations	4497707	3407072	1088448	6203076	3694500
股份有限公司	Share Holding Corporations	3154486	2544338	570935	3680758	1378040
私营企业	Private Owned	171273	156102	14689	133462	72226
港澳台商投资企业	Hongkong,Macao and Taiwan Funded Enterprises	1431317	1372378	56938	567419	448471
港澳台合资经营	Joint Venture	503211	448878	52333	310029	222708
港澳台合作经营	Cooperative	27107	25268	1839	28662	15344
港澳台商独资企业	Hongkong,Macao and Taiwan Enterprises	860931	860931		212225	124219
港澳台商投资股份有限公司	Hongkong,Macao and Taiwan Funded Share Holding Corporations	40068	37301	2767	16502	86200
外商投资企业	Foreign Funded Enterprises	3305555	2843822	447638	2973137	2319802
中外合资经营	Joint Venture	2194140	2027414	159132	1928578	1445909
中外合作经营	Cooperative	56392	47892	2000	65155	55705
外资(独资)企业	Foreign Enterprises	745036	625086	119948	602194	546894
外商投资股份有限公司	Foreign Funded Share Holding Corporations	309987	143430	166557	377210	271294
在总计中：	**Of Total:**					
农村企业	Rural Enterprises	101844	88275	13569	100028	55527
在总计中：	**Of Total:**					
轻工业	Light Industry	2917528	2362568	540301	3734345	2381826
重工业	Heavy Industry	16692424	11848376	4781503	13858306	7718727
在总计中：	**Of Total:**					
大型企业	Large Enterprises	10343338	6238470	4111925	9817806	5217264
中型企业	Medium Enterprises	9266614	7972475	1209880	7774845	4883288

11-10 续表 2 continued

(10000 yuan)

损益及分配 Profits,Loss and Distribution						工资、福利费、增值税 Wages,Welfares and Added Value Tax		
产品销售收入 Sales Revenue	产品销售成本 Cost of Sales	产品销售费用 Expenses of Sales	产品销售税金及附加 Sales Tax and Extra Charges	营业利润 Operating Profits	利润总额 Total Profits	本年应交增值税 Added Value Tax	本年应付工资 Total Wags Payable	本年应付福利费 Total Welfares Payable
28202615	**23555919**	**1169140**	**329158**	**1139993**	**1607417**	**1079537**	**1430536**	**229174**
9957304	8560712	277487	147941	383090	549054	328027	424035	63562
18245311	14995207	891652	181218	756902	1058363	751511	1006501	165612
16696608	14028477	518388	250404	406606	831488	707747	1022714	154503
5093128	4389185	72990	163660	-14534	139281	207548	365512	53811
362916	300601	16051	6019	19841	20161	9626	20687	2558
84494	72351	2946	283	1864	4022	3715	6372	1067
119898	97558	8254	1022	-2613	2641	4523	10757	1405
5317996	4433847	170243	33714	127078	228766	277973	367768	50135
5413513	4495437	220193	44534	261343	418277	193795	232821	42900
266665	202721	27361	1107	17093	18177	10300	15428	2154
3453854	3022963	247142	3112	97984	118206	70662	96927	9716
1013897	881440	41602	339	50121	51239	24306	40171	5271
57040	38990	3703		10078	10107	1732	3068	210
2367329	2090900	199925	676	40340	61380	43756	52058	3978
15587	11633	1913	2098	-2555	-4520	868	1631	257
8052154	6504480	403609	75642	635403	657722	301129	310895	64956
6158728	5044651	231337	75157	548964	550323	202195	195209	43218
117103	70500	23633	232	8578	8315	7726	8052	1399
1548506	1226673	130161	238	64732	63744	75452	89110	17836
227817	162656	18478	15	13129	35341	15755	18525	2504
240534	202795	11287	5363	11550	11661	5662	10974	1115
4077586	2869899	498891	119921	195626	304191	239811	345189	53262
24125029	20686020	670249	209238	944367	1303226	839727	1085347	175912
14976967	13098481	393518	168943	402794	588821	536918	701418	107933
13225649	10457438	775622	160216	737198	1018596	542619	729118	121241

11-11 大中型工业企业主要经济指标（按行业分）

单位：万元

项目	Item	企业单位个数（个） Number of Enterprises (unit)	# 亏损企业 Loss-making Enterprises	工业总产值（当年价格） Gross Output Value Of Industry (at current prices)	# 新产品产值 Value of New Products	工业总产值（1990年不变价格） Gross Output Value of Industry (at 1990 constant prices)
总计	**Total**	**451**	**74**	**27504075**	**7981632**	**27046226**
煤炭开采和洗选业	Coal Mining and Dressing	3		147928		44445
石油和天然气开采业	Petroleum and Natural Gas Extraction					
黑色金属矿采选业	Ferrous Metals Mining and Dressing	4		41948		24887
有色金属矿采选业	Nonferrous Metals Mining and Dressing					
非金属矿采选业	Nonmetal Minerals Mining and Dressing					
其他采矿业	Other Minerals Mining					
农副食品加工业	Farm and Sideline Prodncts Processing	11	1	420414		340034
食品制造业	Food Making	21	8	462216		468292
饮料制造业	Beverage Making	12	3	588065	8052	484661
烟草制造业	Tobacco Processing	1		136857	26986	63983
纺织业	Textile	17	5	319000	70582	300017
纺织服装、鞋、帽制造业	Garments,shoes and chapeau	24	4	231118	3336	199745
皮革、毛皮、羽毛(绒)及其制品业	Leather,Furs,Feather(Down) and Related Products					
木材加工及竹、藤、棕、草制品业	Timber Processing,Bamboo,Cane, Palm Fiber and Straw Products	1		17097		18361
家具制造业	Furniture Manufacturing	5	1	78027	3751	83255
造纸及纸制品业	Papermaking and Paper Products	8	2	57148	7044	56466
印刷业和记录媒介的复制	Printing and Record Medium Reproduction	20	1	246702		187388
文教体育用品制造业	Stationery,Education and Sports Goods	2		39328	2304	26702
石油加工、炼焦及核燃料加工业	Petroleum Processing,Coking and Nuclear Elding	4		2018466		621659
化学原料及化学制品制造业	Raw Chemical Materials and Chemical Products	19	2	2066401	206541	1659522
医药制造业	Medical and Pharmaceutical Products	23	2	677549	165606	628655
化学纤维制造业	Chemical Fiber					
橡胶制品业	Rubber Products	3	1	69305	8196	84245
塑料制品业	Plastic Products	9	1	77281	1769	77648
非金属矿物制品业	Nonmetal Mineral Products	43	9	634824	29647	524102
黑色金属冶炼及压延加工业	Smelting and Processing of Ferrous Metals	6	1	3712072	527660	2089450
有色金属冶炼及压延加工业	Smelting and Processing of Nonferrous Metals	2		51676	24684	36494
金属制品业	Metal Products	14	1	216262	35877	208964
通用设备制造业	Universal Equipment	25	7	570299	69009	604239
专用设备制造业	Equipment for Special Purpose	23		641874	201112	673669
交通运输设备制造业	Transportation Equipment	38	6	3943084	1527699	3755671
电气机械及器材制造业	Electric Equipment and Machinery	24	4	643750	189604	763471
通信设备、计算机及其他电子设备制造业	Telecommunications Equipment,Computer and Others	57	12	7755286	4851529	12292820
仪器仪表及文化、办公用机械制造业	Instruments,Meters,Cultural and Office Machinery	15	1	360124	17313	364094
工艺品及其他制造业	Art Products and Other Manufacturing	1		8220	3332	7890
废弃资源和废旧材料回收加工业	Recovery and Processing of Reclaimed Materials					
电力、热力的生产和供应业	Electricity and Hot Power Production and Supply	10	1	988377		293636
燃气生产和供应业	Gas Production and Supply	2		113109		46060
水的生产和供应业	Water Production and Supply	4	1	170272		15703

MAIN INDICATORS FOR LOCAL LARGE AND MEDIUM INDUSTRIAL ENTERPRISES (BY SECTOR)

(10000 yuan)

工业增加值(生产法) Added Value of Industry (with production method)	工业销售产值(当年价格) Sales Value of Industry (at current price)	#出口交货值 Delivery Value of Exports	全部从业人员年平均人数(人) Average Number of Persons Employed (person)	资产负债 Assets and Liabilities						
				资产总计 Total Assets	流动资产合计 Circulating Funds	流动资产平均余额 Average Balance of Circulating Funds	长期投资 Longterm Investment	固定资产合计 Fixed Assets	固定资产原价合计 Original Value of Fixed Assets	固定资产净值年平均余额 Average Net Value of Fixed Assets
7135817	**26907872**	**3127938**	**571598**	**37230744**	**16331807**	**14935660**	**4281794**	**15405723**	**22464573**	**13079970**
86165	148735	44804	19242	423698	140012	125379	160953	95590	151438	79185
15821	39454		2975	51363	21601	18278	301	21124	44741	17577
85172	402433	40953	14423	265343	133562	126268	16161	103556	130392	77976
157264	495263	22251	16662	514804	210837	212747	36404	237806	347768	218652
225239	577092	3152	17031	1105643	398598	320947	252571	390092	541403	370987
89584	129759	5695	820	123663	83425	76903	5160	34794	52199	25870
68569	281138	60107	20981	527794	284014	292792	63245	161101	263180	131897
74433	199032	113895	23529	214784	128701	126003	7717	71787	94222	65977
2912	16737		358	20617	8761	781		10808	11791	888
13827	75704	32815	3917	87209	62340	50435	2528	20829	32721	18840
13281	57255	9952	3478	123772	69416	68022	4972	42239	48692	32963
137360	238029	4444	14179	464815	148884	148760	20978	290596	405075	216512
13264	38938	16070	2554	66194	30090	32787	3496	30862	35630	20837
241606	2027520	38060	10416	871439	360616	362160	11851	498971	912449	441107
590346	2056299	48911	32163	2740017	770119	770843	134580	1501889	2762750	1457007
307504	652696	10165	18286	1402163	650218	616943	394388	311971	404494	266009
18523	67155	13131	2769	126310	45435	46864	1857	66553	100328	55045
25592	77721	9233	5135	218825	86979	81870	31416	96984	130797	91732
241709	623858	14627	32961	1733597	752160	675261	226037	625277	915897	574887
838974	3711583	81827	71442	4649120	1841927	1491369	690769	2021131	3344415	1704461
23163	51608	11456	1725	215912	101143	100368	36743	61946	27143	12923
60024	204780	50357	9252	233687	135815	120042	15535	69514	94989	58879
159864	542852	84737	22469	1182579	756598	712770	80625	323126	466239	277067
178165	605386	30295	29505	1718366	971441	884541	319086	375968	522643	333528
923760	3834521	76344	70621	3160002	1800820	1648643	173224	1109855	1290683	729603
212727	629167	106435	17652	823906	573147	520851	10255	207260	331109	189339
1447075	7495439	2196401	55282	6472622	4278727	3905064	1010538	1078431	1719779	935331
68004	356384	1824	9338	493004	299481	259876	62092	122070	135572	81890
2133	7751		905	23887	10290	9669	2	13163	14706	8188
667178	981468		30450	5247285	840011	781269	306122	4030165	5338379	3462668
103340	113109		7349	983190	164991	195013	99056	718982	874537	520286
43240	169010		3729	945135	171649	152143	103135	661285	918414	601859

11-11 续表 1 continued

单位：万元

项目	Item	负债总计 Total Liabilities	#流动负债合计 Liquid Liabilities	长期负债合计 Longterm Liabilities	所有者权益 Creditors' Equity	实收资本 Contributed Capital
		资产负债 Assets and Liabilities				
总计	**Total**	**19609952**	**14210944**	**5321804**	**17592651**	**10100552**
煤炭开采和洗选业	Coal Mining and Dressing	126489	97967	28522	297209	138668
石油和天然气开采业	Petroleum and Natural Gas Extraction					
黑色金属矿采选业	Ferrous Metals Mining and Dressing	31187	23938	7249	20176	12154
有色金属矿采选业	Nonferrous Metals Mining and Dressing					
非金属矿采选业	Nonmetal Minerals Mining and Dressing					
其他采矿业	Other Minerals Mining					
农副食品加工业	Farm and Sideline Prodncts Processing	155730	145431	10298	109613	55775
食品制造业	Food Making	299136	212472	78196	215668	299172
饮料制造业	Beverage Making	451618	358898	92684	654025	291901
烟草制造业	Tobacco Processing	42961	38696	4265	80702	47288
纺织业	Textile	344620	292374	52246	183173	164796
纺织服装、鞋、帽制造业	Garments,shoes and chapeau	139050	123107	15358	75734	55870
皮革、毛皮、羽毛(绒)及其制品业	Leather,Furs,Feather(Down) and Related Products					
木材加工及竹、藤、棕、草制品业	Timber Processing,Bamboo,Cane, Palm Fiber and Straw Products	582	582		20034	19636
家具制造业	Furniture Manufacturing	55691	53252	2439	31518	20718
造纸及纸制品业	Papermaking and Paper Products	83849	79632	353	39923	68543
印刷业和记录媒介的复制	Printing and Record Medium Reproduction	202572	142010	60562	262243	163935
文教体育用品制造业	Stationery,Education and Sports Goods	41138	36288	4850	25056	18117
石油加工、炼焦及核燃料加工业	Petroleum Processing,Coking and Nuclear Elding	354559	291598	33823	516687	104739
化学原料及化学制品制造业	Raw Chemical Materials and Chemical Products	1087673	678047	404162	1652344	1121252
医药制造业	Medical and Pharmaceutical Products	505195	431725	73470	896968	364007
化学纤维制造业	Chemical Fiber					
橡胶制品业	Rubber Products	98406	75921	22485	27904	20071
塑料制品业	Plastic Products	77920	75235	979	140905	89840
非金属矿物制品业	Nonmetal Mineral Products	1030291	750001	280246	703306	579344
黑色金属冶炼及压延加工业	Smelting and Processing of Ferrous Metals	2311517	1691092	620425	2337604	1082226
有色金属冶炼及压延加工业	Smelting and Processing of Nonferrous Metals	61394	54878	6515	154519	61874
金属制品业	Metal Products	139426	129069	10357	94261	67110
通用设备制造业	Universal Equipment	885975	765206	120769	296605	396372
专用设备制造业	Equipment for Special Purpose	902596	818517	84037	815770	313274
交通运输设备制造业	Transportation Equipment	1917427	1698852	197479	1242575	816688
电气机械及器材制造业	Electric Equipment and Machinery	450173	425970	24203	373733	308604
通信设备、计算机及其他电子设备制造业	Telecommunications Equipment,Computer and Others	3737852	3540644	190682	2734770	1164693
仪器仪表及文化、办公用机械制造业	Instruments,Meters,Cultural and Office Machinery	207747	177235	30293	285257	121354
工艺品及其他制造业	Art Products and Other Manufacturing	16864	11060	5805	7023	1082
废弃资源和废旧材料回收加工业	Recovery and Processing of Reclaimed Materials					
电力、热力的生产和供应业	Electricity and Hot Power Production and Supply	3531481	801263	2730206	1687855	909361
燃气生产和供应业	Gas Production and Supply	94661	75907	18755	888528	670230
水的生产和供应业	Water Production and Supply	224174	114081	110093	720961	551858

11-11 续表 2 continued

(10000 yuan)

损益及分配 Profits,Loss and Distribution						工资、福利费、增值税 Wages,Welfares and Added Value Tax		
产品销售收入 Sales Revenue	产品销售成本 Cost of Sales	产品销售费用 Expenses of Sales	产品销售税金及附加 Sales Tax and Extra Charges	营业利润 Operating Profits	利润总额 Total Profits	本年应交增值税 Added Value Tax	本年应付工资 Total Wags Payable	本年应付福利费 Total Welfares Payable
28202615	**23555919**	**1169140**	**329158**	**1139993**	**1607417**	**1079537**	**1430536**	**229174**
166255	107174	10782	1263	10740	22852	9014	33853	4457
40374	28825	1636	1376	4193	544	2169	3415	498
390857	334186	20602	332	19594	20312	5848	21022	3527
477681	306497	120543	456	-843	2158	36118	44868	9924
563449	370048	74380	49120	33195	40978	45007	30915	5264
130683	51392	6771	48478	9107	9054	12855	5000	742
310536	286073	12103	570	-19821	6552	8064	27937	3677
194609	159305	14141	256	2664	3831	4233	28727	2460
17608	15802	998	7	44	71	42	688	32
95481	77620	9536	196	2773	2665	2166	5868	1041
55609	46567	2782	67	524	871	1738	5394	1162
243746	166814	3677	1767	30567	31624	18762	31513	5117
46815	37788	2241	172	1310	1762	1896	5110	578
2127140	1928374	35812	74077	16128	27646	62645	31290	4365
2073768	1671755	67224	20979	150999	150011	109006	85407	11777
675080	324390	173538	4328	85318	123309	65281	79413	11586
68640	55091	2802	936	3907	4019	2891	4885	676
84263	65145	2001	409	6982	10159	2027	7459	686
614155	495411	19827	2353	22447	41065	33366	54452	8273
2903033	2462315	22829	16339	101119	104323	160358	182299	25066
52482	41976	1382	155	6330	7808	1661	3911	463
199179	154858	9733	1230	11901	11957	2960	13926	2556
582434	473860	23785	1164	-6828	6125	14659	58487	9736
736036	588401	23645	3103	29524	58804	27918	68113	14131
3773829	3070179	128662	78424	276340	300123	114996	174490	23843
630264	517019	31914	1489	27054	31042	22342	41624	6604
8450409	7497203	331003	4471	249489	416709	165280	220202	46721
370623	311175	8319	649	29022	33677	27823	20976	3707
7666	5861	227	14	-715	876	63	1694	207
1652581	1450527	5567	12771	57555	116378	94970	111644	16748
346352	328752		1700	1898	17257	17139	16139	2176
120980	125538	681	510	-22521	2852	6244	9816	1374

11-12 规模以下工业企业主要指标
MAJOR INDICATORS FOR INDUSTRIAL ENTERPRISES BELOW DESIGNED SIZE

项目	Item	企业个数（个）Number of Enterorises (unit)	从业人员（人）Employed Persons (person)	工业总产值（当年价格，万元）Gross Output Value (at current prices,10000 yuan)
总计	**Total**	**15475**	**320987**	**2110000**
# 法人工业企业	Corporation Unit	8732	258922	1600000
个体私营工业企业	Individual and Private	6743	62064	510000

注：规模以下工业企业指年产品销售收入500万元以下的非国有工业企业和全部个体私营工业单位。

Note: Industrial enterprises below designed size refers to non-state-owned enterprises with annual sales below 5 million yuan and all individual units.

11-13 高新技术产业情况
STATISTICS ON HIGH-GRADE TECHNOLOGICAL INDUSTRY

单位：亿元 (100 million yuan)

项目	Item	工业总产值(现价) Gross Output Value of Industry (at constant prices) 2003	2002	2003年为2002年% 2003 as % of 2002
合计	**Total**	**1520.9**	**1175.9**	**129.34**
按登记注册类型分	**Grouped by Registration Status**			
国有经济	State-owned	69.4	289.0	24.03
集体经济	Collective-owned	22.4	24.0	93.43
外资及港澳台经济	Chinese-foreign, Hongkong, Macao and Taiwan Enterprises	277.6	618.6	44.87
股份制及其他经济	Share Holding and Others	488.2	244.3	199.85
按高新技术领域分	**Grouped by the Field of Highgrade Technology**			
电子与信息	Electron and Information	980.4	718.2	136.52
生物及医药制品	Biological and Pharmaceutical Products	159.5	76.7	207.96
新材料	New Materials	155.1	98.4	157.70
光机电一体化	Organic Whole of Light, Machine and Electricity	173.7	243.7	71.26
新能源	New Energy	9.6	20.7	46.29
环保设备	Equipment for Environmental Protection	4.1	0.5	773.76
航空航天及地球空间技术	Technology on Aerospace and Earth Space	38.4	17.7	217.41

11-14 主要工业产品生产总量
OUTPUT OF MAIN INDUSTRIAL PRODUCTS

单位：吨 (ton)

主要工业产品名称		Products		2003	2002	2003年为2002年% 2003 as % of 2002
原煤		Coal		8225709	8809469	93.4
铁矿石成品矿		Iron Ore Products		6384322	5681254	112.4
发电量	(万千瓦小时)	Electricity	(10000 kwh)	1451197	1419754	102.2
供热量	(万百万千焦)	Heating Supply	(10 billion kilo-joule)	3958	2961	133.7
自来水生产量	(万吨)	Tap Water Production	(10000 tons)	65404	65918	99.2
大米		Rice		7431	16912	43.9
食用植物油		Edible Vegetable Oil		10364	12648	81.9
配混合饲料		Mixed Feed		906764	716890	126.5
乳制品		Dairy Products		13426	13869	96.8
白酒		Liquor		77567	62728	123.7
啤酒		Beer		1235116	1311624	94.2
软饮料		Soft Drink		1090002	1019818	106.9
冷冻饮品		Frozen Drink		20531	25475	80.6
卷烟	(箱)	Cigarettes	(case)	228797	224914	101.7
纱		Yarn		35064	42171	83.1
布	(万米)	Cloth	(10000 m)	8393	10314	81.4
服　装	(万件)	Garments	(10000)	13078	11187	116.9
家具	(件)	Furniture	(unit)	3237915	3682736	87.9
人造板	(立方米)	Artificial Wooden Board	(cu.m)	141721	144012	98.4
体育用品及用具	(千元)	Sports Goods and Appliance	(1000 yuan)	212600	172922	122.9

11-14 续表1 continued

单位：吨 (ton)

主要工业产品名称 Products			2003	2002	2003年为2002年% 2003 as % of 2002
工艺美术制品	(千元) Handicrafts	(1000 yuan)	68357	243503	28.1
原油加工量	Base Oil Products		7010789	6952065	100.8
汽油	Gasoline		1514350	1541211	98.3
柴油	Diesel Oil		1701654	1740533	97.8
焦炭	Coke		3619148	3574405	101.3
氢氧化钠(烧碱)(折100%)	Caustic Soda(100%)		135630	129408	104.8
农用氮、磷、钾化学肥料(折纯)	Chemical Fertilizer(pure)		8808	10157	86.7
乙烯	Ethylene		887518	903803	98.2
塑料树脂及共聚物	Plastic Resin and Copolymer		1228952	1260770	97.5
合成橡胶	Synthetic Rubber		211779	200128	105.8
合成洗涤剂	Synthetic Detergents		28688	25063	114.5
化学原料药	Chemical Raw Medicine		5242	4576	114.6
轮胎外胎	(条) Tires	(unit)	1914282	1960932	97.6
塑料制品	Plastic Products		137035	136140	100.7
水泥	(万吨) Cement	(10000 tons)	882	884	99.8
平板玻璃	(重量箱) Plate Glass	(wt.case)	6660784	6255919	106.5
生铁	Pig Iron		7881680	7728553	102.0
钢	Steel		8164055	8169413	99.9
成品钢材	Steel Products		7846309	7499873	104.6
十种有色金属	Ten genera of nonferrors metal		18803	19196	98.0
铝材	Aluminum Products		22662	15981	141.8
金属切削机床	(台) Metal-Cutting Machine Tools	(unit)	4319	3736	115.6

11-14 续表2 continued

主要工业产品名称 Products			2003	2002	2003年为2002年% 2003 as % of 2002
汽车	(辆) Motor Vehicle	(unit)	347031	180809	191.9
# 载货汽车	(辆) Trucks	(unit)	238458	152364	156.5
轿车	(辆) Cars	(unit)	73141	7321	999.1
发电设备	(千瓦) Generating Equipment	(kw)	1180000	1550000	76.1
家用洗衣机	(台) Household Washing Machines	(unit)	231399	85235	271.5
家用电冰箱	(台) Household Refrigerators	(unit)	227806	161993	140.6
房间空气调节器	(台) House Air Conditioner	(unit)	146323	55605	263.1
程控交换机	(线) Program Control Telephone Exchange	(line)	19346971	20176582	95.9
移动通信设备	(信道) Mobile communications setting	(channel)	384142	582056	66.0
移动电话机	(部) Mobile telephone	(unit)	33345269	22801062	146.2
微型电子计算机	(部) Micro-computer	(unit)	4692738	4156675	112.9
彩色显象管	(只) Tricolor Tube	(unit)	8859765	7513447	117.9
半导体集成电路	(万块) Semiconductor Integrated Circuit	(10000)	46892	24897	188.3
电子元件	(万只) Electronic Cell	(10000)	3884493	2021593	192.2
录相机	(部) Video Recorder	(unit)	1170051	622720	187.9
收录放机	(部) Recorder	(unit)	289873	371642	78.0
自动化仪表及系统	(台) Automatic Meters and System	(unit)	1125552	1037830	108.5
光学仪器	(台) Optical Instrument	(unit)	70036	68458	102.3
照相机	(台) Camera	(unit)	2383337	2206516	108.0

主要统计指标解释

工业　指从事自然资源的开采，对采掘品和农产品进行加工和再加工的物质生产部门。具体包括：(1) 对自然资源的开采，如采矿、晒盐、森林采伐等（但不包括禽兽捕猎和水产捕捞）；(2) 对农副产品的加工、再加工，如粮油加工、食品加工、扎花、纺织、制革等；(3) 对采掘品的加工、再加工，如炼铁、炼钢、化工生产、石油加工、机器制造、木材加工等，以及电力、自来水、煤气的生产和供应等；(4) 对工业品的修理、翻新，如机器设备的修理、交通运输工具（包括小卧车）的修理等。

1984 年以前农村的村及村以下办工业归属农业，1984 年以后划归工业。

轻工业　指主要提供生活消费品和制作手工工具的工业。按其所使用的原料不同，可分为两大类：(1) 以农业为原料的轻工业，是指直接或间接以农产品为基本原料的轻工业。主要包括食品制造、饮料制造、烟草加工、纺织、缝纫、皮革和毛皮制作、造纸以及印刷等工业；(2) 以非农产品为原料的轻工业，是指以工业品为原料的轻工业。主要包括文教体育用品、化学药品制造、合成纤维制造、日用化学制品、日用玻璃制品、日用金属制品、手工工具制造、医疗器械制造、文化和办公用机械制造等工业。

重工业　是指为国民经济各部门提供物质技术基础的主要生产资料的工业。按其生产性质和产品用途，可以分为下列三类：(1) 采掘（伐）工业，是指对自然资源的开采，包括石油开采、煤炭开采、金属矿开采、非金属矿开采和木材采伐等工业；(2) 原材料工业，指向国民经济各部门提供基本材料、动力和燃料的工业。包括金属冶炼及加工、炼焦及焦炭化学、化工原料、水泥、人造板以及电力、石油和煤炭加工等工业；(3) 加工工业，是指对工业原材料进行再加工制造的工业。包括装备国民经济各部门的机械设备制造工业、金属结构、水泥制品等工业，以及为农业提供的生产资料如化肥、农药等工业。

根据上述划分原则，修理业中以重工业产品为修理作业对象的划为重工业，反之划为轻工业。

工业总产值　是以货币表现的工业在一定时期内生产的已出售或可供出售工业产品总量，它反映一定时期内工业生产的总规模和总水平。它包括：在本企业内不再进行加工，经检验、包装入库（规定不需包装的产品除外）的成品价值，工业性作业价值，自制半成品、在产品期末初差额价值。工业总产值采用“工厂法”计算，即以工业作业为一个整体，按企业生产活动的最终成果来计算，企业内部不允许重复计算，不能把企业内部各个车间（分厂）生产的成果相加。但在企业之间、行业之间、地区之间存在着重复计算。

轻重工业总产值的划分也是按“工厂法”计算的，即一个工业企业在正常情况下生产的主要产品的性质属于轻工业，则该企业的全部总产值作为轻工业总产值；一个工业企业生产的主要产品的性质属于重工业，则该企业的全部总产值作为重工业总产值。

工业增加值　是指工业行业在报告期内以货币表现的工业生产活动的最终成果。

工业销售产值　是以货币表现的工业企业在一定时期内销售的本企业生产的工业产品产量。包括已销售的成品、半成品价值，对外提供的工业性作业价值和对本单位基本建设部门、生活福利部门等提供的产品和工业性作业及自制设备的价值。已销售的成品、半成品不论是本期生产的、还是上期生产的，只要是本期销售出去的均包括在内。对外提供的工业性作业是指企业按合同对外提供的工业性劳务。企业为本单位基本建设部门、生活福利部门等提供的产品和工业性作业及自制设备也应视同销售，这部分也应作为销售统计。

工业销售产值的计算范围、计算价格和计算方法与工业总产值一致，但两者计算的基础不同，工业销售产值计算的基础是产品销售总量，工业总产值计算的基础是工业产品生产总量。

国有及国有控股　国有即企业登记注册类型为国有的企业。国有控股是指在企业的全部资本中，国家资本(股本)占较多比例，并且由国家实际控制的企业。分为“国有绝对控股企业”和“国有相对控股企业(含协议控制)”。国有绝对控股：是指国家资本所占比例大于 50%(含 50%)的企业。国有相对控股企业(含协议控制)：是指国家资本比例不足 50%，但相对大于企业中的其他经济成分所占比例的企业(相对控股)，或者虽不大于其他经济成分、但根据协议规定由国家拥有实际控制权的企业(协议控制)。

资产合计　指企业拥有或控制的全部资产。包括流动资产、长期投资、固定资产、无形及递延资产、其他长期资产、递延税项等，即为企业资产负债表的资产总计项。

(1) 流动资产　指企业可以在一年内或者超过一年的一个生产周期内变现或耗用的资产合计。包括现金及各种存款、短期投资、应收及预付款项、存货等。

(2) 固定资产　指企业固定资产净值、固定资产清理、在建工程、待处理固定资产损失所占用的资金合计。

负债合计　指企业承担并需要偿还的全部债务。包括流动负债和长期负债、递延税项等，即为企业资产负债表的负债合计项。

（1）流动负债　指企业在一年内或者超过一年的营业周期内需要偿还的债务合计，其中包括短期借款、应付及预收款项、应付工资、应交税金和应交利润等。

（2）长期负债　指企业在一年以上或者超过一年的生产周期以上需要偿还的债务合计，其中包括长期借款、应付债务、长期应付款项等。

固定资产原价　指企业在建造、购置、安装、改建、扩建、技术改造某项固定资产时所支出的全部货币总额。它一般包括买价、包装费、运杂费和安装费。

固定资产净值　是指固定资产原价减去历年已提折旧额后的净值。

所有者权益　指企业投资人对企业净资产的所有权。企业净资产等于企业全部资产减去全部负债后余额，其中包括投资者对企业的最初投入，以及资本公积金、盈余公积金和未分配利润，对股份制企业即为股东权益。

实收资本　指企业实际收到的投资人投入的资本总额。

产品销售收入　指企业销售产品的销售收入和提供劳务等主要经营业务取得的业务总额。

产品销售成本　指企业销售产品和提供劳务等主要经营业务的实际成本。

产品销售税金及附加　指企业销售产品和提供工业性劳务等主要经营业务应负担的城市维护建设税、消费税、资源税和教育费附加。

产品销售利润　指企业销售产品和提供工业性劳务等主要经营业务收入扣除其成本、费用、税金后的利润。

利润总额　指企业实现的全部利润。反映企业最终的财务成果。

本年应交增值税　指当期销项税额抵扣当期进项税额后的余额。

工业产品销售率　指报告期工业销售产值与同期全部工业总产值之比。计算公式：

$$工业产品销售率(\%)=\frac{报告期现价工业销售值}{报告期现价工业总产值}\times100\%$$

工业增加值率　指报告期工业增加值占工业总产值的比重，反映降低中间消耗的经济效益。计算公式：

$$工业增加值率(\%)=\frac{报告期现价工业增加值}{报告期现价工业总产值}\times100\%$$

工业成本费用利润率　指在一定时期内实现的利润与成本费用之比，是反映工业生产成本及费用投入的经济效益指标，同时也是反映降低成本的经济效益的指标。计算公式：

$$工业成本费用利润率(\%)=\frac{利润总额}{成本费用总额}\times100\%$$

工业全员劳动生产率　指根据产品的价值量指标计算的平均每一个职工在单位时间内创造的工业生产最终成果。是考核企业经济活动的重要指标，是企业生产技术水平、经济管理水平、职工技术熟练程度和劳动积极性的综合表现。目前我国的全员劳动生产率是将工业企业的工业增加值除以同一时期全部职工的平均人数来计算的。计算公式：

$$工业全员劳动生产率(元/个)=\frac{工业增加值(现价)}{全部职工平均人数}$$

流动资产周转次数　指在一定时期内流动资产完成的周转次数，反映流动资产的周转速度。计算公式：

$$流动资产周转次数(次)=\frac{产品销售收入}{流动资产平均余额}$$

流动比率　是反映企业每百元流动负债中，有多少元流动资产作后盾。计算公式：

$$流动比率(倍)=\frac{流动资产总额}{流动负债总额}$$

速动比率　是衡量企业流动资产中可以立即用于偿付流动负债的能力。计算公式：

$$速动比率(倍)=\frac{速动资产}{流动负债}$$

注：速动资产是流动资产中流动性相对更强的部分，通常等于现金，短期有价证券与应收款之和。

资产负债率　是反映在企业资产总额中有多少资产是通过借债而得的，也可以用于衡量企业利用债权人提供资金进行经营活动的能力以及企业在清算时保护债权人利益的程度。计算公式：

$$资产负债率=\frac{负债总额}{资产总额}\times100\%$$

总资产贡献率　反映企业全部资产的获利能力，是企业经营业绩和管理水平的集中体现，是评价和考核企业盈利能力的核心指标。计算公式为：

总资产贡献率＝（利润总额+税金总额+利息支出）÷平均资产总额×100%

其中：税金总额为产品销售税金及附加与应交增值税之和；平均资产总额为期初期末资产总计的算术平均值。

资本保值增值率　反映企业净资产的变动状况，是企业发展能力的集中体现。计算公式为：

资本保值增值率＝报告期期末所有者权益/上年同期期末所有者权益×100%

十二、建筑业

CONSTRUCTION

STATISTICAL

YEARBOOK

建筑施工企业总产值 （单位：亿元）
Gross Output Value of Construction by Enterprises (100 million yuan)

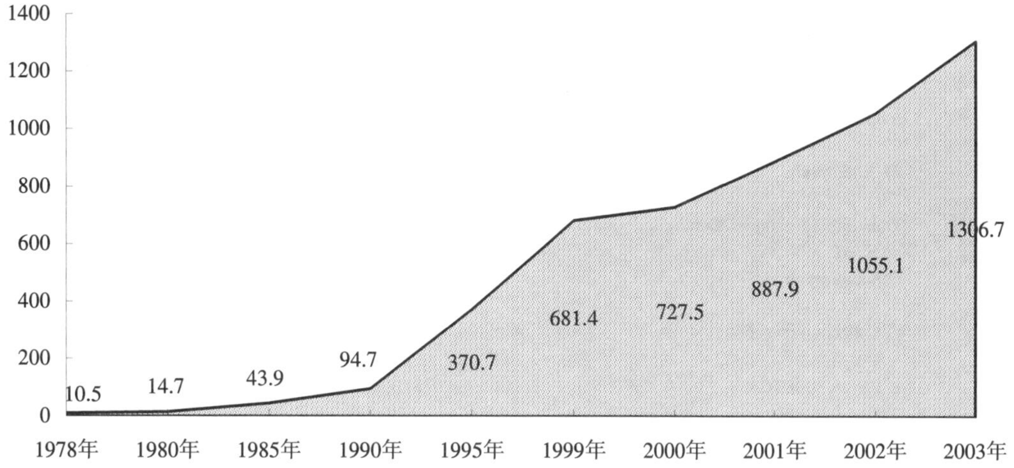

2003年独立核算建筑施工企业工程质量 （单位：%）
Project Quality of Enterprises (%)

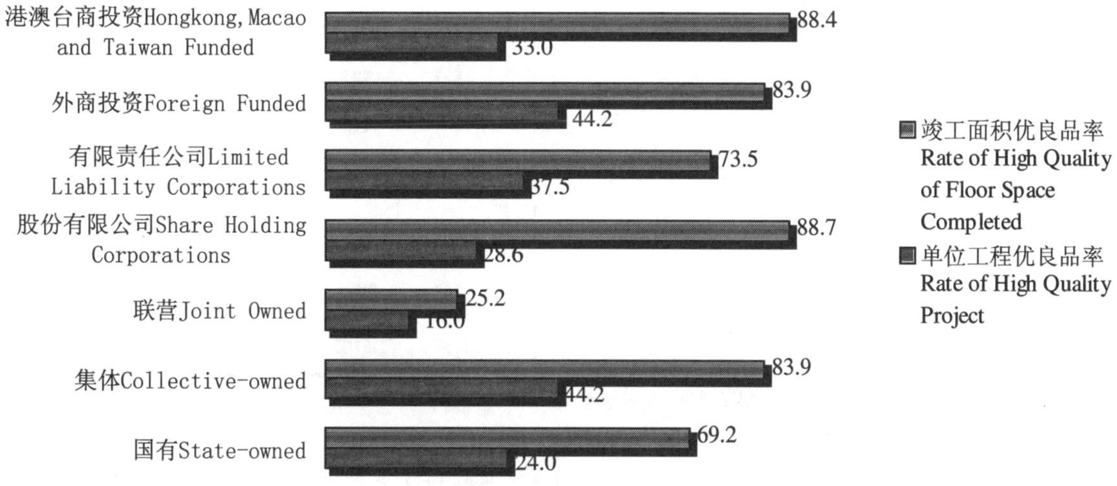

12-1 建筑业施工企业基本情况
BASIC STATISTICS FOR CONSTRUCTION ENTERPRISES

项目	Item	企业单位数(个) Number of Enterprises (unit)	年末从业人员(人) Employment (year-end) (person)	年末自有机械设备 Machinery and Equipment Owned(year-end) 净值(万元) Net Value (10000 yuan)	总台数(台) Total Number (unit)	总功率(千瓦) Total Power (kw)
总计	**Total**	**2419**	**591183**	**741247**	**243034**	**5367702**
按企业登记注册类型分	**Grouped by Registration Status of Enterprises**					
内资企业	Domestic Investment Enterprises	2303	581107	728958	236141	5323025
国有企业	State-owned	309	159454	241600	58924	1723493
集体企业	Collective-owned	360	90071	69267	27873	541306
私营企业	Private Business	673	53869	70029	32110	493879
联营企业	Joint-owned	12	1867	2526	635	5641
股份有限公司	Share Holding Company	73	21840	31059	11800	180853
有限责任公司	Limited-Liability Company	765	226023	283178	90284	2204786
股份合作企业	Share Holding Cooperative	111	27983	31299	14515	173067
其他企业	Others					
外商投资企业	Foreign Funded Enterprises	46	5904	5731	3028	25551
港澳台投资企业	HongKong,Macao and Taiwan Funded	70	4172	6558	3865	19126
按行业类别分	**Grouped by Sector**					
# 土木工程	Civil Engineering	891	457650	609064	172680	3991539
线路、管道和设备安装	Line and equipment Installation	522	72540	73645	30798	465235
建筑物的装修装饰业	Building Decoration	927	53051	37156	34099	767439
按隶属关系分	**Grouped by Administrative Relationship**					
中央	Central	262	140093	203166	46344	1016244
地方	Local	2157	451090	538081	196690	4351458

注：本表数据口径为：1. 具有新资质等级的总承包序列和专业承包序列；
2. 没有新资质但原资质等级四级及以上的建筑业企业。

Note:Data of this table include 1.general contracting arrays and array of responsibility contracts on specialities of new qualification grade.
2.There is no new human quality but four grades of original qualification grade and construction enterprise of the above.

12-2 建筑业施工企业总产值和劳动生产率
GROSS OUTPUT VALUE AND LABOR PRODUCTIVITY OF CONSTRUCTION ENTERPRISES

项目	Item	总产值(万元) Gross Output Value (10000 yuan) 2003	2002	劳动生产率(元/人) Overall Labor Productivity (yuan/person) 2003	2002
总计	**Total**	**13067143**	**10550535**	**130075**	**117482**
按企业登记注册类型分	**Grouped by Registration Status of Enterprises**				
内资企业	Domestic Investment Enterprises	12706130	10276719	129483	116535
国有企业	State-Owned	4193651	3213596	143497	118332
集体企业	Collective Owned	1181703	1187753	111289	102246
私营企业	Private	869757	676599	127422	111744
联营企业	Joint Owned	31014	44979	154915	149234
股份有限公司	Share Holding Company	723955	531146	122765	127689
有限责任公司	Limited-Liability Company	5265946	4221684	128189	119615
股份合作企业	Share Holding Cooperative	440104	396442	102720	110436
其他企业	Others		4520		383051
外商投资企业	Foreign Funded	246222	173899	157723	214373
港、澳、台商投资企业	Hongkong,Macao and Taiwan Funded	114791	99917	149526	123598
按行业类别分	**Grouped by Sector**				
# 土木工程	Civil Engineering	10615633	8440259	127922	112867
线路、管道和设备安装	Line and Equipment Installation	1472184	1458903	160308	147583
建筑物的装修装饰业	Building Decoration	864753	651373	116671	126741
按隶属关系分	**Grouped by Administrative Relationship**				
中央	Central	3678430	2910909	147704	147363
地方	Local	9388713	7639626	124264	109057

12-3 建筑业施工企业竣工率
RATIO OF COMPLETED OF CONSTRUCTION ENTERPRISES

单位：%　　(%)

项目	Item	产值竣工率 Ratio of Output Value Completed to Total		面积竣工率 Ratio of Floor Space of Building Completed	
		2003	2002	2003	2002
总计	**Total**	**74.4**	**71.7**	**36.9**	**37.4**
按企业登记注册类型分	**Grouped by Registration Status of Enterprises**				
内资企业	Domestic Investment Enterprises	74.7	72.0	37.0	37.1
国有企业	State-Owned	69.2	72.1	34.8	36.5
集体企业	Collective Owned	83.9	76.7	44.2	47.6
私营企业	Private	82.5	85.6	41.5	76.3
联营企业	Joint Owned	25.2	55.4	16.0	43.8
股份有限公司	Share Holding Company	88.7	61.7	28.6	37.5
有限责任公司	Limited-Liability Company	73.5	69.2	37.5	31.5
股份合作企业	Share Holding Cooperative	81.4	78.5	48.1	43.8
其他企业	Others		87.6		
外商投资企业	Foreign Funded	53.6	60.4	26.4	52.8
港、澳、台商投资企业	Hongkong,Macao and Taiwan Funded	88.4	62.9	33.0	45.4
按行业类别分	**Grouped by Sector**				
# 土木工程	Civil Engineering	73.9	70.6	36.5	37.4
线路、管道和设备安装	Line and Equipment Installation	74.9	78.0	57.2	37.7
建筑物的装修装饰业	Building Decoration	78.6	71.6	66.4	19.2
按隶属关系分	**Grouped by Administrative Relationship**				
中央	Central	70.2	63.1	31.9	27.9
地方	Local	76.0	75.0	38.4	40.1

12-4 建筑业施工企业工程质量
PROJECTS QUALITY OF CONSTRUCTION ENTERPRISES

单位：%　　　　(%)

项目	Item	单位工程优良品率 Rate of High Quality Project 2003	2002	竣工面积优良品率 Rate of High Quality of Floor Space Completed 2003	2002
总计	**Total**	**19.6**	**23.3**	**43.2**	**54.5**
按企业登记注册类型分	**Grouped by Registration Status of Enterprises**				
内资企业	Domestic Investment Enterprises	19.8	23.4	43.4	55.2
国有企业	State-Owned	20.3	24.0	48.7	62.7
集体企业	Collective Owned	27.2	21.6	7.9	24.2
私营企业	Private	15.2	19.8	17.5	67.8
联营企业	Joint Owned		10.7		4.6
股份有限公司	Share Holding Company	16.7	49.9	60.0	66.4
有限责任公司	Limited-Liability Company	23.6	31.4	52.8	61.4
股份合作企业	Share Holding Cooperative	1.8	4.4	3.1	28.9
其他企业	Others				
外商投资企业	Foreign Funded	18.8	75.0	42.2	31.3
港、澳、台商投资企业	Hongkong,Macao and Taiwan Funded	3.9	0.5		3.2
按行业类别分	**Grouped by Sector**				
# 土木工程	Civil Engineering	22.0	36.4	43.7	55.0
线路、管道和设备安装	Line and Equipment Installation	16.8	15.3	29.6	30.4
建筑物的装修装饰业	Building Decoration		2.0		25.2
按隶属关系分	**Grouped by Administrative Relationship**				
中央	Central	25.7	29.2	55.7	71.2
地方	Local	16.1	20.7	40.1	51.1

12-5 建筑业施工企业主要财务指标

单位：万元

项目	Item	企业单位个数(个) Number of Enter-prises(unit)	资产总计 Total Assets	流动资产合计 Total Circulating Assets	长期投资 Long-term Investment	固定资产合计 Total Fixed Assets	固定资产原价合计 Original Value of Fixed Assets
总计	**Total**	**2419**	**20030754**	**14951528**	**2476017**	**2282891**	**2829303**
按企业登记注册类型分	**Grouped by Registration Status of Enterprises**						
内资企业	Domestic Investment	2303	19551425	14532571	2466655	2246527	2776617
国有企业	State-Owned	309	7737091	5307246	1500496	829838	1129676
集体企业	Collective Owned	360	1507928	1204243	47438	237287	275679
私营企业	Private	673	927484	720648	31683	153990	180715
联营企业	Joint Owned	12	15941	9837	370	5653	4860
股份有限公司	Share Holding Company	73	1097164	892890	81765	106084	109890
有限责任公司	Limited-Liability Company	765	7871420	6096339	792541	845872	996992
股份合作企业	Share Holding Cooperative	111	394397	301368	12362	67803	78805
其他企业	Others						
外商投资企业	Foreign Funded	46	293597	267526	6899	16699	26194
港、澳、台商投资企业	Hongkong,Macao and Taiwan Funded	70	185732	151431	2463	19665	26492
按行业类别分	**Grouped by Sector**						
# 土木工程	Civil Engineering	891	16595040	12425357	2090269	1817094	2277073
线路、管道和设备安装	Line and Equipment Installation	522	2427107	1769427	342608	276659	336498
建筑物的装修装饰业	Building Decoration	927	866640	667255	29167	153334	167861
按隶属关系分	**Grouped by Administrative Relationship**						
中央	Central	262	7073085	4806838	1435114	746007	1019300
地方	Local	2157	12957669	10144690	1040903	1536884	1810003

MAIN FINANCIAL INDICATORS ON CONSTRUCTION ENTERPRISES

(10000 yuan)

负债合计 Total Liability	流动负债合计 Total Circulating Liability	长期负债合计 Total Long-term Liability	所有者权益合计 Ownership Interest	实收资本 Contributed Capital	工程结算收入 Revenue of Settlement of Projects	工程结算成本 Cost of Settlement of Projects	工程结算税金及附加 Tax and Extra Charges of Settlement of Projects	工程结算利润 Profits of Settlement of Projects	利润总额 Total Profits	应交所得税 Income Tax Payable	本年应付工资总额 Total Wages Payable in the Year
14175593	**13049120**	**1126473**	**5855161**	**4378891**	**13299147**	**11771243**	**399098**	**1128806**	**314555**	**90288**	**957186**
13873795	12752441	1121354	5677630	4193295	12853941	11371803	387115	1095023	316459	88773	935709
5345216	4580944	764272	2391875	1814310	4520078	4083056	129959	307063	37746	16882	304241
1096116	1083753	12363	411812	297182	1024979	875297	32432	117250	47981	16354	112543
471706	451049	20657	455778	390145	850683	715257	26383	109043	41426	9329	56487
8110	8110		7831	6219	21478	18202	1101	2175	765	237	1791
859383	842253	17130	237781	183827	628289	555430	20368	52491	42473	4998	53223
5876429	5574276	302153	1994991	1362809	5427810	4799150	163810	464850	123833	35242	372982
216835	212056	4779	177562	138803	380624	325411	13062	42151	22234	5731	34442
205491	200803	4688	88106	91639	297976	267550	8358	22068	506	1109	12921
96307	95876	431	89425	93957	147230	131890	3625	11715	-2410	407	8557
12041271	10982754	1058517	4553769	3242637	10707429	9553242	322981	831206	249027	66095	737955
1601753	1554203	47550	825354	668779	1605687	1378378	46056	181253	43636	16414	148299
460254	441375	18879	406386	402930	867738	741937	26143	99658	15114	6607	61106
4805087	4107035	698052	2267998	1751035	4001417	3576910	118659	305848	89508	22177	267038
9370506	8942085	428421	3587163	2627856	9297730	8194333	280439	822958	225048	68111	690148

12-5 续表1 continued

项目	Item	本年应付福利费总额(万元) Welfares Payable in the Year (10000 yuan)	流动比率(%) Circulating Assets /Liquid Liabilities(%)	速动比率(%) Quick-circulating Assets /Liquid Liabilities(%)	资产负债率(%) Liabilities/ Total Assets (%)	资本金利润率(%) Profits/ Capital (%)
总计	**Total**	**105702**	**115**	**89**	**71**	**7**
按企业登记注册类型分	**Grouped by Registration Status of Enterprises**					
内资企业	Domestic Investment	104147	114	88	71	8
国有企业	State-Owned	37402	116	93	69	2
集体企业	Collective Owned	11379	111	58	73	16
私营企业	Private	5859	160	121	51	11
联营企业	Joint Owned	120	121	75	51	12
股份有限公司	Share Holding Company	2951	106	88	78	23
有限责任公司	Limited-Liability Company	43076	109	87	75	9
股份合作企业	Share Holding Cooperative	3360	142	101	55	16
其他企业	Others					
外商投资企业	Foreign Funded	1104	133	119	70	1
港、澳、台商投资企业	Hongkong,Macao and Taiwan Funded	451	158	125	52	-3
按行业类别分	**Grouped by Sector**					
# 土木工程	Civil Engineering	81389	113	89	73	8
线路、管道和设备安装	Line and Equipment Installation	17675	114	79	66	7
建筑物的装修装饰业	Building Decoration	5695	151	115	53	4
按隶属关系分	**Grouped by Administrative Relationship**					
中央	Central	28496	117	95	68	5
地方	Local	77206	113	86	72	9

主要统计指标解释

建筑业总产值 是指建筑业企业自行完成的以工程预(概)算为依据，按工程进度计算的建筑安装总价值。它包括建筑工程产值、设备安装工程产值、其他产值。

（1）建筑工程产值：是指列入建筑工程预算内的各种工程价值。

（2）安装工程产值：指需要安装设备的安装及与设备相联接的工作台、梯子、栏杆等工程。安装工程产值中不包括被安装设备本身的价值。

（3）其他产值：建筑业总产值中除建筑工程、安装工程以外的产值。包括房屋构筑物修理产值、非标准设备制造产值、总包企业向分包企业收取的管理费、以及不能明确划分的施工活动所完成的产值。

自有机械设备年末总台数 是指归本企业所有，属于本企业固定资产的生产性机械设备年末总台数。包括施工机械、生产设备、运输设备以及其他设备。

自有机械设备年末总功率 是指本企业自有施工机械、生产设备、运输设备以及其他设备等列为在册固定资产的生产性机械设备年末总功率，按设计能力或查定能力计算。包括机械本身的动力和为该机械服务的单独动力设备，如电动机等。计量单位用千瓦，动力换算可按1马力＝0.735千瓦折合成千瓦数。电焊机、变压器、锅炉不计算动力。

工程结算利润 是指已结算工程实现的工程结算收入扣除工程结算成本和工程结算税金及附加后的利润。根据“损益表”中的“工程结算利润”项填列。

工程结算利润＝工程结算收入－工程结算成本－工程结算税金及附加

本项根据“损益表”中“工程结算利润”项的本年累计数填列(亏损以“－”号表示)。

工程结算收入 是指本企业承包工程实现的工程价款结算收入，以及向发包单位收取的除工程价款以外按规定列作营业收入的各种款项。

根据“损益表”中的“工程结算收入”项填列。

企业总产值 是指建筑业企业全部生产经营活动最终成果的货币表现，在企业总产值中除包括建筑业总产值外，还包括建筑业企业从事其他经济活动所创造的价值。包括：

（1）工业总产值（2）交通运输产值（3）商业收入（4）其他经营收入

主要统计指标解释

十三、交通运输、邮电通信业

TRANSPORTATION,POSTS AND TELECOMMUNICATIONS

全社会客货运输量（单位：万人，万吨）
Passenger and Freight Traffic (10000 persons,10000 tons)

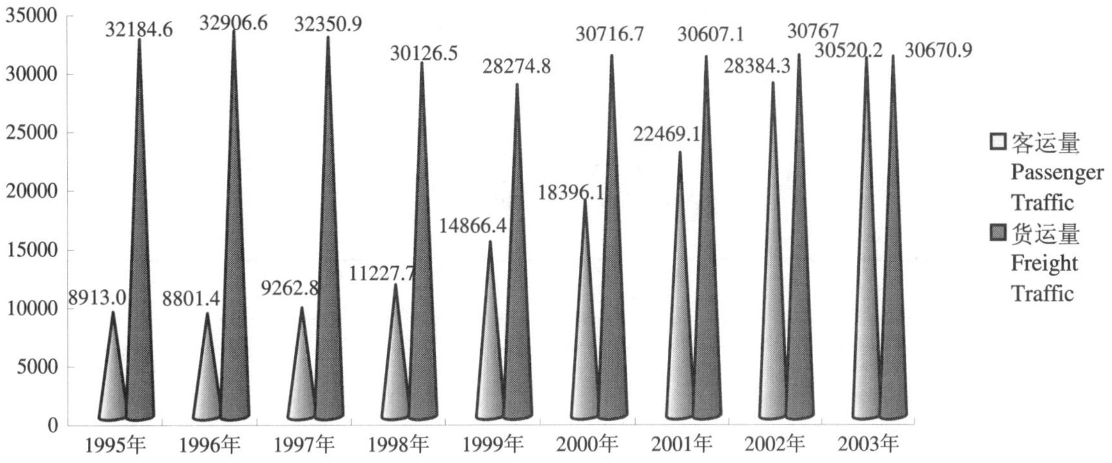

邮电业务总量　　（单位：亿元）
Revenue of Post and Telecommunication (100 million yuan)

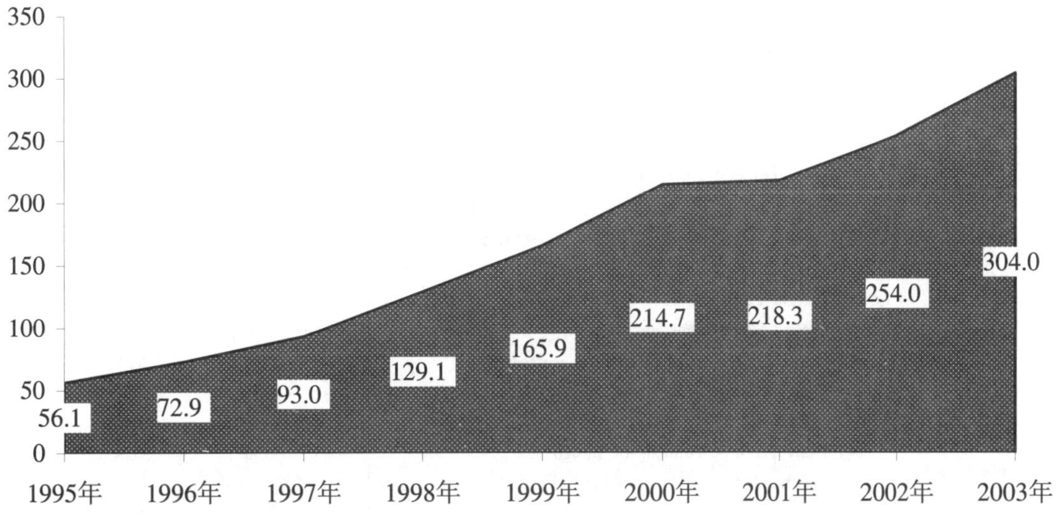

13-1 社会客货运总量(换算周转量)
PASSENGER AND FREIGHT TRAFFIC(CONVERTED INTO TURNOVER VOLUME)

项目 Item		2003	2002	2003年为2002年% 2003 as % of 2002	构成(%) Composition(%)	
					2003	2002
运输总量(万吨公里)	**Total (10000 tn-km)**	**4532636.1**	**4351808.8**	**104.2**	**100.0**	**100.0**
铁路	Railway	3029251.0	2856404.0	106.1	66.8	65.6
公路	Highway	859262.0	896224.0	95.9	19.0	20.6
民航	Civil Aviation	430976.1	439075.8	98.2	9.5	10.1
管道	Pipeline	213147.0	160105.0	133.1	4.7	3.7

注：民航包括中国国际航空公司和中国新华航空有限责任公司(下同)。
Note: Data of civil aviation include those of Air China and China Xinhua Airlines(the following is the same).

13-2 运输线路
TRANSPORTATION ROUTES

项目 Item		条数(条) Routes(unit)		长度(公里) Length(km)	
		2003	2002	2003	2002
铁路	Railway	26	26	1869.7	1870.4
公路	Highway	2870	3135	14453	14359
民航	Civil Aviation				
# 中国国际航空公司	Air China	165	164		
中国新华航空有限责任公司	China Xinhua Airlines	46	65		
管道	Pipeline	9	9	1119	1119

13-3 铁路运输量及主要技术经济指标(铁路分局范围)
RAILWAY TRAFFIC AND MAIN ECONOMIC AND TECHNICAL INDICATORS (WITHIN RAILWAY BUREAU BRANCH)

项目 Item		2003	2002	2003年为2002年% 2003 as % of 2002
机车数	(台) Number of Locomotives (unit)	607	604	100.5
# 内燃机车	Diesel Locomotives	493	512	96.3
电力机车	Electric Locomotives	114	92	123.9
营业里程	(公里) Length of Railways in Operation (km)	1869.7	1870.4	100.0
# 复线里程	Double-tracking Length	653.8	653.3	100.1
电气化里程	Length of Electrified Railways	460.9	462.6	99.6
旅客发送量	(万人) Passengers Dispatched (10000 persons)	5218.3	6102.4	85.5
旅客周转量	(万人公里) Passenger-Kilometers (10000 passenger-km)	1180815	1240887	95.2
货物发送量	(万吨) Freight Dispatched (10000 tons)	4031.8	4316.6	93.4
货物到达量	(万吨) Freight Arrived (10000 tons)	7252.6	7339.2	98.8
货物周转量	(万吨公里) Freight Ton-Kilometers (10000 ton-km)	5458310	5267898	103.6
货车静载重	(吨) Burdening of Freight Train in Still State (ton)	56.4	56.9	99.1
平均日装车数	(辆) Daily Average Number of Freight Car Loaded (car)	1957	2080	94.1
平均日卸车数	(辆) Daily Average Number of Freight Car Unloaded (car)	3530	3524	100.2
货车周转时间	(天) Turnover Time of Freight Train (day)	1.63	1.69	96.4
电力机车万吨公里耗电	(千瓦时) Electricity Consumption of Electric Locomotives Per 10000 Ton-km (kwh)	95.9	92.8	103.3
内燃机车万吨公里耗油	(公斤) Oil Consumption of Diesel Locomotives Per 10000 Ton-km (kg)	26.3	27.1	97.0

13-4 全社会客、货运输量及周转量
PASSENGER AND FREIGHT TRAFFIC AND TURNOVER VOLUME

项目 Item		2003	2002	2003年为2002年% 2003 as % of 2002	构成(%) Composition(%) 2003	2002
旅客运输量　（万人）	**Passenger Traffic　(10000 persons)**	**30520.2**	**28384.3**	**107.5**	**100.0**	**100.0**
铁路	Railway	4351.8	5032.3	86.5	14.3	17.7
公路	Highway	24940.0	22103.0	112.8	81.7	77.9
民航	Civil Aviation	1228.4	1249.0	98.4	4.0	4.4
旅客周转量　（万人公里）	**Passenger-Kilometers　(10000 passenger-km)**	**3933076.8**	**3961623.5**	**99.3**	**100.0**	**100.0**
铁路	Railway	619631.0	642676.0	96.4	15.8	16.2
公路	Highway	693100.0	603510.0	114.8	17.6	15.2
民航	Civil Aviation	2620345.8	2715437.5	96.5	66.6	68.5
货运量　（万吨）	**Freight Traffic　(10000 tons)**	**30924.9**	**30961.0**	**99.9**	**100.0**	**100.0**
铁路	Railway	2264.8	2347.7	96.5	7.3	7.6
公路	Highway	28361.0	28375.0	100.0	91.7	91.7
民航	Civil Aviation	45.1	44.3	101.8	0.2	0.1
管道	Pipeline	254.0	194.0	130.9	0.8	0.6
货物周转量　（万吨公里）	**Freight Ton-Kilometers　(10000 ton-km)**	**3620777.0**	**3405498.2**	**106.3**	**100.0**	**100.0**
铁路	Railway	2409620.0	2213728.0	108.8	66.6	65.0
公路	Highway	789952.0	835873.0	94.5	21.8	24.5
民航	Civil Aviation	208058.0	195792.2	106.3	5.8	5.8
管道	Pipeline	213147.0	160105.0	133.1	5.9	4.7

13-5 公路、铁路、民航主要技术经济指标
MAIN TECHNICAL AND ECONOMIC INDICATORS OF HIGHWAY, RAILWAY AND CIVIL AVIATION

项目 Item		2003	2002	2003年为2002年% 2003 as % of 2002
公路货运	**Highway Freight Traffic**			
货车百吨公里耗汽油　（升）	Petroleum Consumption of Trucks Per 100 Ton-km　(liter)	7.75	8.0	96.9
货车百吨公里耗柴油　（升）	Diesel Consumption of Trucks Per 100 Ton-km　(liter)	4.63	4.7	98.5
铁　路				
内燃机车每万吨公里耗油　（公斤）	Petroleum Consumption of internal-combustion Engine Per 10000　(kg)	26.3	27.1	97.0
电力机车每万吨公里耗电　（千瓦小时）	Electricity Consumption of electric power Engine Per 10000　(kwh)	95.9	92.8	103.3
民　航	**Civil Aviation**			
每吨公里耗航空油　（公斤）	Aviation-oil Consumption Per Kilometer　(kg)	0.33	0.34	97.1

13-6 民用车辆
CIVIL VEHICLES

单位：万辆 (10000 unit)

项 目	Item	2003	2002	2003年为2002年% 2003 as % of 2002
机动车	**Motor Vehicles**	**199.1**	**176.5**	**112.8**
在机动车中：	Of Motor Vehicles			
汽车	Automobiles	163.1	133.9	121.8
载货汽车	Trucks	18.6	18.4	101.1
载客汽车	Coaches	141.4	112.8	125.4
摩托车	Motorcycles	27.7	34.3	80.8
在机动车中：	Of Motor Vehicles			
私人汽车	Private Automobiles	107.1	81.1	132.1
# 小轿车	Cars	65.6	45.8	143.2

13-7 邮电业务总量
POSTS AND TELECOMMUNICATIONS SERVICES

项目		Item		2003	2002	2003年为2002年% 2003 as % of 2002
邮电业务量(2000年不变价)	**(万元)**	**Sales Revenue of Posts and Telecommunications (at 2000 constant prices)**	**(10000 yuan)**	**3040327**	**2540454**	**119.7**
邮政		Post		313237	297857	105.2
电信		Telecommunications		2727090	2242597	121.6
邮电业务总量		**Sales Volume of Posts and Telecommunications**				
函件	(万件)	Letters	(10000 pcs)	83840	85038	98.6
包件	(万件)	Parcels	(10000 pcs)	764	639	119.6
汇票	(万件)	Postal Money Order	(10000)	990	992	99.8
订销报纸累计	(万份)	Newspaper	(10000 copies)	116722	125841	92.8
订销杂志累计	(万份)	Magazines	(10000 copies)	5284	5261	100.4
邮政储蓄期末余额	(万元)	Post Savings Deposit Balance	(10000 yuan)	2828435	2506581	112.8
长途电话通话量(固定)	(万次)	Long-Distance Calls(Stationary)	(10000 times)	74402	74840	99.4
本地电话通话量(固定)	(万次)	Local Calls(Stationary)	(10000 times)	3134615	2659903	117.8
移动电话通话量	(万次)	Mobil Telephone Calls	(10000 times)	1127953	904831	124.7
移动电话用户	(万户)	Subscribers	(10000 subscribers)	1109.0	919.5	120.6
固定电话用户	(万户)	Stationary Telephone Subscribers	(10000 subscribers)	682.7	585.5	116.6
# 住宅电话用户	(万户)	of Residence	(10000 subscribers)	513.6	433.3	118.5
长途电话业务电路	(万路)	Number of Long Distance Circuit	(10000 circuit)	21.6	16.5	130.9
长途光缆线路长度	(公里)	Length of Long Distance Cable	(km)	4103	4007	102.4
长途电话交换机容量	(万路端)	Capacitance of Long Distance Exchange	(10000 roadhead)	18.7	18.6	100.5
局用交换机容量	(万门)	Capacitance of Depatment Exchange	(10000 unit)	837.4	793.4	105.5
移动电话电话交换机容量	(万户)	Capacitance of Mobil Telephone Exchange	(10000 subscriber)	1351.0	1076.5	125.5
电话普及率	(部/百人)	Widespreading Rate of Telephone	(unit/100 persons)	134.2	142	94.5
主线普及率	(线/百人)	Widespreading Rate of Main Line	(line/100 persons)	47.4	51.5	92.0
移动电话普及率	(部/百人)	Widespreading Rate of Mobil Telephone	(unit/100 persons)	77.0	80.9	95.2

注：1. 本地电话用户包括市内电话用户和农村电话用户，以后农村电话指标不再单独反映。
2. 从2000年起，邮电业务量、移动电话用户包括联通北京分公司数据。
3. 从2001年起，表中有关数据包括网通北京分公司、铁通北京分公司。

Note：a) Data of local telephone subscribers included urban and rural areas,and rural telephones won't be reported separately any more.
b) From 2000, data of sales revenue of posts and telecommunications and mobil telephone subscribers include those of Beijing Branch of China Unicom.
c) From 2001,data of this table included those of Beijing Branch of Net China Unicom,Beijing Branch of Railroad Unicom.

主要统计指标解释

铁路营业里程 又称营业长度，指办理客货运输业务的铁路正线总长度。凡是全线或部分建成双线及以上的线路，以第一线的实际长度计算；复线、站线、段管线、岔线和特殊用途线以及不计算运费的联络线都不计算营业里程。铁路营业里程是反映铁路运输业基础设施发展水平的重要指标，也是计算客货周转量、运输密度和机车车辆运用效率等指标的基础资料。

铁路电气化里程 指在全部铁路营业里程中已经安装了供电线路及设备，可以供电力机车牵引列车运行的区段的总里程。

货（客）运量 指在一定时期内，各种运输工具实际运送的货物（旅客）数量。是反映运输业为国民经济和人民生活服务的数量指标，也是制定和检查运输生产计划，研究运输发展规模和速度的重要指标。货运按吨计算，客运按人计算。货物不论运输距离长短，货物类别，均按实际重量统计；旅客不论行程远近或票价多少，均按一人一次作为客运量统计。半价票、小孩票也按一人统计。

货物（旅客）周转量 指在一定时期内，由各种运输工具运送的货物（旅客）数量与其相应运输距离的乘积之总和，是反映运输业生产总成果的重要指标，也是编制和检查运输生产计划，计算运输效率、劳动生产率以及核算运输单位主要基础资料。计算货物周转量通常按发出站与到达站之间的最短距离，也就是计费距离计算。

邮电业务总量 是以货币形式表示的邮政电信企业为社会提供各类邮政通信服务的总数量。计算公式为：邮电业务总量=Σ（各类邮政通信业务量*不变单价）+出租代维及其他业务收入。

本地电话用户 是指接入国家公众固定电话网上的全部电话用户。

住宅电话用户 是指私人付费或安装在居民住宅并按照私人或住宅电话用户登记注册和收费的各类电话用户。

移动电话用户 是指通过移动电话交换机进入移动电话网，占用移动电话号码的各类电话用户。

长途电话业务电路 是指为输通长话业务正常开放使用的长途电路，即长途电话网的业务电路。

长途光缆线路长度 是指长途光缆线路的实际长度。计量单位：公里。

电话普及率 是指报告期行政区域常住人口中，平均每百人拥有的话机数（包括移动电话）。

计算公式为：电话普及率=电话机总数（部）/ 行政区域常住人口数

主线普及率 是指报告期行政区域常住人口中，平均每百人拥有的固定电话主线数。

计算公式为：主线普及率=电话主线数（本地电话用户）/ 行政区域常住人口数

移动电话普及率 是指报告期行政区域常住人口中，平均每百人拥有的移动电话的用户数。计算公式为：移动电话普及率=移动电话用户总数 / 行政区域常住人口数

十四、批发零售贸易业和餐饮业

WHOLESALE,RETAIL AND CATERING

社会消费品零售额　（单位：亿元）
Retail Sales of Consumer Goods (100 million yuan)

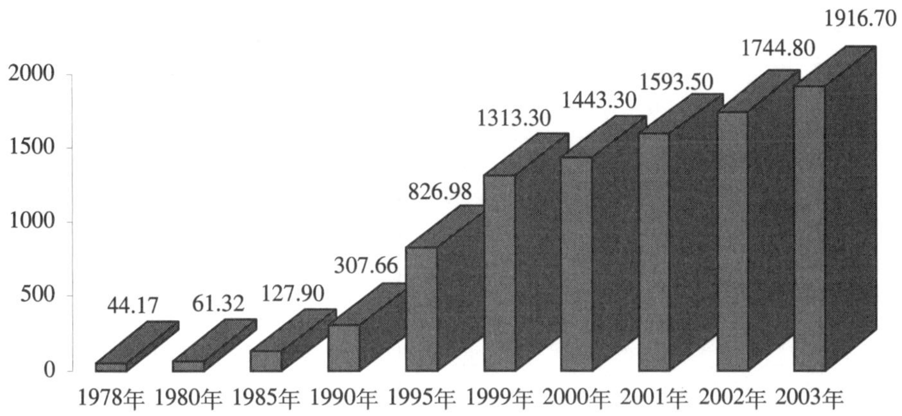

社会消费品零售额构成
Composition of Retail Sales of Consumer Goods

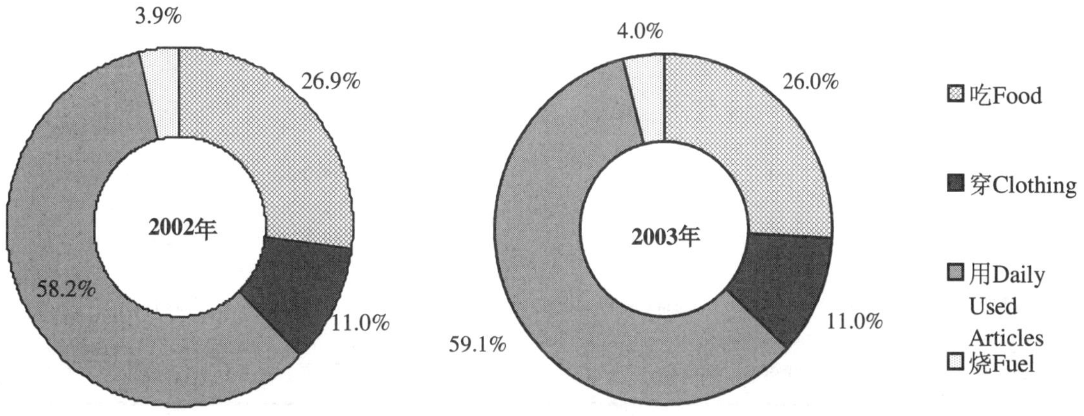

14-1 社会消费品零售额
TOTAL RETAIL SALES OF CONSUMER GOODS

单位：万元 (10000 yuan)

项目	Item	2003	2002	2003年为2002年% 2003 as % of 2002
总计	**Total**	**19167161**	**16733428**	**114.5**
按用途分	**Grouped by Purpose**			
吃的商品	Food	4977096	4664833	106.7
穿的商品	Clothing	2105681	1883869	111.8
用的商品	Daily Used Articles	11318605	9516315	118.9
烧的商品	Fuels	765779	668411	114.6
按地区分	**Grouped by Region**			
城镇零售额	Town	16245515	14143064	114.9
农村零售额	Rural	2921646	2590364	112.8
按行业分	**Grouped by Sectors**			
批发零售贸易业	Wholesale and Retail Trade	16112226	13664007	117.9
餐饮业	Catering	1214396	1124396	108.0
其他	Others	1840539	1945025	94.6
在总计中：限额以上批发零售贸易业	**Of Total: Above Quota Wholesale and Retail Sales**	**10055157**	**9044022**	**111.2**
按登记注册类型分	Grouped by Registration Status			
内资企业	Domestic Investment	9260292	8347689	110.9
# 国有企业	State-owned	2429082	2634294	92.2
集体企业	Collective-owned	633065	482920	131.1
股份有限公司	Share Holding Company	1592173	1324079	120.2
港澳台商投资企业	Hongkong, Macao and Taiwan Funded Enterprises	215604	198522	108.6
外商投资企业	Foreign Funded Enterprises	579261	497811	116.4

注：自2003年起社会消费品零售额中不再包括制造业及农民对非农民的销售情况 (同期数已作调整)。

Note:From 2003,total retail sales of consumer goods exclude those ofmanufacturing and peasant to non-peasant.

(the data of last year refers to new caliber deduct)

14-2 社会批发零售贸易业商品购、销、存总值

TOTAL PURCHASES,SALES AND INVENTORY OF WHOLESALE AND RETAIL SALE TRADES

单位：万元 (10000 yuan)

项目	Item	2003	2002	2003年为2002年% 2003 as % of 2002
商品购进总额	**Total Purchases of Goods**	**43783684**	**34453627**	**127.1**
市内纯购进	In the City	17591203	15735866	111.8
市外购进	From Outside	16590127	12431078	133.5
进口	Import	9602354	6286683	152.7
商品销售总额	**Total Sales**	**46269711**	**37082754**	**124.8**
市内纯销售	In the City	26497690	22802948	116.2
市外销售	To Outside	14712628	10335788	142.3
出口	Export	5059393	3944018	128.3
年末库存	**Inventory (year-end)**	**5672468**	**5241007**	**108.2**

14-3 批发零售贸易业商品购、销、存总值

PURCHASES,SALES AND INVENTORY OF WHOLESALE AND RETAIL SALE TRADES

单位：万元 (10000 yuan)

项目	Item	2003	2002	2003年为2002年% 2003 as % of 2002
商品购进总额	**Total Purchases of Goods**	**37333310**	**28011484**	**133.3**
市内纯购进	In the City	11140829	9293723	119.9
市外购进	From Outside	16590127	12431078	133.5
进	Import	9602354	6286683	152.7
商品销售总额	**Total Sales**	**39771863**	**30284303**	**131.3**
市内纯销售	In the City	19999842	16004497	125.0
市外销售	To Outside	14712628	10335788	142.3
出口	Export	5059393	3944018	128.3
年末库存	**Inventory (year-end)**	**5672468**	**5241007**	**108.2**

14-4 批发零售贸易企业商品分类销售库存
SALES AND INVENTORY BY CATEGORY OF ENTERPRISES IN WHOLESALE AND RETAIL TRADES

单位：万元 (10000 yuan)

项目	Item	合计 Total 商品总销售 Total Sales	# 零售额 Retail	年末库存 Inventory (year-end)	大型企业 Large Enterprises 商品总销售 Total Sales	# 零售额 Retail	年末库存 Inventory (year-end)
合　计	**Total**	**45589451**	**10252997**	**4727195**	**14559560**	**4410347**	**1464002**
食品、饮料、烟酒类	Food,Beverage,Tobacco and Liquor	5791290	1691415	447194	1930379	1096323	158183
# 肉禽蛋类	Meat,Poultry and Eggs	299792	217254	20603	149650	147688	4598
其他食品类	Other Food	3279425	1017606	270267	889260	682969	75783
饮料类	Beverage	323695	204721	25798	152808	120218	12047
烟酒类	Tobacco and Liquor	1888379	251834	130525	738661	145447	65755
服装鞋帽、针、纺织品类	Garments,Shoes,Hats and Knitwear	2447672	1377042	226054	1154170	915039	58519
# 服装类	Garments	1477529	959749	121837	845657	660716	40365
鞋帽类	Shoes and Hats	347380	250894	27741	165360	152369	4211
针、纺织品类	Knitwear	622763	166399	76476	143153	101954	13943
化妆品类	Cosmetics	320655	222334	37273	223184	171772	16639
金银珠宝类	Jewelry	237063	178711	45379	74114	74114	9868
日用品类	Articles for Daily Use	1078907	628257	102190	703201	400843	58571
# 洗涤用品类	Detergents	236177	164739	26590	148513	100401	15743
儿童玩具类	Toys for Children	38324	33182	1457	23943	21673	1235
五金、电料类	Hardware and Electrical Appliances	284636	109233	36695	66105	14506	2527
体育、娱乐用品类	Sports and Recreation Articles	147437	97595	6696	59751	51198	1963
书报、杂志类	Book and Newspaper	709402	273884	381646	253922	134128	83688
电子出版物及音像制品类	Electronic Publication and Sound-video Products	60163	39095	16479	21260	18367	6364
家用电器和音像器材类	Household Appliances and Sound-video Equipments	1439236	986746	132619	746786	743559	47085
中西药品类	Medicines	1612005	793034	239521	631965	346885	90175
# 西药类	Western Medicines	1154246	527086	174643	532325	270711	79906
中草药及中成药类	Chinese Herbal and Patent Medicines	339234	225071	53235	94293	70828	10062
文化、办公用品类	Culture and Office Articles	936756	226265	115670	62408	61019	3616
家具类	Furniture	116422	99383	13787	13714	13670	4599
通讯器材类	Communication Equipments	1876693	275961	115690	522284	160861	17001
煤炭及制品类	Coal and Coal Products	2333997	21939	67506	1584009	24	51811
木材及制品类	Timber and Related Products	57574	18788	11542	3465	2462	359
石油及制品类	Petroleum and Related Products	5555324	601980	187086	904823	83496	43706
化工材料及制品类	Chemical Materials and Products	2897894	19188	324898	99538	44	5263
# 化肥类	Chemical Fertilizer	1196654		181916	732		
金属材料类	Ferrous Metal Materials	7070371	41565	674205	4404184		418592
建筑及装潢材料类	Construction and Decoration Materials	436930	240010	61026	18712	17690	182
机电设备及零件类	Mechanical and Electrical Instruments and Components	5926821	2106849	901183	427142	29211	326294
# 农机类	Agricultural Machinery	29505		3024	-71		
汽车类	Motor Vehicles	2611326	1939055	195433	41116	26992	1958
种子饲料类	Seeds and Forage	123096		17182			
棉麻类	Cotton and Flax	1480713		288415	13		
其他类	Others	2648394	203724	277260	654434	75138	58997

14-4 续表 continued

单位：万元 (10000 yuan)

项目	Item	中型企业 Medium Enterprises 商品总销售 Total Sales	# 零售额 Retail	年末库存 Inventory (year-end)	小型企业 Small Enterprises 商品总销售 Total Sales	# 零售额 Retail	年末库存 Inventory (year-end)
合计	**Total**	**1183041**	**601392**	**269180**	**29846850**	**5241258**	**2994013**
食品、饮料、烟酒类	Food,Beverage,Tobacco and Liquor	317798	148620	24295	3543113	446472	264716
# 肉禽蛋类	Meat,Poultry and Eggs	40457	26287	1629	109685	43278	14377
其他食品类	Other Food	127164	79297	9662	2263001	255340	184822
饮料类	Beverage	29125	19614	4368	141762	64889	9383
烟酒类	Tobacco and Liquor	121052	23422	8636	1028665	82965	56134
服装鞋帽、针、纺织品类	Garments,Shoes,Hats and Knitwear	178270	126278	24594	1115232	335726	142941
# 服装类	Garments	112212	67982	14257	519660	231051	67215
鞋帽类	Shoes and Hats	48590	42571	7744	133430	55954	15787
针、纺织品类	Knitwear	174684	15725	2594	462142	48721	59940
化妆品类	Cosmetics	11904	9495	1024	85567	41067	19610
金银珠宝类	Jewelry	17495	17495	7191	145454	87102	28320
日用品类	Articles for Daily Use	63051	50912	7896	312655	176502	35723
# 洗涤用品类	Detergents	13691	13607	1302	73972	50731	9545
儿童玩具类	Toys for Children	1582	1363	80	12799	10146	142
五金、电料类	Hardware and Electrical Appliances	22702	3775	8108	195829	90953	26060
体育、娱乐用品类	Sports and Recreation Articles	3502	3453	659	84184	42945	4074
书报、杂志类	Book and Newspaper	13646	13646	5580	441834	126109	292379
电子出版物及音像制品类	Electronic Publication and Sound-video Products	5241	2538	2119	33663	18190	7996
家用电器和音像器材类	Household Appliances and Sound-video Equipments	59056	28453	10536	633394	214735	74998
中西药品类	Medicines	124085	64296	24676	855955	381853	124670
# 西药类	Western Medicines	79455	38395	14693	542466	217981	80044
中草药及中成药类	Chinese Herbal and Patent Medicines	43926	25210	9771	201015	129033	33403
文化、办公用品类	Culture and Office Articles	23060	19208	16183	851289	146037	95871
家具类	Furniture	1837	1803	1002	100871	83911	8186
通讯器材类	Communication Equipments	41463	18754	8027	1312947	96347	90662
煤炭及制品类	Coal and Coal Products	16079	7857	1357	733910	14059	14338
木材及制品类	Timber and Related Products	259		6	53851	16326	11177
石油及制品类	Petroleum and Related Products	6870	6868	25	4643631	511617	143355
化工材料及制品类	Chemical Materials and Products	27152	391	13943	2771204	18753	305692
# 化肥类	Chemical Fertilizer	1			1195921		181916
金属材料类	Ferrous Metal Materials	57979	53	15876	2608208	41512	239737
建筑及装潢材料类	Construction and Decoration Materials	9421	97	3408	408798	222223	57436
机电设备及零件类	Mechanical and Electrical Instruments and Components	123556	49544	55127	5376124	2028094	519761
# 农机类	Agricultural Machinery	6642		1832	22934		1192
汽车类	Motor Vehicles	56852	42573	6550	2513358	1869489	186925
种子饲料类	Seeds and Forage	7619		4751	115476		12431
棉麻类	Cotton and Flax	6		2	1480695		288413
其他类	Others	50991	27858	32795	1942969	100727	185468

14-5 社会农副产品购进、销售、库存数量
PURCHASES,SALES AND INVENTORY OF FARM AND SIDELINE PRODUCTS

单位：百公斤 (100 kg)

项目	Item	商品总购进 Total Purchase	商品总销售 Total Sales	批发 Wholesale	零售 Retail	年末库存 Inventory (year-end)
粮食	Grain	86034879	81878338	78479445	3398893	8975701
食用植物油	Edible Vegetable Oil	39925891	39966642	38593341	1373301	971753
猪和猪肉	Hog and Pork	3310169	3333495	1486438	1847057	167320
牛和牛肉	Oxes and Beef	576387	574871	140855	434016	6156
羊和羊肉	Goat,Sheep and Mutton	595466	607228	154592	452636	10352
家禽	Poultry	1645955	1654353	1145469	508884	48442
鲜蛋	Fresh Eggs	1187018	1186207	410201	776006	5160
鲜菜	Fresh Vegetable	56888244	56894838	42015142	14879696	8305
鲜瓜果	Fresh Melon and Fruit	29728180	29810888	22501254	7309634	3664
水产品	Aquatic Products	2922146	2934578	1617648	1316930	19022

14-6 限额以上批发零售贸易企业商品购进、销售、库存数量
PURCHASES,SALES AND INVENTORY VOLUME OF ENTERPRISES ABOVE QUOTA IN WHOLESALE AND RETAIL SALE TRADES

项目		Item		商品总购进 Total Purchase	商品总销售 Total Sales	批发 Wholesale	零售 Retail	年末库存 Inventory (year-end)
粮食	(百公斤)	Grain	(100 kg)	72804019	68305808	67290025	1015783	8552681
食用植物油	(百公斤)	Edible Vegetable Oil	(100 kg)	37579161	37621852	36757941	863911	928913
猪和猪肉	(百公斤)	Hog and Pork	(100 kg)	1228059	1253585	705708	547877	105750
牛和牛肉	(百公斤)	Cattle and Beef	(100 kg)	167577	165341	21355	143986	5906
羊和羊肉	(百公斤)	Goat,Sheep and Mutton	(100 kg)	159466	170328	26512	143816	9862
家禽	(百公斤)	Poultry	(100 kg)	382365	398183	187069	211114	7422
鲜蛋	(百公斤)	Fresh Eggs	(100 kg)	135028	133077	2221	130856	4220
鲜菜	(百公斤)	Fresh Vegetable	(100 kg)	531694	519688	150812	368876	4025
鲜瓜果	(百公斤)	Fresh Melon and Fruit	(100 kg)	1490090	1533488	1266104	267384	2334
水产品	(百公斤)	Aquatic Product	(100 kg)	438636	450768	283888	166880	16802
食糖	(百公斤)	Sugar	(100 kg)	1580919	1615031	1438879	176152	344080
卷烟	(箱)	Cigarettes	(case)	5769381	5801002	5497020	303982	267814
酒	(百公斤)	Alcoholic Beverage	(100 kg)	1199831	1174258	592376	581882	192261
#白酒	(百公斤)	Distilled Spirit	(100 kg)	569602	535727	304376	231351	134790
啤酒	(百公斤)	Beer	(100 kg)	363603	358401	156336	202065	24476
茶叶	(百公斤)	Tea	(100 kg)	93145	95189	35306	59883	9387
棉花	(百公斤)	Cotton	(100 kg)	14224903	15555374	15555240	134	1657114
布	(百米)	Cloth	(100 m)	2026598	1103810	1084824	18986	96725
各种服装	(百件)	Garments	(100case)	2118994	2128180	1446176	682004	341674
#童装	(百件)	Clothing for Children	(100case)	76608	98009	14461	83548	-2276

14-6 续表 continued

项目 Item			商品总购进 Total Purchase	商品总销售 Total Sales	批发 Wholesale	零售 Retail	年末库存 Inventory (year-end)
鞋	(百双) Shoe	(100 pairs)	399236	435898	216382	219516	39612
照相机	(台) Cameras	(unit)	583959	596216	380669	215547	136189
#数码照相机	(台) Digital Camera	(unit)	73507	61625	23327	38298	11637
自行车	(辆) Bicycle	(unit)	221896	216045	47399	168646	30207
彩色电视机	(台) Color TV Set	(unit)	1363451	1321931	517919	804012	79482
#74厘米及以上	(台) 74 centimeter and above	(unit)	610622	607008	255421	351587	97408
组合音响	(台) Hi-Fi	(unit)	92164	95382	9300	86082	13876
摄像机	(架) Pickup Camera	(set)	53207	52998	12572	40426	4659
影碟机	(台) Video CD	(unit)	712049	700245	162798	537447	60532
家用电风扇	(台) Electrical Fans	(unit)	540505	505562	187866	317696	48998
家用电冰箱	(台) Refrigerators	(unit)	404334	399177	13805	385372	39482
家用洗衣机	(台) Washing Machine	(unit)	508271	493637	58320	435317	65454
房间空调器	(台) Air Conditioners	(unit)	1007846	1010321	324572	685749	57987
微波炉	(台) Microwave Oven	(unit)	531522	513871	148980	364891	73196
热水淋浴器	(台) Showers	(unit)	429238	438236	29522	408714	7410
冰柜	(台) Ice Cabinet	(unit)	40917	38842	4102	34740	5842
吸尘器	(台) Dust Catcher	(unit)	115692	115314	9096	106218	11143
抽油烟机	(台) Range Hoods	(unit)	339779	344977	82527	262450	21928
电饭锅	(个) Electric Rice Cooker	(unit)	526911	536457	59068	477389	68028
微型计算机	(台) Micro Computers	(unit)	146370	144753	46975	97778	6696
普通电话机	(部) Telephones	(unit)	1794681	1475531	1023824	451707	334247
移动电话机	(部) Mobilphone	(unit)	8898950	9634350	7858900	1775450	949650
化学肥料	(吨) Chemical Fertilizer	(ton)	9444606	8418107	8418107		1337074
化学农药	(吨) Farm Chemical	(ton)	1449	1078	1078		1182
农用薄膜	(吨) Agricultural Plastic Film	(ton)	4671	7705	7705		2500
煤炭	(吨) Coal	(ton)	98324304	93036348	92216629	819719	6856443
木材	(立方米) Timber	(cu.m)	98128	144604	144596	8	67637
汽油	(吨) Gasoline	(ton)	11346138	6448866	5337114	1111752	235711
煤油	(吨) Kerosene	(ton)	1360547	1373738	1372152	1586	145542
柴油	(吨) Diesel Oil	(ton)	8103124	7990705	7551743	438962	153419
钢材	(吨) Steel Products	(ton)	14026418	15263618	15162147	101471	1368505
铜	(吨) Copper	(ton)	31910	31978	31978		1368
铝	(吨) Aluminum	(ton)	90941	88786	88786		24550
水泥	(吨) Cement	(ton)	1253716	1213681	1210062	3619	763150
汽车	(辆) Automobile	(unit)	197730	184009	50682	133327	12888
#轿车	(辆) Cars	(unit)	118345	108118	12774	95344	7818
摩托车	(辆) Motorcycle	(unit)	34309	33966	23306	10660	8800
拖拉机	(台) Tractors	(unit)	136	140	140		

14-7 限额以上批发零售贸易业财务状况

单位：万元

项　目	Item	企业单位个数(个) Number of Enterprises (unit)	资产合计 Total Assets	流动资产合计 Total Circulating Assets	长期投资 Long-term Investment	固定资产合计 Total Fixed Assets	固定资产原价合计 Original Value of Fixed Assets
合　计	**Total**	**2102**	**35254100**	**25861112**	**5232646**	**3118168**	**3514767**
按企业登记注册类型分	**Grouped by Registration Status of Enterprises**						
内资企业	Domestic Investment	2056	34217650	25109264	5103502	3015169	3345786
国有企业	State-Owned	632	20618730	15357507	3514729	1516727	1752661
集体企业	Collective Owned	232	2634781	2259565	55893	139653	174594
私营企业	Private Owned	431	1131421	949061	51861	113567	131520
联营企业	Joint Owned	30	245417	153659	18045	52631	56719
股份合作企业	Share Holding Cooperative	111	400481	262993	35286	94793	100984
股份有限公司	Share Holding Company	86	3257562	1489472	732828	610947	629143
有限责任公司	Limited-Liability Company	532	5928198	4636092	694860	486734	500009
其他企业	Others	2	1060	915		117	157
港澳台商投资企业	Hongkong,Macao and Taiwan Funded Enterprises	17	62641	44017	1562	11919	20485
外商投资企业	Foreign Funded Enterprises	29	973810	707831	127583	91081	148496
按国民经济行业分	**Grouped by Sectors**						
批发业	Wholesale	991	29230544	22178004	4760951	1670533	1935597
农畜产品批发业	Agricultural and Animal Products	24	3828336	3147459	405564	100665	131474
食品、饮料及烟草制品批发业	Food,Beverage and Tobacoo Products	110	2035641	1447759	404378	169292	198289
米、面制品及食用油批发业	Rice,Flour Products and Edible Vegetable Oil	26	767906	580136	151462	36052	44101
烟草制品批发业	Tobacoo Products	24	522092	317580	140961	61662	73035
纺织、服装及日用品批发业	Textile Garments and Daily Use goods	81	1285633	907774	293036	72636	98706
服装批发业	Garment	20	238706	191151	32625	11455	15461
文化、体育用品及器材批发业	Products and Equipment of Culture or Sports	47	1399749	940038	273649	175513	143562
医药及医疗器材批发业	Medicine and Medical Appliance	83	789358	605089	87723	76231	93912
矿产品、建材及化工产品批发业	Mineral,Construction Material, Chemical Products	324	12145952	9105127	2082708	644887	722329
煤炭及制品批发业	Coal and Products	27	790032	660008	82730	40209	43187
石油及制品批发业	Petroleum and Products	57	2479451	1447549	514931	252644	273774
金属及金属矿批发业	Metal and Products	136	6218610	4962965	1037599	183897	218913
建材批发业	Construction material	40	764584	577857	99017	86657	99714
化肥批发业	Chemical Fertilizer	5	808960	766409	26019	13326	17050
机械设备、五金交电及电子产品批发业	Machinery,Hardware,Electrical Appliance and Electronic product	272	6486857	5104450	940809	370006	476869

FINANCIAL INDICATORS OF ENTERPRISES ABOVE QUOTA IN WHOLESALE AND RETAIL SALE TRADES

(10000 yuan)

负债合计 Total Liabilities	流动负债合计 Total Circulating Liability	长期负债合计 Total Long-term Liability	所有者权益合计 Ownership Interest	# 实收资本 Proceeds of Capital	商品销售收入 Sales Revenue	商品销售收入净额 Net Value of Sales Revenue	商品销售成本 Sales Cost	商品销售税金及附加 Sales Tax and Extra Charges
25732814	**21907063**	**3825751**	**9521286**	**6010811**	**38937272**	**38835200**	**35838535**	**49482**
24945666	21196778	3748888	9271984	5645944	37592327	37494710	34738781	47196
15118725	12985344	2133381	5500005	3320799	17277745	17231081	16033568	21499
2425428	1280176	1145253	209353	140172	2102865	2102391	1989621	1949
914981	891069	23911	216441	212825	2577217	2574527	2444590	2920
173074	170922	2152	72343	61989	326519	326464	304403	853
276591	262842	13749	123890	112752	642637	642623	608592	517
1706201	1447764	258437	1551361	708343	5612768	5582273	5091253	10121
4330016	4158011	172005	1598183	1088873	9047640	9030415	8262108	9339
651	651		409	191	4936	4936	4646	
43939	43224	715	18702	25425	120928	120928	99101	219
743210	667062	76148	230600	339442	1224017	1219562	1000653	2067
21702048	18125984	3576064	7528496	4504504	30154211	30070188	28036763	28388
3299225	2183306	1115919	529111	285470	1913548	1913548	1884453	834
1069356	929178	140177	966285	371653	2858673	2858673	2630524	4073
451285	449268	2017	316620	164871	1142749	1142749	1073494	333
127727	126457	1270	394366	81364	1167243	1167243	1052350	2988
983280	956778	26501	302353	320855	1735762	1735761	1627530	514
191301	189783	1518	47405	44399	357491	357490	316399	111
1017631	992468	25163	382119	199333	775354	726869	599833	3064
541976	481361	60615	247382	117453	1141019	1137851	1036385	1504
8981693	8459164	522529	3164259	2133242	16552338	16552150	15527832	14121
551964	493012	58952	238068	135203	2251783	2251783	1969479	2023
1603927	1415363	188565	875524	407736	4235514	4235514	3932094	4439
4839906	4639631	200275	1378704	1091738	6539676	6539665	6280199	6093
602670	557296	45374	161914	128173	626466	626466	582601	777
738361	730424	7937	70599	18225	1467324	1467148	1387863	154
5028207	3361225	1666982	1458651	810168	4290879	4258697	3911915	3663

14-7 续表 continued

单位：万元

项目	Item	企业单位个数(个) Number of Enterprises (unit)	资产合计 Total Assets	流动资产合计 Total Circulating Assets	长期投资 Long-term Investment	固定资产合计 Total Fixed Assets	固定资产原价合计 Original Value of Fixed Assets
汽车、摩托车及零配件批发业	Spares and Fittings of Automobile and Motorcycle	31	461654	354403	78812	26200	24690
家用电器批发业	Household Appliances	20	117291	102891	9618	3655	5500
计算机、软件及辅助设备批发业	Computer,Software and Assistant Equipment	34	90663	86077	2391	1884	7919
贸易经纪与代理	Trade and Deputy	2	5319	4988	118	214	332
其他批发业	Others	48	1253700	915321	272967	61090	70123
零售业	Retail	1111	6023556	3683108	471695	1447635	1579171
综合零售业	Total Retail	187	3170986	1542220	293367	981946	1056327
百货零售业	General Merchandise	122	2173632	944652	232523	723502	779692
超级市场零售业	Supermarket	31	914100	551377	45111	240771	255285
食品、饮料及烟草制品专门零售业	Food,Beverage and Tobacoo	80	157210	98856	4872	39760	48733
纺织、服装及日用品专门零售业	Textile,Garments and Daily Use Goods	79	235516	183200	7010	40802	49127
服装零售业	Garment	34	150027	119981	2345	25595	28524
文化、体育用品及器材专门零售业	Products and Equipment of Culture or Sports	76	260964	171384	23346	61990	61939
体育用品零售业	Sports	2	25733	13479	86	12168	3035
图书零售业	Books	37	182447	116459	19055	43496	48615
医药及医疗器材专门零售业	Medicine and Medical Appliance	69	201069	149259	20565	23977	32465
药品零售业	Materia Medica	48	184089	133997	20004	22948	30617
汽车、摩托车、燃料及零配件专门零售业	Automobile,Motorcycle,Elding and Spares or Fittings	247	916099	647859	74001	169527	174861
汽车零售业	Automobile	85	683629	526531	64958	75098	68830
机动车燃料零售业	Elding of Motor Vehicle	121	170895	67423	7677	89147	99020
家用电器及电子产品专门零售业	Household Appliances and Electronic product	224	808964	719637	39840	42790	56087
家用电器零售业	Household Appliances	37	549713	494336	20694	29222	33550
计算机、软件及辅助设备零售业	Computer,Software and Assistant Equipment	135	141299	120584	11914	8090	14951
通讯设备零售业	Equipments	28	93536	82057	6837	4184	5957
五金、家具及室内装修材料专门零售业	Hardware,Electrical Appliance Furniture and Interior Decoration Material	94	177817	118195	8329	45826	55455
无店铺及其他零售业	No Shop of Area of Business and Others	55	94931	52499	365	41018	44176
邮购及电子销售业	Mail Order and Electronic-sale						
按规模划分	**Grouped by Size**						
# 大型企业	Large Enterprises	87	11070395	8215230	1319150	1166189	1369851
中型企业	Medium Enterprises	163	1541916	991598	319394	198164	247824

14-7-1 续表 continued1

(10000 yuan)

负 债 合 计 Total Liabilities	流动负债 合 计 Total Circulating Liability	长期负债 合 计 Total Long-term Liability	所有者权益合计 Ownership Interest	# 实收资本 Proceeds of Capital	商品销售收入 Sales Revenue	商品销售收入净额 Net Value of Sales Revenue	商品销售成本 Sales Cost	商品销售税金及附加 Sales Tax and Extra Charges
361373	338723	22649	100282	91664	524555	524555	503478	500
84617	83371	1246	32674	13632	266994	266962	242303	147
75253	73229	2024	15410	14711	292238	292238	278710	147
4638	4638		681	916	16604	16604	15758	1
776044	757866	18178	477656	265413	870034	870034	802534	613
4030766	3781080	249686	1992790	1506307	8783061	8765012	7801773	21094
1860964	1727626	133338	1310023	933398	3656856	3653558	3124844	13181
1162039	1036119	125920	1011593	626583	2251973	2248799	1853540	10456
639557	632610	6947	274543	276736	1299763	1299693	1173860	2545
93472	93160	312	63738	34340	258684	258588	225721	731
200289	182149	18140	35227	47919	358146	358146	264267	1651
139811	123918	15893	10217	24308	227837	227837	173802	1078
177957	172051	5906	83007	38232	214788	201784	153391	740
24305	24436	-132	1429	1148	10508	10508	8253	35
127562	122323	5240	54885	25335	141769	128898	94823	475
115093	111409	3685	85976	75971	306602	306574	264763	728
101839	98217	3622	82250	72734	270026	270007	232076	660
646564	625411	21152	269535	203270	2257779	2257582	2142995	1634
541667	532948	8720	141962	115812	1637957	1637821	1569843	1180
54453	43407	11046	116442	76146	458523	458462	420657	349
724909	684560	40349	84055	110344	1257124	1256106	1205335	1366
492680	490160	2520	57033	50563	586547	586547	566800	652
140460	102702	37759	839	44901	398326	397313	376079	254
72871	72867	4	20666	11138	215238	215232	208954	362
140889	130466	10423	36929	37007	355300	355298	314843	641
70630	54248	16382	24301	25827	117783	117377	105615	423
8133558	7091018	1042540	2936836	1409299	12641651	12596361	11362291	21261
1125079	930763	194316	416837	432332	995051	991644	858212	2165

14-7 续表2 continued

单位：万元 (10000 yuan)

项 目 Item		商品销售利润 Sales Profits	利润总额 Total Profits	应交所得税 Income Tax Payable	本年应付工资总额 Total Wages Payable in the Year	本年应付福利费总额 Welfares Payable in the Year
合 计	**Total**	**1333924**	**811821**	**266836**	**555861**	**73494**
按企业登记注册类型分	**Grouped by Registration Status of Enterprises**					
内资企业	Domestic Investment	1256074	793550	256400	498127	67525
国有企业	State-Owned	618939	435064	133189	243384	32163
集体企业	Collective Owned	53521	19346	6866	23407	2957
私营企业	Private Owned	30899	1590	4999	28902	3472
联营企业	Joint Owned	11581	3817	1964	3540	481
股份合作企业	Share Holding Cooperative	9443	-2527	1381	9572	1211
股份有限公司	Share Holding Company	233273	113861	41210	71305	10070
有限责任公司	Limited-Liability Company	298275	222360	66771	117975	17169
其他企业	Others	144	40	19	42	3
港澳台商投资企业	Hongkong,Macao and Taiwan Funded Enterprises	7932	-1020	416	5138	766
外商投资企业	Foreign Funded Enterprises	69918	19292	10020	52596	5203
按国民经济行业分	**Grouped by Sectors**					
批发业	Wholesale	1023726	718395	218417	296448	38289
农畜产品批发业	Agricultural and Animal Products	9546	21359	4018	10535	1288
食品、饮料及烟草制品批发业	Food,Beverage and Tobacoo Products	140915	131920	40668	33244	4904
米、面制品及食用油批发业	Rice,Flour Products and Edible Vegetable Oil	26608	22626	7943	6165	870
烟草制品批发业	Tobacoo Products	96106	102889	30360	12896	1814
纺织、服装及日用品批发业	Textile Garments and Daily Use goods	45962	-532	7591	23649	2811
服装批发业	Garment	22345	7563	3854	6233	733
文化、体育用品及器材批发业	Products and Equipment of Culture or Sports	84771	30479	6831	19979	2707
医药及医疗器材批发业	Medicine and Medical Appliance	55269	19708	6862	21873	2953
矿产品、建材及化工产品批发业	Mineral,Construction Material, Chemical Products	459159	404794	110606	96881	12969
煤炭及制品批发业	Coal and Products	102151	102631	17607	9222	1335
石油及制品批发业	Petroleum and Products	137387	153244	43491	18473	2963
金属及金属矿批发业	Metal and Products	147604	122617	35447	43515	5710
建材批发业	Construction material	13709	-1591	1099	11357	1554
化肥批发业	Chemical Fertilizer	27753	18119	7217	3312	460
机械设备、五金交电及电子产品批发业	Machinery,Hardware,Electrical Appliance and Electronic product	180473	75928	27684	80974	8989

14-7 续表3 continued

单位：万元 (10000 yuan)

项目	Item	商品销售利润 Sales Profits	利润总额 Total Profits	应交所得税 Income Tax Payable	本年应付工资总额 Total Wages Payable in the Year	本年应付福利费总额 Welfares Payable in the Year
汽车、摩托车及零配件批发业	Spares and Fittings of Automobile and Motorcycle	10841	9877	1584	4358	624
家用电器批发业	Household Appliances	1410	-1757	584	3813	405
计算机、软件及辅助设备批发业	Computer,Software and Assistant Equipment	8334	3517	181	2285	364
贸易经纪与代理	Trade and Deputy	195	79	37	171	18
其他批发业	Others	47436	34661	14120	9142	1650
零售业	Retail	310198	93426	48419	259412	35205
综合零售业	Total Retail	163759	37042	25298	144823	20200
百货零售业	General Merchandise	169723	44331	19563	96796	14640
超级市场零售业	Supermarket	-4917	-4926	5486	44625	5090
食品、饮料及烟草制品专门零售业	Food,Beverage and Tobacoo	3389	7103	2833	14682	2018
纺织、服装及日用品专门零售业	Textile,Garments and Daily Use Goods	16967	290	3067	19057	2194
服装零售业	Garment	6262	-1365	1440	10621	1108
文化、体育用品及器材专门零售业	Products and Equipment of Culture or Sports	24783	8851	2815	17153	2312
体育用品零售业	Sports	1102	-665	4	944	132
图书零售业	Books	18811	4360	1781	11793	1628
医药及医疗器材专门零售业	Medicine and Medical Appliance	18497	6112	1730	14095	1816
药品零售业	Materia Medica	16907	5835	1534	13057	1686
汽车、摩托车、燃料及零配件专门零售业	Automobile,Motorcycle,Elding and Spares or Fittings	56569	23281	8405	18912	2396
汽车零售业	Automobile	34180	13824	5831	10593	1375
机动车燃料零售业	Elding of Motor Vehicle	17675	7782	1740	6125	742
家用电器及电子产品专门零售业	Household Appliances and Electronic product	4878	6148	1852	19508	2561
家用电器零售业	Household Appliances	5704	12619	826	5628	739
计算机、软件及辅助设备零售业	Computer,Software and Assistant Equipment	1153	-5995	631	10199	1423
通讯设备零售业	Equipments	-2645	-918	117	2372	286
五金、家具及室内装修材料专门零售业	Hardware,Electrical Appliance Furniture and Interior Decoration Material	17014	1810	2005	5982	924
无店铺及其他零售业	No Shop of Area of Business and Others	4343	2789	415	5201	786
邮购及电子销售业	Mail Order and Electronic-sale					
按规模划分	**Grouped by Size**					
# 大型企业	Large Enterprises	573863	370681	104124	216917	26764
中型企业	Medium Enterprises	33237	-7856	7023	56207	7108

14-8 限额以上餐饮业财务状况

单位：万元

项　　目	Item	合　计 Total	按登记注册类型分 国有企业 State-Owned	集体企业 Collective Owned	私营企业 Private Owned	联营企业 Joint-Owned	股份合作企业 Share Holding Cooperative
企业单位个数　(个)	Number of Enterprises　(unit)	356	53	39	82	5	26
资产合计	Total Assets	62429	10381	2189	11846	484	996
流动资产合计	Total Circulating Assets	21888	3470	1070	5189	253	318
长期投资	Long-term Investment	5189	699	272	547	2	10
固定资产合计	Total Fixed Assets	22720	5718	626	4317	155	531
固定资产原价合计	Total Original Value of Fixed Assets	30428	6669	1059	4858	221	691
负债合计	Total Liabilities	42150	7019	1293	9639	207	806
流动负债合计	Total Liquid Liabilities	36697	6682	1269	7647	207	762
长期负债合计	Total Long-term Liabilities	5454	337	24	1992		44
所有者权益合计	Total Ownership Interest	20279	3362	896	2207	277	190
# 实收资本	Capital Stock	20675	2223	883	1997	250	300
营业收入	Business Revenue	64135	4612	2100	11020	545	1482
营业成本	Business Cost	28012	2131	1068	5407	245	836
营业费用	Business Expenses	23725	1535	695	3498	163	505
营业税金及附加	Business Tax and Extra Charges	2152	150	76	437	22	54
利润总额	Total Profits	1990	117	21	-129	38	-32
应交所得税	Income Tax Payable	955	63	8	46	13	2
本年应付工资总额	Total Wages Payable of this Year	8158	832	330	1277	68	180
本年应付福利费总额	Total Welfares Payable of this Year	1030	104	33	156	9	16

FINANCIAL INDICATORS OF BUSINESS REVENUE AT AND ABOVE TWO MILLION ENTERPRISES IN CATERING TRADE

(10000 yuan)

By Registration Status					按行业划分 By Sectors				按规模划分 By Size	
股份有限公司 Share Holding Company	有限责任公司 Limited-liabilities	其他企业 Others	港澳台商投资企业 Hongkong,Macao, Taiwan Funded	外商投资企业 Foreign Funded	正餐 Dinner	快餐 Fast Food	饮料及冷饮 Beverage and Cold Drink	其他餐饮业 Others	# 大型企业 Large	# 中型企业 Medium
3	75		33	40	311	34	4	7	4	8
3575	8735		8955	15268	459798	151932	6841	5721	144700	66582
867	3244		3851	3626	173013	41156	2493	2217	22942	31550
46	990		1464	1158	39176	12643	20	47	11982	10799
2565	2377		1526	4906	172807	49845	2473	2072	60624	20051
2452	3248		2875	8355	219724	77242	4257	3052	84821	28864
1755	6500		6868	8064	316077	96480	4688	4258	71164	46177
1151	4879		6146	7954	265826	94311	4643	2188	65080	33815
604	1621		722	109	50252	2170	46	2070	6084	12361
1820	2235		2088	7204	143721	55452	2152	1463	73536	20405
1064	2821		5808	5331	159283	40298	5399	1773	32010	14419
2890	9314		7488	24684	394654	231825	8777	6095	220371	62525
1231	4597		3432	9065	181705	93188	2279	2944	84951	27171
955	3436		2487	10452	134629	95665	4855	2102	89234	18554
91	352		225	744	14060	6909	391	161	6453	2199
204	-161		155	1776	5209	14633	16	44	21098	2859
69	66		99	589	4600	4881		73	6128	902
495	1261		947	2768	53979	25292	1146	1168	24239	8223
69	136		89	418	6535	3157	527	84	3762	1040

14-9 商业、饮食业、服务业经营机构及人员
OPERATING UNITS AND PERSONNEL OF COMMERCE,CATERING AND SERVICES

项目 Item		经营机构(个) Operating Units (unit) 2003	2002	人员(人) Personnel (person) 2003	2002
总计	**Total**	**459440**	**340431**	**1669916**	**1553886**
商业	Commerce	321877	251597	1091652	1000517
批发	Wholesale	18570	17435	343541	304403
零售	Retail	303307	234162	748111	696114
饮食业	Catering	73232	40458	260547	234282
服务业	Services	64331	48376	317720	319087

14-10 商业、饮食业、服务业营业网点及人员(按所有制形式分)
OUTLETS AND PERSONNEL OF COMMERCE,CATERING AND SERVICES (BY OWNERSHIP)

单位：个、人 (unit,person)

项目	Item	合计 Total	国有 State-owned	集体 Collective-owned	个体 Individuals	其他 Others
营业网点	**Outlets**	**440870**	**6449**	**8751**	**396310**	**29360**
人员	**Personnel**	**1326378**	**204869**	**112597**	**507983**	**500929**
商业	Commerce					
零售网点	Retail Outlets	303307	3763	5406	273438	20700
人员	Personnel	748111	89378	60151	337737	260845
饮食业	Catering					
营业网点	Outlets	73232	814	1409	66914	4095
人员	Personnel	260547	22333	21512	97510	119192
服务业	Services					
营业网点	Outlets	64331	1872	1936	55958	4565
人员	Personnel	317720	93158	30934	72736	120892

14-11 批发业网点及人员
OUTLETS AND PERSONNEL OF WHOLESALE TRADE

单位：个、人 (unit,person)

项目	Item	网点 Outlets	人员 Personnel
总计	**Total**	**18570**	**343541**
农畜产品批发	Agricultural and Animal Products	720	31556
食品、饮料及烟草制品批发	Food,Beverage and Tobacoo Products	1705	45117
纺织、服装及日用品批发	Textile Garments and Daily Use goods	1948	38071
文化、体育用品及器材批发	Products and Equipment of Culture or Sports	861	14623
医药及医疗器材批发	Medicine and Medical Appliance	763	18613
矿产品、建材及化工产品批发	Mineral,Construction Material,Chemical Products	4991	84361
机械设备、五金交电及电子产品批发	Machinery,Hardware,Electrical Appliance and Electronic product	6432	89638
贸易经纪与代理	Trade and Deputy	176	4796
其他批发	Others	974	16766

14-12 商业零售网点及人员
OUTLETS AND PERSONNEL OF RETAIL SALE TRADE

单位：个、人 (unit,person)

项目	Item	网点 Outlets	人员 Personnel
总计	**Total**	**303307**	**748111**
综合零售	Total Retail	42355	225518
食品、饮料及烟草专门零售	Food,Beverage and Tobacoo	36394	79691
纺织、服装及日用品专门零售	Textile,Garments and Daily Use Goods	22746	55333
文化、体育用品及器材专门零售	Products and Equipment of Culture or Sports	21903	46186
医药及医疗器材专门零售	Medicine and Medical Appliance	15425	37417
汽车、摩托车、燃料及零配件专门零售	Automobile,Motorcycle,Elding and Spares or Fittings	30068	63449
家用电器及电子产品专门零售	Household Appliances and Electronic product and Interior Decoration Material	38699	72198
五金、家具及室内装修材料专门零售	Hardware,Electrical Appliance Furniture	64776	107305
无店铺及其他零售	No Shop of Area of Business and Others	30941	61014

14-13 饮食业营业网点及人员
OUTLETS AND PERSONNEL OF CATERING TRADE

单位：个、人 (unit,person)

项目	Item	网点 Outlets	人员 Personnel
总计	**Total**	**73233**	**260548**
正餐	Dinner	59717	213375
快餐	Fast Food	8114	38963
饮料及冷饮服务	Beverage and Cold Drink	2168	2546
其他	Others	3234	5664

14-14 服务业营业网点及人员
OUTLETS AND PERSONNEL OF SERVICES

单位：个、人 (unit,person)

项目	Item	网点 Outlets	人员 Personnel
总计	**Total**	**64331**	**317720**
理发及美容保健服务	Services of Haircut,Beauty and Health Care	13218	26179
洗浴服务	Services of Swab Down	1074	10337
洗染服务	Cleaning and Dyeing	4208	10489
摄影扩印服务	Photography and Large-printing	7234	11220
家用电器及其他日用品修理	Repairs of Household Appliances Daily Use Articles	12522	20153
其他居民服务	Other Residetial Services	21191	60112
旅馆业	Hotels	4884	179230

14-15 连锁企业基本情况
BASIC STATISTICS FOR CHAIN ENTERPRISES

项目	Item	连锁总店(个) Number of Chain Headquaretrs (unit)	所属门店(个) Number of Subbranches (unit)	从业人员(人) Employed Persons (person)	营业面积(平方米) Area for Business (sq.m)
总计	**Total**	**153**	**4519**	**132030**	**3405562**
按登记注册类型分	**Grouped by Registration Status of Enterprises**				
内资企业	Domestic Investment	130	4112	110271	3125133
国有企业	State-Owned	16	339	8950	273649
集体企业	Collective Owned	7	62	3313	97866
股份合作企业	Share Holding Cooperative	9	80	1795	93741
有限责任公司	Limited-Liability Company	58	1586	42926	1144597
股份有限公司	Share Holding Company	10	909	29319	848931
私营企业	Private Owned	30	1136	23968	666349
港澳台商投资企业	Hongkong,Macao and Taiwan Funded	10	63	3390	73804
外商投资企业	Foreign Funded	13	344	18369	206625
连锁零售业	**Chain Retail**	**103**	**3771**	**97619**	**3037270**
按零售业态分	Grouped by Business				
百货商店	Department Store	3	25	10559	259756
超级市场	Supermarket	27	991	43849	1550908
专业店	Special Store	41	2243	32869	905844
专卖店	Monopolization Store	14	151	1809	32875
便利店	Convenient Store	12	335	4831	76244
仓储式商场	Storage Store	5	16	3059	200233
其他	Others	1	10	643	11410
连锁餐饮业	**Chain Catering Services**	**50**	**748**	**34411**	**368292**
按餐饮活动分	Grouped by Business				
正餐	Dinner	29	201	17067	216858
快餐	Fast Food	19	453	16782	144404
咖啡馆	Cafe	1	45	512	6179
其他	Others	1	49	50	851

14-16 连锁企业主要经济指标
FINANCIAL INDICATORS CHAIN ENTERPRISES

单位：万元 (10000 yuan)

项目	Item	商品销售(营业)总额 Total Sales	# 零售额 Retail	商品销售(营业)收入 Sales Revenue	商品销售(营业)成本 Sales Cost	利润总额 Total Profits	税金总额 Total Tax	资产总计 Total Assets	负债总计 Total Liabilities
总计	**Total**	**8404232**	**7601221**	**4585471**	**3894649**	**120956**	**133889**	**2749466**	**1939571**
按登记注册类型分	**Grouped by Registration Status of Enterprises**								
内资企业	Domestic Investment	7986021	7184429	4194403	3659131	100287	113931	2458444	1808582
国有企业	State-Owned	315338	294125	268585	225060	1331	6820	156660	124105
集体企业	Collective Owned	111194	102956	94857	81048	1638	4273	61873	36757
股份合作企业	Share Holding Cooperative	95430	88466	81269	75943	-2789	558	49318	36841
有限责任公司	Limited-Liability Company	196551	191992	170986	155915	-4895	3590	192589	111742
股份有限公司	Share Holding Company	2159307	2132327	1827889	1578225	81772	58656	863523	539997
私营企业	Private Owned	797224	791719	737429	377706	48673	38536	521274	292425
港澳台商投资企业	Hongkong,Macao and Taiwan Funded	61991	61991	54841	31285	-1940	2610	56265	31335
外商投资企业	Foreign Funded	356220	354801	336226	204234	22609	17348	234758	99654
连锁零售业	**Chain Retail**	**8005315**	**7205056**	**4216452**	**3705629**	**96619**	**114620**	**2488445**	**1792972**
按零售业态分	Grouped by Business								
百货商店	Department Store	505451	497058	423015	342213	15904	13637	174421	113713
超级市场	Supermarket	2358215	2309884	2015345	1774576	6708	45215	1093316	833404
专业店	Special Store	4745571	4031479	1445963	1294491	77094	46114	961275	697092
专卖店	Monopolization Store	81045	64289	61706	49740	1530	2052	24484	11318
便利店	Convenient Store	118482	110354	99436	88695	278	4012	42360	25703
仓储式商场	Storage Store	164022	159463	143205	131635	-6723	2551	180294	106857
其他	Others	32529	32529	27782	24279	1828	1039	12295	4885
连锁餐饮业	**Chain Catering Services**	**398917**	**396165**	**369019**	**189019**	**24337**	**19270**	**261022**	**146600**
按餐饮活动分	Grouped by Business								
正餐	Dinner	172119	171003	144354	65049	6752	7213	117424	64904
快餐	Fast Food	217895	216259	215763	121486	17450	11480	136334	76776
咖啡馆	Tea shop	8293	8293	8293	2152	134	574	6494	4145
其他	Cafe	610	610	610	332	1	4	770	775

14-17 各类商品交易市场基本情况
STATISTICS FOR COMMODITY TRANSACTION MARKETS

单位：个 (unit)

项目	Item	全市 Total	城区 City Proper	近郊区 Near Suburbs	远郊区 Outer Suburbs	各县 Counties
各类商品市场总数	**Total Number of Markets**	**769**	**144**	**346**	**241**	**38**
# 亿元市场数	Million-yuan Markets	75	8	48	15	4
综合市场	**Complex Markets**	**427**	**59**	**164**	**173**	**31**
工业品综合市场	of Industrial Products	14	4	5	2	3
农产品综合市场	of Farm Products	321	53	126	129	13
其它综合市场	Others	92	2	33	42	15
专业市场	**Specialized Markets**	**332**	**80**	**180**	**65**	**7**
纺织品服装鞋帽市场	of Textiles, Garments, Shoes and Hats	70	17	40	13	
食品饮料烟酒市场	of Food, Beverage, Tobacco and Liquor	8	8			
药材药品及医疗器材市场	of Medicine and Medical Appliance					
家具市场	of Furniture	31	3	21	7	
小商品市场	of Small Commodities	30	16	5	9	
文化、音像、书报杂志市场	of Culture, Audio and Video, Books, Newspaper and Magazines	9	5	4		
旧货市场	of Old Commodities	6		2	3	1
机动车市场	of Motor Vehicles	6		5	1	
金属材料市场	of Metal Materials	1		1		
煤炭市场	of Coal	1			1	
木材市场	of Timber	9		2	7	
建材装饰材料市场	of Building Materials and Decoration Materials	71		52	15	4
粮油市场	of Grain and Edible Oil	7		6	1	
干鲜果品市场	of Dry and Fresh Fruits	2			2	
水产品市场	of Aquatic Products	4	1	2		1
蔬菜市场	of Vegetable	19	10	6	2	1
肉食禽蛋市场	of Meet, Poultry and Eggs	1	1			
土畜产品市场	of Autochthonism and Livestock Product					
农业生产资料市场	of Agricultural Capital Goods	1		1		
餐饮业市场	of Catering Trade	2	2			
电脑市场	of Computer	12		11	1	
通讯器材市场	of Communication Apparatus	5	3	2		
花卉市场	of Flowers	14	2	11	1	
其他专业市场	Other Specialized Markets	23	12	9	2	
其他市场	**Others**	**10**	**5**	**2**	**3**	
其他市场	Others	10	5	2	3	

14-18 各类商品交易市场成交额
TRANSACTION VALUE OF COMMODITY TRANSACTION MARKETS

单位：万元 (10000 yuan)

项目	Item	全市 Total	城区 City Proper	近郊区 Near Suburbs	远郊区 Outer Suburbs	各县 Counties
各类商品市场总额	**Total Number of Markets**	**6378891**	**428034**	**4771889**	**1037187**	**141781**
# 亿元市场	Million-yuan Markets	5314510	264842	4263380	685849	100439
综合市场	**Complex Markets**	**3026648**	**112769**	**1963917**	**852178**	**97784**
工业品综合市场	of Industrial Products	27876	2031	5886	8600	11359
农产品综合市场	of Farm Products	2702122	109701	1782054	775176	35191
其它综合市场	Others	296650	1037	175977	68402	51234
专业市场	**Specialized Markets**	**3342466**	**307294**	**2806570**	**184605**	**43997**
纺织品服装鞋帽市场	of Textiles, Garments, Shoes and Hats	301716	65309	209905	26502	
食品饮料烟酒市场	of Food, Beverage, Tobacco and Liquor	6974	6974			
药材药品及医疗器材市场	of Medicine and Medical Appliance					
家具市场	of Furniture	196038	24918	161548	9572	
小商品市场	of Small Commodities	203437	170403	21491	11543	
文化、音像、书报杂志市场	of Culture, Audio and Video, Books, Newspaper and Magazines	35123	14808	20315		
旧货市场	of Old Commodities	18641		11041	3172	4428
机动车市场	of Motor Vehicles	1132318		1092730	39588	
金属材料市场	of Metal Materials	99162		99162		
煤炭市场	of Coal	638			638	
木材市场	of Timber	19667		829	18838	
建材装饰材料市场	of Building Materials and Decoration Materials	426455		359725	52132	14598
粮油市场	of Grain and Edible Oil	107389		107388	1	
干鲜果品市场	of Dry and Fresh Fruits	13601			13601	
水产品市场	of Aquatic Products	145268	9057	136111		100
蔬菜市场	of Vegetable	35277	1627	440	8339	24871
肉食禽蛋市场	of Meet, Poultry and Eggs	4123	4123			
土畜产品市场	of Autochthonism and Livestock Product					
农业生产资料市场	of Agricultural Capital Goods	580		580		
餐饮业市场	of Catering Trade	2691	2691			
电脑市场	of Computer	442976		442611	365	
通讯器材市场	of Communication Apparatus	9287	1371	7916		
花卉市场	of Flowers	29389	55	29308	26	
其他专业市场	Other Specialized Markets	111716	5958	105470	288	
其他市场	**Others**	**9777**	**7971**	**1402**	**404**	
其他市场	Others	9777	7971	1402	404	

14-19 消费品市场成交量
TRANSACTION VOLUME OF CONSUMER GOODS MARKETS

单位：百公斤 (100 kg)

项目	Item	成交量 Transaction Volume	零售量 Retail	社会零售量 Sales	零售量占社会零售量比重（%） Proportion of Retail in Sales(%)
粮食	Grain	10308750	1851560	3398893	54.5
食用植物油	Edible Vegetable Oil	2217050	394330	1373301	28.7
猪和猪肉	Hog and Pork	1688390	1117860	1847057	60.5
牛和牛肉	Oxes and Beef	381800	262450	434016	60.5
羊和羊肉	Goat, Sheep and Mutton	377300	249450	452636	55.1
家禽	Poultry	402750	254830	508884	50.1
鲜蛋	Fresh Eggs	1025310	626060	776006	80.7
鲜菜	Fresh Vegetable	56172440	14339600	14879696	96.4
鲜瓜果	Fresh Melon and Fruit	28180970	6966350	7309634	95.3
水产品	Aquatic Products	2263210	931960	1316930	70.8

14-20 生产资料市场成交情况
STATISTICS FOR TRANSACTION IN CAPITAL GOODS MARKETS

项目 Item				2003	2002	2003年为2002年% 2003 as % of 2002
成交额	**（万元）**	**Transaction Value**	**(10000 yuan)**	**1571366**	**1496169**	**105.0**
成交量		**Transaction Volume**				
新、旧汽车	（辆）	New and Old Automobiles	(unit)	163636	121439	134.7
钢材	（吨）	Rolled Steel	(ton)	307059	361483	84.9
木材	（立方米）	Timber	(cu.m)	416452	412689	100.9
煤炭	（吨）	Coal	(ton)	119013	144763	82.2

14-21 消费者投诉与处理
CONSUMER'S LAWSUITS AND HANDLING

单位：件 (case)

项目	Item	2003 受理投诉件数 Cases Accepted	2003 构成(%) Composition(%)	2002 受理投诉件数 Cases Accepted	2002 构成(%) Composition(%)
总计	**Total**	**18246**	**100**	**18784**	**100**
按行业分	**By Sector**				
家用电器类	Household Appliances	4601	25.2	5627	30.0
# 电视机	TV Sets	389	8.5	440	7.8
电冰箱	Refrigerators	169	3.7	160	2.8
洗衣机	Washing Machines	185	4.0	135	2.4
收录机	Recorders	73	1.6	90	1.6
家用机械类	Household Machines	977	5.4	819	4.4
# 照相机	Cameras	22	2.3	61	7.4
自行车	Bicycles	43	4.4	120	14.7
摩托车	Motorcycles	79	8.1	88	10.7
钟表	Clocks and Watches	18	1.8	50	6.1
日用百货类	Articles of Daily Use	5063	27.8	5571	29.7
# 家具	Furniture	826	16.3	1140	20.5
服装	Garments	971	19.2	1068	19.2
鞋	Shoes	1246	24.6	1372	24.6
化妆品	Cosmetics	100	2.0	75	1.3
食品	Food	791	4.3	774	4.1
药品	Medicine	171	0.9	200	1.1
服务	Services	6069	33.3	4980	26.5
农用资料	Materials for Agricultural Use	59	0.3	129	0.7
邮购	Mail-order	515	2.8	684	3.5
其他	Others				
按内容分	**By Content**				
质量	Quality	12667	69.4	13944	74.2
价格	Price	754	4.1	677	3.6
虚假广告	False Advertisements	310	1.7	233	1.2
假冒伪劣商品	Counterfeit Goods	254	1.4	196	1.0
计量	Measure	104	0.6	132	0.7
欺诈骗销	Cheating Sales	516	2.8	220	1.2
其他	Others	3641	20.0	3382	18.1

注：总解决率为99.2%。

Note：Total rate of settlement is 99.2%.

主要统计指标解释

社会消费品零售额 指各种经济类型的批发零售贸易业、餐饮业及其他行业对城乡居民、社会集团的消费品零售额。这个指标反映通过各种商品流通渠道向居民和社会集团供应的生活消费品来满足他们生活需要，是研究人民生活、社会消费品购买力、货币流通等问题的重要指标。社会消费品零售额包括：（1）售给城乡居民作为生活用的商品和修建房屋用的建筑材料；（2）售给机关、团体、学校、部队、企业、事业单位的职工食堂和旅店（招待所）附设专门供本店旅客食用、不对外营业的食堂的各种食品、饮料；企业、单位和国营农场直接售给本单位职工和职工食堂的自己生产的产品；（3）售给部队、战士生活用的粮食、副食品、衣着品、日用品、燃料；（4）售给来华的外国人、华侨、港澳台同胞的消费品；（5）居民自费购买的中、西药品、中药材及医疗用品；（6）报社、出版社直接售给居民和社会集团的报纸、图书、杂志，集邮公司出售的新、旧纪念邮票、特种邮票、首日封、集邮册、集邮工具等；（7）旧货寄售商店自购、自销部分的商品零售额；（8）煤气公司、液化石油气站售给居民和社会团体的煤气灶具和罐装液化石油气；（9）售给社会集团的办公用品、纸张、帐册、文印用品、计算工具、书报杂志和奖品；公共用品和纺织品、针织品；学校用的教学用品；文体用品；非专用的劳动保护用品；日用百货和杂品；家具、设备、日用电器、电讯设备、电影器材和照相器材等；取暖用的设备和燃料，防暑、降温的饮料；非生产经营用的交通工具；零星修理用的各种零配件、材料、工具、建筑材料等；举办各种招待会、茶话会、宴会用的烟酒茶和各种食品及馈赠的礼品；从公费医疗经费中开支的中、西药品、中药材和医疗器材以及其他非生产性设备和用品。不包括售给国民经济各部门企业、事业单位（包括国有经济的农场）生产经营用的各种原材料、燃料、设备、工具等和售给批发零售贸易业、餐饮业作为转卖用的商品、旧货寄售商店受托寄售卖出的商品、服务业的营业收入、邮局出售邮票的收入、自来水、电力、煤气生产（供应）单位的产品供应收入，也不包括农民之间的商品销售。

批发业、零售业、餐饮业“限额以上”的划分标准

批发业：年销售额在2000万元及以上的单位；

零售业：年销售额在500万元及以上的单位；

餐饮业：年营业额在200万元及以上的单位。

批发业、零售业、餐饮业大型、中型、小型企业的划分标准（本标准自2003年起执行）

批发业：

大型企业：指年销售额30000万元及以上，从业人员200人及以上；

中型企业：指年销售额3000—30000万元，从业人员100—200人；

小型企业：指年销售额3000万元以下，从业人员100人以下。

零售业：

大型企业：指年销售额15000万元及以上，从业人员500人及以上；

中型企业：指年销售额1000—15000万元，从业人员100—500人；

小型企业：指年销售额1000万元以下，从业人员100人以下。

餐饮业：

大型企业：指年营业额15000万元及以上，从业人员800人及以上；

中型企业：指年营业额3000—15000万元，从业人员400—800人；

小型企业：指年营业额3000万元以下，从业人员400人以下。

商品购进总额 指从本企业（单位）以外的单位和个人购进（包括从国外直接进口）作为转卖或加工后转卖的商品金额。本指标由从生产者购进额、从批发零售贸易业购进额、进口额和其他项目组成。这个指标反映批发零售贸易企业从国内、国外市场上购进商品的总量。商品购进总额包括：（1）从工农业生产者购进的商品；（2）从出版社、报社的出版发行部门购进的图书、杂志和报纸；（3）从批发零售贸易企业购进的商品物资，（4）从其他单位购进的商品，如从机关、团体、企业等单位购进的剩余物资，从餐饮业、服务业购进的商品，从海关、市场管理部门购进的缉私和没收的商品，从居民收购的废旧商品等；（5）从国（境）外直接进口的商品。不包括：（1）企业为本单位自身经营用，不是作为转卖而购进的商品；（2）未通过买卖行为而收入的商品。如接收其他部门移交的商品、借入的商品、收入代其他单位保管的商品、其他单位赠送的样品、加工收回的成品等；（3）经本单位介绍，由买卖双方直接结算，本单位只收取手续费的业务；（4）销售退回和买方拒付货款的商品；（5）商品溢余。

商品销售总额 指对本企业以外的单位和个人出售(包括对国（境）外直接出口）的商品金额（包括售给本单位消费的商品）。本指标由对生产经营单位销售额、对批发零售贸易业批发额、出口额、对居民和社会集团商品零售额项目组成。这个指标反映批发零售贸易企业在国内市场上销售商品以及出口商品的总量（商品销售总额又分为批发和零售，批发包括对生产经营单位销售额、对批发零售贸易业批发额、出口额，零售包括对居民和社会集团商品零售额。商品销售总额包括：（1）售给城乡居民和社会集团消费用的商品；（2）售给工业、农业、建筑业、运输邮电业、批发零售贸易业、餐饮业、服务业、公用事业等作为生产经营使用的商品；（3）售给批发零售贸易业作为转卖或加工后转卖的商品；（4）对国（境）外直接出口的商品。不包括：（1）出售本单位自用的废旧包装用品和其他废旧物资；（2）未通过买卖行为付出的商品，如随机构移交而交给其他单位的商品，借出的商品，交付代其他单位保管的商品，加工原料付出和赠送给其他单位的样品等；（3）经本单位介绍，由买卖双方直接结算，本单位只收取手续费的业务；（4）购货退出的商品；（5）商品损耗和损失等。

批发零售贸易业期末库存 指批发零售贸易企业已取得所有权的全部商品。这个指标反映批发零售贸易企业的商品库存情况及对市场商品供应的保证程度。期末库存包括：（1）存放在本单位（如门市部、批发站、经营处）的仓库、货场、货柜和货架中的商品；（2）挑选、整理、包装中的商品；（3）已计入购进而尚未运到本单位的商品，即发货单或银行承兑凭证已到而货未到的商品；（4）寄放他处的商品，如因购货方拒绝付款而暂时存放在购货方的商品；（5）委托其他单位代销（未作销售或调出）尚未售出的商品；（6）代其他单位购进尚未交付的商品。不包括：（1）所有权不属于本单位的商品，如商品已作销售但买方尚未取走的商品，代替他人保管、运输、加工的商品，代其他单位销售（未作购进或调入）而未售出的商品；（2）委托外单位加工的商品（包括本单位所属加工厂和其他生产单位加工生产尚未收回成品的商品）。（3）外贸企业代理其他单位从国外进口尚未付给订货单位的商品；（4）代国家物资储备部门保管的商品。

网点 指本批发零售贸易企业设立的从事批发、零售贸易业务的自然单位（包括本企业自身），具有独立固定的营业场所，配备一定的业务人员，不论单位大小，不论是否单独核算，均按自然网点计算，即有一个点就算一个网点。不包括同一营业场所内各柜组以及派出的流动推销小组，流动售货车等。

人员 指在批发、零售、餐饮服务业企业工作并取得劳动报酬的从业人员。包括职工、聘请的离退休人员等。

连锁企业（或称连锁店、连锁公司）：指在核心企业或总店的领导下，由分散的、经营同类商品或服务的企业或活动单位，采取共同方针，实行集中采购和分散销售的有机结合，通过规范化经营，实现规模效益的经济联合组织形式。一般连锁店应由若干个分店组成。其经营特征：（1）经营同类商品；（2）使用统一商号；（3）统一采购配送，采购与销售相分离（部分商品可根据物流合理和保质保鲜原则由供应商直接送货到门店，其余均由总部统一配送）。

连锁经营的本质是：采购与销售相分离，集中采购，分散销售，通过规范化经营，实现规模效益。

连锁门店包括下列两种形式：

（1）直营（控股）店：也叫正规连锁。连锁门店均由总部全资或控股（绝对控股和相对控股）开设，在总部的直接领导下统一经营。

（2）加盟店：也叫特许连锁。各连锁门店（被特许人）通过合同形式，取得使用总部（特许人）商标、商号、经营技术和销售总部开发的商品的特许权，各连锁门店均为独立法人，但无自主经营权，统一接受总部指导。

十五、对外经济贸易

FOREIGN ECONOMY AND TRADE

STATISTICAL

YEARBOOK

地方企业进出口总额（单位：亿美元）
Imports and Exports of Local Enterprises (USD 100 million)

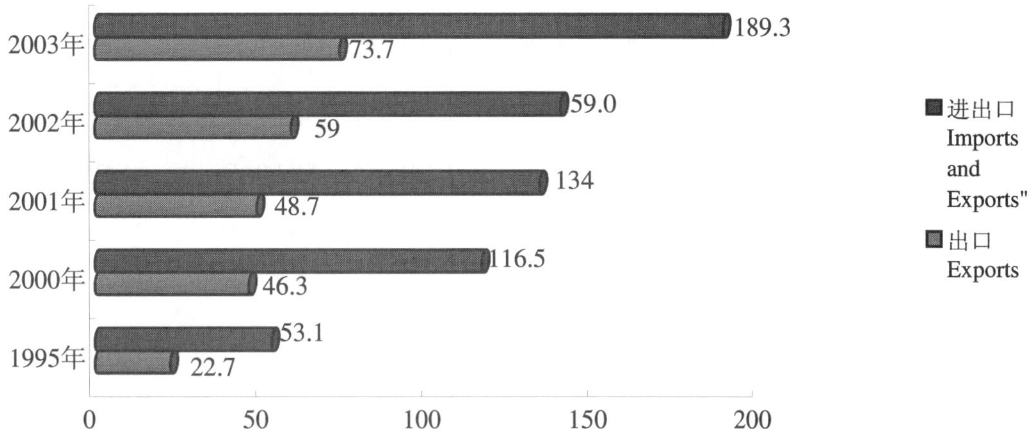

利 用 外 资（单位：亿美元）
Foreign Capital Utilized (USD 100 million)

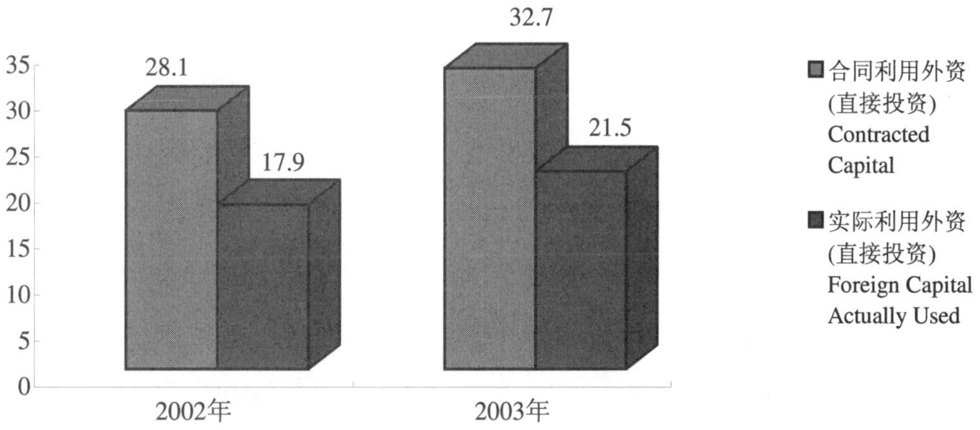

15-1 海关进出口贸易总额(按登记注册类型分)
TOTAL VALUE OF IMPORTS AND EXPORTS AT CUSTOMS (GROUPED BY REGISTRATION STATUS)

项目	Item	金额(万美元) Value (USD 10000) 2003	2002	2003年为2002年% 2003as % of 2002	构成(%) Composition(%) 2003	2002
进出口总额	**Total Value of Imports and Exports**	**6846262**	**5250870**	**130.4**	**100.0**	**100.0**
出口总额	**Exports**	1685173	1261464	133.6	24.6	24.0
进口总额	**Imports**	5161089	3989406	129.4	75.4	76.0
进出口总额(地方)	**Total Value of Imports and Exports(Local)**	**1893214**	**1404171**	**134.8**	**100.0**	**100.0**
出口总额	**Exports**	736595	589901	124.9	38.9	42.0
进口总额	**Imports**	1156619	814270	142.0	61.1	58.0
地方出口按登记注册类型分	**Grouped by Registration Status**					
内资企业	Domestic Investment Enterprises	223558	188196	118.8	30.4	31.9
国有企业	tate-owned Enterprises	197833	175176	112.9	26.9	29.7
集体企业	Collective-owned Enterprises	8305	7761	107.0	1.1	1.3
其　他	Others	17420	5259	331.2	2.4	0.9
外商投资企业	Foreign Funded Enterprises	513037	401705	127.7	69.6	68.1
中外合资	Joint Venture	362874	318115	114.1	49.2	53.9
中外合作	Cooperative	7424	5916	125.5	1.0	1.0
外商独资	Foreign Enterprises	142739	77674	183.8	19.4	13.2
外商投资股份有限公司	Foreign Funded Share Holding Company					
地方出口按登记注册类型分	**Grouped by Registration Status**					
内资企业	Domestic Investment Enterprises	487734	338692	144.0	42.2	41.6
国有企业	State-owned Enterprises	442425	321082	137.8	38.3	39.4
集体企业	Collective-owned Enterprises	6895	2509	274.8	0.6	0.3
其　他	Others	38414	15101	254.4	3.3	1.9
外商投资企业	Foreign Funded Enterprises	668885	475578	140.6	57.8	58.4
中外合资	Joint Venture	444338	372768	119.2	38.4	45.8
中外合作	Cooperative	12116	15127	80.1	1.0	1.9
外商独资	Foreign Enterprises	212431	87683	242.3	18.4	10.7

15-2 海关进出口贸易总额(按国别、地区分)
TOTAL VALUE OF IMPORTS AND EXPORTS AT CUSTOMS (GROUPED BY COUNTRY AND REGION)

项目	Item	金额(万美元) Value (USD 10000) 2003	2002	2003年为2002年% 2003as % of 2002	构成(%) Composition(%) 2003	2002
地方出口按国别(地区)分	**Grouped by Country (Region)(Exports)**	**736595**	**589901**	**124.9**	**100.0**	**100.0**
# 香港	Hongkong,China	81736	80217	101.9	11.1	13.6
澳门	Macao,China	176	547	32.2	0.0	0.1
日本	Japan	132005	109243	120.8	17.9	18.5
新加坡	Singapore	11593	6225	186.2	1.6	1.1
英国	United Kingdom	10049	8931	112.5	1.4	1.5
德国	Germany	56594	44798	126.3	7.7	7.6
法国	France	8497	4726	179.8	1.2	0.8
意大利	Italy	8737	8266	105.7	1.2	1.4
瑞士	Switzerland	1474	972	151.7	0.2	0.2
波兰	Poland	1952	825	236.6	0.3	0.1
俄罗斯联邦	Russia Union	9259	7086	130.7	1.3	1.2
埃及	Egypt	1488	1398	106.4	0.2	0.2
加拿大	Canada	8493	7243	117.3	1.2	1.2
美国	United States	106531	101696	104.8	14.5	17.2
澳大利亚	Australia	10839	8569	126.5	1.5	1.5
地方进口按国别(地区)分	**Grouped by Country (Region)(Imports)**	**1156619**	**814270**	**142.0**	**100.0**	**100.0**
# 香港	Hongkong,China	81222	87714	92.6	7.0	10.8
日本	Japan	204921	172203	119.0	17.7	21.1
新加坡	Singapore	28940	17810	162.5	2.5	2.2
英国	United Kingdom	20434	16114	126.8	1.8	2.0
德国	Germany	87020	51424	169.2	7.5	6.3
法国	France	18806	15229	123.5	1.6	1.9
意大利	Italy	20020	13298	150.5	1.7	1.6
瑞士	Switzerland	14395	7562	190.4	1.2	0.9
比利时	Belgium	8358	5200	160.7	0.7	0.6
俄罗斯联邦	Russia Union	7644	1433	533.5	0.7	0.2
加拿大	Canada	8653	9305	93.0	0.7	1.1
美国	United States	121540	103531	117.4	10.5	12.7
澳大利亚	Australia	27226	19982	136.3	2.4	2.5

15-3 海关进出口商品类别及构成(地方企业)
VALUE AND COMPOSITION OF IMPORTS AND EXPORTS AT CUSTOMS BY CATEGORY OF COMMODITIES(LOCAL)

项目	Item	金额(万美元) Value (USD 10000) 2003	2002	构成(%) Composition(%) 2003	2002
出口总额	**Exports**	**736595**	**589901**	**100.0**	**100.0**
初级产品	Primary Goods	62602	48495	8.5	8.2
食品及主要供食用的活动物	Food and Lively Animals Chiefly for Food	44871	34885	6.1	5.9
饮料及烟草	Beverage and Tabacco	664	846	0.1	0.1
非食用原料（燃料除外）	Non-edible Raw Materials(excluding Fuel)	9066	7630	1.2	1.3
矿物燃料、润滑油及有关原料	Mineral Fuels,Lubricants and Related Materials	7959	5079	1.1	0.9
动植物油、脂及蜡	Animal and Vegetable Oils,Fats and Waxes	42	55	…	…
工业制成品	Manufactured Goods	669419	537388	90.9	91.1
化学品及有关产品	Chemicals and Related Products	24018	25516	3.3	4.3
按原料分类的制成品	Finished Products Grouped by Materials	57636	51950	7.8	8.8
机械及运输设备	Machinery and Transport Equipment	434475	331437	59.0	56.2
杂项制品	Miscellaneous Products	153290	128485	20.8	21.8
未分类商品	Products Not Classified	4574	4018	0.6	0.7
进口总额	**Imports**	**1156619**	**814270**	**100.0**	**100.0**
初级产品	Primary Goods	106727	57582	9.2	7.1
食品及主要供食用的活动物	Food and Lively Animals Chiefly for Food	26112	21090	2.3	2.6
饮料及烟草	Beverage and Tabacco	1854	1539	0.2	0.2
非食用原料（燃料除外）	Non-edible Raw Materials(excluding Fuel)	61021	31873	5.3	3.9
矿物燃料、润滑油及有关原料	Mineral Fuels,Lubricants and Related Materials	7787	1945	0.7	0.3
动植物油、脂及蜡	Animal and Vegetable Oils,Fats and Waxes	9953	1135	0.7	0.1
工业制成品	Manufactured Goods	1048222	755798	90.6	92.8
化学品及有关产品	Chemicals and Related Products	72752	52776	6.3	6.5
按原料分类的制成品	Finished Products Grouped by Materials	112390	66095	9.7	8.1
机械及运输设备	Machinery and Transport Equipment	747200	568452	64.6	69.8
杂项制品	Miscellaneous Products	115880	68475	10.0	8.4
未分类商品	Products Not Classified	1670	890	0.2	0.1

15-4 进出口商品检验
TEST OF IMPORTS AND EXPORTS COMMODITIES

项目	Item	2003	2002	2003年为2002年% 2003 as % of 2002
进口商品检验	**Imports Test**			
批数 (批)	Batches (batch)	50252	50882	98.8
金额 (万美元)	Value (USD 10000)	275954	247190	111.6
# 不合格商品	Substandard			
批数 (批)	Batches (batch)	333	451	73.8
金额 (万美元)	Value (USD 10000)	2057	936	219.8
出口商品检验	**Exports Test**			
批数 (批)	Batches (batch)	58039	50082	115.9
金额 (万美元)	Value (USD 10000)	329843	282899	116.6
# 不合格商品	Substandard			
批数 (批)	Batches (batch)	64	97	66.0
金额 (万美元)	Value (USD 10000)	161	444	36.3

15-5 海关主要商品出口量
MAJOR EXPORTS COMMODITIES IN VOLUME(CUSTOMS STATISTICS)

品名 Item	2003	2002
冻鸡 (吨) Frozen Chicken (ton)	14547	12152
稻谷和大米 (万吨) Paddy and rice (10000 tons)	66	45
食用植物油 (吨) Cooking Oil (ton)	447	674
栗子 (吨) Chestnuts (ton)	2179	3135
天然蜂蜜 (吨) Honey (ton)	815	1346
啤酒 (万升) Beer (10000 liters)	548	793
中成药 (万美元) Chinese Medicines (USD 10000)	1619	1501
服装及衣着附件 (万美元) Garments (USD 10000)	85871	71947
皮鞋 (万双) Leather Shoes (10000 pairs)	261	319
胶或塑料底布鞋 (万双) Cloth Shoes with Outer Soles of Rubber or Artificial Plastic Materials (10000 pairs)	1178	1452
录音机及收录(放)音组合机 (万台) Recorders (10000)	226	202
照相机 (万架) Cameras (10000)	158	185
印刷电路 (吨) Printed Cuitry (ton)	14123	366
首饰 (万美元) Jewelry (USD 10000)	408	668

品名 Item	2003	2002
玻璃制品 (万美元) Glass Ware (USD 10000)	2229	1678
机电产品 (万美元) Mechanical and Electronical Products (USD 10000)	484970	374451
金属制品 (万美元) Metal Products (USD 10000)	16503	15239
机械及设备 (万美元) Machine and Equipment (USD 10000)	62364	51627
电器及电子产品 (万美元) Household Wiring and Electron Products (USD 10000)	340083	255834
仪器仪表 (万美元) Aluminum Products (USD 10000)	33073	29325
高新技术产品 (万美元) High-Grade Technological Product (USD 10000)	341071	262814
计算机与通信技术 (万美元) Technology computer and Communications (USD 10000)	257232	213587
电子技术 (万美元) Technology of Electron (USD 10000)	48589	20029
生命科学技术 (万美元) Technology of Life Sciences (USD 10000)	15107	12312

15-6 海关主要商品进口量
MAJOR IMPORTS COMMODITIES IN VOLUME(CUSTOMS STATISTICS)

品名 Item	2003	2002	品名 Item	2003	2002
食糖 (万吨) Sugar (10000 tons)	1	1	复印机 (台) Duplicators (unit)	1016	1156
谷物及谷物粉 (万吨) Cereal and Cereal Powder (10000 tons)	5	11	聚乙烯 (吨) Polyethylene (ton)	64663	70751
纺织用合成纤维 (万吨) Synthetic Fibers Suitable for Spinning (10000 tons)	4	1	聚丙烯 (吨) Polypropylene (ton)	19620	6331
合成纤维纱线 (吨) Synthetic Fibers, Continuous Filament and Yarn (ton)	12956	3003	聚苯乙烯及共聚物 (吨) Polystyrene and Copolymer (ton)	11844	11172
羊毛及羊毛条 (吨) Wool and Wool Top (ton)	9966	4467	机电产品 (万美元) Mechanical and Electronical Products (USD 10000)	869867	638621
纸及纸板 (万吨) Paper and Paperboard (10000 tons)	8	5	金属制品 (万美元) Metal Products (USD 10000)	17487	10246
空气调节器 (台) Air Conditioners (unit)	3214	3091	仪器仪表 (万美元) Aluminum Products (USD 10000)	90907	62939
彩色电视机 (台) Color TV Set (unit)	3690	1557	运输工具 (万美元) Conveyance (USD 10000)	66402	18385
电视摄像机 (台) Television Camera (unit)	8209285	275485	汽车 (辆) Motor Vehicle (unit)	8614	2557
			高新技术产品 High-Grade Technological Product (USD 10000)	547754	449764
			计算机集成制造技术 (万美元) Complete Sets of Digital (USD 10000)	34915	20549

15-7 外商投资企业签约情况
STATISTICS ON CONTRACTS OF FOREIGN FUNDED ENTERPRISES

项目	Item	项目数（个）Number of Contracts (unit) 2003	2002	合同总金额（万美元）Total Value of Contracts(USD 10000) 2003	2002	# 合同外资金额 Foreign Capital 2003	2002
合计	**Total**	**1360**	**1370**	**779632**	**601244**	**327132**	**280823**
按登记注册类型分	**Grouped by Investment Manner**						
合资经营	Joint Venture	482	504	378084	262138	115297	78089
合作经营	Cooperative Operation	73	111	159505	116210	51782	41239
独资经营	Foreign Funded Enterprises	801	754	207497	205406	152105	153757
其他	Others	4	1	34546	17490	7948	7738
按三次产业分	**Grouped by Three Industry**						
第一产业	Primary Industry	18	33	8429	11011	5684	8547
第二产业	Secondary Industry	495	553	180281	226938	90470	100243
第三产业	Tertiary Industry	847	784	590922	363295	230978	172033
按行业分	**By Sector**						
农、林、牧、渔业	Farming,Forestry,Animal Husbandry and Fishery	18		8429		5684	
制造业	Manufacturing	494		180235		90507	
建筑业	Construction	21		8369		4306	
信息传输、计算机服务和软件业	Information Transmission,Computer Servecis and Software	278		68261		42691	
批发和零售业	Wholesale Trade and Retail Trade	17		35379		8057	
住宿和餐饮业	Stay Place and Catering	40		2289		1217	
房地产业	Real Estate Trade	45		140326		37478	
租赁和商务服务业	Tenancy and Commercial Servecis	330		120759		86107	
其他行业	Other Sectors	117		215585		51085	
按客商国别（地区）分	**Grouped by Country(Region) of Foreign Partner**						
# 日本	Japan	89	95			39272	18273
美国	United States	244	217			23440	20433
香港	Hongkong,China	280	308			74403	61128
澳大利亚	Australia	37	26			2002	1527
法国	France	19	13			2531	4115
新加坡	Singapore	64	66			8268	15153
加拿大	Canada	57	59			3135	2014
德国	Germany	32	30			6444	15819
西班牙	Spain	2	5			1163	294
中国台湾	Taiwan,China	51	98			4264	2255
瑞典	Sweden	1	6			1218	3623
泰国	Thailand	3	4			846	-455
比利时	Belgium	6	3			1589	180
丹麦	Denmark	4	2			375	30
韩国	Korea	175	185			26785	28792
俄罗斯	Russia	6	7			28	72

15-8 外商投资企业实际利用外资情况
UTILIZATION OF FOREIGN CAPITAL OF FOREIGN FUNDED ENTERPRISES

单位：万美元 (USD 10000)

	Item	2003	2002	2003年为2002年% 2003 as % of 2002
实际利用外资	**Amount of Foreign Capital Actually Used**	**214675**	**179257**	**119.8**
按登记注册类型分	**Grouped by Investment Manner**			
合资经营	Joint Venture	64824	55242	117.3
合作经营	Cooperative Operation	36417	29888	121.8
独资经营	Foreign Funded Enterprises	113434	94127	120.5
按行业分	**By Sector**			
农、林、牧、渔业	Farming,Forestry,Animal Husbandry and Fishery	196	5508	3.6
制造业	Manufacturing	72150	54682	131.9
建筑业	Construction	1830	1472	124.3
信息传输、计算机服务和软件业	Information Transmission,Computer Servecis and Software	17044	21771	78.3
批发和零售业	Wholesale Trade and Retail Trade	6864	807	850.8
住宿和餐饮业	Stay Place and Catering	12734	279	4572.4
房地产业	Real Estate Trade	32827	33917	96.8
租赁和商务服务业	Tenancy and Commercial Servecis	51522	49323	104.5
其他行业	Other Sectors	19508	11498	169.7
按客商国别(地区)分	**Grouped by Country(Region) of Foreign Partner**			
香　港	Hongkong,China	51589	51682	99.8
台湾地区	Taiwan,China	2471	2538	97.4
日　本	Japan	24290	19094	127.2
新加坡	Singapore	14070	6338	222.0
法　国	France	1274	3105	41.0
美　国	United States	17865	34505	51.8
德　国	Germany	11021	17761	62.1
韩　国	Korea	22850	3227	708.1
英　国	United Kingdom	4978	947	525.5
奥地利	Austria	1213		
加拿大	Canada	986	1728	57.0
其　他	Others	62069	38333	161.9

15-9 外商投资企业投产开业情况
STATISTICS FOR OPENING OF FOREIGN FUNDED ENTERPRISES

项目	Item	企业单位数（个）Number of Enterprises (unit)		企业职工人数(人) Number of Staff and Workers (person)	
		2003	2002	2003	2002
合计	**Total**	**5482**	**5400**	**523957**	**499326**
按登记注册类型分	**Grouped by Registration Status**				
外商投资企业	Foreign Funded Enterprises	3241	3081	310960	292626
中外合资	Joint Venture	1707	1736	184580	189118
中外合作	Cooperative	230	229	17566	18875
外商独资	Foreign Enterprises	1299	1113	101551	80821
外商投资股份有限公司	Foreign Funded Share Holding Company	5	3	7263	3812
港澳台商投资企业	Hongkong,Macao and Taiwan Funded Enterprises	2241	2319	212997	206700
港澳台合资	Joint Venture	1382	1479	146077	151856
港澳台合作	Cooperative	257	254	16212	15773
港澳台商独资	Hongkong,Macao and Taiwan Enterprises	599	584	42133	36731
港澳台商投资股份有限公司	Hongkong,Macao and Taiwan Funded Share Holding Company	3	2	8575	2340
按行业分	**By Sector**				
农、林、牧、渔业	Farming,Forestry,Animal Husbandry and Fishery	54		2824	
制造业	Manufacturing	2664		283745	
建筑业	Construction	150		7755	
信息传输、计算机服务和软件业	Information Transmission,Computer Servecis and Software	803		43287	
批发和零售业	Wholesale Trade and Retail Trade	125		11930	
住宿和餐饮业	Stay Place and Catering	220		62220	
房地产业	Real Estate Trade	397		32568	
租赁和商务服务业	Tenancy and Commercial Servecis	472		31084	
其他行业	Other Sectors	597		48544	
按客商国别(地区)分	**Grouped by Country (Region) of Foreign Partner**				
# 香港	Hongkong,China	1823	1873	188162	179834
澳门	Macao,China	22	22	1191	1017
中国台湾	Taiwan,China	396	424	23644	25849
朝鲜民主主义人民共和国	Democratic People's Republic of Korea	8	7	958	758
日本	Japan	570	563	68598	63932
泰国	Thailand	31	38	2704	3890
新加坡	Singapore	210	214	25254	26956
印度尼西亚	Indinesia	2	2	17	17
法国	France	77	70	6780	5868
意大利	Italy	22	17	579	924
荷兰	The Holland	48	45	7579	5905
瑞典	Sweden	27	30	4176	4556
西班牙	Spain	10	11	1723	1624
美国	United States	968	926	81959	81075
德国	Germany	140	138	17591	16921
丹麦	Denmark	11	11	787	802
菲律宾	Philippines	5	6	988	1097
澳大利亚	Australia	73	69	4188	3955
新西兰	New Zealand	10	15	347	550
韩国	Korea	229	195	17500	14130
英国	United Kingdom	154	149	12620	11548
瑞士	Switzerland	36	37	6495	6021
奥地利	Austria	13	12	481	462
加拿大	Canada	124	106	6075	5494

15-10 外商投资企业生产经营情况
STATISTICS ON PRODUCTION AND BUSINESS OF FOREIGN ENTERPRISES

单位：万元 (10000 yuan)

项目	Item	销售营业收入 Business Revenue		利润总额 Total Profits		交纳税金总额 Taxes	
		2003	2002	2003	2002	2003	2002
合计	**Total**	**32618068**	**27208688**	**2565767**	**1559430**	**2591570**	**2084937**
按登记注册类型分	**Grouped by Registration Status**						
外商投资企业	Foreign Funded Enterprises	22794984	18744230	2438484	1560885	1850477	1456232
中外合资	Joint Venture	12393454	10476306	1014068	443454	929133	710200
中外合作	Cooperative	684808	627431	5990	-149	61341	63221
外商独资	Foreign Enterprises	9504583	7530973	1380187	1085454	842462	670192
外商投资股份有限公司	Foreign Funded Share Holding Company	212139	109520	38238	32126	17541	12619
港澳台商投资企业	Hongkong,Macao and Taiwan Funded Enterprises	9823084	8464458	127283	-1455	741093	628705
港澳台合资	Joint Venture	4134410	3601620	79155	143872	263978	258371
港澳台合作	Cooperative	967531	817498	-41961	-86976	142452	118302
港澳台商独资	Hongkong,Macao and Taiwan Enterprises	4341308	3792431	56458	-72881	279619	237121
港澳台商投资股份有限公司	Hongkong,Macao and Taiwan Funded Share Holding Company	379835	252909	33631	14530	55044	14911
按行业分	**By Sector**						
农、林、牧、渔业	Farming,Forestry,Animal Husbandry and Fishery	42452		-6710		761	
制造业	Manufacturing	17356672		1094012		1019622	
建筑业	Construction	371880		1320		12331	
信息传输、计算机服务和软件业	Information Transmission,Computer Servecis and Software	3276643		626889		552105	
批发和零售业	Wholesale Trade and Retail Trade	1296303		52134		72398	
住宿和餐饮业	Stay Place and Catering	985092		32137		90115	
房地产业	Real Estate Trade	1973847		-35412		267357	
租赁和商务服务业	Tenancy and Commercial Servecis	5840457		-600969		421988	
其他行业	Other Sectors	1474722		1402366		154893	
按客商国别(地区)分	**Grouped by Country(Region) of Foreign Partner**						
# 香　港	Hongkong,China	9356037	7974796	123806	9047	715142	601155
澳　门	Macao,China	34358	32685	-1675	-4779	865	1029
中国台湾	Taiwan,China	432689	456977	5152	-5723	25086	26521
朝鲜民主主义人民共和国	Democratic People's Republic of Korea	17184	25490	-119	-967	1455	1571
日　本	Japan	4810784	3295616	255238	89501	261895	133398
泰　国	Thailand	156073	252291	14728	14279	16502	15427
新加坡	Singapore	570897	763046	31303	30018	51267	58384
印度尼西亚	Indonesia	743	373	75	22	62	38
法　国	France	686881	546109	128123	84164	49268	23998
意大利	Italy	14962	12349	-793	-855	798	288
荷　兰	The Holland	672036	496097	56220	-20999	47028	26724
瑞　典	Sweden	1089100	729408	75371	42483	55784	36501
西班牙	Spain	34210	37455	-2938	-3927	1800	1726
美　国	United States	4174486	4082191	184371	353013	386233	497880
德　国	Germany	1317390	991048	285797	166362	133945	96083
丹　麦	Denmark	51129	20985	-2205	-510	3173	2671
菲律宾	Philippines	5677	7053	-4390	-3535	3341	792
澳大利亚	Australia	121548	94534	-4498	-11587	8186	6338
新西兰	New Zealand	4842	3166	172	-587	144	129
韩　国	Korea	1450455	332042	251595	7057	201710	13865
英　国	United Kingdom	398240	393119	23422	38212	29459	28678
瑞　士	Switzerland	643762	522477	60928	51973	54311	46842
奥地利	Austria	18328	13092	3212	1350	1044	653
加拿大	Canada	342657	288935	42538	6246	29939	30764

15-11 对外承包工程和劳务合作
CONTRACTED PROJECTS AND LABOR SERVICES COOPERATION WITH FOREIGN COUNTRIES

地区	Region	签定合同份数(份) Number of Contracts (unit)		签定合同金额(万美元) Contracted Value (USD 10000)		营业额(万美元) Fulfilled Value (USD 10000)	
		2003	2002	2003	2002	2003	2002
合计	Total	**117**	**73**	**48271**	**27949**	**34926**	**23160**
对外承包工程	**Constructed Projects**	**94**	**30**	**30642**	**19244**	**17171**	**14368**
# 斯里兰卡	Sri Lanka		1		3122	1636	862
马来西亚	Malaysia	3		1046		908	191
巴基斯坦	Pakistan	3	4	302	830	729	477
新加坡	Singapore	2	2	6610	2619	2933	2992
对外劳务合作	**Labor Services**	**18**	**31**	**17510**	**8573**	**17592**	**8707**
# 日本	Japan	10	10	168	197	241	282
香港	Hongkong,China	1	1	9	98	8	83
中国台湾	Taiwan,China	2		149		112	
马来西亚	Malaysia					2	1
新加坡	Singapore	1		4		4	2
韩国	Korea	1		4		4	1
塞浦路斯	Cyprus					2	3
毛里求斯	Mauritius	2		3		13	
德国	Germany					13	12
挪威	Norway	1		80		67	
设计咨询	**Consulting Services for Designing**	**5**	**12**	**119**	**132**	**163**	**85**

15-12 海外企业审批情况
STATISTICS ON EXAMINING AND APPROVING OF CONTRACTS OF OVERSEAS ENTERPRISES

项目	Item	审批项目数(个) Number of Projects Examined and Approved (unit)		# 中方投资金额(万美元) Investment by Chinese Partner(USD 10000)	
		2003	2002	2003	2002
合计	Total	**38**	**24**	**37337**	**4094**
按登记注册类型分	**Grouped by Investment Manner**				
合资经营	Joint Venture	18	11	17560	2584
合作经营	Cooperative Operation		2		185
独资经营	Foreign Enterprises	20	11	19777	1325
按生产性、非生产性分	**Grouped by Production and Non-production**				
生产性企业	Productive Enterprises	7	4	35021	2322
非生产性企业	Non-productive Enterprises	31	20	2316	1772
按投资国别(地区)分	**Grouped by Country(Region) of Investment**				
# 美国	United States	9	3	956	150
澳大利亚	Australia	2	1	1450	10
日本	Japan	2	2	33	11
蒙古	Mongolia		1		100
俄罗斯	Russia	1		10	
英国	United Kingdom	2	1	749	4
罗马尼亚	Romania		1		40
意大利	Italy	1		431	
南朝鲜	Algeria	1	2	19000	2195
香港	Hongkong,China	6	6	13968	442
新加坡	Singapore	2		30	
澳门	Macao,China	2		32	

15-13 外国企业及华侨、港澳地区企业驻京代表机构
REPRESENTATIVE OFFICES IN BEIJING OF FOREIGN,OVERSEAS CHINESE HONGKONG AND MACAO ENTERPRISES

项　目	Item	数　量(个) Number(unit)		构 成 (%) Composition(%)	
		2003	2002	2003	2002
总　计	**Total**	**8392**	**7976**	**100.0**	**100.0**
#日　本	Japan	695	666	8.3	8.4
香港澳门	Hongkong and Macao	2110	2082	25.1	26.1
美　国	United States	1616	1540	19.3	19.3
德　国	Germany	477	453	5.7	5.7
法　国	France	217	214	2.6	2.7
英　国	United Kingdom	233	210	2.8	2.6
意大利	Italy	178	169	2.1	2.1
瑞　士	Switzerland	109	102	1.3	1.3
瑞　典	Sweden	79	73	0.9	0.9
加拿大	Canada	279	257	3.3	3.2
澳大利亚	Australia	185	182	2.2	2.3
比利时	Belgium	46	44	0.5	0.6
新加坡	Singapore	327	317	3.9	4.0
荷　兰	The Holland	109	101	1.3	1.3
奥地利	Austria	58	52	0.7	0.7

15-14 区县对外经济基本情况
FOREIGN ECONOMY OF DISTRICTS AND COUNTIES

项　目		Item		合 计 Total	城 区 City Proper	近郊区 Near Suburbs	远郊区 Outer Suburbs	各 县 Counties
利用外资		**Utilization of Foreign Capital**						
签约项目	(个)	Projects Signed	(unit)	1360	178	450	675	57
合同外资金额	(万美元)	Contracted Foreign Capital	(USD 10000)	327132	53298	119595	137121	17118
外商实际投资额	(万美元)	Foreign Actual Investment	(USD 10000)	214675	26252	113855	70168	4400
出口商品交货		**Export Delivery**						
交货总额	(万元)	Total Value	(10000 yuan)	970399	3421	80197	772597	114184
直接交货	(万元)	Direct Delivery	(10000 yuan)	663147	3421	56576	529818	73332
# 交本市外贸收购	(万元)	Purchased by Local Foreign Trade	(10000 yuan)	248098	1257	39399	152360	55082
间接交货	(万元)	Indirect Delivery	(10000 yuan)	307252		23621	242779	40852

注：表中“各县”包括密云和延庆。

Note: Counties include Miyun and Yanqing.

主要统计指标解释

进出口总额　海关进出口总额指实际进、出我国关境并能引起我国境内物质资源增加或减少的进出口货物总金额。包括我国境内法人和其他组织以一般贸易、易货贸易、加工贸易、补偿贸易、寄售代销贸易等方式进出口的货物、租赁期一年及以上的租赁进出口货物、边境小额贸易货物、国际援助物资或捐赠品、保税区和保税仓库进出口货物等的金额合计。进出口总额用以观察一个国家在对外贸易方面的总规模。我国规定出口货物按离岸价格统计，进口货物按到岸价格统计。

利用外资　指我国各级政府、部门、企业和其他经济组织通过对外借款、吸收外商直接投资以及用其他方式筹措的境外现汇、设备、技术等。

对外借款　是我国利用外资的主要部分。包括我国通过外国政府贷款，国际金融组织贷款，外国银行商业贷款，出口信贷以及对外发行债券，股票等方式，从境外筹措的资金。

实际利用外资　为批准的合同外资金额的实际执行数。

外商直接投资　是指外国企业和经济组织或个人（包括华侨、港澳台同胞以及我国在境外注册的企业）按我国有关政策、法规，用现汇、实物、技术等在我国境内开办外商独资企业、与我国境内的企业或经济组织共同举办中外合资经营企业、合作经营企业或合作开发资源的投资（包括外商投资收益的再投资）以及经政府有关部门批准的项目投资总额内，企业从境外借入的资金。

对外承包工程　指企业按照国际通行做法，在国（境）外承揽和实施各类工程项目的经济活动。企业承揽的我国对外经济援助项目、我国驻外使（领）馆等建设项目视同对外承包工程项目。

对外劳务合作　指企业按照与国（境）外政府有关机构、团体、企业、私人雇主所签合同规定，向国（境）外派遣各类劳务人员的经济活动。企业自带设备以提供技术服务的形式在国（境）外承揽的项目视同对外劳务合作项目。

十六、旅　游
TOURISM

STATISTICAL

YEARBOOK

接待入境旅游人数（单位：万人）
Tourists (10000 persons)

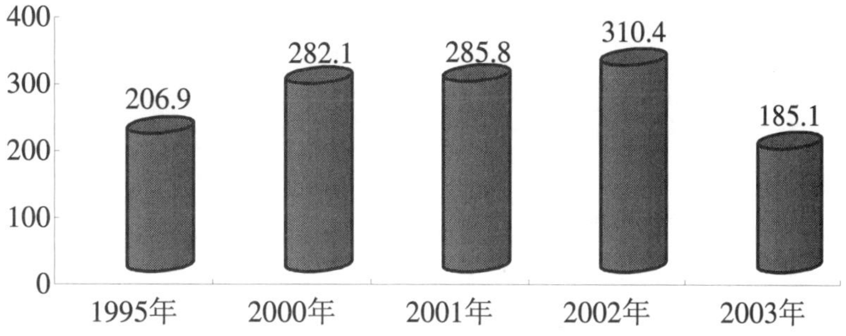

旅游外汇收入　　（单位：亿美元）
Foreign Exchange Earning from Tourism (USD 100 million)

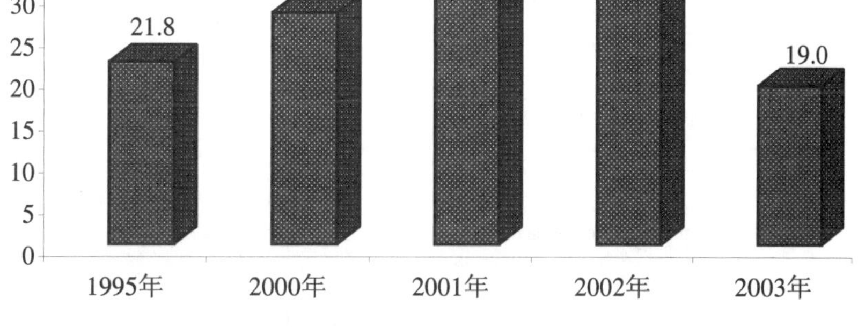

16-1 旅游外汇收入
FOREIGN EXCHANGE EARNING FROM INTERNATIONAL TOURISM

单位：亿美元 (USD 100 million)

项 目	Item	2003	构成（%） Composition(%)
合 计	**Total**	**19**	**100.0**
长途交通费	Long-distance Transportation Expenses	6.7	35.3
# 民航	Civil Aviation	6.3	94.0
铁路	Railway	0.2	3.0
汽车	Motor Vehicles	0.2	3.0
市内交通费	Local Transpotation Expense	0.5	2.6
住宿	Accommodation	3.0	15.8
餐饮	Catering Service	1.6	8.4
商品	Commodity	3.9	20.5
邮政电讯	Posts and Telecommunications	0.9	4.7
景点门票	Tickets of Tourism Spots	0.9	4.7
文化娱乐	Culture and Entertainment	0.8	4.2
其他	Others	0.7	3.8

16-2 接待海外旅游人数
FOREIGN TOURISTS

单位：人次 (person.time)

项目	Item	2003	2002	2003年为2002年% 2003 as % of 2002
合　计	**Total**	**1851245**	**3103836**	**59.6**
外国人	**Foreigner**	**1526601**	**2664535**	**57.3**
# 日　本	Japan	292256	564546	51.8
菲律宾	Philippines	5522	13159	42.0
新加坡	Singapore	42891	80002	53.6
泰　国	Thailand	23155	41823	55.4
印度尼西亚	Indonesia	15455	23721	65.2
马来西亚	Malaysia	43977	77299	56.9
蒙　古	Mongolia	25731	31468	81.8
韩　国	Korea	245317	380123	64.5
印　度	India	10618	16276	65.2
美　国	United States	194024	373558	51.9
加拿大	Canada	37764	60818	62.1
英　国	United Kingdom	81028	129475	62.6
法　国	France	54737	113247	48.3
德　国	Germany	62968	122393	51.4
意大利	Italy	19074	44662	42.7
瑞　典	Sweden	22563	34444	65.5
瑞　士	Switzerland	19501	42220	46.2
俄罗斯	Russia	51525	51825	99.4
澳大利亚	Australia	34545	56234	61.4
新西兰	New Zealand	4620	8180	56.5
荷　兰	The Holland	15683	31545	49.7
西班牙	Spain	11164	22395	49.9
港澳台胞	**Hongkong,Macao and Taiwan Chinese**	**324644**	**439301**	**73.9**
香　港	Hongkong,China	217086	254750	85.2
澳　门	Macao,China	10065	12800	78.6
中国台湾	Taiwan,China	97493	171751	56.8

16-3 旅游饭店经营情况
STATISTICS FOR TOURIST HOTELS

项目 Item		企业个数（个） Number of Enterprises(unit)		出租率（%） Renting Rate(%)		平均房价（元/间天） Average Price(yuan/room.day)	
		2003	2002	2003	2002	2003	2002
总　计	**Total**	**486**	**454**	**52**	**62**	**389**	**392**
四星、五星合计	**Hotels of 4 and 5 Star Grade**	**82**	**64**	**54**	**70**	**532**	**526**
五　星	5 Star	26	21	52	68	691	656
四　星	4 Star	56	43	56	71	425	430
一星至三星合计	**Hotels of 1 to 3 Star Grade**	**359**	**326**	**49**	**56**	**253**	**247**
三　星	3 Star	157	140	52	61	280	272
二　星	2 Star	167	151	46	51	204	198
一　星	1 Star	35	35	33	38	175	177
其　他	**Others**	**45**	**64**	**56**	**62**	**487**	**558**

单位：万元　　(10000 yuan)

项目 Item		营业收入 Business Revenue		利润总额 Total Profits		年末从业人员（人） Staff and Workers(person)		工资总额 Total Wages	
		2003	2002	2003	2002	2003	2002	2003	2002
总　计	**Total**	**1418256**	**1534712**	**9463**	**64427**	**115898**	**118653**	**232402**	**238725**
四星、五星合计	**Hotels of 4 and 5 Star Grade**	**792221**	**862398**	**14649**	**71491**	**51107**	**49423**	**125952**	**123326**
五　星	5 Star	372230	422226	17076	37954	21081	20807	60490	60347
四　星	4 Star	419991	440172	-2427	33537	30026	28616	65462	62979
一星至三星合计	**Hotels of 1 to 3 Star Grade**	**435735**	**444696**	**-48120**	**-44279**	**54887**	**57668**	**82859**	**84791**
三　星	3 Star	327625	328580	-35635	-34928	38026	39674	60345	62337
二　星	2 Star	99596	105913	-11240	-8157	15106	15978	20151	19889
一　星	1 Star	8514	10203	-1245	-1194	1755	2016	2363	2565
其　他	**Others**	**190300**	**227618**	**42934**	**37215**	**9904**	**11562**	**23591**	**30608**

16-4 国际旅行社外联、接待海外旅游者情况
STATISTICS FOR OVERSEAS GROUP AND RECEIVED BY INTERNATIONAL TRAVEL AGENCIES

单位：人次，人天 (person.time, person-day)

项目	Item	2003	2002	2003年为2002年% 2003 as % of 2002
外联人数	Persons of Overseas Travel Groups	802108	1793817	44.7
外国人	Foreigners	674964	1664799	40.5
港澳	Hongkong and Macao Tourists	103235	78914	130.8
台湾	Taiwan Tourists	23909	50104	47.7
接待人数	Tourists Received	824090	1762841	46.7
外国人	Foreigners	692272	1614437	42.9
港澳	Hongkong and Macao Tourists	103583	94137	110.0
台湾	Taiwan Tourists	28235	54267	52.0
外联人天数	Person-day of Overseas Travel Groups	3829899	9808100	39.0
外国人	Foreigners	3249991	9092093	35.7
港澳	Hongkong and Macao Tourists	454709	467934	97.2
台湾	Taiwan Tourists	125199	248073	50.5
接待人天数	Person-day Received	3299114	7672950	43.0
外国人	Foreigners	2693958	6909786	39.0
港澳	Hongkong and Macao Tourists	467210	520440	89.8
台湾	Taiwan Tourists	137946	242724	56.8

注：国际旅行社组团、接待国内游客情况为：2003年组团人数 657690人次，接待533409人数人次；2002年组团人数824578人次，接待人数782564人次。

Note: There are 657690 person.times of home groups organized and 533409 person.times received by international travel agencies in 2003, and 824578 person.times organized,782564 person.times received in 2002.

16-5 国际旅行社组织国内居民出境旅游情况

STATISTICS FOR HOME TOURISTS TRAVELLING OUT-BOUNDARY OR GANIZED BY INTERNATIONAL TRAVEL AGENCIES

项目	Item	2003	2002	2003年为2002年% 2003 as % of 2002
总人数（人）	**Total Tourists (person)**	**318807**	**285415**	**111.7**
出国游	Travel abroad	225862	204114	110.7
港澳游	to Hongkong and Macao	92945	81301	114.3
前往国别及地区（人次）	**Country or Region Travel to (persontime)**			
# 香港	Hongkong	99611	99071	100.5
澳门	Macao	56019	80173	69.9
泰国	Thailand	77328	75440	102.5
新加坡	Singapore	54127	50013	108.2
马来西亚	Malaysia	52753	53451	98.7
菲律宾	the Philippines	655	252	259.9
韩国	Republic of Korea	38222	44317	86.2
日本	Japan	21719	13680	158.8
澳大利亚	Australia	34437	22901	150.4
新西兰	New Zealand	15472	11747	131.7

注：目前有特许经营出境旅游业务权的国际旅行社有41家。

Note: Now, there are forty-one international services specially permitted to operate out-boundary travelling.

16-6 国际旅行社经营情况

BUSINESS OF INTERNATIONAL TRAVEL AGENCIES

单位：万元 (10000 yuan)

项目	Item	2003	2002	2003年为2002年% 2003 as % of 2002
企业个数（个）	Number of Enterprises (unit)	147	151	97.4
营业收入	Business Revenue	553787	823551	67.2
营业成本	Business Cost	511461	747698	68.4
营业费用	Business Expense	29914	32777	91.3
营业税及附加	Business Tax and Extra Charges	1348	4269	31.6
经营利润	Operating Profits	11064	38806	28.5
管理费用	Overhead Expense	24644	25184	97.9
营业利润	Business Profits	-10601	12519	
利润总额	Total Profits	-11829	23362	
平均从业人员（人）	Average Employed Persons (person)	8382	9350	89.6
工资总额	Total Wages	17835	17533	101.7

主要统计指标解释

旅行社外联人数 指报告期内旅行社自组外联的海外游客人数，反映旅行社对外招徕的能力。旅行社按以下要求统计外联人数：（1）海外游客入境后不论其停留时间多少、旅游线路长短，只统计一次。（2）旅行社只统计本社自组外联团的实到人数，非本社外联，仅由本社接受委托办理签证的人数不包括在内。

海外旅游者 指来华入境的海外游客中，在我国旅游住宿设施内至少停留一夜的外国人、港澳台同胞。海外旅游者不包括以下人员：（1）应邀来华访问的政府部长以上官员及其随行人员；（2）外国驻华使领馆官员、外交人员以及随行的家庭服务人员和受赡养者；（3）常住我国一年以上的外国专家、留学生、记者、商务机构人员等；（4）乘坐国际航班过境不需要通过护照检查进入我国口岸的中转旅客；（5）边境地区往来的边民；（6）回大陆定居的港澳台同胞；（7）已在我国定居的外国人和原已出境又返回在我国定居的外国侨民；（8）归国的我国出国人员。

国际旅游（外汇）收入 指海外旅游者在中国（大陆）境内旅行、游览过程中用于交通、参观游览、住宿、餐饮、购物、娱乐等全部花费。

十七、金融、保险
BANKING AND INSURANCE

STATISTICAL

YEARBOOK

存款余额（单位：亿元）
Deposits (100 million yuan)

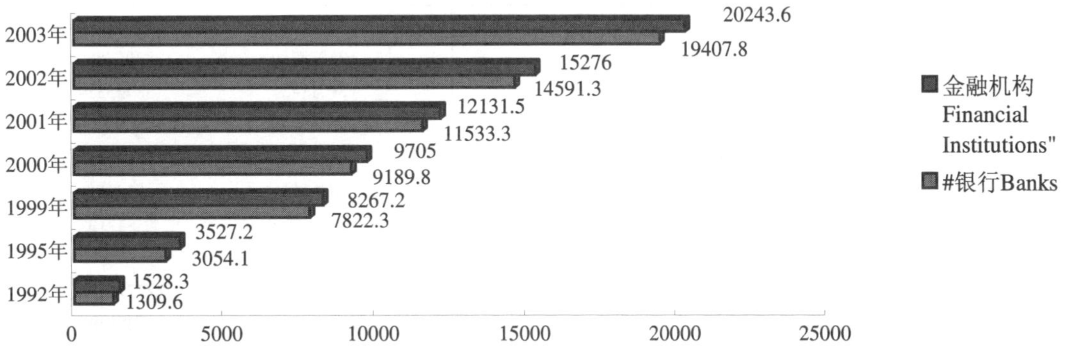

贷款余额（单位：亿元）
Loans (100 million yuan)

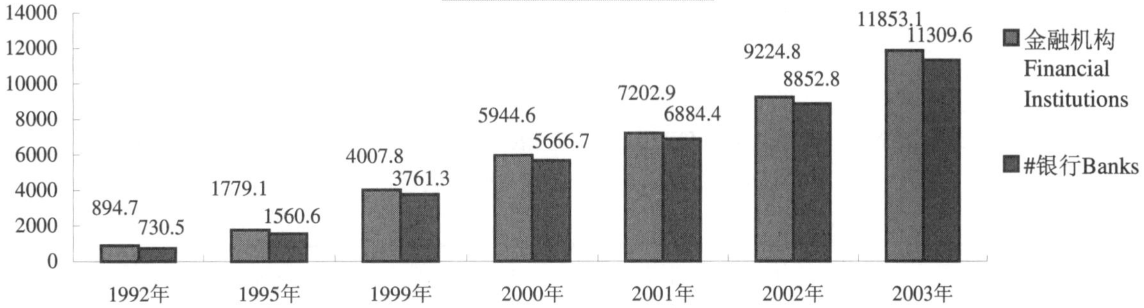

城乡居民储蓄存款余额（单位：亿元）
Saving Deposits of Urban and Rural Residents (100 million yuan)

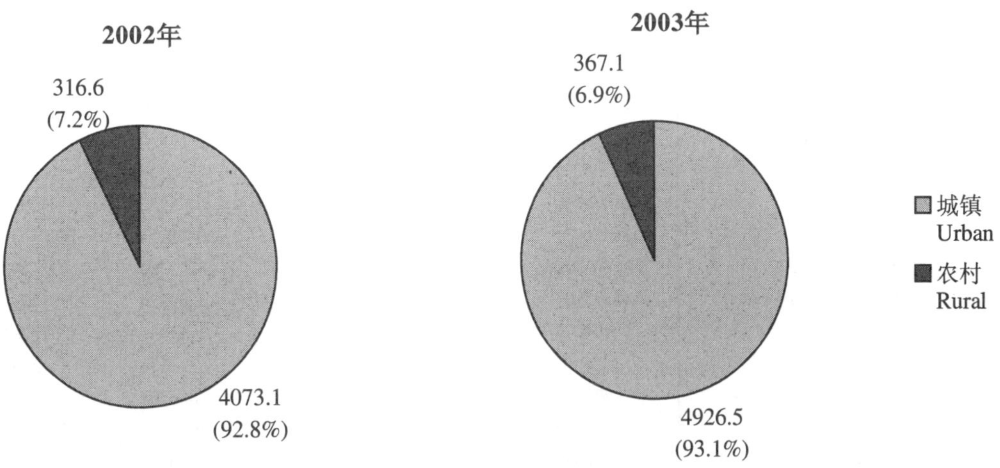

17-1 北京辖区金融机构本外币存贷款

DEPOSITS AND LOANS OF FINANCIAL INSTITUTIONS IN BEIJING

单位：万元，汇率：8.2767 (10000 yuan,exchange rate:8.2767)

项目	Item	2003年余额 Balance of 2002	比年初增减额(+、-) Increase or Decrease than Year-beginning 2003	2002
存款总计	**All Deposits**	**202435802**	**29905707**	**32875103**
全市各银行存款合计	**Total Deposits of Banks**	**194078180**	**28395706**	**32030876**
国家银行小计	National Banks	129011431	13872535	18030682
其他商业银行	Other Commercial Banks	65066750	14523170	14000194
信用合作机构存款	**Deposits of Credit Cooperatives**	**8265655**	**1514911**	**869584**
农村信用社	Rural Credit Cooperatives	8265655	1514911	869584
非银行金融机构存款	**Deposits of Non-bank Financial Institutions**	**91967**	**-4910**	**-25356**
贷款总计	**All Loans**	**118531455**	**22779133**	**17825513**
全市各银行贷款合计	**Total Loans of Banks**	**113096259**	**21128170**	**17323443**
国家银行小计	National Banks	73748666	9827952	9028312
其他商业银行	Other Commercial Banks	39347593	11300219	8295131
信用合作机构贷款	**Loans of Credit Cooperatives**	**5273981**	**1661417**	**553221**
农村信用社	Rural Credit Cooperatives	5273981	1661417	553221
非银行金融机构贷款	**Deposits of Non-bank Financial Institutions**	**161215**	**-10454**	**-51151**

注：本表各金融机构存款中，不包含其代理财政存款、汇出汇入款、委托存款及委托投资基金。

Note: All deposits exclude agent financial deposits, remittance, trust deposits and trust investment-fund.

17-2 北京市金融机构(含外资)本外币信贷收支表

DEPOSITS AND LOANS(INCLUDE FOREIGN CURRENCY) OF FINANCIAL INSTITUTIONS (INCLUDE FOREIGN CAPITAL)

单位：万元，汇率：8.2767 (10000 yuan,exchange rate:8.2767)

项目	Item	2003年余额 Balance of 2003: 2003	2002	2003年为2002年% 2003 as % of 2002	比年初增减额(+、-) Increase or Decrease than Year-beginning: 2003	2002	2003年为2002年% 2003 as % of 2002
各项存款	**Deposits**	**204759796**	**174383660**	**117.4**	**30378371**	**33246589**	**91.4**
企事业单位存	Enterprise and Institutions Deposits	108875535	93835232	116.0	15039587	18898892	79.6
活期存款	Fixed Deposits	60232539	52267547	115.2	8157260	7304283	111.7
定期存款	Current Deposits	48642996	41567685	117.0	6882328	11594609	59.4
储蓄存款	Savings Deposits	64413910	55595242	115.9	8820213	9604714	91.8
活期存款	Fixed Deposits	20795378	16754086	124.1	4042805	4374962	92.4
定期存款	Current Deposits	43618532	38841156	112.3	4777408	5229752	91.4
信托存款	Trust Deposits	25421	26236	96.9	-815	-20959	3.9
委托存款	Entrust Deposits	-35309	-40094	88.1	8134	84013	9.7
其他存款	Other Deposits	31480240	24967044	126.1	6511252	4679928	139.1
各项贷款	**Loans**	**120430934**	**96837155**	**124.4**	**23808969**	**18054935**	131.9
短期贷款	Short-term Loans	45803070	38013680	120.5	8003564	3321748	240.9
中长期贷款	Mid-term Loans	63373954	50063019	126.6	13309526	9807035	135.7
信托贷款	Trust Loans	124078	113026	109.8	11135	-78704	-14.1
委托贷款	Entrust Loans	24413	29542	82.6	-1780	-2539	70.1
其他贷款	Other Loans	1770072	889563	199.0	880508	494795	178.0
票据融资	Financing	9172652	7495466	122.4	1676178	4495778	37.3
各项垫款	Paid Back Later	162695	232858	69.9	-70163	16821	-417.1

17-3 银行人民币存款及贷款余额
DEPOSITS AND LOANS OF BANKS

项目	Item	绝对数(万元) Amount (10000 yuan) 2003	2002	2003年为2002年% 2003 as % of 2002	构成(%) Composition (%) 2003	2002
年末各项存款合计	**Deposits Balance(year-end)**	**173316300**	**145912678**	**118.8**	**100.0**	**100.0**
# 地方存款	Local Deposits					
# 地方工业企业存款	Industrial Enterprise					
地方商业企业存款	Commercial Enterprise					
# 企业存款	Enterprise Deposits	99322029	85221490	116.5	57.3	58.4
# 工业活期存款	Current Deposits of Industry	7000886	6335872	110.5	4.0	4.3
商业活期存款	Current Deposits of Commerce	9114843	7413861	122.9	5.3	5.1
建筑业活期存款	Current Deposits of Construction	3397331	3780200	89.9	2.0	2.6
城镇储蓄存款	Urban Savings Deposits	49264668	40730632	121.0	28.4	27.9
农业存款	Agricultural Deposits	254539	280976	90.6	0.1	0.2
信托存款	Trust Deposits					
机关团体存款	Deposits of Government Organs and Bodies	6524346	5996650	108.8	3.8	4.1
年末各项贷款合计	**Loans Balance(year-end)**	**107989344**	**88588027**	**121.9**	**100.0**	**100.0**
# 地方贷款	Local Loans					
# 地方工业贷款	Industrial Enterprise					
地方商业贷款	Commercial Enterprise					
# 短期贷款	Short-term Loans	39794905	33244769	119.7	36.9	37.5
# 工业贷款	Industry	12345972	10695594	115.4	11.4	12.1
商业贷款	Commerce	7824318	6739769	116.1	7.2	7.6
建筑业企业贷款	Construction	3941399	3538982	111.4	3.6	4.0
农业贷款	Agriculture	342006	336689	101.6	0.3	0.4
中长期贷款	Mid-term and Long-term Loans	54579092	42971190	127.0	50.5	48.5
# 基本建设贷款	Capital Construction	26179099	21779717	120.2	24.2	24.6
技术改造贷款	Technical Updates and Transformation	2453880	2909987	84.3	2.3	3.3

17-4 城乡居民人民币储蓄存款余额
SAVINGS DEPOSIT BALANCE IN URBAN AND RURAL AREAS

项目	Item	绝对数(万元) Amount (10000 yuan) 2003	2002	2003年为2002年% 2003 as % of 2002	构成(%) Composition(%) 2003	2002
年末储蓄存款余额	**Savings Deposit Balance**	**52935333**	**43896899**	**120.6**	**100.0**	**100.0**
定期	Fixed Deposits	34130344	28758098	118.7	64.5	65.5
活期	Current Deposits	18804989	15138801	124.2	35.5	34.5
城镇居民存款	Urban Savings Deposit	49264668	40730632	121.0	93.1	92.8
农民存款	Rural Savings Deposit	3670665	3166267	115.9	6.9	7.2

17-5 金融机构人民币现金收支
CASH INCOME AND EXPENDITURES OF FINANCIAL INSTITUTIONS

单位：万元 (10000 yuan)

项目	Item	2003	2002	2003年为2002年% 2003 as % of 2002
收入合计	**Total Income**	**144803653**	**121939311**	**118.8**
商品销售收入	Income form Commodity Sales	20276347	17889398	113.3
服务业收入	Income form Service Trade	7951420	7572973	105.0
税款收入	Income from Taxes	176661	163337	108.2
城乡个体经营收入	Income from Urban and Rural Individual Business	1614143	1179183	136.9
储蓄存款收入	Income from Saving Deposits	99574617	81991967	121.4
其他金融机构收入	Income from Other Financial Institutions	597344	653951	91.3
居民归还贷款收入	Income from Repayment of Loans by Residents	313707	258804	121.2
汇兑收入	Income from Remittances	2410552	3185133	75.7
有价证券收入	Income from Securities	1263892	739124	171.0
其他收入	Other Income	10624970	8305443	127.9
# 兑换外币收入	from Exchange of Foreign Currencies	156140	97992	159.3
支出合计	**Total Expenditures**	**143898317**	**121117468**	118.8
工资性支出	Wages	9870427	9257838	106.6
农副产品采购支出	Purchases of Agricultural and Sideline Products	1289605	1027653	125.5
工矿及其他产品采购支出	Expenditure for Purchases of Industrial and Mineral Products	1329229	844109	157.5
行政企事业管理费支出	Government and Enterprises Overhead	15625774	13483490	115.9
城乡个体经营支出	Expenditure for Individual Business	4311652	3471741	124.2
储蓄存款支出	Expenditure for Saving Deposits	97648999	80868843	120.7
其他金融机构支出	Expenditure for Other Financial Institutions	832193	442001	188.3
居民提取贷款支出	Expenditure for Loans by Residents	179452	92581	193.8
汇兑支出	Expenditure for Remittances	1443702	2192072	65.9
有价证券支出	Expenditure for Securities	679090	570505	119.0
其他支出	Other Expenditures	10688194	8866636	120.5

17-6 银行、保险系统机构及人员
INSTITUTIONS AND PERSONNEL OF BANK AND INSURANCE SYSTEM

项目 Item		银行系统 Bank System		保险系统 Insurance System	
		机构(个) Institution(unit)	人员(人) Personnel(person)	机构(个) Institution(unit)	人员(人) Personnel(person)
全 市	**Total**	**3558**	**66339**	**235**	**17013**
城 区	City Propers	736	28094	72	6284
郊 区	Suburbs	2634	36309	153	9795
各 县	Counties	188	1936	10	934

注：1. 本表口径为北京地区中资及外资银行保险公司的总行(总公司)、分行(分公司)及所属分支机构.

2. 保险系统人员构成中不含营销员.

Note: a)Calibre of this table was Head office(Parent Company) of chinese capital and foreign capital Bank or Insurance and branch (filiale) and what is affiliated with filiation organ

b)Insurance Systen Personnel Exclude those of salesman.

17-7 保险业务情况
STATISTICS FOR ASSURANCE

单位：亿元 (100 million yuan)

项目 Item		保费收入 Premiums Income		赔款支出 Indemnity		给付支出及保金 Payment and Exit Premiums	
		2003	2002	2003	2002	2003	2002
总 计	**Total**	**278.1**	**226.8**	**31.2**	**26.6**	**35.2**	**22.6**
人身险业务小计	**Personal Insurance**	**227.9**	**182.6**	**4.1**	**2.3**	**35.2**	**22.6**
人寿保险	Life Insurance	194.8	160.8			34.4	22.3
# 非分红产品	Not Melon-Cutting	36.6	40.9			22.4	18.2
分红、投资连接及万能产品	Melon-Cutting,Invest and Omnipotence	158.2	119.9			12.0	4.1
意外伤害保险	Accident Insurance	3.3	3.2	0.5	0.5		
健康保险	Health Insurance	29.8	18.7	3.6	1.8	0.8	0.3
财产险业务小计	**Total of Property Loss**	**50.1**	**44.2**	**27.1**	**24.3**		
# 财产损失保险	Property Loss Insurance	48.9	43.0	26.6	23.0		
# 企业财产保险	Enterprise Property	4.6	4.2	0.4	0.6		
家庭财产保险	Family Property	3.3	2.4	0.1	0.1		
机动车辆及第三者责任	Transportation Equipment and Responsibility	33.2	30.9	22.9	17.8		
货物运输保险	Freignt Transport	2.7	2.0	2.0	1.5		
责任保险	Liability Insurance	1.2	0.9	0.2	0.2		

17-8 金融市场交易量
FINANCIAL MARKET TRANSACTIONS

单位：万元 (10000 yuan)

项目 Item		2003	2002	2003年为2002年% 2003 as % of 2002
合 计	**Total**	**233698301**	**133311652**	**175.3**
国家债券	Treasury Bonds	11731904	6424257	182.6
股票交易	Stock Transactions	50414044	45534739	110.7
国债回购	Repurchase of Treasury Bonds	168751779	75741088	222.8
基 金	Funds	1104532	4857661	22.7
其 他	Others	1696042	753906	225.0

主要统计指标解释

信贷资金 国家银行用于发放贷款的资金叫信贷资金。中国人民银行信贷资金的来源有各项存款、对国际金融机构负债、流通中货币、银行自有资金及当年结益等。信贷资金的运用有各项贷款、黄金占款、外汇占款、财政借款及在国际金融机构中的资产等。

存款 企业、机关、团体或居民根据可以收回的原则，把货币资金存入银行或其他信用机构保管并取得一定利息的一种信用活动形式。根据存款对象的不同可划分为企业存款、财政存款、机关团体存款、城镇储蓄存款、农村存款等科目。它是银行信贷资金的主要来源。

贷款 银行或其他信用机构根据必须归还的原则，按一定利率，为企业、个人等提供资金的一种信用活动形式。我国银行贷款分为流动资金贷款、固定资产贷款、城乡个体工商户贷款以及农业贷款等科目。

保费 又叫保险费。是保险人根据保险合同的有关规定，为被保险人取得因约定危险事故发生所造成的经济损失补偿（或给付）权利，付给保险人的代价。包括财产险和人身险收入。

十八、教育、文化
EDUCATION AND CULTURE

2003年学校及在校学生数（单位：个，万人）
Number of Schools and Students Enrollment in 2003 (unit, 10000 persons)

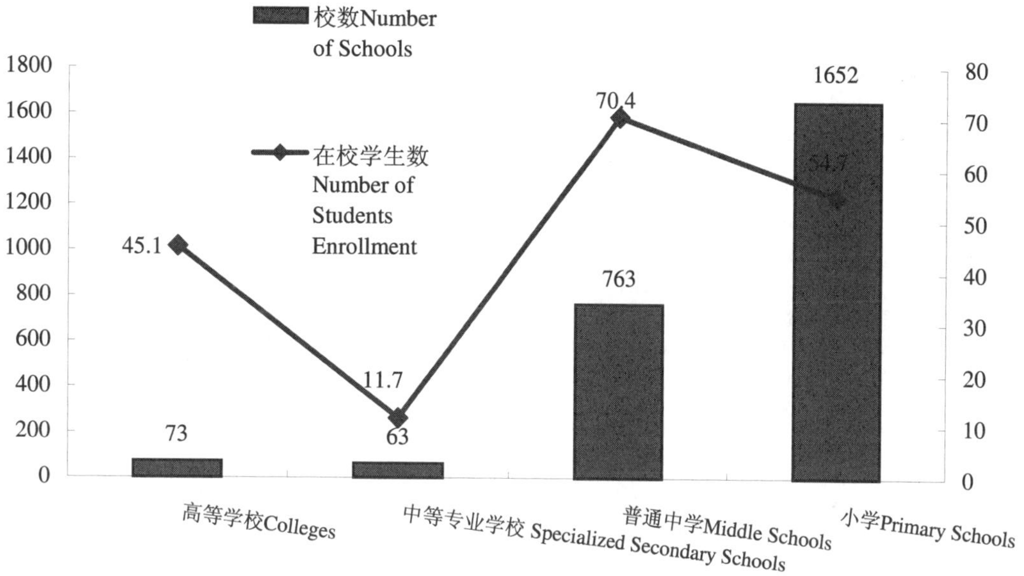

平均每万人口在校学生数（单位：人）
Students Enrollment Per 10000 Population(person)

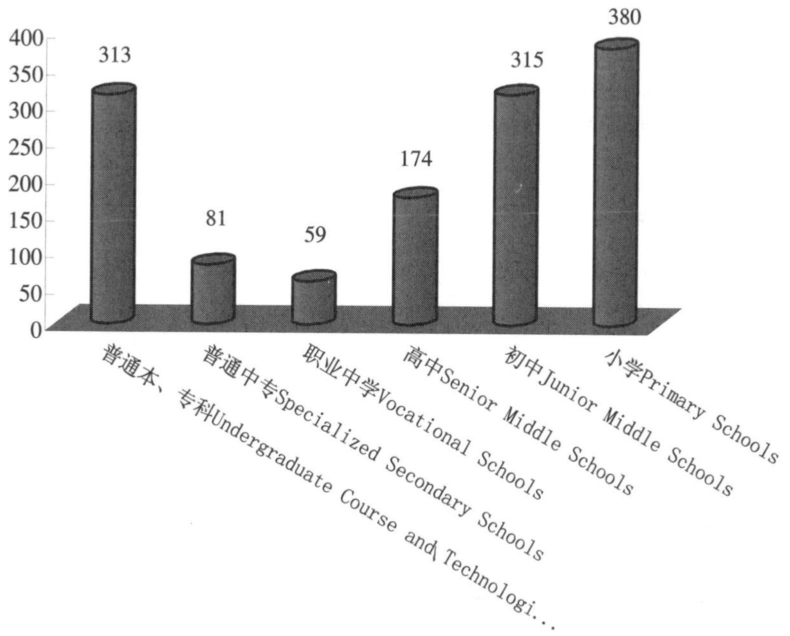

18-1 各类学校基本情况
BASIC STATISTICS FOR EDUCATION

单位：人 (person)

类别	Item	校数(所) Number of Schools (unit)		教职工数 Teachers,Staff and Workers		# 专任教师 Full-time Teachers	
		2003	2002	2003	2002	2003	2002
一、研究生	**Graduate Student**	**164**	**170**			**24527**	**22576**
高等学校	Institutions of Higher Education	46	46			17401	15682
科研机构	Scientific Research	118	124			7126	6894
二、普通高等学校本专科	**Regular Higher Schools Undergraduate Course and Technological Academy**	**73**	**62**	**102778**	**97842**	**38296**	**34783**
市属市管	Municipal	33	27	26715	24678	11628	10225
民办	Run by the Local People	8	3	2835	1668	1543	796
三、普通中等学校	**Regular Secondary Schools**	**976**	**991**	**100105**	**99787**	**64163**	**63791**
1. 中等专业学校	Specialized Secondary Schools	63	59	8001	8564	3775	4006
中等技术学校	Technic Secondary Schools	62	58	7875	8436	3721	3944
中等师范学校	Teacher Training Secondary Schools	1	1	126	128	54	62
2. 技工学校	Technical Schools	47	44	3957	3742	2086	2001
3. 普通中学	Regular Secondary Schools	763	786	76484	76418	51448	51364
高中	Senior Middle Schools	329	325			17179	15458
初中	Junior Middle Schools	434	461			34269	35906
4. 职业中学	Vocational Secondary Schools	97	96	11244	10770	6634	6229
5. 工读学校	Schools for Juvenile Delinquents	6	6	419	293	220	191
四、小学	**Primary Schools**	**1652**	**1824**	**63174**	**66235**	**49843**	**52840**
五、特殊教育学校	**Special Education Schools**	**25**	**23**	**929**	**918**	**667**	**681**
六、幼儿园	**Kindergartens**	**1430**	**1540**	**26324**	**25402**	**13056**	**12127**

注：研究生的专任教师数为研究生指导教师数。
Note:Full-time Teachers of Graduate Student was graduate student mentor.

类别	Item	毕业生数 Graduates		招生数 New Students Enrollment		在校学生数 Students Enrollment	
		2003	2002	2003	2002	2003	2002
一、研究生	**Graduate Student**	**22496**	**17303**	**47580**	**38893**	**120386**	**97734**
高等学校	Institutions of Higher Education	19434	14963	40989	33432	103757	83867
科研机构	Scientific Research	3062	2340	6591	5461	16629	13867
二、普通高等学校本专科	**Regular Higher Schools Undergraduate Course and Technological Academy**	**82324**	**67621**	**140225**	**128320**	**450789**	**398573**
市属市管	Municipal	30859	26738	54688	50307	172671	152590
民办	Run by the Local People	3339	2576	10597	5811	20931	13551
三、普通中等学校	**Regular Secondary Schools**	**302368**	**298633**	**309160**	**328812**	**977642**	**987928**
1. 中等专业学校	Specialized Secondary Schools	29248	31645	35271	32893	116725	113870
中等技术学校	Technic Secondary Schools	29004	31551	34993	32732	116137	113398
中等师范学校	Teacher Training Secondary Schools	244	94	278	161	588	472
2. 技工学校	Technical Schools	14952	18080	28817	25577	71187	59393
3. 普通中学	Regular Secondary Schools	234207	219988	218560	240680	704405	730722
高中	Senior Middle Schools	56601	51180	94894	84679	250959	220667
初中	Junior Middle Schools	177606	168808	123666	156001	453446	510055
4. 职业中学	Vocational Secondary Schools	23278	28156	26019	28999	84493	82984
5. 工读学校	Schools for Juvenile Delinquents	683	764	493	663	832	959
四、小学	**Primary Schools**	**123580**	**156683**	**82631**	**86406**	**546530**	**594241**
五、特殊教育学校	**Special Education Schools**	**1007**	**722**	**647**	**410**	**6177**	**5405**
六、幼儿园	**Kindergartens**	**76879**	**79447**	**86465**	**91092**	**199390**	**213794**

本章资料来源：北京市教育委员会。

Scources:Eduaction commission of Beijing.

18-2 高等学校基本情况
BASIC STATISTICS FOR INSTITUTION OF HIGHER EDUCATION

单位：人 (person)

类别	Item	校数(所) Number of Schools (unit)	毕业生数 Graduates	招生数 New Students Enrollment	在校学生数 Students Enrollment	教职工数 Teachers, Staff and Workers	# 专任教师 Full-time Teachers
总计	**Total**	**73**	**82324**	**140225**	**450789**	**102778**	**38296**
# 女性	Female		36973	66892	214055	50267	17626
综合大学	Comprehensive Universities	7	22292	30315	103610	26761	9347
理工院校	Science and Engineering	17	26014	46483	157875	26446	11545
农业院校	Agriculture	2	3597	6163	21720	3391	1518
林业院校	Forestry	1	1780	3672	12662	1369	606
医药院校	Medicine	3	1678	3543	11538	14107	1471
师范院校	Teacher Training	2	4221	4974	18574	5394	2308
语文院校	Literature	7	6544	9765	28733	6188	2965
财经院校	Economics and Finance	4	5210	8210	28765	4746	1993
政法院校	Politics and Law	4	4778	5132	17705	3740	1498
体育院校	Physical Culture	2	929	1928	6407	1269	569
艺术院校	Art	7	1287	3400	9687	2763	1313
民族院校	National Colleges	1	864	2602	8100	1501	734
高职院校	Occupational of Higher Education	16	3130	14038	25413	5103	2429

18-3 全市高等教育学生情况

PUPILLARY STATISTICS FOR INSTITUTION OF HIGHER EDUCATION

单位：人 (person)

项目	Item	毕（结）业生人数 Graduates	招生数 New Students Enrollment	在校学生数 Students Enrollment
研究生	Postgraduate	22496	47580	120386
博士	Doctor Degree	5311	11984	34619
硕士	Master Degree	17185	35492	85620
研究生班研究生数	Postgraduate in Class		104	147
普通本科、专科生	Undergraduate and Graduate from Junior College	83816	143483	458898
本科	Undergraduate	60554	99203	357484
专科（高职）	Graduate for Junior College and Occupational of Higher Education and Occupational of Higher Education	23262	44280	101414
成人本科、专科生	Adult Education Undergraduate Course and Technological Academy	96174	125455	360628
本科	Undergraduate	31756	54571	149018
专科	College for Professional Training	64418	70884	211610
网络本科、专科生	Network of Undergraduate Course and Technological Academy	7317	81743	212045
本科	Undergraduate	6545	58334	164271
专科	College for Professional Training	772	23409	47774
在职人员攻读博士、硕士学位	In-service Personnel Postgraduate for Doctor or Master Degree		8751	24732
学历文凭考试	Take an Diploma Examination	14262	36262	81380
电大注册试听生	Radio and TV Universities Register Audition Students	584		2140
自考助学班	Self-study Examination Tutorship Classes	24848	40648	146896
研究生课程进修班	The Curricula of Graduate Student	19401	13902	31179
普通预科生	Preparatory	384	440	480
证书教育	Certificate Education	21909	21956	32059
岗位培训	Occupational Training	212137	156528	125089
进修及培训	Attend in a Advanced Studies and Training	155795	107769	80039
外国留学生	Foreign Student Abroad	15760	13925	17122

18-4 全市分学科研究生数
NUMBER OF POSRGRADUATE BY FIELD OF STUDY

单位：人 (person)

学科 Item		毕业生 Graduates			招生数 New Students Enrollment			在校学生数 Postgraduate Enrollment		
		合计 Total	博士 Doctor Degrees	硕士 Master Degree	合计 Total	博士 Doctor Degrees	硕士 Master Degree	合计 Total	博士 Doctor Degrees	硕士 Master Degree
总计	**Total**	**22496**	**5311**	**17185**	**47580**	**11984**	**35492**	**120386**	**34619**	**85620**
# 女性	Female	8260	1573	6687	19609	3929	15624	47154	10339	36730
哲学	Philosophy	320	119	201	491	169	322	1341	539	802
经济学	Economics	1555	366	1189	3071	652	2407	7687	1951	5724
法学	Law	2298	460	1838	4642	865	3760	11578	2538	9023
教育学	Education	547	114	433	1272	261	1011	3052	703	2349
文学	Literature	1514	243	1271	3866	626	3206	9029	1648	7304
历史学	History	333	116	217	500	167	333	1381	487	894
理学	Science	2489	1063	1426	5698	2400	3298	14337	6402	7935
工学	Engineering	8198	1690	6508	18719	4691	13987	48970	14519	34410
农学	Agriculture	517	197	320	1284	478	806	2838	1114	1724
医学	Medicine	1350	681	669	2397	856	1541	6378	2442	3936
军事学	Strategics	10	1	9	37	18	19	108	40	68
管理学	Manage Science	3365	261	3104	5603	801	4802	13687	2236	11451

18-5 外国留学生情况
STATISTICS FOR FORREIGN STUDENT ABROAD

单位：人 (person)

项目 Item		毕（结）业生数 Graduates	授予学位人数 Number award degree	招生数 New Students Enrollment	在校学生数 Students Enrollment
总计	**Total**	**15760**	**1307**	**13925**	**17122**
# 女性	Female	8798	584	7421	8483
按学历划分	**Educational Background**				
博士	Doctor Degree	124	108	161	532
硕士	Master Degree	297	265	362	992
本科	Undergraduate	1542	934	3480	5929
专科	Graduate for Junior College	4		13	16
培训	Training	13793		9909	9653
按地区划分	**Area**				
亚洲	Asia	12365	1085	11752	14246
非洲	Africa	233	103	177	402
欧洲	Europe	1921	87	1131	1344
北美洲	North America	974	19	671	887
南美洲	South America	43	7	54	81
澳洲	Australia	224	6	140	162
按经费来源	**Sources of Funds**				
国际组织资助	Internationally Organization Sodality				4
中国政府资助	Chinese Government	1405	272	919	1535
本国政府资助	Homeland Government	21	2	62	201
学校间交换	Interscholastic	258	2	195	202
自费	Commoner	14076	1031	12749	15180

18-6 中等专业学校分科学生数

NUMBER OF STUDENTS IN SPECIALIZED SECONDARY SCHOOLS BY FIELD OF STUDY

单位：人 (person)

学科	Item	毕业生数 Graduates	招生数 New Students Enrollment	在校学生数 Students Enrollment
总计	**Total**	**29248**	**35271**	**116725**
农林类	Agriculture and Forestry	906	1147	3780
资源与环境类	Source and Environment	108	214	749
能源类	Energy	231	126	595
土木水利工程类	Civil Engineering and Water Conservancy	1521	1589	5612
加工制造类	Processing and Manufacturing	6320	5866	19713
交通运输类	Transportation	761	1973	5668
信息技术类	Information Technology	6167	7267	25326
医药卫生类	Medicine and Health	1605	4123	11515
商贸与旅游类	Commerce and Tourism	4616	5701	17476
财经类	Finance and Economics	2531	1997	7110
文化艺术与体育类	Culture, Arts and Sports	2328	3411	13633
社会公共事物类	Social Public Affairs	1597	1274	4078
其他	Others	557	583	1470

18-7 职业高中分科情况

STATISTICS FOR STUDENTS BY FIELD OF STUDY IN VOCATIONAL SCHOOLS

单位：人 (person)

学科	Item	毕业生数 Graduates	招生数 New Students Enrollment	在校学生数 Students Enrollment
总计	**Total**	**23261**	**25946**	**84262**
农林类	Agriculture and Forestry	629	812	2338
资源与环境类	Source and Environment	36	195	258
能源类	Energy			
土木水利工程类	Civil Engineering and Water Conservancy	358	397	1168
加工制造类	Processing and Manufacturing	1041	770	2468
交通运输类	Transportation	1343	2568	5775
信息技术类	Information Technology	4987	5673	19265
医药卫生类	Medicine and Health	352	652	1752
商贸与旅游类	Commerce and Tourism	5617	7215	26751
财经类	Finance and Economics	2483	1864	7394
文化艺术与体育类	Culture, Arts and Sports	3902	3113	9784
社会公共事物类	Social Public Affairs	1905	949	3743
其他	Others	608	1738	3566

18-8 中、小学校外教育
AFTER-SCHOOL EDUCATION OF SECONDARY AND PRIMARY SCHOOLS

单位：人 (person)

项目	Item	单位数(个) Number of Units(unit)	活动小组数(个) Activities Groups(unit)	参加小组学生数 Students Join Groups	教职工人数 Staff and Workers	# 辅导员 Counselors	兼职辅导员 Part-time Counselors
总计	**Total**	**787**	**5927**	**155999**	**2185**	**1503**	**2651**
少年宫	Children's Palace	17	2625	50670	1025	573	306
少年科技馆(站)	Children's Scientific Museums(Centers)	7	421	14150	194	107	16
少年之家	Children's Home	27	750	19677	355	212	106
少年活动站	Children's Club	736	2131	71502	611	611	2223

18-9 平均每万人口在校学生数
AVERAGE NUMBER OF STUDENT ENROLLMENT PER 10000 POPULATION

单位：人 (person)

类别	Item	2003	2002
普通本、专科	Undergraduate Course and Technological Academy	313	286
普通中专	Specialized Secondary Schools	81	82
职业中学	Vocational Schools	59	60
高中	Senior Middle Schools	174	160
初中	Junior Middle Schools	315	369
小学	Primary Schools	380	430

18-10 幼儿园基本情况
STATISTICS FOR KINDERGARTENS

单位：人 (person)

项目 Item			总计 Total	# 女 Female	城市 Urban	县镇 Towns	农村 Rural
园数	(所)	Number of Kindergartens (unit)	1430		545	376	509
班数	(个)	Number of Classes (unit)	7733		4254	1984	1495
# 学前班		Preschool Classes	1293		388	535	370
在园幼儿数		Children Enrollment	199390	93223	116564	52995	29831
# 学前班		Preschool Classes	35768	16250	12121	15166	8481
教职工数		Teachers,Staff and Workers	26324	24573	19109	5139	2076
# 园长		Headmaster	1569	1511	968	391	210
教师		Teachers	13056	12910	9097	2945	1014
保健员		Health Workers	1261	1235	905	268	88

18-11 高等教育自学考试情况
STATISTICS FOR HIGHER EDUCATION SELF-STUDY EXAMINATION

项目 Item				高等职业技术教育 Higher Vocational Education	高等教育学历文凭 Higher Education Take an Diploma	高等教育自学考试 Higher Education Self-Study Examination
报考人数	(人)	Number of Persons Registered	(person)	36299	106861	482465
报考科次	(科次)	Number of Subject-times Registered	(subject.times)	100478	236366	1440451
单科合格	(人)	Number of Persons with Single Subject Qualified	(person)	41639	77301	481283
发出专科毕业证书	(个)	Number of Diploma of Junior College Sent out	(piece)	909	2948	8254
发出本科毕业证书	(个)	Number of Diploma of Regular College Sent out	(piece)			3264
开考专业	(个)	Number of Fields Examed	(unit)	12	25	69

18-12 各级成人学校基本情况
BASIC STATISTICS FOR ADULT EDUCATION

单位：人 (person)

类别	Item	校数(所) Number of Schools (unit)		教职工数 Teachers,Staff and Workers		# 专任教师 Full-time Teachers	
		2003	2002	2003	2002	2003	2002
成人高等学校	**Adult Higher Education**	**32**	**38**	**8804**	**9393**	**3537**	**3841**
成人中等学校	**Adult Higher Education**	**3377**		**45968**		**19883**	
成人中等专业学校	Adult Higher Specialty Education	17	18	1005	936	414	350
职业技术培训学校	Adult Occupational Training Schools	3360		44963		19469	

类别	Item	毕业生数 Graduates		招生数 New Students Enrollment		在校学生数 Students Enrollment	
		2003	2002	2003	2002	2003	2002
成人高等教育	**Adult Higher Education**	**96174**	**77453**	**125455**	**129948**	**360628**	**353531**
独立设置成人高等学校	Independent Correspondence Colleges	15072	15582	16911	20906	51224	56334
普通高等学校举办：	Attached to Senior Higher Education	81102	61871	108544	109042	309404	297197
函授部	Teach by Correspondence	39034	31510	46768	48496	147924	144911
夜大学	Evening Universities	18731	14839	27139	28186	82745	82343
成人脱产班	FullTime Adult Class	23337	15522	34637	32360	78735	69943
成人中等学校	**Adult Higher Education**	**2729481**		**2620**		**1809696**	
成人中等专业学校	Adult Higher Specialty Education	4451	6545	2620	5053	12408	16588
成人中学	Adult Millde Schools		2227		2429		3100
职业技术培训学校	Adult Occupational Training Schools	2725030				1797288	

18-13 特殊教育情况
STATISTICS FOR SPECIAL EDUCATION

单位：人 (person)

项目	Item	毕业生 Graduates	招生数 New students Enrollment	在校学生数 Students Enrollment	专任教师数 Full-time Teachers
总 计	**Total**	**1007**	**647**	**6177**	**667**
# 女 性	Female	341	234	2333	544
特殊教育学校	Special Education Schools	210	288	2451	
小学附设特教班	Primary Schools Adnascent Special Classes	55	18	218	
小学随班就读	Primary Schools	411	95	2452	
普通(职业)初中随班就读	Reguar Secondary (Vocational Secondary)	331	246	1056	

18-14 社会力量办学
COMMUNITY INVESTMENT RUN A SCHOOL

单位：人 (person)

类别 Item		校数(所) Number of Schools (unit)	毕(结)业生数 Graduates and Complete a Course	招生数 New Students Enrollment	在校学生数 Students Enrollment	教职工数 Teachers,Staff and Workers 合计 Total	# 专任教师 Full-time Teachers	代课,兼任教师 Take over a Class for an absent Teacher and Part time Teachers
高等教育机构	Institutions of Higher Education	76	24643	51237	169143	9333	3597	16560
学历文凭	Award Diploma	38	22753	45415	107221	7562	2823	
普通中学	Regular Secondary	81	6393	12720	33882	3169	1924	348
高中	Senior Middle Schools		2602	8148	18349			
城市	Urban		1825	4992	12186	1678	1061	317
县镇	County and Township		547	2134	4060	1242	725	26
农村	Rural		230	1022	2103	249	138	5
初中	Junior Middle Schools		3791	4572	15533			
城市	Urban		2762	3528	12132			
县镇	County and Township		489	288	1043			
农村	Rural		540	756	2358			
职业中学	Vocational Secondary Schools	18	1486	1243	4230	989	528	126
城市	Urban							
县镇	County and Township							
农村	Rural							
小学	Primary Schools	10	777	845	4750	797	540	9
城市	Urban		570	663	3616			
县镇	County and Township		195	169	1024			
农村	Rural		12	13	110			
幼儿园	Kindergartens	218	6358	9118	21808	4341	2134	161
城市	Urban	71	3222	4537	12153	3086	1483	87
县镇	County and Township	100	2581	3836	7908	1162	592	65
农村	Rural	47	555	745	1747	93	59	9

注：普通中学教职工数、专任教师及代课兼任教师数为初中高中合计数。

Note: Number of teachers,staff,worders,full-time teachers,Take over a Class for an absent Teacher and Part time Teachers of regular secondary schools includes those of junior and senior middle schools

18-15 外省、外籍学生情况
STATISTICS FOR OTHER PROVINCE AND FOREIGN NATIONALITY STUDENTS

单位：人 (person)

类别 Item		外省市借读生 Other Province temporarily Students 合计 Total	社会力量办学 Community Investment Run a Schools	外国籍学生 Foreign Nationality Students 合计 Total	社会力量办学 Community Investment Run a Schools
总计	**Total**	**214703**	**15157**	**2554**	**669**
普通中学	Regular Secondary Schools	40360	5726	986	297
初中	Junior Middle Schools	34312	3358	319	122
高中	Senior Middle Schools	6048	2368	667	175
职业中学	Vocational Schools	1437	402		
小学	Primary Schools	144571	5696	940	127
特教	Special Education	232	37	3	1
幼儿园	Kindergartens	28103	3296	625	244

18-16 高校办学条件
INSTITUTIONS OF HIGHER EDUCATION RUN A SCHOOL CONDITION

项目 Item				总计 Total	# 中央 Central	# 市属市管 Municipal
普通高校		Institutions of Regular Higher Education				
校舍建筑面积	(平方米)	Floor Space of Schoolhouses	(sq.m)	21309577	14808988	6500589
占地面积	(平方米)	Areas of Schools	(sq.m)	33355400	22293525	11061875
图书	(万册)	Books	(10000 volumes)	5209	3775	1434
电子图书	(片)	Electro-books	(piece)	2117842	1527072	590770
拥有教学用计算机	(台)	Computer	(set)	124473	67988	56485
语言实验室座位数	(个)	Language Laboratory Seating	(unit)	36691	21950	14741
多媒体教室座位数	(个)	Multimedia Laboratory Seating	(unit)	340218	220072	120146
网上教学课程数	(种)	Number of Network of Curricula	(kind)	3727	3168	559
成人高校		Institutions of Adult Higher Education				
校舍建筑面积	(平方米)	Floor Space of Schoolhouses	(sq.m)	1828462	492715	1335747
占地面积	(平方米)	Areas of Schools	(sq.m)	6510074	3592017	2918057
图书	(万册)	Books	(10000 volumes)	516	191	325
电子图书	(片)	Electro-books	(piece)	28566	8223	20343
拥有教学用计算机	(台)	Computer	(set)	21003	1128	19875
语言实验室座位数	(个)	Language Laboratory Seating	(unit)	3948	416	3532
多媒体教室座位数	(个)	Multimedia Laboratory Seating	(unit)	25709	1616	24093
网上教学课程数	(种)	Number of Network of Curricula	(kind)	1599	17	1582

18-17 基础教育办学条件
BASE EDUCATION RUN A SCHOOL CONDITION

单位：平方米 (sq.m)

项目 Item				普通中学 Regular Secondary	职业中学 Vocational Secondary Schools	小学 Primary Schools
学校占地面积		Areas of Schools		23882762	3958964	17279176
行政办公用房		Administrative Houses		1111854	153231	694265
校舍面积		Floor Space of Schoolhouses		8612455	1202650	5049012
当年新增		In those Years new add		464867	21955	181525
危房面积		Areas of Dangerous Building		22764	4122	12587
教学及辅助用房		Teaching and Auxiliary Houses		3381683	478519	2571632
普通教室		Senior Room		1797991	291198	1926224
实验室		Laboratory		583173	110816	129092
图书室		Library		245007	27066	103754
微机室		Comper Room		134826		93693
语音室		Language Laboratory Seating		56063		24570
生活用房		Houses for Life		1912982	559068	691936
体育运动场(馆)面积		Areas of Stadiums and Gymnasiums		6962258	1029283	6935367
计算机	(台)	Computers	(set)	79404	18076	57009
图书藏量	(册)	Collections	(volumes)	24715155	2908442	22966436
电子图书藏量	(片)	Electro-books Collections	(piece)	440274	433691	165020

18-18 教育及其他部门各级各类学校教育经费收入情况表

单位：千元

学校类型 Type of Schools		合计 Total	预算内教育经费拨款 Budgetary Government Appropriation for Education	教育附加拨款 Appropriate Fouds of Education
总　计	**Total**	**38568881**	**20502297**	**1310048**
高等学校	Institutions of Higher Education	22225781	10689313	56671
普通高等学校	Regular Institutions of Higher Education	21433653	10545700	51819
成人高等学校	Institutions of Higher Education for Adults	792128	143613	4852
中等专业学校	Specialized Secondary Schools	1195004	792610	10849
中等技术学校	Technical Schools	1139467	759045	9710
中等师范学校	Teacher Training Schools	17237	12595	21
成人中专学校	Specialized Secondary Schools for Adults	38300	20970	1118
技工学校	Technical Schools	387570	261564	
中学	Secondary Schools	5836468	3441741	482288
普通中学	Regular Secondary Schools	5829779	3436400	481868
高级中学	Senior Secondary Schools	1114468	532877	99831
完全中学	Whole Secondary Schools	2397740	1380186	199349
初级中学	Junior Secondary Schools	2317571	1523337	182688
# 农村	Rural	678236	557616	73060
成人中学	Secondary Schools for Adults	6689	5341	420
职业中学	Vocational Schools	767144	430466	79572
小学	Primary Schools	3598162	2735438	249147
普通小学	Regular Primary Schools	3598162	2735438	249147
# 农村	Rural	1122124	974552	90473
成人小学	Primary Schools for Adults			
特殊教育学校	Special Education Schools	101837	73434	8724
幼儿园	Kindergartens	362365	196863	5402
其他	Others	4094550	1880868	417395

STATISTICS FOR EDUCATION REVENUE OF TOTAL EDUCATIVE MACHINE

(1000 yuan)

事业收入 Didactical and Scientific Research Income	校办产业和经营收益用于教育事业 Scholastic Enterprise	其他收入小计 Others Subtotal	# 捐赠收入 Donative Income	基建拨款 Capital Construction
9974868	**694677**	**3392972**	**522070**	**2694019**
7192434	471162	1776368	203996	2039833
6666222	466316	1713763	203996	1989833
526212	4846	62605		50000
296945	10449	53941		30210
281395	9995	49322		30000
2432		2189		
13118	454	2430		210
113555	4381	6270	3690	1800
1037190	47218	669155	211904	158876
1036838	47218	668579	211904	158876
248148	13863	151349	45451	68400
429029	20176	304174	113901	64826
359661	13179	213056	52552	25650
32048	1323	11989	2102	2200
352		576		
187565	8498	56266	2605	4777
358279	12838	204825	64027	37635
358279	12838	204825	64027	37635
40547	430	14822	3687	1300
9807	2111	4142	188	3619
119523	1260	35084	28982	4233
659570	136760	586921	6678	413036

18-19 教育经费支出明细表

单位：千元

学校类型	Type of Schools	合计 Total	个人部分 Part of Person 工资 Wage	职工福利费及社会保障费 Welfares and Social Blanket Insurance	助学金 Stipend
总　计	**Total**	**37278525**	**9570575**	**4659355**	**897018**
高等学校	Institutions of Higher Education	22099809	4438887	2305728	815845
普通高等学校	Regular Institutions of Higher Education	21393401	4279594	2241016	814024
成人高等学校	Institutions of Higher Education for Adults	706408	159293	64712	1821
中等专业学校	Specialized Secondary Schools	982380	318233	114524	57144
中等技术学校	Technical Schools	928691	294205	102142	57074
中等师范学校	Teacher Training Schools	16672	6352	6107	
成人中专学校	Specialized Secondary Schools for Adults	37017	17676	6275	70
技工学校	Technical Schools	341730	91299	19177	6250
中学	Secondary Schools	5475206	2187251	942649	11685
普通中学	Regular Secondary Schools	5471956	2185886	941500	11685
高级中学	Senior Secondary Schools	991711	308489	138151	553
完全中学	Whole Secondary Schools	2296782	929323	411149	5757
初级中学	Junior Secondary Schools	2183463	948074	392200	5375
# 农村	Rural	639167	349173	87837	3341
成人中学	Secondary Schools for Adults	3250	1365	1149	
职业中学	Vocational Schools	742072	299168	149558	1629
小学	Primary Schools	3471484	1589146	830159	3936
普通小学	Regular Primary Schools	3471484	1589146	830159	3936
# 农村	Rural	1098139	599931	224369	2732
成人小学	Primary Schools for Adults				
特殊教育学校	Special Education Schools	96481	41392	21703	529
幼儿园	Kindergartens	342991	173446	54213	
其他	Others	3726372	431753	221644	

LIST OF EDUCATION EXPENDITURE

(1000 yuan)

公用部分 Part of Public				基建支出 Capital Construction
公务费及业务费 Fees of Line of Duty and Activity	设备购置费 Fees of Purchase of Equipment	修缮费 Fees of Remedy	其他费用 Others	
5509889	**3523863**	**2636533**	**6254793**	**4226499**
3560407	2352615	1079743	4099794	3446790
3446915	2193193	1051278	3970591	3396790
113492	159422	28465	129203	50000
153577	100206	99932	93352	45412
146095	96285	97825	89863	45202
1564	1009	1101	539	
5918	2912	1006	2950	210
82136	46603	32254	38321	25690
638801	442800	748551	278300	225169
638319	442702	748518	278177	225169
111742	104039	207593	52744	68400
261631	183794	318673	111943	74512
264946	154869	222252	113490	82257
77923	34059	63283	21351	2200
482	98	33	123	
100885	67558	68315	50182	4777
342288	203030	323275	137594	42056
342288	203030	323275	137594	42056
97204	45239	103019	24345	1300
12218	4938	6996	3086	5619
39709	21391	33950	16049	4233
579868	284722	243517	1538115	426753

18-20 公 共 图 书 馆
PUBLIC LIBRARIES

项目 Item			总计 Total	中央属 Central	市属 Municipal	区县属 District and County
个数	(个) Number	(unit)	26	1	2	23
从业人员	(人) Employment	(person)	3092	1900	353	839
总藏数	(万册、件) Total Collections	(10000 volumes)	3355.2	2411.7	403.1	540.4
# 图书	(万册、件) Books	(10000 volumes)	1533.3	717.7	315.2	500.4
建筑面积	(万平方米) Floor Space of Building	(10000 sq.m)	30.9	16.4	4.9	9.6
阅览座席	(个) Seats for Reading	(unit)	13507	3419	1780	8308
外借人次	(万人次) Person-times of Lending	(10000)	334.8	119.7	46.8	168.3
外借册次	(万册次) Volume-times Lending	(10000)	769.1	320.9	116.0	332.2

18-21 艺 术 剧 团
ART TROUPES

项目	Item	个数 (个) Number (unit)	从业人员 (人) Perons Employed (person)	国内演出场次 (场) Domestic Perfor-mances (time)	# 农村 In Rural Areas	国内观众人数 (万人次) Domestic Spectator (10000 person.time)	总收入 (万元) Total Revenue (10000 yuan)	# 演出收入 from Performances
总计	**Total**	**36**	**6965**	**8797**	**487**	**586.1**	**61490.8**	**13094.2**
按隶属关系分组	**Grouped by Administrative Relationship**							
中央属	Central	16	4739	1939	240	336.9	40620	9257.8
市属	Municipal	11	1959	2708	247	187.8	19706.9	3555.6
区县属	District and County	9	267	4150		61.4	1163.9	280.8
按剧种分	**Grouped by Art Troupes**							
话剧、儿童剧团	Drama,Children's Play	4	967	696	4	47.9	8596.8	1487.9
歌剧、舞剧、歌舞剧团	Opera,Dance Drama and Song and Dance Troupe	3	906	196	33	40.3	8733.2	2018.1
歌舞团、轻音乐团	Song and Dance Ensembles and Light Music Troupes	4	999	622	71	138.3	10282.7	4028.7
乐团	Philharmonic Troupes	4	774	320	17	41.1	8745.2	1763.4
文工团	Cultural Troupes	4	1371	690	143	113.5	9653.8	1535.0
戏曲剧团	Local Opera Troupes	12	1474	1580	174	117.9	12649.3	1393.8
# 京剧团	Local Beijing Opera Troupes	3	828	1202	22	71.4	7160.6	1034.7
曲、杂、木、皮影剧团	Recitation and Ballad Troupe,Acrobatics and Circus Troupe,Puppet Show Troupe and Shadow Puppet Troupe	5	474	4693	45	87.1	2829.8	867.3

18-22 电影摄制情况
STATISTICS FOR FILM PRODUCTION

类别 Item		合计 Total		#长片 Long Film		#短片 Short Film	
		部 Film	本 Reel	部 Film	本 Reel	部 Film	本 Reel
合计	**Total**	**55**	**240**	**49**	**222**	**6**	**18**
故事片	Feature Film	35	168	35	168		
纪录片	Documentary Film	5	23	1	9	4	14
科教片	Popular Science Film	13	29	12	27	1	2
译制片	Dubbed Film	1	18	1	18		
舞台艺术片	Mise en Scene						
美术片	Puppet Film	1	2			1	2

18-23 报纸出版情况
NEWSPAPER PUBLICATION

门类 Item		种数 (种) Number of Publications (kind)	平均期印数 (万份) Average Printed Copies Per Issue (10000)	总印数 (万份) Total Printed Copies (10000)	总印张 (万印张) Total Signature (10000)
总计	**Total**	**250**	**3393**	**724451**	**1903548**
综合报	Comprehensive	57	1587	415139	1133122
专业报	Professional	193	1806	309312	770426

18-24 杂志出版情况
MAGAZINES PUBLICATION

门类 Item		种数 (种) Number of Publications (kind)	平均期印数 (万册) Average Copies Per Issue (10000)	总印数 (万册) Total Copies (10000)	总印张 (万印张) Total Signatures (10000)
总计	**Total**	**2382**	**5702**	**81772**	**342499**
综合	Comprehensive	120	804	11380	54468
哲学、社会科学	Philosophy and Social Sciences	640	2649	39791	136744
自然科学技术	Natural Sciences and Technology	1277	1271	15776	86455
文化、教育	Culture and Education	181	507	7394	35248
文学、艺术	Literature and Art	114	194	2302	13873
少年儿童读物	Juvenile and Children's Books	19	216	4375	11991
画刊	Pictorial	31	61	754	3720

18-25 图书出版情况
BOOKS PUBLICATION

门类	Item	出版图书种数合计(种) Number of Publications (kind)	#新书 New Publications	总印数(万册、张) Total Copies (10000)	总印张(万印张) Total Signatures (10000)
总计	**Total**	**85244**	**51198**	**138209**	**1399971**
书籍合计	**Books**	**84695**	**51088**	**136485**	**1396721**
马列主义、毛泽东思想	Maxism-Leninism-Mao Zedong Thought	183	127	538	8060
哲学	Philosophy	1334	1020	1225	14683
社会科学总论	General Social Sciences	1135	811	912	12869
政治、法律	Politics and Law	6300	4771	7868	96061
军事	Military	406	336	331	3617
经济	Economics	9201	6671	7731	128681
文化、科学、教育、体育	Culture,Science,Education and Sports	21453	10021	71790	502709
语言、文字	Languages	4489	2290	8027	123206
文学	Literature	4069	3037	5582	68965
艺术	Art	2881	1887	3185	22101
历史、地理	History and Geography	2730	2178	5233	36104
自然科学总论	General Natural Sciences	266	196	283	2677
数学科学、化学	Mathematics and Chemistry	2026	930	2676	40837
天文学、物理科学	Astronomy and Physics	481	406	126	1793
生物科学	Biology	557	326	328	6418
医药、卫生	Medicine and Health Care	4885	3080	4736	65000
农业科学	Agricultural Science	1955	1115	1285	14259
工业技术	Industrial Technology	17033	9672	12104	217829
交通运输	Transportation	1275	662	924	12799
航空、航天	Aeronautics and Aerospace	134	129	67	839
环境科学	Environmental Science	614	427	410	4762
综合性图书	General Books	1288	996	1124	12453
图片合计	**Pictures**	**549**	**110**	**1724**	**3249**

18-26 录音制品出版情况
PUBLICATION OF AUDIO PRODUCTS

项目 Item	录音带 Audio-tapes		激光唱盘 CDs		高密度激光唱盘 DVD-A	
	种数 Kind (种) (kind)	数量 Volume (万盒) (cassette) (10000)	种数 Kind (种) (kind)	数量 Volume (万张) (piece) (10000)	种数 Kind (种) (kind)	数量 Volume (万张) (piece) (10000)
总计 Total	3342	9239.9	1460	1496.4		
# 市属 Municipal	61	90.6	95	59.7		

18-27 录像制品出版情况
PUBLICATION OF VIDEO PRODUCTS

项目 Item	录像带 Videotapes		激光视盘 VCD		高密度激光视盘 DVD-V	
	种数 Kind (种) (kind)	数量 Volume (万盒) (cassette) (10000)	种数 Kind (种) (kind)	数量 Volume (万张) (disk) (10000)	种数 Kind (种) (kind)	数量 Volume (万张) (disk) (10000)
总计 Total	239	5.2	4177	8171.9	575	1023.5
# 市属 Municipal	2	0.1	176	1423.3	50	211.8

18-28 电 视 台 情 况
BASIC STATISTICS ON TELEVISION STATIONS

项目 Item	2003 中央 Central	2003 地方 Local	2002 中央 Central	2002 地方 Local
基本情况 Basic Statistics				
电视台 (座) Television Stations (unit)	1	1	1	1
电视发射台、转播台 (座) Transmission Stations and Relay Stations (unit)	2	11	2	14
电视差转台 (座) Transformation Stations (unit)		24		25
节目套数 (套) Programs (set)	14	19	12	18
平均每周播出时间(按12月份第三周计算) (时：分) Program Hours Per Week(according to the third week of December) (hour:minute)	1962:59	1815:14	1703:31	2305:48
播放节目情况 Shows of TV Programs				
自办节目时间 (时：分) Self-Produced Programs (hour:minute)	1962:59	1553:09	1703:31	2178:07
新闻节目 (时：分) News Programs (hour:minute)	452:18	200:26	293:01	521:50
专题节目 (时：分) Special Topic Programs (hour:minute)	562:55	503:34	508:12	594:09
教育节目 (时：分) Educational Programs (hour:minute)	67:29	35:25	71:52	35:36
文艺节目 (时：分) Entertainment Programs (hour:minute)	615:32	559:16	589:50	664:16
服务性节目 (时：分) Service Programs (hour:minute)	264:45	254:28	240:36	362:16

注：电视台数不包括区县电视台。

Note: Number of television stations excludes those of districts and counties.

18-29 广播电台情况
BASIC STATISTICS ON BROADCASTING STATIONS

项目 Item				2003		2002	
				中央 Central	地方 Local	中央 Central	地方 Local
基本情况		**Basic Statistics**					
电台	(座)	Broadcasting Stations	(unit)	2	1	2	1
发射台、转播台	(座)	Transmission Stations and Relay Stations	(unit)	5	10	28	10
节目套数	(套)	Programs	(set)	9	16	9	16
平均每日播音时间(按12月份计算)	(时：分)	Program Hours Per Week(according to December)	(hour:minute)	529:11	197:52	367:30	197:26
播放节目情况		**Shows of TV Programs**					
自办节目时间	(时：分)	Self-Produced Programs	(hour:minute)	529:11	187:12	367:30	185:11
新闻节目	(时：分)	News Programs	(hour:minute)	200:46	20:25	110:20	25:42
专题节目	(时：分)	Special Topic Programs	(hour:minute)	183:05	54:45	127:15	52:19
教育节目	(时：分)	Educational Programs	(hour:minute)	15:14	3:40	17:45	3:55
文艺节目	(时：分)	Entertainment Programs	(hour:minute)	116:27	66:29	92:20	69:33
服务性节目	(时：分)	Service Programs	(hour:minute)	13:39	41:53	19:50	33:42

注：广播电台数不包括区县电台。

Note: Number of broadcasting stations excludes those of districts and counties.

18-30 文化产业活动单位基本情况
BASIC STATISTICS OF CULTURAL INDUSTRIAL UNITS

单位：亿元 (100 million yuan)

行业类别	Sector	单位个数 Number of EnterPrises (unit)	从业人员(人) Employment (person)	资产总计 Totals Asset	经营收入 Operating Revenue	人均经营收入(元/人) Business Revenue Percapita (yuan/person)
合计	**Total**	**2764**	**208138**	**1123.45**	**453.98**	**218114.90**
出版业	Publication	520	46010	290.80	144.38	313801.35
印刷业	Printing	659	52019	115.58	62.06	119302.56
图书报刊批发、零售业	Wholesale and Retail of Books and Newspapers	57	8087	61.47	54.98	679856.56
文化体育用品制造业	Stationery,Educational and Sports Goods Making	58	3495	5.21	3.10	88698.14
文化体育用品零售业	Retail of Stationery,Educational and Sports Goods	67	8191	25.32	19.50	238066.17
艺术业	Arts	53	6978	14.58	0.67	9601.61
文物保护业	Protection of Historical Relics	37	2530	12.26	0.15	5928.85
图书馆、档案馆	Libraries and Archives	44	3484	25.55	0.10	2870.26
群众文化业及其他文化业	Mass Culture and Others	192	6981	41.83	7.33	104999.28
广播电影电视业（含新闻）	Radio,Film and Television(including News)	141	24262	306.07	14.05	57909.49
娱乐服务业	Recreational Services	104	9887	39.20	9.20	93051.48
广告业	Advertisement	576	15595	125.73	130.38	836037.19
体育	Sports	100	8142	40.25	3.14	38565.46
摄影及扩印业	Photography and Large-printing	34	1669	2.73	2.08	124625.52
园林业	Parks	122	10808	16.87	2.86	26461.88

主要统计指标解释

研究生培养机构 是指经国家批准设立的具有培养博士研究生、硕士研究生资格的普通高等学校和科研机构。

普通高等学校 是指按国家规定的设置标准和审批程序批准举办的，通过全国普通高等教育统一招生考试，招收高中毕业生为主要培养对象，实施高等学历教育的全日制大学、独立设置的学院和高等专科学校、高等职业学校和其他机构。

成人高等学校 是指按国家规定的设置标准和审批程序批准举办的，通过全国成人高等教育统一招生考试，招收具有高中毕业或同等学历的人员为主要培养对象，利用函授、业余、脱产的多种形式对其实施高等学历教育的学校。包括：职工高等学校、农民高等学校、管理干部学院、教育学院、独立函授学院、广播电视大学、其他机构。

高等教育机构 是指经省、自治区、直辖市教育行政部门审批并颁发办学许可证，不具有颁发学历文凭资格的实施高等教育的单位。

社会力量办即民办学校 是指经有关主管部门批准，公民个人、社会团体及其他社会组织等利用非国家财政性教育经费，面向社会举办的学校及其他教育机构。

学历文凭考试机构 是经教育行政部门专门批准，进行全日制高等教育的民办的其他高等教育机构。

专科教育 应当使学生掌握本专业必备的基础理论、专门应用技术知识，具有从事本专业实际工作的基本技能和技术应用能力。全日制专科教育的基本修业年限为二至三年。

本科教育 应当使学生比较系统地掌握本学科、专业必需的基础理论、基本知识，掌握本专业必要的基本技能、方法和相关知识，具有从事本专业实际工作和研究工作的初步能力。全日制本科教育的基本修业年限为四至五年。

硕士研究生教育 应当使学生掌握本学科坚实的基础理论、系统的专业知识，掌握相应的技能，方法和相关知识，具有从事本专业实际工作和科学研究工作的能力。硕士研究生教育的基本修业年限为二至三年。

博士研究生教育 应当使学生掌握本学科坚实宽广的基础理论、系统深入的专业知识、相应的技能和方法，具有独立从事本学科创造性科学研究工作和实际工作的能力。博士研究生教育的基本修业年限为三至四年。

函授学生 是指通过全国成人高等教育统一招生考试，招收具有高中毕业文化程度的人员，按照国家成人高等学历教育计划，以函授为主要教学方式培养的学生。本科学制五或六年，专科学制三或四年。

业余学生 是指通过全国成人高等教育统一招生考试招收具有高中毕业文化程度的人员，按照国家成人高等学历教育计划，以业余时间授课为主要教学方式培养的学生，业余学生包括夜大学学生。本科学制五或六年，专科学制三或四年。

脱产学生 是指通过全国成人高等教育统一招生考试，招收具有高中毕业文化程度的人员，按照国家成人高等学历教育计划，以全日制授课为主要教学方式培养的学生。本科学制四或五年，专科学制二或三年。

网络学生 是指经教育部批准的现代远程教育试点学校设立的网络教育学院，基于互联网上实施高等学历教育所招收的普通和成人本科、专科学生。

在职人员攻读博士、硕士学位学生 是指经国务院学位委员会批准的，为提高在职人员业务水平，通过攻读博士、硕士学位入学全国联考所招收的学生。培养的学生只有学位没有学历。

自考助学班学生 是指为参加高等教育自学考试的学生举办的全日制教学班。

学历文凭考试学生 是指民办的其他高等教育机构中学历文凭考试机构所招收参加高等教育学历文凭考试的全日制专科学生。

普通预科生 是指经教育部和国家民委批准下达预科招生计划，招收的少数民族和港澳、华侨、台籍学生，经过一年的文化补习，合格者升入普通高等学校有关专业学习。

证书教育 是指由各类高等教育机构举办的，招收具有高中毕业文化程度，从事专业技术工作或专业性较强的管理工作人员，经过学校学习及考试合格，取得达到岗位要求的专业知识水平证明的非学历教育。证书教育形式包括单科班和专业证书班。

单科班是指学生在学校只学一个科目中的一门或几门课程，考试合格可获得单科结业证书。

专业证书班是指学生在学校学习8至10门课程，考试合格可获得岗位要求的大专层次专业知识水平的证书。

岗位培训 是指由各类高等教育机构举办的，以提高本职工作能力为目的的非学历教育和培训活动。接受培训的各类人员按要求经考核合格，颁发岗位合格证书和上岗任职聘任书。岗位培训形式包括资格性培训和适应性培训。

资格性培训是指学生按照岗位规范要求取得上岗(在岗)、转岗、晋升等资格的培训。

适应性培训是指学生根据本岗位工作的发展需要而进行各种适应性的培训。

进修及培训 是指对具有大学专科以上学历和中级以上职称的专业人员和管理人员进行扩展知识，提高技能的非学历教育。

外国留学生 是指接受来中国学习的外籍学生。

毕业生数 是指上学年，具有学籍的学生学完教学计划规定的全部课程，考试及格，取得毕业证书，实际毕业的学生数

招生数 是指通过国家统一招生考试，按照国家招生计划实际招收入学的新生数。包括春、秋两季招收的学生。

在校学生数 是指本学年初，具有学籍的注册学生数。

结业生数 是指具有学籍的学生学习期满，有一门以上主要课程(包括毕业论文或毕业设计)不及格或其他方面不合格，未予毕业而发给结业证书的学生数。不包括短训班和单科结业学生。

教职工数 是指在学校(机构)工作并由学校(机构)支付工资的教职工人数。教职工数包括校本部教职工、科研机构人员、校办企业职工、其他附设机构人员。

教师 是指专职从事教学工作的人员，包括临时调去帮助做其他工作的人员，不包括调离教学岗位担负行政领导工作的原教学人员。

专任教师 是指具有教师资格，专门从事教学工作的人员。

校舍建筑面积 是指产权归学校所有，已经使用的各种用房的建筑面积。不包括尚未竣工的在建工程和借用、租用的房舍或临时搭用的棚舍。

危房面积 是指年久失修、结构构件受到严重损坏，有倒塌危险，经房管部门鉴定属于危房的面积。

学校占地面积 是指学校校园内的土地面积，不包括校园外学校拥有的农场、林场及校办工厂等的土地面积。

教育事业费拨款 是指学校从中央和地方财政取得的教育事业费，即列入国家预算支出科目第 13 类的“教育事业费”拨款数（包括经常性经费、专项经费、科研经费拨款）。

科研经费拨款 是指高等学校从中央和地方取得的属于财政性拨款的科学研究经费，通常指纵向科研经费，包括国家（地方）教委、国家（地方）计委、国家（地方）科委和各行业主管部门（如纺织工业总会、省工业厅等）下达的科学事业费和科技三项费用等。属于财政教育事业费安排的科研经费拨款，应在教育经费拨款中填列。

其他经费拨款 是指除教育经费拨款、科研经费拨款以外的其他属于财政性的经费拨款，包括专项拨款和非专项拨款，如:公费医疗经费、 住房改革经费等。

教育附加费 是指学校从中央和地方取得的教育附加费拨款。

事业收入 是指学校开展教学、科研及其辅助活动取得的收入，包括教学收入和科研收入。其中学费填列学校核准留用和财政专户已核拨数，不包括上缴财政专户但尚未返还的部分。

校办产业和经营收益用于教育事业 是指学校兴办校办产业取得收益用于补充教育经费的部分和在教学、科研及其辅助活动之外，开展非独立核算经营活动取得的收益用于补充教育经费的部分，即经营收入的结余和其他收入中对校办产业投资收益之和。

其他收入 指除上述各项收入以外的其他各项收入，即附属单位交款和其他收入中扣除对校办产业投资收益之和。

捐赠收入 指城镇、农村、厂矿、 企事业单位和个人根据自愿、量力的原则捐(集)资助学，以及海外侨胞、港澳台胞、外籍团体、友好人士等对教育的资助和捐赠。捐赠收入中港、澳、台及海外捐集资经费指海外侨胞、港澳台胞、外籍团体、友好人士等对教育的资助和捐赠。

基建拨款 是指学校从中央和地方取得的列国家预算支出科目第一类“基本建设支出”中第 147 款的“教育基建支出”拨款和各部门基建支出中用于高校的基建拨款。

学校经费支出 分为事业性支出和基建支出两部分。

事业性支出 分为人员经费支出和公用部分支出。

人员经费支出 指一般预算支出科目中人员支出、对个人和家庭的补助支出两部分。由基本工资、补助工资、其他工资、职工福利费、社会保障费、奖贷助学金六部分构成。

公用部分支出 按照国家一般预算支出科目中公用支

出部分填列。有以下五部分组成：公务费、业务费、设备购置费、修缮费、其他费用。

基建支出中自筹基建支出 指基本建设支出用自筹资金安排的部分。

艺术剧团 指从事戏曲、音乐、舞蹈、杂技等专业艺术表演，有独立帐户、实行独立核算的团体。不包括半工半艺和民间职业剧团。

艺术表演观众人数（人次） 指售票、包场演出或民族地区免费演出的艺术表演观众人次数。不包括彩排审查和内部观摩演出的观众人次数。

十九、科　技
SCIENCE AND TECHNOLOGY

专业技术人员人数（单位：万人）
Number of Professional Technical Personnel(10000 persons)

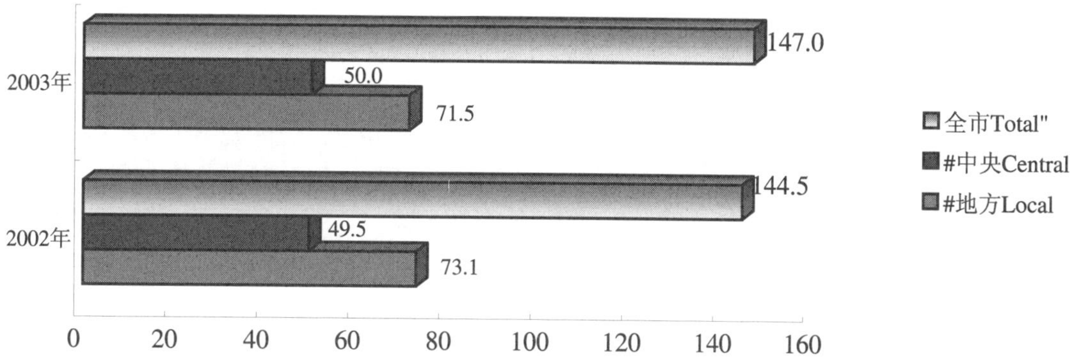

每万从业人员拥有专业技术人员（单位：人）
Number of Professional Technical Personnel Per 10000 Employed Persons (perosn)

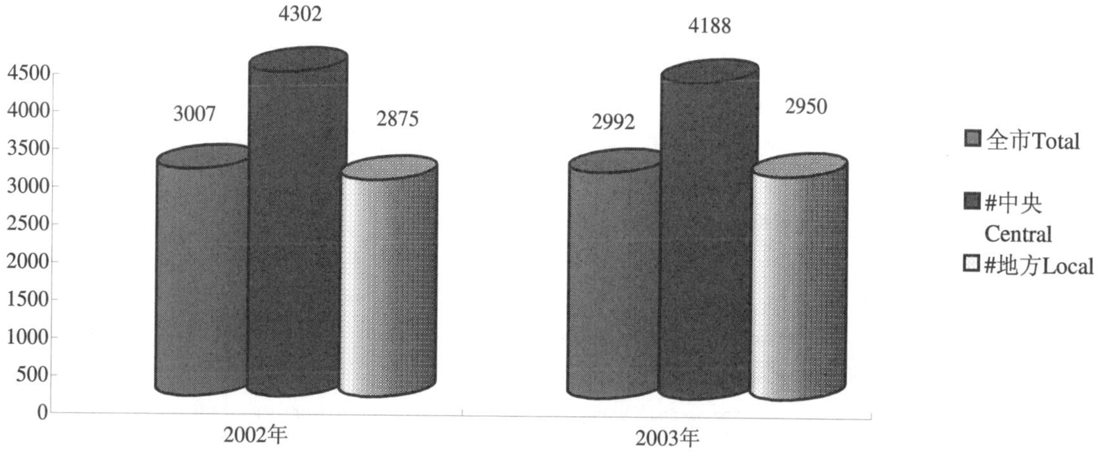

19-1 科技活动人员情况
STATISTICS FOR PERSONNEL ENGAGED IN SCIENCE AND TECHNOLOGYP

项目 Item		单位数（个）Number of Enterprises (unit)	# 有科技活动的单位数 Number of Science and Technology-oriented Activities Enterprises	科技活动人员（人）Personnel Engaged in Science and Technology	# 科学家和工程师 Scientist and Engineer
总　计	**Total**	**5957**	**3815**	270921	226263
按执行部门分组	**Group by Administer Department**				
科研机构	Scientific Research Institutions	350	340	77590	57582
高等院校	Institutions of Higher Education	69	69	53507	51474
企　业	Enterprise	5052	3230	128439	108216
# 大中型工业企业	Large and Medium Industrial Enterprises	432	196	29502	21433
其他	Others	486	176	11385	8991
按隶属关系分组	**Group by Administrative Relationship**				
中央	Central	1241	921	157839	128546
地方	Local	4716	2894	113082	97717

19-2 高等学校科技活动情况
STATISTICS FOR INSTITUTIONS OF HIGHER EDUCATION SCIENCE AND TECHNOLOGY-ORIENTED ACTIVITIES

项目	Item	2003	2002
科技活动人员（人）	Personnel Engaged in Science and Technology (person)	53507	50834
# 科学家和工程师	Scientist and Engineer	50691	43246
研究与试验发展机构（个）	Scientific Research Institutions (unit)	659	650
研究与试验发展全时人员（人年）	Full-time Scientific Research Persons (person.year)	20192	19698
# 科学家和工程师	Scientist and Engineer	19545	17728
# 基础研究	Basic Research	6699	6411
应用研究	Applied Research	10078	10123
试验发展	Experimental Development	2768	3164
科技经费筹集额（万元）	Scientific Research-oriented Expenditure Financing (10000 yuan)	500369	399665
# 政府拨款	Government Appropriate Funds	304849	241650
企业资金	Corporation	170492	131431
银行贷款	Loads of Banks	4507	
科技经费内部支出（万元）	Appropriation Intramural Expenditure for Science and Technology (10000 yuan)	400772	304698
# 劳务费	Work Expenditure	80748	59531
固定资产购建费	Purchase of Investment in Fixed Assents	56411	51101
# 研究与试验发展经费支出（万元）	The Approprlation Expendlture for Research and Experimental Development (10000 yuan)	284929	254050
基础研究	Basic Research	73050	64875
应用研究	Applied Research	157131	109611
试验发展	Experimental Development	54748	79564

19-3 科技活动经费筹集情况
STATISTICS FOR SCIENTIFIC RESEARCH-ORIENTED EXPENDITURE FINANCING

单位:万元 (10000 yuan)

项目	Item	科技经费筹集额合计 Total on Scientific Research-oriented Expenditure Financing	政府资金 Government Contributive	企业资金 Corporation	事业单位资金 Institutions	金融机构贷款 Loads of Financial Institutions	国外资金 Foreign Fund	其他资金 Others
总计	**Total**	4924272.0	2162418.7	1748446.4	306443.6	129611.0	177998.7	399354.8
按执行部门分组	**Group by Administer Department**							
科研机构	Scientific Research Institutions	2392916.0	1654259.0	157100.0	268105.0	13706.0	2433.0	297313.0
高等院校	Institutions of Higher Education	508238.0	272903.7	170508.4	2588.6	4507.0	25260.7	32468.8
企业	Enterprise	1930223.0	190378.0	1408076.0	8535.0	111358.0	149009.0	62869.0
# 大中型工业企业	Large and Medium Industrial Enterprises	498249.0	20421.0	447485.0	2736.0	24702.0	619.0	2287.0
其他	Others	92895.0	44878.0	12762.0	27215.0	40.0	1296.0	6704.0
按隶属关系分组	**Group by Administrative Relationship**							
中央	Central	3603418.0	2016395.3	843359.2	282317.9	79871.0	28869.2	352605.5
地方	Local	1320854.0	146023.4	905087.2	24125.7	49740.0	149129.5	46749.3

19-4 科技活动经费支出情况
STATISTICS FOR APPROPRIATION EXPENDITURE FOR SCIENCE AND TECHNOLOGY

单位：万元 (10000 yuan)

项目	Item	科技活动经费支出 Appropriation Expenditure for Science And Technology	内部支出 Intra-Mural Expenditure	经常费支出 Frequently Expenditure	# 人员劳务费 Work Expenditure	科研基建支出 Scientific Research and Infrastructure Investment	# 固定资产购建 Investment in Fixed Assents	# 设备购置 Purchase of Equipment	外部支出 Exterior Expenditure
总计	**Total**	4610805.2	4365698.6	3965260.3	1116418.4	385500.6	763105.2	533008.5	245107.7
按执行部门分组	**Group by Administer Department**								
科研机构	Scientific Research Institutions	2226547.0	2153193.0	1909272.0	459605.0	243921.0	400466.0	252246.0	73354.0
高等院校	Institutions of Higher Education	436306.2	379936.6	357192.3	80797.4	7807.6	48920.2	45094.5	56369.7
企业	Enterprise	1852660.0	1745262.0	1619868.0	549091.0	125393.0	295925.0	222910.0	107399.0
# 大中型工业企业	Large and Medium Industrial Enterprises	499958.0	467021.0	445934.0	119116.0	21086.0	66300.0	56964.0	32938.0
其他	Others	95292.0	87307.0	78928.0	26925.0	8379.0	17794.0	12758.0	7985.0
按隶属关系分组	**Group by Administrative Relationship**								
中央	Central	3317131.9	3143506.0	2806230.4	691954.0	325003.3	556586.4	358163.7	173628.9
地方	Local	1293673.3	1222192.6	1159029.9	424464.4	60497.3	206518.8	174844.8	71478.8

19-5 产品质量监督检验情况
SUPERVISE AND CHECK UP PRODUCT QUALITY

产品名称	Name of Product	监督检验企业数(个) Supervise and Check up Enterprises (unit)	查出不合格产品企业数(个) Unqualified Product Enterprises (unit)	不合格产品企业所占比例(%) Unqualified Product Enterprises as % of Total (%)	检验批次(批次) Check Batch (batch.time)	合格批次(批次) Regular Batch (batch.time)	批次合格率(%) Ratio of regular by Batch (%)
总　计	**Total**	**1999**	**439**	**22.0**	**2533**	**2064**	**81.5**
加工食品和饮料	Processible Food and Beverage	1831	395	21.6	2332	1917	82.2
# 小麦粉、大米	Wheaten and Rice	51	3	5.9	51	48	94.1
肉制品	Cooked Food	225	39	17.3	306	261	85.3
调味品	Flavorings	84	10	11.9	125	109	87.2
糕点、糖果	Pastry and Candy	971	260	26.8	1040	771	74.1
非酒精液体饮料	Noalcohol and Liquid Beverage	111	11	9.9	142	130	91.5
方便主食品	Expediently Staple Food	3	1	33.3	3	2	66.7
乳制品	Dairy Produce	27	2	7.4	41	38	92.7
家用电器	Daily Use Electrical Appliances	105	29	27.6	111	76	68.5
轻工产品	Light Industry Product	18	6	33.3	30	20	66.7
纺织、鞋类产品	Textile Industry and Leather Making	34	6	17.6	44	38	86.4
能源产品	Energy Product	4	0	0.0	4	4	100.0
其他	Others	7	3	42.9	12	9	75.0

19-6 研究与试验发展(R&D)情况
RESEARCH AND EXPERIMENTAL DEVELOPMENT

项　目	Item	有R&D活动的单位数(个) Number of (R&D) Enterprises (unit)	R&D人员折合全时人员(人年) R&D Person Amount to Full-time Person(person.year)	# 科学家和工程师 Scientist and Engineer	# 全时人员 Full-time Persons	# 基础研究 Basic Research	# 应用研究 Applied Research	# 实验发展 Experimental Development
总　计	**Total**	2657	110358	96332	81408	18404	36616	55338
按执行部门分组	**Group by Administer Department**							
科研机构	Scientific Research Institutions	306	50413	43155	44748	10503	19475	20435
高等院校	Institutions of Higher Education	58	202301	19731	7755	7209	10192	2830
企　业	Enterprise	2167	37043	31085	26996	549	5801	30694
# 大中型工业企业	Large and Medium Industrial Enterprises	168	7110	5572	5635	300	1692	5118
其他	Others	126	2671	2361	1909	143	1148	1379
按隶属关系分组	**Group by Administrative Relationship**							
中央	Central	680	76629	67111.9	59543	16935	28073	31622
地方	Local	1977	33729	29220.1	21865	1469	8543	23716

19-6 续表 continued

单位：万元 (10000 yuan)

项目	Item	R&D经费内部支出 The Appropriation Expenditure for the Research and Experimental Development	经常费支出 Frequently Expenditure	# 人员劳务费 Work Expenditure	# 基础研究 Basic Research	# 应用研究 Applied Research	# 试验发展 Expenditure Development
总计	Total	2562517.6	2359793.6	607266.0	262386.7	768798.5	1328609.4
按执行部门分组	Group by Administer Department						
科研机构	Scientific Research Institutions	1380956.0	1230353.0	236483.0	173951.0	353522.0	702880.0
高等院校	Institutions of Higher Education	254235.6	238246.6	56968.0	59970.7	136863.5	41412.4
企业	Enterprise	910177.0	874309.0	308812.0	26018.0	275066.0	573226.0
# 大中型工业企业	Large and Medium Industrial Enterprises	359535.0	358217.0	92781.0	14844.0	143031.0	200343.0
其他	Others	17149.0	16885.0	5003.0	2447.0	3347.0	11091.0
按隶属关系分组	Group by Administrative Relationship						
中央	Central	1849108.0	1664402.0	338533.0	239180.2	522472.5	903812.7
地方	Local	713409.6	695391.6	268733.0	23206.5	246326.0	424796.7
按资金来源分	Group by Bankroll Source						
政府资金	Governmental	1366920.6					
企业资金	Enterprises	842340.0					
国外资金	Foreign	96380.0					
其他资金	Others	256877.0					

项目	Item	R&D经费内部支出 The Appropriation Expenditure for the Research and Experimental Development	# 科研基建支出 Expenditure for Science, Technology and Infrastructure	# 固定资产购建 Purchase of Investment in Fixed Assents	# 设备购置 Purchase of Inqupment	R&D经费外部支出 Exterior Expenditure for R&D
总计	Total	2562517.6	191687.6	408585.2	310585.5	128322.7
按执行部门分组	Group by Administer Department					
科研机构	Scientific Research Institutions	1380956.0	150602.0	247415.0	169395.0	23538.0
高等院校	Institutions of Higher Education	254235.6	4954.6	32656.2	28830.5	36004.7
企业	Enterprise	910177.0	35868.0	125909.0	109871.0	61440.0
# 大中型工业企业	Large and Medium Industrial Enterprises	359535.0	1317.0	37087.0	36256.0	27686.0
其他	Others	17149.0	263.0	2605.0	2489.0	7340.0
按隶属关系分组	Group by Administrative Relationship					
中央	Central	1849108.0	175763.3	312206.4	223011.7	89093.9
地方	Local	713409.6	15924.3	96378.8	87573.8	39228.8
按资金来源分	Group by Bankroll Source					
政府资金	Governmental	1366920.6				
企业资金	Enterprises	842340.0				
国外资金	Foreign	96380.0				
其他资金	Others	256877.0				

19-7 国民经济各行业专业技术人员
NUMBER OF PROFESSIONAL TECHNICAL PERSONNEL BY SECTORS OF NATIONAL ECONOMY

单位：人 (person)

项目	Item	2003 全市 Total	# 中央 Central	# 地方 Local
合计	**Total**	1469909	499773	714890
农、林、牧、渔业	Farming,Forestry,Animals Husbandry and Fishery	6919	382	5627
采矿业	Mining	3611	35	3495
制造业	Manufacturing	206732	36466	128270
电力、燃气及水的生产和供应业	Electricity,Gas,Water Production and Supply	9526	3226	5383
建筑业	Construction	149560	30390	67121
交通运输、仓储和邮电业	Transportation,Storage and Posts	27824	14568	9284
信息传输、计算机服务和软件业	Telecommunications and Other Information Transmission	96086	18276	59794
批发和零售业	Wholesale Trade and Retail Trade	79497	21343	23485
住宿和餐饮业	Stay Place and Catering	26093	6755	7587
金融业	Finance	64195	60009	1854
房地产业	Real Estate Trade	43292	5601	18065
租赁和商务服务业	Tenancy and Commercial Servecis	88426	35666	17573
科学研究、技术服务和地质勘查业	Scientific Studies,Technical Servecis and Geological Prospecting	183847	100538	67482
水利、环境和公共设施管理业	Water, Environment and Municipal Engineering Conservancy	7899	656	6354
居民服务和其他服务业	Resident Services and Other Services	17617	2876	4828
教育	Education	225510	59205	163953
学前教育	Preschool Education	7727	911	6207
高等教育	Higher Education	74397	52356	21964
中等教育	Secondary Education	79465	2955	76155
初等教育	Primary Education	54733	1186	53330
其他教育	Other Education	9188	1797	6297
卫生、社会保障和社会福利业	Health Care,Social Security and Social Welfare	100209	30240	68099
卫生	Health Care	98389	30138	66406
社会保障业	Social Security	492		492
社会福利业	Social Welfare	1328	102	1201
文化、体育和娱乐业	Culture,Art,Sports and Recreation	58121	43640	11671
公共管理和社会组织	Public Manage and Social Organization	74945	29901	44965

注：按劳动工资年报口径，专业技术人员调整为在岗职工的其中项（下表同）。

Note: Professional technical personnel has been adjusted to one of staff and workers at their posts according to the caliber of annual report on labor force and wages.(the following is the same).

19-8 国民经济各行业每万从业人员拥有专业技术人员
NUMBER OF SCIENTIFIC AND TECHNICAL PERSONNEL PER 10000 EMPLOYMENT BY SECTORS OF NATIONAL ECONOMY

单位：人 (person)

项目	Item	2003 全市 Total	# 中央 Central	# 地方 Local
合计	**Total**	**2992**	**4188**	**2950**
农、林、牧、渔业	Farming,Forestry,Animals Husbandry and Fishery	2377	1963	2470
采矿业	Mining	1468	2303	1463
制造业	Manufacturing	2023	2631	2043
电力、燃气及水的生产和供应业	Electricity,Gas,Water Production and Supply	2523	2166	2594
建筑业	Construction	2298	2903	2783
交通运输、仓储和邮电业	Transportation,Storage and Posts	907	1413	650
信息传输、计算机服务和软件业	Telecommunications and Other Information Transmission	5411	6561	5282
批发和零售业	Wholesale Trade and Retail Trade	2114	4224	1670
住宿和餐饮业	Stay Place and Catering	1230	1362	1196
金融业	Finance	4579	5559	672
房地产业	Real Estate Trade	2287	2502	2334
租赁和商务服务业	Tenancy and Commercial Servecis	2349	2902	1269
科学研究、技术服务和地质勘查业	Scientific Studies,Technical Servecis and Geological Prospecting	5062	6266	4362
水利、环境和公共设施管理业	Water，Environment and Municipal Engineering Conservancy	1300	3916	1214
居民服务和其他服务业	Resident Services and Other Services	1921	2462	1729
教育	Education	6860	6319	7337
学前教育	Preschool Education	5739	4900	5916
高等教育	Higher Education	6316	6499	5996
中等教育	Secondary Education	7383	6245	7607
初等教育	Primary Education	8745	8003	8834
其他教育	Other Education	3372	3554	3971
卫生、社会保障和社会福利业	Health Care,Social Security and Social Welfare	7353	7684	7357
卫生	Health Care	7633	7771	7714
社会保障业	Social Security	3338		3358
社会福利业	Social Welfare	2246	1796	2392
文化、体育和娱乐业	Culture,Art,Sports and Recreation	4877	5890	3739
公共管理和社会组织	Public Manage and Social Organization	2780	4412	2232

19-9 市属国有企事业单位专业技术人员
NUMBER OF SCIENTIFIC AND TECHNICAL PERSONNEL IN LOCAL STATE-OWNED ENTERPRISES AND INSTITUTIONS

单位：人 (person)

项目	Item	总计 Total	# 高级 Senior	# 中级 Middle	# 初级 Junior
总计	Total	438276	42028	148311	217755
# 工程技术人员	Engineering	94055	9287	28614	48265
农业技术人员	Agriculture	4833	316	1323	2789
科研实验人员	Scientific Research and Experimentation	4229	1192	1749	608
卫生技术人员	Health Care	69024	5843	19870	39563
教学人员	Teaching	156611	19040	67789	60653

19-10 专利申请及授权情况
PATENT APPLICATIONS EXAMINED AND CERTIFIED

单位：项 (item)

项目	Item	申请量 Total Applications Examined		批准量 Total Applications Certified	
		2003	2002	2003	2002
合计	**Total**	**17003**	**13842**	**8248**	**6345**
按种类分	**Grouped by Type**				
发明	Creations and Inventions	7833	5785	2261	1061
实用新型	Utility Models	6665	5920	4244	3721
外观设计	Designs	2505	2137	1743	1563
按对象分	**Grouped by Applicator**				
工矿企业	Industrial and Mineral Enterprises	5253	4056	2778	2065
大专院校	Universities and Colleges	1699	1115	634	256
科研单位	Scientific Research Institution	1952	1444	864	501
机关团体	Government Organs and Associations	154	64	36	22
个人	Individuals	7945	7163	3936	3501

19-11 科学研究机构及人员
SCIENTIFIC RESEARCH INSTITUTIONS AND PERSONNEL

项目	Item	机构（个）Institution (unit)	职工人数（人）Staffand Workers (person)	从事科技活动人员（人）Personnel Engaged in Scientific and Technological Activity (person)	科技经费筹集（万元）Scientific Research-oriented Expenditure Financing (10000 yuan)	科技经费支出（万元）Appropriation Expenditure for Science and Technology (10000 yuan)
合计	**Total**	**267**	**55244**	**39075**	**1346048.6**	**1195949.7**
自然科学	**Natural Science**	**183**	**46987**	**32402**	**1214473.9**	**1067925.7**
中央	Central	145	41728	28932	1153379.6	1008807.4
地方	Local	38	5259	3470	61094.3	59118.3
在自然科学研究机构中：	**Of Natural Scientific Research Institutions**					
农、林、牧、渔业制造业	Farming,Forestry,Animals Hus-bandry and Fishery Manufacturing	16	3511	2653	78182.8	66901.1
电力、燃气及水的生产和供应业	Electricity,Gas and Water Production and Supply	1	167	110	1379.6	1217.7
建筑业	Construction	3	224	155	3754.1	3789.7
交通运输、仓储和邮政业	Transportation,Stock,Posts	5	1334	1157	27658.8	29311.5
信息传输、计算机服务和软件业	Information Transmission,Computer Servecis and Software	6	1099	910	75003.0	51180.8
金融业	Finance	1	104	90	200.0	3405.8
租赁与商务服务业	Tenancy and Commercial Servecis	1	80	73	210.3	295.0
科学研究、技术服务与地质勘查业	Scientific Studies,Technical Servecis and Geological Prospecting	66	18695	13569	561452.8	568794.5
水利、环境和公共设施管理业	Water, Environment and Municipal Engineering Conservancy	10	2548	1855	47005.2	44820.9
居民服务和其他服务业	Resident Services and Other Services	1	25	15	413.3	227.8
教育	Education	1	86	84	622.2	556.5
卫生、社会保障和社会福利业	Health Care,Social Security and Social Welfare	31	13063	7439	264390.0	159423.3
文化、体育与娱乐业	Culture,Art,Sports and Recreation	9	631	469	16169.8	11128.4
公共管理与社会组织	Public Manage and Social Organization	10	1877	1358	56221.5	50735.5
社会科学	**Social Science**	**66**	**5343**	**4644**	**72440.9**	**68364.3**
中央	Central	59	4626	4063	61239.7	57190.1
地方	Local	7	717	581	11201.2	11174.2
在社会科学研究机构中：	**Of Social Scientific Research Institutions**					
管理学	Administration	2	137	137	7030.5	6597.1
马克思主义	Marxism	1	53	50	441.6	409.1
哲学	Philosophy	1	139	126	1167.1	1008.5
宗教学	Religion	1	84	84	713.3	686.5
语言学	Language	1	89	89	766.2	683.9
文学	Literature	3	282	268	2321.5	2120.0
艺术学	Art	2	612	423	6487.5	5374.8
历史学	History	6	473	421	11282.0	10739.2
考古学	Archeology	3	238	212	2739.0	2663.8
经济学	Economics	21	1245	1117	15087.7	14515.3
政治学	Politics	6	342	315	2810.3	2594.9
法学	Law	3	171	157	1185.7	1153.0
社会学	Sociology	8	460	395	5396.5	5121.9
民族学	Ethnology	1	162	144	1289.5	1271.1
新闻学与传播学	News and Propagation	2	106	75	2777.2	2471.4
教育学	Education	4	714	595	10399.4	10450.1
统计学	Statistics	1	36	36	545.9	503.7
情报科学	**Intelligence Science**	**18**	**2914**	**2029**	**59133.8**	**59659.7**

19-12 大中型工业企业科技活动基本情况
STATISTICS FOR LOCAL LARGE AND MEDIUM INDUSTRIAL ENTRPRISES SCIENCE AND TECHNOLOGY-ORIENTED ACTIVITIES

项目	Item	2003	2002
有科技机构的企业 (个)	Science and Technology-oriented Activities Enterprises (unit)	72	103
有科技机构的企业占全部企业的比重 (%)	Science and Technology-oriented Activities Enterprises as % of Total (%)	16.7	18.2
科技机构数 (个)	Scientific Research Institutions (unit)	100	131
科技活动人员 (人)	Personnel Engaged in Science and Technology (person)	29502	31912
# 科学家和工程师	Scientist and Engineer	21433	21823
研究与试验发展人员 (人)	Scientific Research Persons (person)	19499	16337
科技机构科技活动人员数 (人)	Personnel Engaged in Science and Technology (person)	7148	7204
# 科学家和工程师	Scientist and Engineer	4916	4949
科技经费筹集额 (万元)	Scientific Research-oriented Expenditure Financing (10000 yuan)	498249.2	398903
# 政府资金	Government Appropriate Fouds	20421.1	10840.9
# 企业资金	Corporation	447484.5	377460
# 银行贷款	Loads of Banks	24702	3410
科技经费支出额 (万元)	Appropriation Expenditure for Science and Technology (10000 yuan)	478872.1	406882.1
# 开发新产品用款	Appropriation for New product	154875.7	190209.4
科技经费支出占产品销售收入比重 (%)	Appropriation Expenditure for Science and Technologyas % of Sales Revenue (%)	1.98	1.91
研究与试验发展经费支出 (万元)	The Appropriation Expenditure for Experimental Development (10000 yuan)	358217.4	283522.5
科技项目数 (项)	Scientific Research Programs (item)	2661	3131
# 新产品项目	New Product	1511	2117
技术引进经费支出 (万元)	Appropriation Expenditure for Fetch in Technic (10000 yuan)	29141.2	79511.8
消化吸收经费支出 (万元)	Appropriation Expenditure for Application of new Scientific (10000 yuan)	238.7	45019.7
购买国内技术支出 (万元)	Appropriation Expenditure for Purchase Inland Technic (10000 yuan)	933.1	7595.7

19-13 技术合同签定情况
CONCLUSION OF TECHNICAL CONTRACTS

项目	Item	签定合同数(项) Contracts Concluded (item)		合同金额(万元) Amount of Contracts (10000 yuan)	
		2003	2002	2003	2002
合计	**Total**	**32173**	**27038**	**2653572.6**	**2210694.9**
按合同类别分类	**Grouped by Type**				
技术开发合同	Technological Development	7944	6969	744638.7	883652.3
技术转让合同	Technology Transfer	2122	2252	402370.5	254463.6
技术咨询合同	Technical Consultation	4202	3574	130735.5	102254.2
技术服务合同	Technical Service	17905	14243	1375827.9	970324.9
按合同卖方类别分类	**Grouped by Type of Seller**				
科研机构	Scientific Research Institutions	10987	11314	492217.8	544014.9
高等院校	Institutions of Higher Education	2510	1361	81047.5	43587.1
企业	Enterprises	17054	12757	1968969.6	1411107.2
技术贸易机构	Technology Trade Institutions	1054	1162	53151.8	141080.3
个体经营	Individual	57	38	3229.8	1838.0
其他	Others	511	406	54956.1	69067.4
按合同买方类别分类	**Grouped by Type of Buyer**				
企业	Enterprises	24135	20116	2022120.2	1543021.4
科研机构	Scientific Research Institutions	3155	2916	148771.0	148441.6
各级管理部门	Management Departments	2860	2385	292252.4	227928.3
技术贸易机构	Technology Trade Institutions	138	178	7000.9	18894.4
个体经营	Individual and Individual Partnership	88	91	1967.9	2350.8
其他	Others	1797	1352	181460.3	270058.4
按服务社会经济目标分类	**Grouped by Social and Economic Service Objection**				
陆地、海洋和大气的开发与估价	Development and Appraisal of Lands,Seas and Atmosphere	244	114	23541.2	9088.6
民用宇宙空间	Civil Universal Space	241	309	17948.0	21251.6
农业、林业和渔业的发展	Development of Agriculture, Forestry and Fishery	556	510	25232.8	29826.3
促进工业的发展	Promoting Industrial Development	6962	6535	634477.8	567982.0
能源的生产、储存和分配	Production,Stockpile and Distribution of Energy	3655	3244	306902.9	265224.6
交通、通讯事业的发展	Development of Transportation and Telecommunication	6145	6339	580638.8	692076.3
教育事业的发展	Development of Education	601	413	41873.0	21775.7
卫生事业的发展	Development of Health Care	2173	1862	123379.1	78012.8
社会发展和社会经济服务	Social Development and Economic Service	4193	2610	440249.6	229876.1
环境保护	Environmental Protextion	2127	1636	51058.4	79719.0
知识的全面发展	All-round Development of Knowledge	238	134	14090.2	5987.6
其他目标	Others	3677	2433	286228.4	123398.6
国防	National Defence	1361	899	107952.6	86475.8
按技术流向分类	**Grouped by Spread Area**				
北京	Beijing	15976	13028	1199981.6	901298.4
外地	Outside Beijing	16197	14010	1453591.0	1309396.5

19-14 科学技术协会及所属学会工作情况
BASIC STATISTICS OF SCIENCE AND TECHNOLOGY ASSOCIATION AND SUBORDINATE INSTITUTES

项 目		Item		合 计 Total	市科协 Municipal Scien and Technology Association	市级学会 Institutes at Municipal Level
机构与人员		**Institutions and Personnel**				
机 构	(个)	Institutions	(unit)	140	1	139
人 员	(人)	Personnel	(person)	219838	44	219794
学术交流		**Academic Exchange**				
国内学术会议	(次)	Domestic Academic Meeting	(time)	950	2	948
参加人数	(人次)	Participants	(person.time)	101675	140	101535
交流论文	(篇)	Papers Presented	(article)	7860	14	7846
中外学术会议	(次)	China and Foreign Countries Learned Meeting	(time)	148	8	140
参加人次	(人次)	Participants	(person.time)	24041	838	23203
交流论文	(篇)	Papers Presented	(article)	2313	113	2200
港澳台学术会议	(次)	International Academic Meeting	(time)	19	3	16
参加人数	(人次)	Participants	(person.time)	1217	130	1087
交流论文	(篇)	Papers Presented	(article)	159	27	132
民间科技交流		**Non-governmental Scientific and Technological Exchange**				
派往国外科技团组	(个)	Technological Group of Accredit Overseas	(unit)	32	17	15
派出人数	(人次)	Accredit person.time	(person.time)	212	90	122
派往港澳台地区科技团组	(个)	Technological Group of Hongkong,Macao and Taiwan Enterprises Accredit	(unit)	18	4	14
派出人次	(人次)	Accredit person.time	(person.time)	159	27	132
接待国外科技团组	(个)	Technological Group of overseas Reception	(unit)	102	28	74
接待人次	(人次)	Accredit person.time	(person.time)	577	125	452
接待港澳台地区科技团组	(个)	Technological Group of Hongking,Macao and Taiwan Enterprises Reception	(unit)	24	2	22
接待人次	(人次)	Accredit person.time	(person.time)	172	17	155
科学普及		**Scientific Promoting**				
科普讲座	(次)	Lectures	(time)	919	40	879
参加人次	(人次)	Participants	(person.time)	270979	24280	246699
科普展览	(次)	Exhibitions	(time)	107	18	89
参观人次	(人次)	Participants	(person.time)	606588	155000	451588
科技培训		**Training Program**				
培训班数	(个)	Classes	(time)	833	534	299
培训人数	(人次)	Participants	(person.time)	51092	21656	29436
科技咨询服务		**Consultative Services**				
完成咨询合同	(项)	Contracts Completed	(item)	1060	271	789
咨询合同实现金额	(万元)	Contracts Revenue	(10000 yuan)	9054	70060	20482
科技出版物		**Technological Publication**				
科技期刊	(种)	Magazine	(kind)	41	1	40
科技图书	(种)	Books	(kind)	65	9	56
科技论文集	(种)	Collected of Disquisition	(kind)	122	8	114

主要统计指标解释

科技活动人员 指直接从事科技活动、以及专门从事科技活动管理和为科技活动提供直接服务的人员。累计从事科技活动的实际工作时间占全年制度工作时间 10%及以上的人员中（1）直接从事科技活动的人员包括:在独立核算的科学研究与技术开发机构、高等学校、各类企业及其他事业单位内设的研究室、实验室、技术开发中心及中试车间(基地)等机构中从事科技活动的研究人员、工程技术人员、技术工人及其它人员；虽不在上述机构工作，但编入科技活动项目(课题)组的人员；科技信息与文献机构中的专业技术人员；从事论文设计的研究生等。（2）专门从事科技活动管理和为科技活动提供直接服务的人员包括：独立核算的科学研究与技术开发机构、科技信息与文献机构、高等学校、各类企业及其他事业单位主管科技工作的负责人，专门从事科技活动的计划、行政、人事、财务、物资供应、设备维护、图书资料管理等工作的各类人员，但不包括保卫、医疗保健人员、司机、食堂人员、茶炉工、水暖工、清洁工等为科技活动提供间接服务的人员。

科学家和工程师 指科技活动人员中具有高、中级技术职称(职务)的人员和不具有高、中级技术职称(职务)的大学本科及以上学历人员。

专业技术人员 指从事专业技术工作和专业技术管理工作的人员，即企事业单位中已经聘任专业技术职务从事专业技术工作和专业技术管理工作的人员，以及未聘任专业技术职务，现在专业技术岗位上工作的人员。包括工程技术人员，农业技术人员，科学研究人员，卫生技术人员，教学人员，经济人员，会计人员，统计人员，翻译人员，图书资料、档案、文博人员，新闻出版人员，律师、公证人员，广播电视播音人员，工艺美术人员，体育人员，艺术人员及企业政治思想工作人员，共十七个专业技术职务类别。

研究与试验发展（R&D） 指在科学技术领域，为增加知识总量、以及运用这些知识去创造新的应用而进行的系统的创造性的活动，包括基础研究、应用研究、试验发展三类活动。

科技活动经费筹集 指从各种渠道筹集到的计划用于科技活动的经费，包括政府资金、企业资金、事业单位资金、金融机构贷款、国外资金和其他资金等。

专利 是专利权的简称，是对发明人的发明创造经审查合格后，由专利局依据专利法授予发明人和设计人对该项发明创造享有的专有权。包括发明、实用新型和外观设计。

发明 指专利法及其实施细则所称的发明，指对产品、方法或者改进所提出的新的技术方案。

实用新型 指专利法及其实施细则所称的实用新型，指对产品的形状、构造或者其结合所提出的适于实用的新的技术方案。

外观设计 指专利法及其实施细则所称的外观设计，指对产品的形状、图案、色彩或者其结合所作出的富有美感并适于工业上应用的新设计。

二十、卫生、体育
HEALTH AND SPORTS

卫生机构、床位及卫生技术人员数（单位：个，张，人）
Number of Health Care Institutions,Beds and Medical Technical Personnel (unit, perosn)

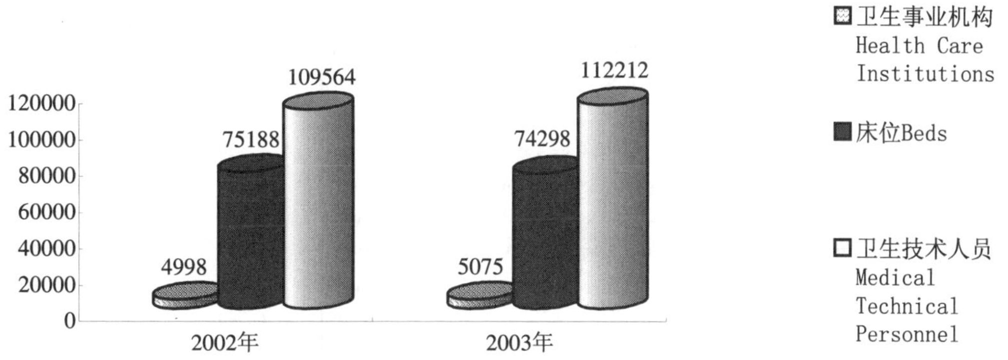

平均每千人拥有床位及医生数（单位：张，人）
Number of Beds and Doctors Per 1000 Persons (unit, perosn)

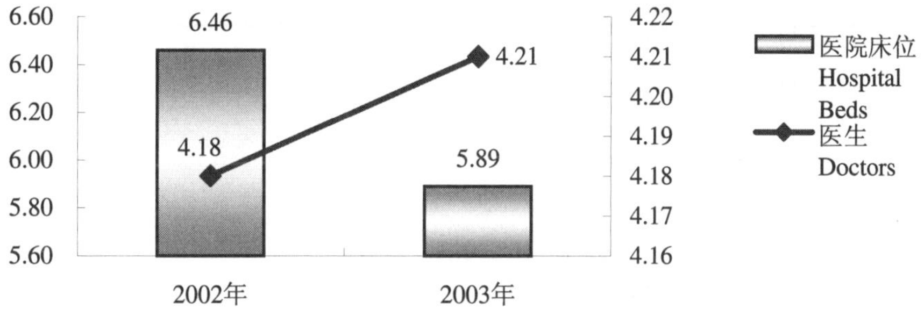

2003年运动员获奖牌情况（单位：块）
Medals Won in 2003 (piece)

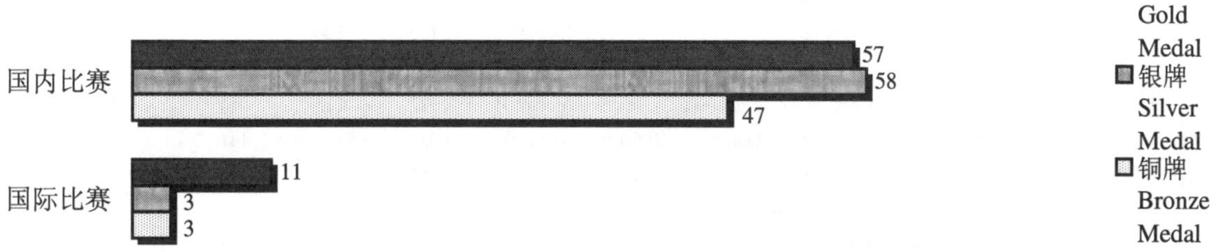

20-1 医疗卫生机构基本情况
BASIC STATISTICS FOR INSTITUTIONS OF PUBLIC HEALTH

项目		Item		2003	2002	构成（%） Composition(%) 2003	2002
卫生机构	（个）	**Health Care Institutions**	**(unit)**	**5075**	**4998**	**100.0**	**100.0**
# 医院	（个）	Hospitals	(unit)	459	466	9.0	9.3
社区卫生服务中心	（个）	Community Sanitation Services Sites	(unit)	30	30	0.6	0.6
卫生院	（个）	Township Hospitals	(unit)	187	186	3.7	3.7
门诊部	（个）	Clinics	(unit)	273	239	5.4	4.8
妇幼保健院	（个）	Maternity and Child Care Hospitals	(unit)	19	19	0.4	0.4
疾病预防控制中心	（个）	Prevent a Disease Control Center	(unit)	29	24	0.6	0.5
专科疾病防治院	（个）	Specialized Prevent a Disease Hospitals	(unit)	30	31	0.6	0.6
诊所、卫生所、医务室	（个）	Clinics,Township Hospitals and Infirmary	(unit)	3939	3901	77.6	78.1
床　位	（张）	**Beds**	**(unit)**	**74298**	**75188**	**100.0**	**100.0**
# 医院	（张）	Hospitals	(unit)	66990	68780	90.2	91.5
社区卫生服务中心	（张）	Community Sanitation Services Sites	(unit)	282	288	0.4	0.4
卫生院	（张）	Township Hospitals	(unit)	4183	4217	5.6	5.6
妇幼保健院	（张）	Maternity and Child Care Hospitals	(unit)	1058	942	1.4	1.3
专科疾病防治院	（张）	Specialized Prevent a Disease Hospitals	(unit)	687	618	0.9	0.8
平均每千人拥有医院床位	（张）	Hospitals Beds per 1000 Population	(unit)	5.89	6.46		
卫生技术人员	（人）	**Medical Technical Personnel**	**(person)**	**112212**	**109564**	**100.0**	**100.0**
# 执业医师	（人）	Certified Doctors	(person)	47887	47236	42.7	43.1
注册护士	（人）	Registered Nurses	(person)	39912	38879	35.6	35.5
平均每千人拥有执业医师	（人）	Certified Doctors per 1000 Population	(person)	4.21	4.18		
平均每千人拥有注册护士	（人）	Registered Nurses per 1000 Population	(person)	3.51	3.44		

注：1. 从2003年起医院数中不包括疗养院。

2. 2003年新增社区卫生服务中心统计分组。

Note: a)From 2003 Hospitals Include Sanatoriums and Tend and Protect Hospitals.

b) "Health Services Sites of Community" is new grouping In 2003.

20-2 村卫生室基本情况
INFIRMARY IN RURAL AREA

项目		Item		总计 Total	村办 Country Infirmary	乡卫生院设点 Township Hospitals	联合办 united	私人办 personal	其他 others
机构数	（个）	Number of Infirmary	(unit)	2190	1914	28	2	222	24
执业医师	（人）	Certified Doctors	(person)	133	106	27			
乡村医生	（人）	Country Doctors	(person)	3362	2913	158	3	242	46
卫生员	（人）	Health Officer	(person)	122	115	4			3
诊疗人次数	（千人次）	Person-time of See a Doctor	(1000 person/time)	6020	5158	441	6	337	78
孕产妇检查人次数	（人次）	Gynecology and Obstetrics Person-time of See a Doctor	(person/time)	7261	6505	752	4		
接生人数	（人次）	Number of Deliver a Child	(person/time)	192	190	2			
儿童疫苗接种人次数	（千人次）	Person-time of Incoulation of Enfant Vaccine	(1000 person/time)	242	188	53	1		

20-3 全市医院基本情况
BASIC STATISTICS FOR HOSPITALS

项目	Item	医院数（个）Hospitals (unit)	床位数（张）Beds (unit)	职工人数（人）Staff and Workers (person)	# 卫生技术人员 Medical Technical Personnel	执业医师 Certified Doctors	# 中医 Doctors of Chinese Medicine
总计	**Total**	**459**	**66990**	**113471**	**86383**	**31443**	**4637**
# 市	District	446	65407	110613	83993	30621	4471
县	County	13	1583	2858	2390	822	166
# 综合医院	Comprehensive Hospitals	340	47567	84472	64983	23562	1856
中医医院	Hospitals of Chinese Medicine	46	6107	11274	8623	3757	2516
中西医结合医院	Hospitals Which Integrate Traditional Chinese Therapeutics with Western Therapeutics in Practice	1	261	488	416	171	26
民族医院	Ethnologic Hospitals	2	111	168	120	44	23
口腔医院	Stomatologital Hospitals	6	180	1579	1185	609	
眼科医院	Eye Hospitals	5	173	251	184	48	1
肿瘤医院	Tumor Hospitals	7	2105	2549	1751	560	9
心血管病医院	Heart and Blood Vessel Disease	2	601	1535	1094	371	4
胸科医院	Thorax Dipatment Hospitals	2	1133	1184	865	232	8
妇(产)科医院	Hospitals for Gynecology and Obstetrics	2	481	1095	824	280	11
儿童医院	Children's Hospitals	2	985	2397	1733	536	32
精神病医院	Mental Hospitals	18	5207	3525	2504	650	71
传染病医院	Infectious Disease Hospitals	3	871	1482	1125	289	13
骨科医院	Hospitals of Orthopedics	6	386	498	320	124	21
康复医院	Recovery Hospitals	1	20	38	28	14	7
整形外科医院	Plastically Hospitals	1	328	448	286	84	
美容医院	Beauty(Plastically) Hospitals	1					
其他专科医院	Other Specialized Hospitals	13	454	470	332	111	39
护理院	Tend and Protect Hospitals	1	20	18	10	1	

20-3 续表 continued

项目	Item	执业助理医师 Certified Assistant Doctors	# 中医 Doctors of Chinese Medicine	注册护士 Registered Nurses	药剂人员 Druggist	# 药师 Pharma-cists	# 中药师 Pharma-cists of Chinese	检验人员 Laboratory Technicians
总计	**Total**	**1590**	**184**	**35135**	**5865**	**1595**	**701**	**3514**
# 市	District	1378	169	34298	5626	1550	685	3402
县	County	212	15	837	239	45	16	112
# 综合医院	Comprehensive Hospitals	1301	122	26762	4255	1288	476	2710
中医医院	Hospitals of Chinese Medicine	156	43	2648	991	108	169	347
中西医结合医院	Hospitals Which Integrate Traditional Chinese Therapeutics with Western Therapeutics in Practice	2		172	30	6	3	15
民族医院	Ethnologic Hospitals	4	2	28	9			2
口腔医院	Stomatologital Hospitals	14		304	21	5		16
眼科医院	Eye Hospitals	1	1	77	9	3		5
肿瘤医院	Tumor Hospitals	11		707	73	20	4	56
心血管病医院	Heart and Blood Vessel Disease			441	28	8	2	29
胸科医院	Thorax Dipatment Hospitals			483	46	36	10	33
妇(产)科医院	Hospitals for Gynecology and Obstetrics	1		402	36	30	6	32
儿童医院	Children's Hospitals	2	2	830	132	1	3	80
精神病医院	Mental Hospitals	60	6	1395	120	38	15	67
传染病医院	Infectious Disease Hospitals	3	1	533	60	28	8	81
骨科医院	Hospitals of Orthopedics	12	3	89	24	2	2	11
康复医院	Recovery Hospitals			7	3	1	1	2
整形外科医院	Plastically Hospitals			152	8	8		4
美容医院	Beauty(Plastically) Hospitals							
其他专科医院	Other Specialized Hospitals	22	4	103	20	13	2	24
护理院	Tend and Protect Hospitals	1		2				

20-4 医院、卫生院工作情况
WORKS OF HOSPITALS

项目	Item	诊疗人次数（千人次） Patients Treated (10000 person.time)	#门诊 Out-patients	健康检查人数（千人） Health Check (1000 person)	平均开放病床数（张） Beds in Use (unit)	入院人数（千人） In-patients (1000 person)	出院人数（千人） Leaving Hospital (1000 person)
总计	**Total**	**51569**	**45134410**	**2353**	**68498**	**831**	**828**
医院	**Hospitals**	**46214**	**40215531**	**1850**	**65120**	**772**	**768**
# 综合医院	Comprehensive Hospitals	34764	29568213	1531	47177	584	581
中医医院	Hospitals of Chinese	6141	5755425	153	5675	69	68
中西医结合医院	Hospitals Which Integrate Traditional Chinese	183	171762	6	261	3	3
民族医院	Ethnologic Hospitals	30	29626		56	1	1
口腔医院	Stomatologital Hospitals	1155	1073314	30	180	3	3
眼科医院	Eye Hospitals	32	26392		92	2	2
肿瘤医院	Tumor Hospitals	406	403632	5	2091	24	23
心血管病医院	Heart and Blood Vessel Disease	230	215350		577	13	13
胸科医院	Thorax Dipatment Hospitals	83	79850		593	5	5
妇(产)科医院	Hospitals for Gynecology	438	417995	2	436	14	14
儿童医院	Children's Hospitals	1727	1583010	1	942	26	26
精神病医院	Mental Hospitals	649	542898	50	5167	8	8
传染病医院	Infectious Disease Hospitals	189	179577		871	9	10
骨科医院	Hospitals of Orthopedics	77	72469		318	3	3
康复医院	Recovery Hospitals						
整形外科医院	Plastically Hospitals	38	37988		328	5	5
美容医院	Beauty(Plastically) Hospitals						
其他专科医院	Other Specialized Hospitals	59	48030	70	293	3	3
护理院	Tend and Protect Hospitals	10	10000		20		
卫生院	**Township Hospitals**	**5355**	**4918879**	**503**	**3378**	**59**	**60**

20-4 续表 continued

项 目 Item		治愈率 (%) Recovering Rate (%)	好转率 (%) Mending Rate (%)	病死率 (%) Rate of Death of Illness (%)	病床周转次数 (次) Turnover Beds (times)	病床使用率 (%) Utilization Rate (%)	出院者平均住院日 (日) Average Hospitalization Period (day)
总　计	**Total**	**46.0**	**36.7**	**2.5**	**12.1**	**61.5**	**16.6**
医院	**Hospitals**	**44.1**	**37.7**	**2.6**	**11.8**	**62.8**	**17.4**
# 综合医院	Comprehensive Hospitals	45.8	36.1	2.8	12.3	58.8	16.1
中医医院	Hospitals of Chinese	32.6	54.9	3.1	12.0	66.8	20.4
中西医结合医院	Hospitals Which Integrate	30.4	51.6	2.4	12.5	57.8	17.6
	Traditional Chinese	51.5	27.6	1.4	10.4	39.7	13.9
民族医院	Ethnologic Hospitals	89.8	3.7	0.1	15.4	56.9	13.4
口腔医院	Stomatologital Hospitals	91.3	8.4		24.5	54.8	6.9
眼科医院	Eye Hospitals	31.7	38.5	3.1	11.2	83.2	26.6
肿瘤医院	Tumor Hospitals	39.1	53.3	1.6	22.4	84.1	14.0
心血管病医院	Heart and Blood Vessel Disease	17.3	52.5	5.2	8.8	90.7	38.8
胸科医院	Thorax Dipatment Hospitals	44.3	9.2	0.1	32.0	76.8	5.1
妇(产)科医院	Hospitals for Gynecology						
儿童医院	Children's Hospitals	47.5	35.0	0.4	27.4	23.3	2.9
精神病医院	Mental Hospitals	32.4	59.1	1.3	1.6	87.0	114.3
传染病医院	Infectious Disease Hospitals	46.7	37.8	4.8	11.0	71.8	24.4
骨科医院	Hospitals of Orthopedics	61.9	22.9	0.5	8.7	44.6	17.9
康复医院	Recovery Hospitals						
整形外科医院	Plastically Hospitals	54.3	7.4	0.1	14.9	58.5	14.3
美容医院	Beauty(Plastically) Hospitals						
其他专科医院	Other Specialized Hospitals	39.4	42.3	2.2	11.8	71.7	12.7
护理院	Tend and Protect Hospitals						
卫生院	**Township Hospitals**	**70.1**	**24.2**	**0.4**	**17.8**	**37.1**	**6.2**

20-5 全市居民前十位死因顺位、死亡率及构成
DEATH RATE AND COMPOSITION OF 10 MAJOR DISEASE

顺 位 No.	死因名称 Cause of Death		死亡率（1/10万） Death Rate (1/100 thousand)	构 成（%） Composition(%)
	全 市	**Total**		
1	脑血管病	Cerebrovasular Disease	106.24	22.69
2	心脏病	Heart Trouble	107.25	22.91
3	恶性肿瘤	Malignant Tumour	92.73	19.8
4	呼吸系病	Respiratory Disease	47.80	10.21
5	损伤和中毒	Trauma and Toxicosis	24.52	5.24
6	内分泌、营养、代谢及免疫疾病	Internal System, Nutrition, Metabolite and Immunity Disease	16.15	3.45
7	消化系病	Gigestive Disease	10.88	2.32
8	泌尿生殖系病	Urinary Disease	6.98	1.49
9	传染病	Infection Disease	5.21	1.11
10	神经系统病	Neuropathy	3.19	0.68
	市	**District**		
1	恶性肿瘤	Malignant Tumour	96.32	22.91
2	心脏病	Heart Trouble	100.85	23.99
3	脑血管病	Cerebrovasular Disease	73.96	17.59
4	呼吸系病	Respiratory Disease	44.76	10.65
5	内分泌、营养、代谢及免疫病	Internal System, Nutrition, Metabolite and Immunity Disease	16.61	3.95
6	损伤和中毒	Trauma and Toxicosis	16.16	3.84
7	消化系病	Gigestive Disease	11.61	2.76
8	泌尿生殖系病	Urinary Disease	6.56	1.56
9	传染病	Infection Disease	5.90	1.40
10	神经系病	Neuropathy	3.28	0.78
	县	**County**		
1	脑血管病	Cerebrovasular Disease	176.69	30.86
2	心脏病	Heart Trouble	121.21	21.17
3	恶性肿瘤	Malignant Tumour	84.88	14.83
4	呼吸系病	Respiratory Disease	54.45	9.51
5	损伤和中毒	Trauma and Toxicosis	42.76	7.47
6	内分泌、营养、代谢及免疫病	Internal System, Nutrition, Metabolite and Immunity Disease	15.13	2.64
7	消化系病	Gigestive Disease	9.28	1.62
8	泌尿生殖系病	Urinary Disease	7.89	1.38
9	传染病	Infection Disease	3.72	0.65
10	神经系病	Neuropathy	2.99	0.52

20-6 全市婴儿、新生儿死亡率
DEATH RATE OF INFANT AND NEWBORN BABY

单位：‰ (‰)

地　　区	Region	婴儿死亡率 Death Rate of Infant 2003	2002	新生儿死亡率 Death Rate of Newborn Baby 2003	2002
全　市	**Total**	**5.89**	**5.56**	**3.83**	**3.70**
区	District	5.91	5.57	3.56	3.65
县	County	5.83	5.54	4.33	3.77

20-7 全市7岁以下儿童系统管理情况
STATISTICS FOR SYSTEMATIC CARE OF CHILDREN AT 7 AND BELOW

项　　目	Item	2003	2002
7岁以下儿童数（人）	Children at 7 and below (person)	359302	416545
系统管理人数（人）	Children under Systematic Care(person)	349144	408452
体检人数（人）	Children Having Health Check (person)	313494	402401
0-2岁儿童佝偻病患病率（%）	Suffering Rate from Rickets of Children at Age 0-2 (%)	0.3	0.44
0-2岁儿童贫血患病率（%）	Suffering Rate from Amenia of Children at Age 0-2 (%)	4.34	4.62
3-6岁儿童贫血患病率（%）	Suffering Rate from Amenia of Children at Age 3-6 (%)	1.25	1.34
7岁以下儿童系统管理覆盖率（%）	Covering Rate of Systematic Care of Children at Age 7 and Below (%)	97.17	98.06

20-8 全市食品卫生监督检查合格情况
STATISTICS FOR FOOD SANITATION BACK-CHECK QUALIFIED RATE

单位：% (%)

项目	Item	2003	2002
合计	**Total**	**87.2**	**89.9**
# 生产加工业	Processing	89.2	92.5
批发零售业	Wholesale and Retail	90.8	92.5
饮食服务业	Catering Services	81.3	82.1
集体食堂	Canteen	90.9	90.7
食品摊贩	Food Street Pedlar	88.7	92.9

20-9 农村改水情况
STATISTICS FOR WATER-CHANG IN RURAL AREA

项目		Item		2003	2002
农村总人口	(万人)	Total Rural Population	(10000 persons)	346.8	346.8
已改水累计受益人口	(万人)	Accumulative Population Benefited from Water-changing	(10000 persons)	346.8	346.0
饮用自来水		Using Tap Water			
现有水厂	(座)	Water Plants	(10000)	3713	3700
累计受益人口	(万人)	Accumulative Benefited Population	(10000 persons)	338.2	337.5
饮用水压机井水		Using Motor-pumped Water			
现有机井	(万台)	Motor-pumped Wells	(10000)	1.9	2.0
累计受益人口	(万人)	Accumulative Benefited Population	(10000 persons)	5.9	6.2
其他形式		Others			
累计受益人口	(万人)	Accumulative Benefited Population	(10000 persons)	2.7	2.3

注：2002年关闭、合并一些小规模水厂、机井。
Note:Some factories and wells in miniature were closed or united in 2002.

20-10 群众体育活动情况
ACTIVITIES OF MASS SPORTS

单位：个 (unit)

项目 Item			2003	2002
晨晚练辅导站	(个) Tutorial Locale by Matutinal and Overnight Exercise	(unit)	3811	3000
晨晚练活动人数	(万人) Number of Matutinal and Overnight Exercise	(person)	130	100
青少年体育俱乐部数	(个) Number of teen-age and Gymnastic Club	(unit)	87	67
社会体育指导员	(人) Social and Gymnastic Shepherd	(person)	17410	13045
全民健身工程	(个) Civil Exercise Projects	(unit)	1234	1345
# 万米工程	(个) Large-scale Projects	(unit)	3	6
标准工程	(个) Normal Projects	(unit)	31	39
居家工程	(个) Contrapose Familial Projects	(unit)	1200	1300
全民健身工程面积	(万平方米) Acreage of Civil Exercise Projects	(10000 sq.m)	94.5	86.1
# 万米工程	(万平方米) Large-scale Projects	(10000 sq.m)	3	6
标准工程	(万平方米) Normal Projects	(10000 sq.m)	12.4	15.6
居家工程	(万平方米) Contrapose Familial Projects	(10000 sq.m)	79.1	64.5

20-11 分等级运动员发展人数情况
NUMBER OF CERTIFIED ATHLETES ADMITTED

单位：人 (person)

项目 Item		合计 Total	国家级健将 National Master	运动健将 Master Athletes	一级 First Grade Athletes	二级 Second Grade Athletes
总计	**Total**				**250**	**1140**
# 女性	Female				106	465

20-12 专职教练员获职称人数情况
NUMBER OF PROFESSIONAL TRAINERS GAINED TITLE

单位：人 (person)

项目 Item		合计 Total	高级职称 Senior	中级职称 Middle	初级职称 Junior
总计	**Total**	**618**	**133**	**224**	**261**

20-13 分等级裁判员发展人数情况
NUMBER OF CERTIFIED REFEREES ADMITTED

单位：人 (person)

项目 Item		合计 Total	国家级 National Referees	一级 First Grade Referees	二级 Second Grade Referees
总计	**Total**			**275**	**206**
# 女性	Female			98	42

20-14 运动员获奖牌情况
STATISTICS ON MEDALS WON

单位：块 (piece)

项目 Item		金牌 Gold	银牌 Silver	铜牌 Bronze
合计	**Total**	**68**	**61**	**50**
国际比赛	International competitions	11	3	3
国内比赛	Domestic Competitions	57	58	47

20-15 北京市运动员获全国冠军名单
LIST OF NATIONAL CHAMPIONSHIPS BY ATHLETES OF BEIJING

比赛名称 Matches		大项名称 Item		小项名称 Item	姓名 Name
全国锦标赛	The National Championships	体操	Gymnastics	女子平衡木	张楠
全国锦标赛	The National Championships	体操	Gymnastics	女子全能	张楠
全国锦标赛	The National Championships	体操	Gymnastics	女子跳马	杨亚红
全国锦标赛	The National Championships	乒乓球	Table Tennis	女子团体赛	张怡宁
全国锦标赛	The National Championships	乒乓球	Table Tennis	女子单打	张怡宁
全国锦标赛	The National Championships	乒乓球	Table Tennis	女子双打	张怡宁
全国锦标赛	The National Championships	田径	Track and Field	女子跳高	景雪竹
全国锦标赛	The National Championships	摔跤	Wrestling	女子跤（72kg）	王旭
全国锦标赛	The National Championships	游泳	Swimming	男子50米自由泳	陈祚
全国锦标赛	The National Championships	游泳	Swimming	男子100米自由泳	陈祚
全国锦标赛	The National Championships	游泳	Swimming	男子200米自由泳	陈祚
全国锦标赛	The National Championships	游泳	Swimming	男子400米自由泳	张琳
全国锦标赛	The National Championships	游泳	Swimming	男子4×200米接力	陈祚、张琳等
全国锦标赛	The National Championships	花样游泳	Figure Swimming	双人	张晓欢、顾贝贝
全国锦标赛	The National Championships	跆拳道	Teekwondo	女子51kg	杨娜
全国锦标赛	The National Championships	赛艇	Rowing	女子公开级双人双桨	禹飞、叶秀梅
全国锦标赛	The National Championships	赛艇	Rowing	女子公开级单人双桨	余华
全国锦标赛	The National Championships	皮划艇	Boat	男子皮艇双人1000米	王磊、栾吉厚
全国锦标赛	The National Championships	皮划艇	Boat	男子皮艇双人2000米	王磊、栾吉厚
全国锦标赛	The National Championships	自行车	Cycling	女子场地500米计时赛	江永华
全国锦标赛	The National Championships	射击	Shooting	男子10米气手枪60发	王彪
全国锦标赛	The National Championships	射击	Shooting	男子50米步枪卧射60发	沈奕杰
全国锦标赛	The National Championships	手球	Handball	男子手球	李翼等
中国棒球联赛	Chinese Baseball League Matches	棒球	Baseball	棒球	李晨浩等
全国锦标赛	The National Championships	垒球	Soft-ball	垒球	张艳清等
全国冠军赛	The National Tournament	摔跤	Wrestling	女子跤（72kg）	王旭
全国冠军赛	The National Tournament	摔跤	Wrestling	古典跤（60kg）	张洋
全国冠军赛	The National Tournament	游泳	Swimming	男子50米自由泳	陈祚
全国冠军赛	The National Tournament	游泳	Swimming	男子100米自由泳	陈祚
全国冠军赛	The National Tournament	游泳	Swimming	男子200米自由泳	陈祚
全国冠军赛	The National Tournament	游泳	Swimming	男子4×200米接力	陈祚、张琳等
全国冠军赛	The National Tournament	花样游泳	Figure Swimming	双人	张晓欢、顾贝贝
全国冠军赛	The National Tournament	柔道	Judo	男子66kg	康凯
全国冠军赛	The National Tournament	柔道	Judo	男子73kg	谢建华
全国冠军赛	The National Tournament	柔道	Judo	女子57kg	许岩
全国冠军赛	The National Tournament	跳水	Diving	女子10米台	李娜
全国冠军赛	The National Tournament	武术套路	Wushu	女子刀术	刘小蕾
全国冠军赛	The National Tournament	武术套路	Wushu	女子棍术	刘小蕾
全国冠军赛	The National Tournament	武术套路	Wushu	女子八卦掌	付洋
全国冠军赛	The National Tournament	自行车	Cycling	女子场地500米计时赛	江永华
全国冠军赛	The National Tournament	自行车	Cycling	女子场地团体竞速赛	江永华、田华、王娟
全国冠军赛	The National Tournament	射箭	Archery	男子团体淘汰赛	张峥、范建松、李晓峰、李肇雍
全国冠军赛	The National Tournament	射击	Shooting	男子10米移动靶混合速20+20	牛志远
全国冠军赛	The National Tournament	射击	Shooting	男子60发卧射	张爱武
全国冠军赛	The National Tournament	垒球	Soft-ball	垒球	张艳清等
全国个人锦标赛	The National Championships of Person	棋类	Weiqi	围棋	孔杰
中国分区锦标赛	China Dividing Area Championship	棋类	Chess	国际象棋	徐媛媛
全国团体锦标赛	The National Championships of Group	棋类	Chess	国际象棋	谢军等
全国锦标赛	The National Championships	跳伞	Parachute Jump	男子个人特技	何继怀
全国锦标赛	The National Championships	跳伞	Parachute Jump	男子个人全能	何继怀
全国锦标赛	The National Championships	跳伞	Parachute Jump	女子个人特技	曹彦

20-16 体育彩票及体育报刊
GYMNASTIC LOTTERY AND GYMNASTIC NEWSPAPERS AMD PERIODICALS

项　目 Item				2003	2002
体育彩票发行额	(万元)	Circulation of Gymnastic Lottery	(10000 yuan)	111701	130858
# 足彩	(万元)	Football Lottery	(10000 yuan)	67289	53968
体育彩票公益金提取额	(万元)	Commonweal feedback of Gymnastic Lottery	(10000 yuan)	39095	45449
# 足彩	(万元)	Football Lottery	(10000 yuan)	23551	18888
电脑体育彩票销售个数	(个)	Number of Gymnastic Lottery Outlets	(unit)	1889	1870
体育报刊发行种类和数量		Number and Type of Gymnastic Newspapers amd Periodicals			
# 报	(种/万份)	Newspaper	(kind/10000)		
# 刊	(种/万册)	Books and Periodicals	(kind/10000)	5/1020000	4/690367
职业俱乐部个数	(个)	Number of Occupational Club	(unit)	3	3

主要统计指标解释

卫生机构 指从卫生行政部门取得《医疗机构执业许可证》，或从民政、工商行政、机构编制管理部门取得法人单位登记证书，为社会提供医疗保健、疾病控制、卫生监督服务或从事医学科研和教育等工作的单位。

卫生技术人员 指由卫生机构支付工资的全部固定职工和合同制职工中现任职务为卫生技术工作的专业人员，不包括从事管理工作的卫生技术人员。

执业医师和注册护士 指领取医师执业证书和注册护士证书的人员，不包括从事管理工作的医师和护士。与2002年以前年鉴中的医生和护（师）士口径基本相同。

等级运动员人数 指经考核正式批准授予等级运动员称号的人数。运动员等级分为国际级运动健将、运动健将、一级运动员、二级运动员、三级运动员、少年级运动员。

等级裁判员人数 指经考核正式批准授予等级裁判员称号的人数。裁判员等级分为国际级裁判、国家级裁判、一级裁判、二级裁判、三级裁判。

本章资料来源 本章资料取自北京市卫生局及北京市体育局。

二十一、社会福利、政法及其他

SOCIAL WELFARE,POLITICS AND LAW AND OTHERS

社会福利事业（单位：个）
Social Welfare (unit)

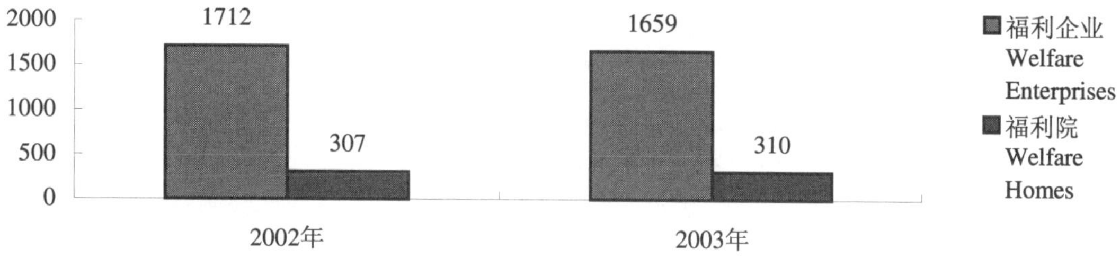

登记结婚、离婚情况
Statistics for Registered Marriages and Divorces

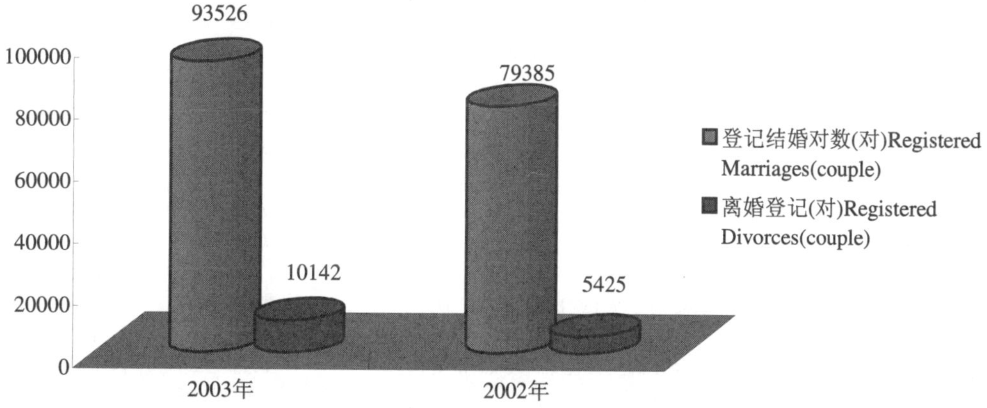

21-1 优抚、救济对象得到抚恤、补助、救济情况

STATISTICS FOR SPECIAL PENSIONS,ALLOWANCES AND RELIEF FUNDS

项目	Item	人数(人) Number of Persons (person)	抚恤、补助、救济金额(千元) Amount of Pensions, Subsidies and Relief Funds (1000 yuan)
烈属牺牲病故军人家属抚恤	Pensions for Members of Revolutionary Martyr's Family, Armymen Sacrificed and Died of Illness	2465	81036
革命伤残人员抚恤	Pensions for Disabled Veterans	11077	16769.1
复退军人生活补助	Living Allowances for Demobilized Soldiers	11267	60667.5
农村五保户定期救济补助	Register Relief for Rural Households with Five-guarantees		
农村低保对象救济	Low Relief for Rural Poor Households	67005	36209.5
城镇低保对象救济	Low Relief for Urban Poor Households	160732	337738
精简退职老职工救济	Relief for Old Staff and Workers Reduced and Discharged		12638.9
离退休人员	VCSR and RRSW	37487	100832.4
# 离休	VCSR	26382	90059.8

21-2优抚及主要救济对象情况

STATISTICS FOR PERSONS RECEIVING SPECIAL PENSIONS AND RELIEF

单位：人 (person)

项目	Item	人数 Number of Persons 2003	2002	2003年为2002年% 2003 as % of 2002
优抚对象合计	**Persons Receiving Special Pensions**	**24263**	**25299**	**95.9**
烈属	Members of A Revolutionary Martyr's Family	1705	1830	93.2
牺牲、病故军人家属	Families of Soldiers Sacrificed or Died of Illness	760	731	104.0
革命伤残人员	Revolutionary Disabled	11077	11363	97.5
在乡复员军人	Demobilized Soldiers in Hometown	10263	10883	94.3
在乡退伍军人	Veterans in Hometown	454	488	93.0
在乡退伍红军老战士	Demobilized Old Red Army Men in Hometown	4	4	100.0
社会救济对象总人数	**Total Persons Receiving Special Relief**	**229675**	**185303**	**123.9**
城镇居民最低生活保障人数	Living Wage in Urban	160732	119583	134.4
# 在职人员	Fully Employed Staffand Workers	15991	13867	115.3
下岗人员	Laid Off	6081	7588	80.1
退休人员	Retired	3383	3405	99.4
失业人员	Unemployed	30686	10752	285.4
“三无”人员	Urban Households With No Three-Guarantee	4814	5763	83.5
其他人员	Others	99777	78208	127.6
农村居民最低生活保障人数	Living Wage in Rural	67005	54433	123.1
# 困难户	Needy Households	24428	44372	55.1
五保户	Rural Households With No Five-Guarantee	4990	5509	90.6
其他对象	Others	5220	4552	114.7
农村传统救济对象人数	Conventional Receiving Special Relief in Rural	1938	1919	101.0
# 困难户	Needy Households		69	
五保户	Rural Households With No Five-Guarantee		25	
其他对象	Others	1932	1825	105.9
救济精简退职老职工人数	Number of Relief for old Staff and Workers Reduced and Discharged		6966	
居家集体供养人数	Number of Dependent Households		2402	

21-3 社会福利事业情况
BASIC STATISTICS FOR SOCIAL WELFARE PROJECTS

项目 Item				2003	2002	2003年为2002年% 2003 as % of 2002
建立农村社会保障网络数	(个)	Number of Rural Social Security Network	(unit)		180	
社会福利企业	(个)	Social Welfare Enterprises	(unit)	1659	1712	96.9
职工人数	(人)	Number of Staff and Workers	(person)	42830	47443	90.3
# 残疾职工	(人)	Disabled Persons	(person)	18623	19890	93.6
城镇社区服务设施	(个)	Urban Welfare Facilities	(unit)	1787	1574	113.5

21-4 城乡各种福利院情况
STATISTICS FOR URBAN AND RURAL WELFARE HOMES

项目 Item				合计 Total	光荣院 Homes for Disabled Veterans	社会福利院 Social Welfare Homes	儿童福利院 Welfare Homes for Children	社会福利医院 Social Welfare Hospital	城镇老年福利机构 Welfare Homes for Urban Old People	农村老年福利机构 Welfare Homes for Rural Old People
福利院单位数	(个)	Welfare Homes	(unit)	310	10	7	3	1	140	149
职工人数	(人)	Staff and Workers	(person)	5355	250	913	328	48	1790	2026
床位数	(张)	Beds	(bed)	25655	792	2112	727	200	10434	11390
收养人数	(人)	Persons Adopted	(person)	16106	481	1825	1465	153	5438	6744
# 自费	(人)	at One's Own Expense	(person)	9760	69	1133	13	101	4271	4173
国家拨款	(千元)	Financial Allocation	(1000 yuan)	115819	12688	47955	29653	1416	3089	21018

21-5 婚姻登记情况
BASIC STATISTICS FOR MARRIAGE REGISTRATIONS

项目 Item				2003	2002	2003年为2002年% 2003 as % of 2002
登记结婚对数	**(对)**	**Registered Marriages**	**(couple)**	**93526**	**76136**	**122.8**
内地居民登记结婚		Outback		92765	75530	122.8
初婚人数	(人)	First Marriages	(person)	158729	126371	125.6
再婚人数	(人)	Remarriages	(person)	26801	24689	108.6
# 男性	(人)	Male	(person)	13483	12440	108.4
# 恢复结婚	(人)	Resume Marriage	(person)	2227	1462	152.3
涉外及华侨、港澳台居民登记结婚	(对)	Married with Hongkong,Macao, Taiwan and Foreigner	(couple)	761	606	125.6
内地居民	(人)	Outback	(person)	714	590	121.0
# 男性	(人)	Male	(person)	188	141	133.3
香港居民	(人)	Hongkong	(person)	54	50	108.0
澳门居民	(人)	Macao	(person)	4	3	133.3
台湾居民	(人)	Taiwan	(person)	75	49	153.1
华侨	(人)	Overseas Chinese	(person)	161	89	180.9
外国人	(人)	Foreigner	(person)	514	431	119.3
离婚登记	**(对)**	**Registered Divorces**	(couple)	**10142**	**5810**	**174.6**
内地居民登记离婚	(对)	Outback	(couple)	10130	5808	174.4
华侨、港澳台居民登记离婚	(对)	Overseas Chinese,Hongkong,Macao,Taiwan	(couple)	12	2	600.0

21-6 残疾人事业基本情况
BASIC INFORMATION OF PEOPLE WITH DISABILITIES

项目		Item		2003	2002
康复		**Rehabilitation**			
白内障复明手术		Sight-restoring Cataract Surgery			
白内复明手术	(例)	Sight-Rrestoring Cataract Surgeries	(Cases)	12350	12139
人工晶体植入率	(%)	Artificial Intra-ocular Lens Implantation Rate	(%)	78.9	78.9
低视力配用助视器	(人)	Vision-aids Provided for Individuals with Low-vision	(persons)	411	300
聋儿康复		Rehabilitation of Children with Hearing Disability			
年收训聋儿	(人)	Hearing and Speech Training	(persons)	150	170
聋儿入普幼普小率	(%)	Enrollment Rate of Trained Children to Ordinary Kindergartens and Primary Schools	(%)	53.3	72.4
培训家长	(人)	Parents Trained	(persons)	303	202
精神病防治康复		Prevention and Treatment of Psychiatric Diseases			
开展精神病防治康复工作市县数	(个)	Counties Carried on the Works of Prevention and Treatment of Psychiatric Diseases	(unit)	18	18
综合防治康复精神病人数	(人)	Prevention and Treatment Provided for Patients with Severe Psychiatric Diseases	(persons)	65580	66615
监护率	(%)	Guardianship Rate	(%)	96.06	96.27
显好率	(%)	Significant Improvement Rate	(%)	77.02	78.7
社会参与率	(%)	Social Involvement Rate	(%)	69.34	69.24
肇事率	(%)	Violent Events Rate	(%)	0.02	0.012
康复训练与服务	(人)	Rehabilitation Training and Service	(persons)		
肢体残疾康复训练数		Function Training Provided to Persons with Physical Disabiligy		2489	2464
智残儿童康复训练数		Rehabilitation Training Provided to Children with Intellectual Disability		270	267
脑瘫儿童康复训练数		Rehabilitation Training Provided to Children with Cerebral Palsy		173	515
教育		**Education**			
未入学适龄残疾儿童少年	(人)	School-age Disabled Children Without Schooling	(persons)	169	333
职业教育与培训机构数	(个)	Vocational Education and Training Facilities	(unit)	154	78
教育与培训人数	(人)	Number of Educated and Trained	(persons)	5593	5156
就业		**Employment**			
城镇残疾人就业状况		Employment of Urban Handicappeds			
当年安排 就业	(人)	Persons Employed in the Year	(persons)	1347	1266
# 按比例就业		Employed by Quota Scheme		903	845
集中就业		Employed at Welfare Enterprises		279	220
个体就业		Self-employed		165	201
未安排就业		Unemployed		9146	8369
农村残疾人就业状况		Employment of Rural Handicapped			
就业	(人)	Employed	(persons)	50650	48182
未就业	(人)	Unemployed	(persons)	7375	4808
残疾人就业服务机构	(个)	Employment Placement Service Facilities for Disabled Jobseekers	(unit)	19	19
盲人按摩		**Massage by Persons with Visual Disability**			
保健按摩员培训	(人)	Massage Therapists Training	(persons)	164	114
医疗按摩员培训	(人)	Keep-fit Massager Training	(persons)	55	60
扶贫		**Poverty Alleviation**			
家庭人均收入低于当地低保标准的残疾人数	(人)	Family Per Capita Income Low to Protect Standard Disabled Number to Lower than Locality	(persons)	28925	21205
享受生活补助的重残人数	(人)	Enjoy the Heavy Incomplete Number of People of the Subsistence Allowance		1198	613
享受专项补助的残疾人数	(人)	Enjoy the Special Number of People of Deformity that Subsidizes		11058	10989
农村可扶持残疾人数	(人)	Can Support the Number of People of the Deformity in the Countryside		4525	6614
残联组织建设		**Organization Building of Disabled Persons'Federation**			
残疾人工作者数	(人)	Workers for Handicappeds	(persons)	939	952

21-7 北京市历年社会保障相关待遇标准
SOCIAL WELFARE TREATMENT STANDARD OF BEIJING

单位：元/月 (yuan/month)

年份 Year \ 标准 Standard		职工最低工资 Lowest Wage of Staff and Workers	失业保险金最低标准 Lowest Cost of Unemployment Insurance	下岗职工基本生活费 Basic Cost-of-living of Staff and Workers off their Posts	城镇居民最低生活保障标准 Urban Lowest Cost-of-living
	1997	290	203-247	200	190
	1998	310	217-264	210	200
1999年第一次	First-time in 1999	320	224-272	220	210
1999年第二次	Second-time in 1999	400	291-374	286	273
	2000	412	300-385	296	280
	2001	435	305-392	305	285
	2002	465	326-419	326	290
	2003	465	326-420	326	290

年份 Year \ 标准 Standard		基本养老金平均水平 Average Standard of Basic Old-age Pension	最低退休金 Lowest Pensions of Retired Persons	最低退职金 Lowest Resignation Allowances	最低退养金 Lowest Pensions of Persons Withdraw
	1997	55	293	232	200
	1998	50	336	265	233
1999年第一次	First-time in 1999	40			
1999年第二次	Second-time in 1999	80	396	335	288
	2000	30	421	360	308
	2001	40	441	380	317
	2002	70	466	405	367
	2003	62	466	405	267

21-8 社会保险基金统筹情况
SOCIAL BLANKET INSURANCE FUNDS

项目	Item	退休(养老)基金统筹 Retirement(Endowment) Funds			失业保险基金统筹 Unemployment Insurance Funds		
		单位个数(个) Number of Units (unit)	人数(人) Number of Persons (person)	应缴金额(万元) Amount Drawn (10000 yuan)	单位个数(个) Number of Units (unit)	人数(人) Number of Persons (person)	应缴金额(万元) Amount Drawn (10000 yuan)
合计	**Total**	**53175**	**3069979**	**1369287**	**56178**	**3066363**	**128626**
按登记注册类型分	**Grouped by Registration Status**						
国有	State-Owned	10584	1527932	836553	7484	1112178	44383
集体	Collective-Owned	4989	175119	52892	4336	146024	3799
其他	Others	37602	1366928	479842	44358	1808161	80444
按隶属关系划分	**Grouped by Administrative Relationship**						
中央单位	Central Units	5501	876941	565943	5346	850327	44723
地方单位	Local Units	47674	2193038	803344	50832	2216036	83903

21-9 律 师 工 作
STATISTICS FOR LAWYERS

项 目 Item			2003	2002	2003年为2002年% 2003 as % of 2002
律师事务所	(个) Law Offices	(unit)	670	548	122.3
律师人数	(人) Number of Lawyers	(person)	7889	8135	97.0
专职律师	(人) Full-time Lawyers	(person)	7286	7021	103.8
兼职律师	(人) Part-time Lawyers	(person)	603	1114	54.1
聘请常年法律顾问的单位	(个) Units with Permanent Legal Advisers	(unit)	13202	11130	118.6
民事代理	(件) Civil Case	(case)	24755	21715	114.0
经济案件	(件) Economic Case	(case)	31491	18530	169.9
行政案件	(件) Administrative Case	(case)	465	398	116.8
刑事辩护	(件) Criminal Defense	(case)	8900	7417	120.0
非诉讼法律事务	(件) Off-court Case	(case)	30531	29078	105.0

21-10 历 届 律 师 资 格 考 试 情 况
STATISTICS FOR LAWYER QUALIFICATION EXAMINATION

单位：人 (person)

年 份 Year	报考人数 Number of Persons Registered	实考人数 Number of Persons Scattered	录取人数 Number of Persons Passed	录取人数占实考人数比例(%) Percentage of Passed in Persons Attended (%)
1988	4280	2782	1329	47.8
1990	3735	2549	46	1.8
1992	2732	1882	510	27.1
1993	4769	3400	1068	31.4
1994	5653	4480	533	11.9
1995	5842	4661	1204	25.8
1996	5873	4445	317	7.1
1997	6350	4760	1126	23.7
1998	7946	6188	1436	23.2
1999	9736	7911	1727	21.8
2000	10649	8594	1637	19.0
2001				
2002	17488	15162	2130	14.0
2003	15367	12828	2087	16.3

21-11 乡镇(街道)法律服务情况
STATISTICS FOR TOWNSHIP(URBAN SUBDISTRICT) LAW SERVICES

项目 Item			2003	2002	2003年为2002年% 2003 as % of 2002
法律服务所	(个) Law Service Offices	(unit)	234	256	91.4
法律工作者	(人) Law Personnel	(person)	1256	1402	89.6
调解纠纷	(件) Disputes Mediated	(case)	4979	4600	108.2
协办公证	(件) Deal Notarization Jointly	(case)	1590	736	216.0
担任法律顾问	(家) Act as Legal Advisers	(unit)	3383	3014	112.2
民事代理	(件) Civil Cases	(case)	8510	7438	114.4

21-12 调 解 工 作
MEDIATION

项目 Item			2003	2002	2003年为2002年% 2003 as % of 2002
专职司法助理员	(人) Full-time Judicial Assistants	(person)	792	821	96.5
人民调解委员会	(个) People's Mediation Committees	(unit)	7163	7895	90.7
调解人员	(万人) Intermediators	(10000 persons)	9.4	9.2	102.2
调解委员	(万人) Members of the Mediation Institution	(10000 persons)	3.71	3.72	99.7
调解各类纠纷	(万件) Disputes Mediated	(10000 cases)	2.8	7.6	36.8
防止民间纠纷激化	(件) Prevent Intensification of Civil Disputes	(case)	867	1674	51.8

21-13 公 证 工 作
NOTARIZATIONS

项目 Item			2003	2002	2003年为2002年% 2003 as % of 2002
公证处	(个) Notary Offices	(unit)	24	24	100.0
公证人员	(人) Notary Personnel	(person)	274	296	92.6
办理国内民事公证	(件) Notarized Domestic Civil Affairs	(case)	100577	78514	128.1
办理国内经济公证	(件) Notarized Domestic Economic Affairs	(case)	18033	16079	112.2
办理涉外公证	(件) Notarized Foreign Affairs	(case)	155998	188322	82.8

21-14 国内公证文书分类
CLASSIFIED STATISTICS FOR DOMESTIC NOTARY DOCUMENTS

单位：件 (case)

项目	Item	民事公证数 Civil Notarization
收养	Adoption	178
解除收养	Dissolution of Adoption	4
继承权	Rights of Inheritance	6583
遗嘱	Testaments	4482
产权	Property Rights	252
亲属关系	Kinship	1531
死亡	Death Certificates	7
房屋买卖	House Purchase and Sale	127
房屋租赁	House Leases	50
留学协议	Agreements on Studying abroad	754
遗赠扶养协议	Agreements on Bequeath and Fostering	79
委托书	Certificate of Entrustment	31036
赠与书	Deed of Gift	2524
声明书	Declarations	6045
现场监督	Spot Supervision	9210
签名印鉴属实	True Signature	778
文本相符	Confirmation of Copies to the Original	2677
宅基地使用权	Using House Site Rights	5
证据保全	Evidence Preservation	8022
拆迁协议	Dismantle,Move Agreement	2628
计划生育	Family Planning Agreemen	3
赡养协议	Support Agreements	157
合伙协议	Partnership Agreements	46
夫妻财产协议	Agreements on Estates by the Entirety	573
其他民事协议	Other Civil Agreements	6795
其他	Others	16031
合 计	**Total**	**100577**

项目	Item	经济公证数 Economic Notarization
购销	Purchases and Sales	20
联营	Joint Business	9
拍卖	Actions	13
贷款	Loans	256
担保	Guarantees	78
招标投标	Bidding	110
科技协作	Scientific and Technological Cooperation	6
供用电	Electricity Supply or Use	5
劳务合同	Labor Contracts	669
建筑工程承包	Construction Projects Contracts	7
工商服务业承包	Contracts of Industry,Commerce and Services	24
农林牧副渔业承包	Contract of Farming,Forestry, Animal Husbandry,Sideline and Fishery	34
乡镇企业承包	Contracts of Township Enterprises	13
财产租赁	Property Leases	23
企业租赁	Enterprise Leases	5
资产经营责任制	Asset Business Contracts	126
还款协议	Agreements on Paying off Loans	25
土地使用权出让转让	Selling and Transferring of Land Using Right	73
其他经济合同	Other Economic Contracts	770
法人(代表人)资格	Identification of Institutional Units(Agent)	157
法人委托书	Trust Deeds of Institutional Units	4280
公司章程	Corporation Constitutions	99
执行许可证明	Operating Permits	49
提存	Drawings	168
抵押登记	Mortgage Registration	400
公司会议记录	Records of Corporation Conference	66
其他	Others	10548
合 计	**Total**	**18033**

21-15 法院行政案件收、结案情况
STATISTICS FOR ADMINISTRATIVE CASES ACCEPTED AND CLOSED BY COURT

单位：件 (case)

项目	Item	收案 Cases Accepted	结案 Cases Closed	判决 Judgment	裁定 Mediation
合计	**Total**	1908	1879	1066	813
公安	Security	157	156	72	84
资源	Resource	49	50	19	31
城建	Urban Construction	716	702	404	298
工商	Industry and Commerce	62	64	31	33
专利	Patent	257	259	236	23
劳动和社会保障	Labor and Social Security	69	65	46	19
教育	Education	21	21	12	9
其他	Others	577	562	246	316

21-16 法院刑事案件收、结案情况
STATISTICS FOR CRIMINAL CASES ACCEPTED AND CLOSED BY COURT

项目	Item	收案(件) Cases Accepted (case)	结案(件) Cases Closed (case)	判决发生法律效力 Judgment with Legal Force: 件数(件) Number of Cases (case)	人数(人) Number of Persons (person)
合计	**Total**	14332	14349	12753	18072
危害国家安全罪	Offense against State Security	10	10	3	6
危害公共安全罪	Offense against Public Security	836	840	770	842
破坏社会主义市场经济秩序罪	Offense against the Socialist Market Economic Order	581	597	509	827
侵犯公民人身权利、民主权利罪	Infringement of Civil Personal Rights and Democratic Rights	3990	3991	3380	4121
侵犯财产罪	Infringement Property	6043	6030	5531	8441
妨害社会管理秩序罪	Interference with Public Function	2624	2627	2382	3618
危害国防利益罪	Offense against National Defense Interest	9	10	11	14
贪污贿赂罪	Corruption and Bribery Crime	217	225	150	184
渎职罪	Malpraetice Duty	21	18	17	19
其他	Others	1	1	0	0

21-17 法院婚姻家庭、继承纠纷案件收、结案情况
STATISTICS FOR MARRIAGE AND FAMILY AND INHERITABLE DISPUTE CASE

单位：件 (case)

项目		Item	收案 Cases Accepted	结案 Cases Closed	#判决 Judgment	#调解 Mediation
合计		**Total**	**38381**	**38290**	**8479**	**20490**
婚姻家庭纠纷 Marriage and Family Dispute	离婚	Divorce	30837	30774	5451	18207
	解除非法同居关系	Free from Concubinage Relation	348	346	210	37
	抚养、扶养关系纠纷	Foster and Foster relations Dispute	1101	1101	241	606
	抚育费纠纷	Dispute for Alimony	1418	1421	544	457
	赡养纠纷	Dispute for Support	1706	1702	716	507
	分家析产		738	740	351	142
	其他	Others	980	977	349	300
继承纠纷 Inheritable Dispute	法定继承	Legal Inherit	637	621	316	122
	遗嘱继承	Testamentary Inherit	69	74	35	20
	继承权确认纠纷	inherited Dispute	53	59	30	9
	其他	Others	494	475	236	83

21-18 法院合同纠纷案件收、结案情况
STATISTICS FOR CONTRACT CASES ACCEPTED AND CLOSED BY COURT

单位：件 (case)

项目	Item	收案 Cases Accepted	结案 Cases Closed	#判决 Judgment	#调解 Mediation
合计	**Total**	**84999**	**84337**	**31606**	**18785**
买卖合同纠纷	Purchases and Sales Contracts	23409	23309	7167	6638
房地产开发经营合同纠纷	Development Real Estate Contracts	4064	3948	2338	312
供用电、水、气、热力合同纠纷	Electricity,steam,Water and Hot Water Contracts	11239	11240	2077	2821
借款合同纠纷	Debt Contracts	10811	10756	5068	2789
租赁合同纠纷	Lease out Contracts	11240	11096	5174	1819
建设工程合同纠纷	Construction Project Contracts	2570	2506	1035	504
承揽合同纠纷	Carry on Contracts	3979	3936	1349	932
运输合同纠纷	Transportation Contracts	755	749	244	227
经营合同纠纷	Management Contracts	1458	1439	682	215
农村承包合同纠纷	Contract with Rural	943	942	371	147
劳动争议	Labor Dispute	3931	3908	1978	334
其他	Others	10600	10508	4123	2047

21-19 法院权属、侵权纠纷及其他民事案件收、结案情况
STATISTICS FOR AUTHORITYED AND TORTIOUS DISPUTE CASE ACCEPTED AND CLOSED BY COURT

单位：件 (case)

项目	Item	收案 Cases Accepted	结案 Cases Closed	#判决 Judgment	#调解 Mediation
合计	**Total**	**32675**	**32425**	**14601**	**4637**
所有权及与所有权相关权利纠纷	Ownership and About Ownership	13201	13045	5605	1743
票据、证券权益纠纷	Bill and Negotiable Securities	189	193	66	44
股东权纠纷	Partner Potence	373	349	124	42
不正当竞争纠纷	Unfair Competition	97	87	39	7
人身权纠纷	Habeas Corpus	12238	12179	6267	2650
特殊侵权纠纷	Especial Tortious	324	329	130	37
适用特别程序案件	Make Use of Especial Handle a Case Program	3233	3226	757	1
其他	Others	3020	3017	1613	113

21-20 检察机关办理各类案件情况
STATISTICS FOR CASES HANDLED BY PROCURATORIAL ORGAN

项目	Item	受案(受理) Cases Accepted 件 Case	人 Person	审结案合计 Cases Closed 件 Case	人 Person
审查批捕	**Examine for Arrest**	**13531**	**19354**	**12557**	**17738**
# 批准逮捕	Approve			12166	17158
不批准逮捕	Disapprove			391	580
审查起诉	**Examine Suit**	**15614**	**22125**	**14269**	**19935**
# 起诉	Sue			13983	19518
不起诉	Immunity from Suit			286	417
举报案件	**Throw Daylight**	**4451**		**4447**	
控告申诉案件		**5367**		**5328**	
民事、行政检察	**Civil and Administrative Procuratorial Work**	**2114**		**2106**	
民事案件	Civil Cases	1962		1955	
行政案件	Administrative Cases	152		151	

21-21 反贪污贿赂、渎职侵权案件情况
STATISTICS FOR CASE THAT COMBAT CORRUPTION TO BIBE AND MALFEASANCE ENCROACHES RIGHT

项目		Item		反贪污贿赂案件 Case that Combat Corruption to Bribe 合计 Total	# 贪污案 Corruption	# 贿赂案 Bribe	# 挪用公款案 Misappropriate Public Funds	# 其他 Others	渎职侵权案件 Case that Malfeasance Encroaches Right
受案	(件)	**Cases Accepted**	(case)	**1083**	**578**	**308**	**176**	**21**	**209**
立案		**Cases Registered**							
件数	(件)	Cases Registered	(case)	335	135	98	92	10	28
人数	(人)	Cases Registered	(case)	386	167	105	100	14	30
重特大案件		**Heavy and Extraordinarily Serious Case**							6
5至不满10万元	(件)	50000-100000 Yuan	(case)	53	28	21	4	0	
10至不满50万元	(件)	100000-500000 Yuan	(case)	81	33	22	23	3	
50至不满100万元	(件)	500000-1000000 Yuan	(case)	35	10	6	19	0	
100万元以上	(件)	Over 1000000 Yuan	(case)	79	22	7	44	6	
侦结		**End a Case**	(case)						
件数	(件)	Number of Cases	(case)	284	119	77	78	10	22
人数	(人)	Number of Persons	(person)	326	143	84	86	13	23
# 移送起诉		Hand over to Suit							
件数	(件)	Number of Cases	(case)	255	109	65	71	10	17
人数	(人)	Number of Persons	(person)	286	131	68	77	10	18
# 移送不起诉		Hand over yet Immunity from Suit							
件数	(件)	Number of Cases	(case)	11	5	3	2	1	2
人数	(人)	Number of Persons	(person)	13	5	4	3	1	2
挽回经济损失	(万元)	**Retrieve Pecuniary Losses**	**(10000 yuan)**	**29582**	**17668**	**778**	**9742**	**1394**	**280**

21-22 法律援助工作
STATISTICS FOR LEGAL AID

项目		Item		2003	2002	2003年为2002年%
法律援助机构	(个)	Number of Legal Aid Machine	(unit)	19	20	95.0
法律援助人员	(人)	Number of Legal Aid Person	(person)	79	79	100.0
民事案件	(件)	Civil Cases	(unit)	1440	1071	134.5
刑事案件	(件)	Penal Cases	(unit)	1771	1636	108.3
行政案件	(件)	Administrative Cases	(unit)	7	5	140.0
法律咨询	(万件)	Lagal Consultation	(10000 unit)	12.2	8	152.5

21-23 刑事案件情况
STATISTICS FOR CRIMINAL CASES

单位：起 (case)

项目	Item	2003	2002	2003年为2002年% 2003 as % of 2002
刑事案件	**Criminal Cases**			
立案	Cases Registered	70989	71310	99.5
破案	Cases Solved	36467	41657	87.5

21-24 消防建设情况
STATISTICS FOR FIRE FIGHTING

项目		Item		2003	2002	2001	2000	1999	1998	1997	1996
公安消防队数	(队)	Number of Polic Fire Brigades	(unit)	56	52	50	47	77	41	38	36
公安消防车辆	(辆)	Number of Polic Fire Engines	(unit)	303	296	266	259	236	210	190	180
企业专职消防队		Full-time Fire Brigade of Enterprises									
队数	(个)	Fire Bridges	(unit)	112	112						
人数	(人)	Persons	(person)	2147	2228						

21-25 火 灾 及 损 失
FIRE AND LOSSES

项目	Item	数量 Amount 2003	数量 Amount 2002	直接经济损失(万元) Direct Pecuniary Loss (10000 yuan) 2003	直接经济损失(万元) Direct Pecuniary Loss (10000 yuan) 2002
总计 (起)	**Total (unit)**	**5243**	**5542**	**1002.6**	**1127.3**
# 特大火灾	Extraordinarily Serious		1		26.3
重大火灾	Heavy	1	5	10.0	192.6
起火原因	**Cause of Fire**				
# 电器	Electric Appliances	1449	1313	307.0	393.2
违反安全规定	Violate Safety Regulation	194	145	116.4	15.9
吸烟	Smoking	498	881	16.1	27.8
生活用火不慎	Careless	1283	1283	109.5	181.1
玩火	Play with Fire	367	562	32.6	44
伤 人 (人)	**Injuries (person)**	**112**	**93**		
死 人 (人)	**Deaths (person)**	**42**	**67**		

21-26 交 通 事 故 及 损 失
STATISTICS FOR TRAFFIC ACCIDENTS AND LOSSES

项目	Item	2003	2002	2003年为2002年% 2003 as % of 2002
总计 (起)	**Total (case)**	**10842**	**12053**	**90.0**
伤人 (人)	Injuries (person)	9877	10456	94.5
死亡 (人)	Deaths (person)	1641	1499	109.5
在总计中：机动车事故 (起)	**Of Total:Motor Vehicle Accident (case)**	**8683**	**9552**	**90.9**
伤人 (人)	Injuries (person)	7961	8155	97.6
死亡 (人)	Deaths (person)	1230	1111	110.7
直接经济损失 (万元)	**Direct Pecuniary Losses (10000 yuan)**	**4361.4**	**4112.0**	**106.1**
每万辆机动车死亡 (人)	Deaths Per 10000 Motor Vehicles (persons)	7.7	7.9	97.5

21-27 查处治安案件情况
STATISTICS FOR INVESTIGATING AND HANDLING PUBLIC ORDER CASES

项目	Item	查处(起) Investigating and Handling (case)	构成(%) Composition (%)
合计	**Total**	**367186**	**100.00**
扰乱工作、公共秩序	Disturb Working or Public Order	83564	22.76
结伙斗殴、寻衅滋事	Gang Fighting	4818	1.31
侮辱妇女及其他流氓活动	Insult Woman and Other Immoral Behavior	380	0.10
阻碍国家工作人员执行公务	Interference with Government Function	1039	0.28
违反枪支管理规定	Violate Regulatory Regime for Firearms	202	0.06
违反爆炸物品管理规定	Violate Regulatory Regime for Explosive Goods	1250	0.34
殴打他人	Beat up Others	55607	15.14
偷窃财物	Steal	21799	5.94
骗取、抢夺、敲诈勒索财物	Cheat,Rob and Extort Property	2882	0.78
哄抢公私财物	Rob Public Property	121	0.03
故意损坏公私财物	Damage Public and Private Properties Intentionally	2171	0.59
伪造倒卖票券、证件	Forge,Resell Bill,Ticket and Credentials	775	0.21
利用迷信扰乱秩序或骗财	Disturb Public Order or Defraud sb.of His Belongings by Superstitions	87	0.02
卖淫、嫖娼	Prostitution,Visit Prostitution	2423	0.66
赌博	Gambling	6314	1.72
违反户口、居民身份证管理	Violate Regulations for Residence Cards or ID	52103	14.19
其他	Others	131651	35.85

21-28 妇联组织状况
STATISTICS FOR WOMAN FEDERATION ORGANIZATIONS

单位：个，人 (unit,person)

项目	Item	2003	2002	2003年为2002年% 2003 as % of 2002
区妇联数	Number of District Women Organizations	16	16	100.0
区妇联干部数	Cadres in District Women Organization Cadres	176	176	100.0
县妇联数	Number of County Women Organizations	2	2	100.0
县妇联干部数	Cadres in County Women Organization Cadres	19	19	100.0
乡妇联组织数	Number of Township Women Organizations	197	195	101.0
街妇联组织数	Number of Street Women Organizations	125	122	102.5
乡、街妇联干部数	Cadres of Township and Street Women Organization	374	369	101.4
城市基层妇代会组织数	Number of Urban Basic Women Congress	2176	2047	106.3
农村基层妇代会组织数	Number of Rural Basic Women Congress	4001	4132	96.8
各类妇女联谊组织数	Women Connection Organizations	16	16	100.0

21-29 工会组织建设情况
WORKERS CONGRESS BUILDING

项目	Item	基层工会组织 (个) Workers Congress at Basic-level	职工人数 (人) Number of Staff and Workers	会员人数 (人) Number of Members
总　　计	**Total**	**13233**	**3194857**	**2599698**
按单位类别划分	Grouped by Registration Status of Enterprises			
联合会	League			
国有企业	State-owned	2120	866921	833758
集体企业	Collective-owned	1740	166399	145557
股份合作企业	Share Holding Cooperative	994	69722	60646
联营企业	Joint-owned	44	7075	5615
国有独资公司	Enterprises with exclusively State Investment	45	32619	27369
其他有限责任公司	Limited-Liability Company	1311	153500	138078
国有控股公司	State-owned Holding Company	252	144051	130133
其他股份有限公司	Other Share Holding Coporations	237	73643	66960
私营企业	Private Owned	1691	124173	109377
其他内资企业	Other Domestic Investment Enterprises	30	855926	421756
港澳台商投资企业	Hongkong,Macao and Taiwan Funded	144	23253	19653
外商投资企业	Foreign Funded Enterprises	305	80352	70292
事业单位	Institutions	3378	445091	428798
机关	Agencies and Organizations	942	152132	141706
其他	Others			
按产业划分	Grouped by type of Unists			
工交系统	Industry and Transportation	887	556935	529920
城建系统	Construction	512	1189569	758307
商贸系统	Wholesale and Retail	290	113635	104211
区县系统	Districts and Counties	10688	1046800	936053
农林系统	Planting and Forestry	385	68066	57987
卫文系统	Healthand and Culture	252	75956	75248
产业工会系统	Labour Union	101	129803	124172
其他系统	Others	118	14093	13800

21-30 社 区 状 况
STATISTICS FOR COMMUNITY

项 目		Item		2003
基本情况		**Basal Statistics**		
社区居委会	(个)	Neighborhood Committee	(unit)	2237
1000户以下	(个)	Household 1000 and below	(unit)	854
1000户-3000户	(个)	1000-3000	(unit)	1206
3000户以上	(个)	Household 3000 and above	(unit)	177
# 办公用房90平方米以上	(个)	Community with Office Building above 90 sq.m	(unit)	1190
社区居委会办公用房总面积	(万平方米)	Floor Space of Office Building of Neighborhood Committee in Community	(10000 sq.m)	20.6
社区居委会成员数	(人)	Number of Neighborhood Committee Missionary	(person)	15929
# 成员的平均年龄	(岁)	Average Age of Missionary	(year)	45
女性	(人)	Female	(person)	12397
45岁以下	(人)	age 45 and below	(person)	6803
大专及以上学历	(人)	Junior College and above	(person)	5293
社区专职工作者	(人)	Persons Full-time Serviced for Community	(person)	10496
辖区内单位数	(个)	Number of Community	(unit)	86764
# 中央	(个)	Central	(unit)	8820
市属	(个)	Municipal	(unit)	7446
社区服务志愿者组织数	(个)	Number of Fold Person in Community	(unit)	10799
社区服务志愿者数	(万人)	Number of Fold Organization in Community	(10000 person)	30.7
社区民间组织（群众活动团队）数	(个)	Number of Fold Organization in Community	(unit)	13972
年参加活动的总人次	(万人次)	Number of Total Person-Time of Attend Activity	(10000 person.time)	1067.2
防止矛盾激化数	(件)	The Times of Prevent Conflict	(unit)	27999
辖区内单位对社区开放设施的总面积	(万平方米)	Floor Space of Facilities Opened to Community by Institutions	(10000 sq.m)	287
辖区内单位对社区开放的设施	(个)	Number of Facilities Opened to Community by Institutions in Jurisdiction Area	(unit)	9012
# 体育设施	(个)	for Sports	(unit)	3569
文化娱乐设施	(个)	for Culture and Entertainment	(unit)	1280
教育培训设施	(个)	for Education	(unit)	986
卫生医疗设施	(个)	for Medical Care	(unit)	850
生活服务设施	(个)	for Living	(unit)	1558
其他设施	(个)	Others	(unit)	769

21-31 社区服务调查表
COMMUNITY SERVE QUESTIONARY

		服务设施（个） Servings Certificate (unit)	建筑面积（万平方米） Floor Space of Residential Buildings (10000 sq.m)	服务人次（万人次） Service Person-time (10000 Person-time)	服务收入（万元） Service Earning (10000 yuan)
合　计	**Total**	**18726**	**140.7**	**6445.2**	**13211.5**
文化站（室）	Culture Station	2625	18.2	645.3	59.3
体育设施	for Sports	4868	66.4	2881.6	81.1
教育培训	for Education	1589	9.1	187.8	175
信息咨询	Communication Servies	1245	2.5	105.7	69.6
家政服务	Domestic Servies	901	1.9	69.9	277.4
礼仪服务	Convenance Servies	840	2.8	136	814.7
综合修理服务	Reparative Servings	1682	3.2	188.8	622.9
便民餐点	Service Catering	1934	10.2	1358.6	4437.5
社会福利	Social Welfare	742	4.3	60.3	250.5
卫生医疗	for Medical Care	1207	14.5	384.6	4911
其他	Others	1093	7.6	426.5	1512.3

附：1. 2003年在服务项目中无偿服务人次3657.6万人次。

2. 本表不包括辖区内单位对社区开放的设施。

a) There are 3657.6 person-time of volunteer service person-time in 2003.

b) Data of this table was barring Number of Facilities Opened to Community by Institutions in Jurisdiction Area

21-32 北京市儿童发展规划监测统计资料
SUPERVISORY STATISTICS FOR CHILDREN DEVELOPMENT OF BEIJING

项目	Item		2003	2002
婚前医学检查率	(%) Rate of Medical Premarital Check	(%)	100.0	99.3
婚前卫生指导率	(%) Rate of Medical Premarital Direction	(%)	97.0	96.7
对影响婚育疾病人群咨询率	(%) Rate of Patients of Illness on Marriage and Bearing Received Advisory	(%)	100.0	100.0
出生缺陷监测率	(%) Monitoring Rate of Birth Deficiency	(%)	100.0	100.0
新生儿疾病筛查率	(%) Screen Check Rate of Illness for Neonayus	(%)	98.11	97.3
出生缺陷发生率	(‰) Outbreak Rate of Birth Deficiency	(‰)	10.73	10.53
新生儿破伤风发病率	(‰) Rate of Outbreak of Tetanus on Neonatus	(‰)	0	0
围产儿死亡率	(‰) Death Rate of Neonatus in Wardship	(‰)	7.28	7.11
婴儿死亡率	(‰) Death Rate of Infant	(‰)	5.89	5.56
5岁以下儿童死亡率	(‰) Death Rate of Children below 5-year-old	(‰)	6.24	6.99
四苗全程接种率	(%) Rate of Inoculation of Four Vaccines	(%)	99.71	99.4
卡介苗疫苗接种率	(%) Rate of Inoculation of BCG Vaccine	(%)	97.49	99.9
脊灰疫苗接种率	(%) Rate of Inoculation of Poliomyelities Polio Vaccine	(%)	99.98	100.0
百白破疫苗接种率	(%) Rate of Inoculation of Pertussis,Diphtheria and Tetanus Vaccine	(%)	99.98	99.90
麻疹疫苗接种率	(%) Rate of Inoculation of Measles Vaccine	(%)	99.97	100.0
脊髓灰质炎野毒株病例发生数	(例) Outbreak Case of Poliomyelities Polio from Wild Poison Vert	(case)	0	0
托幼机构甲、乙类传染病爆发疫情次数	(次) Outbraek Rate of Epidemic A and B in Kidergarden	(case)	0	0
孕产妇系统管理率	(%) Rate of Gravida and Puerpera in System-management	(%)	88.94	88.8
城市	Urban		88.72	89.3
农村	Rural		89.3	88.0
孕产妇健康教育普及率	(%) Widespreading Rate of Health Education for Gravida and Puerpera	(%)	98.34	97.7
孕产妇住院分娩率	(%) Rate of Parturition in Hospital	(%)	99.93	99.9
孕产妇死亡率	(1/10万) Death Rate of Gravida and Puerpera	(1/100000)	15.6	15.1
儿童系统管理率	(%) Rate of Children in System-management	(%)	97.17	98.1
儿童系统管理合格率	(%) Qualified Rate of Children in System-management	(%)	92.16	98.0
5岁以下儿童中重度营养不良患病率	(%) Rate of Outbreak of Serious Innutrition on Children below 5-year-old	(%)	0.35	0.4
0-4个月婴儿母乳喂养率	(%) Rate of Breast-feeding to Infant of 0-4-month-old	(%)	92.1	79.2
城镇地区3岁以下儿童入园率	(%) Rate of Children below 3-year-old Received Early Stage Education in Urban Area	(%)	20.3	21.4
山区儿童学前一年受教育率	(%) Rate of Children in Mountain Area Received One-year Preschool Education	(%)	95.0	95.0
3岁及以上儿童入园率	(%) Enrollment Rate of Children over 3- years-old to Kidergarten	(%)	85.7	82.3

21-32 续表1 continued

项目 Item			2003	2002
市级示范幼儿园数	(个) Number of Demonstration Kindergarden on Municipal Level	(unit)	24	10
一级一类幼儿园数	(个) Number of Kindergarden of First Grade, First Class	(unit)	185	157
学龄儿童净入学率	(%) Net Enrollment Rate of Children at School-age	(%)	99.95	99.9
小学在校生年辍学率	(%) Rate of Leaving of One's Study of Students Enrollment in Primary Schools	(%)	0	0
初中在校生年辍学率	(%) Rate of Leaving of One's Study of Students Enrollment in Junior Milldle Schools	(%)	0	0
中小学特殊教育示范学校数	(个) Number of Demonstration Schools of Special Education in Primary and Middle Schools	(unit)	0	0
普通中小学残疾儿童在校学生数	(人) Number of Students Enrollment of Disable Children in Regular Primary Schools and Junior Middle Schools	(person)	6177	5405
农村自来水普及率	(%) Widespreading Rate of Tap Water in Rural Areas	(%)	97.5	97.3
农村卫生厕所普及率	(%) Widespreading Rate of Lavatories in Rural Areas	(%)	72.98	70.4
农村粪便无害化处理率	(%) Rate of Harmless Disposal of Night Soil	(%)	82.65	43.3
城市污水处理率	(%) Rate of Disposal of Sewage	(%)	50.0	45.0
城市生活垃圾无害化处理率	(%) Rate of Harmless Disposal of Garbage	(%)	95	86.5
林木覆盖率	(%) Coverage of Forest	(%)	47.5	45.5
城市绿化面积	(公顷) Green Areas in City	(hectare)	3.7	3.1
城市绿化覆盖率	(%) Coverage of City Green Areas	(%)	41	40.6
城市人均公共绿地面积	(平方米) Per Capita City Green Areas	(sq.m)	11.4	10.7

21-33 北京市历届人代会代表人数性别构成及议案、批评建议数
NUMBER OF DELEGACY AND PROPOSAL AND SUGGEST BY DEMOTIC CONGRESS

单位：人、%、件 (person,%,unit)

项目 Item	代表人数 Number of Delegate 总计 Total	女性 Female	男性 Male	性别比例 Sex Proportion 女性 Female	男性 Male	提出的议案数 Number of Proposal	批评建议数 Give Criticism Advice
第一届	564	104	460	18.4	81.6		
第二届	619	141	478	22.8	77.2		
第三届	618	161	457	26.1	73.9		
第四届	745	201	544	27.0	73.0		
第五届	751	203	548	27.0	73.0		
第七届	1195	330	865	27.6	72.4	2886	
第八届	972	221	751	22.7	77.3	164	5822
第九届	880	217	663	24.7	75.3	4083	4155
第十届	885	224	661	25.3	74.7	4300	3200
第十一届	763	197	566	25.8	74.2	4472	6230
第十二届	763	235	528	30.8	69.2	100	3618

注：1. 北京市人大常委会是经北京市七届三次人民代表大会选举成立的，故一至六届人代会无议案及建议数；
2. 第七届议案及建议数是从七届第三次会议至第五次会议；
3. 第十二届议案及建议数是截止到2004年5月的数据数据；
4. 其他各届议案及建议数均是本届五年会上及平时议案及建议数。

Note:a) Seventh demotic congress proposal thirdly conference election beijing municipal administrative council,therefore the data of suggest from the first till sixth conference was empty.
b) Number of the seventh demotic congress proposal from thirdly till fifthly conference.
c) Number of the twelfth demotic congress proposal was first conference.
d) Number of the Other demotic congress proposal was five year conference and peacetime suggest.

21-34 北京市历届政协会委员人数及提案立案数
NUMBER OF DELEGACY AND PROPOSAL AND PUT ON RECORD BY POLITICS CONFERENCE

单位：人、件 (person,unit)

届别 Mark Fall Due	起止年月 The Time of Inaugural and Concluding	委员人数 Number of Commissary 总计 Total	女性 Female	男性 Male	提案立案数 Number of Resolution put on Record
第一届	1955.4-1959.9	235	32	203	
第二届	1959.9-1962.12	463	84	379	
第三届	1962.12-1965.9	519	92	427	
第四届	1965.9-1977.11	529	88	441	
第五届	1977.11-1983.3	648	135	513	1393
第六届	1983.3-1988.1	676	142	534	3012
第七届	1988.1-1993.1	686	177	509	4295
第八届	1993.1-1998.1	686	175	511	5017
第九届	1998.1-2003.1	745	198	547	6212
第十届	2003.1-2003.12	718	202	516	1239

注：以上统计数据截止到2003年年底。
Note:The deadline of data was 2003.

主要统计指标解释

优抚对象 依照法律和政策的规定，享受国家、社会和群众抚恤优待的人员，包括中国人民解放后（包括中国人民武装警察部队）现役军人、革命伤残人员、复员退伍军人、革命烈士家属、因公牺牲军人家属、病故军人家属、现役军人家属。

城镇居民最低生活保障人数 指在开展居民最低生活保障制度的地区，领取最低生活保障费的城镇居民人数。包括“三无”对象、失业人员和在职，下岗，退休人员等。

农村居民最低生活保障人数 指报告期末在建立农村最低生活保障制度的地区，得到当地政府或集体给予最低生活保障的农业人口。

农村传统救济的人数 指未开展最低生活保障制度的农村地区，仍沿用传统救济制度救济贫困人口数。

社会救济对象总人数 指在报告期末生活在当地规定的最低生活保障线以下的家庭数及国家规定由民政部门救济的特殊人员和60年代精简退职老职工救济人员等。

农村社会保障网络数 指设有社会保障委员会或领导小组；在其统一管理和指导下，已有各种福利机构或社会福利企业；优待和五保实行集体统筹；具有以上三项或三项以上农村社会保障项目的乡(镇)个数。

内地居民结婚登记 指报告期内经民政部门的婚姻登记机关审查，确认当事人符合结婚条件，批准登记结婚的案件总数。

初婚人数 指报告期内经民政部门的婚姻登记机关批准登记结婚的当事人中，属第一次结婚人数的总和。

再婚人数 指报告期内经婚姻登记机关批准登记结婚的当事人中，属第二次(或者二次以上)结婚人数的总和。再婚包含恢复结婚。

恢复结婚 指报告期内，原为夫妻，离婚后又要求恢复原来婚姻关系，经民政部门的婚姻登记机关审查，确认当事双方符合恢复婚姻关系条件，批准登记复婚的案件总数。

涉外及华侨、港澳台结婚登记 指在县级(或县级以上)民政部门办理的，夫妻双方或一方是外国人、华侨、港澳台同胞的婚姻案件总数。

港澳居民人数 指报告期内经民政部门的婚姻登记机关批准登记结婚的当事人的一方或双方居住在香港、澳门特别行政区的人员。

台湾居民人数 指报告期内经民政部门的婚姻登记机关批准登记结婚的当事人的一方或双方居住在台湾的人员。

华侨人数 指报告期内经民政部门婚姻登记机关批准登记结婚的当事人的一方或双方居住在国外，但仍保留中国籍的人员(含留学人员)。

外国人数 指报告期内经民政部门婚姻登记机关批准登记结婚的当事人的一方或双方是居住在国外或中国的外国人(含外籍华人)。

内地居民离婚登记 指报告期内经民政部门的婚姻登记机关审查，确认当事人具备离婚条件，批准登记离婚的案件总数。

港、澳居民离婚登记 指报告期内经民政部门的婚姻登记机关批准登记结婚的当事人的一方或双方居住在香港、澳门特别行政区的人员。

台湾居民离婚登记 指报告期内经民政部门的婚姻登记机关批准登记结婚的当事人的一方或双方居住在台湾的人员。

华侨离婚登记 指报告期内经民政部门的婚姻登记机关批准登记结婚的当事人的一方或双方居住在国外，但仍保留中国籍的人员。

律师 指受聘参加律师事务所工作，提任法律顾问、刑（民）事代理人、刑事辩护人，办理非诉讼事件、解答法律询问，代写法律事务文书等主要从事律师业务的专职法律工作者和兼职律师。

公证人员 指在国家公证机关依法办理公证事务的司法人员。包括公证员、助理公证员和在公证处工作的其他人员。

办理公证文书 指公证处在一定时期内办结的公证文书件数。公证文书系按司法部规定或批准的格式制作。包括国内公证和涉外公证两部分。其中国内公证分为经济公证和民事法律关系公证两大类。

调解人员 指人民调解委员会担负调解民间一般民事纠纷和轻微违法行为所引起的纠纷的工作人员。包括调解委员会的委员和调解小组调解员。

调解民间纠纷 指调解委员会依照法律规定，根据自愿原则，用说服教育的方法调解民间发生的有关民事权利和义务的争执，促成当事双方达到协议和谅解，解决纠纷。包括婚姻家庭纠纷，财产权益纠纷等。不包括法院受理调解的民事案件数。

保险福利费用 指企业、事业、机关单位再工作以外实际支付给职工和离休、退休、退职人员个人以及用于集体的劳动保险和福利费用。

1．职工保险福利费用具体包括：

（1）医疗卫生费　指实行公费医疗企业的职工及其供养的直系亲属的医疗费、医务经费、职工因工伤就医路费以及住院伙食补助费等；卫生部门开支的事业及机关单位职工的公费医疗经费；未参加公费医疗的企业、事业和机关单位职工的医疗费。

（2）丧葬抚恤救济费　指因职工死亡而支付的丧葬费、丧葬补助费和所遗供养直系亲属的抚恤费、救济费、生活补助费以及职工供养直系亲属死亡时的丧葬补助费等。

（3）生活困难补助　指对生活困难的职工实际支付的定期补助和临时性补助。

（4）文体宣传费　指企业、事业和机关单位实际支付的文体宣传费。不包括学习费。

（5）集体福利事业补贴费　指对职工浴室、理发室、洗衣房、哺乳室、托儿所等集体福利设施各项支出与收入相抵后的差额补助费。

（6）集体福利设施费　指按照国家规定开支的集体福利设施费用。如职工食堂炊事用具的购置费、修理费、职工宿舍的修缮费用。不包括由企业、事业和机关单位自筹经费开支的职工福利设施的基本建设费用。

（7）计划生育补贴　指发给职工独生子女的补贴费和保健营养费。

（8）其他　指上述费用以外，单位支付给职工的保险福利费。

2．离休、退休、退职人员保险福利费用具体包括：

（1）离休金　指发给离休人员的工资和按1982年国务院发布的“关于老干部离职休养制度的几项规定”发给符合规定的离休干部相当于1—2个月标准工资的生活补贴和按有关文件规定提高离休人员的待遇所增加的费用及粮油价格补贴等。

（2）退休金　指按照国家有关规定发给退休人员的退休费和按有关文件规定提高退休人员的待遇所增加的费用及粮油价格补贴等。

（3）职工生活费　指按照1978年国务院《关于工人退休、退职的暂行办法》规定定期发给退职人员的生活费用和按有关文件规定提高退职人员的待遇所增加的费用及粮油价格补贴等。

（4）医疗卫生费　指离休、退休、退职人员的医疗费、住院费以及住院伙食补助等费用。

（5）护理费　指因工致残、饮食起居需人扶助的离休、退休人员的护理费以及因病不能自理的离休人员的护理费。

（6）生活补贴　指按照1985年国务院《关于发给离退休人员生活补贴费的通知》规定，发给离休、退休人员的生活补贴费。

（7）交通费补贴　指按月发给离休人员的交通费补贴。

（8）丧葬抚恤救济费　指离休、退休、退职人员死亡的丧葬费、丧葬补助费和所遗供养直系亲属的抚养费、救济费、生活补助费以及供养直系亲属死亡时的丧葬补助费等。

（9）其他　包括易地安置的离休、退休、退职人员的安家补助费；离休、退休、退职人员的生活困难补助费、书报费、洗理费、副食品价格补贴、房租价格补贴、水电补贴、少数民族补贴以及老干部活动经费开支的旅游费用等。

婴儿死亡率　指某地区一年内每1000名活产婴儿中未满1岁的婴儿死亡人数之比。婴儿死亡率可以衡量一个国家或地区经济文化、居民健康状况和卫生保健事业发展情况，同时也是人口平均期望寿命研究的重要内容。

5岁以下儿童死亡率　指某地区一年内每1000名活产婴儿与未满5岁儿童死亡人数之比。5岁以下儿童死亡率是目前国际上公认的反映儿童生存状况的重要指标。

孕产妇死亡率　指一年内每10万名活产儿中孕产妇死亡数。同婴儿死亡率一样，孕产妇死亡率是评价某一地区社会发展状况的重要指标，它的高低与社会经济状况、孕产妇社会环境及卫生保健服务有直接的联系。

农村卫生厕所普及率　使用各种类型卫生厕所的农户数（使用卫生公厕，每所不超过10户居民）占农村总户数的比例。

农村粪便无害化处理率　指农村使用粪便无害化处理设施（卫生户厕、卫生公厕，不包括高温堆肥）的农户数占农村总户数的比例。

本章资料来源　本章资料取自北京市公安局、北京市检察院、北京市法院、北京市安全生产管理局等单位。

二十二、服务业

SERVICE

2003年服务业企业流动资产与固定资产状况（单位：亿元）
Ciuculating and Fixed Assets of Servives in 2003(100 million yuan)

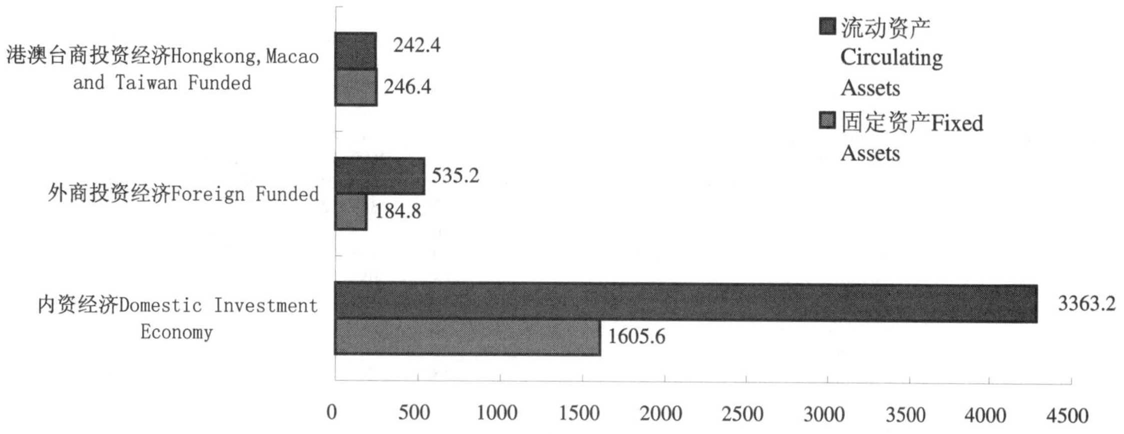

2003年服务业企业营业收入状况（单位：亿元）
Operating Income of Services in 2003 (100 million yuan)

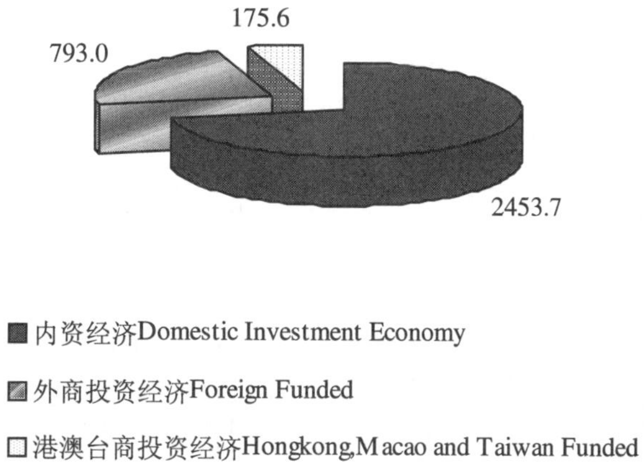

22-1 服务业企业财务状况

单位：万元

项目	Item	单位个数(个) Units (unit)	资产合计 Total Assets	流动资产合计 Total Circulating Assets	长期投资 Long-term Investment	固定资产合计 Total Fixed Assets
合计	Total	13952	127350256	50594575	52433923	20367973
按登记注册类型分	Grouped by Registation Status of Enterprises					
内资企业	Domestic Investment Enterprises	12475	108936661	42847595	47115319	16056092
国有企业	State-Owned	2594	70384429	24096455	38417882	6439974
集体企业	Collective Owned	854	2272582	987874	478470	669780
股份合作企业	Share Holding	491	485209	323343	44795	95198
联营企业	Joint Owned	94	417467	210204	70325	92358
有限责任公司	Limited-Liability Corporations	4751	26094118	11882551	6219715	7189068
股份有限公司	Share Holding Corporations	263	5842008	3015341	1600972	1019138
私营企业	Private Owned	3412	3437521	2329396	282879	549990
其他企业	Others	16	3329	2431	281	588
港澳台商投资经济	Hongkong,Macao and Taiwan Funded	489	7851730	2394722	2285103	2464037
外商投资经济	Foreign Funded	988	10561865	5352258	3033501	1847844
按国民经济行业分	Grouped by Sector					
农林牧渔服务业	FFAF Services					
铁路运输辅助活动	Logistics of	4	17056	13775	308	2254
道路运输辅助活动	Logistics of	18	2978435	37866	199171	2706437
水上运输辅助活动	Subsidiary Services	3	3450	3261	25	147
航空运输辅助活动	Logistics of Aviation	21	89650	77852	2473	5685
装卸搬运及其他运输服务业	Load and Unload,Other Transportation Services	191	770762	529729	124441	96528
仓储业	Storage	106	623543	324536	130946	145512
互联网信息服务	Internet Information Servecis	200	749033	468073	66345	160976
广播电视传播服务	Radio,Television Transmission Servecis	17	269969	94073	14044	146392
卫星传输服务	Satellite Transmission Servecis	16	1191705	487155	427437	250056
计算机服务业	Computer Servecis	834	4397353	2859444	939716	479590
软件业	Software	1414	4119158	2961901	643880	326374
贸易经济与代理	Trade and Deputize for Trade	63	2692881	1884166	690378	78423
住宿业	Stay Place	845	5115074	969548	207391	3462649
银行业	Banking					
证券业	Negotiable Securities					
保险业	Insurance					
其他金融活动	Other Finance					
物业管理	Estate management	1077	4939357	1810786	506540	1971346
房地产中介服务	Intermediary Sevices of the Real Estate	124	402294	170780	27368	196028
其他房地产活动	Other Real Estates Activity	55	278806	182531	5350	67933
租赁业	Tenancy	128	450319	167699	193307	80460
商务服务业	Commercial Servecis	2845	64382523	19969732	39460351	3643021
研究与试验发展	Research and Experimental Development	130	1495717	713951	340606	416683
专业技术服务业	Professional Technical Servecis	3327	17311091	9536359	5518131	1777227
科技交流和推广服务业	Scientific and Technological Exchange and Popularizing	947	4457527	2636532	933206	741917
地质勘察业	Geological Prospecting	33	343494	137268	36586	165745
水利管理业	Water Conservancy	7	400835	241419	125212	34114
环境管理业	Environment Conservancy	45	330346	58334	121029	146366
公共设施管理业	Municipal Engineering Conservancy	102	2668959	725877	359538	1540386
居民服务业	Resident Services	225	191977	90147	7019	72479
其他服务业	Other Services	427	2686961	1215122	904884	464349
教育	Education	89	153261	45617	4093	98891
卫生	Health	38	80662	24190	980	44929
社会保障业	Social Security	2	264	70		194
社会福利业	Social Welfare	7	19641	8234		8479
新闻出版业	Publication	315	2386373	1505720	260100	589515
广播、电视、电影和音像业	Radio,Television,Film,Audio Products, ideo Products	67	488242	271513	117430	87034
文化艺术业	Culture and Arts	112	460641	220956	60728	168613
体育	Sports	18	65873	28770	1722	18955
娱乐业	Recreation	100	337028	121591	3187	172288

注：表中按国民经济行业分组中，教育、卫生、社会保障业、社会福利业、新闻出版业、广播、电视、电影和音像业、文化艺术业、体育为企业化管理的事业单位数据。

FINANCIAL INDICATORS FOR SERVICES ENTERPRISES

(10000 yuan)

固定资产原价合计 Original Value of Fixed Assets	负债合计 Total Liabilities	流动负债合计 Total Circulating Liability	长期负债合计 Total Long-term Liability	所有者权益合计 Ownership Interest	# 实收资本 Proceeds of Capital	主营业务收入 Operating Income	营业成本 Operating Cost	营业费用 Operating Expenses	营业税金及附加 Operating Tax and Extra Charges
23727530	49433936	36292503	13140563	77916320	54924072	34223878	23343068	3384697	633868
17061767	39471678	29244268	10227274	69464983	48300214	24537487	17572646	1977289	466242
7845134	19931363	14674874	5256490	50453065	32136398	9888657	7250125	675160	173858
636722	1265268	1044511	220757	1007314	371979	582531	306061	105207	17389
121123	268972	253780	15192	216236	214817	492518	366201	49708	8374
118174	212675	189235	23441	204791	168381	92296	56367	14269	2714
6364357	13610257	9245988	4364266	12483861	11280582	8750965	6535640	656447	152808
1317476	2426707	2184434	242273	3415301	1446560	1573436	1114185	90012	36970
658042	1754493	1649516	104843	1683027	2679777	3151789	1941902	385138	73963
739	1942	1930	12	1387	1720	5296	2166	1349	165
3833303	5017931	2860314	2157617	2833799	2042959	1756286	864369	293346	46576
2832460	4944327	4187920	755673	5617539	4580899	7930104	4906053	1114062	121050
5080	11918	11918		5138	1709	36907	28021	4772	543
2357192	2224739	138516	2086223	753696	674905	106699	78358	4216	514
232	2248	2248		1203	1102	1144	624	43	43
21536	34064	33839	225	55586	21086	66207	14474	18317	2776
145428	457995	444102	13892	312768	182107	509136	393109	39234	7421
175177	349077	336014	13063	274465	205006	188850	158536	18294	2195
177771	319360	298154	21206	429673	500259	452141	276961	54620	15528
132055	80019	61534	18485	189950	64633	76084	40224	3235	2631
504159	273881	256741	17140	917824	610489	89858	63963	2079	2977
653992	2101255	1976494	124761	2296098	1311236	3710086	2937147	279664	41304
427728	2157231	1985986	171111	1961926	1784149	2224413	1241156	306478	39912
100583	1581171	1563246	17926	1111710	725321	758630	661359	34886	4178
4776293	3662528	1983398	1679130	1452547	1903029	1190959	211007	444844	45649
2527295	3106842	2134125	972717	1832515	1341755	1121717	461312	214423	48912
249231	134935	100363	34571	267359	208444	118355	22415	33747	6228
59413	246952	212669	34283	31854	31191	40379	20218	6038	1808
127355	346433	161938	184496	103885	98851	72218	36818	15216	3346
4372860	16047918	10911260	5136657	48334605	30492432	9320212	6353632	941593	166171
404865	700560	520933	179627	795157	454758	377343	262275	18362	7689
2153633	8743574	7727021	1015820	8567517	8331005	7310646	5526305	417197	122146
768043	2358998	2050519	308476	2098528	1658331	2820031	2267826	197318	28745
185512	252059	209156	42903	91435	69387	225853	207553	1658	2308
40721	288359	183636	104723	112476	33859	31409	8966	303	228
184280	171970	165324	6646	158376	184095	36239	28163	9645	946
1132684	1283835	694213	589622	1385123	1041078	85526	41401	14075	3485
93929	113554	94450	19103	78423	76158	113490	46619	38288	4109
470387	653580	570499	83081	2033381	1774998	1404289	980829	39170	13239
155447	57063	54819	2244	96198	110173	62762	30540	10768	2328
51491	45937	36162	9774	34725	27889	54881	26064	7496	764
227	190	190		74	54	240	30	50	10
10239	10618	10618		9023	11434	7402	1343	2179	100
678887	747369	695181	52188	1639004	512105	1273007	749763	126237	37785
113117	263693	239673	24020	224549	148269	139674	80638	19993	6221
203618	286623	154100	132524	174018	124529	87074	53733	18105	2940
21263	47335	47335		18538	22273	17972	8334	7193	931
245809	270054	226129	43925	66975	185976	92046	23352	34962	7762

Note:Data of Education,Health,Social Security,Social Welfare,Publication,Radio,Television,Film,Audio Products,Video Products,Culture, Arts and Sports Were Public Institution of Commercialized Management.

22-1 续表 1 continued

单位：万元 (10000 yuan)

项目	Item	利润总额 Total Profits	应交所得税 Income Tax Payable	本年应付工资总额 Total Wages Payable in the Year	本年应付福利费总额 Welfares Payable in the Year
合计	**Total**	3133384	543740	2940797	379405
按登记注册类型分	**Grouped by Registation Status of Enterprises**				
内资企业	Domestic Investment Enterprises	2118659	390000	1988385	258206
国有企业	State-Owned	935529	207478	801875	117021
集体企业	Collective Owned	43825	14090	81973	8485
股份合作企业	Share Holding	21123	4440	30760	3665
联营企业	Joint Owned	-8167	1224	13374	1622
有限责任公司	Limited-Liability Corporations	577691	93263	675007	82791
股份有限公司	Share Holding Corporations	197167	30364	99097	12184
私营企业	Private Owned	351162	39100	285098	32268
其他企业	Others	330	42	1201	171
港澳台商投资经济	Hongkong,Macao and Taiwan Funded	260689	32941	213406	27856
外商投资经济	Foreign Funded	754035	120800	739006	93342
按国民经济行业分	**Grouped by Sector**				
农林牧渔服务业	FFAF Services				
铁路运输辅助活动	Logistics of	2121	789	2023	155
道路运输辅助活动	Logistics of	-54955	161	11667	1608
水上运输辅助活动	Subsidiary Services	47	11	166	30
航空运输辅助活动	Logistics of Aviation	23911	1423	7819	2249
装卸搬运及其他运输服务业	Load and Unload,Other Transportation Services	26902	7437	31980	3483
仓储业	Storage	4348	1459	14729	2297
互联网信息服务	Internet Information Servecis	35395	6199	47733	5627
广播电视传播服务	Radio,Television Transmission Servecis	25674	3863	3740	653
卫星传输服务	Satellite Transmission Servecis	8711	2189	5356	779
计算机服务业	Computer Servecis	172729	18430	266555	58455
软件业	Software	206011	19266	314417	35057
贸易经济与代理	Trade and Deputize for Trade	210673	29768	17834	2414
住宿业	Stay Place	-99573	20249	221533	35641
银行业	Banking				
证券业	Negotiable Securities				
保险业	Insurance				
其他金融活动	Other Finance				
物业管理	Estate management	64701	30072	196610	29568
房地产中介服务	Intermediary Sevices of the Real Estate	34856	2261	13587	1256
其他房地产活动	Other Real Estates Activity	984	544	6161	655
租赁业	Tenancy	2838	1307	7838	967
商务服务业	Commercial Servecis	1305930	142686	712246	66404
研究与试验发展	Research and Experimental Development	26395	3230	73867	10942
专业技术服务业	Professional Technical Servecis	460743	77890	531063	66025
科技交流和推广服务业	Scientific and Technological Exchange and Popularizing	110168	29748	137871	17013
地质勘察业	Geological Prospecting	-3198	3974	8719	997
水利管理业	Water Conservancy	4460	5	2042	222
环境管理业	Environment Conservancy	-11927	141	14787	3164
公共设施管理业	Municipal Engineering Conservancy	40962	2069	11893	1662
居民服务业	Resident Services	2459	2069	23056	2500
其他服务业	Other Services	310172	50357	52465	6047
教育	Education	1246	1288	13249	1203
卫生	Health	203	421	10520	595
社会保障业	Social Security	49		83	10
社会福利业	Social Welfare	-1866		2649	179
新闻出版业	Publication	216561	33955	131656	16504
广播、电视、电影和音像业	Radio,Television,Film,Audio Products, ideo Products	24230	75032	16228	2054
文化艺术业	Culture and Arts	-4071	70	9210	1151
体育	Sports	-285	214	2328	265
娱乐业	Recreation	-14221	-1121	17117	1575

二十三、企业及企业集团资料

STATISTICS FOR ENTERPRISE AND ENTERPRISES GROUP

23-1 企业集团主要经济指标

单位：万元

项目	Item	集团个数(个) Number of Groups (unit)	资产总计 Total Assets	固定资产原价 Original Value of Fixed Assets	累计折旧 Accumulative Depreciation in this Year	流动资产平均余额 Average Balance of Circulating Funds
总计	**Total**	**119**	**46349944**	**14800248**	**4660329**	**25664296**
按审批部门划分	**By Departments Responsible for Approval**					
国务院	The State Council					
国务院主管部门	Competent Authorities of the State Council	12	5092401	1184799	314337	3186359
省级政府	Municipal Government	41	24597893	10098033	3198960	11861304
省级政府主管部门	Competent Authorities of Municipal Government	29	9749961	2395312	798099	6346276
其他	Others	37	6909689	1122104	348933	4270357
按控股情况划分	**By Share Holding**					
国有绝对控股	State-owned Absolute Holding Enterprises	76	40275474	13738535	4361340	21916186
国有相对控股	State-owned Relative Holding Enterprises	4	909178	247902	85368	416978
集体绝对控股	Collective-owned Absolute Holding Enterprises	8	311895	93047	23461	124440
集体相对控股	Collective-owned Relative Holding Enterprises	3	532351	150042	27838	227042
其他	Others	28	4321046	570722	162322	2979650
按行业划分	**By Sector**					
农、林、牧、渔业	Farming,Forestry,Animal Husbandry and Fishery	1	156470	46026	17427	88540
采矿业	Mining	1	649934	319696	110516	293438
制造业	Manufacturing	44	15295111	5520641	1721906	7484655
电力、煤气及水的生产和供应业	Electricity,Gas,Water Production and Supply	4	3769375	3016294	917243	899270
建筑业	Construction	13	4856168	834840	277543	3703203
交通运输、仓储和邮政业	Transportation,Storage and Post	3	1232895	919620	280315	263358
信息传输、计算机服务和软件业	Information Transmission,Computer Servecis and Software	3	170188	29007	14956	130307
批发和零售业	Wholesale Trade and Retail Trade	20	5082825	1440444	485082	2877910
住宿和餐饮业	Stay Place and Catering	2	1366855	1017692	374232	338398
金融保险业	Banking and Insurance	2	424372	12882	869	332346
房地产业	Real Estate	14	11003684	1140849	326818	7860315
租赁和商务服务业	Tenancy and Commercial Servecis	7	1633576	187758	58664	1159420
水利、环境和公共设施管理业	Water, Environment and Municipal Engineering Conservancy	1	34150	33154	12092	7772
文化体育和娱乐业	Culture,Art,Sports and Recreation	4	674341	281345	62666	225364
按登记注册类型划分	**By Registration Status**					
国有企业	State-owned	32	10476575	3703534	1201654	5224805
国有独资公司	Exclusive State-owned	38	27999003	9227121	2966258	15933191
其他有限责任公司	Other Limited-liability Corporations Ltd.	37	5828658	1212987	335952	3784635
股份有限公司	Share Holding Corporations Ltd.	5	1757835	600618	137446	650128
其他	Others	7	287873	55988	19019	71537

MAIN ECONOMIC INDICATORS OF BUSINESS GROUP

(10000 yuan)

负债合计 Total Liabilities	所有者权益 Ownership Interest	主营业务收入 Major Business Revenue	出口额 Total Exports	主营业务成本 Major Business Cost	利润总额 Total Profits	累计对外投资 Accumulative External Investment	投资收益 Investment Income	研究开发费用 Research and Exploit Expenses	从业人员(人) Number of Employed Persons (person)	从业人员报酬 Remuneration for Employed Persons
29189857	**17160087**	**23620603**	**1512231**	**19701882**	**956054**	**3713663**	**315518**	**174418**	**630162**	**1415150**
3172825	1919576	3100979	243689	2653395	106296	349966	35965	59193	45994	117928
14342197	10255696	12702896	513719	10310383	568571	2382658	163252	87254	324943	814230
7195557	2554404	3082230	36973	2636226	132174	320410	57295	6607	194516	360979
4479278	2430411	4734498	717841	4101878	149013	660629	59006	21364	64709	122013
24997579	15277895	19544634	1452127	16325580	806141	3333338	287122	151517	533821	1243116
610783	298395	719310	17147	606517	13232	32909	1533	192	24530	51290
182511	129384	127673	37084	111308	768	19664	313		10655	13553
365830	166521	257209	781	190470	13623	13924	196	12	13296	14450
3033154	1287892	2971777	5092	2468007	122290	313828	26354	22697	47860	92741
122663	33807	101250	17695	88397	488	11426	737	230	5706	7282
339853	310081	292353	44804	219665	14091	60119	654	1686	26950	56808
8817206	6477905	11224701	1258669	9347132	488913	1573377	201055	153611	206278	486739
1189647	2579728	863542		796625	49135	216086	4499	1168	23721	56495
3892707	963461	3189760	176	2808380	57904	181284	3747	694	115657	252545
532655	700240	312146		353417	6846	750	13302	204	93067	159034
48250	121938	63209		6213	8330	15366	-1001	9023	2659	21732
3253727	1829098	4197661	185191	3628367	71470	205434	18856	554	68920	149037
788674	578181	649002		406297	12959	181584	12358		30195	65098
363463	60909	19949		18079	-9045	11690	182		726	2134
8468362	2535322	2003581	5696	1488778	196436	986929	36197	460	30855	85508
1082728	550848	544608		443456	27090	201195	17879	6788	17697	51148
7902	26248	8384		7327	71				1448	3935
282020	392321	150457		89749	31366	68423	7053		6283	17655
5862741	4613834	5313005	912978	4600525	217129	805699	98526	34216	217391	443900
18028577	9970426	12730612	266944	10466377	523763	2258028	179343	78747	296898	710397
3953441	1875217	3762821	179258	3141777	143580	360253	30083	19077	70034	127335
1132973	624862	1644346	153051	1342213	72067	284053	7554	42300	31771	119430
212125	75748	169819		150990	-485	5630	12	78	14068	14088

23-2 重点企业主要经济指标

单位：万元

项目	Item	单位数（个）Number of Enterprises (unit)	资产总计 Total Assets	固定资产原价 Original Value of Fixed Assets	累计折旧 Accumulative Depreciation in this Year	流动资产年平均余额 Average Balance of Circulating Funds
总计	**Total**	**266**	**408539820**	**133220575**	**41781396**	**85814975**
按控股情况划分	**By Share Holding**					
国有绝对控股	State-owned Absolute Holding Enterprises	237	407647015	132893507	41667588	85489089
国有相对控股	State-owned Relative Holding Enterprises	11	508801	156415	45741	130537
集体绝对控股	Collective-owned Absolute Holding Enterprises	4	53046	14962	4054	29992
集体相对控股	Collective-owned Relative Holding Enterprises	5	136054	44661	14178	82038
其他	Others	9	194904	111030	49835	83319
按企业规模划分	**By Size**					
大型	Large-sized	160	375494768	126714437	39339176	78821979
中型	Medium-sized	68	9312153	5436021	2133891	2303044
小型	Small-sized	21	678306	147085	39792	299952
其他	Others	17	23054593	923032	268537	4390000
按行业划分	**By Sector**					
农、林、牧、渔业	Farming,Forestry,Animal Husbandry and Fishery	5	830059	138429	53704	276764
采矿业	Mining	5	88476928	260938	90183	3325509
制造业	Manufacturing	87	56140554	4667654	1467592	10136533
电力、煤气及水的生产和供应业	Electricity,Gas,Water Production and Supply	8	136671313	107667877	33643137	34117312
建筑业	Construction	19	12915768	1608223	462319	5988630
交通运输、仓储和邮政业	ransportation,Storage and Post	10	21209014	15131380	4978746	4521964
信息传输、计算机服务和软件业	Information Transmission,Computer Servecis and Software	6	46966991	780696	236699	12313082
批发和零售业	Wholesale Trade and Retail Trade	74	17805596	2020164	577729	7427479
住宿和餐饮业	Stay Place and Catering	1	16427	715	358	4648
金融保险业	Banking and Insurance	3	8495527	15771	4021	1759071
房地产业	Real Estate	5	3485979	88562	13414	2274459
租赁和商务服务业	Tenancy and Commercial Servecis	21	13970955	567298	158173	3196784
科学研究、技术服务和地质勘查业	Scientific Studies,Technical Servecis and Geological Prospecting	20	1202556	264781	92861	456930
水利、环境和公共设施管理业	Water, Environment and Municipal Engineering Conservancy	1	308614	5718	746	9035
文化体育和娱乐业	Culture,Art,Sports and Recreation	1	43539	2369	1714	6775
按登记注册类型划分	**By Registration Status**					
国有企业	State-owned	170	242923580	26392904	10198518	39165710
国有独资公司	Exclusive State-owned	42	151167111	103845757	30567550	42362246
其他有限责任公司	Other Limited-liability Corporations Ltd.	26	11440226	1575946	541431	3266729
股份有限公司	Share Holding Corporations Ltd.	25	2896109	1312378	430027	973851
中外合资企业	Joint Venture	1	75978	68806	34341	26948
港澳台合资企业	Hongkong,Macao ang Taiwan Venture	1	30248	19493	6364	16049
其他	Others	1	6568	5291	3165	3442

MAIN ECONOMIC INDICATORS OF ENTERPRISES WITH MODERN ENTERPRISE SYSTEM

(10000 yuan)

年末负债合计 Total Liabilities	年末股东权益合计 Ownership Interest	主营业务收入 Major Business Revenue	出口额 Total Exports	主营业务成本 Major Business Cost	利润总额 Total Profits	累计对外投资 Accumulative External Investment	投资收益 Investment Income	研究开发费用 Research and Exploit Expenses	从业人员年末人数（人） Employed Persons (person)	从业人员劳动报酬 Remuneration of Employed Persons
171995184	**236578166**	**89251328**	**2445607**	**79621100**	**4405978**	**66576941**	**4707851**	**336260**	**1736367**	**4752694**
171564143	236116402	88733475	2427359	79184592	4420137	66471785	4709180	335284	1713591	4716900
191782	317019	252619	3818	214076	-17304	92473	-3969	19	8720	16414
29997	23049	46646		39911	-108	286			1440	1965
85773	50281	76699	8563	62734	409	11542	2541	670	6071	8224
123489	71415	141889	5867	119787	2844	855	99	287	6545	9191
157328228	218200070	85163038	2294649	76364429	3861090	50193860	3675978	315881	1612966	4401247
6645796	2666357	2700845	133465	2236810	-19296	2024520	118429	15924	74363	210656
383056	295250	187490	8822	160874	-1738	230121	263	144	5281	10858
7638104	15416489	1199955	8671	858987	565922	14128440	913181	4311	43757	129933
492032	338027	267922	63850	246801	-7653	89854	716	766	13306	21527
24741691	63735237	223965	44804	240838	666127	820471	994706	1601	14486	37553
22865614	33274940	10875475	380142	9393608	1351134	22919870	1401723	250715	195409	519218
81907290	54764023	60571071	1038	54759179	956347	536417	360108	13675	911445	2808055
6704469	6244829	4808042	422478	4336799	182546	1445897	98991	2397	33091	95403
9322607	11886407	4888254		4101654	94207	242831	238403	1242	460825	899131
3891437	43075554	1003166	5890	602579	586563	19824092	587134	20245	21574	87914
10778734	7026862	5973823	1512668	5333662	121700	4607452	202270	23436	65654	184974
7000	9427	468	23	412	-637	7134	-26		8	187
3664290	4831237	24037		129862	165036	6181096	437792		564	3541
2130015	1355964	96007		54734	11164	1007657	28564		1314	7556
4882688	9088267	224632	8046	203997	174214	8007764	306192		4997	32740
455521	747035	292540	6668	216476	104242	557310	50432	22183	13538	54185
140805	167809	1711		347	1026	294596	846		50	371
10991	32548	215		152	-38	34500			106	339
79588819	163368291	20291303	2016613	17966658	2857135	52018909	3491181	167384	682259	1604228
87332779	63834332	60797082	202490	54793140	1106401	9308086	912903	27961	927871	2767850
3690459	7749767	5561034	195374	4656164	337713	4863322	240629	118393	57652	261193
1323782	1572327	2532087	29248	2146816	103894	386624	63138	22147	64353	112685
36011	39967	26626	1882	19024	154			265	2069	3911
20454	9794	31488		28695	851			110	1300	1999
2880	3688	11708		10603	-170				863	828

23-3 企业景气指数

项目	Item	一季度 本期实际Index Index	First Quarter 比上年同期增减 as ± of Last Same Period
全市企业综合生产经营景气指数	**Prosperity Index on General Production and Operation of Enterprises**	**124.76**	**7.15**
按登记注册类型分	**Grouped by Registration Status**		
国有企业	State-owned	125.96	10.22
集体企业	Collective-owned	72.52	-18.00
股份合作企业	Share Holding	100.00	15.92
有限责任公司	Limited-Liability Corporations	128.48	23.77
股份有限公司	Share Holding Corporations Ltd.	146.18	2.09
外商及港澳台投资企业	Foreign,Hogkong,Macao and Taiwan Funded	118.07	26.51
按行业分	**Grouped by Sector**		
工业	Industry	134.80	16.40
建筑业	Construction	103.19	-11.21
交通运输、仓储和邮政业	Transportation,Storage,Posts	92.32	17.72
批发和零售业	Wholesale,Retail	132.13	-2.38
房地产业	Real Estate	118.30	3.69
社会服务业	Social Services	116.10	6.28
信息传输、计算机服务和软件业	Information Transmission,Computer Servecis and Software	121.25	0.08
住宿和餐饮业	Stay Place	132.17	-7.46
按企业规模分	**Grouped by Size of Enterprises**		
特大型及大型	Megacorporations and Large Enterprises	147.60	20.69
中小型	Medium and Small Enterprises	101.92	7.41
中型	Medium	110.73	5.63
小型	Small	90.44	10.27
按特殊群体分	**Grouped by Special Group**		
国家重点企业	State-point	153.88	38.43
国家试点企业集团成员	Member of State-test Enterprise-groups	139.75	29.03
乡镇企业	Town and Township Enterprises	112.50	32.50
上市公司	Listed Company	150.53	8.53
按观察指标分	**Grouped by Indicator Observed**		
生产（经营）情况	Production(Operation)	107.37	13.99
盈利（亏损）变化	Changes of Profit(Loss)	112.43	36.84
资金情况	Funds	92.71	6.03
货款拖欠情况	Paymeny for Goods in Arrears	104.84	-0.78
劳动力需求	Demond on Labors	92.76	4.37
投资情况	Investment	98.66	6.77

PROSPERITY INDEX ON ENTERPRISES

二季度 Second Quarter		三季度 Third Quarter		四季度 Fourth Quarter	
本期实际 Index	比上年同期增减 as ± of Last Same Period	本期实际 Index	比上年同期增减 as ± of Last Same Period	本期实际 Index	比上年同期增减 as ± of Last Same Period
100.89	**-26.01**	**134.52**	**6.36**	**137.58**	**5.26**
108.41	-16.00	139.26	6.38	148.58	14.23
41.93	-44.81	79.97	-6.97	75.53	13.17
75.59	-32.74	104.46	-3.87	93.35	-8.15
101.62	-32.30	142.38	-3.78	146.28	-6.02
121.85	-25.42	155.31	-4.96	156.70	-10.42
85.45	-19.74	131.90	24.48	125.44	20.83
117.03	-15.55	141.27	0.23	146.54	3.75
96.29	-46.34	135.18	2.44	139.39	-1.76
66.40	-6.55	123.45	20.02	119.85	40.38
116.90	-24.95	136.04	2.04	147.31	8.43
82.72	-37.58	124.28	9.49	108.45	-4.54
54.73	-67.00	101.06	-9.60	102.04	-17.85
99.30	-0.70	135.69	49.98	133.70	26.81
13.86	-120.88	134.85	-16.31	139.45	-8.66
130.12	-8.35	166.89	10.05	169.48	9.84
72.61	-35.54	103.32	0.33	109.12	7.25
68.60	-42.86	106.40	-0.05	116.07	4.96
77.86	-25.68	99.22	0.99	100.00	10.43
139.78	0.92	187.16	16.00	186.22	14.67
129.11	1.05	171.83	1.34	171.78	4.15
62.50	-77.50	100.00	-60.00	87.50	-12.50
122.07	-25.04	157.32	-6.97	161.38	-3.89
92.84	-50.65	138.94	-1.99	127.66	-5.94
83.16	-41.43	128.79	11.20	129.02	7.96
80.64	-6.64	91.29	5.26	92.42	11.04
84.37	-10.38	89.05	-10.53	98.20	-1.87
87.32	-12.19	105.52	4.54	94.44	8.96
105.60	-6.72	108.93	-5.43	113.49	-6.38

23-4 企业家信心指数

项目 Item	一季度 First Quarter 本期实际 Index	比上年同期增减 as ± of Last Same Period	二季度 Second Quarter 本期实际 Index	比上年同期增减 as ± of Last Same Period
企业家对宏观经济的信心指数 Index of Confidence on Macro Economy by Enterprisers	**132.47**	**7.05**	**108.04**	**-17.27**
按登记注册类型分 Grouped by Registration Status				
国有企业 State-owned	129.72	13.82	112.10	0.12
集体企业 Collective-owned	92.13	11.44	80.14	-4.92
股份合作企业 Share Holding	100.00	-8.33	77.78	-38.89
有限责任公司 Limited-Liability Corporations	142.10	24.55	116.68	-31.69
股份有限公司 Share Holding Corporations Ltd.	144.45	-4.00	119.46	-19.12
外商及港澳台投资企业 Foreign,Hogkong,Macao and Taiwan Funded	120.72	5.29	94.87	-12.60
按行业分 Grouped by Sector				
工业 Industry	136.17	18.40	125.34	-2.83
建筑业 Construction	144.63	-17.11	113.99	-23.70
交通运输、仓储和邮政业 Transportation,Storage,Posts	96.21	24.39	72.27	5.95
批发和零售业 Wholesale,Retail	126.28	-6.31	110.36	-14.11
房地产业 Real Estate	131.18	8.07	86.10	-38.16
社会服务业 Social Services	116.57	3.31	67.27	-60.58
信息传输、计算机服务和软件业 Information Transmission,Computer Servecis and Software	133.20	-3.89	99.93	-28.64
住宿和餐饮业 Stay Place and Catering	155.74	-2.53	39.23	-90.02
按特殊群体分 Grouped by Special Group				
国家重点企业 State-point	161.76	47.05	133.21	0.92
国家试点企业集团成员 Member of State-test Enterprise-groups	145.01	39.11	115.01	-3.06
乡镇企业 Town and Township Enterprises	112.50	12.50	75.00	-45.00
上市公司 Come into the market	152.59	-0.57	117.70	-25.79
按企业规模分 Grouped by Size of Enterprises				
特大型及大型 Megacorporations and Large Enterprises	150.35	25.46	122.30	-8.47
中小型 Medium and Small Enterprises	111.18	1.29	95.71	-11.70
中型 Medium	121.47	3.64	101.16	-9.67
小型 Small	97.79	-1.35	88.55	-14.10

INDEX OF CONFIDENCE ON MACRO ECONOMY OF ENTERPRISERS

项目	Item	三季度 Third Quarter 本期实际 Index	比上年同期增减 as ± of Last Same Period	四季度 Fourth Quarter 本期实际 Index	比上年同期增减 as ± of Last Same Period
企业家对宏观经济的信心指数	**Index of Confidence on Macro Economy by Enterprisers**	**136.72**	**11.83**	**136.05**	**7.97**
按登记注册类型分	**Grouped by Registration Status**				
国有企业	State-owned	143.17	34.59	149.12	29.53
集体企业	Collective-owned	95.43	14.93	98.41	18.35
股份合作企业	Share Holding	93.35	-39.98	82.24	-52.60
有限责任公司	Limited-Liability Corporations	151.52	-0.89	151.36	-10.23
股份有限公司	Share Holding Corporations Ltd.	141.67	1.51	126.61	-25.85
外商及港澳台投资企业	Foreign,Hogkong,Macao and Taiwan Funded	121.18	13.72	127.09	16.79
按行业分	**Grouped by Sector**				
工业	Industry	147.69	18.47	149.32	14.21
建筑业	Construction	158.72	30.05	142.59	5.77
交通运输、仓储和邮政业	Transportation,Storage,Posts	120.43	50.93	109.94	30.21
批发和零售业	Wholesale,Retail	111.96	-3.69	110.02	-4.71
房地产业	Real Estate	96.38	-30.52	122.66	0.19
社会服务业	Social Services	108.69	-22.51	102.42	-32.35
信息传输、计算机服务和软件业	Information Transmission,Computer Servecis and Software	141.90	13.33	144.21	17.27
住宿和餐饮业	Stay Place and Catering	141.70	-11.53	136.70	-19.03
按特殊群体分	**Grouped by Special Group**				
国家重点企业	State-point	186.62	53.10	194.31	32.27
国家试点企业集团成员	Member of State-test Enterprise-groups	173.30	52.62	177.24	29.46
乡镇企业	Town and Township Enterprises	112.50	-27.50	100.00	0.00
上市公司	Come into the market	148.45	6.80	137.19	-18.54
按企业规模分	**Grouped by Size of Enterprises**				
特大型及大型	Megacorporations and Large Enterprises	160.84	31.24	161.48	15.41
中小型	Medium and Small Enterprises	115.95	9.23	114.53	7.44
中型	Medium	126.74	17.71	126.19	12.64
小型	Small	101.55	-1.99	99.22	0.96

主要统计指标解释

企业景气调查 也称为经济周期调查或短期经济观测调查，是以企业家为调查对象，采用问卷方式，定期收集有关宏观经济和企业生产经营景气状况变动判断的一种统计调查。简言之，企业景气调查就是调查企业家对宏观经济态势，对企业生产经营状况所做出的判断和预期。调查采用重点调查和抽样调查相结合的方法，调查范围覆盖国民经济六个主要行业，即：工业，建筑业，交通运输、仓储及邮电通信业，批发和零售贸易、餐饮业，房地产业和社会服务业等。

景气指数 又称景气度，是对企业景气调查中定性经济指标的定量描述，以直观地反映经济所处的状态。指数的数值介于0和200之间，100为临界值。指数大于100时，表明经济状况趋于上升或改善，处于景气状态；指数小于100时，表明经济状况趋于下降或恶化，处于不景气状态。

企业家信心指数 亦称宏观经济景气指数，是指根据企业决策者对本行业发展状况的判断及其未来走势的预期（选择“乐观”、“一般”、“不乐观”）而编制的指数，反映企业决策者对国家宏观经济发展的信心和预期，是企业决策者对当前宏观经济状况及未来走势的一种感受、体验和期望。

企业景气指数 亦称企业综合生产经营景气指数，是根据企业决策者对本企业当前生产经营状况的判断及未来企业生产经营状况的预期（选择“好”、“一般”、“不佳”）而编制的指数，是企业决策者对企业生产经营现状及未来景气动向的一种综合评价和判断。

二十四、各类开发区资料
STATISTICS FOR VARIOUS DEVELOPMENT ZONES

中关村科技园区高新技术企业认定累计数(单位:个)
Numbers of Science and Technology Cognizance(unit)

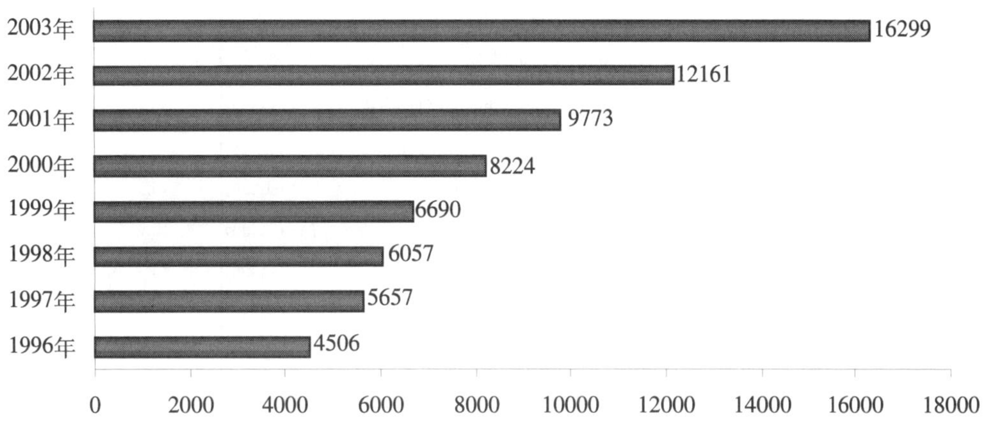

中关村科技园区国外科技人才资源情况（单位：人）
Manpower Resource of Zhong Guan Cun Science and Technology Zones(person)

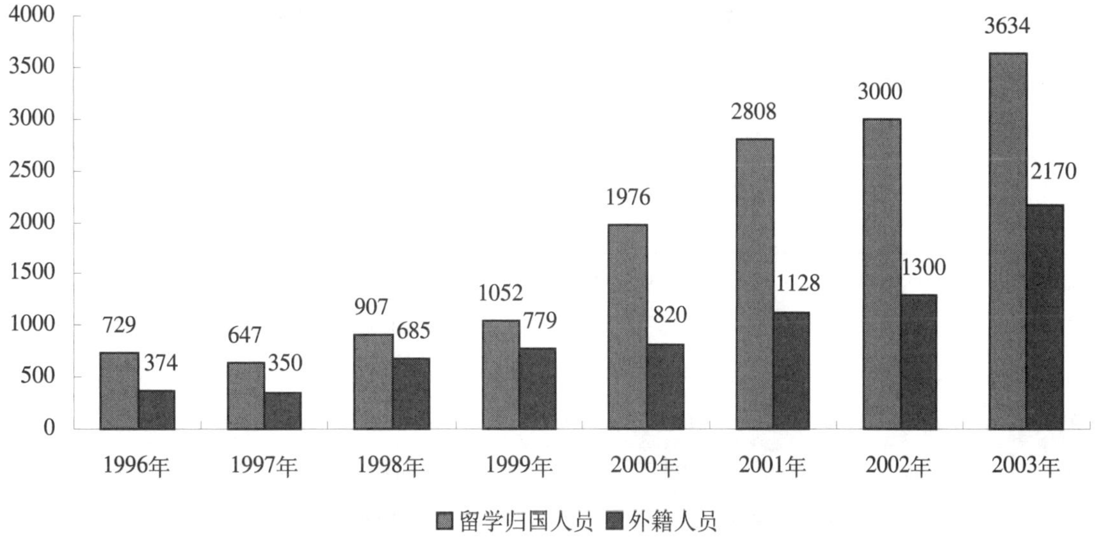

24-1 各类开发区基本情况
BASIC STATISTICS FOR DEVELOPMENT ZONES

项目 Item			合计 Total	国家级 Of State	市级 Of City	其他 Others
开发区个数	(个) Number of Development Zones	(unit)	27	6	10	11
累计完成征用土地面积	(平方公里) Accumulative Area of Requisitions Realized	(sq.km)	79.9	34.6	29.7	15.6
累计"七通一平"土地开发面积	(平方公里) Accumulative Area of Began Seven-through-One-Flat	(sq.km)	61.1	27.3	23.0	10.8
累计完成"七通一平"土地开发面积	(平方公里) Accumulative Area of Seventhrough-One-Flat Realized	(sq.km)	60.7	26.9	22.8	11.0
累计招商占用土地面积	(平方公里) Accumulative Area Spared for Business	(sq.km)	43.5	16.2	19.3	8.0
# 三资企业占用	(平方公里) Foreign Funded Enterprises	(sq.km)	12.9	5.7	5.6	1.6
累计建成区土地面积	(平方公里) Accumulative Completed Area	(sq.km)	73.7	34.7	28.8	10.2
# 工业用地	(平方公里) For Industrial Use	(sq.km)	37.5	14.4	18.3	4.8
累计招商个数	(个) Accumulative Number of Hirer Leaseholder	(unit)	24399	17208	4578	2613
累计项目总投资	(亿元) Accumulative Investment	(100 million yuan)	3588.2	2292.0	772.1	524.1
累计注册资本	(亿元) Accumulative Registered Capital	(100 million yuan)	2776.5	2028.0	456.8	291.7
# 外方	(亿元) Foreign Partner	(100 million yuan)	849.9	537.7	140.9	171.3
累计协议外资金额	(亿美元) Accumulative Contracted Foreign Capital	(USD 100 million)	149.2	51.0	21.0	77.2
外商累计入资	(亿美元) Accumulative Foreign Capital Inflow	(USD 100 million)	106.7	308.8	49.9	18.0

说明：1. 累计完成征用土地面积中包括原建成区面积。
2. 表内"七通"指：上水、下水、煤气、热力、电力、通讯和道路通；"一平"指：场地自然平整。
3. 表内"累计"指自开始至2003年末的累计数。

a) Accumulative requisition area of included original completed area.
b) Seven-through refers to water,drainage,gas,heat,electricity,communications and transportation,and one-flat refers to flat ground.
c) Accumulative data of this table refers to that from the beginning to the end of 2003.

24-2 各类开发区主要指标完成情况
STATISTICS FOR FULFILLMENT OF MAJOR INDICATORS OF DEVELOPMENT ZONES

项目 Item			2003	2002	2003年为2002年% 2003 as % of 2002
完成固定资产投资	(亿元) Investment in Fixed Assets Completed	(100 million yuan)	195.4	150.3	130.0
新增固定资产	(亿元) Incremental Fixed Assets	(100 million yuan)	111.6	82.5	135.3
房屋建筑施工面积	(万平方米) Floor Space of Buildings under Construction	(10000 sq.m)	830.3	725.2	114.5
房屋建筑竣工面积	(万平方米) Floor Space of Buildings Completed	(10000 sq.m)	286.5	355.1	80.7
完成增加值	(亿元) Value Added Completed	(100 million yuan)	805.4	638.0	126.2
实现总收入	(亿元) Total Revenue Completed	(100 million yuan)	3900.4	3123.8	124.9
实现利润总额	(亿元) Total Profits Completed	(100 million yuan)	237.8	153.6	154.8
应缴税金总额	(亿元) Total Taxes Turned over	(100 million yuan)	184.6	150.0	123.1

24-3 各类开发区一览表
DEVELOPMENT ZONES LIST

名称 Name	通讯地址 Address	主要负责人 Chairman	邮编 Post Code	电话 Telephone
中关村科技园区海淀园	海淀中关村南大街3号海淀科技大厦	张稷发	100081	68915216
北京经济技术开发区	北京经济技术开发区万源街4号	鲁　勇	100176	67681207
中关村科技园区丰台园	丰台科学城科兴路7号	汪　洪	100070	63713737
中关村科技园区昌平园	昌平城区镇超前路9号	苏贵光	102200	69709140
北京电子城科技园	北京朝阳区酒仙桥路甲12号	鲍玉桐	100016	64319258
中关村科技园区德胜园	西城区二龙路27号	侯　博	100032	88064026
天竺空港工业区	首都国际机场西侧一公里天竺空港工业区蓝天大厦	杭金亮	101312	64565745
顺义林河工业开发区	顺义双河大街18号	张东生	101300	89492488
北京石龙工业区	门头沟区石龙南路6号	李建军	102308	69803404
北京大兴工业开发区	北京大兴工业开发区广茂大街9号	许玉增	102600	61271751
北京雁栖工业开发区	怀柔区雁栖工业开发区	孟昭霞	101407	61668124
密云工业开发区	密云工业开发区	李永军	101500	69044661
北京良乡工业开发区	良乡长虹西路73号	刘文礼	102488	89360794
兴谷经济开发区	平谷区乐园西小区7号	李宝峰	101200	69964071
通州工业开发区	通州区张家湾镇光华路西	陈国增	101113	69571700
北京八达岭工业开发区	延庆县康庄镇紫光东路1号	王铁林	102100	69141563
王府井商业区	王府井大街99号世纪大厦A608室	卢　彦	100006	65129999
北京西三旗高新建材城	海淀区西三旗	鲍秋田	100096	82910873
北京市朝阳望京工业区	朝阳区东湖渠甲3号	佟克克	100102	64724723
朝阳东部旅游经济开发区	朝阳区农展南路1号	田锦秈	100026	65031671
北京八大处高科技园区	石景山路22号万商大厦	李元涛	100043	68686665
北京市燕山东流水工业区	北京市燕山东流水工业区管委会	黄祖团	102500	81337168
北京永乐经济开发区	通州区永乐经济开发区	张　洪	101115	80511459
北京次渠工业区	通州区次渠工业区	张　华	101116	69502049
北京凤翔科技开发区	怀柔区杨宋镇	雷　杰	101400	61679488
平谷滨河工业开发区	平谷区府前西街22号	刘兆江	101200	69963791
延庆经济技术开发区	延庆县湖南东路1号	唐富臣	102100	69142562

24-4 各类开发区招商、入资情况
STATISTICS ON HIRER LEASEHOLDER AND CAPITAL INFLOW OF DEVELOPMENT ZONES

名 称 Name	自开始至报告期累计 Accumulative Number from Beginning					
	招商个数(个) Number of Hirer Leaseholder (unit)	项目总投资(万元) Total Investment (10000 yuan)	注册资本(万元) Registered Capital (10000 yuan)	# 外方 Foreign Partner	协议外资金额(万美元) Contracted Foreign Capital (USD 10000)	外商实际投资(万美元) Foreign Actual Investment (USD 10000)
中关村科技园区海淀园	11291	13020330	12244770	2680070	260100	161573
北京经济技术开发区	1383	5171722	3421750	1807757	174229	155892
中关村科技园区丰台园	2350	2138316	2123276	136695	17911	22544
中关村科技园区昌平园	1505	1306000	1234206	207310	19087	15000
北京电子城	555	1153000	1153000	537118	37528	32720
中关村科技园区德胜园	124	130513	103172	7990	728	495
天竺空港工业区	311	2033119	1412473	616979	43353	36107
顺义林河工业开发区	58	843103	369962	259519	17865	16090
北京石龙工业区	1205	478713	451577	87396	6838	5264
北京大兴工业开发区	632	375044	279167	83136	7799	6833
雁栖工业开发区	134	573000	275000	22410	22410	357000
密云工业开发区	377	1861493	959350	150748	55761	38475
良乡卫星城工业开发区	667	308505	238505	19000	1154	1154
兴谷经济开发区	601	550393	242180	112876	24290	19076
北京通州工业开发区	114	478628	183854	55813	30834	18521
八达岭经济开发区	447	219405	155800	931		37
王府井商业区	26	2852288	1472004	1405506	738229	151053
北京西三旗高新建材城	12	82510	44743	39680	4422	4422
望京工业区	316	658510	277871	60622	6163	6131
东部旅游经济开发区	3	192159	52207	52207	3402	3402
八大处高科技园区	962	388502	362519	62140	6528	5367
燕山东流水工业区	21	13618	7110	742	38	38
永乐工业开发区	57	75549	43945	15876	3980	1945
北京次渠工业区	13	184600	67208	5344	600	600
凤翔科技开发区	262	82330	44973	17535	2930	2355
滨河工业区	630	379011	367171	23859	1839	1839
延庆经济技术开发区	539	332041	177108	29277	3542	2862

24-5 各类开发区投资、生产情况
INVESTMENT AND PRODUCTION OF DEVELOPMENT ZONES

单位：平方米、万元 (sq.m,10000 yuan)

名称 Name	自年初累计 Accumulative Number from Year-beginning					
	完成固定资产投资 Investment in Fixed Assets	新增固定资产 Incremental Fixed Assets	房屋建筑施工面积 Floor Space of Buildings under Construction	房屋建筑竣工面积 Floor Space of Buildings Completed	完成产值 Gross Output Value Completed	完成总收入 Sales Revenue Completed
中关村科技园区海淀园	44001		503540		10209200	17054800
北京经济技术开发区	629114	303209	3223749	832267	4178184	5659783
中关村科技园区丰台园	157370	157370	762677	269005	1504228	3007961
中关村科技园区昌平园	31643	16923	157621	89115	1497708	1837803
北京电子城	6567		64280		2269551	2750733
中关村科技园区德胜园	89081	42043	417945	205248	93743	92643
天竺空港工业区	62883	24307	416657	66404	1594756	2119661
顺义林河工业开发区	246331	41534	200516	25148	1004797	976513
北京石龙工业区	943		58187	20020	290328	576847
北京大兴工业开发区	29581	13444	56385	10213	218836	365184
雁栖工业开发区	72672	70522	190000	109458	468545	479461
密云工业开发区	230070	230070	603135	516408	713531	957451
良乡卫星城工业开发区	22218	11225	34453	20453	340000	460000
兴谷经济开发区	100048	53366	248014	145281	359482	365206
北京通州工业开发区	63946	39556	151516	75558	82486	193114
八达岭经济开发区	7498	7498	20770	6710	88021	340348
王府井商业区						46804
北京西三旗高新建材城					69727	76490
望京工业区	62397	32472	668598	182431	119879	319991
东部旅游经济开发区	13460		121018			4838
八大处高科技园区	24857	19250	42330	23560	147710	752207
燕山东流水工业区	628	544	1528	1528	27464	56640
永乐工业开发区	9098	1588	55465	12300	4566	7076
北京次渠工业区		2200	2000	2000	36535	31474
凤翔科技开发区	2000	1700	18980	18980	58890	58890
滨河工业区	795		108915	58915	30611	38411
延庆经济技术开发区	47037	47037	174366	174366	172132	373492

24-6 北京经济技术开发区主要经济指标
MAIN ECONOMIC INDICATORS FOR BEIJING ECONOMIC-TECHNOLOGICAL DEVELOPMENT AREA

项目 Item				2003	2002	2003年为2002年% 2003 as % of 2002
规划面积	(公顷)	Area Planned	(hectare)	4720.3	2280.0	207.0
累计征用土地面积	(公顷)	Accumulative Land Area Requisitioned	(hectare)	2516.2	1705.0	147.6
开发区生产总值	(亿元)	Gross Output Value of Development Area	(100 million yuan)	90.5	76.9	117.7
工业总产值（现价）	(亿元)	Gross Output Value of Industry	(100 million yuan)	417.8	406.3	102.8
# 高新技术产业		High-grade Technological Industry		367.1	357.9	102.6
销售（营业）收入	(亿元)	Sales(Business) Revenue	(100 million yuan)	566.0	471.7	120.0
# 产品销售收入		of Products		433.8	412.8	105.1
利润总额	(亿元)	Total Profits	(100 million yuan)	39.5	28.0	140.9
进出口总值	(亿美元)	Total Imports and Exports Value	(USD 100 million)	36.1	35.1	102.8
出口	(亿美元)	Exports	(USD 100 million)	15.9	13.2	120.7
进口	(亿美元)	Imports	(USD 100 million)	20.2	21.9	92.2
财政收入(含免抵)	(亿元)	Financial Revenue(Include Exemption and Counteract)	(100 million yuan)	36.2	32.3	112.1
# 税收(含免抵)	(亿元)	Tax(Include Exemption and Counteract)	(100 million yuan)	28.6	26.1	109.5
土地收入	(亿元)	from Land	(100 million yuan)	7.7	6.2	123.4
财政支出	(亿元)	Financial Expenditure	(100 million yuan)	17.9	22.3	80.4
批准企业个数	(个)	Number of Enterprises Ratified	(unit)	385	303	127.1
入区企业投资额	(亿美元)	Investment of Enterprises Entered	(USD 100 million)	23.7	12.3	192.7
注册资本	(亿美元)	Registered Capital	(USD 100 million)	14.6	8.7	168.8
合同外资金额	(亿美元)	Contracted Foreign Capital	(USD 100 million)	4.2	3.3	125.9
实际利用外资	(亿美元)	Foreign Capital Actually Used	(USD 100 million)	2.6	2.0	130.7
固定资产投资	(亿元)	Investment in Fixed Assets	(USD 100 million)	62.9	55.5	113.4
从业人员	(个)	Number of Employed Persons	(person)	57521	41138	139.8
劳动者报酬	(万元)	Laborer Remuneration	(10000 yuan)	208265	123754	168.3

资料来源：北京经济技术开发区。
Sources: Beijing Economic-technological Development Area.

24-7 中关村科技园区企业经营活动情况
MANAGEMENT OF ZHONG GUAN CUN SCIENCE AND TECHNOLOGY ZONES

单位：亿元 (100 million yuan)

项目		Item		2003	2002
工业总产值(现价)		Gross Output Value of Industry (at current prices)		1607.8	1485.2
新产品产值		Value of New Products		892.6	837.3
工业总产值(不变价)		Gross Output Value of Industry (at 1990 constant prices)		2029.8	1872.0
出口产值		Gross Output Value of Exports		314.8	333.5
工业销售产值(现价)		Sales Value of Industry (at Current price)		1511.9	1359.0
出口交货值		Delivery Value of Exports		202.9	196.6
中间投入		Intermediate Input		1612.8	1356.0
工业中间投入		Intermediate Input of Industry		1252.8	1078.1
总收入		Total Input		2886.4	2404.8
产品销售收入		Sales Revenue		1802.3	1387.7
# 产品自销零售收入		Sales by Oneself Revenue		254.5	189.3
出口收入		Export		192.3	132.9
新产品销售收入		New Product Sales Revenue		727.6	879.1
# 出口		Export		69.1	93.4
商品销售收入		Ware Sales Revenue		559.9	496.8
其他收入		Other Revenue		105.0	65.0
上缴税费总额		Total Turn in the Tax		120.1	99.6
增值税		Added Value Tax		71.7	59.4
营业税		Sales Tax		17.1	14.4
消费税		Excise		0.6	0.4
企业所得税		Industrially Income Tax		17.2	13.1
企业代缴个人所得税		Corporation Turn in the Personal Income Tax		22.5	14.9
关税		Tariff		6.0	6.5
减免税总额		Total Tax Shelter		21.0	16.8
# 免税		Exemption		7.9	6.2
# 增值税		Added Value Tax		6.5	5.8
营业税		Sales Tax		0.5	0.3
所得税		Excise		11.2	9.4
本年应交增值税		Added Value Tax		65.2	56.5
本年销项税额		Include in Sales Cost		308.1	268.9
本年进项税额		Include in Revenue		276.4	233.8
出口退税		Export of Drawback		4.0	1.9
用汇总额	(亿美元)	UseForeignExchange	(USD 100 million)	25.7	21.8
出口创汇总额	(亿美元)	TheForeignExchangebyExport	(USD 100 million)	32.9	28.8
新增贷款总额		Incremental Provide a Loan		461.5	339.8
本年完成固定资产投资额		Investment Completed		71.0	104.0
本年竣工建筑面积	(亿平方米)	Floor Space of Buildings Completed	(100 million sq.m)	26.9	30.0
房屋使用面积	(亿平方米)	UsingSpaceofBuildings	(100 million sq.m)	215.2	252.8
# 租用	(亿平方米)	Hire	(100 million sq.m)	79.6	159.1

24-8 中关村科技园区企业活动情况
CAMPAINGN OF ZHONG GUAN CUN SCIENCE AND TECHNOLOGY ZONES

项 目	Item	2003	2002
科技活动情况	**Statistics for science and technology**		
科技活动人员合计 (人)	Total of Personnel Engaged in Science and Technology (person)	144265	136492
全时人员	Full-time	123745	109192
非全时人员	Part-time	20511	27300
# 研究与试验发展人员	Personnel in Research and experimental Development	119512	109141
科技活动经费支出总额 (亿元)	Total of Appropriation Expenditure for Science and Technology (100 million yuan)	223.4	140.8
内部支出合计	Intramural Expenditure	163.6	131.0
按用途分组	Grouped by Purpose		
劳务费(含工资)	Work Expenditure(Include Wages)	52.4	42.1
原材料费	Raw and Processed Materials Expenditure	37.2	42.2
非基建项目资金购买和自制设备的支出	Non-investment Construction Purchase and self-regulating Equipment	5.1	7.6
其他	Others	51.7	13.1
按活动类型分组	Divid in Terms of Patterns of Activitiy		
研究与试验发展经费支出	The Appropriation Expenditure for the City-wide Research and Experimental Development	130.8	94.5
基础研究支出	Expenditure of Basic Research	16.5	5.1
应用研究支出	Expenditure for Applied Research	76.8	17.4
试验发展支出	Expenditure Development	37.4	72.0
研究与试验发展成果应用经费支出	The Appropriation Expenditure for the City-wide Research and Experimental Development	15.6	36.5
# 新产品开发经费支出	Expenditure of New Products Empolder	53.4	58.3
外部支出合计	Exterior Expenditure	14.9	9.8
# 对国内独立研究院所支出	Domesticn Academe	4.1	1.2
对国内高等学校支出	Domesticn College	1.5	1.2
对国内其他企业支出	Domesticn Other Corporation	5.5	2.6
对国外机构支出	Foreign Organization	1.5	0.6
科研基建情况	**Statistics for Science,Technology and Infrastructure**		
用于科研的基建经费支出 (亿元)	Use by Science and Technology (100 million yuan)	5.6	5.9

24-8 续表 continued

项 目		Item		2003	2002
新产品工程准备和支出	（亿元）	**Increase Product Preparative Expenditure**	**(100 million yuan)**		
新产品工程准备和试生产费用支出		Increase Product Preparative Expenditure		10.6	9.8
本年度全部科技项目情况	（项）	**Scientific Research Programs**	**(Item)**		
全部科技项目数		Number of Scientific Research Programs		21018	12863
全部科技项目参加人员合计	（人）	Total of Be Concerned with Persons		96169	64931
全部科技项目经费内部支出合计	（亿元）	Interior Expenditure	(100 million yuan)	139.7	84.8
# 研究与试验发展项目支出		R&D Programs		124.4	70.4
企业科技活动产出情况		**Science and Technologh Output**			
获奖成果情况	（个）	Statistics for Bear the Palm	(unit)		
获奖成果数		Number of Bear the Palm		1217	702
# 国家级		National		285	270
省部级		Province		411	383
地、市级		Area and City		221	291
专利情况	（件）	Statistics for Patent	(case)		
专利申请数		Number of Apply Patent		4258	3934
拥有发明专利数		Ceations and Inventions		1969	1567
专利授权数		Certified		2081	1822
论文、著作情况		Statistics for Discourse and Composing			
发表科技论文	（篇）	Discourse	(piece)	1276	1346
出版科技著作	（种）	Composing	(kind)	336	205
技术改造和技术获取情况	（亿元）	**Technic Reformation Profit**	**(100 million yuan)**		
技术改造经费支出		Technic Reformation		8.9	5.1
技术引进经费支出		Technic Indraught		3.7	7.3
消化吸收经费支出		Assimilate the Technic		0.1	4.6
购买国内技术经费支出		Buy Native Technic		3.1	3.2
享受技术开发减免税情况	（亿元）	**Statistics for Shelter Tex by Technic Exploitation**	**(100 million yuan)**		
享受各级政府对技术开发的减免税		Shelter Tex by All Levels Government		0.9	1.2

24-9 中关村科技园区企业人力资源情况
MANPOWER RESOURCE OF ZHONG GUAN CUN SCIENCE AND TECHNOLOGY ZONES

单位：人 (person)

项　目	Item	2003	2002
企业人力资源情况	**Statistics for Manpower Resource**		
从业人员年末数	Practitioner	488561	405668
# 女性	Female	166694	119546
# 留学归国人员	Homecoming Student Abroad	3634	2860
# 中高级管理人员	High-level and Intermediate Manager	76537	58598
# 大学及以上学历	University and Above	61892	48880
# 中级及以上 职称	Intermediate the Title of a Technical Post and Above	40050	34743
按文化程度分	**Group by Literacy Degree**		
博士及以上学历	Doctor Degree and Level above	6856	5832
# 留学归国人员	Homecoming Student Abroad	1125	494
硕士	Master Degree	34830	28934
# 留学归国人员	Homecoming Student Abroad	1485	582
大学	Undergraduate	182723	154758
大专	Junior College	95464	76147
# 大本及以上学历人员中非本市户籍人员	Non-townee of the Undergraduate and the Level above	80136	38825
按技术职称分	**The Title of a Technical Post and Qualification**		
高级	Senior	42474	37684
中级	Middle	83422	74773
初级	Junior	79673	68687
高级技术工人	High-level Artificer	20671	17431
# 中级及以上职称人员中非本市户籍人员	Non-townee of Intermediate Level above	21189	15726
按来源分	**Group by Source**		
在岗职工	Fully Employed Staff and Workers	416622	319747
# 女性	Female	136192	111708
聘用、留用的离退休人员	Appoint VCSR and RRSW	20793	19584
外籍及港澳台方人员	Foreign Nationality,Hongkong,Macao and Taiwan Personnel	2170	1492
其他从业人员	Other Empeyed Persons	48976	64845
按岗位分	**Group by Station**		
科技活动	Science and Technology	136522	115951
生产活动	Producer	146208	119554
经营管理	Management	75541	63821
销售服务	Sale Serve	63154	56646
咨询服务	Consultation Serve	22826	17635

24-9 续表 continued

单位：人 (person)

项　目	Item	2003	2002
按年龄分：	**Group by Age**		
29岁及以下	Age 29 and below	229988	192639
30岁—39岁	30-39	148304	120143
40—49岁	40-49	73385	60476
50岁及以上	Age 50 and above	36884	32410
从业人员年平均人数	Average Number of Empolyed Persons	470771	401933
# 工程技术人员	Engineering Technician	64885	35285
# 在岗职工	Fully Employed Staff and Workers	388671	311230
从业人员劳动报酬 （亿元）	**Remuneration of Employed Persons （100 million yuan）**	**167.6**	**130.4**
在岗职工报酬	Remuneration of Fully Employed Staff and Workers	144.0	104.8
聘用、留用的离退休人员报酬	Remuneration of Appoint VCSR and RRSW	4.5	3.8
外籍及港澳台方人员报酬	Remuneration of Foreign Nationality, Hongkong,Macao and Taiwan Personnel	5.9	3.6
其他从业人员	Other Empeyed Persons	13.2	18.3
在岗职工参加社会保险情况	**Number of Take part in the Social Insurance**		
参加养老保险人数	Endowment Insurance	306619	315440
参加医疗保险人数	Hospitalization Insurance	284370	235634
参加失业保险人数	Unemployment Insurance	291243	236944
新增和调入的从业人员	**Increase and Prepare enter Employed Persons**	**85537**	**74754**
减少和调出的从业人员	**To Abdicate the Office and Prepare Come Out Employed Persons**	**62734**	**63935**
不在岗职工年末人数	**Number of In Defect of Employed Staff and Workers**		**333**
不在岗职工生活费	**Basic Cost-of-living of In Defect of Employed Staff and Worker**		**0.4**

24-10 中关村科技园区企业财务状况
MAIN INDICATORS OF ZHONG GUAN CUN SCIENCE AND TECHNOLOGY ZONES

单位：亿元 (100 million yuan)

项　目	Item	2003	2002
资产总计	Total Assets	5235.0	4334.7
流动资产合计	Total Circulation Assets	2871.6	2442.1
流动资产年平均余额	Average Balance of Circulating Funds	2526.5	2194.7
固定资产合计	Fixed	863.8	797.0
固定资产原价	Original Value of Fixed Assets	990.0	885.9
累计折旧	Accumulative Depreciation	284.2	224.2
固定资产净值年平均余额	Average net Value of Fixed Assets	756.5	534.0
负债合计	Total Liabilities	2470.3	3527.6
流动负债合计	Liquid Liabilities	2089.4	3200.7
长期负债合计	Longterm Liabilities	356.2	308.2
所有者权益	Creditors Equity	2764.7	2344.0
实收资本	Contributed Capital	2102.8	1661.3
产品销售收入	Sales Revenue	1802.3	1387.7
产品销售成本	Cost of Sales	1400.5	1295.3
产品销售税金及附加	Sales Tax and Extra Charges	6.7	6.3
产品销售利润	Sales Profits	282.6	217.1
利润总额	Total Profits	180.1	111.9

二十五、专项调查
SPECIAL SURVEY

25-1 会展业宾馆饭店接待会展情况
STATISTICS FOR HOTEL BY RECEIVE CONFERENCE AND EXHIBITION

项目	Item		2003年	2002年	2003年为2002年% 2003 as % 2002
会议室个数	(个) Number of Assembly Room	(unit)	1238	1194	103.7
# 容纳500人以上	(个) Admit 500 People and above	(unit)	52	50	104.0
会议专兼职人员	(人) Full time and Plurality	(unit)	7899	8246	95.8
# 大学本科学历及以上	(人) Undergraduate Course and above	(unit)	542	459	118.1
# 具有高级技术职称	(人) Senior Technical Post and Qualification	(unit)	257	216	119.0
接待会议和展览个数	(个) Number of Receive Conference and Exhibition	(10000 person.time)	55800	60716	91.9
按地区分：国际会议和国际展览	(个) Group by Area:Internationally Conference and Exhibition	(unit)	2366	2740	86.4
按规模分：参会人数超过500人的会议	(个) Group by Size:Exceed 500 People	(unit)	754	990	76.2
按内容分：商务会议	(个) Group by Matter:Technological and Trade Conference	(unit)	24273	27220	89.2
培训班	(个) Seminar	(unit)	9998	9734	102.7
按会期分：居住一夜以上的会议	(个) Group by Time:One Night and above	(unit)	33393	31907	104.7
参会人数	(万人次) Number of Attend Conference	(unit)	437	500	87.4
主营业务收入	(万元) Conciliar Income	(unit)	652148	770343	84.7
# 接待会议和展览收入	(万元) Income of Attend Conference and Exhibition	(10000 sp.m)	106093	109219	97.1

25-2 会展业会议及展览场馆接待会展情况
STATISTICS FOR GROUND BY RECEIVE CONFERENCE AND EXHIBITION

项目	Item		2003年	2002年	2003年为2002年% 2003 as % 2002
建筑面积	(平方米) Space of Houses	(sp.m)	578085	537033	107.6
使用面积中：会议室面积	(平方米) Using Space:Assembly Room	(sp.m)	16458	14184	72.6
展厅面积	(平方米) Saloon	(sp.m)	173799	160808	108.1
室外展览面积	(平方米) Outdoors Saloon	(sp.m)	67400	58100	116.0
会议室个数	(个) Number of Assembly Room	(unit)	102	108	94.4
# 容纳500人以上	(个) Admit 500 People and above	(unit)	5	5	100.0
从业人员	(人) Employed Persons	(unit)	1973	2175	90.7
# 大学本科学历及以上	(人) Undergraduate Course and above	(unit)	546	566	96.5
# 具有高级技术职称	(人) Senior Technical Post and Qualification	(unit)	160	140	114.3
临时职工	(人) Temporary Worders	(unit)	332	256	129.7
接待会议个数	(个) Number of Receive Conference	(unit)	1063	818	130.0
按地区分：国际会议	(个) Group by Area:Internationally Conference	(unit)	385	290	132.8
按规模分：参会人数超过500人的会议	(个) Group by Size:Exceed 500 People	(unit)	173	248	69.8
按内容分：经贸科技会议	(个) Group by Matter:Technological and Trade Conference	(unit)	513	427	120.1
商务会议	(个) Business Affairs Conference	(unit)	266	199	133.7
大型活动	(个) Large Activity	(unit)	24	2	1200.0
参会人数	(人次) Number of Attend Conference	(person.time)	174500	243000	71.8
接待展览个数	(个) Number of Receive Exhibition	(unit)	392	475	82.5
按地区分：国际展览	(个) Group by Area:Internationally Exhibition	(unit)	82	84	97.6
按规模分：展览面积超过1万平方米的展览	(个) Group by Size:Exceed 10000 sq.m	(unit)	69	79	87.3
按内容分：经济科技展览	(个) Group by Matter: Economic Exhibition	(unit)	202	233	86.7
文教卫生展览	(个) Education,Culture and Health Exhibition	(unit)	102	130	78.5
按形式分：展销会	(个) Group by Type:Exhibit and Sell Conference	(unit)	34	31	109.7
展览面积	(万平方米) Exhibit Acreage	(10000 sp.m)	485	572	84.8
观众人数	(万人次) Number of Audience	(10000 person.time)	699	810	86.3
接待会议和展览收入	(万元) Income of Receive Conference and Exhibition	(10000 yuan)	33847	41686	81.2
# 国际会议和国际收入	(万元) Internationally Conference and Income	(10000 yuan)	7518	17023	44.2

25-3 会展业主办单位举办会展情况
STATISTICS FOR ENTREPRENEUR BY CONFERENCE AND EXHIBITION

项目		Item		2003	2002	2003年为2002年% 2003 as % 2002
会议和展览专兼职人员	(人)	Full time and Plurality	(person)	2534	2257	112.3
# 大学本科学历及以上	(人)	Undergraduate Course and above	(person)	1247	1175	106.1
# 具有高级技术职称		Senior Technical Post and Qualification	(person)	552	531	104.0
临时职工	(人)	Temporary Worders	(person)	572	1635	35.0
举办会议个数	(个)	Number of Conference	(unit)	161	158	101.9
# 在京会议	(个)	At Beijing	(unit)	78	103	75.7
# 国际会议	(个)	Internationally Conference	(unit)	27	38	71.1
参加在京会议人数	(人次)	Number of Conference	(person.time)	280784	285753	98.3
# 国际会议	(人次)	Internationally Conference	(person.time)	51700	46002	112.4
举办展览个数	(个)	Number of Exhibition	(unit)	552	588	93.9
# 在京展览	(个)	At Beijing	(unit)	125	166	75.3
# 国际展览	(个)	Internationally Exhibition	(unit)	80	102	78.4
展览面积	(万平方米)	Exhibit Acreage	(10000 sp.m)	349	220	158.6
参加在京展览的参展单位(商)个数	(个)	Number of Enterpreneur by Attend Echibition at Beijing	(unit)	32221	35846	89.9
参加在京展览观众人数	(万人次)	Number of Audience by Attend Echibition	(10000 person.time)	922	875	105.4
# 专业观众	(万人次)	Professional Audience	(10000 person.time)	400	223	179.4
会议和展览收入	(万元)	Conference and Exhibition Income	(10000 yuan)	52662	53863	97.8
# 在京会议和展览收入	(万元)	Income of Conference and Exhibition at Beijing	(10000 yuan)	25756	28803	89.4
# 国际会议和展览收入	(万元)	Income of Internationally Conference and Exhibition at Beijing	(10000 yuan)	21916	23544	93.1
支付在京场馆的费用	(万元)	Pay Expenses by Ground at Beijing	(10000 yuan)	6933	8745	79.3

主要统计指标解释

会展业是指提供会议和展览综合服务的产业。本次调查是在2003年首次开展首都会展业调查的基础上，于2004年3月进行的第二次调查。根据首次调查的经验，将本次调查的统计调查对象、调查表式、指标设置和指标口径等做了一定程度的调整。

本次统计调查对象分为三种：

宾馆饭店：在京的五星级、四星级、部分三星级及以下的接待会议及展览的宾馆、饭店113个。共设23个指标。

会议及展览场馆：主要为北京国际会议中心、中国国际展览中心等13个会议及展览场馆。共设39个指标。

举办会议及展览的单位：主要为北京地区具有外经贸部授予举办境内国际展览会主办单位资格的办展机构104个，共设31个指标。

主要指标的界定和包括范围：

1. 国际会议：指在北京辖区内接待的、且有三个或三个以上国家参加的会议总数。

2. 国际展览：指在北京辖区内接待的、且国际参展商参展面积达到该次展出面积20%以上的展览。

3. 展览面积：指一年内接待的所有展览所占用面积的总和，包括展出在室外部分的面积。

4. 举办：包括主办、承办和协办。

5. 主营业务收入：指场馆从事主要经营活动所取得的营业收入，包括在接待会议和展览过程中通过租赁方式产生的会议和展览收入。

6. 会议和展览收入：指单位从事会议和展览活动所取得的营业收入。对于会展场馆和举办单位，包括在举办会议和展览过程中的通过租赁方式产生的会展收入；对于宾馆饭店，包括会议室租金以及客房、餐饮、娱乐、商务等收入，不包括写字楼出租收入

附　录

APPENDIX

STATISTICAL

YEARBOOK

附录1：历史资料
APPENDIX 1：HISTORICAL STATISTICS
附1-1 地 区 收 入 总 值
GROSS NATIONAL INCOME

单位：亿元　　(100 million yuan)

年 份 Year	地区收入总值 Gross National Income	地区生产总值 Gross Domestic Product	第一产业 Primary Industry	第二产业 Secondary Industry	# 工 业 Industry	# 建筑业 Construction	第三产业 Tertiary Industry	# 运输邮电业 Transportation, Post and Telecommunication	# 商 业 Commerce	人均地区生产总值(元) Per Capita Gross Domestic Product (yuan)
1978	108.84	108.84	5.63	77.43	70.22	7.21	25.78	7.00	8.28	1290
1979	120.11	120.11	5.17	85.18	77.37	7.81	29.76	6.55	8.79	1396
1980	139.07	139.07	6.07	95.79	86.94	8.85	37.21	6.96	11.01	1584
1981－1985	**950.95**	**950.95**	**62.46**	**589.30**	**515.41**	**73.89**	**299.19**	**48.08**	**80.80**	
1986－1990	**1978.48**	**1978.68**	**162.93**	**1084.23**	**917.29**	**166.94**	**731.52**	**94.39**	**172.89**	
1986	284.86	284.86	19.14	165.75	141.17	24.58	99.97	14.98	27.99	2953
1987	326.82	326.82	24.31	182.59	154.54	28.05	119.92	17.70	27.21	3336
1988	410.22	410.22	37.07	221.27	189.48	31.79	151.88	19.03	39.07	4124
1989	455.86	455.96	38.53	252.23	212.83	39.40	165.20	18.72	34.77	4509
1990	500.72	500.82	43.88	262.39	219.27	43.12	194.55	23.96	43.85	4878
1991－1995	**4650.47**	**4650.44**	**303.97**	**2167.24**	**1791.38**	**375.86**	**2179.23**	**247.74**	**586.26**	
1991	598.79	598.89	45.52	291.53	255.59	35.94	261.84	29.61	65.65	5782
1992	709.00	709.10	48.67	345.91	292.97	52.94	314.52	35.49	85.41	6804
1993	863.23	863.53	53.57	414.79	334.00	80.79	395.17	37.58	113.88	8239
1994	1084.33	1084.03	74.77	499.84	405.11	94.73	509.42	61.51	146.62	10261
1995	1395.12	1394.89	81.44	615.17	503.71	111.46	698.28	83.55	174.70	13085
1996－2000	**10092.58**	**10090.35**	**432.32**	**3992.29**	**3135.09**	**857.20**	**5665.74**	**761.68**	**1026.34**	
1996	1616.03	1615.73	83.46	683.14	541.41	141.73	849.13	113.78	187.59	15044
1997	1810.49	1810.09	84.85	738.56	588.36	150.20	986.68	135.79	202.45	16735
1998	2011.77	2011.31	86.56	786.85	610.66	176.19	1137.90	154.45	207.33	18478
1999	2174.97	2174.46	87.48	840.23	649.34	190.89	1246.75	167.54	210.43	19846
2000	2479.32	2478.76	89.97	943.51	745.32	198.19	1445.28	190.12	218.54	22460
2001	2846.29	2845.65	93.08	1030.60	816.24	214.36	1721.97	218.53	237.83	25523
2002	3213.44	3212.71	98.05	1116.53	874.15	242.38	1998.13	235.56	256.32	28449
2003	3663.93	3663.10	95.64	1311.86	1032.03	279.83	2255.60	253.80	279.69	32061

注：本表按当年价格计算。

Note：Data of this table is calculated at current prices.

附1-2 地区收入总值指数(1978=100)
INDEX OF GROSS NATIONAL INCOME(1978=100)

单位：%　　(%)

年份 Year	地区收入总值 Gross National Income	地区生产总值 Gross Domestic Product	第一产业 Primary Industry	第二产业 Secondary Industry	# 工业 Industry	# 建筑业 Construction	第三产业 Tertiary Industry	# 运输邮电业 Transportation, Post and Telecommunication	# 商业 Commerce	人均地区生产总值(元) Per Capita Gross Domestic Product (yuan)
1978	100.0	100.0	100.0	100.0	100.0	100.0	100.0	100.0	100.0	100.0
1979	109.7	109.7	105	109.2	110.1	108.4	113.2	93.5	104.3	107.6
1980	122.6	122.6	114.8	120.2	121.2	119.6	134.1	96.7	124.5	117.8
1985	191.9	191.7	192.2	174.6	173.4	277.0	252.8	149.2	249.7	171.4
1986	209.0	208.8	192.4	178.9	178.2	278.1	320.3	152.1	255.4	184.3
1987	229.0	228.8	217.9	187.5	186.3	295.6	379.6	168.2	227.8	198.8
1988	258.3	258.1	242.3	213.0	210.5	314.9	424.0	166.7	268.9	220.9
1989	269.7	269.5	245.0	228.8	228.2	353.3	421.9	227.2	204.6	226.9
1990	284.3	284.0	253.3	231.1	232.5	337.7	480.9	241.3	244.9	235.5
1991	311.3	311.0	262.5	248.8	261.8	275.6	543.5	313.4	239.0	257.8
1992	347.4	347.1	270.3	279.0	288.8	346.4	611.4	344.4	283.5	286.0
1993	389.4	389.1	278.7	314.9	319.1	445.1	689.1	379.2	328.0	318.8
1994	442.0	441.6	286.0	360.9	362.2	537.7	783.5	471.0	359.5	359.0
1995	497.2	496.4	262.2	388.4	390.0	578.6	947.2	658.9	422.0	399.9
1996	543.0	542.0	254.4	417.1	413.8	659.0	1063.7	783.4	444.8	433.5
1997	595.1	594.1	256.9	450.9	449.8	692.6	1189.2	883.7	468.0	471.7
1998	653.4	652.3	260.8	494.2	489.0	791.0	1317.7	972.1	486.7	514.6
1999	720.0	718.8	267.3	553.5	551.6	854.3	1437.6	1058.6	499.8	563.5
2000	799.3	797.9	278.0	616.6	624.4	872.2	1597.1	1174.0	524.8	621.0
2001	888.8	887.2	290.5	674.5	688.1	929.8	1801.6	1259.7	576.8	683.7
2002	981.2	979.5	305.0	731.8	741.7	1031.1	2017.7	1325.2	617.7	745.2
2003	1086.2	1084.3	315.1	818.9	832.2	1141.4	2225.6	1423.2	674.5	815.3

注：本表按可比价格计算。

Note: Data of this table are calculated at constant prices.

附1-3 地区收入总值指数(上年=100)
INDEX OF GROSS NATIONAL INCOME(PRECEDING YEAR=100)

单位：%　　(%)

年份 Year	地区收入总值 Gross National Income	地区生产总值 Gross Domestic Product	第一产业 Primary Industry	第二产业 Secondary Industry	#工业 Industry	#建筑业 Construction	第三产业 Tertiary Industry	#运输邮电业 Transportation, Post and Telecommunication	#商业 Commerce	人均地区生产总值(元) Per Capita Gross Domestic Product (yuan)
1979	109.7	109.7	105.0	109.2	110.1	108.4	113.2	93.5	104.3	107.6
1980	111.8	111.8	109.3	110.1	110.1	110.3	118.5	103.4	119.4	109.5
1985	108.6	108.6	106.2	110.6	109.3	124.7	104.3	114.7	118.6	107.2
1986	108.9	108.9	100.1	102.5	102.8	100.4	126.7	101.9	102.3	107.5
1987	109.6	109.6	113.3	104.8	104.5	106.3	118.5	110.6	89.2	107.9
1988	112.8	112.8	111.2	113.6	113.0	106.5	111.7	99.1	118.0	111.1
1989	104.4	104.4	101.1	107.4	108.4	112.2	99.5	136.3	76.1	102.7
1990	105.4	105.4	103.4	101.0	101.9	95.6	114.0	106.2	119.7	103.8
1991	109.5	109.5	103.6	107.7	112.6	81.6	113.0	129.9	97.6	109.5
1992	111.6	111.6	103.0	112.1	110.3	125.7	112.5	109.9	118.6	110.9
1993	112.1	112.1	103.1	112.9	110.5	128.5	112.7	110.1	115.7	111.5
1994	113.5	113.5	102.6	114.6	113.5	120.8	113.7	124.2	109.6	112.6
1995	112.5	112.4	91.7	107.6	107.7	107.6	120.9	139.9	117.4	111.4
1996	109.2	109.2	97.0	107.4	106.1	113.9	112.3	118.9	105.4	108.4
1997	109.6	109.6	101.0	108.1	108.7	105.1	111.8	112.8	105.2	108.8
1998	109.8	109.8	101.5	109.6	108.7	114.2	110.8	110.0	104.0	109.1
1999	110.2	110.2	102.5	112.0	112.8	108.0	109.1	108.9	102.7	109.5
2000	111.0	111.0	104.0	111.4	113.2	102.1	111.1	110.9	105.0	110.2
2001	111.2	111.2	104.5	109.4	110.2	106.6	112.8	107.3	109.9	110.1
2002	110.4	110.4	105.0	108.5	107.8	110.9	112.0	105.2	107.1	109.0
2003	110.7	110.7	103.3	111.9	112.2	110.7	110.3	107.4	109.2	109.4

注：本表按可比价格计算。

Note: Data of this table are calculated at constant prices.

附1-4 地区生产总额（按支出法计算）
GROSS DOMESTIC PRODUCT

单位：亿元 (100 million yuan)

年份 Year	地区生产总值 Gross Domestic Product	最终消费 Final Consumption	居民消费 Residenrtial Consumption	农民 Peasant	非农业居民 Non-Peasant	政府消费 Government Consump-tion	资本形成总额 Total Capital Formation	固定资产形成 Fixed Assets	存货增加 Stock
1978	108.84	40.98	30.47	7.32	23.15	10.51	31.67	24.84	6.83
1979	102.11	49.34	36.24	8.63	27.61	13.10	37.40	29.76	7.64
1980	139.07	57.44	44.35	10.53	33.82	13.09	43.69	35.63	8.06
1981－1985	**950.95**	**424.69**	**306.14**	**87.83**	**218.31**	**118.55**	**343.04**	**271.97**	**71.07**
198－1990	**1978.68**	**880.15**	**640.93**	**188.47**	**452.46**	**239.22**	**1218.96**	**925.87**	**293.09**
1986	284.86	125.16	92.40	26.10	66.30	32.76	156.33	129.75	26.58
1987	326.82	147.87	107.73	29.12	78.61	40.14	208.33	170.12	38.21
1988	410.22	178.49	131.98	37.25	94.73	46.51	250.01	197.79	52.22
1989	455.96	197.67	138.99	46.78	92.21	58.68	297.00	200.26	96.74
1990	500.82	230.96	169.83	49.22	120.61	61.13	307.29	227.95	79.34
1991－1995	**4650.44**	**1701.59**	**1177.92**	**276.13**	**901.79**	**523.67**	**3350.54**	**2119.49**	**1231.05**
1991	598.89	225.47	153.62	37.59	116.03	71.85	322.77	184.37	138.40
1992	709.10	262.97	177.08	40.11	136.97	85.89	423.71	200.98	222.73
1993	863.53	310.28	207.21	52.95	154.26	103.07	595.15	326.82	268.33
1994	1084.03	396.29	264.55	66.95	197.60	131.74	842.63	519.01	323.62
1995	1394.89	506.58	375.46	78.53	296.93	131.12	1166.28	888.31	277.97
1996－2000	**10090.35**	**4306.50**	**2950.75**	**537.84**	**2412.91**	**1355.75**	**6775.65**	**5706.55**	**1069.10**
1996	1615.73	617.85	451.96	92.89	359.07	165.89	1107.06	922.48	184.58
1997	1810.09	703.36	492.88	97.25	395.63	210.48	1228.65	1001.73	226.92
1998	2011.31	809.82	563.62	109.26	454.36	246.20	1396.40	1171.90	224.50
1999	2174.46	954.14	633.76	112.52	521.24	320.38	1526.16	1233.46	292.70
2000	2478.76	1221.33	808.53	125.92	682.61	412.80	1517.38	1376.98	140.40
2001	2845.65	1467.71	913.95	131.99	781.96	553.76	1775.30	1631.83	143.47
2002	3212.71	1699.81	1049.21	147.41	901.80	650.60	2010.02	1913.12	96.90
2003	3663.10	1967.87	1209.27	163.18	1046.09	758.60	2293.93	2211.56	82.37

注：本表按当年价格计算。

Note: Data of this table is calculated at current prices.

附1-5 地方财政收支
LOCAL FINANCIAL REVENUE AND EXPENDITURE

单位：亿元 (100 million yuan)

年份 Year	地方财政收入 Local Financial Revenue	# 各项税收 Taxes	地方财政支出 Local Financial Expenditure	# 基本建设 Capital Construction	# 农业生产和农业事业费 Agricultural Production and Operating Expenses	# 文教科卫事业费 Culture,Education, Science and Health Expenses	# 教育事业费 Education	# 科学事业费 Scientific Research
1978	50.46	18.25	20.38	10.89	0.84	2.43	1.46	0.22
1979	47.75	19.41	20.06	10.07	0.86	2.94	1.77	0.24
1980	51.29	21.22	14.87	5.65	0.75	3.22	1.93	0.26
1981－1985	**234.27**	**149.21**	**111.40**	**39.75**	**4.69**	**24.82**	**14.04**	**1.64**
1986－1990	**337.13**	**335.42**	**272.89**	**55.78**	**12.72**	**59.36**	**30.48**	**2.99**
1986	60.34	49.82	44.27	11.22	1.57	8.20	4.45	0.49
1987	63.62	55.16	49.67	10.47	1.91	9.21	4.79	0.58
1988	68.11	67.27	52.93	10.53	2.88	11.46	6.04	0.58
1989	71.05	79.30	59.50	11.70	3.15	13.67	7.00	0.57
1990	74.01	83.87	66.52	11.86	3.21	16.82	8.20	0.76
1991－1995	**456.48**	**586.35**	**473.64**	**51.07**	**22.74**	**131.86**	**73.30**	**7.36**
1991	77.02	92.02	67.98	9.35	3.67	17.58	9.41	1.01
1992	80.25	104.14	71.74	8.57	3.98	19.72	10.56	1.10
1993	84.10	136.77	80.99	10.35	4.33	24.08	13.10	1.30
1994	99.85	107.48	98.53	9.37	4.93	29.81	17.22	1.62
1995	115.26	145.94	154.40	13.43	5.83	40.67	23.01	2.34
1996－2000	**1345.25**	**1402.32**	**1655.37**	**182.00**	**57.35**	**376.87**	**216.14**	**21.91**
1996	150.90	203.07	187.45	21.66	7.42	51.66	29.57	2.94
1997	209.91	239.13	262.20	24.89	9.85	63.83	35.97	3.74
1998	265.61	272.23	316.84	32.50	10.70	72.79	41.31	4.11
1999	320.44	315.10	398.53	45.46	13.13	84.52	49.22	4.91
2000	398.39	372.79	490.34	57.49	16.25	104.07	60.07	6.21
2001	507.68	475.00	614.92	92.96	19.58	124.08	72.26	7.27
2002	600.96	539.87	683.98	64.31	23.50	146.72	85.82	8.78
2003	665.94	588.96	809.39	71.99	26.18	175.64	98.82	10.76

注：1. 地方财政收支数为决算数。

2. 1996-2002年各项税收中含企业所得税。

Note:a) Data is the final one.

b) Taxes from 1996 to 2002 include those from enterprise income.

附1-6 人 口 状 况

POPULATION

年 份 Year	常住人口(万人) Total Population (10000 persons)	按性别分 By Sex		按城乡分 By Urban District and Rural District		人口出生率(‰) Birth Rate (‰)	人口死亡率(‰) Death Rate (‰)	人口自然增长率(‰) Natural Growth Rate (‰)
		男 Male	女 Female	城镇人口 Urban District	乡村人口 Rural District			
1978	872	443	429	479	393	12.93	6.12	6.81
1979	897	455	442	510	387	13.67	5.92	7.75
1980	904	458	446	521	383	15.56	6.30	9.26
1985	981	500	481	586	395	15.45	5.75	9.70
1986	1028	524	504	621	407	15.82	4.47	11.35
1987	1047	525	522	637	410	17.29	5.40	11.89
1988	1061	534	527	650	411	14.43	5.08	9.35
1989	1075	538	537	664	431	12.84	5.53	7.49
1990	1086	545	541	673	413	13.04	5.75	7.23
1991	1094	547	547	683	411	8.03	5.82	2.21
1992	1102	554	548	692	410	9.22	6.11	3.11
1993	1112	559	553	707	405	9.35	6.16	3.19
1994	1125	564	561	725	400	8.96	5.76	3.20
1995	1251	627	624	815	436	7.92	5.12	2.80
1996	1259	639	620	829	430	8.02	5.34	2.68
1997	1240	629	611	826	414	7.91	6.02	1.89
1998	1246	631	615	838	408	6.00	5.30	0.70
1999	1257	636	621	854	403	6.50	5.60	0.90
2000	1364	711	653	1058	306	6.20	5.30	0.90
2001	1383	721	662	1080	303	6.10	5.30	0.80
2002	1423	743	680	1118	305	6.60	5.73	0.87
2003	1456	761	695	1151	305	5.06	5.15	-0.09

注：1. 1982-1989年数据是根据1982、1990年两次人口普查数据调整的，1990年以后据是人口变动抽样调查数，其余年份数据为户籍统计数。

2. 2000年数为2000年北京市第五次全国人口普查快速汇总推算数。

3. “按城乡分”栏包括的“城镇人口”和“乡村人口”中，1978-1999年数据为户籍管理统计中的“非农业人口”和“农业人口”口径；2000年数据为国家统计局“关于统计上划分城乡的规定(试行)”中的“城镇人口”和“乡村人口”口径，2000年以后数据为该口径的推算数.

Note:a) Data from 1982 to 1989 are obtained from adjustment of cencus of 1982 and 1990,data after 1990 were those from sample survey of population changes,and data of other years are those of registered permanent population.

b) Data of 2000 is estimated through the quick collections of 2000 Beijing Population Census.

c) Dividing into“urban distrct”that the column includes according to the urban and rural areas, and in“rural people”, non-agricul tural population in the data are counted for the management of the household register in 1978-1999 and “agricultural population's”requir ements; 2000 for State Statistics Bureau “ urban population ” and “rural population ”requirements of “provision that it is in urban and rural are as to divide data on counting (try) ”, the data were counted for the calculation of this requirements after 2000.

附1-7 按城乡分从业人员(年末数)
EMPLOYEE BY URBAN AND RURAL AREA(YEAR-END)

单位：万人 (10000 persons)

年份 Year	合 计 Total	城 镇 Urban	# 国有经济单 位 State-Owned	# 集体经济单 位 Collective-Owned	# 联营经济单 位 Joint Owned	# 股份制经济单位 Share Holding	# 外商投资经济单位 Foreign Funded	# 港澳台投资经济单位 Hongkong, Macao and Taiwan Funded	# 个 体 Individuals	乡 村 Rural
1978	291.6	291.6	240.9	50.7						
1979	312.0	312.0	254.2	57.8						
1980	484.2	326.8	269.4	57.1					0.3	157.4
1985	558.7	384.8	308.1	72.6			1.6		2.5	173.9
1986	572.7	400.5	324.4	71.1			2.4		2.6	172.2
1987	580.3	408.4	331.8	70.7			2.8		3.1	171.9
1988	603.1	413.9	336.4	69.9	0.2		3.4		3.5	189.2
1989	593.9	424.0	343.8	67.4	3.4		3.7		5.6	169.9
1990	627.1	461.2	357.9	86.8	5.1		4.6		6.3	165.9
1991	634.0	477.2	367.8	89.0	0.5		7.7	0.2	7.2	156.8
1992	649.3	490.6	371.5	90.5	0.4		11.4	0.2	14.0	158.7
1993	627.8	481.4	362.3	79.7	2.8		11.0	6.4	14.0	146.4
1994	664.3	492.7	363.5	73.3	3.5	6.3	15.0	9.4	20.9	171.6
1995	665.3	492.7	358.1	72.1	3.7	8.0	17.4	10.4	21.9	172.6
1996	660.2	495.7	355.1	68.6	3.4	14.8	20.7	10.1	22.9	164.5
1997	655.8	498.8	354.7	68.5	3.2	19.3	21.2	10.2	21.2	157.1
1998	622.2	463.2	308.1	51.0	5.2	44.5	21.2	13.1	20.1	158.9
1999	618.6	456.1	287.6	49.7	4.8	24.9	20.6	13.5	23.7	162.5
2000	619.3	456.3	266.2	48.3	4.0	14.0	23.8	14.2	24.4	163.0
2001	628.9	464.2	246.3	45.8	4.1	15.1	22.4	12.9	24.8	164.7
2002	679.2	513.6	224.8	36.8	4.1	27.1	29.2	17.0	33.1	165.6
2003	703.3	533.7	212.8	30.1	3.8	33.4	31.5	17.3	37.2	169.6

附1-8 从业人员和职工人数(年末数)
NUMBER OF EMPLOYED PERSONS,STAFF AND WORKERS(YEAR-END)

单位：万人 (10000 persons)

年份 Year	从业人员 Employed Persons	第一产业 Primary Industry	第二产业 Secondary Industry	第三产业 Tertiary Industry	职工人数 Staff and Workers	国有经济单位 State-Owned	城镇集体经济单位 Urban Collective Owned	其他经济单位 Others
1978	444.1	125.9	177.9	140.3	291.6	240.9	50.7	
1979	470.5	121.4	195.2	153.9	311.9	254.2	57.7	
1980	484.2	118.0	207.3	158.9	326.5	269.4	57.1	
1985	574.8	97.1	254.3	223.4	382.3	308.1	72.6	1.6
1986	590.0	93.3	260.8	235.9	397.9	324.4	71.1	2.4
1987	598.2	91.8	264.1	242.3	405.2	331.8	70.7	2.7
1988	584.1	88.4	267.6	228.1	410.4	336.4	69.9	4.1
1989	593.9	91.0	266.3	236.6	418.4	343.8	67.4	7.2
1990	627.1	90.7	281.6	254.8	454.9	357.9	86.8	10.2
1991	634.0	90.8	279.7	263.5	470.0	367.8	89.0	13.2
1992	649.3	84.5	281.6	283.2	476.6	371.5	90.5	14.6
1993	627.8	65.1	279.4	283.3	467.3	362.3	79.6	25.4
1994	664.3	73.2	272.2	318.9	471.8	363.5	73.4	34.9
1995	665.3	70.6	271.0	323.7	470.9	358.2	72.1	40.6
1996	660.2	72.5	260.1	327.6	460.6	349.0	64.8	46.8
1997	655.8	71.0	257.6	328.1	465.3	348.7	65.0	51.6
1998	622.2	71.5	226.0	324.7	450.1	321.7	50.8	77.6
1999	618.6	74.5	216.2	327.9	438.0	303.0	49.6	85.4
2000	619.3	72.9	208.2	338.2	434.2	283.0	46.0	105.2
2001	628.9	71.2	215.9	341.8	400.3	235.9	40.0	124.4
2002	679.2	67.6	235.3	376.3	434.2	212.6	32.7	188.9
2003	703.3	62.7	225.8	414.8	468.7	217.2	28.5	223.0

注：从2001年开始，有关职工的指标调整为在岗职工的指标。

Note: From 2001,related Indicators of “staff and workers” have been changed to those of “fully employed staff and workers”.

附1-9 职工工资总额和保险福利费
TOTAL WAGES,INSURANCE AND WELFARES OF STAFF AND WORKERS

年份 Year	职工工资总额(亿元) Total Wages (100 million yuan)	国有经济单位 State-Owned	城镇集体经济单位 Urban Collective Owned	其他经济单位 Others	职工保险福利费用总额(亿元) Total Insurance and Welfares (100 million yuan)	国有经济单位 State-Owned	城镇集体经济单位 Urban Collective Owned	其他经济单位 Others
1978	18.7	16.2	2.5		2.6	2.6		
1979	22.4	19.4	3.0		3.1	3.1		
1980	26.9	23.3	3.6		4.3	4.3		
1981－1985	**183.7**	**153.7**	**29.6**	**0.4**	**39.5**	**39.5**		
1986－1990	**421.1**	**349.7**	**64.4**	**7.0**	**95.7**	**91.5**	**3.6**	**0.6**
1986	58.0	48.5	9.1	0.4	13.9	13.9		
1987	66.7	56.0	10.1	0.6	17.0	17.0		
1988	81.2	68.1	12.1	1.0	24.3	24.3		
1989	96.3	81.0	13.4	1.9	19.5	17.4	1.8	0.3
1990	118.9	96.1	19.7	3.1	21.0	18.9	1.8	0.3
1991－1995	**1198.1**	**950.3**	**156.6**	**91.2**	**156.0**	**138.9**	**10.9**	**6.2**
1991	132.2	106.1	21.5	4.6	25.3	22.6	2.1	0.6
1992	158.5	128.6	23.9	6.0	30.6	27.4	2.4	0.8
1993	218.9	176.6	28.5	13.8	36.0	32.2	2.5	1.3
1994	306.5	243.4	36.2	26.9	30.4	27.0	1.9	1.5
1995	382.0	295.6	46.5	39.9	33.7	29.7	2.0	2.0
1996－2000	**2825.4**	**1988.5**	**236.5**	**600.4**				
1996	442.4	339.4	46.2	56.8	37.3	31.7	2.8	2.8
1997	514.8	383.6	53.8	77.4	48.1	41.6	2.8	3.7
1998	558.2	391.9	45.0	121.3	54.5	47.5	3.0	4.0
1999	614.5	420.0	44.8	149.7	60.2	50.1	4.0	6.2
2000	695.5	453.6	46.7	195.2				
2001	777.3	477.8	44.8	254.7				
2002	950.9	508.8	40	402.1				
2003	1123.2	580.9	36.4	505.9				

注：从2001年开始，有关职工的指标调整为在岗职工的指标。

Note: From 2001,related Indicators of “staff and workers” have been changed to those of “fully employed staff and workers”.

附1-10 职工平均工资及指数
AVERAGE WAGE AND INDEX OF STAFF AND WORKERS

年 份 Year	职 工 平均工资 (元) Average Wage (yuan)	国有经济单 位 State-Owned	城镇集体经济单位 Urban Collective Owned	其他经济单 位 Others	职工实际工资指数 (1978=100) Index of Actual Wage	国有经济单 位 State-Owned	城镇集体经济单位 Urban Collective Owned	其他经济单 位 Others
1978	673	703	471		100	100	100	100
1979	742	778	556		108.3	108.7	116.0	
1980	848	889	635		116.8	117.3	125.0	
1985	1343	1367	1231	1768	148.5	144.7	194.5	112.5
1986	1488	1530	1287	2080	154.1	151.7	190.4	123.9
1987	1670	1712	1449	2267	159.3	156.3	197.5	124.4
1988	2000	2048	1738	2661	158.4	155.3	196.7	121.2
1989	2312	2366	1992	2761	156.2	153.1	192.3	107.3
1990	2653	2713	2334	3243	170.1	166.5	213.8	119.6
1991	2877	2937	2504	3713	164.8	161.1	205.0	122.3
1992	3402	3500	2828	4289	177.3	174.6	210.6	128.6
1993	4780	4920	3834	5469	209.3	206.3	239.9	137.8
1994	6540	6695	5009	8179	229.3	224.7	250.9	165.0
1995	8144	8237	6516	10278	243.4	235.7	278.3	176.7
1996	9579	9645	7133	13851	256.5	247.3	273.0	213.4
1997	11019	10917	8259	15370	280.2	265.6	300.2	224.9
1998	12285	11971	8800	15989	306.1	285.5	313.3	229.1
1999	13778	13483	8928	17748	335.2	314.0	310.3	248.4
2000	15726	15483	9844	19165	375.1	353.6	335.5	263
2001	19155	19776	11063	20594				
2002	21852	23754	11997	21432				
2003	25312	28464	13580	23769				

注：从2001年开始，有关职工的指标调整为在岗职工的指标。

Note: From 2001,related Indicators of “staff and workers” have been changed to those of “fully employed staff and workers”.

附1-11 全社会固定资产投资
TOTAL INVESTMENT IN FIXED ASSETS

单位：亿元 (100 million yuan)

年份 Year	合计 Total	国有经济单位 State-Owned	# 基本建设 Capital Construction	# 更新改造 Innovation	集体经济单位 Collective Owned	# 农村 Rural	其他经济单位 Others	私营个体经济 Private and Individuals	# 农村 Rural
1985	94.0	73.6	50.7	21.7	16.2	10.8		4.2	3.8
1986 – 1990	**724.1**	**609.6**	**378.2**	**201.3**	**83.1**	**49.1**		**31.4**	**27.5**
1986	106.2	88.7	54.2	33.4	13.3	6.4		4.2	4.0
1987	136.2	115.8	71.7	43.1	15.2	8.3		5.2	4.5
1988	163.0	133.2	87.7	43.6	21.4	13.7		8.4	7.6
1989	139.5	117.7	79.8	36.5	15.1	9.0		6.7	5.7
1990	179.2	154.2	84.8	44.7	18.1	11.7		6.9	5.7
1991 – 1995	**2358.7**	**1764.2**	**808.7**	**567.9**	**188.7**	**134.8**	**381.0**	**24.8**	**19.3**
1991	192.0	165.0	86.8	52.4	20.2	14.6		6.8	6.4
1992	266.0	230.1	114.9	79.2	27.3	19.8		8.6	7.4
1993	410.4	340.1	157.1	116.1	37.4	28.8	30.9	2.0	1.2
1994	648.8	514.8	229.2	179.2	44.6	33.7	86.3	3.1	2.0
1995	841.5	514.2	220.7	141.0	59.2	37.9	263.8	4.3	2.3
1996 – 2000	**5461.7**	**3380.8**	**1699.2**	**865.2**	**261.8**	**156.1**	**1663.8**	**155.3**	**74.6**
1996	876.9	545.7	241.8	156.4	57.6	41.1	268.8	4.8	2.5
1997	961.2	605.7	294.1	174.4	54.7	38.5	296.8	4.0	2.1
1998	1155.6	727.9	369.1	196.5	48.7	24.3	348.1	30.9	17.5
1999	1170.6	735.7	389.0	164.6	55.8	25.7	343.0	36.1	23.4
2000	1297.4	765.8	405.2	173.3	45.0	26.5	407.1	79.5	29.1
2001	1530.5	752.6	326.8	169.2	45.8	14.8	621.2	110.9	31.0
2002	1814.3	771.5	316.9	110.5	53.9	19.2	838.3	150.6	30.0
2003	2157.1	745.1	365.9	128.4	62.4	24.7	1148.3	201.3	68.7

附1-11 续表 continued

单位：亿元 (100 million yuan)

年份 Year	固定资产投资资金来源 Source of Investment in Fixed Assets					固定资产投资 Investment in Fixed Assets					
	国家预算内投资 State Budgetary Investment	国内贷款 Domestic Loan	利用外资 Foreign Capital	自筹投资 Selfraised investment	其他投资 Other Investment	第一产业 Primary Industry	第二产业 Secondary Industry	#工业 Industry	#能源工业 Energy	第三产业 Tertiary Industry	#运输邮电业 Transportation, Post and Telecommunications
1985	30.4	11.5	5.1	26.4	4.4	1.6	32.4	28.8	4.4	43.8	5.3
1986－1990	**184.9**	**90.3**	**69.1**	**245.6**	**39.5**	**9.4**	**218.8**	**209.1**	**43.1**	**384.2**	**47.7**
1986	33.0	17.0	4.6	37.4	2.5	1.5	41.4	38.8	5.5	51.6	6.6
1987	43.1	19.5	8.8	49.1	5.7	1.6	46.9	44.3	10.0	72.9	9.7
1988	37.4	18.2	22.3	62.3	9.2	2.0	48.8	47.2	9.9	87.9	7.8
1989	35.6	12.8	18.2	44.5	12.0	1.9	38.4	37.0	8.5	81.9	10.0
1990	35.8	22.8	15.2	52.3	10.1	2.4	43.3	41.8	9.2	89.9	13.6
1991－1995	**254.5**	**274.8**	**189.6**	**888.4**	**127.3**	**15.5**	**624.1**	**585.1**	**154.8**	**973.5**	**256.2**
1991	35.5	28.2	13.9	65.5	8.0	2.7	51.3	49.3	11.8	90.4	13.0
1992	42.2	40.1	14.9	109.9	9.6	3.9	82.9	80.2	22.0	114.2	28.4
1993	46.4	71.0	28.0	168.9	35.9	2.1	150.4	134.6	28.2	165.7	51.7
1994	62.5	70.9	87.8	283.7	44.8	3.7	185.8	175.9	40.2	318.4	81.2
1995	67.9	64.6	45.0	260.4	29.0	3.1	153.7	145.1	52.6	284.8	81.9
1996－2000	**492.2**	**501.1**	**195.2**	**1705.0**	**182.4**	**9.9**	**914.3**	**866.6**	**402.2**	**2160.2**	**615.3**
1996	73.1	71.1	53.8	265.7	39.8	2.8	174.9	167.3	69.8	319.7	99.5
1997	82.8	89.7	51.3	322.4	41.3	0.9	201.1	192.1	93.3	380.1	113.4
1998	93.9	108.4	41.2	382.9	43.0	1.5	201.7	192.6	96.2	479.7	169.8
1999	135.7	96.9	34.5	359.1	31.4	1.7	179.4	166.6	85.1	470.4	108.2
2000	106.7	135.0	14.4	374.9	26.9	3.0	157.2	148.0	57.8	510.3	124.4
2001	135.0	89.0	15.4	372.5	33.5	1.8	130.7	124.9	42.1	500.8	148.3
2002	108.5	161.1	24.7	386.0	26.6	1.9	155.4	148.5	51.8	541.5	194.1
2003	78.4	168.4	19.4	511.9	24.5	2.3	178.5	172.3	35.3	616.6	215.7

注：1. 全社会固定资产投资来源中,1985和1986年为固定资产投资完成额资金来源分组。

2. 按资金来源和三次产业划分的固定资产投资不含房地产开发投资。

Note:a) In source of total investment of fixed assets,data of 1985 and 1986 are grouped by source of investment completed.

b) Data of investment grouped by source of funds and three industry excluded real estate development.

附1-12 基本建设投资额
INVESTMENT IN CAPITAL CONSTRUCTION

年 份 Year	基本建设投资额(万元) Investment (10000 yuan)	按隶属关系分 Grouped by Administrative Relationship		按建设性质分 Grouped by Type of Construction			新增固定资产(万元) Incremental Fixed Assets (10000 yuan)	固定资产交付使用率(%) Rate of Fixed Assets Put into Operation (%)
		中央 Central	地方 Local	新建 Newly-built	扩建、改建 Expanding, Replacement	其他 Others		
1978	198908	90498	108410				169148	85.0
1979	234741	124132	110609	107611	105561	21569	212111	90.4
1980	265185	139843	125342	123520	135064	6601	231715	87.4
1981－1985	**1672352**	**926161**	**746191**	**670739**	**827830**	**173783**	**1421535**	**85.0**
1986－1990	**4000931**	**2506444**	**1494487**	**1888490**	**1641503**	**470938**	**2662712**	**66.6**
1986	587030	358562	228468	249512	254774	82744	354264	60.3
1987	763286	494817	268469	297042	359192	107052	463887	60.8
1988	926549	590549	336000	454766	365721	106062	455230	49.1
1989	835661	521340	314321	419002	323336	93323	512484	61.3
1990	888405	541176	347229	468168	338480	81757	876847	98.7
1991－1995	**9314619**	**5081070**	**4233549**	**3940498**	**4651510**	**722611**	**5263959**	**56.5**
1991	902052	481844	420208	390091	412787	99174	779764	86.4
1992	1185313	646031	539282	458089	618029	109195	726984	61.3
1993	1726260	934439	791821	640690	962772	122798	805405	46.7
1994	2851219	1329286	1521933	1340373	1306164	204682	1386866	48.6
1995	2649775	1689470	960305	1111255	1351758	186762	1564940	59.1
1996－2000	**19974274**	**10874857**	**9099417**	**6454909**	**11602297**	**1917068**	**16793905**	**84.1**
1996	3138456	1892321	1246135	1213019	1675846	249591	2625211	83.6
1997	3743212	2233708	1509504	1250778	2124370	368064	2639688	70.5
1998	4295514	2506556	1788958	1337033	2559533	398948	3000077	69.8
1999	4327251	2420060	1907191	1294950	2481402	550899	3569318	82.5
2000	4469841	1822212	2647629	1359129	2761146	349566	4959611	111.0
2001	3872781	1618171	2254610	969217	2579672	323892	3541435	91.4
2002	4146951	1539874	2607077	1470922	2498431	177598	3719622	89.7
2003	5147017	1604769	3542248	2096297	2842647	208073	3585392	69.7

附1-13 更新改造投资额
INVESTMENT IN INNOVATIONS

年份 Year	更新改造投资额(万元) Investment (10000 yuan)	按隶属关系分 Grouped by Administrative Relationship 中央 Central	 地方 Local	按建设性质分 Grouped by Type of Construction 新建 Newly-built	 扩建、改建 Expanding, Replacement	 其他 Others	新增固定资产(万元) Incremental Fixed Assets (10000 yuan)	固定资产交付使用率(%) Rate of Fixed Assets Put into Operation (%)
1980	66542						48089	72.3
1981－1985	**671784**						**479560**	**71.4**
1986－1990	**2123897**	**331964**	**1791933**	**133715**	**1710681**	**279501**	**1511075**	**71.1**
1986	358357	57582	300775	26619	289075	42663	230940	64.4
1987	450629	79105	371524	11550	386744	52335	335159	74.4
1988	460025	66340	393685	29480	366311	64234	317796	69.1
1989	386827	58418	328409	26969	307067	52791	283194	73.2
1990	468059	70519	397540	39097	361484	67478	343986	73.5
1991－1995	**6178916**	**1888982**	**4289934**	**237180**	**5256320**	**685416**	**4378783**	**70.9**
1991	541624	86149	455475	11578	460759	69287	448861	82.9
1992	824518	169979	654539	17901	731095	75522	600487	72.8
1993	1218170	367869	850301	33269	1092674	92227	687026	56.4
1994	2022193	669408	1352785	36723	1855312	130158	1625303	80.4
1995	1572441	595577	976834	137709	1283375	151327	1017106	64.7
1996－2000	**9318081**	**4140784**	**5177297**	**453518**	**7807172**	**1057391**	**7646213**	**82.1**
1996	1680479	636918	1043561	222645	1318904	138930	1553521	92.4
1997	1911525	894052	1017473	180134	1550027	181364	1301241	68.1
1998	2114549	1003398	1111151	27792	1822482	264275	1412362	66.8
1999	1752093	646454	1105639	10618	1536248	205227	1990395	113.6
2000	1859435	959962	899473	12329	1579511	267595	1388694	74.7
2001	1865058	1028650	836408	5912	1594544	264602	1935361	103.8
2002	1696309	536310	1159999	9773	1330925	355611	1308483	77.1
2003	2162741	684619	1478122	41848	1844937	275956	1129394	52.2

附1-14 房地产开发情况
STATISTIONS FOR ESTATE DEVELOPMENT

年份 Year	投资总额(亿元) Total Investment (100 million yuan)	商品房施工面积(万平方米) Floor Space of Commodity Buildings under Construction (10000 sq.m)	# 本年新开工面积 Construction of this Year	商品房竣工面积(万平方米) Floor Space of Commodity Buildings Completed (10000 sq.m)	商品房销售面积(万平方米) Space of Commodity Buildings Sales (10000 sq.m)	商品房销售额(亿元) Sales of Commodity Buildings (100 million yuan)
1990	22.5	774.0	249.1	271.6	142.2	20.3
1991 – 1995	**568.4**	**7501.6**	**3022.6**	**2061.7**	**855.6**	**218.7**
1991	24.0	815.1	317.6	275.2	154.0	22.0
1992	33.7	1021.1	508.6	331.4	159.1	25.5
1993	58.4	1262.0	524.8	356.4	182.0	41.0
1994	99.5	1593.2	659.4	445.7	168.6	60.4
1995	352.8	2810.2	1012.2	653.0	191.9	69.8
1996 – 2000	**1979.5**	**17432.3**	**5359.2**	**4762.6**	**2416.7**	**1251.4**
1996	328.2	2824.6	578.7	663.4	215.3	94.7
1997	330.3	2869.6	848.4	682.3	290.9	164.1
1998	377.4	3499.1	1193.4	842.8	409.2	214.4
1999	421.5	3784.0	1061.8	1208.5	544.4	307.5
2000	522.1	4455.0	1676.9	1365.6	956.9	470.7
2001	783.8	5966.7	2789.8	1707.4	1205.0	609.9
2002	989.4	7510.7	3206.0	2384.4	1708.3	813.8
2003	1202.5	9070.7	3433.8	2593.7	1895.8	898.0

附1-15 各种物价总指数(上年=100)
AGGREGATE PRICE INDICES(PRECEDING=100)

年 份 Year	商品零售价格总指数 Aggregate Retail Price Index	居民消费价格总指数 Aggregate Consumer Price Index	农副产品收购价格总指数 Purchasing Price Index of Farm and Sideline Products	农业生产资料价格指数 Price Index of Agricultural Capital Goods	工业品出厂价格指数 Industrial Products Producer Price Index	原材料、燃料动力购进价格指数 Raw Material, Fuels and Motive Power Purchasing Price Index	固定资产投资价格指数 Investment in Fixed Assets Price Index	房屋销售价格指数 Price Indices of Teal Estate
1978	100.6	100.6						
1979	101.8	101.8	109.5	100.0				
1980	106.7	106.0	105.5	100.2				
1985	118.6	117.6	117.6	100.9				
1986	106.7	106.8	108.1	102.7				
1987	108.7	108.6	116.1	110.8				
1988	121.9	120.4	123.2	117.6				
1989	118.5	117.2	106.8	121.5				
1990	104.1	105.4	101.9	102.1	107.9	114.8		
1991	108.5	111.9	101.7	102.5	105.8	111.7	107.3	
1992	108.3	109.9	102.4	103.6	100.9	103.3	112.2	
1993	116.9	119.0	107.0	109.1	121.8	133.2	126.6	
1994	117.9	124.9	133.4	120.1	112.9	118.7	116.2	
1995	112.6	117.3	130.6	133.2	107.3	106.7	113.9	
1996	107.3	111.6	101.5	106.8	100.7	100.3	108.2	
1997	103.8	105.3	92.8	100.4	101.1	103.4	102.7	
1998	98.3	102.4	93.6	102.6	95.1	98.1	100.8	100.9
1999	98.8	100.6	97.5	94.2	97.7	95.8	99.9	100.1
2000	98.9	103.5	95.0	101.7	102.5	100.0	101.0	100.2
2001	98.8	103.1	102	100.2	99.4	100.5	100.6	101.3
2002	98.4	98.2	92.4	102.9	96.6	97.1	100.4	100.3
2003	98.2	100.2	102.4	98.5	101.5	104.7	102.2	100.3

附1-16 各种物价总指数（1978=100）
AGGREGATE PRICE INDICES

年份 Year	商品零售价格总指数 Aggregate Retail Price Index	居民消费价格总指数 Aggregate Consumer Price Index	农副产品收购价格总指数 Purchasing Price Index of Farm and Sideline Products	农业生产资料价格指数 Price Index of Agricultural Capital Goods
1978	100.0	100.0	100.0	100.0
1979	101.5	101.4	109.5	100.0
1980	108.6	107.9	115.5	100.3
1985	136.8	134.4	157.5	112.9
1986	145.9	143.5	170.3	115.9
1987	158.6	155.8	197.6	128.4
1988	193.3	187.6	243.4	151.0
1989	229.1	219.9	260.0	183.5
1990	238.5	231.8	264.9	187.4
1991	258.8	259.4	269.4	192.1
1992	280.3	285.1	275.9	199.0
1993	327.7	339.3	295.2	217.1
1994	386.4	423.8	393.8	260.7
1995	435.1	497.1	514.3	347.3
1996	466.9	554.8	522.0	370.9
1997	484.6	584.2	484.4	372.2
1998	476.4	598.2	453.0	381.9
1999	470.7	601.8	442.1	359.7
2000	465.5	622.9	420.0	365.8
2001	459.9	642.2	428.4	366.5
2002	452.5	630.6	395.8	377.1
2003	444.4	631.9	405.3	371.4

附1-17 居 民 生 活
PEOPLE'S LIVELIHOOD

年份 Year	城市居民家庭平均每人每年(元) Annual Per Capita of Urban Households(yuan)					农村居民家庭平均每人每年(元) Annual Per Capita of Rural Households(yuan)				
	全部收入 Total Income	可支配收入 Discretionary Income	可支配收入指数(1978=100) Index of Discretionary Income (1978=100)	消费支出 Expenditures	# 食品 Food	纯收入 Net Income	纯收入指数(1978=100) Index of Net Income (1978=100)	总支出 Total Expenditures	生活消费支出 Living Expenditures	# 食品 Food
1978	450.2	365.4	100.0	359.9	211.2	224.8	100.0	219.0	185.4	116.7
1979	491.5	415.0	111.6	408.7	236.7	250.0	110.9	235.0	204.7	131.1
1980	599.4	501.4	127.2	490.4	271.0	308.1	135.4	290.0	256.8	140.2
1985	1158.8	907.7	134.8	923.3	466.9	775.1	324.0	726.0	510.0	240.5
1986	1317.3	1067.5	203.5	1067.4	543.4	823.1	335.6	857.0	645.3	292.4
1987	1413.2	1181.9	207.5	1147.6	605.0	916.4	357.4	943.0	705.5	340.9
1988	1767.7	1437.0	209.3	1455.6	743.4	1062.6	368.8	1246.0	883.3	407.9
1989	1899.6	1597.1	198.5	1520.4	841.3	1230.7	376.8	1356.0	976.3	484.3
1990	2067.3	1787.1	210.8	1646.1	892.2	1297.1	384.8	1372.0	980.7	496.8
1991	2359.9	2040.4	215.3	1860.2	1016.8	1422.3	391.3	1585.0	1100.1	537.0
1992	2813.1	2363.7	226.9	2134.7	1126.3	1568.8	399.4	1684.0	1179.0	573.8
1993	3935.4	3296.0	265.9	2939.6	1404.7	1854.8	419.8	1714.0	1308.9	611.7
1994	5585.9	4731.2	305.5	4134.1	1919.0	2422.1	457.8	2175.0	1676.5	824.8
1995	6748.7	5868.4	322.9	5019.8	2436.5	3208.5	486.3	3080.0	2433.0	1206.0
1996	7945.8	6885.5	378.9	5729.5	2671.5	3562.7	509.8	3272.0	2655.5	1233.1
1997	8741.7	7813.1	365.9	6531.8	2854.4	3762.4	535.8	3379.0	2795.4	1248.4
1998	10098.2	8472.0	387.6	6970.8	2865.7	4028.9	571.7	3617.0	2945.5	1241.9
1999	10654.8	9182.8	417.6	7498.5	2959.2	4316.4	612.9	3938.0	3132.5	1253.5
2000	12560.3	10349.7	454.7	8493.5	3083.4	4687.0	657.6	4517.9	3441.4	1263.6
2001	13768.8	11577.8	493.4	8922.7	3229.3	5274.3	714.8	5098.8	3871.5	1353.2
2002	13253.3	12463.9	540.9	10285.8	3472.5	5880.1	802.7	5548.7	4206.0	1386.6
2003	14959.3	13882.6	601.2	11123.8	3522.7	6496.3	895.0	5886.6	4655.3	1475.6

附1-17 续表 continued

年 份 Year	每一城市就业者负担人数(人) Dependents Per Urban Employee (person)	每一农村劳动力负担人数(人) Dependents Per Rural Labor Force (person)	城市人均居住面积(平方米) Urban Per Capita Living Space (sq.m)	农村人均住房面积(平方米) Rural Per Capita Living Space (sq.m)	城乡储蓄存款余额(亿元) Balance of Saving Deposits (100 million yuan)	城镇储蓄 Urban	农户储蓄 Rural	人均储蓄(元) Per Capita Saving Deposits (yuan)
1978	1.86	2.15	4.55	9.25	9.33	8.90	0.43	107.09
1979	1.83	2.16	4.57	9.67	11.07	10.44	0.63	123.04
1980	1.80	2.13	4.79	10.09	14.39	13.33	1.06	159.20
1985	1.66	1.64	6.17	16.37	51.7	42.24	9.45	522.70
1986	1.66	1.66	6.46	17.17	68.58	55.62	12.95	664.52
1987	1.65	1.64	6.82	18.38	92.98	75.19	17.79	871.38
1988	1.71	1.63	7.17	19.23	111.64	90.55	21.09	1032.98
1989	1.52	1.62	7.45	20.09	162.01	133.75	28.26	1597.76
1990	1.52	1.61	7.72	20.62	226.62	188.03	38.59	2208.73
1991	1.47	1.59	8.01	21.92	298.18	249.88	48.30	2878.21
1992	1.43	1.58	8.31	22.67	387.82	328.21	59.61	3721.93
1993	1.42	1.51	8.51	23.7	560.66	482.48	78.18	5349.78
1994	1.41	1.49	8.73	24.42	853.21	745.88	107.33	8079.62
1995	1.41	1.47	9.03	24.74	1253.95	1111.50	142.46	11757.61
1996	1.41	1.45	9.33	25.74	1706.98	1528.41	178.56	15839.09
1997	1.43	1.48	9.66	27.39	1975.23	1770.90	204.36	18196.80
1998	1.40	1.44	10.03	27.64	2287.19	2063.19	224.00	20954.54
1999	1.41	1.43	10.63	28.65	2680.67	2429.03	251.63	24374.11
2000	1.41	1.51	11.15	28.91	2923.21	2663.30	259.91	26394.64
2001	1.39	1.52	11.64	31.01	3536.32	3253.87	282.45	31509.61
2002	1.41	1.48	11.93	32.58	4389.69	4073.06	316.63	38631.43
2003	1.39	1.45	14.78	33.95	5293.53	4926.47	367.07	46078.81

附1-18 城市居民家庭平均每百户主要耐用消费品拥有量

POSSESSION OF MAIN DURABLE CONSUMER GOODS OF PER 100 URBAN HOUSEHOLDS

年份 Year	自行车 (辆) Bicycles (unit)	录放像机 (台) Videocorders (set)	淋浴热水器 (台) Showers (unit)	洗衣机 (台) Washing Machines (unit)	彩色电视机 (台) Color TV Sets (set)	电冰箱 (台) Refrigerators (unit)	照像机 (架) Cameras (set)
1978	135.8						7.5
1979	145.7			0.1			9.8
1980	150.9			1.9		0.3	11.4
1985	177.0			57.5	32.2	41.9	34.6
1986	193.9			75.9	50.9	61.5	47.4
1987	210.2			82.6	57.5	71.9	55.5
1988	193.7			86.0	69.7	81.2	59.6
1989	223.0	10.1		89.7	80.5	89.4	62.2
1990	228.3	19.9		93.2	90.9	96.4	66.5
1991	233.8	28.4		93.0	97.1	101.7	72.7
1992	229.2	41.7	17.6	96.1	101.4	101.3	77.2
1993	243.2	45.6	23.2	99.8	107.2	100.8	82.4
1994	246.8	49.8	38.8	102.8	111.8	104.4	85.4
1995	243.6	54.2	45.4	100.4	113.6	104.4	86.8
1996	249.0	57.8	52.0	101.4	119.2	105.4	87.2
1997	209.4	56.0	58.4	100.6	123.8	104.2	88.2
1998	221.0	59.8	65.4	102.2	133.2	105.4	95.2
1999	220.1	54.1	67.1	99.6	141.4	102.8	95.0
2000	230.7	56.9	74.4	102.8	145.5	107.4	95.7
2001	230.6	57.7	78.1	102.2	148.9	106.6	100.7
2002	201.1	49.4	83.5	98.6	148.4	101.6	99.6
2003	202.1	51.3	85.4	99.3	147.0	100.4	103.3

附1-19 农民家庭平均每百户主要耐用消费品拥有量

POSSESSION OF MAIN DURABLE CONSUMER GOODS OF PER 100 RURAL HOUSEHOLDS

年 份 Year	自行车 (辆) Bicycles (unit)	移动电话 (部) Mobile telephone (unit)	空调机 (台) house air conditioner (set)	影碟机 (台) Video CD (set)	彩色电视机 (台) Color TV Sets (set)	家用计算机 (台) person computer (set)	照相机 (架) Cameras (set)	电风扇 (台) Electric Fans (unit)	洗衣机 (台) Washing Machines (unit)	电冰箱 (台) Refrige-rators (unit)
1978	109									
1979	98									
1980	123									
1985	182				7		2	32	23	2
1986	191				12		4	42	39	5
1987	204				15		5	52	48	9
1988	218				20		7	61	56	14
1989	224				25		8	67	61	19
1990	235				29		8	73	63	23
1991	232				42		11	84	69	36
1992	245				46		14	92	73	40
1993	249				56		15	98	76	47
1994	254		1		65		17	109	80	53
1995	251		2		74		21	115	81	63
1996	250		2		79		21	117	83	67
1997	248		3		85		25	127	84	72
1998	249		5		92		26	133	85	75
1999	241		9		101		29	143	86	81
2000	220	14	20	23	107	7	26	143	85	84
2001	220	30	27	27	112	12	29	150	91	86
2002	214	52	35	30	116	16	32	152	94	91
2003	210	77	39	34	116	22	32	150	94	94

附1-20 农业基本情况
BASIC STATISTICS FOR AGRICULTURE

年份 Year	农林牧渔业从业人员(万人) Labors Force of Farming,Freostry Animal Husbandry and Fishery (10000 persons)	年末实有耕地面积(万公顷) Cultivated Area (year-end) (10000 hectare)	当年减少耕地面积(万公顷) Decresae of Cultivated Area of this Year (10000 hectare)	播种面积(万公顷) Sown Area (10000 hectare)	#粮食作物 Grain Crops	#经济作物 Cash Crops	造林面积(万公顷) Afforestation Area (10000 hectare)
1978	117.7	42.9	0.3	69.1	56.1	4.9	1.4
1979	115.5	42.7	0.2	67.7	56	3.7	1.6
1980	113.3	42.6	0.1	65.7	54.9	3.3	2.4
1985	90.3	42.1	0.1	61.8	51.1	2.9	3.0
1986	86.1	41.9	0.2	60.5	49.9	2.4	1.4
1987	84.6	41.8	0.1	59.8	49.5	2.0	2.0
1988	80.9	41.6	0.2	59.5	48.8	1.9	1.6
1989	83.4	41.4	0.2	58.9	48.3	1.6	0.8
1990	82.5	41.3	0.1	59	48.4	1.6	4.1
1991	80.3	41.1	0.2	59.0	48.3	1.7	1.5
1992	74.6	40.9	0.2	58.6	47.7	1.7	1.5
1993	72.5	40.6	0.3	56.5	45.6	1.8	4.8
1994	68.7	40.2	0.4	55.1	43.0	1.7	5.5
1995	65.5	39.9	0.3	55.3	43.4	1.5	4.7
1996	66.9	39.9	0.3	53.8	42.7	1.4	4.0
1997	65.3	34.2	0.3	53.6	42.5	1.2	3.8
1998	67.7	34.1	0.3	53.5	42.3	1.2	3.7
1999	71.1	33.8	0.3	52.7	41.0	1.3	3.0
2000	69.7	32.9	1.1	45.6	30.8	1.9	2.6
2001	67.9	30.1	3	37.9	21.4	2	3.2
2002	64.1	24.9	3.4	34.2	16.9	2.1	4.8
2003	59.5	26	1.9	30.1	14.1	1.9	4.7

注：1995、1996、1997、2003年耕地面积由北京市国土资源和房屋管理局提供。

Note：Data of cultivated area of 1995-1997 and 2003 are provided by Municipal Land Bureau.

附1-21 农业生产条件
PRODUCTIVE CONDITIONS OF AGRICULTURE

年份 Year	农业机械总动力(万千瓦) Total Power of Agricultural Machinery (10000 kw)	农用大中型拖拉机(台) Large Medium Tractors (unit)	小型拖拉机 Mini-Tractors (unit)	灌溉面积(千公顷) Irrigated Area (1000 hectare)	化肥施用量(万吨) Consumption of Chemical Fertilizers (10000 tons)	农村用电量(万千瓦小时) Rural Electricity Consumption (10000 kwh)	农村居民家庭每户生产性固定资产(元) Productive Fixed Assets Per Rural Households (yuan)	每公顷面积产量(公斤) Yield Per Hectare(kg) 粮食 Grain	棉花 Cotton	油料 Oilbearing Crops
1978	189.4	5568	23412	341.7	1.2	58802	5.0	3315	255	788
1979	212.2	6496	24724	340.8	1.1	59531	6.5	3090	278	855
1980	234.6	7705	24952	340.3	1.2	76753	8.0	3390	443	1118
1985	320.4	11319	35051	338.4	8.2	126830	394.3	4298	848	1928
1986	345.5	11664	37023	337.9	9.1	180640	419.2	4335	735	1530
1987	388.4	12170	37319	337.9	10.0	159450	444.0	4590	908	2085
1988	399.7	12596	45013	338.1	10.6	163986	549.7	4800	810	2055
1989	423.9	12344	47546	338.4	11.8	128414	543.3	4950	960	2220
1990	416.2	12844	47020	335.1	14.4	122711	595.6	5460	1035	2565
1991	384.8	12906	44610	328.7	14.4	111347	700.4	5787	885	2685
1992	399.8	12752	44525	331.1	14.4	143963	844.9	5907	1051	2760
1993	450.5	12701	44200	314.7	14.9	169911	951.6	6236	1043	3009
1994	459.2	12475	44500	323.4	19.8	172042	2194.6	6420	910	3051
1995	468.1	12228	42100	292.4	18.8	201731	2776.5	5985	825	2794
1996	468.4	12272	38200	301.9	18.9	275871	2394.2	5659	924	2741
1997	433.2	12088	30000	323.3	19.7	301655	2818.9	5594	1040	2736
1998	415.5	12032	30000	323.7	19.3	290859	3411.8	5661	854	2941
1999	410.4	11852	27295	322.1	19.0	330069	3814.0	4905	1016	2647
2000	399.2	11781	25004	322.7	17.9	572257	5191.1	4677	983	2461
2001	394.9	11299	23606	322.7	15.7	619806	6015.3	4908	1168	3038
2002	381.8	10784	20040	219.7	14.9	414248	6031.8	4872	1125	2952
2003	366.9	9216	22638	178.9	14.3	427266	6198.2	4105	1076	2395

注：1. 化肥施用量为折纯量。
2. 农村居民家庭每户生产性固定资产为抽样调查数。

Note:a) Consumption of chemical fertilizers are those converted into pure.
b) Data of productive fixed assets per rural household refers to those from sample survey.

附1-22 农林牧渔业总产值和指数
GROSS OUTPUT VALUE OF FARMING,FORESTRY,ANIMAL HUSBANDRY FISHERY AND THEIR INDEX

年份 Year	农林牧渔业总产值（亿元）Gross Output Value of Farming, Forestry,Animal Husbandry and Fishery (100 million yuan)	农业 Farming	林业 Forestry	牧业 Animal Husbandry	渔业 Fishery	农林牧渔业总产值指数（1978=100）Index of Gross Output Value of FFAF (1978=100)	农业 Farming	林业 Forestry	牧业 Animal Husbandry	渔业 Fishery
1978	11.5	8.9	0.2	2.4	0.01	100.0	100.0	100.0	100.0	100.0
1979	12.3	8.8	0.2	3.3	0.02	99.1	95.8	87.5	108.5	200.0
1980	14.2	9.7	0.5	3.9	0.05	101.2	92.9	137.5	122.0	200.0
1981－1985	**98.2**	**63.0**	**4.2**	**30.1**	**0.80**					
1986－1990	**242.4**	**138.8**	**4.1**	**91.6**	**7.9**					
1986	28.1	17.2	0.8	9.4	0.7	147.0	125.0	125.0	202.4	1464.4
1987	34.4	20.3	0.8	12.3	1.0	160.0	134.2	137.5	224.4	2185.4
1988	52.6	31.4	0.9	18.6	1.7	179.4	140.8	125.0	278.0	2907.4
1989	60.4	34.2	0.7	23.3	2.2	198.2	151.3	112.5	324.4	3236.8
1990	70.2	39.0	0.9	28.0	2.3	210.3	154.2	125.0	348.8	3622.8
1991－1995	**567.9**	**291.0**	**11.2**	**244.6**	**21.1**					
1991	76.4	39.5	1.5	32.8	2.6	229.1	164.6	162.5	395.1	4211.4
1992	84.5	43.2	1.6	36.3	3.4	244.5	172.5	150.0	431.7	5092.8
1993	100.4	51.1	2.3	42.7	4.3	257.3	183.3	162.5	443.9	5887.7
1994	144.3	72.5	3.1	64.0	4.7	276.7	193.8	187.5	487.8	6131.4
1995	164.4	86.8	2.7	68.8	6.1	273.9	195.4	200.0	462.2	7500.8
1996－2000	**895.9**	**447.7**	**18.5**	**394.2**	**35.5**					
1996	168.9	89.2	2.8	71.1	5.8	271.5	190.0	212.5	473.2	7000.0
1997	170.9	87.0	2.9	74.8	6.2	273.8	199.7	226.9	466.2	6522.4
1998	176.6	89.2	3.2	76.6	7.6	283.0	201.5	202.3	484.4	7374.0
1999	184.3	91.2	4.2	81.1	7.8	301.8	204.6	225.0	529.3	9502.0
2000	195.2	91.1	5.4	90.6	8.1	340.8	225.9	282.9	617.5	10599.0
2001	214.1	89.7	9.5	105.2	9.7	366.7	225.7	634.6	674.4	12700.0
2002	230.4	90.1	12.8	117.2	10.3	407.6	237.3	875.0	778.1	13000.0
2003	237.9	88.8	13.5	125.5	10.2	424.7	233.1	1015.9	844.5	13595.4

注：绝对数按现价计算，其中2003年执行新《国民经济行业分类标准》及按生产者价格计算，指数按可比价计算。

Note: Value are calculated at current prices and index are calculated at constant prices. the current prices are calculate at producer prices.

附1-23 主要农业产品产量
OUTPUT OF MAJOR AGRICULTURAL PRODUCTS

年份 Year	粮食(万吨) Grain (10000 tons)	#谷物 Cereal	棉花(万吨) Cotton (10000 tons)	油料(万吨) Oilbearing Crops (10000 tons)	猪牛羊肉(万吨) Pork,Beef and Mutton (10000 tons)	禽蛋(万吨) Poultry Eggs (10000 tons)	水产品(万吨) Aquatic Products (10000 tons)	大牲畜年底头数(万头) Large Animals (year-end) (10000 heads)	#役畜 Draught Animals	猪年底头数(万头) Hogs (year-end) (10000 heads)
1978	186.0	180.4	0.3	2.6	11.9	0.5	0.2	30.4	21.5	248.3
1979	172.8	168.4	0.1	2.6	13.2	1.0	0.3	29.2	20.4	246.7
1980	186.0	182.2	0.1	3.1	15.1	3.4	0.4	27.9	19.3	232.5
1981－1985	**1004.8**	**984.1**	**1.4**	**13.1**	**70.7**	**44.3**	**4.0**	**119.5**	**89.7**	**927.0**
1986－1990	**1181.9**	**1154.1**	**1.4**	**15.2**	**77.3**	**103.8**	**18.8**	**115.2**	**82.7**	**805.0**
1986	216.5	211.2	0.2	3.0	13.3	14.7	2.2	21.9	16.6	145.6
1987	227.0	220.9	0.3	3.3	13.0	16.8	3.0	23.1	16.9	120.4
1988	234.6	229.2	0.3	3.0	13.4	21.8	3.9	23.1	16.3	145.3
1989	239.2	233.7	0.3	2.8	17.2	24.7	4.6	23.8	16.6	187.7
1990	264.6	259.1	0.3	3.1	20.4	25.8	5.1	23.3	16.3	206.0
1991－1995	**1381.6**	**1349.3**	**1.9**	**17.6**	**138.0**	**139.3**	**34.7**	**130.6**	**61.3**	**1276.5**
1991	279.7	274.7	0.3	3.3	24.8	25.0	5.6	27.9	15.0	241.7
1992	281.9	276.7	0.5	3.4	27.3	26.5	6.4	26.9	13.6	269.1
1993	284.1	278.2	0.4	3.8	28.2	28.1	7.0	26.2	12.8	252.2
1994	249.2	267.0	0.4	3.8	30.7	31.2	7.6	26.7	10.9	260.1
1995	259.8	252.7	0.3	3.3	27.0	28.5	8.1	22.9	9.0	253.4
1996－2000	**1059.3**	**963.4**	**1.1**	**15.1**	**153.0**	**98.2**	**38.2**	**101.3**	**26.3**	**1233.8**
1996	237.4	231.8	0.3	3.0	27.6	24.7	7.8	20.5	7.4	240.0
1997	237.5	232.3	0.2	2.7	27.9	23.8	7.7	19.7	6.0	241.0
1998	239.2	234.0	0.2	2.8	31.2	17.9	7.6	18.5	5.3	254.5
1999	201.0	196.1	0.2	2.8	32.3	15.8	7.6	19.0	4.1	248.3
2000	144.2	136.1	0.2	3.8	34.0	16.0	7.5	23.6	3.5	250.0
2001	104.9	96.3	0.3	4.3	38.2	15.6	7.4	27.6	3	248.1
2002	82.3	74.6	0.3	4.6	42.6	15.2	7.4	31	2.9	259.7
2003	58.0	52.0	0.3	3.3	42.7	16.2	7.1	33.0	2.1	252.2

附1-24 每一农林牧渔业从业者农业生产量
PRODUCTION VOLUME PER EMPLOYEE OF FARMING,FORESTRY, ANIMAL HUSBANDRY AND FISHERY

年 份 Year	农林牧渔业总产值(元) Gross Output Value of Farming, Forestry,Animal Husbandry and Fishery(yuan)	粮食(公斤) Grain (kg)	# 谷物 Cereal	棉花(公斤) Cotton (kg)	油料(公斤) Oilbearing Crops (kg)	猪牛羊肉(公斤) Pork,Beef and Mutton (kg)	禽蛋(公斤) Poultry Eggs (kg)	水产品(公斤) Aquatic Products (kg)
1978	977.9	1580.1	1529.3	2.9	22.2	101.1	4.6	1.5
1979	1066.7	1496.2	1458.3	0.6	22.2	114.0	8.5	2.4
1980	1248.9	1641.7	1608.1	0.8	27.3	133.2	29.6	3.6
1985	2823.9	2432.5	2370.5	4.8	43.6	149.3	156.1	17.6
1986	3228.8	2514.2	2453.3	2.5	35.4	155.0	170.6	25.6
1987	3995.3	2683.3	2610.9	3.1	38.7	153.1	198.4	35.5
1988	6415.3	2900.0	2833.6	3.4	37.0	166.0	269.1	48.2
1989	7146.3	2868.5	2801.6	3.1	34.1	205.8	296.3	55.2
1990	8400.0	3207.5	3140.5	4.2	37.5	247.0	312.4	61.9
1991	9402.2	3483.3	3421.0	4.3	40.9	309.1	311.5	69.4
1992	11166.2	3779.2	3708.9	6.5	45.6	366.5	355.1	86.0
1993	13848.3	3917.4	3837.8	5.9	52.2	389.1	387.7	96.9
1994	21004.4	4019.6	3886.2	5.4	55.2	447.4	453.8	111.1
1995	25099.2	3965.8	3858.3	4.2	50.2	412.0	435.7	122.9
1996	25232.6	3545.7	3465.4	3.8	44.0	411.6	368.8	117.0
1997	26152.0	3634.8	3556.1	3.4	41.8	426.8	363.9	117.3
1998	26076.0	3532.4	3454.0	2.7	41.9	460.8	264.0	129.1
1999	23904.0	2827.0	2758.1	2.6	39.4	454.3	222.2	106.9
2000	28015.7	2069.2	1952.7	2.2	54.5	488.0	229.9	107.7
2001	31538.9	1545.8	1418.6	5.1	62.9	563.2	229.2	109.5
2002	35938.9	1283.9	1163.7	5.5	72.5	664.6	237.3	114.9
2003	39964.9	975.3	874.2	5.7	55.4	716.7	271.7	119.7

附1-25 工业总产值
GROSS OUTPUT VALUE OF INDUSTRY

单位：亿元 (100 million yuan)

年份 Year	工业总产值 Gross Output Value	限额以上工业 above Designed Size Refers to Non-state-owned Enterprises	轻工业 Light Industry	重工业 Heavy Industry	# 大中型工业 Large and Medium Industry
1984	276.2	276.2	118.0	158.2	178.7
1985	324.2	324.2	135.8	188.4	213.7
1986－1990	2618.5	2521.5	1070.7	1450.7	1741.7
1986	345.0	345.0	144.3	200.6	237.4
1987	399.1	399.1	164.8	234.3	280.2
1988	508.7	508.7	218.2	290.5	354.5
1989	622.4	622.4	272.7	349.7	421.7
1990	743.4	646.4	270.8	375.6	447.9
1991－1995	6866.3	5862.8	1952.3	3910.4	3799.2
1991	880.8	757.1	309.1	448.0	526.0
1992	1085.4	915.5	326.3	589.2	625.3
1993	1513.6	1242.6	385.4	857.1	796.3
1994	1721.1	1456.9	460.1	996.8	915.5
1995	1665.4	1490.8	471.4	1019.4	936.1
1996－2000	10808.7	10221.1	2984.4	7236.7	5676.6
1996	1853.3	1632.2	522.4	1109.7	987.5
1997	1963.8	1745.0	554.1	1190.9	958.6
1998	2027.0	1992.0	612.0	1379.9	1084.3
1999	2190.3	2144.6	610.7	1533.9	1071.4
2000	2774.2	2707.4	685.2	2022.2	1574.8
2001	3096.4	3054.4	786.9	2267.5	2146.8
2002	3383.1	3173.5	773.5	2400.0	2134.2
2003	3976.8	3810.4	809.2	3001.2	2750.4

注：工业总产值按现价计算（包括个体工业），限额以上工业一栏，

1999年以前各年为乡及乡以上工业口径，1999年起调整为全部国有及年销售收入在500万元以上非国有工业口径。

Note：Gross output value is calculated at current prices(includ individual), that at above designed size refers to non-state-owned enterprises except individual industry from 1999.

附1-26 工业总产值指数(上年=100)

INDEX OF GROSS OUTPUT VALUE OF INDUSTRY(PRECEDING YEAR=100)

单位：%　　　　(%)

年 份 Year	工业总产值 Gross Output Value	限额以上工业 above Designed Size Refers to Non-state-owned Enterprises	轻工业 Light Industry	重工业 Heavy Industry	# 大中型工业 Large and Medium Industry
1978	111.5	114.2	110.8	116.1	100.0
1979	111.2	110.5	113.1	109.1	110.9
1980	110.4	109.8	119.3	104.5	106.9
1981－1985	**108.6**		**108.7**	**107.0**	**111.0**
1986	105.9	104.6	104.9	104.4	106.5
1987	113.4	111.0	108.7	112.8	112.7
1988	121.1	117.1	120.1	114.8	114.9
1989	109.0	107.2	107.4	107.1	104.2
1990	106.1	105.1	103.7	106.2	104.0
1991	113.5	111.5	109.2	113.2	110.7
1992	118.0	114.3	103.8	121.5	110.7
1993	122.3	121.1	118.3	122.7	104.4
1994	104.2	107.4	107.0	107.7	103.2
1995	107.0	111.1	96.5	119.4	120.2
1996	109.7	109.2	109.7	109.7	102.5
1997	111.1	112.1	109.9	112.4	94.1
1998	118.1	118.4	102.2	126.1	142.4
1999	114.3	114.0	103.1	118.6	109.8
2000	131.1	133.2	118.8	138.0	159.9
2001	111.1	112.9	124.1	109.6	136.2
2002	109.9	109.7	101.6	112.3	99.8
2003	116.5	116.9	101.2	121.6	122.7

注：工业总产值指数用不变价，总产值计算（包括个体工业）。限额以上工业一栏1999年以前为乡及以上工业口径，1999年调整为全部国有及年销售收入在500万元以上非国有工业口径。

Note:Index of gross output value of industry included individuals at 1990 constant prices.

Data in column"above designed size refers to non-state-owned enterprises" was township level and above before 1999.

附1-27 独立核算工业企业主要指标
MAIN INDICATORS FOR INDUSTRIAL ENTERPRISES WITH INDEPENDENT ACCOUNTING SYSTEM

年份 Year	职工平均人数(万人) Average Number of Staff and Workers (10000 persons)	工业总产值(万元) Gross Output Value (10000 yuan)	固定资产原值(万元) Original Value of Fixed Assets (10000 yuan)	产品销售收入(万元) Sales Revenue (10000 yuan)	利税总额(万元) Total Pre-tax Profits (10000 yuan)	国有工业 State-owned Industry				
						职工平均人数(万人) Average Number of Staff and Workers (10000 persons)	工业总产值(万元) Gross Output Value (10000 yuan)	固定资产原价(万元) Original Value of Fixed Assets (10000 yuan)	产品销售收入(万元) Sales Revenue (10000 yuan)	利税总额(万元) Total Pre-tax Profits (10000 yuan)
1978	114.79	1654593	1305271	1098279		89.0	1397086	1211739	919313	435095
1979	116.79	1843056	1371335	1186497		92.3	1543621	1262408	984888	
1980	140.91	2061664	1495083	1987967	604241	95.3	1694298	1366890	1647908	520978
1981－1985		**12511777**	**9642045**	**12561630**	**3383077**		**9940322**	**8614039**	**10117128**	**2852798**
1986－1990		**24483553**	**17321757**	**24054442**	**4825016**		**18108076**	**14798805**	**18384654**	**3925489**
1986	169.85	3365481	2627346	3385055	813979	111.5	2601751	2281006	2659067	676895
1987	170.52	3875977	3008917	3935004	885303	112.6	2970928	2604582	3065446	732447
1988	170.54	4956478	3412765	5032042	1081370	112.8	3695388	2949027	3835082	882479
1989		6026646	3890267	5597829	1087017		4352862	3294245	4258859	885038
1990	173.46	625897.1	4382462	6104512	957347	115.4	4487147	3669945	4566200	748630
1991－1995		**57607603**	**44341698**	**57731437**	**8051832**		**35547109**	**35600600**	**37861701**	**5876833**
1991	172.39	7302060	5052285	7271529	1106009	112.2	5080426	4210383	5274088	837566
1992	175.48	8600195	5754181	8526860	1347058	116.3	5834134	4757957	6054470	1027279
1993	167.90	11666047	9986886	12822058	1811556	114.6	7598865	8471018	8977254	1379167
1994	179.50	15536585	9648050	13207344	1857476	109.9	8599364	7493956	7815491	1224709
1995	176.16	14502716	13900296	15903646	1929733	107.3	8434320	10667286	9740398	1408112
1996－2000		**100791594**	**105474337**	**103617473**	**8655552**		**40144235**	**66553723**	**46027770**	**4130797**
1996	166.63	15222854	16319878	15801389	1225314	97.7	8366714	12273744	9303959	762024
1997	157.52	17161951	18503218	17070867	1405499	91.2	9355501	14106270	9570024	878170
1998	167.11	19886587	22213387	20345380	1617338	70.3	8615543	13621321	9532486	823114
1999	161.10	21446119	23121446	22186280	1846310	62.4	5920611	13276604	8423097	873620
2000	145.60	27074083	25316408	28213557	2561091	56.8	7885866	13275784	9198204	793869
2001	108.02	29088152	25036546	30068965	2795203	42.5	8122238	12830279	7669005	610688
2002	107.56	31734762	26554117	31827790	3219863	29.8	5990453	10123398	6291856	668559
2003	100.81	38103630	27559571	38856527	4189859	23.7	5126087	8803903	5848154	538880

注：从2001年开始，独立核算工业企业指标调整为规模以上工业企业指标（下表同）。

a) From 2001, indicators of industrial enterprises with independent accounting system have been changed to those of enterprises in scale(the following is the same).

附1-28 独立核算工业企业效益指标
BENEFICIAL INDICATORS FOR INDUSTRIAL ENTERPRISES WITH INDEPENDENT ACCOUNTING SYSTEM

年份 Year	百元固定资产实现利税(元) Pre-tax Profits/Fixed Assets (yuan)	资金利税率(%) Pre-tax Profits/Total Assets (%)	产值利税率(%) Pre-tax Profits/Gross Output Value (%)	百元销售收入实现利润(元) After-tax Profits/Sales Revenue (yuan)	增加值劳动生产率(元/人) Labor Productivity at Value Added (yuan/person)	国有工业 State-owned Industry 百元固定资产实现利税(元) Pre-tax Profits/Fixed Assets (yuan)	资金利税率(%) Pre-tax Profits/Total Assets (%)	产值利税率(%) Pre-tax Profits/Gross Output Value(%)	百元销售收入实现利润(元) After-tax Profits/Sales Revenue (yuan)	增加值劳动生产率(元/人) Labor Productivity at Value Added (yuan/person)
1978				33.76		35.91		31.14	34.71	
1979				34.92					36.24	
1980	40.42	38.50	29.31	22.79		38.11	38.00	20.75	23.65	
1985	35.49	35.47	26.68	17.30		33.05	35.34	28.31	17.68	
1986	30.98	28.13	24.19	15.48		29.68	30.79	26.02	16.11	
1987	29.42	29.98	22.84	14.50		28.12	28.85	24.65	15.21	
1988	31.69		21.82	13.94		29.92	30.38	23.88	14.64	
1989	27.94	25.03	18.04	11.40		26.87	25.95	20.33	11.79	
1990	21.84	19.21	15.30	8.02		20.40	19.33	16.68	7.72	
1991	21.89	19.50	15.15	8.02		19.89	19.07	16.49	7.70	
1992	23.41	16.46	15.66	8.77		21.59	16.98	17.61	8.92	
1993	18.14	12.37	15.53	8.54	24364	16.28	12.10	18.15	9.26	20197
1994	19.25	13.05	11.96	7.28	31294	16.34	12.78	14.24	7.73	25144
1995	13.89	9.92	13.31	5.36	26068	13.20	10.95	16.70	6.32	27241
1996	9.30	5.41	8.05	2.09	23445	7.88	5.19	9.11	1.82	19571
1997	9.36	5.44	8.19	2.37	28220	7.80	5.39	9.39	2.40	27534
1998	9.15	4.99	8.13	2.38	35033	7.69	5.10	9.55	2.31	36926
1999	10.15	5.65	8.61	3.15	36347	8.49	5.57	11.35	3.11	33567
2000	13.29	7.03	9.46	4.50	51469	8.04	5.02	10.06	2.25	44223
2001	15.2	7.77	9.61	4.56	71204	6.62	4.47	7.52	1.28	53782
2002	17.0	8.69	10.15	5.20	78134	9.33	6.10	11.16	3.17	63083
2003	21.6	10.67	10.99	6.06	100439	8.43	5.38	10.51	2.16	67491

注：增加值劳动生产率按工业增加值计算。

Note: Labor productivity at value added is calculated by value added of industry.

附1-29 工业产品产量
OUTPUT OF INDUSTRIAL PRODUCTS

年份 Year	布 (万米) Cloth (10000 m)	纱 (万吨) Yarn (10000 m)	机制纸及纸板 (万吨) Machine-made Paper and Paperboard (10000 tons)	合成洗涤剂 (万吨) Synthetic Detergents (10000 tons)	饮料酒 (万吨) Soft Drinking (10000 tons)	家用电冰箱 (万台) Household Refrigerators (10000)	家用洗衣机 (万台) Household Washing Machines (10000)	照像机 (万台) Camera (10000)	家具 (万件) Furniture (10000)
1978	25436	5.4	12.1	2.1	8.4			0.5	137.8
1979	27297	5.78	13.9	2.2	9.9	2.0	0.7	0.7	171.3
1980	28940	6.45	14.0	2.4	11.6	2.6	5.8	1.0	200.2
1981 – 1985	**142080**	**34.54**	**86.9**	**18.9**	**87.3**	**41.6**	**211.7**	**25.7**	**1348.4**
1986 – 1990	**153032**	**38.75**	**120.5**	**29.6**	**131.4**	**96.4**	**237.4**	**74.6**	**2096.6**
1986	27503	7.37	21.9	5.8	21.5	18.1	70.0	15.9	303.8
1987	29738	7.71	24.1	5.4	22.7	19.4	57.7	16.5	283.0
1988	32262	8.13	23.3	5.7	23.9	23.6	58.0	15.8	347.1
1989	32271	7.87	25.8	6.4	28.7	24.7	31.9	13.5	572.1
1990	31258	7.67	25.4	6.4	34.6	10.7	19.7	12.9	590.6
1991 – 1995	**133994**	**38.61**	**116.5**	**38.1**	**347.3**	**27.0**	**81.7**	**450.8**	**3261**
1991	31497	7.66	27.2	5.7	43.8	7.1	21.9	5.4	602.0
1992	29717	8.01	22.6	6.6	56.6	9.1	14.7	4.2	570.0
1993	26816	8.72	19.1	7.9	72.6	4.2	14.1	39.3	729.0
1994	21440	6.87	21.0	7.3	83.1	6.6	20.0	158.8	605.0
1995	24524	7.35	26.6	10.7	91.2		11.0	243.1	755.0
1996 – 2000	**96005**	**28.1**	**70.0**	**34.5**	**436.6**	**15.9**	**72.5**	**706.5**	**1986.8**
1996	22585	6.75	15.3	9.3	102.2	6.3	13.1	234.3	510.6
1997	25185	6.42	18.1	9.5	…	…	12.0	157.7	469.4
1998	21299	6.13	13.1	6.3		0.3	6.4	177.7	348.5
1999	14753	4.7	13.0	5.8	148.8	5.8	20.0	81.6	386.2
2000	12183	4.1	10.6	3.7	185.6	3.6	21.0	55.2	272.1
2001	11353	4.3	8.8	6.4	135.8	5.9	10	61.3	370.6
2002	10314	4.2	6.2	2.5	138.7	16.2	8.5	220.7	368.3
2003	8393	3.5	7.9	2.9	132.8	22.8	23.1	238.3	323.8

附1-29 续表 continued

年 份 Year	原 煤 (万吨) Coal (10000 tons)	发 电 量 (万千瓦时) Electricity (10000 kwh)	钢 (万吨) Steel (10000 tons)	成品钢材 (万吨) Rolled-steel (10000 tons)	水 泥 (万吨) Cement (10000 tons)	交流 电动机 (万千瓦) Alternator (10000 kw)	汽车 (万辆) Motor Vehicle (10000)	移动电话机 (万部) mobile telephone (10000)	微型电子 计算机(万部) Micro- computer (10000)
1978	818.7	990750	191.0	116.8	191.5	152.5	1.8		
1979	711.1	1042870	196.5	137.5	196.9	179.7	2.4		
1980	791.0	1065060	200.9	152.1	217.4	142.7	2.8		
1981－1985	**4269.1**	**5101356**	**1114.2**	**907.9**	**1355.7**	**713**	**17.2**		**2**
198－1990	**4745.3**	**5656282**	**1837.8**	**1556.7**	**1649.3**	**889.7**	**39.5**		**6.9**
1986	917.2	1043208	303.6	255.5	310.5	178.4	5.8		0.5
1987	899.8	1057493	335.5	283.4	319.6	196.4	7.4		0.9
1988	906.0	1110758	369.0	314.9	334.3	199.5	9.0		3.0
1989	1016.8	1191269	386.0	327.9	345.9	163.8	8.5		1.3
1990	1005.5	1253554	443.7	375.0	339.0	151.6	8.8		1.2
1991－1995	**4851.0**	**6772732**	**3411.0**	**2613.9**	**2364.7**	**824.3**	**70.8**		**32.3**
1991	996.5	1318000	499.7	402.9	377.6	156.7	11.0		1.7
1992	1015.2	1423000	575.0	438.3	403.0	174.9	13.8		3.0
1993	835.4	1410900	702.7	525.3	477.9	162.3	13.4		4.1
1994	1008.5	1298718	828.7	617.6	531.7	165.0	14.7		4.3
1995	995.4	1322114	804.9	629.8	574.2	165.4	17.9		19.2
1996－2000	**4360.0**	**7330814**	**3937.5**	**3343.3**	**3758.9**	**753.3**	**57.7**		**686.6**
1996	1013.7	1415555	794.7	654.3	666.0	151.9	13.4		28.1
1997	1011.7	1464302	801.7	652.4	700.9	148.7	11.0		59.8
1998	989.5	1566621	803.2	676.1	762.0	149.7	8.5		160.9
1999	792.1	1431772	734.5	663.8	803.0	142.0	12.3		180.0
2000	553.0	1452564	803.4	696.7	827	161	12.5	1549.6	257.8
2001	690.2	1326588	824.9	727.3	809	175.1	14.3	2163.4	339.7
2002	880.9	1419754	816.9	750	884	199.3	18.1	2280.1	415.7
2003	822.6	1451197	816.4	785	882	253.1	34.7	3334.5	469.3

附1-30 建筑业企业基本情况

BASIC STATISTICS FOR CONSTRUCTION ENTERPRISES WITH INDEPENDENT ACCOUNTING SYSTEM

年 份 Year	建筑施工企业单位数(个) Construction Enterprises (unit)	建筑施工企业从业人员(万人) Employed Persons (10000 persons)	建筑施工企业总产值(亿元) Gross Output Value (100 million yuan)	建筑施工企业全员劳动生产率(元/人) Overall Labor Productivity (yuan/person)	建筑施工企业工程优良品率(%) Rate of High Quality Projects (%)	建筑施工企业利润总额(万元) Total Profits (10000 yuan)
1978	64	25.4	10.5	4397	72.9	7017
1979	70	26.4	12.7	4680	67.9	9256
1980	71	27.8	14.7	5249	65.5	14543
1981－1985		**42.1**	**131.7**	**7823**	**57.6**	**29137**
1986	2361	61.3	51.3	8702	56.3	33084
1987	2292	64.4	67.0	10832	61.3	41202
1988	1659	64.2	81.6	12992	58.2	38679
1989	1545	60.0	89.0	14539	53.8	38189
1990	994	60.2	94.7	16340	54.5	33762
1991	922	60.3	99.6	17031	47.7	27690
1992	976	62.7	122.6	19786	25.0	30984
1993	1098	75.9	210.7	27739	21.9	61432
1994	1259	73.4	301.5	41099	26.7	94385
1995	1332	82.6	370.7	44852	23.3	77857
1996	1292	82.5	468.1	56750	17.5	88896
1997	1297	80.3	519.2	64633	19.8	104320
1998	1482	75.6	624.7	73644	21.4	123744
1999	1588	82.6	681.4	82465	18.7	135595
2000	1697	82.5	727.5	88132	25.6	163561
2001	1811	83.8	887.9	105924	26.4	187424
2002	2122	89.8	1055.1	117482	23.3	246599
2003	2419	100.5	1306.7	130075	19.6	314555

注：1. 1994年以后从业人员为计算劳产率的年平均人数；

2. 1996年～2001年全部指标为四级及四级以上的法人建筑施工企业；

2002年以后为具有新资质等级的法人建筑施工企业及没有新资质等级但原资质等级四级及以上的法人建筑施工企业。

3. 工程优良品率按单位工程个数计算。

Note：a) Data of number of employment after 1994 refers to annual average number for calculating labor productivity. From 2002,

b) Data from 1996 to 2001exclude construction units and enterprises below fourth grade.

Data of this table include:1.general contracting arrays and array of responsibility contracts on specialities of new qualification grade.

2.There is no new human quality but four grades of original qualification grade and construction enterprise of the above.

c) Rate of high quality projects is calculated by number of unit project.

附1-31运输邮电业基本情况
TRANSPORTATON,POSTS AND TELECOMMUNICATIONS

年 份 Year	铁路里程 (公里) Railway Operating Length (km)	公路里程 (公里) Highway Operating Length (km)	客运量 (万人) Passenger Traffic (10000 persons)	铁 路 Railway	公 路 Highway	民 航 Civil Aviation	货运量 (万吨) Freight Traffic	# 铁 路 Railway	# 公 路 Highway
1978	699	6562		2264		46.5	7394.4	3370.0	4023
1979	700	7278		2504		53.2	7763.7	3485.0	4277
1980	707	7339		2762		58.4	7571.0	3356.0	4213
1981－1985				**17688**		**544.0**	**37500.1**	**15425.0**	**22061**
1986－1990			**38505.7**	**21290**	**16160**	**1055.9**	**75409.6**	**15518.0**	**59324**
1986	876	8849	7336.7	4106	3059	171.7	7994.3	3030.0	4958
1987	876	8956	7763.4	4418	3117	228.4	7985.0	3125.0	4852
1988	876	9124	8491.4	4782	3460	249.4	7598.1	3168.0	4421
1989	876	9218	7433.9	4214	3034	186.1	25184.3	3144.0	21767
1990	876	9648	7480.3	3770	3490	220.3	26647.9	3051.0	23326
1991－1995			**40918.8**	**20615**	**18010**	**2292.4**	**152108.5**	**14923.0**	**136497**
1991	876	10259	7703.8	4036	3378	289.4	29347.5	2983.0	26099
1992	875	10827	8158.0	4196	3593	369.0	29887.2	2912.0	26881
1993	875	11242	7607.5	4374	2781	451.5	29864.6	3048.0	26730
1994	875	11532	8536.5	3992	4008	536.5	30824.6	3006.0	27700
1995	875	11532	8913.0	4017	4250	646.0	32184.6	2974.0	29087
1996－2000			**62554.4**	**19683.1**	**38888**	**3983.3**	**154375.5**	**13491.3**	**140455**
1996	922.0	11682	8801.4	3650.0	4395	756.4	32906.6	2851.0	29960
1997	923.5	12306	9262.8	3612.6	4902	748.2	32350.9	2883.3	29360
1998	923.5	12498	11227.7	3761.6	6704	762.1	30126.5	2562.5	27490
1999	997.1	12825	14866.4	4200.5	9878	787.9	28274.8	2582.8	25635
2000	996.9	13597	18396.1	4458.4	13009	928.7	30716.7	2611.7	28010
2001	987.0	13891	22469.1	4749.6	16630	1089.5	30607.1	2505.4	28007
2002	987.0	14359	28384.3	5032.3	22103	1249.0	30813.2	2347.7	28375
2003	964.4	14453	30520.2	4351.8	24940	1228.4	30670.9	2264.8	28361

附1-31 续表1 continued

年 份 Year	# 民 航 Civil Aviation	旅 客 周转量 (万人公里) Passenger-Kilometers (10000 passenger-km)	铁 路 Railway	公 路 Highway	民 航 Civil Aviation	货 物 周转量 (万吨公里) Freight Ton-Kilometers (10000 ton-km)	# 铁 路 Railway	# 公 路 Highway	# 民 航 Civil Aviation
1978	1.4			59367				92247	
1979	1.7			64033				97616	
1980	2.0			73692				93899	
1981 – 1985	**14.1**							**437318**	
1986 – 1990	**40.7**	**6333894**	**2608550**	**629210**	**3076133**	**13732367**	**11007906**	**2496086**	**191715**
1986	6.3	1133620	496288	119065	518267	2579647	2133836	405645	28281
1987	8.0	1281763	534720	113735	613308	2802099	2282106	471393	37966
1988	9.1	1503508	588947	141625	772936	2896715	2344684	498391	42612
1989	7.8	1216981	521263	122435	573283	2765660	2179878	546022	38194
1990	9.5	1198022	467332	132350	598339	2688246	2067402	574635	44662
1991 – 1995	**79.7**	**8690002**	**2645880**	**842807**	**5201313**	**14535984**	**11382191**	**3488944**	**346841**
1991	11.9	1383465	506431	139041	737993	2799731	2153176	591187	54929
1992	14.4	1666810	531574	161735	973501	2938746	2230406	642200	65614
1993	17.3	1656130	551392	127461	977277	2458751	2301941	767790	73216
1994	19.1	1906718	547488	180030	1179199	3107722	2303265	725740	78142
1995	17.0	2076879	508995	234540	1333343	3231034	2393403	762027	74940
1996 – 2000	**125.2**	**12523195.8**	**2649587**	**1744526**	**8129082.75**	**14984163**	**10458031**	**3918017**	**606427**
1996	18.0	2107834	459514	250488	1397832	3174846	2311011	784888	78595
1997	20.2	2154186	477538	261204	1415444	3127394	2263274	769190	94500
1998	22.4	2419787	505554	304592	1609641	2846652	1952602	783237	110470
1999	29.9	2701471	579759	400597	1721114.75	2838857	1929269	754264	155171
2000	34.7	3139918	627222	527645	1985051	2996414	2001875	826438	167691
2001	37.7	3462571	677146	529776	2255649	3159847	2167201	826437	165832
2002	44.3	3961623	642676	603510	2715437	3245694	2213728	835873	195792
2003	45.1	3933077	619631	693100	2620346	3407630	2409620	789952	208058

附1-31 续表 2 continued

年 份 Year	机动车拥有量(辆) Possession of Motor Vehicles (unit)	# 私人 Individuals	邮电业务总量(万元) Revenue of Post and Telecommunications (10000 yuan)	市话交换机容量(万门) City Switchboards Capacity (10000)	电话机拥有量(万部) Possession of Telephones (10000unit)
1978	77059		9050.6	26.2	8.7
1979	89447		9986.8	31.5	9.3
1980	103826		11403.7	35.0	9.9
1985	**224272**		**22413.3**	**62.1**	**15.2**
1986－1990					
1986	266706		25347.7	69.6	17.9
1987	272290	7148	29282.3	83.8	20.9
1988	312174		35478.5	101.6	23.8
1989	353315	24029	43922.3	119.9	27.8
1990	384451		77205.6	136.2	33.3
1991－1995					
1991			157417.7	165.0	39.5
1992	341015	48643	215768.9	193.9	48.0
1993	563690	66883	311251.3	226.2	66.5
1994	664355	85474	418773.9	303.5	189.0
1995	804229	127568	561296.4	369.3	241.7
1996－2000					
1996	798392	351835	729022.4	442.0	292.3
1997	1019042	540564	930136.7	546.4	357.8
1998	1163338	697707	1290966.5	686.8	522.5
1999	1241719	762361	1659132.7	748.3	654.5
2000	1364718	855321	2147495.5	803.7	909.5
2001	1565434	1004830	2678621.2	903.8	1264.2
2002	1765380	1195060	2540454.0	989.4	1618.4
2003	1991104	1389569	3040327.0	1038.3	1932.5

注：1. 公路货运量1988年以前为交通运输部门数据。

2. 铁路是北京市辖范围。

Note：a) Data of freight traffic of highway before 1988 was provided by transport department.

b) Railway refers to that within the jurisdiction of Beijing.

附1-32 社会消费品零售额
TOTAL RETAIL SALES OF CONSUMER GOODS

单位：亿元 (100 million yuan)

年份 Year	社会消费品零售额 Retail Sales of Consumer Goods	按地区分 By Region			按经济类型分 By Ownership				
		市 City	县 County	县以下 Below County Level	国有经济 State-Owned	集体经济 Collective Owned	合营经济 Joint Owned	个体经济 Individuals	其他经济 Others
1978	44.2	34.5	5.3	4.4	37.2	7.0			
1979	52.2	41.6	5.8	4.8	44.2	7.9		0.1	
1980	61.3	49.3	6.6	5.4	49.1	11.8		0.4	
1981－1985	**455.3**	**364.0**	**48.3**	**43.0**	**301.7**	**143.5**	**1.0**	**9.1**	
1986－1990	**1131.8**	**943.0**	**103.4**	**85.5**	**617.7**	**401.1**	**6.4**	**106.7**	
1986	146.5	121.7	12.1	12.7	84.5	51.0	0.4	10.6	
1987	176.6	145.7	16.2	14.7	97.1	64.5	0.6	14.5	
1988	234.3	195.0	21.2	18.1	129.4	84.5	0.6	19.7	
1989	266.7	221.5	25.0	20.2	143.8	92.2	2.6	28.2	
1990	307.7	259.1	28.9	19.7	162.9	108.9	2.2	33.7	
1991－1995	**2813.6**	**2215.9**	**373.6**	**224.1**	**1332.7**	**792.6**	**76.3**	**530.3**	**81.7**
1991	357.8	301.2	33.4	23.2	191.8	122.9	2.6	40.5	
1992	430.0	360.2	41.1	28.7	230.6	139.6	3.3	56.5	
1993	531.8	430.9	60.6	40.3	273.0	162.5	8.1	88.2	
1994	667.0	525.1	90.6	51.3	299.3	171.2	23.1	152.3	21.1
1995	827.0	598.5	147.9	80.6	338.0	196.4	39.2	192.8	60.6
1996－2000	**5927.0**	**4601.5**	**437.5**	**888.1**	**1920.6**	**1111.5**	**488.5**	**1265.0**	**1141.2**
1996	923.7	664.5	95.6	163.6	314.8	217.3	70.5	241.8	79.3
1997	1051.5	808.3	88.2	155.0	368.8	247.9	83.4	236.5	114.9
1998	1195.2	952.5	77.0	165.7	344.8	231.5	114.3	243.0	261.6
1999	1313.3	1037.7	84.0	191.6	436.1	200.8	105.7	258.0	312.7
2000	1443.3	1138.5	92.6	212.2	456.1	214.1	114.6	285.8	372.7
2001	1593.5	1251.9	102.0	239.6	449.9	165.3	170.1	335.4	472.8
2002	1744.8	1361.5	111.0	272.3	427.6	156.4	181.7	345.7	633.4
2003	1916.7	1535.7	88.8	292.2	449.6	202.1	166.3	340.4	758.3

附1-32 续表 continued

单位：亿元　　(100 million yuan)

年 份 Year	按行业分 By Sector				按类别分 By Category				农业生产资料零售额 Retail Sales of Agricultural Capital Goods	集市贸易成交额 Value of Country Fair Trade
	批发零售贸易业 Wholesale and Retail Sales	餐饮业 Catering	制造业 Manufacturing	其他行业 Others	食品类 Food	衣着类 Clothing	日用品类 Daily Use Articles	燃料类 Fuels		
1978	40.7	1.7	1.2	0.6	18.0	8.9	12.4	1.3	3.6	
1979	47.3	2.1	2.1	0.7	20.4	11.1	15.7	1.5	3.5	0.2
1980	53.5	2.7	3.5	1.6	24.4	12.9	18.8	1.6	3.6	0.7
1981－1985	**381.7**	**21.9**	**34.0**	**17.7**	**174.3**	**82.0**	**161.3**	**10.3**	**27.4**	**8.2**
1986－1990	**906.7**	**70.7**	**64.5**	**89.9**	**451.8**	**152.4**	**447.9**	**24.1**	**55.6**	**71.1**
1986	119.3	8.1	8.9	10.2	57.4	21.6	57.1	3.3	7.1	6.4
1987	140.2	10.7	12.0	13.7	72.4	25.6	67.3	3.7	7.6	8.5
1988	186.4	16.1	13.9	17.9	92.0	33.0	93.9	4.1	11.3	14.1
1989	213.1	16.5	15.4	21.7	108.0	31.6	106.3	5.8	14.9	18.4
1990	247.7	19.3	14.3	26.4	122.0	40.6	123.3	7.2	14.6	23.6
1991－1995	**2079.3**	**215.5**	**119.8**	**399.0**	**1095.5**	**418.1**	**1195.0**	**64.9**	**83.4**	**514.9**
1991	286.2	22.9	16.8	31.9	138.6	47.1	146.6	7.7	17.8	31.0
1992	333.7	30.8	19.4	46.1	165.5	57.2	174.8	10.3	22.2	55.3
1993	393.0	44.6	28.7	65.5	192.0	84.0	241.5	14.3		83.4
1994	481.5	54.2	25.3	106.0	246.4	109.0	294.6	17.0		150.1
1995	584.9	63.0	29.6	149.5	353.0	120.9	337.5	15.6		195.1
1996－2000	**4183.9**	**390.4**	**324.9**	**1027.8**	**1894.3**	**747.3**	**3111.8**	**173.5**		**1539.2**
1996	657.1	68.4	38.1	160.1	372.0	132.7	401.8	17.2		250.8
1997	709.4	72.5	56.3	213.3	389.7	140.6	492.2	29.1		285.3
1998	865.7	81.8	63.8	183.9	347.9	145.5	664.9	36.9		323.8
1999	926.2	81.3	79.8	226.0	374.5	155.6	742.1	41.1		307.0
2000	1025.5	86.4	86.9	244.5	410.2	173.0	810.9	49.2		372.3
2001	1128.3	96.6	96.5	272.1	460.0	193.1	884.8	55.6		462.1
2002	1258.9	112.4	112.0	261.5	470.0	191.3	1015.9	67.6		593.7
2003	1611.2	121.4		184.1	497.7	210.5	1131.9	76.6		637.9

注：1. 1993年以前是社会商品零售额，自1993起是社会消费品零售额。

2. 自2003年起社会消费品零售额中不再包括制造业及农民对非农民的销售情况。

Note: 1)Data before 1993 refers to total retail sales of commodity and data from 1993 refers to total retail sales of consumer goods.

2)From 2003,total retail sales of consumer goods not include manufacturing and peasant to non-peasant.

附1-33 北京市对外经济贸易和国际旅游
FOREIGN ECONOMICS,TRADE AND TOURISM

年份 Year	进出口总额(万美元) Total Value of Imports and Exports (USD 10000)	#出口 Exports	签订利用外资协议项目(个) Contracts Signed of Foreign Capital Utilization (unit)	#对外借款 Foreign Loans	#外商直接投资 Direct Foreign Investment	签订利用外资协议金额(万美元) Contracted Foreign Capital (USD10000)	对外借款 Foreign Loans	外商直接投资 Direct Foreign Investment	外商其他投资 Other Foreign Investment
1978	29751	28524							
1979	45036	41757							
1980	66280	59277							
1981－1985	**382296**	**308276**							
1986－1990	**940420**	**457112**	**853**	**58**	**709**	**171046**	**26952**	**138628**	**5467**
1986	166847	65252	85	2	63	55888	9700	41952	4236
1987	154470	78239	97	6	72	66515	3322	62414	779
1988	198846	99121	193	21	148	18533	4144	14202	187
1989	205162	102336	209	10	185	14252	5731	8372	149
1990	215095	112164	269	19	241	15859	4055	11688	116
1991－1995	**1999096**	**836561**	**10987**	**67**	**10911**	**1699801**	**168840**	**1530412**	**549**
1991	258632	123987	735	8	724	47995	19431	28488	76
1992	320171	152555	2231	23	2208	177274	30079	147195	
1993	420029	137056	3765	13	3752	664911	36987	627924	
1994	469339	195936	2688	13	2675	505300	52000	453300	
1995	530925	227027	1568	10	1552	304321	30344	273505	472
1996－2000	**3756584**	**1526807**	**4118**	**18**	**4100**	**1377471**	**5893**	**1371578**	
1996	539201	208624	868		868	179029		179029	
1997	557576	246503	798	8	790	171532	3429	168103	
1998	650536	282896	656	5	651	410567	890	409677	
1999	844212	326101	647	2	645	182649	964	181685	
2000	1165059	462683	1149	3	1146	433694	610	433084	
2001	1340274	487262	1149	2	1147	331169	43875	287294	
2002	1404171	589901	1377	7	1370	553353	272530	280823	
2003	1893214	736595	1360		1360	327132		327132	

注：1. 进出口总额1986年以前为外贸部门口径，从1986年开始为海关口径。

2. 海关进出口数为地方企业数据。

3. 2003年签订利用外资协议金额和实际利用外资金额均不包括对外借款。

Note: a) Data of total value of imports and exports refers to customs from 1986, while that before 1986 was provided from foreign trade department.

b) Data of imports and exports(customs) refers to that of local enterprises.

c) Contracted foreign capital and foreign capital actually used not including from the foreign loans in 2003.

附1-33 续表 continued

年 份 Year	实际利用外资金额（万美元） Foreign Capital Actually Used (USD10000)	对外借款 Foreign Loans	外商直接投资 Direct Foreign Investment	外商其他投资 Other Foreign Investment	对外承包工程和劳务合作 Constructed Projects and Labor Services Cooperation with Foreign Countries 合同数（份） Contracts (unit)	合同金额（万美元） Contracted (USD 10000)	完成营业额（万美元） Fulfiled Value (USD 10000)	海外旅游者人数（万人次） Foreign Tourists (person.time)	旅游外汇收入总额（万美元） Tourism Foreign Exchange Earnings (USD 10000)
1978								19	10000
1979								25	9000
1980								29	12000
1981－1985								**295**	**94000**
1986－1990					**331**	**7734**	**5109**	**492**	**280901**
1986					30	445	1536	99	46000
1987	17725	7147	9534	1045	37	549	698	108	55000
1988	61944	11524	50278	142	46	885	802	120	67000
1989	49507	17491	31846	170	113	2099	1018	65	47195
1990	40641	12744	27696	202	105	3756	1056	100	65706
1991－1995	**579524**	**168401**	**410896**	**227**	**586**	**80078**	**48099**	**920**	**735519**
1991	36798	12304	24482	13	114	3202	1897	132	85001
1992	52712	17711	34984	17	130	8888	3300	175	107286
1993	97620	30729	66693	198	117	36854	11442	203	124128
1994	194740	50280	144460		109	15521	18671	203	200904
1995	197654	57377	140277		116	15613	12789	207	218200
1996－2000	**1366754**	**266219**	**989964**	**110571**	**601**	**173362**	**164461**	**1203**	**1214800**
1996	225842	70552	155290		116	67688	43057	219	225200
1997	259162	73330	159286	26545	107	35640	29629	230	224800
1998	286973	57195	206415	23364	184	28520	45812	220	238400
1999	293682	43946	223124	26612	90	25229	26165	252	249600
2000	301095	21196	245849	34050	104	16285	19798	282	276800
2001	400997	160803	176816	63379	105	21439	18628	286	295000
2002	509912	330655	179257		73	27949	23160	310	311000
2003	214675		214675		117	48271	34926	185	190000

附1-34 北京市中资金融机构人民币各项存款年末余额
YEAR-END BALANCE OF DEPOSITS OF FINANCIAL INSTITUTIONS IN BEIJING

单位：万元 (10000 yuan)

年 份 Year	金融机构各项存款余额 Deposts of Balance of Financial Institutions	全市各银行各项存款余额 Deposts of Balance of Loans of Banks	企业存款 Enterprises	财政存款 Financial	机关团体、部队存款 Government Organs Bodies and Army	城镇储蓄存款 Urban Saving Deposits	农村存款 Rural
1978		1146580	527922	40273	389409	88991	46749
1979		1390517	649013	49342	463723	104400	57357
1980		1679891	834102	71486	566547	133310	67679
1985		4109535	2454797	182064	890667	422447	137390
1986		5087562	3116297	165906	1027730	556249	179889
1987		6107619	3555956	150093	1335385	751854	205995
1988		6099142	3328559	97147	1180338	905519	295712
1989		7176132	3709770	259761	1218831	1337629	317000
1990		8689227	4293690	290365	1503878	1879081	297212
1991		11060952	5484293	333025	1879611	2498786	367665
1992		13095965	7005468	112779	1422621	3282099	534536
1993		16492164	8351199	142235	1551093	4824810	804791
1994		23111169	10377956	227561	2004247	7414350	932779
1995		30541198	16074288	359667	2116841	11034549	184283
1996	43788712	37818707	19705705	483317	2364532	15060889	199136
1997	52280001	51036605	29211539	381652	3303945	17709062	252358
1998	66668368	63691737	36289291	970772	5134092	20631876	266550
1999	82671615	79068543	44475637	1968641	7252845	24290306	271969
2000	97049590	92610099	54252792	2023219	8354037	26632980	304646
2001	121314687	116388337	66979805	3408241	9841879	32538708	246594
2002	152760305	147172631	85221491	4004917	11399245	40730632	280976
2003	183219128	174947358	99322029	4259649	12554274	49264668	254539

注：1997-2003年存款合计中含代理财政存款。

Note: Deposits from 1997 to 2003 Include Agent Financial Deposits.

附1-35 北京市中资金融机构人民币各项贷款年末余额

YEAR-END BALANCE OF LOANS OF FINANCIAL INSTITUTIONS IN BEIJING

单位：万元 (10000 yuan)

年 份 Year	金融机构各项贷款余额 Loans of Balance of Financial Institutions	全市各银行各项贷款余额 Loans of Balance of Loans of Banks	工业生产企业贷款 Industrial Production	商 业企业贷款 Commerce	建 筑企业贷款 Construction	农业贷款 Agriculture	固定资产贷 款 Fixed Assets	短 期贷 款 Short-term	中长期贷 款 Mid,Long-term
1978		539078	214352	319239		5484	3		
1979		742332	216791	475507		6133	43901		
1980		873420	252528	495423	2198	7442	110685		
1985		2534647	926420	697008	90789	61870	428020		
1986		3127010	1126873	814253	109423	96030	528287		
1987		3623937	1237457	896170	120812	126462	608207		
1988		4157237	1401628	1133718	162539	72292	753177	2777141	
1989		4870606	1740436	1407018	175324	99980	776477		
1990		5526782	2113813	1613340	187509	147878	946906	4159282	946906
1991		6326887	2407065	1810436	201089	193636	1159300	4724335	1159300
1992		7304636	2662278	2091350	218154	232829	1473004	5325684	1473004
1993		9715379	3372431	2519224	262157	271067	2344437	6713712	2344437
1994		10703251	3887403	1954192	284100	274209	3124624	7155394	3124624
1995		15605875	4643921	3592487	358327	339788	3563697	10159790	3563697
1996	20828250	18096848	5747916	4327060	483578	386784	3918864	12463119	3918864
1997	27206832	25444738	7412815	5632541	1000396	477519	5524730	18353500	5524730
1998	33265705	31269744	8919232	5892568	1383505	530789	7281840	20993880	7281840
1999	40077590	37612521	9917578	6722679	1967942	505578	8229492	25601364	8229492
2000	91898097	57303378	10382307	6546045	2217508	368199	25763095	28554616	25763095
2001	72029099	68844213	10812005	6716517	2493052	381178	32435549	29897095	32435549
2002	92248166	88588027	10695594	6739769	3538982	336689	42971190	33244769	42971190
2003	113432823	107989344	12345972	7824318	3941399	342006	54579092	39794905	54579092

附1-36 教育基本情况

BASIC STATISTICS FOR EDUCATION

年份 Year	在校学生数(万人) Students Enrollment (10000 persons)				升学率(%) Rate of Entering Higher Grade Schools(%)		学龄儿童入学率(%) Enrollment Rate of Children at School-Age (%)	平均每一专任教师负担学生数(人) Average Number of Students Instructed by a Professional Teacher(person)		
	合计 Total	高等学校 Institutions of Higher Education	普通中学 Regular Secondary Schools	小学 Primary Schools	初中毕业生 Graduates of Junior Middle Schools	小学毕业生 Graduates of Primary Schools		高等学校 Institutions of Higher Education	普通中学 Regular Secondary Schools	小学 Primary Schools
1978	208.1	4.9	109.5	93.7	79.7	102.6	99.0	2.4	19.9	20.7
1979	186.1	5.5	83.7	96.9	63.0	99.6	98.4	2.3	16.1	21.3
1980	173.5	6.4	71.9	95.2	80.3	99.5	98.7	2.6	14.5	21.7
1985	139.6	12	54.2	73.4	72.6	98.3	99.1	3.6	13.9	17.4
1986	156.0	13.0	56.5	74.9	77.1	97.8	99.49	3.6	13.9	17.4
1987	157.2	13.6	52.3	77.8	65.1	98.6	99.46	3.7	12.8	16.8
1988	160.3	14.5	46.9	85.1	64.3	98.5	99.50	4.0	11.4	17.6
1989	166.0	14.1	43.4	93.5	80.5	99.1	98.97	3.8	11.0	19.1
1990	168.7	14.0	40.9	99.6	81.8	99.3	99.47	3.9	10.1	18.6
1991	171.8	13.7	43.2	101.3	86.4	98.8	99.72	3.1	10.2	18.0
1992	176.2	14.0	47.6	100.2	88.5	99.6	99.65	4.0	11.3	17.4
1993	186.3	15.9	52.3	102.2	93.5	98.7	99.88	4.6	12.1	17.4
1994	196.1	17.5	58.4	102.4	86.7	99.4	99.92	4.9	13.1	16.9
1995	202.8	18.2	62.8	100.7	87.3	99.5	99.93	5.0	13.6	16.5
1996	207.9	19.0	64.9	100.0	88.1	99.3	99.93	5.2	13.7	16.1
1997	207.3	19.6	62.6	97.7	92.3	98.6	99.95	5.4	13.2	15.7
1998	204.7	21.3	61.0	92.0	92.2	98.7	99.96	5.8	12.8	14.9
1999	201.6	23.4	63.5	83.7	94.7	98.3	99.95	6.7	13.2	13.7
2000	201.7	28.3	69.1	74.3	93.92	98.99	99.95			12.8
2001	206.9	34.03	72.01	66.44	97.84	99.46	99.62			12.1
2002	208.4	39.86	73.07	59.42	98.90	99.60	99.63	19	14	12.0
2003	170.2	45.08	70.44	54.65	97.79	100.00	99.95	19	14	11.0

注：高等学校专任教师负担学生数2002年按当量折算。

Note:Average Number of Students Instructed by a Institutions of Higher Education Professional Teacher(person).

附1-37 卫生情况
STATISTICS ON HEALTH

年 份 Year	医 院 个 数 (个) Hospitals (unit)	执业医师 (人) Certified Doctors (person)	床位数 (张) Beds (unit)	每千人拥有 执业医师数(人) Certified Doctors Per 1000 Persons (person)	每千人拥有 医院床位数(张) Beds Per 1000 Persons (bed)
1978	389	28435	29767	3.35	3.11
1979	387	31842	30231	3.66	3.08
1980	393	34365	32453	3.88	3.22
1981-1985	1654	203097	184410	4.36	3.56
1986	371	43403	43786	4.47	4.21
1987	398	46007	47538	4.66	4.49
1988	445	48216	53078	4.82	4.87
1989	470	49361	55623	4.83	5.08
1990	512	50934	59036	4.93	5.37
1991	525	52309	61744	5.03	5.65
1992	535	53254	63230	5.10	5.73
1993	548	53906	65621	5.13	5.93
1994	629	53865	67112	5.07	6.07
1995	629	54114	66925	5.06	6.00
1996	645	54091	66760	5.02	6.02
1997	673	54909	67946	5.06	6.06
1998	676	51902	69095	4.76	6.13
1999	686	52646	69465	4.79	6.15
2000	674	51570	71245	4.66	6.25
2001	673	52100	73053	4.64	6.31
2002	652	47236	75188	4.18	6.46
2003	646	47887	74298	4.21	5.89

注：本表医院数包括县及县以上医院、其他医院和乡镇卫生院。

Note: Data of hospitals in this table refers to that of hospitals at county level and above,other hospitals and township hospitals.

中国统计出版社最新资料书简目

中国统计年鉴－2004
中国统计摘要－2004
2004 中国发展报告
中国城市统计年鉴－2003
中国农村统计年鉴－2004
中国劳动统计年鉴－2004
中国人口统计年鉴－2004
中国工业经济统计年鉴－2004
中国市场统计年鉴－2004
2003 中国城市发展报告
中国建筑业统计年鉴－2003
中国价格及城镇居民家庭收支调查统计年鉴－2004
国际统计年鉴－2004
中国对外经济贸易统计年鉴－2003
中国基本单位统计年鉴－2003
中国民政统计年鉴－2004
中国高技术产业统计年鉴－2004
中国房地产行业名录

北京统计年鉴－2004
天津统计年鉴－2004
河北经济年鉴－2004
山西统计年鉴－2004
内蒙古统计年鉴－2004
辽宁统计年鉴－2004
吉林统计年鉴－2004
黑龙江统计年鉴－2004
上海统计年鉴－2004
江苏统计年鉴－2004
浙江统计年鉴－2004
安徽统计年鉴－2004
福建统计年鉴－2004
江西统计年鉴－2004
山东统计年鉴－2004
河南统计年鉴－2004
湖北统计年鉴－2004
湖南统计年鉴－2004
广东统计年鉴－2004
广西统计年鉴－2004
海南统计年鉴－2004
重庆统计年鉴－2004
四川统计年鉴－2004
贵州统计年鉴－2004
云南统计年鉴－2004
西藏统计年鉴－2004
陕西统计年鉴－2004
甘肃年鉴－2004

青海统计年鉴－2004
宁夏统计年鉴－2004
新疆统计年鉴－2004
新疆生产建设兵团统计年鉴－2004
石家庄统计年鉴－2004
唐山统计年鉴－2004
邯郸统计年鉴－2004
呼和浩特经济统计年鉴－2004
鄂尔多斯市统计年鉴－2004
包头统计年鉴－2004
赤峰统计年鉴－2004
沈阳年鉴－2004
大连统计年鉴－2004
鞍山统计年鉴－2004
长春统计年鉴－2004
吉林市社会经济统计年鉴－2004
四平统计年鉴－2004
延吉统计年鉴－2004
哈尔滨统计年鉴－2004
齐齐哈尔经济统计年鉴－2004
牡丹江统计年鉴－2004
大庆统计年鉴－2004
黑龙江垦区统计年鉴－2004
上海浦东新区统计年鉴－2004
南京统计年鉴－2004
苏州统计年鉴－2004
无锡统计年鉴－2004
常州统计年鉴－2004
徐州统计年鉴－2004
南通统计年鉴－2004
盐城统计年鉴－2004
镇江统计年鉴－2004
杭州统计年鉴－2004
宁波统计年鉴－2004
绍兴统计年鉴－2004
台州统计年鉴－2004
舟山统计年鉴－2004
温州统计年鉴－2004
金华统计年鉴－2004
嘉兴统计年鉴－2004
丽水统计年鉴－2004
福州年鉴－2004
厦门经济特区年鉴－2004
福州经济技术开发区年鉴－2004
南昌经济社会统计年鉴－2004
九江经济统计年鉴－2004
济南统计年鉴－2004

青岛统计年鉴－2004
潍坊统计年鉴－2004
郑州统计年鉴－2004
洛阳统计年鉴－2004
三门峡统计年鉴－2004
平顶山统计年鉴－2004
南阳经济统计年鉴－2004
武汉统计年鉴－2004
宜昌统计年鉴－2004
十堰统计年鉴－2004
荆州统计年鉴－2004
广州统计年鉴－2004
东莞统计年鉴－2004
惠州统计年鉴－2004
深圳统计年鉴－2004
南宁统计年鉴－2004
桂林经济社会统计年鉴－2004
柳州经济社会统计年鉴－2004
来宾统计年鉴－2004
河池地区经济社会统计年鉴－2004
海口统计年鉴－2004
成都统计年鉴－2004
贵阳统计年鉴－2004
昆明统计年鉴－2004
西安统计年鉴－2004
兰州年鉴－2004
西宁统计年鉴－2004
银川统计年鉴－2004
乌鲁木齐统计年鉴－2004
巴音郭楞统计年鉴－2004
吐鲁番统计年鉴－2004